세일즈클로징

SECRETS OF CLOSING THE SALE

지그 지글러의
세일즈 바이블

세일즈 클로징

SECRETS
OF
CLOSING
THE
SALE

지그 지글러 지음 | 장인선 옮김

핀라이트
PINLIGHT

세일즈의 세계로 나를 이끌어 주고
내가 최고를 지향하여 더 높이 올라갈 수 있도록
자상하면서도 따끔한 채찍질을 아끼지 않았던
빌 크랜포드에게 이 책을 바친다.

그는 나의 친구이자 형제였고,
나의 멘토(mentor)였으며 골프친구였다.
그는 훌륭한 사람이었고 멋있는 남자였다.

머리말

지난 50년 동안 상품과 서비스를 판매하고 일자리 기회를 제공하면서 세일즈맨이 경험할 수 있는 모든 세일즈 상황들을 직접 경험할 수 있었던 것은 나에게 특별한 행운이었다. 그리고 미국이 배출해 낸 뛰어난 세일즈 강사들과 함께 강단에 서고 그들로부터 배울 수 있었던 것 또한 내가 누린 행운이었다.

이들 중 상당수가 지금은 세상을 떠나고 없지만 여전히 전국의 연단을 누비고 있다. 엘머 휠러Elmer Wheeler, 찰리 컬런Charlie Cullen, 프랭크 베트거Frank Bettger, 프레드 허먼Fred Herman, 찰스 로스Charles Roth, 딕 가드너Dick Gardner, 더글러스 에드워즈Douglas Edwards, 퍼씨 휘팅Percy Whiting과 같은 노장들부터 시작해서 카베트 로버트Cavett Robert, 레드 모틀리Red Motley, 켄 맥팔랜드Ken Macfarland, 댄 벨루스Dan Bellus, 조 베튼Joe Batten, 찰스 존스Charles Jones, 할 크라우제Hal Krause, 마이크 프랭크Mike Frank, 이라 헤이즈Ira Hayes, 하트실 윌슨Heartsill Wilson, 저지 지글러Judge Ziglar, 톰 노먼Thom Norm, 빌 고브Bill Gove, 존 헤몬드John Hammond, 래리 윌슨Larry Wilson을 포함하여 이 밖에도 수많은 훌륭한 연설가와 강사들이 있다.

50년이란 세월 동안 나는 틈만 나면 자료를 수집하고 메모해 왔는데 훌륭한 강사들의 강연을 들을 때마다 적어둔 메모가 지금은 산더미처럼 쌓였다. 신문과 잡지에서 스크랩한 세일즈 관련 기사들도 그 양이 실로 방대하다. 또한 나는 세일즈맨들이 현장에서 활동하는 모습을 보면서 많은 것을 배웠다. 나의 서재는 지난 50년 동안 수집한 유명 저술가의 저서와 강사들의 메뉴얼로 가득 차 있고 천 시간 분량에 달하는 유명 강사들의 강연 녹음테이프를 소장하고 있다.

이렇게 자료가 방대하다 보니 문제점도 생겼다. 솔직히 말하자면 때때로 내가 알고 있는 정보의 원천을 기억하지 못하는 경우가 발생한다. 연설, 개인적인 면담, 책 또는 기사 등을 통해 나에게 정보를 제공해 준 모든 사람들에게 이 책을 쓰면서 그 사실을 밝히고 그들의 공을 인정하고자 최선을 다했다. 그러나 내가 알고 있는 정보를 누구에게서 얻었는지 알 수 없는 경우가 많다.

어떤 경우에는 오래전에 그 정보나 테크닉을 습득했고 수도 없이 사용했기 때문에 엉뚱한 사람에게 공을 돌리거나 때론 스스로 만들어 냈다고 착각하는 경우도 있을 수 있다. 이런 일이 발생하는 경우 해당 정보나 테크닉의 원작자에게 양해를 구하며, 정보의 원천에 대해 정확성과 공정성을 유지하고자 노력했음을 이해해 주길 바란다.

당신이 이 책에 나오는 세일즈 원칙과 절차를 적용할 때 당신의 성격, 확신, 신용이 세일즈 성공 여부를 좌우하는 결정적인 요소가 될 것이다. 내가 한 가지 확실히 약속할 수 있는 것은 여기서 제시한 세일즈 절차와 테크닉들은 나 자신뿐만 아니라 수많은 사람들에게 효과가 있었다는 사실이다. 이 책을 통해 여러 차례 반복하여 강조하겠지만 이러한 절차와 원칙들은 자신의 세일즈 상황에 맞춰 수정하거나 응용해야 한다. 따라서 책을 읽는 동안 '나의 상품과 나의 고객에게 적용하려면 이 정보를 어떻게 수정해야 할 것인가?'라는 질문을 스스로에게 지속적으로 던져야 한다.

무엇보다도 이 책을 읽어 나갈 때 학생과 같은 자세로 임해 주기를 당부하고 싶다. 여기에 실린 정보를 수집하는 데 내 인생 전부가 소요되었다. 그리고 그 정보를 분석, 가공하여 가장 효과적이라고 판단되는 형태로 정립하는 데 수천 시간이 투자되었다고 해도 과언이 아니다. 이런 점을 감안할 때 당신이 한번 읽어서 모든 정보를 소화하고 흡수하여 자신의 것으로 만든다는 것은 거의 불가능하다.

마지막으로, 이 책을 읽는 동안 '어부와 고기잡이 기술'의 비유를 떠올리며 책의 내용을 생각하고 정리하기를 바란다. 대다수의 세일즈 관련 책들은 어부가 고기를 낚도록 이끌어 주기보다는 어부를 낚기 위해 포장되어 있다. 나는 어부에게 고기잡는 방법을 알려주려는 마음으로 이 책을 썼을 뿐만 아니라, 잡힌 고기(고객)가 당신을 신뢰하며 자신을 맡기도록 만드는 방법까지 알려주려고 노력했다.

『세일즈 클로징Secrets of closing the sale』에 제시된 아이디어와 콘셉트를 믿고 테크닉과 절차를 잘 적용해 나간다면 세일즈의 정상에서 당신을 만날 수 있을 것이라고 확신한다.

지그 지글러 *Zig Ziglar*

개정판 발행에 부쳐

1984년 『세일즈 클로징Secrets of closing the sale』이 처음 출간되었을 때 독자들에게 오랫동안 읽힐 책이라는 것을 나는 확신할 수 있었다. 20년이 지난 지금도 여전히 이 책에 대해서 똑같은 믿음을 가지고 있다. 책에서 제시된 원칙, 절차, 테크닉들은 1984년 이전에 이미 오랜 시간 동안 테스트를 거쳤고 지금도 여전히 시간의 연단을 받고 있는 중이다.

인테그리티integrity의 원칙은 언제나 유효하다. 미국에서 최근 발생한 기업 관련 스캔들을 볼 때 정직을 보루 삼아 명성을 쌓아가고 있는 윤리적인 세일즈맨들이라면 인테그리티라는 원칙이 얼마나 값진 것인지 그어느 때보다 마음에 와 닿으리라 생각한다. ('인테그리티Integrity'는 우리말 '성실'이나 '정직'으로 담아낼 수 없는 '통합적인 성품의 완전함'을 의미한다. 이 책에서는 '인테그리티'로 번역한다.—역주)

이번 개정판은 세일즈 기술의 실제적용을 설명하는 데 탁월한 재능을 소유한 마이클 노튼Michael Norton의 도움으로 오늘날 세일즈 세계에서 중요하게 부각되고 있는 하이테크 기술을 이용한 접근방법을 추가했다.

이 책에 실린 세일즈의 원칙과 절차들이 여전히 실효성이 높다는 것이 입증되고 있다. 세미나를 마치고 나면 종종 참석자들이 다가와서 "지글러의 '세일즈 심리학'이 제 커리어를 완전히 바꾸어 놓았어요"라고 말하곤 한다. 자신의 판매실적이 16%에서 60%가 넘는 수준으로 개선되었다고 말한 청년도 있었다. 얼마나 신나는 일인가! 『세일즈 클로징』을 탐독하고 자신의 원칙에 접목시킴으로써 당신도 신나는 결과를 성취할 수 있을 것이라고 확신한다.

성직자를 제외하고 인생에서 우리가 추구할 수 있는 일 중에서 세일즈가 가장 높은 수준의 인테그리티를 요구한다는 것이 나의 믿음이다. 그 이유는 이렇다. 세일즈맨은 고객을 설득하는 훈련을 받는다. 비윤리적인 세일즈맨은(사실상 이들은 사기꾼으로 분류되어야 한다.) 사지 말아야 할 물건을 사게 만들 수 있는 능력의 소유자라고 할 수 있다.

'다른 사람들이 원하는 것을 얻을 수 있도록 최선을 다해 도와주면 당신이 인생에서 원하는 모든 것을 가질 수 있다'는 나의 철학은 이 책이 처음 출간되었을 때보다 오히려 오늘날 더욱더 그 의미가 커지고 있다. 모든 세일즈의 목적은 고객에게 적정 가치를 제공해 주는 것이다. 고객이 적정수준 이상의 가치를 얻었다면 당신은 세일즈에 성공했을 뿐만 아니라 고객의 신뢰를 확보하는 데도 성공한 것이며 이는 더 많은 고객 확보로 이어질 것이다.

나는 이 책에서 물건을 구매하는 것이 고객에게 이익이 되지 않는다는 이유로 세일즈를 포기한 사람들의 일화를 소개할 것이다. 이런 점을 생각할 때 물건을 파는 행위는 상당 부분 스포츠 경기와 비슷하다. 결승전에 오른 테니스 선수는 공을 칠 때 어떻게 하면 다음 샷을 더 효과적으로 날릴 수 있을지를 고려하여 경기를 운영한다. 프로 골퍼나 당구 선수도 마찬가지다.

세일즈맨은 '이번 세일즈가 향후 어떤 결과를 가져올 것인가? 이번 세일즈를 통해 관계를 형성하고 고객의 신뢰를 확보했는가? 몇 달러 벌겠다고 다른 사람을 희생시키고 있지는 않은가?'라는 관점에서 생각해야 한다. 장담하건대 후자를 선택하는 사람은 머지않아 세일즈의 세계에서 잊혀질 사람이다.

솔직히 나는 세일즈라는 직업을 옹호하는 입장이다. 세일즈라는 직업 덕분에 세계 곳곳을 누비며 여행할 수 있었고 내가 나고 자란 미시시피 주 야주시에서는 상상도 할 수 없었던, 모든 것이 잘 갖춰진 수준 높은 삶을 경험할 수 있었다. 나는 세일즈가 가져다준 이러한 삶에 너무나 감사하기 때문에 인테그리티와 프로정신을 세일즈 관행으로 정착시키기 위해 내가 할 수 있는 최선을 다하고 있다.

당신이 팔고 있는 상품이나 서비스가 고객에게 이익을 가져다준다는 확고한 신념이 인테그리티에 대한 첫 번째 테스트 대상이다. 가족과 친구에게 권할 수 있을 만큼 자신이 팔고 있는 상품이나 서비스에 대한 확신이 없다면, 자신이 팔고 있는 것의 가치에 대해 스스로 의문을 제기해 봐야 한다. 한 예로 나는 15년 동안 물 없이 요리가 가능하고 내구성이 좋은 주방용 기구를 직접 판매한 적이 있었다. 마지막으로 그 조리기구 세트를 판 것이 벌써 40년 전의 일이다. 그때나 지금이나 나는 그 상품에 대해 전적인 확신을 갖고 있다. 자녀들이 결혼했을 때 절친한 친구 버니 로프칙Bernie Lofchick이 맨 먼저 선물했던 것이 내가 팔았던 그 조리기구였음을 알고 매우 기뻐했던 기억이 난다. 나의 첫 손녀딸이 결혼했을 때 친구인 데이브 헐리Dave Hurley가 역시 같은 선물을 함으로써 그 전통을 이어 갔다.

서문에서 말한 바와 같이 나의 세일즈 커리어 초반에 도움을 주었던 수많은 분들에게 빚을 졌다. 저명한 대가들도 기꺼이 자신의 노하우를 공개해 주었다. 나는 그들의 책을 읽고, 강의를 들었으며 그 중에는 개인적인 친분을 쌓은 분들도 상당수 있다. 그분들에게 진심으로 감사하게 생각한다.

이 책을 읽는 독자들에게 내가 권고하고 싶은 조언은 세일즈의 원칙은 분명히 있지만 자신이 판매하는 상품과 고객의 요구에 맞도록 수정과 응용이 필요하다는 점을 명심하라는 것이다. 이러한 수정과 응용과정에는 자신의 경험과 상식이 매우 중요하게 작용한다. 또한 책에 제시된 세일즈 방법과 프로세스에 대한 진지한 연구가 필요하기 때문에 끊임없이 배우고 탐구하는 자세로 임해야 한다.

『세일즈 클로징』을 한 번 읽는다고 해서 핵심을 간파할 수 있을 것으로 기대해서는 안 된다. 핵심 단어와 요점을 그때그때 정리할 수 있도록 노트를 항상 준비하고 읽어야 한다. 책에 줄을 긋고 표시를 하라. 책은 깨끗하게 보존하라고 있는 것이 아니라 마르고 닳도록 읽고 활용하라고 있는 것이다. 이러한 프로세스를 따르고 심혈을 기울여 이 책에 집중해 보라. 그러면 당신의 일상생활뿐 아니라 세일즈 커리어가 완전히 바뀔 것이다. 사실 우리는 삶의 하루하루를 누군가에게 무언가를 팔면서 살아가고 있기 때문에 인생 자체가 따지고 보면 세일즈다.

마지막으로 펜, 스테이플러, 파일 폴더 등과 같은 사소한 물건을 제외한 모든 상품의 판매는 주문서에 서명을 받고, 물건이 배달되고 대금이 지불되고 고객이 만족할 때 비로소 완결된다는 사실을 항상 기억하기 바란다. 이것이 바로 커리어를 쌓아 가는 세일즈다.

이 책의 활용 방법

제목을 보면 이 책이 세일즈맨을 위한 세일즈에 관한 책이라는 점을 알 수 있다. 제1장을 읽으면 이 책은 설득에 관한 책이며 어머니, 교사, 의사, 남편, 목회자, 코치, 경찰관, 세일즈맨을 포함하여 타인에게 어떤 행동을 하도록 설득해야 하는 모든 사람들에게 유용한 책이라는 점이 더 확실해진다. 책을 가장 효과적으로 활용하려면 본문에서 소개한 나의 아내가 나를 설득하기 위해 한 행동을 그대로 따라해야 한다. 또한 내가 하는 말과 설명하는 상품을 자신의 구체적인 세일즈 상황에 맞게 응용해야 한다. 그럼으로써 나의 경험과 연구를 통해 축적한 정보를 바탕으로 당신의 인생, 상품, 가망고객, 세일즈 상황에 적용할 수 있는 지식을 활용할 수 있다.

책을 읽기 전에 펜과 노트를 준비하라. 이 책은 연습문제집이 아니라 세일즈를 위한 실전용 지침서다. 책에 제시된 학습과정에 당신이 직접 참여하도록 설명식으로 쓰여졌고 대화와 유머가 많아서 재미있게 읽을 수 있다. 또한 700여 건의 질문과 250개 이상의 절차, 테크닉, 세일즈 전략 등이 100편의 이야기와 비유 그리고 일화들로 설명되어 있다.

반복하여 여러 번 읽어라. 처음 읽을 때는 공감되는 부분에 밑줄을 긋거나 형광펜으로 표시하면서 전체적으로 속독한다. 구체적인 내용을 분석하려 하지말고 전체적인 메시지와 전반적인 시각을 이해할 수 있도록 가급적 빨리 읽어 나간다.

두 번째 읽을 때는 노트에다 자신의 이름을 덧붙여 제목을 만든다. 즉, '○○○의 세일즈 성공 비밀'이라는 제목을 만드는 것이다. 자신의 세일즈 커리어나 사생활에 구체적으로 활용이 가능한 아이디어가 떠오르면 독서를 멈추고 메모해 둔다. 두 번째 읽을 때는 시간이 많이 소요되고 독자가 할 일이 많다. 빨리 읽는 것이 아니라 이 책에서 무엇을 얻느냐가 목적이기 때문이다.

세 번째 읽을 때는 이 책에 대해 훨씬 넓어진 시각을 갖게 되며 메모 분량이 늘어나고 상당한 시간이 소요될 것이다. 그러나 시간을 단순히 흘려보내는 것이 아니라 투자하고 있다는 사실을 기억하기 바란다. 아울러 당부하고 싶은 점은 이른 아침, 늦은 밤, 주말에 읽으라는 것이다. 이 책을 읽기 위해 세일즈 활동을 중단하지 말라는 뜻이다. 책은 언제든 읽을 수 있지만 고객은 기다려주지 않는다.

네 번째 읽을 때는 이 책에 나오는 700개가 넘는 질문을 보다 구체적으로 인식하게 될 것이다. 나는 세일즈 경험을 돌이켜보게 하는 대화와 일화를 쓰면서 질문들을 자연스럽게 포함시켰는데, 원고를 차분히 읽다 보니 질문을 통한 세일즈 접근방식이 나의 성공 비법이었음을 알 수 있었다. 여러 번 반복해서 읽으면 자연스럽게 책의 내용이 당신에게 중요한 지식이 되고 경험의 일부가 됨으로써 세일즈의 효율성이 증대될 것이다. 그러니 네 번 읽고 난 후에도 이 책을 가까이에 두고 참고서로 활용하라. 그리고 여기에 나오는 질문, 절차, 테크닉 등을 반복하여 읽음으로써 머릿속에 암기하고 생활의 일부분이 되도록 노력하라.

차례

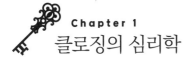

Chapter 1
클로징의 심리학

Chapter 2
세일즈의 심장

Chapter 3
세일즈 프로

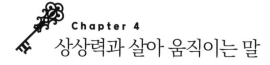

Chapter 4
상상력과 살아 움직이는 말

Chapter 5
세일즈 공학

Chapter 6
클로징의 열쇠

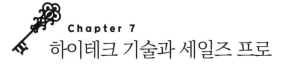

Chapter 7
하이테크 기술과 세일즈 프로

— Chapter 1 —

클로징의 심리학

The Psychology of Closing

♦ 목표

· 세일즈맨에 대한 신뢰가 얼마나 중요한지를 이해한다.
· 세일즈 과정에서 상식적으로 통하는 심리학 원론의 중요성을 이해한다.
· 세일즈에서 목소리의 중요성을 이해한다.
· 세일즈 교육만으로는 세일즈맨이 될 수 없으나 교육을 통해 세일즈의 효율성을 높일 수 있다는 점을 이해한다.
· 진정한 프로 세일즈맨을 만나보고 다양한 세일즈 테크닉을 익힌다.

집안의 CEO,
아내는 세일즈의 여왕

The "Household Executive" Saleslady

과연 얼마를 투자해야 할까? 1968년 우리 가족은 댈러스로 이사를 왔다. 나는 곧바로 세일즈와 구매동기에 관한 강의를 시작했는데 월요일부터 토요일까지 아침 9시부터 밤 9시까지 계속되었다. 태어나서 가장 바쁜 시기였다.

바쁜 강의일정이었으나 모텔에서 계속 생활할 수 없어서 적당한 집을 물색해야만 했다. 아내와 집 문제에 대해 구체적으로 의논을 했고 마침내 집을 사는 데 투자할 '합리적인' 금액을 결정했다. 아내가 '합리적'이라고 주장하니 그 금액이 '합리적'이라고 받아들여야 했다. 그러나 마치 대외원조 지원금처럼 많게만 느껴진 게 사실이다.

집을 사는 데 투자할 정확한 금액을 정하고 나서 아내가 말했다.

"여보, 우리가 정말 꿈에 그리던 집을 찾았다고 가정해 보세요. 그러니까 정말로 우리가 원했던 그런 집 말이에요. 그렇다면 얼마를 더 투자할 수 있어요?" 아내의 질문은 훨씬 긴 대화로 이어졌다. 그리고 긴 대화 끝에 마침내 우리는 2만 달러를 추가로 투자하기로 했다. 지금이야 2만 달러를 추가한다고 하면 쓸 만한 간이 차고나 그리 크지도 화려하지도 않은 베란다 정원 하나 정도 지을 수 있는 돈이지만 1968년만 해도 2만 달러면 집을 56평 정도는 늘릴 수 있는 돈이었다.

그 뒤로 아내는 집을 물색하기 시작해 실제로 두 군데를 둘러보았다. 두 번째 집에 들어섰을 때 아내는 결정을 내렸다. 아내가 원하던 집을 찾았던 것이다.

비용부담

그날 밤 강의를 끝내고 모텔로 돌아오자 아내는 킹 사이즈 침대 가장 자리에 앉아 있었다. 앉아 있는데도 침대가 진동을 했다. 아내가 그렇게 흥분한 모습은 처음 보았다. 그녀가 벌떡 일어서면서 말했다.

"여보, 우리가 꿈꾸던 집을 찾았어요. 굉장해요! 커다란 대지에 멋진 침실이 있고 당신이 늘 말하던 길다란 모양의 수영장을 만들 수 있을 정도로 뒷마당도 널찍해요. 또 방마다 커다란 붙박이장이 있고 욕실도 4개나 돼요!"

그때 내가 아내의 말을 끊으며 질문을 던졌다.

"여보, 잠깐만. 그래서 그 집이 얼만데?"

"당신이 그 집을 직접 봐야 믿겠지만 응접실이 엄청나요. 들보가 드러나 있고 천장도 큰 성당에서나 볼 수 있는 아치형이에요. 차고도 얼마나 큰지 두 대를 주차하고도 공구가 죄다 들어갈 수 있겠더라고요. 무엇보다도 당신이 늘 원했듯이 글을 쓸 수 있는 작은 서재를 지을 만한 가로세로 3.3미터 정도의 공간도 있다니까요. 그리고 여보, 부부침실은 또 얼마나 크다고요. 타고 다니는 진공청소기가 있어야 할 정도예요. 정말이지 근사한 집이에요!"

아내의 말을 가로채며 다시 말했다.

"그러니까 그 집이 대체 얼마요?"

아내는 최고 한도액보다 1만 8,000달러가 추가된 금액이라고 말했다. 그런데 그 한도액 역시 우리가 투자할 수 있는 여력보다 이미 2만 달러가 초과된 것이었다. 결국 나는 이렇게 말했다.

"우린 그 집을 살 수가 없어!"

"여보, 나도 알아요. 하지만 너무 걱정 마세요. 댈러스 부동산에 대해서 우리가 아는 게 아무것도 없잖아요. 그래서 내일 밤 당신 강의가 끝나면 건축업자한테 우릴 그 집에 데려다 달라고 부탁했어요. 그 집도 보고 이 지역의 부동산 시세도 좀 알아볼 겸 말이죠."

고객에게 속지 마라

"보는 것에는 동의해. 그러나 분명히 말해 두는데 그냥 보기만 할 거야."

"저도 알아요. 그러니 걱정 마세요."

다음 날 저녁 그 집의 진입로에 들어섰을 때, 나는 곤경에 빠졌음을 알았다. 현관에 들어서자 문제가 생각보다 심각하다는 것을 깨달았기 때문이다. 그 멋진 집은 정확히 내가 원하는 구조로 설계되어 있었다. 집을 보자마자 사고 싶은 생각을 넘어 간절히 원하는 지경에 이르렀다. 그러나 때로는 원하는 것과 얻을 수 있는 것이 별개인 경우가 있다.

내가 처한 상황을 직시하면서 나는 방어기재를 가동하기 시작했다. 즉, 세일즈의 세계에서 고객이 세일즈맨을 대하는 것과 똑같은 방식으로 아내와 그 건축업자를 대한 것이다. 이 상황은 당신의 고객이 늘 당신을 대하는 방법이며 앞으로 당신이 세일즈의 세계에 있는 동안 날마다 경험하게 될 것이다.

그 집에 관심이 있었지만, 아니 너무나 탐이 났지만 나는 눈곱만큼도 관심 없는 듯 행동했다. 이유는 간단하다. 아내와 건축업자가 내가 할 수 있는 범위를 넘어선 그 일을 하게 할까 봐 두려웠기 때문이다. 그 집은 우리가 감당할 수 없을 만큼 비쌌고 나는 그 사실을 너무도 잘 알고 있었다.

대개의 경우 구매 가능성이 높은 고객은 상대방과 자신의 시간을 낭비하고 싶지 않다는 이유로 약속을 끈질기게 거부할 것이다. 이런 사람이 대개 최상의 고객인데 이유는 아주 간단하다. 그 고객은 당신이 팔고 있는 상품이나 서비스를 원하고 있거나 필요로 하거나, 아니면 둘 다인 경우이기 때문이다.

그러나 지금 이 시점에서는 행동을 취할 때가 아니라고 고객은 생각한다. 따라서 시연이나 프레젠테이션을 봄으로써 유혹을 느끼는 것도 원치 않는다. 결국 그 고객은 사지 않을 상품을 보느라 시간을 허비하고 싶지 않다는 변명을 댈 것이다.

세일즈 클로징 코너로 몰기 _ The "Snooker" Close

고객에게 말려들어 자신을 궁지로 내몰아서는 안 된다. 고객이 "관심 없다"라고 말하는 것과 "관심은 있지만 지금은 살 수 없을 것 같으니 프레젠테이션을 보고 싶지 않다"라고 말하는 것에는 큰 차이가 있다. 대개의 경우 그 고객은 아내가 흥분하며 좋아했던 집의 현관문에서 내가 처했던 입장과 같았을 것이다.

아내가 나 몰래 연기수업을 들었다고 생각하진 않지만, 이후 아내의 행동을 봐서는 연기수업을 받았음을 의심하지 않을 수 없었다. 현관문 쪽으로 걸어가던 아내는 돌아서서 호들갑스러운 팔 동작으로 내가 간절히 원하던, 길게 돌아가는 진입로를 만들기에 완벽한 마당이라고 확신에 찬 목소리로 말했다. 집안으로 걸어 들어가자 홀에는 샹들리에가 화려한 자태로 매달려 있었다. 아내는 아무 말도 없이 그 자리에 멈춰 섰다. 1초도 지나지 않아 아내는 옆으로 살짝 돌아서서 나를 향해 씩 웃더니 계속 걸어갔다. 그것으로 충분했다. 나는 이 집이 너무나 훌륭하다는, 그래서 꼭 사고 싶다는 아내의 메시지를 충분히 이해했다.

세일즈 클로징 주인의식을 불어넣어라 _ The "Ownership" Close

응접실로 들어서자 아내는 더욱 흥분된 목소리로 말했다. "응접실 크기 좀 보세요. 기둥이 멋지지 않아요?" 아내는 대답할 틈도 없이 말을 이었다. "당신이 쓸 벽난로 좀 보세요. 책을 정리할 수 있는 책장도 딸려 있네요."

갑자기 내가 모든 것의 주인이 된다. 아주 좋은 심리작전이라고 할 수 있다. "당신도 한번 상상해 봐요. 이쯤에 텔레비전이 놓여져 휴일 오후에 당신이 좋아하는 카우보이 프로그램을 보고 있는 모습을요. 또 이쪽에서 활활 타고 있는 벽난로 불빛을 바라보는 당신의 모습이 그려지지 않아요?"

숨 쉴 틈도 없이 아내는 말을 계속했다.

"여기 좀 와 보세요." 아내는 부부침실로 급히 뛰어갔다. "방이 얼마나 큰지 좀 보세요. 킹사이즈 침대를 놓을 공간도 충분하고 우리가 쓸 의자와 테이블도 놓을 수 있겠어요. 우리에게 딱 맞네요. 늘 아침에 일어나서 커피를 마시며 조용한 시간을 가지기를 원했잖아요. 그리고 당신이 쓸 옷장도 있어요. 당신처럼 정리정돈 못하는 사람이라도 모든 게 다 들어가고도 남겠어요."

"여기 좀 보세요." 겨우 숨을 돌리며 아내는 뒷문을 열어 큼직한 뒷마당을 가리키며 말했다. "당신이 쓸 길다란 모양의 수영장을 지을 공간도 충분해요. 한쪽 끝을 차고 방향으로 하고 다이빙대를 반대편에 두어도 이웃집 대지에서 3미터나 떨어져 있어요."

차고 방향으로 걸어가서 문을 열며 아내가 말했다. "좀 보세요. 두 대가 들어가도 넉넉하겠어요. 그리고 당신이 오랫동안 계획했던 당신의 서재를 지을 공간이 3.3평방미터나 돼요." 집으로 들어와서 아내는 다시 말을 이었다. "이 침실 좀 보세요. 수지가 2년 정도 지나면 집을 나갈 텐데 그러면 우리가 늘 원했던 손님방으로 쓰면 되겠어요."

집 구경을 마치자 아내는 내 손을 꼭 잡고 눈을 바라보며 물었다.

"여보, 어때요?"

세일즈 클로징 자존심을 건드려라 _ The "Embarrassment" close

내가 뭐라고 해야 할까? "맘에 안 들어"라고 말할 수는 없을 것이다. 왜냐하면 그건 사실이 아니니까. 그래서 이렇게 답했다.

"여보, 나도 맘에 들어. 그건 확실해. 정말 아름다운 집이지만 당신도 잘 알고 있듯이 우린 이런 집을 살 형편이 안 되잖아." 나의 반응에 아내가 실망하거나 기가 죽었을까? 천만의 말씀. 아내는 나를 보면서 아름답고 사랑스런 두 눈을 반짝이며 말했다.

"여보, 저도 알아요. 그냥 집이 너무 아름다워서 당신도 한번 봤으면 했을 뿐이에요." 아내는 잠시 아무 말이 없다가 이렇게 덧붙였다. "자, 이제 우리 싼 집을 보러 가죠." (나에게 이 비싼 집을 사게 하려고 아내가 일부러 나의 자존심을 건드렸다고 생각하지는 않는다.)

그날 저녁 우리는 그 집에 대해서 별다른 말을 하지 않았다. 우리는 모텔로 돌아가 잠자리에 들었다. 다음 날 아침 나는 양치질을 하느라 욕실에 있었다. 치약을 입에 가득 물고 있을 때는 말하는 데 있어서 분명 불리한 입장에 있다. 그때 아내가 다가와 말했다.

"우리는 댈러스에서 얼마동안 살 거예요?"

나는 치약을 입에 물고 잘 알아들을 수 없는 말로 대답했다. 그러자 아내는 내 말을 잘 알아듣지 못해 다시 물었다.

"얼마냐요?"

이번엔 치약을 뱉어내고 말했다.

"100년쯤. 지금 내가 마흔두 살이고 백마흔두 살이 될 때까지 여기서 살 거니까 앞으로 100년이지."

아내는 말했다.

"아니, 좀 진지하게 말해 봐요."

"진지하게 말한 거야."

아내의 클로징 전략

"여보, 우리가 댈러스에 30년 정도 계속 살 것 같아요?"

아내는 물었다.

"그럼, 당연하지. 출장 다니기에 댈러스만큼 편리한 곳도 없지. 내겐 안성맞춤이야. 이사 다니는 것도 귀찮고. 적어도 30년은 여기서 살 거야. 그런데 왜 하필 30년이야?"

"만약 우리가 여기서 30년을 살 거라면 1만 8,000달러를 30년으로 나누면 1년에 얼마죠?" 아내는 1만 8,000달러가 추가되기 전의 원래 집 값은 까맣게 잊어버렸다는 듯이, 아니 무시하면서 다시 물었다. 원래 투자하기로 한 금액에 추가된 2만 달러도 적지 않은 돈이라고 생각했는데 아내는 이자비용, 보험, 세금은 고려할 생각조차 안 했다.

"1만 8,000달러를 30년으로 나누면 1년에 600달러가 되겠지."

"그럼 한 달에 얼마가 되죠?" 아내는 계속 물었다.

"50달러지."

"그럼 하루에 얼마가 되는 거죠?"

"당신도 셈은 잘하잖아. 하루에 대충 1달러 70센트잖아. 도대체 이런 걸 왜 묻는 거야?"

"여보, 질문 하나만 더 해도 될까요?"

키가 155센티미터인 아내가 눈을 반짝이며 '단단히 각오해요, 여보'라고 말하는 듯한 표정으로 미소를 지으며 서 있는 모습을 보자 불현듯 내가 그녀의 덫에 걸려들고 있다는 것을 감지했다. 그렇지만 별 달리 손을 쓸 수가 없었다.

"그럼, 물어봐."

"당신은 그냥 아내가 아니라 '행복한' 아내를 얻는 데 하루에 1달러 70센트는 투자할 수 있지요?"

지금 우리는 그 집에 살고 있다.

이 일화는 많은 시사점과 테크닉 그리고 심리 전략을 보여주고 있다. 먼저 나는 아내의 꿍꿍이를 알았음에도 아무런 대응도 못했고 화도 제대로 내지 못했다. 세일즈를 하면서 당신이 만나게 되는 대부분의 고객들과 마찬가지로 나는 아내에게 화를 낼 수가 없었다. 세일즈라는 것은 그 사람의 성격과 완전히 별개로 이루어지는 것이 아니다. 따라서 사람도 좋고 테크닉도 뛰어나다면 고객들은 그를 거부할 수가 없게 된다.

자신의 상황에 맞게 응용하라

여러분들이 많은 방법을 시도하기를 바라는 마음으로 실제로 있었던 이야기를 소개하는 것이다. 먼저 자신의 구체적인 상황에 따라 이 이야기를 해석하고 응용하기 바란다. 아내가 나에게 사용했던 방법을 나는 '1902전략'이라고 부른다. 그 이유는 프레드릭 쉘던Frederick Sheldon이 1902년에 처음 소개했기 때문이다.

33

아내는 내가 진행한 세일즈 교육 강의를 청강하던 중 이 방법을 배우게 되었다. 그리고 우리 집을 구매할 때 나를 설득하기 위해 자신의 상황과 요구에 맞춰 즉각적으로 적용했다.

고객의 말을 액면 그대로 듣지 마라

이 이야기의 두 번째 교훈은 전에는 멀쩡했던 아내에게 갑자기 청각장애가 생겼다는 사실이다. 나는 줄기차게 아내에게 말했다. 너무 비싸다, 감당할 수 없다, 관심 없다, 여유가 없다, 흥미 없다… 등등 지금도 나는 그때 한 말들이 아내의 귀에는 한마디도 들리지 않았다고 생각한다.

아내는 이미 그 집을 사기로 마음먹었고 그 집을 살 수 없다는 부정적인 말이 나오면 '청각장애'를 일으켰다. 고객이 관심 없다고 말할 때 세일즈맨은 스스로 약간의 청각장애를 유발시킬 필요가 있다.

이런 식으로 생각해 보자. 고객이 "너무 비싸요" 또는 "관심 없어요"라고 말할 때는 이렇게 해석하라. 즉, '내가 지불하는 많은 금액의 돈에 비해 당신이 제시하는 혜택이 적기 때문에 그 상품을 안 사려는 것이다'라고. 이런 경우에는 내 아내처럼 약간의 청각장애를 일으켜라. 고객의 말 한마디 한마디에 연연해 할 필요는 없다.

또 한 가지 이러한 접근방식과 일맥상통하는 포인트가 있다. 아내가 단 한 번도 방어적이거나 따지고 들거나 대립적인 반응을 보이지 않았다는 사실이다. 아내는 나를 설득하는 과정 내내 그 집을 살 것이라는 긍정적인 믿음이 있었으며 사랑스럽고 열정적인 태도로 초지일관했다.

내가 돈 문제를 계속 언급했을 때에도 아내는 결코 언쟁을 벌이지 않았는데 이는 매우 훌륭한 행동이다. 왜냐하면 논쟁은 대개 대립을 야기시키고, 대립적인 태도를 취하면 긍정적인 영향력을 행사하기 어렵기 때문이다.

세일즈 클로징 고객의 재정능력을 과소평가하지 마라 _ The "Affordable" Close

세 번째 교훈. 아내는 긍정적인 사람이고 나 역시 긍정적인 사람이란 사실을 알고 있다. 그녀는 내가 강연을 한 번 더 하거나 상품을 하나 더 팔면 더 많은 돈을 조달할 수 있다는 것을 확신하고 있었다.

세일즈맨은 자신의 고객이 그 상품을 살 수 있을 만큼 재력이 충분하다는 긍정적인 생각을 가져야 한다. 대개 세일즈맨의 기대수준이 고객의 구매결정에 직접적인 영향을 준다는 사실을 명심해야 한다. 상담 때마다 팔 수 있다는 기대를 가져라. (이 부분에 대해서는 추후 더 자세히 다루도록 하겠다.)

네 번째 교훈. 아내는 나에게 많은 질문을 했고 그 질문들로 인해 우리가 그 집을 살 수 있을 뿐만 아니라 반드시 사야 한다는 명백한 결론에 도달했다. 많이 팔려면 장황한 설명보다는 질문을 던져라. 이것이 바로 소크라테스의 문답법이다. 의사, 변호사, 회계사, 카운셀러, 목회자, 탐정 등 다양한 분야의 성공한 사람들이 이 문답법을 사용하고 있다.

목표를 정확히 설정하라

다섯 번째 교훈. 아내는 자신이 성사시켜야 할 거래가 1만 8,000달러짜리 세일즈라는 것을 잘 알고 있었다. 집을 보러 다니기 전에 이미 그녀는 우리가 감당할 수 있는 금액에 대해 못 박아 두었다. 게다가 2만 달러의 추가 투자 안에 대해서도 설득을 완료한 상태였다. 세일즈 프로답게 그녀는 이미 결정된 것에 대해 더 이상 왈가왈부할 필요가 없음을 잘 알고 있었다.

그렇다면 문제는 분명해졌다. 이제 그녀는 1만 8,000달러에 대해서만 세일즈를 성사시키면 문제를 해결할 수 있다. 부동산 거래에서 고객이 집을 구매하는 데 20만 달러를 지불할 의향이 있다고 말한다면 실제로 당신은 20만 달러짜리 주문을 받은 것이나 다름없다. 이 경우 당신이 사실상 해야 할 세일즈는 고객이 특정 지역에 있는 특정 주택을 사도록 설득하고 나서 고객이 제안한 가격을 집주인이 수용하도록 설득하는 것이다. 대개 매수자의 제시가격은 집주인이 제시하는 매도가보다 낮게 마련이다.

고객이 원하는 상품의 가격이 고객이 제시한 지불 상한가인 20만 달러가 아니라 그보다 높은 25만 달러에 책정되어 있다면 진짜 세일즈 능력이 요구된다. 만약 25만 달러가 아니라 5만 달러라면 세일즈는 훨씬 쉬워진다. 고객은 20만 달러를 지불할 용의가 있고 이는 당신과 전혀 상관없이 이루어진 결정이다.

고객은 자신의 필요에 의해 당신이나 혹은 다른 사람에게 그 상품을 살 수밖에 없다. 시장에 나와 있는 상품에 대해서도 마찬가지 사고를 적용할 필요가 있다. 고객이 투자하고 싶은 돈은 OOO달러인데 비해 고객의 요구를 충족시키기 위해 그보다 많은 돈이 필요하다면 실제로 세일즈 대상이 되는 금액은 고객이 마음속으로 투자하겠다고 정한 것보다 많아진다.

앞서 말했듯이 아내는 1만 8,000달러에 대해서만 세일즈를 하면 되도록 금액을 줄여 놓았다. 2만 달러 추가분, 원래 집값, 세금, 보험, 이자, 거기다 또 다시 1만 8,000달러를 이야기하면 내가 재정적으로 소화하기 어렵다는 것을 잘 알고 있었다. 그래서 아내는 마지막 추가금액인 1만 8,000달러만 살포시 떼 내어 소화제가 필요 없을 만큼 잘게 분해해 주었다. 지금은 고인이 된 더글러스 에드워드Douglas Edward는 이것을 '극단적인 단순화 전략reduction to the ridiculous'이라고 불렀다.

합리적인 요구라면 그녀가 원하는 것은 뭐든지 주어진다는 것을 알고 있었다. 또한 그 집을 사기 위해 더 열심히 일하고 더 많이 팔고 강연을 더 많이 할 수 있다는 긍정적인 자신감이 내게 있음도 알고 있었다. 마지막으로 우리의 예산을 면밀히 분석한 결과, 수입이 들어오는 주기나 방식에 관계없이 생활을 꾸려 나가려면 하루라도 돈을 쓰지 않을 수 없다는 결론에 도달했다.

아내는 내가 이해할 수 있고 감당할 수 있을 만한 숫자들을 이용해서 그 돈을 하루 단위로 나누었다. 그렇게 함으로써 '왜 집을 사야 하는가'라는 물음이 '어떻게 하면 집을 살 수 있을까'라는 고민에 방해가 되지 않도록 만들었다. 말하자면 고객이 감당할 수 있는 수준으로 가격을 나누어 구매를 쉽게 만들어 준 것이다.

정보를 입수하고 분석하라

여섯 번째 교훈. 아내가 나에 대해 잘 알듯이 당신이 모든 고객을 잘 알 수는 없지만 최대한 많은 사전정보를 입수해야 한다. 아내는 내가 원하는 바를 잘 알고 있었다. 예를 들어 내가 어린 시절에 씩씩대며 커다란 수영장을 짓겠노라고 말한 적이 있다는 사실을 알았다.

미시시피 주 야주시에 살았던 나는 어린 시절 마을에서 유일하게 수영장이 있던 컨트리클럽으로 친구와 함께 수영을 하러 갔다. 그 무더운 여름날 자전거를 타고 클럽에 갔다. 수영복을 입고 있었기 때문에 바로 물에 뛰어들고 싶은 마음이 굴뚝같았는데 친구는 아직 오지 않았다.

나는 유혹을 참지 못하고 수영장으로 뛰어들었다. 그런데 클럽 회원이 골프경기를 하던 도중 수영장 옆을 지나가다가 내가 회원이 아닌 것을 알고는 즉시 수영장 밖으로 끌어냈다. 그는 다음날 자기 사무실로 나를 불렀다. 나는 완전히 겁에 질렸다. 가기도 겁났고 안 가자니 더 겁이 났다. 그땐 정말로 내가 감옥에라도 갈 만큼 큰 죄를 지은 줄만 알았다.

그는 심하게 꾸짖었다. 실제로 나는 울면서 그 사무실을 나와야 했다. 그날 나는 어린애들이 곧잘 하듯이 큰소리로 '언젠가는 미시시피 야주시 컨트리클럽 수영장보다 더 큰 수영장을 짓고 말테야'라고 다짐했다.

화가 나서 한 다짐이었기 때문에 정말로 그렇게 믿지는 않았다. 그러나 일이 잘 풀리고 직업적으로 성공하면서 그 꿈은 부활했고, 마침내 야주시 컨트리클럽의 옛날 수영장보다 정확히 30센티미터 더 긴 수영장을 1969년 우리 집 뒷마당에 갖게 되었다.

내가 말하고자 하는 요점은 세일즈의 기본이다. 즉, 고객에 대해서 최대한 많이 공부하고 그 정보를 십분 활용하라는 것이다. 목소리 톤도 적절히 사용하는 법을 터득해야 하는 데 이 점에 대해서는 이 책 전반에 걸쳐 자세히 다루도록 할 것이다.

가격을 작은 단위로 쪼개라. 세일즈에 긍정적인 자세로 임하고 고객의 말을 액면 그대로 듣지 마라. 질문을 통해 문제를 찾아내고 고객의 구매결정을 유도하라. 고객이 갖고 있는 문제의 해결책이 무엇인지를 찾아보고 당신의 상품이 그 문제를 어떻게 해결해 줄 수 있는지를 보여주라.

2% 부족할 때

일곱 번째 교훈. 사우스캐롤라이나 주 콜롬비아에서 댈러스로 이사했을 때 아내와 내가 약속한 것 중 하나는 집을 살 때는 스타일, 위치, 자재 등을 비롯하여 집을 좀 더 우리 취향에 맞게 꾸미는 데 필요한 세부적인 사항에 대해 아내가 대부분의 결정권을 갖기로 한 것이었다.

그러나 내가 꼭 원했던 세 가지가 있었다. 나머지는 모두 아내가 원하는 대로 하기로 했다. 우선 앞에서 설명했듯이 긴 수영장이 있어야 했고, 두 번째는 말로만 계획하고 실천하지 못했던 집필 작업을 할 수 있는 작은 서재를 원했다. 그리고 마지막은 길게 굽이굽이 돌아오는 진입로였다.

우리가 산 집은 아름답고 멋진 집이었지만 세 가지가 빠져 있었다. 이제 당신도 그 세 가지가 무엇인지 알 것이다. 그러나 우리의 세일즈 여왕은 수영장과 서재를 어디에다 지을 수 있는지 꼼꼼하게 일러주었으며 진입로 노선까지 그려주었다.

바로 이것이 가장 중요한 포인트다. 대부분 고객들은 아주 구체적인 것들을 요구할 것이다. 당신이 고객이 원하는 것을 가지고 있다면 그 요구를 채워주어야 한다. 그러나 중요한 점은 대다수 사람들은 어떤 옵션이 존재하는지를 모르기 때문에 자신이 원하는 것이 무엇인지 모를 때가 많다. 즉, 당신이 고객의 요구를 100% 충족시켜 줄 수 없는 경우, 고객이 자신의 요구만 고집하기 때문에 다른 대안은 고려하지 않을 거라고 단정짓지 말라는 것이다.

쇼핑을 가서 원래 사려던 것을 찾지 못해서 결국 다른 것을 샀는데 오히려 그것이 더 맘에 드는 경우를 경험했을 것이다. 내가 원하는 몇 가지가 없다고 해서 그 집을 매수 대상에서 제외시킬 필요는 없다. 아내는 나중에 빠진 것들을 추가해서 건축설계사 맘대로 지어놓은 집이 아니라 우리가 원하는 대로 집을 꾸밀 수 있다는 점을 설명함으로써 그 문제를 간단히 해결했다. 상상력을 동원해서 고객이 원하는 것을 얻도록 도와주면 당신의 문제도 해결할 수 있다. 반드시 기억하라.

다른 사람이 원하는 것을 얻도록 최선을 다해 도와주면
당신도 인생에서 원하는 모든 것을 얻을 수 있다.

고객을 거래의
승자로 만들어라

Making "King" Customer the Winner

잠깐! 내가 초반에 언급했던 펜을 준비하지 않았다면 여기서 한 줄도 더 읽어서는 안 된다. 이 책 전반에 걸쳐 배우고 자극 받는 경험을 하게 될 것이며 그 결과 당신이 파는 상품이 무엇이든 간에 판매실적을 향상시킬 수 있게 될 것이다.

처음부터 끝까지 펜을 들고 있어야 한다. 거의 매 페이지마다 동그라미를 치고 밑줄을 긋고 표시하고 메모를 해야 하기 때문이다. 이 책을 두 번째 읽을 때 사용할 공책도 마찬가지다. 이 책은 쉽고 재미있게 읽히는 책이다. 그러나 저자로서 나의 주요 목적은 독자에게 정보를 제공하거나 재미를 주는 것이 아니다. 나의 목적은 동기를 부여해 주고 재정적으로 이익이 되는 '성장과 행동'이라는 프로세스에 당신이 적극적으로 몰입하도록 만드는 것이다.

펜이 준비되었다면 성장할 준비가 되었다는 뜻이므로 책 읽기를 다시 시작해도 된다. 아직도 펜을 준비하지 않았다면 스스로에게 다음 질문을 던져보라. 당신은 저자에게 관심이 있거나 세일즈에서 기적을 바라기 때문에 이 책을 구입했는가? 아니면 효과적인 방법으로 판매실적을 높이고 다른 사람들이 구체적인 행동을 취하도록 설득함으로써 자신의 세일즈 커리어를 발전시키기 위해 이 책을 구입했는가?

만약 후자라면(나는 당연히 후자이기를 바란다.) 당신은 운이 좋은 사람이다. 왜냐하면 이 책에 제시된 방법과 기법들은 많은 사람들을 통해 그 효과가 입증되었고, 꾸준히 학습하고 실천하기만 한다면 당신도 역시 그 효과를 누릴 수 있기 때문이다.

'학습과 실천'이라는 중요한 전제조건이 붙긴 했지만 이 책에 소개된 방법들은 앞으로 당신이 세일즈 상담을 하고 나서 판매일지에 '성공'이라고 기록할지 '실패'라고 적을지를 판가름하는 결정적인 변수가 될 것이다.

세상에 공짜는 없다

단순히 상품을 파는 것이 아니라 고객과의 관계를 형성하면서 세일즈 전문가가 되고 클로징 능력을 대폭 향상시키려면 끊임없이 공부해야 한다. 마찬가지로 자신의 세일즈 잠재능력을 충분히 개발하려면 노력, 그 것도 상당한 노력이 필요하다.

단순히 이 책을 읽는 것만으로는 부족하다. 그러나 걱정할 필요는 없다. 장담하건대 이 책을 일독하는 것만으로도 상당한 의미가 있기 때문이다. 한번만 훑어봐도 당신이 이미 알고 있지만 정리되지 않았던 생각들, 아이디어, 느낌들을 확인하게 될 것이다. 또한 당신이 이미 사용하고 있는 전략을 보다 효과적으로 사용할 수 있는 구체적인 방법도 배우게 될 것이다.

무엇보다도 이 책은 당신이 이미 가지고 있는 것을 더 많이, 더 잘 활용하도록 새로운 동기를 부여해 줄 것이다. 책을 다 읽기도 전에 당신의 판매실적을 향상시키고 고객이 특정 기법과 절차에 대해 왜 그런 식으로 반응하고 대응하는지에 관한 새로운 내면심리까지 배우게 할 것이다.

이것은 매우 중요한 포인트다. 어떤 일을 하는 방법을 알고 그것을 해낸다면 일을 놓치는 법이 없다. 일을 놓치지 않고 그 일을 해야 하는 이유도 안다면 당신은 세일즈의 세계에서 리더가 될 수 있다.

더욱 중요한 것은 이 책에서 세일즈라는 직업에 대한 태도와 신념을 배우고 나면 세일즈 생산성뿐만 아니라 국내에서 가장 흥미로운 커리어인 세일즈(이것은 사견이자 성공한 세일즈맨들의 의견이기도 하다.) 직업을 가진 당신의 장기계획에 즉각적인 변화가 일어난다는 점이다.

설득하라 —수긍만으로는 부족하다

세일즈맨의 가장 큰 난제는 고객의 동의를 이끌어 내는 것이다. 당신이 듣고 싶은 것은 "그래요, 좋은 상품이네요.", "맞아요, 돈을 절약할 수 있겠네요.", "네, 그 상품이 필요해요.", "네, 사고 싶어요.", "네, 상품값은 감당할 수 있을 거예요"라는 말이다.

그러나 여전히 고객은 상품을 사지 않을 것이다. 대개 이런 말들은 고객이 상품의 장점에 대해서는 수긍을 하거나 적어도 수긍을 하는 것 같다는 사실을 보여줄 뿐이다. 아직도 고객이 구매라는 행동을 취하도록 설득하지는 못했다.

아리스토텔레스는 전 시대를 통틀어 가장 뛰어난 사상가라고 알려져 있다. 그러나 그는 완전히 잘못된 믿음을 가지고 있었다. 그는 무게가 다른 동일한 물체가 같은 높이에서 추락하면 다른 속도로 떨어질 거라고 믿었다. 피사대학에서도 이렇게 가르치고 있었다.

몇 년 뒤 갈릴레오가 나타나 정반대의 주장을 펴면서 이 이론에 도전 장을 냈다. 교수들과 학생들은 갈릴레오가 감히 위대한 아리스토텔레스의 가르침을 반박했다는 것에 놀라워했다. 그리고 갈릴레오에게 자신의 이론을 증명해 보이라고 요구했다.

갈릴레오는 무게가 다른 동일한 물체를 들고 피사의 사탑에 올라가서 실험으로 증명해 보였다. 그가 사탑에서 두 물체를 동시에 떨어뜨리자 한 치의 오차도 없이 동시에 바닥에 떨어졌다. 이로써 갈릴레오는 학생과 교수들에게 자신이 옳고 아리스토텔레스가 틀렸음을 분명히 입증했다. 그렇다면 그 이후에 피사대학에서는 어떤 이론을 가르쳤을까?

그렇다. 여전히 아리스토텔레스의 이론을 가르쳤다. 그들은 갈릴레오 이론에 수긍은 했지만 갈릴레오도 그들을 설득하지는 못했다. 두 가지 질문에 대해서 생각해 보자. 첫째, 어떻게 설득하는가? 둘째, 설득이란 무엇인가? 이것에 대한 답은 다음과 같다. '설명이 아니라 질문을 하라.'

설득Persuasion이란 말은 '좋은 조언을 미리 주다'라는 뜻의 불어에서 유래한 단어다. 다음의 예는 문답기법을 구체적으로 설명하고 있다. 이 책은 세일즈 전문가들이 좋은 조언을 미리 제공해 주는 '카운셀러' 또는 '구매 도우미'가 되는 과정에서 수행하게 되는 역할을 고찰하고 제시해 줄 것이다. 앞서 지적한 대로 모든 세일즈의 고지를 점령하는 과정에서 당신은 700개 이상의 질문을 만나게 될 것이다. 그럼 예를 살펴보자.

다음에 열거된 질문은 단순하지만 스스로 답을 해보는 것이 중요하다. 그렇게 함으로써 자신의 생각을 정리하고 이 책을 이해하는 초석을 마련할 수 있기 때문이다. 당신의 대답은 당신의 태도를 직접적으로 대변해 주는 것이고 세일즈맨으로서 성공여부에도 영향을 준다.

질문 : 당신이 팔고 있는 상품은 좋은 상품입니까?

예 _____   아니오 _____

질문 : 당신이 팔고 있는 상품은 보기 드물게 좋은 상품입니까?

예 _____   아니오 _____

질문 : 당신이 팔고 있는 상품은 문제를 해결해 줍니까?

예 _____   아니오 _____

질문 : 문제를 해결해 주는 상품을 팔기 때문에 이익을 가져가는 것이 정당하다고 느끼십니까?

예 _____   아니오 _____

질문 : 두 가지 상품을 팔아서 두 문제를 해결했다면 두 배의 이익을 가져가는 것이 정당하다고 느끼십니까?

예 _____   아니오 _____

당신이 모든 질문에 '예'라고 대답했을 가능성은 매우 크다. 당신이 이런 대답을 통해 진짜로 말하고자 하는 핵심은 더 많은 문제를 해결할수록 더 많은 이익을 얻는 게 정당하다는 것이다. 그것은 맞는 말이다.

질문 : 당신은 판매를 시작한 지 1년 이상 되었습니까?

예 _____   아니오 _____

질문 : 그렇다면 지난 12개월 동안 세일즈를 해서 번 돈을 모두 가지고
있습니까?

예 _____   아니오 _____

분명 마지막 질문에 대한 답은 '아니오'일 것이다.

질문 : 당신이 1년 전에 판 상품을 지금도 사용하면서 그 혜택을 누리
고 있는 고객이 있습니까?

예 _____   아니오 _____

만약 그렇다면(아마 대부분의 경우 그럴 것이다.) 당신과 고객 중에 누가 더
이익을 볼까? 만약 고객에게 더 큰 이익이 돌아갔다면 거래가 성사되었
을 때 누가 누구에게 감사하다는 말을 해야 할까?

아마도 당신은 상품을 판 즉시 수익이나 커미션의 전부 또는 대부분
을 써버렸을 것이다. 심지어는 상품을 팔기도 전에 이미 돈을 써버리는
경우도 있을 수 있다. 물론 당신의 고객이 당신이 판매한 상품을 수주,
수개월 또는 수년 동안 사용하고 그 혜택을 누렸을 가능성도 아주 높다.
만약 당신이 문제를 해결해 주는 합법적인 상품을 판매하고 있고 그것을
공정한 가격에 판다면 가장 이익을 보는 당사자는 고객이다.

질문 : 세일즈라는 것이 '누군가에게' 하는 행위인가, 아니면 '누군가를
위해서' 하는 행위인가?

(이것이 바로 내가 이 책에서 설명하고자 하는 가장 중요하고 심오한 주제다. 이 질문

에 대한 대답은 세일즈에 임하는 당신의 마음과 관심을 고스란히 드러내 준다.)

세일즈가 고객을 대상으로 하는 행위라고 생각한다면 당신은 조종자 manipulator다. '조종하다manipulate'의 사전적 의미는 '다른 사람의 행동을 통제하다', '기술적으로 또는 부정한 목적으로 상황을 조작하다'라는 뜻으로 풀이된다. '조종manipulation'이란 '때때로 사기를 칠 목적으로 사용하는 기술적이고 교묘한 술책'을 말한다.

조종자들이 상품을 잘 판다는 것은 나도 인정한다. 그러나 50년 넘게 세일즈맨으로 활동하면서 세일즈맨으로서 성공한 조종자는 단 한 사람도 못 봤다. 이 책을 읽다 보면 내가 말하는 성공의 의미를 알게 될 것이다.

반면, 세일즈가 고객을 위해서 하는 행위라고 생각한다면 이 책은 진정 당신에게 귀중한 보탬이 될 것이다. 당신이 다른 사람들, 즉 고객들을 이롭게 하는 데 진심으로 관심이 있다면 이 책은 당신에게 상당히 유익한 책이다.

세일즈의 세계는 때론 스포츠 세계와 정반대다. 나는 2년 동안 링에서 권투 선수로 싸운 적이 있다. 내가 그만둔 이유는 단 하나였다. 심판이 자꾸만 내 손을 잡았기 때문이다. 링에 처음 올라갔을 때 코치가 내게 가르쳐 준 전략 중 하나는 "상대의 약점을 찾아내서 공략하라. 상대편이 제대로 방어하지 못하는 부분을 찾아내서 집중적으로 공략하라. 그리고 상대를 이용하라"는 것이었다. 미식축구에서 쿼터백도 상대팀의 약점을 찾아내고 그 약점을 이용해야 한다. 이처럼 운동경기를 할 때 당신은 공략할 수 있는 상대방의 약점을 찾는다. 그러나 세일즈의 세계에서는 상대방(고객)의 약점(요구)을 찾아 자신의 상품이나 서비스를 제공함으로써 그 약점을 강점으로 만들어 줄 수 있다. 그렇다. 세일즈는 고객을 대상으로 약점을 공략하는 스포츠가 아니라 고객을 위해서 약점을 강점으로 바꿔

주는 행위다.

결론을 내려보자. 당신이 진정한 프로라면 모든 합법적인 수단을 동원해서 고객이 자신의 이익을 위해 행동하도록 설득해야 한다.

승리자이며 챔피언, 고객은 왕

앞서 제시한 질문들을 통해서 실제로 가장 혜택을 받는 사람이 고객이라는 점을 당신의 마음속에 각인시켰다. 물론 합법적인 상품이고 가격도 합리적이며 그 상품이 제대로 기능한다는 전제 하에 그렇다는 것이다.

만약 내가 당신에게 질문을 하는 대신 다음과 같이 말했다고 가정해 보자. "솔직히 같은 세일즈맨으로서 여러분도 아시다시피 이 상품을 사면 고객이 이익입니다." 대부분 동의할 것이다. 그러나 상당수는 속으로 비웃으며 말했을 것이다. '그렇지, 고객들이 이익을 보지. 그럼 맞는 말이지. 그렇지만 나도 이익이지.' 당신은 아마도 만족해 하면서 약간의 웃음을 지으며 이런 생각을 했을지도 모른다.

그러나 내가 사용한 방법은 간단명료하다. 나는 당신에게 '설명'하거나 '강매'하려고 하지 않았다. 그랬다면 당신은 거부감을 일으켰을 것이다. 내가 당신에게 질문을 던지면 당신이 스스로 질문에 답하게 되므로 나에게 불쾌감을 가질 이유는 전혀 없다.

그렇다면 당신의 고객과 상황에 이것을 적용해 보자. 질문을 이용한 이 절차를 통해 고객은 스스로를 설득하게 된다. 그러므로 화낼 일도 없고 당신이 바라는 대로 고객이 행동을 취할 가능성도 훨씬 높다. 문답법을 활용해 보라. 분명 효과가 있다.

고객이 사지 않는 이유

고객이 당신에게 상품을 사지 않는 이유는 다섯 가지가 없기 때문이다. 필요가 없거나, 돈이 없거나, 서두를 필요가 없거나, 욕구가 없거나, 신뢰가 없기 때문이다. 사지 않는 어떤 이유나 변명도 당신에게는 판매 기회의 상실을 의미하고, 고객은 그 상품을 구매함으로써 얻을 수 있는 이익을 포기하는 것이기 때문에 결국 세일즈가 발생하지 않으면 매수자나 매도자 모두에게 손해다.

세일즈가 이루어지지 않으면 매수자, 매도자 모두 비싼 대가를 치러야 한다는 점을 생각할 때 고객이 당신에게 상품을 사지 않는 이유를 하나하나 면밀히 분석해야 한다. 이유를 찾아내고 효과적으로 대처하면 세일즈의 효율성과 고객 서비스를 개선할 수 있다. 그러면 더 많은 사람들에게 이익이 돌아가고 당신은 더 큰 수익을 올리게 된다.

고객이 당신에게 상품을 사지 않는 다섯 가지 이유 중 하나는 당신이 팔고 있는 것에 대한 필요성을 못 느끼기 때문이다. 만약 모든 사람이 '반드시 필요한 것만 사야 한다'라는 구식 사고방식을 갖고 있다면 세일즈맨들은 심각한 문제에 직면할 것이다. 내가 이 말을 하는 이유는 대부분의 사람들이 모든 것을 필요 이상으로 훨씬 많이 소유하고 있기 때문이다.

당신은 몇 벌의 옷, 얼마나 큰 공간, 몇 대의 차, 몇 대의 텔레비전, 얼마나 많은 음식을 필요로 하는가? 다행히 고객들은 그들이 원하고 갈망하는 것을 구매한다. 고객이 당신에게 사지 않는 네 번째 이유로 욕구 또는 욕구의 부족에 대해서 다룰 것이다.

다시 필요의 문제로 돌아와서 고객이 "안 사겠습니다"라고 말할 때 그것이 실제로 무엇을 의미하는지 살펴보자. 대개 "사겠습니다"라고 말할 수 있을 만큼 충분한 지식이 없기 때문에 구매를 거부한다. 이 점에 대해서는 추후 더 자세히 다루도록 하겠다.

두 번째 이유는 돈이다. 돈이 없기 때문에 사지 않는 것이다. 실제로 고객에게 돈이 부족하거나 전혀 없는 경우도 있다. 그런 경우에 당신이 온갖 방법을 동원한다고 해도 고객의 돈을 만들어낼 수는 없지 않은가? 당신의 환상을 깨려는 의도가 없음을 밝혀 둔다. 특히 세일즈에 갓 입문한 신참이라면 더더욱 그렇다.

돈에 관해서 당신에게 거짓말을 하는 고객이 있을 것이다. 당신이 팔고 있는 상품을 살만한 돈이 없거나 돈이 부족하다는 말은 한 번쯤 의심해 볼 필요가 있다. 당신도 이미 그런 사람들을 겪어 보았을 것이다.

세일즈 클로징 감추어진 욕구를 찾아내라 _ The "Want It" Close

다음 일화가 바로 이 점을 확인시켜 주는 사례다. 내가 처음 세일즈에 입문했을 때 사우스캘리포니아 랭커스터 카운터의 펀더버그가를 방문한 적이 있다. 그 집은 양계장을 운영하고 있었다. 나는 집주인과 친구들에게 조리기구 세트를 보여주며 세일즈를 했다. 완벽하게 상품 설명을 끝내고 잠시 거실과 부엌을 둘러 볼 수 기회가 있었는데, 부엌을 살펴보니 어떤 조리기구가 없는지 알 수 있었다. 쓸 만한 조리기구가 필요하다는 것이 자명했다. 그런데 두 시간이나 팔아 보려고 애썼지만 소용이 없었다. 펀더버그 부인은 "돈이 없어요.", "너무 비싸요.", "우리 형편에는 무리예요"라는 말을 반복했다. 마치 고장 난 녹음기처럼.

그런데 어떻게 시작되었는지 누가 먼저 그 말을 꺼냈는지는 모르지만 아무튼 본차이나 도자기라는 말이 나왔다. 펀더버그 부인이었는지 나였는지 기억은 안 난다. 본차이나라는 말에 펀더버그 부인의 눈은 크리스마스 트리장식처럼 반짝이기 시작했고 다음과 같은 대화가 이어졌다.

"본차이나도 있어요?" 펀더버그 부인이 물었다.

"마침 저희 회사에서 세계 최고급 본차이나를 취급하고 있습니다." 나는 웃으며 대답했다. 내가 보기엔 최고급이었다.

"지금 상품을 가지고 계신가요?"

"운이 좋으십니다." 나는 차를 향해 총알처럼 달려가면서 말했다.

잠시 후 내가 그토록 팔려고 애썼던 조리기구보다 훨씬 비싼 도자기 주문서를 챙겨들고 집을 나왔다. 사실 세일즈라고 할 수도 없었다. 펀더버그 부인이 원하는 도자기 문양을 고르고 대금결제 방식을 정하는 게 전부였다.

질문을 던져 보겠다. 너무 비싸서 감당할 수 없다고 했던 조리기구 세트보다 비싼 도자기를 산 펀더버그 부인은 돈이 없다고 말했었다. 그렇다면 그 말은 거짓말인가? 흥미로운 질문이 아닐 수 없다. 그렇다. 그녀는 거짓말을 한 것이다. 나는 '거짓말은 거짓말일 뿐이다'라는 말이 거짓말이라고 믿는 사람 중 하나다.

그러나 이 책의 목적은 스스로에게 최선이 되는 쪽으로 행동을 취하며 고객을 설득하도록 돕는 데 있다. 그러므로 고객의 입장에 서서 펀더버그 부인처럼 생각하고 느끼면서 구매 도우미가 되어 보자. 이 관점은 도자기, 자동차, 컴퓨터 등 파는 상품에 상관없이 중요하다.

펀더버그 부인이 돈이 없어서 조리기구 세트를 살 수 없다고 말했을 때 그녀는 속으로 '원치 않는 조리기구를 살 돈이 없다'는 말을 하고 있었다. 중요한 부분을 너무 작은 소리로 말해서 아무도 들을 수는 없었지만 어쨌든 그녀는 사실을 말하고 있다고 합리화한 것이다.

이와 같은 상황에서 핵심은 조리기구를 사지 않는 진짜 이유를 알아내는 것이다. 이 경우 사지 않는 이유는 돈이 없어서가 아니라 소유욕구가 없어서라고 할 수 있다. 사지 않는 원인을 탐색해 내는 기법에 대해서도 나중에 다룰 것이다.

펀더버그 부인이 도자기를 산 이유는 세 가지다. 첫째, 정말로 원했기 때문이다. 둘째, 인간적으로 나를 신뢰했기 때문이다. 셋째, 내가 예의를 갖춰 끈질기게 구매 도우미 역할을 하면서 그녀의 욕구를 탐색했고, 그 결과 그녀가 소유하려는 것은 조리기구가 아니라 도자기라는 속내를 드러냈기 때문이다.

고객은 자기가 원하는 것을 산다

펀더버그 부인은 아름다운 도자기를 보았을 때 '저 도자기 세트를 정말 갖고 싶기 때문에 그것을 살 돈이 있다'라는 생각을 했다. 현실적으로 볼 때 그녀에게 절실하게 필요한 것은 조리기구였고, 평생 동안 날이면 날마다 유용하게 사용했을 것이다. 반면 도자기 세트는 아마 1년에 한두 번 사용했을까? 그럼에도 그녀는 도자기 세트를 원했다. 이것은 매우 중요한 세일즈 포인트다.

———————————

상품값으로 지불하는 돈보다
그 상품을 간절히 원해야 사람들은 산다.

———————————

세일즈 커리어를 쌓아 가는 최고의 방법을 요약해 보자. 사람들은 대체로 필요한 상품이 아니라 정말로 원하는 것을 산다. 합법적인 방법으로 상품과 서비스가 제공하는 혜택을 판매함으로써 고객이 계속 당신에게 사도록 만드는 것은 당신의 기회이자 책임이다.

물러서는 일은 언제든 가능하다 — 지금은 앞으로 나아가라

많은 사람들이 상품을 사지 않는 세 번째 이유는 서두를 필요가 없기 때문이다. 오늘 사든 내년에 사든 고객에겐 중요하지 않다. 고객들은 종종 이런 생각과 질문을 한다. "오늘 사야 하다니요? 제 나이가 서른아홉인데요, 이 대단한 상품 없이도 잘 살았어요. 혹시 지나가는 뜨내기 장사꾼은 아니시죠?" 또는 이렇게 물을 수도 있다. "그러니까 제 말뜻은 여기서 계속 영업하실 거죠? 폐업하시는 건 아니죠? 왜 그렇게 재촉하세요?"

현실적으로 서두를 게 없다는 고객의 상황은 세일즈맨이 극복해야 할 가장 큰 난제 중 하나다. 고객의 흥미를 유발해서 '오늘' 어떤 행동을 취하도록 하는 것이 주요 목표이므로 이 책 전반에 걸쳐서 고객의 '느긋함'에 대처하는 방법을 소개할 것이다.

세일즈 클로징 황혼의 신혼부부 _ The "Bride" Close

느긋한 고객을 서두르게 만드는 효과적인 테크닉을 하나 소개하겠다. 세일즈를 시작한 초기에 나는 고객의 말에 동의하는 방법을 배웠다. 이것은 세일즈에 있어서 매우 유용한 테크닉이었다. 방법은 이렇다. 한참을 설득했는데도 전혀 구입할 기미가 보이지 않으면 미소를 지으며 이렇게 말했다.

"고객님, 제가 고객님의 상황을 검토해 보고 살면서 얻은 경험을 돌이켜 생각해 보건대 고객님 말씀이 옳습니다. 나중에 사셔도 될 것 같아요. 제 인생을 돌이켜 보면 결혼은 재정적인 면에서 실수였습니다. 결혼식에도 돈이 많이 들었고 돈을 지출할 때마다 실수를 했을 수도 있습니다.

예를 들어 우리가 20년만 더 기다렸다가 결혼했으면 훨씬 멋진 신혼여행을 다녀올 수 있었을 겁니다. 아이를 낳은 것도 실수였습니다. 육아

53

비용이 만만치 않았기 때문이죠. 10년이나 15년쯤 기다렸다면 아이들에게 훨씬 많은 것을 해줄 수 있었을 텐데. 집을 산 것도 실수였습니다. 한 이삼십 년만 더 기다렸다 샀더라면 훨씬 더 좋은 집을 살 수 있었을 텐데요. 고객님, 어떤 행동을 하기에 앞서 모든 것이 완벽할 때까지 기다린다면 아래 시에 나오는 두 사람처럼 되고 말 것입니다."

> 백발의 신부는 지팡이에 몸을 구부정하게 의지한 채
> 부축을 받으며 불안한 걸음을 내디딘다.
> 맞은편에서 핏기도 치아도 없는 신랑이 미소를 지으며
> 휠체어를 타고 다가온다.
> 도대체 이제야 결혼식을 올리는 이 노부부는 어떤 사람들일까?
> 이들은 결혼식 비용을 마련할 때까지 기다리다가 이제야 결혼하는
> 가장 드물고도 보수적인 한 쌍이랍니다.
>
> —저지 지글러Judge Ziglar의 『소심한 세일즈맨의 자녀는 말라깽이Timid Salesmen Have Skinny Kids』 중에서

시를 읽어 준 후 잠시 멈췄다가 조용히 말한다.

"고객님, 어떤 일이든 완벽한 때란 없습니다. 모든 신호등이 파란불이 될 때까지 기다렸다가 여행을 떠나려고 한다면 평생 집에만 있다가 끝날 것입니다. '천 리 길도 한 걸음부터'라는 속담이 있지 않습니까? 이 상품에 대한 고객님의 소유는 그것을 소유하겠다는 고객님의 결정에서 비롯된다는 사실을 저나 고객님이나 잘 알고 있습니다. 그러므로 고객님께서는 첫 결제금을 감당할 수 있을지만 결정해 주시면 되는데 첫 결제금은 문제가 안 된다고 하셨죠? 고객님께서는 지금 이 상품을 원하고 계신데 자신과 가족을 위해서 이 정도는 해줘야 하지 않겠습니까? 안 되는 이유가 있습니까?"

세일즈 클로징 양자택일 전략 _ The "Alternate of Choice" Close

직접 세일즈에서는 미소를 띠고 이렇게 말하라. "최대한 빨리 상품을 보내달라고 할까요, 아니면 2주 뒤가 좋겠습니까?" 점포나 계산대 앞이라면 웃으면서 이렇게 말하라. "직접 가져가시겠습니까, 아니면 택배로 보내드릴까요?"

이것이 바로 긍정적인 양자택일이다. 고객에게 부정적인 선택권을 절대 주지 마라. 긍정과 긍정으로 이루어진 선택권을 주고 선택하게 하라. 이 방법을 다양하게 활용할 수 있다.

정말 원하기만 하면 ─그들은 산다

고객이 당신에게 사지 않는 네 번째 이유는 당신이 팔고 있는 상품이 고객이 원하는 상품이 아니기 때문이다. 나 자신을 포함한 대다수의 세일즈맨은 자신이 파는 상품을 원치 않는 사람이 있을 수 있다는 생각을 하지 못한다.

이런 생각은 세일즈맨에게 긍정적인 것이다. 만약 당신이 이런 생각을 갖고 있지 않다면 세일즈맨으로 성공하기 어렵다. 그러나 세일즈맨이 자신의 상품에 대한 확신이 아무리 강해도 현실적으로 그것을 원하지 않는 사람이 있기 마련이다. 예를 들어 당신이 보석함을 팔고 있다면 당신은 그 보석함에 대한 필요를 느낄 수 있지만 대부분의 사람들은 그 시점에 보석함을 원치 않을 수도 있다.

이 책에서 거부와 거절에 대처하는 방법을 자세히 배우고 나면 고객이 당신을 거부하는 것이 아니라 당신의 제안을 거부한다는 점을 이해하게 될 것이다.

지금이 바로 그때다 _ The "Now or Never" Close

　욕구에 대해서 생각하자면 세일즈를 시작한 초기에 있었던 사건이 생각난다. 나는 사우스캐롤라이나의 엘진이라는 작은 시골마을에 사는 어느 부인에게 조리기구 세트를 보여주었다. 설명이 끝나자 그녀는 가격을 물었다. 내가 가격을 말해 주자 그녀는 마치 심장발작이라도 일으킨 듯 놀라며 큰소리로 신음하듯 말했다.

　"세상에! 난 그 조리기구를 절대 못 사겠네요."

　나는 이유를 물었다.

　"저는 과부고 혼자 살아요. 매일 아침마다 옆집에 사는 아들 내외와 식사를 합니다. 점심은 공장에서 먹고 저녁은 굶지요. 일주일에 6일을 일하니까 제가 이 조리기구를 사용할 수 있는 시간은 일요일뿐이군요."

　그녀는 계속 말을 이었다.

　"이제 조만간 은퇴할 테니 내게 남는 것은 얼마 안 되는 연금뿐이에요. 이 조리기구를 산다는 건 너무나 바보 같은 짓이에요."

　그녀는 사지 말아야 하는 이유를 이것저것 늘어놓았다. 그런 다음 내가 본 가장 아름다운 미소를 지으며 나를 바라보았다. 그러고는 이렇게 말했다.

　"지글러 씨, 난 평생 동안 좋은 냄비세트를 써보는 게 소원이었어요. 지금 사지 않으면 난 평생 좋은 냄비세트를 한번도 써보지 못하고 죽을 겁니다. 사겠습니다!"

　그녀는 사지 말아야 하는 이유를 쭉 대고 나서 상품을 사기로 했다. 제대로 된 조리기구 세트를 가져 보는 것이 그녀의 평생소원이었기 때문이다. 소유하고자 하는 욕구와 함께 중요하게 작용한 것은 지금 사지 않으면 평생 그 조리기구를 사지 못할 거라는 두려움이었다.

그 조리기구를 못 산다는 것은 소중한 무엇인가를 놓쳐 버리거나 잃어버린다는 것을 의미한다. 심리학적으로 상실에 대한 두려움이 소유에 대한 욕구보다 크다. 나는 앞으로 이 점을 여러 번 강조할 것이다.

이 사건에서 나의 역할은 적기에 꼭 맞는 상품을 필요한 사람에게 제시한 것뿐이다. 한 가지 덧붙이자면 그녀가 반대의견을 제시했을 때 조용히 들어 주었다. 그래서 그녀는 기분이 좋아졌고 조리기구를 사도록 스스로를 설득했다.

그때까지 나는 내가 팔고 있던 조리기구 세트가 좋은 상품이라는 확신을 갖고 있었다. 간절한 소유욕을 가지고 있던 그 부인과의 만남으로 나는 소유에 대한 믿음과 욕구가 실제로 얼마나 중요한지를 너무도 분명하게 깨달았다.

고객이 상품을 소유하도록 돕겠다는 당신의 믿음과 욕구가 고객의 믿음과 욕구만큼 강하고 깊지 않아서 그 상품을 팔지 못한다면 당신이나 고객에게 얼마나 안타까운 일인가!

신뢰한다면 — 그들은 산다

당신에게 상품을 사지 않는 다섯 번째 이유는 가장 중요한 신뢰의 문제 때문이다. 신뢰의 문제는 구체적으로 딱 꼬집어 밝히기가 매우 어렵다. 왜냐하면 "이거 보세요 세일즈맨 양반, 당신 지금 나한테 거짓말하고 있잖아요. 솔직히 인정하지 그래요? 당신 상품이 당신이 말하는 것처럼 모든 걸 다 해내지 못한다는 걸 잘 알면서…"라고 대놓고 말할 사람이 거의 없기 때문이다.

고객이 당신한테 거짓말한다고 대놓고 말하지는 않더라도 고객이 그렇게 생각하거나 느낀다면 결과는 마찬가지다. 고객은 상품을 사지 않을 것이다. 대개의 경우 불신의 감정은 아주 미미하다. 그렇지만 조금이라도 불신이 있다면 판매에 성공할 수 없다.

뉴욕 세일즈 & 마케팅 클럽New York Sales & Marketing Club에서 조사한 내용에 따르면 조사대상 고객 중 71%가 판매자에게 호감을 가지고 있거나 신뢰하거나 존경하기 때문에 산다고 응답했다. '신뢰TRUST'라는 말은 '우리US'를 포함하는 단어다. 이 의미는 당신이 고가의 상품을 거래하기 전에 당신과 고객 사이에 '우리'라는 유대감을 형성해야 한다는 뜻이다.

결론적으로, 세일즈 전문가가 되고 싶다면 고객들로부터 신뢰와 존경을 쌓아야 한다. 너무나 당연한 이야기지만 혹시 이해가 잘 안 된다면 좀 더 구체적으로 설명하겠다. 당신의 평소 성품과 세일즈맨으로서의 모습은 별개가 아니다. 세일즈 커리어를 만들어 가면서 최상의 결과를 얻으려면 삶의 모든 면에서 인테그리티를 지녀야 한다. 이것이 바로 세일즈맨으로서뿐만 아니라 한 인격체로서 성품을 다루는 중요한 이유이며, 고객의 마음속에 차별화된 세일즈맨으로 기억될 수 있는 중요한 요소다.

나는 미국기업들이 인재를 구할 때 세일즈 커리어에 꼭 필요한 인테그리티를 중시하는 방향으로 빠르게 변하고 있다고 확신한다. 그 증거는 코네티컷 뮤추얼 생명보험사의 조사, 하버드 대학의 로버트 콜스Robert Coles 박사의 연구, 모르타이머 파인버그Mortimer Feinberg와 리처드 뎀프울프Richard Dempewolfff의 기업의 이중관계Corporate Bigamy, 포럼 코퍼레이션Forum Corporation의 보고서, 콕스 보고서The Cox Report 등 방대하다. 모든 직업에서 인테그리티가 중요하지만 특히 세일즈에서는 더욱 중요하다.

언변만 뛰어나고 인테그리티가 부족한 세일즈맨은 사람들을 꼬드겨서 비싼 가격에 싸구려 상품이나 불필요한 서비스를 사게 만든다. 이런 경우 세일즈맨과 고객 모두가 피해자다. 고객은 돈과 인간에 대한 신뢰를 잃고, 세일즈맨은 당장의 금전적 이익 때문에 자존감과 진정한 의미의 성공적인 세일즈 커리어를 쌓을 기회를 놓친다. 이렇게 세일즈맨들이 소비자들에게 부풀려진 가격으로 저급 상품을 파는 사기행위를 계속하면 결국 세일즈란 직업에 대한 권위와 신뢰가 실추된다.

세일즈를 포함한 모든 커리어는 책임질 수 있는 나이에 도달했을 때 시작해야 한다는 것이 나의 확고한 신념이다. 인테그리티가 마치 머리처럼 신체의 일부로 체화되어 있다면, 당신은 세일즈맨으로서 쉽게 성공할 것이고 그 성공은 단단한 기반 위에서 장기간 지속될 것이다. 이런 이유 때문에 나는 세일즈에서 가장 중요한 것이 바로 세일즈맨 자신이라는 점을 되풀이해서 강조할 것이다.

신뢰
—세일즈의 생명

Credibility : The Key to a Sales Career

취향과 욕구는 비슷하다 세일즈맨들은 "그래요, 하지만 제 상황이 다르고 고객도 다르고 상품도 다르잖아요"라고 말하기 쉽다. 맞는 말이다. 그러나 엄청나게 많은 유사점들이 있다. 다음 질문에 답을 하면서 한 가지 게임을 하다 보면 이러한 사실을 스스로 깨닫게 될 것이다.

① 책읽기를 멈추고 글을 쓸 때 사용하는 손의 손가락 3개를 펴 보라.
② 마음속으로 꽃을 하나 생각하고 마음을 바꾸지 마라.
③ 이번엔 가구를 하나 생각해 보라.
④ 색깔을 하나 생각해 보라.

⑤ 1부터 10까지의 숫자 중 하나를 생각해 보라.

〈답〉

① 약지와 새끼손가락을 뺀 나머지 세 손가락을 폈을 가능성이 매우 높다. (95%가 그 세 손가락을 편다.)
② 장미를 생각했을 확률이 거의 50%다.
③ 세 사람 중 한 사람은 의자를 생각했을 것이다.
④ 여러 가지의 옵션이 있지만 붉은색을 골랐을 가능성이 60% 이상이다.
⑤ 7을 생각했을 확률이 거의 25%다.

이처럼 우리의 습관과 사고방식에는 생각보다 유사점이 많다. 마찬가지로 직업이 무엇인가, 어디에 사는가에 상관없이 고객들은 공통적으로 원하는 것들이 많다. 이러한 유사점을 이용해서 사람들이 스스로에게 이익이 되는 방향으로 행동하도록 설득하라는 것이 이 책의 중요한 핵심 중 하나다.

세일즈 강사인 존 하몬드John Hammond는 수강생들에게 일어나서 어깨에다 손을 얹은 다음 "상황이 달라서 이건 당신에게 적용이 안 돼"라고 등 뒤에서 속삭이는 악마를 쓸어버리라고 가르친다. 당신도 똑같이 해보기를 권한다. 이 방법과 기법들은 검증된 것들이다. 마스터하고 사용해 보라. 효과가 있을 것이다.

평균의 법칙

대부분의 세일즈 강사들과는 달리 나는 '평균의 법칙'에 대해 강조하지 않을 것이다. 누구나 처음 세일즈에 입문할 때 세일즈 매니저로부터 열심히 사람을 만나면 어느 정도 판매실적을 올릴 수 있다는 말을 듣는다. "맞습니다, '평균의 법칙'이 있으니 걱정 마세요. 전화하는 만큼 팔 수 있습니다"라는 말을 들을 수도 있다. 나는 심지어 이런 말도 들었다. "주문서를 개의 꼬리에 붙이고 개가 동네를 열심히 돌아다니다 보면 누군가 개를 붙잡아 세우고 주문서에 서명을 한다." 분명 이 말을 한 사람도 과장이라는 것을 알고 있었을 것이다. 그러나 전화를 한 만큼 판매가 발생한다는 말은 일리가 있다. 여기까지는 나도 동의한다.

일반적으로 평균의 법칙은 신뢰할 수 있지만 어떤 경우에는 오해를 일으킬 수 있다. 예를 들어 한 쪽 발은 얼음물에 담그고 다른 발은 끓는 물에 담그고 있다면 '평균'적으로 볼 때 당신은 편안하지 않을 것이다. 그리고 '평균깊이'가 15센티미터인 호수에서도 사람이 익사할 수 있다.

나의 동료인 마이크 프랭크Mike Frank는 실제로 1만 9,000통의 '미지근한 전화'(부정적인 사람들은 아마도 '냉랭한 전화'라고 부를 것이다.)를 걸었는데 성공적인 평균 실적을 내려면 첫째, 전화나 프레젠테이션을 충분히 하고 둘째, 전화할 때마다 최대한 효과적으로 통화하고 셋째, 잘한 점과 개선할 점 그리고 다음 프레젠테이션을 더 효과적으로 할 수 있는 방법에 대해서 머릿속으로 또는 수첩에 메모해야 한다고 지적한다.

세일즈 클로징 다음 세일즈를 성공시키라 _ The "Next One" Close

당신을 포함한 전 세계의 세일즈맨들은 평균의 법칙에 관심이 없을 것이라고 확신한다. 당신은 다음번 세일즈 상담 때 어떤 일이 일어나기를 바라는가? 세일즈를 성사시키기 원할 것이다. 그다음 상담은 어떤가? 또 그다음 상담은?

핵심은 분명하다. 당신은 평균의 법칙에 전혀 개의치 않는다. 모든 땅을 갖기를 원치 않지만 자신의 땅 바로 옆에 있는 땅을 원하는 농부처럼 당신도 모든 세일즈가 성사되기를 원하지는 않더라도 다음번 세일즈는 성공하기를 원할 것이다.

이 책은 당신이 다음번 세일즈를 성공시킬 수 있도록 도와줄 것이다. 더 나아가 새로운 고객이 당신의 세일즈 커리어 성장을 기꺼이 돕도록 만드는 방법을 알려 줄 것이다.

다음에 만날 고객에게 세일즈를 어떻게 성공시킬 것인가? 나는 까다로운 고객과의 거래를 포함한 모든 세일즈는 신뢰로 시작해서 신뢰로 마무리해야 한다고 생각한다. 앞으로 필요, 돈, 느긋함, 욕구도 다루겠지만 신뢰와 믿음에 대해서도 이 책의 상당부분을 할애할 것이다.

신뢰의 중요성

당신이 어떤 세일즈맨인지뿐만 아니라 어떤 사람인지가 왜 중요한가를 보여주는 예를 하나 소개하겠다. 당신의 기분을 상하게 할 뜻이 없다는 점을 미리 밝혀둔다. 나는 당신이 이미 알고 있고 실제로 사용하고 있는 대부분의 세일즈 테크닉과 절차를 열두 살짜리 꼬마에게 가르칠 수 있다. 그러나 지금 상태에서 그 아이는 당신이 팔고 있는 상품을 효과적으로 팔 수 없을 것이다.

그 이유는 이렇다. 열두 살짜리 꼬마가 고객에게 다음과 같은 말을 한다고 생각해 보라.

"앤더슨 씨 그리고 앤더슨 부인, 저희가 실시한 시장분석 결과 지난 12개월 동안 이 지역의 평균 주택시세는 19만 6,500달러입니다. 그러나 저희 회사 전망에 따르면 도시 전체의 움직임뿐만 아니라 시장의 현 추세로 보건대 향후 9년 동안 이 지역의 경우 평균 11%의 가치 상승이 예상됩니다."

열두 살짜리가 이런 식으로 달변을 늘어놓을 때 고객이 듣고서 "그래, 네 말이 맞다. 어제 보여준 19만 6,500달러짜리 집을 살게"라고 말하는 것을 상상할 수 있는가? 고객이 그 꼬마를 못 믿어서가 아니라 뭔가 신뢰성 문제에서 아쉬운 부분이 있는 게 사실이다.

성인인 당신이 인테그리티에 결함이 있는 사람이라면 신뢰성의 문제는 더 커진다. 한마디로 당신의 성품에 결함이 있는 경우, 다시 말해 당신이 정직하지 못하다면 안타깝지만 많은 세일즈 기회를 잃게 될 것이다.

고객은 이익에 대한 욕구보다 손실에 대한 두려움을 더 크게 생각할 뿐만 아니라 나쁜 사람과 좋은 거래를 할 수 없다는 사실도 잘 알고 있다. 그러므로 인테그리티가 부족한 경우 성공적인 세일즈를 위해서는 당신의 상품이나 서비스가 엄청난 장점들을 가지고 있어야 한다. 이런 경우 설령 판매에 성공했다고 하더라도 그 성공은 일시적이다. 그렇게 우수한 상품을 생산할 만큼 똑똑한 회사가 성품에 문제가 있는 세일즈맨을 고용해서 상품의 명성에 누가 되도록 내버려두지 않을 것이기 때문이다.

커미션_{commission}이란 무엇인가?

더 읽기 전에 한 가지 짚고 넘어가야 할 문제가 있다. 당신이 소속된 세일즈 업계에서 '거의 성사될 뻔한 세일즈'에 대한 평균 커미션은 얼마인가? '거의 성사 될 뻔한 세일즈'란 실제로 고객이 펜을 들어 계약서 서명단계까지 진행되었던 경우를 말한다. 그 경우 커미션은 얼마인가?

내 경우와 마찬가지로 당신의 세일즈 업계에서도 이런 경우 커미션은 전혀 없을 것이다. 즉, 거의 성사될 뻔한 계약이란 의미가 없다. 커미션을 받으려면 반드시 세일즈를 성공시켜야 한다. 물론 이것은 정당하다.

거의 성사시킬 뻔한 계약에 대해서 회사는 커미션을 제공하지 않는다. 왜냐하면 당신이 계약을 거의 성사시킬 뻔했지만 성사시킨 것은 아니기 때문이다.

계약을 성사시킨 것과 성사시킬 뻔한 것과는 천지차이다. 세일즈맨에게 가장 힘든 경우가 바로 계약체결 직전까지 갔다가 실패하는 경우다. 나는 계약체결 직전까지 갔다가 그만두는 것보다 차라리 "아니오, 사지 않겠습니다. 더 이상 이야기하지 말아 주세요"라고 단호하게 말하는 고객이 낫다고 생각한다. 전자의 경우가 자주 반복되면 정말 짜증나기 때문이다.

심리학 상식과 관련이 있다

이 책은 심리학에 관한 책이 아니다. 그러나 진정한 세일즈 프로가 되려면 어느 정도의 심리학 지식 또는 상식을 겸비해야 한다.

다른 사람이 원하는 것을 얻도록 최선을 다해 도와주면
당신이 인생에서 원하는 모든 것을 얻을 수 있다.

이 주제는 앞으로 계속 반복하고 강조할 것이다.

당신이 단 한 번이라도 세일즈 클로징에 성공했다면 나는 당신에게 '세일즈를 성공시키는 방법'을 가르치지 않을 것이다. 당신은 이미 그것을 알고 있다. 내가 원하는 것은 당신이 하는 상담, 프레젠테이션, 시연에서 세일즈 성공률을 높이는 것이다. 아래에서 말하는 중요한 세 가지를 이해하면 세일즈 성공률을 높일 수 있다.

첫째, 좋은 성공률은 좋은 세일즈에서 비롯되고 좋은 세일즈는 좋은 사람에서 비롯된다. 여기서 질문이 하나 있다. 당신은 좋은 사람인가? 둘째, 이 책은 당신이 '세일즈 본능'을 개발하도록 도와줄 것이다. 셋째, 구체적이고 새로운 세일즈 성공 테크닉을 배울 것이다.

남성보다는 여성에게 더 잘 발달되어 있는 세일즈 본능 또는 직관은 세일즈에서 중요하며 남녀 모두 개발할 수 있다. 고객이 구매를 결정 내리려 한다는 신호들을 보낼 때 당신은 직감적으로 개입해서 '구매 도우미'가 되어야 한다. 그리고 고객이 당신의 상품이나 서비스를 구매함으로써 자신의 문제를 해결하도록 도와야 한다.

당신이 세일즈 성공률을 10% 올릴 수 있다면 판매실적이 크게 증가하고 다른 일을 할 수 있는 여유시간도 대폭 늘어날 것이다. 예를 들어 당신의 성공률이 60%라면 10% 정도 높이는 것이 현실적인 목표치다. 이 수치는 당신이 주당 20명, 즉 연간 천 명의 고객과 상담을 한다면 추가 10%는 100건의 판매에 해당한다.

그런데 이렇게 판매실적과 수익이 증가해서 당신의 라이프스타일에 실질적인 변화가 생겨도 업무비용은 거의 변화가 없다. 따라서 현재 세일즈 상담 건수 대비 성공률이 50%라고 가정했을 때 세일즈 성공률을 10% 늘리면 순수입은 20% 증가할 것이고, 현재 성공률이 10%라고 가정했을 때 순수입은 100% 증가할 것이다.

이런 수치 변화는 당신이 세일즈 효율성을 10% 개선하면 5주 동안 초과근무 없이 100건의 세일즈를 추가로 성사시킬 수 있음을 의미한다. 당신이 좋아하는 일을 하거나 승진을 준비하는 데 쓸 수 있는 시간을 5주 번다는 뜻이다. 또한 그만큼 가족과 더 많은 시간을 보낼 수 있는데 이것은 오늘날 우리 사회가 점점 더 필요로 하는 일이며, 완전한 성공을 원한다면 반드시 그렇게 해야 한다.

계약에 서명하는 것이 전부가 아니다

세일즈 계약과 관련하여 내가 정말로 중요하게 생각하며 강조하고 싶은 것이 있다. 계약체결이 세일즈에서 가장 결정적인 과정이라고 믿는 사람들이 많다. 그들은 제대로 된 계약체결 테크닉을 마스터하기만 하면 생산성이 대폭 향상될 거라는 환상 때문에 괴로워한다. 물론 계약을 마무리 짓는 기술을 알고 사용한다면 세일즈에 도움이 될 것이다. 그러나 나는 마지막 계약체결 과정이 다른 세일즈 과정보다 더 중요하지도 덜 중요하지도 않다는 점을 강조하고 싶다.

고객이 없다면 어떻게 계약을 체결할 것인가? 약속을 잡을 줄 모른다면 계약을 성사시킬 수 있을까? 프레젠테이션이 약하다면 어떤 세일즈 테크닉을 구사해도 오늘날의 만만치 않은 세상에서 당신은 세일즈에 성공하지 못할 것이다. 설령 성공한다 할지라도 나중에 취소하거나 더 심한 경우 불만에 찬 고객을 달래줘야 할 것이다.

현실적으로 계약체결은 전체 세일즈 과정 중 한 부분이다. 다만 이것이 마지막 과정이기 때문에 지나치게 과도한 부담을 느낄 뿐이다. 내가 이렇게 말하면 이 책의 내용과 대치된다며 다소 의아해 할 것이다. 그러나 나는 전체적인 시각에서 보기를 원한다. 즉, 보람 있는 세일즈 커리어를 쌓으려면 세일즈의 모든 단계에서 효과적이어야 한다.

고객을 확보하고 약속을 잡고 열심히 설명하지만 계약을 성사시킬 수가 없다는 세일즈맨들을 자주 만난다. 이런 사람들은 팔 수가 없다. 내셔널 캐시 레지스터National Cash Register(계산대에서 사용하는 금전 등록기를 최초로 생산한 미국회사 ─역주)사의 존 윌슨John M. Wilson은 이렇게 말했다. "훌륭한 세일즈맨은 마무리를 잘한다."

또 다른 세일즈 강사는 "계약을 체결시키지 못하는 세일즈는 비누거품만 발라 놓고 면도를 못하는 것과 마찬가지다"라는 말을 했다. 계약을 성사시키지 못하면 세일즈를 할 수 없다. 이에 대해서는 재론의 여지가 있을 수 없다.

세일즈를 야구에 비유해 보자. 당신이 적절한 고객을 확보했다면 1루에 진출한 셈이고, 고객과 약속을 잡으면 2루에 도착한 것이다. 그리고 프레젠테이션을 효과적으로 했다면 3루에 있는 것과 같다. 그러나 그러

고 나서 더 이상 진척이 없다면 지금까지 한 일은 자신의 시간뿐 아니라 고객의 시간도 낭비한 것이다. 계약을 체결해서 홈에 도착하지 않으면 당신이 한 일은 누구에게도 도움이 되지 않는다.

야구와 마찬가지로 세일즈에서도 1, 2, 3루를 지나 홈까지 모두 거쳐야만 한다. 타자가 야구장 밖으로 홈런을 친다 해도 1, 2, 3루를 모두 거치지 않으면 득점할 수 없다.

비유를 계속하자면 계약체결은 득점을 기록한 것과 마찬가지다. 이 마지막 과정에서 세일즈맨이 투자한 시간이 수익성 있는 시간으로 바뀌기 때문이다. 한마디로 계약체결은 세일즈의 다른 단계보다 더 중요하지는 않지만 체결이 되지 않으면 나머지 세일즈 과정을 헛수고로 만드는 힘을 지닌 단계라고 할 수 있다.

대체로 계약체결 여부는 숙달된 세일즈 테크닉을 기반으로 하는 태도에 의해 결정된다. 그렇기 때문에 이 책에서도 정신적인 태도뿐 아니라 관련된 심리학에 많은 지면을 할애하는 것이다.

세일즈 결과를 결정하는 '작은' 요소

인생의 모든 면에서 작은 일들이 큰 차이를 만들 듯이 세일즈에 성공하느냐 실패하느냐를 판가름하는 중요한 차이는 작은 것에서 비롯된다. 여자아이를 야옹이kitten('말괄량이'라는 뜻이 있음—역주)라고 부르면 좋아하지만 고양이cat('심술궂은 여자'라는 뜻이 있음—역주)라고 부르면 문제가 생긴다. 아내에게 만물이 소생하는 봄 같은 여성이라고 말하면 후한 점수를 얻지만, 길고 힘든 늦겨울 같은 여성이라고 하면 화를 자초할 수밖에 없다.

이러한 '작은' 것들을 잘 활용하면 결과에서 분명히 차이를 가져온다.

구두의 광택, 잘 다려진 옷, 단정한 머리, 넥타이와 옷의 조화 또는 매는 방식, 면도를 깨끗하게 했는지, 메이크업을 깔끔하게 했는지, 옷차림이 적절한지, 미소와 예의바름, 시간을 잘 지키는지, 고객의 시간을 배려하는지, 담배를 피우는지 아니면 껌을 씹는지, 정리정돈을 잘하는지, 상담 후 전화나 감사편지를 통해 인간관계를 잘 형성해 나가는지 등과 같이 수많은 작은 일들이 세일즈의 성패를 좌우한다.

세일즈 결과를 좌우하는 작은 요소들의 목록은 끝이 없다. 그러나 최종적으로 분석해 보면 대개의 경우 이런 작은 것들 중 한두 가지로 인해 세일즈맨은 자신이 하고 있는 일에 대해 자부심을 느끼고 고객에게 최상의 가격에 최고의 상품이나 서비스를 제공하며, 자신이 제공하는 것이 고객과 고객의 필요를 충족시킬 수 있다는 확신을 얻는다. 작은 것들이 이러한 효과를 발휘할 때 문제는 '성공할 것인가'가 아니라 '언제 그리고 얼마나 크게 성공할 것인가'로 바뀐다.

언제 계약을 마무리 지어야 하나?

세일즈맨들이 자주 묻는 질문이 있다. "언제 계약을 마무리 지어야 하나?" 하는 것이다. '빨리 매듭지어라, 자주 시도하라, 후반에 계약을 성사시키라'고 세일즈맨이나 세일즈 강사들은 종종 말한다.

세일즈에 입문한 지 3일째라면 이런 말들을 들어봤을 것이다. 대개 이런 조언들은 유효하다. 그러나 중요한 예외가 하나 있다. 계약체결을 너무 서두르다가는 나중에 세일즈할 수 있는 진짜 기회를 놓칠 수 있다는 점이다.

너무 서두른다는 것은 무엇을 의미할까? 고객의 마음속에 당신이 팔고 있는 것에 대한 가치를 충분히 인식시키기 전에 세일즈를 마무리하려고 한다면 '너무 이르다'고 할 수 있다. 당신의 상품이 고객의 가려운 곳을 긁어 준다는 효용성의 가치를 확신시켜 주면 고객은 산다. 고객의 소유욕을 자극하여 근질근질하게 만들면 상품값을 마련하려고 열심히 돈을 모을 것이다.

그러나 가치를 인식시키기 전에 세일즈를 마무리하려고 하면 당신은 현재 고객의 필요와 욕구에 대해서는 관심이 없고 빨리 팔고 다음 고객한테 가고 싶어하는 강압적인 세일즈맨으로 비춰질 것이다. 따라서 고객은 당신을 자신이 원하는 것에만 관심이 있는 이기적인 세일즈맨으로 생각하고 당신과 벽을 쌓는다. 일단 이렇게 고객과 벽이 쌓이고 나면 세일즈에 들어가기 전에 이 벽을 무너뜨려야 한다. 높은 벽이지만 그것을 무너뜨리지 않으면 세일즈 실적은 오르지 않을 것이다.

상담 초기에 고객에게 구매를 요청할 것임을 인지시켜도 좋다. 구체적인 예를 들어 보겠다. 내가 생명보험 영업을 했을 때 우리는 두 단계 방문 세일즈 프로세스를 지켰다. 첫 번째 방문 시에는 고객에 대한 배경정보를 얻어내고 은퇴와 가족보호에 대해 예상되는 미래의 니즈needs를 분석한다. 이것은 고객이 될 가능성이 있는지를 분석하는 과정이다. 두 번째 방문할 때는 제안서를 만들어서 완벽한 프레젠테이션을 한 후 가치를 인식시키고 나서 계약체결을 시도한다.

세일즈 클로징 공평한 규칙을 제시하라 _ The "Fair Enough" Close

두 번째 상담을 시작할 때 먼저 공들여 만든 제안서와 깨끗한 빈 종이를 꺼낸다. 빈 종이를 들고 고객을 바라보면서 이렇게 말한다. "고객님, 보시다시피 이것은 빈 종이입니다. 아무것도 쓰여 있지 않기 때문에 이해하거나 오해할 게 아무것도 없습니다. 또한 고객님을 위한 제안서가 있는데 매우 상세하게 만들었습니다. 이 제안서는 고객님만을 위해서 준비되었고 아주 자세하게 작성되었습니다. 그렇지만 고객님께 한 가지 약속드리고 싶습니다."

"이 빈 종이처럼 간단명료하게 제안서를 설명해 드리겠습니다. 만약 그렇게 하지 못할 경우 고객님께서 결정을 못 내리셔도 저는 이해할 것입니다. 따라서 제가 설명을 끝냈을 때 이 제안서가 빈 종이처럼 간단명료해질 것임을 약속드립니다. 그때 고객님께서 결정해 주십시오. 고객님이 보시기에 그 제안이 고객님께 이익이 된다면 계약하시라고 믿습니다. 그러나 고객님께서 제안을 거부하시는 것이 최선이라고 생각하신다면 명확하게 'No'라고 말씀해 주실 것을 요청할 것입니다. 공평하죠?"

재미있는 결과가 나타났다. 나의 세일즈 성공률이 약 10% 높아졌는데 세일즈 실적은 훨씬 더 많이 늘어났다. 그 이유는 재방문율을 급격히 감소시켰고 그로 인해 신규 고객 상담에 더 많은 시간을 할애할 수 있었기 때문이다.

상식
세일즈

Commonsense Selling

고객은 마음을 바꾸지 않는다 다음 문제를 한번 생각해 보라. 고객이 'No'라고 말할 때 당신이 고객의 마음을 절대 바꾸지 못할 확률은 최소한 1/100이다. 당신이 무슨 생각을 하는지 알지만 다시 한번 말하겠다. 고객이 'No'라고 말할 때 당신이 고객의 마음을 바꿀 수 없는 확률은 최소한 1/100은 된다.

당신은 속으로 이렇게 생각할 것이다. '아니 지글러 씨 여태까지 핵심을 잘 짚고 있다고 생각했는데 이 점에 대해서는 의견이 갈리는군요. 대부분의 세일즈는 고객이 여러 번 'No'라고 말한 뒤에 성사되기 때문이지요.' 당신 말이 분명히 옳다.

세일즈 클로징 새로운 결정을 유도하라 _ The "New Decision" Close

나는 빨강머리(아내는 후천성 빨강머리다. 어느 날 갑자기 아내는 빨강머리가 되기로 결심했다.)에게 청혼했고 그녀는 거절했다. 나는 다시 청혼했고 그녀는 또 거절했다. 세 번째도 'No'였다. 네 번째, 다섯 번째 청혼도 거절당했다. 그녀는 마음을 바꾸지 않았다. 그녀가 한 일은 간단했다. 그녀는 새로운 감정을 불러일으킨 새로운 정보를 근거로 새로운 결정을 내렸다.

고객의 마음을 바꾸려면 먼저 고객의 잘못을 시인하도록 만들어야 한다. 즉, 고객이 'No'라고 말한 것이 실수임을 인정하도록 해야 한다. 질문을 하나 해보자. 최근 12개월 동안 자신이 실수했다고 스스로 인정한 적이 몇 번이나 있었는가? 자신의 잘못이나 실수를 인정하는 게 어렵다면 어떻게 고객의 잘못이나 실수를 인정하도록 만들 수 있을까? 그것이 훨씬 더 어렵지 않겠는가?

고객이 'No'라고 말하는데 당신이 '어서 사세요. 당신은 어쨌든 사게 될 거예요. 여기 서명하세요'라는 메시지를 계속 준다면, 고객은 마음속으로 자신이 애초에 'No'라고 말한 것이 바보짓이었다는 것을 인정하라는 압력을 받는다고 느낄 것이다.

고객의 실수를 인정하게 만드는 것은 거의 불가능에 가깝다. 고객을 괴롭히거나 반감을 살 뿐이다. 그런 방법으로는 고객을 설득해서 상품을 사게 만들 수 없다는 사실을 인정하라.

'No'는 '잘 모른다'는 뜻이다

고객은 마음을 바꾸지 않을 것이다. 그러나 새로운 정보가 주어진다면 이것을 근거로 기꺼이 새로운 결정을 내릴 것이다.

예를 들어 보자. "건물이 도시경계 밖에 있어서 세금을 낼 필요가 없다는 말을 왜 하지 않았습니까?" 고객은 새로운 정보에 입각하여 새로운 결정을 내리는 중이다. "종이 양면에 인쇄가 가능하다는 말을 왜 안 하셨습니까? 장당 단가는 좀 비싸지만 활용도가 두 배니까 비용을 절약할 수 있다구요." 고객은 새로운 정보를 바탕으로 새로운 결정을 내리고 있다. "이 모델은 바닥에서 바퀴가 4개가 된다는 것을 설명해 주셨어야죠. 우리 아이는 이 모델만 고집할 겁니다." 고객은 새로운 정보를 근거로 새로운 결정을 내리고 있는 중이다. 고객은 새로운 정보를 바탕으로 새로운 결정을 내리기 때문에 가치를 입증하거나 소유욕을 불러일으키는 즉시, 그러나 모든 정보를 주기 전에 굳히기를 시도해야 한다.

모든 정보를 준 다음 굳히기에 들어가는 것은 중대한 실수다. 어떤 고객은 구매계약을 체결하려는 첫 시도에 대해서는 무조건 'No'라고 말할 것이다. 쉽게 보이지 않기 위해, 즉 구매하기 전에 신중히 알아보지 않았다는 인상을 주지 않기 위해서다.

많은 경우 고객들은 신속한 결정을 내렸다가 나중에 잘못되면 우스워질까 봐 두려워한다. 처음에 거부하는 고객들이 실제로 하고자 하는 말은 이런 것이다. "더 말해 주세요. 정보를 더 주세요. 구매결정이 옳은 결정이라는 확신을 갖게 해주세요. 다시 말해 내가 좀 더 쉽게 살 수 있게 만들어 주세요."

세일즈맨으로서 당신이 해야 할 일은 고객이 보다 쉽게 구매결정을 내릴 수 있도록 도와주는 것이다.

얼마를 지불할 것인가?

당신이 구매고객이라는 가정 하에 이런 질문을 해보겠다. 당신이 생각하기에 가치가 50달러 이하인 상품이나 서비스에 대해 100달러를 지불하겠는가? 분명 답은 '아니오'일 것이다. 두 번째 질문을 해보겠다. 고객과 협상을 할 때 50달러의 가치가 있다고 생각하는 상품에 대해 고객이 100달러를 지불할 것이라고 믿는가?

세 번째 질문. 세일즈맨이 자신이 아는 가장 효과적이고 강력한 세일즈 전략 열 가지를 당신에게 시도한다고 가정해 보자. 이런 상황에서 당신은 50달러의 가치가 있다고 생각하는 상품에 대해 100달러를 지불하겠는가? 답은 여전히 '아니오'일 것이다. 사실 이것은 말이 안 되는 질문이다. 그렇지 않은가?

네 번째 질문. 세일즈맨이 감정적으로 접근하면서 당신에게 죄책감을 불러일으키고 그와 그의 가족 또는 다른 누군가를 도와주기 위해 상품을 사라고 강요한다고 가정해 보자. 그런 경우 50달러짜리라는 걸 알면서 100달러를 지불하겠는가? 그렇지 않을 것이다.

왜 고객은 'No'라고 말하는가?

고객이 'No'라고 말할 때는 다음 둘 중 하나를 의미한다. 돈이 없거나 (이 세상 어디에도 돈을 만들어 내는 세일즈 테크닉은 존재하지 않는다.) 자기가 생각하는 상품이나 서비스의 가치보다 더 많은 돈을 줄 수 없다는 뜻이다.

요점은 간단하다. 고객에게 구매 압력을 가하고 끈질기게 강요하면 반감을 사고 기분을 상하게 만들뿐이다. 고객이 'No'라고 말하는 것은 상품이 가격만큼의 가치가 없다고 생각하기 때문일 확률이 매우 높다.

대개의 경우 상품가격을 바꾸거나 대폭 낮추는 것은 불가능하지만 상품의 가치를 완전히 바꾸는 것은 가능하다. 그러나 가치를 바꾸려면 상품이나 서비스에 대해 추가 정보를 제공해야 한다. 대체로 이런 작업에는 고객과 세일즈맨 사이에 신뢰와 원활한 커뮤니케이션이 요구된다. 이 점을 생각할 때 진정한 의미의 프로다운 그리고 효과적인 세일즈 테크닉은 고객의 마음속에 상품의 가치를 높이는 방법을 보여주는 것이다. 바로 이것이 이 책의 목적 중 하나다.

세일즈는 교육적이어야 한다

가치와 가격이 일치하는 순간 당신은 고객을 확보하게 된다. 상품의 가치와 가격이 동일하거나 가치가 가격보다 높다는 생각을 고객의 마음속에 심어주지 못하면 세일즈는 불가능하다. 모든 테크닉, 설득, 압력이 무용지물이다.

모든 세일즈는 고객의 마음속에 상품이나
서비스의 가치를 높이는 교육적인 프로세스다.

고객의 마음속에서 상품이나 서비스의 가치가 가격을 초과하는 순간 구매할 가능성이 높은 고객을 확보할 수 있고, 당신은 이때 반드시 세일즈를 성사시켜야만 한다. 그러나 그 순간에도 고객의 마음 한 구석에 두려움이 여전히 자리 잡고 있다는 사실을 기억하라. 당신이 판매하는 상품이나 서비스 가치가 가격보다 높다는 것을 분명히 알아도 고객은 자신의 구매결정이 실수가 아닐까 하는 두려움을 여전히 가지고 있기 때문에 이 문제도 해결해야 한다. 세일즈맨과 그의 인테그리티가 수많은 세일즈를 성공시키는 결정적인 요소라는 점을 끊임없이 강조하는 이유가 여기

에 있다. 올바른 동기로 정직한 테크닉을 사용해서 정직한 상품을 파는 정직한 사람이라면 세일즈에 성공할 가능성은 아주 높다.

과유불급過猶不及

세일즈맨으로서 자주 직면하는 진짜 위험은 세일즈를 계속 시도하지만 프레젠테이션에 대한 과도한 열정이나 좌절감으로 인해 성과를 얻지 못하는 경우다. 인테그리티가 부족하고 장기적인 세일즈 커리어를 쌓기보다 당장 눈앞의 이익에 집착하는 일부 열등한 세일즈맨들은 이런 경우 무리하게 세일즈를 추진하려는 경향을 보인다.

무리한 세일즈는 백전백패다. 침례교를 믿는 소년과 천주교를 믿는 소녀의 사랑 이야기가 이것을 잘 보여준다. 소년과 네 번 정도 데이트를 한 소녀가 어느 날 저녁 한껏 들뜨고 흥분된 상태로 집에 왔다. 어머니는 딸이 사랑에 빠졌다는 것을 금방 알았다. 그리고 딸이 사랑에 빠진 소년이 침례교 신자라는 사실도 알게 되었다.

어머니는 천주교 신자와 침례교 신자는 결혼할 수 없기 때문에 소년과 헤어져야 한다고 딸에게 단호하게 말했다. 소녀는 눈물을 흘리며 소년을 사랑하기 때문에 헤어질 수 없으니 어머니가 어떻게 도와줄 수 없겠냐고 물었다.

어머니는 눈물을 흘리며 부탁하는 딸을 위해 방법을 하나 생각해 냈다. 바로 소년이 천주교 교리를 배워서 신실한 천주교 신자가 되도록 설득하는 것이었다. 그러면 둘의 결혼에 문제가 없었다. 소년은 이미 '상품'의 가치를 알고 있기 때문에 개종을 어려워하지 않았다. 그는 당장 교리를 배우기 시작했다. 그리고 두 사람은 결혼날짜를 잡고 결혼식을 할 성당도 예약을 마쳤다.

그런데 결혼식 일주일 전, 소녀는 집에 돌아와 눈물을 흘리며 어머니에게 결혼식이 취소되었으니 성당예약을 취소하라고 했다. 어머니가 물었다. "도대체 무슨 일이니? 그 사람을 설득해서 신실한 천주교 신자가 된 줄 알고 있었는데…" 소녀는 눈물을 흘리며 대답했다. "그게 문제예요, 엄마. 글쎄 그가 신부가 되겠다는 거예요!"

여기서 우리는 지나치면 안 된다는 교훈을 얻을 수 있다.

정보를 생략하는 것은 거짓말이나 다름없다

1974년 나는 나의 꿈 하나를 이뤘다. 조사 작업과 글쓰기를 할 수 있는 정말 멋진 서재를 갖게 된 것이다. 진짜 가죽 소파가 있는 서재를 갖는 것도 나의 꿈이었다.

미시시피 주 야주시에 살던 소년시절에 월러스^{C. L. Wallace} 의사 선생님이 운영했던 치과에 다니던 기억이 생생하다. 치과 대기실에는 오래된 가죽 소파가 있었다. 그 소파에 앉아서 소파 팔걸이를 쥐어뜯으며 긴장하곤 했던 기억이 난다. 진짜 가죽만의 독특한 소리가 있는데 서재에도 그런 소리가 나는 가죽 소파를 갖고 싶었다.

아내와 나는 엄청나게 다양한 상품을 보유하고 있는 시내의 큰 상점으로 쇼핑을 하러 갔다. 점원이 상냥하게 다가오자 우리가 원하는 바를 전달했고 그는 우리를 소파코너로 안내했다. 마음에 드는 소파를 발견하고서 가격을 물었다. 점원이 가격을 말했을 때 나는 깜짝 놀랐다. 예상가격의 절반수준이었기 때문이다. 진짜 가죽 소파를 그 가격에 살 수 있어 기쁘다고 말하자 점원은 정말로 좋은 가격이며 그래서 많이 팔았다고 설명해 주었다.

소파에 앉아서 뒤로 기대어 보았다. 정말로 편안했다. 팔걸이를 쥐어

뜯어 보니 내가 원했던 그 소리가 났다. 나는 일어나서 소파 주위를 돌며 감상했다. 정말 아름다운 소파였다. 나는 또 다시 그렇게 저렴한 가격의 가죽 소파를 찾아서 기쁘다고 말했다. 그러자 점원도 다시 한번 좋은 상품을 싸게 파는 것이라며 그 가게에서 인기 있는 상품이라고 설명했다. 결국 나는 그 소파를 사겠다고 결정했다.

이제 소파 앞에 놓을 멋있는 티테이블이 필요했다. 그런데 점원과 함께 티테이블을 보러 가는 길에 내가 방금 사기로 한 소파와 매우 유사한 가죽소파를 지나쳤다. 그 소파가 조금 더 맘에 들었고 다가가서 찬찬히 살펴보고 앉아보고 기대어 보았다. 어떤 것을 사야 할지 망설여졌다. 그래서 가격을 물어 보았다. 점원이 가격을 말했을 때 나는 다시 한번 깜짝 놀랐다. 내가 주문한 소파보다 거의 두 배나 비쌌기 때문이다. 나는 당연히 물었다. "어째서 이 소파가 두 배나 비싼가요?" 그는 한마디로 설명했다. "이 소파는 전체가 가죽이거든요."

"내가 방금 주문한 소파는 그럼 뭘로 만든 건가요? 난 모두 가죽인 줄 알았는데요?"

"모두 가죽입니다, 신체가 닿는 부분은. 쿠션, 팔걸이, 등받이는 모두 진짜 가죽입니다. 하지만 팔걸이 아래 부분과 소파 아래 부분 그리고 소파 뒷부분 전체는 인조가죽입니다." 점원이 말했다. 점원은 아무도 구별하지 못 할 거라고 재빨리 안심시키면서 나도 그 차이를 감지해 내지 못했다는 점을 지적했다. 아울러 인조가죽도 천연가죽만큼 오래가고 보기에도 좋다고 안심시켰다.

"어째서 내가 주문한 것은 전체가 천연가죽이 아니란 말을 처음부터 하지 않았습니까?"

"말씀드리려고 했지만 대화가 다른 방향으로 흘러 버려서요. 손님이 떠나시기 전에 말씀드리려고 했습니다. 저는 손님을 속이는 그런 사람은 아닙니다."

질문을 하나 하겠다. 내가 둘 중 어느 것을 샀을 것 같은가? 아니면 아무것도 사지 않고 그냥 가게를 나왔을까? 아무것도 사지 않고 그냥 나왔을 거라고 생각했다면 정답이다. 아무것도 사지 않았을 뿐만 아니라 다시는 그 가게에 가지 않았다.

당신은 이렇게 묻고 싶을 것이다. 처음부터 모두 이야기했다면 내가 그 소파를 샀을까? 아니다. 나는 부분적으로 인조가죽인 소파를 사지 않았을 것이다. 평생 동안 나는 진짜 천연가죽 소파를 원했고 내가 꿈꾸던 멋진 서재를 완성했다. 어떠한 경우에도 나는 천연가죽 소파 이외의 것은 고려하지 않았을 것이다. 그렇다면 더 비싼 천연가죽 소파를 샀을까? 처음 보러갔을 때 사지는 않았을 것이다. 왜냐하면 비싸니까. 그러나 분명한 것은 다른 상품을 사기 위해 얼마 지나지 않아 그 가게에 다시 들렀을 것이라는 점이다.

핵심은 간단하다. 중요한 정보를 임의로 생략함으로써 그 점원은 거짓말을 한 셈이다. 내가 첫 번째 소파가 모두 천연가죽이라고 생각했다는 점은 너무나 분명했다. 그런데도 점원은 오해를 바로잡지 않았고 내가 오해하도록 내버려두었다. 내가 천연가죽 소파를 보고 관심을 표시하자 아마도 그는 판매실적을 두 배로 올릴 수 있을 거라는 계산을 했을 것이다.

그러나 욕심과 부정직함으로 인해 그는 상품을 팔지 못했을 뿐 아니라 앞으로도 팔 수 있는 기회를 잃어 버렸다. '정직이 최선의 전략이다'라는 말은 진부한 말이지만 진리다. 정직은 최선의 전략이며 견실한 세일즈 커리어를 쌓고자 하는 세일즈맨에게는 유일한 전략이다.

이 이야기의 교훈은 정보를 생략함으로써 거짓말을 하거나 고객을 속이지 말라는 것이다.

클로징은 자연스러운 현상이 아니다

우리가 습득하는 모든 기술 중에서 클로징 기술이야말로 가장 자연스럽지 못한 기술이라고 할 수 있다. 나이 든 세대에게는 특히 더 그렇고 오늘날에도 마찬가지다. 태어날 때부터 우리는 보거나 원하는 것마다 다 요구할 수 없다고 배운다. 어린 시절 우리는 요구하는 것은 좋은 일이 아니며 이기적인 행위라고 배웠다. 또한 우리는 주어질 때까지 기다리도록 훈련받았다.

그러나 세일즈의 세계에서는 늘 구매를 요구하고 고객이 사도록 부추기라고 가르친다. 세일즈맨이 세일즈에 성공하면 이익을 얻기 때문에 이기적인 행동으로 생각하기 쉽다. 아리스토텔레스와 갈릴레오의 예를 들어 설득의 비유를 설명한 이유가 바로 여기에 있다. 이 비유뿐 아니라 다른 수많은 예를 통해 알 수 있는 것은 이미 설명했듯이 정직한 세일즈 거래에서 최대 승자는 고객이기 때문에 고객에게 구매를 요구하지 않는 것은 이기적이고 무심한 행동이다.

클로징은 자연스럽게 주어지는 기술이 아니라 학습해야 하는 것이다. 노력할 의사가 있다는 전제가 따르기는 하지만 다행스럽게도 이 문제에 대해 건전하고 명확한 사고를 갖고 있다면 상당한 수준의 기술을 습득할 수 있다.

못 팔면 둘 다 손해다

사실 세일즈맨들은 문제 해결사다. 당신이 고객의 문제에 대한 해결책을 갖고 있는데 그것을 사지 않는다면 당신보다 고객에게 더 큰 손해다. 당신이 그 사실을 받아들이고 세일즈가 고객에게 이로운 교육적인 프로세스라는 것을 이해한다면 당신의 커리어는 정상의 반열에 올라 설

것이다.

고객이 큰 혜택을 얻으면 당신의 개인적인 이익도 커진다. 세일즈맨으로서 당신이 배우고 사용하는 모든 세일즈 전략도 고객이 자신에게 가장 유리한 방향으로 현명하게 행동할 수 있도록 사야 하는 이유, 사야 하는 명분, 또는 정보를 제공하는 데 초점을 맞춘다. 이 전제조건을 이해하고 받아들이면 세일즈를 이기적인 행위에서 고객을 돕는 이타적인 행위로 바꿀 수 있다.

이렇게 생각을 수정하면 성사될 듯 말듯 한 세일즈를 더 많이 성공시킬 것이다. 세일즈 실적은 작은 것들에 의해 좌우되기 때문에 이러한 발상의 전환은 세일즈 커리어에 매우 중요하다. 고객에 대한 당신의 태도는 사소한 부분이 아니다. 고객을 대하는 태도가 당신의 실적에 엄청난 차이를 가져온다. 당신의 신념을 고객에게 전달하는 능력이 없다면 성사될 가능성이 높은 거래도 끝내 성공시키지 못할 것이며 결과적으로 자신의 잠재력을 충분히 발휘하지 못할 것이다.

세일즈 강사이며 동기부여 전문가였던 카벳 로버트Cavett Robert는 이렇게 말했다.

고객은 당신이 주장하는 논리의 높이보다
확신의 깊이에 의해 더 많이 설득된다.

정신과 의사에게 배우는 심리학 상식

나의 친구이자 정신과 의사인 플로리다 주 더니든의 존 코제크John

Kozek는 자신의 집을 직접 설계하고 지었다. 그가 어느 날 골조가 드러난 웅장한 천장에 올라가 먼지와 땀으로 범벅이 되어 작업팀에게 그리스어로 이야기하고 있었다. 그때 창문제조회사의 세일즈맨이 안으로 들어왔다. 존이 아래쪽 바닥에 서 있는 그 세일즈맨을 향해 영어로 인사를 했다. 나중에 존은 내게 이렇게 말했다. "그 사람은 내가 건설인부인 줄 알고 무시했다네."

세일즈맨은 존의 아내인 마리아에게 가서 스테인레스 유리창에 대해 설명하기 시작했다. 그러나 마리아는 남편과 상의해 보라고 했다. 세일즈맨이 그러겠다고 하자 마리아는 이미 기회를 상실한 것 같다고 말했다. 세일즈맨은 무슨 말인지 모르겠다는 표정을 지었다. 마리아는 아무 말없이 존이 일하고 있는 천장을 가리켰다.

이야기하는 상대가 어떤 사람일지 모르기 때문에 세일즈맨은 모든 사람에게 친절해야 한다고 존은 충고했다. 내 친구가 주는 좋은 조언이다.

겉표지로 책을 평가하지 마라

사코위츠Sakowitz 백화점에서 화장품을 판매하고 있던 나의 딸 신디 오에이츠Cindy Oates는 도움이 필요한 고객을 발견했다. 보통 고객이 화장품 코너에 나타나면 판매원들이 즉각 달려간다. 그런데 이 남성은 다른 사코위츠 고객과는 사뭇 달랐다.

그는 끈이 없는 허름한 운동화와 뒷꿈치에 구멍이 난 양말을 신고 있었다. 머리에는 기름이 잔뜩 끼어 있고 더러운 옷은 그의 앙상한 뼈대에 걸쳐 있었다. 어느 모로 보나 이 고객은 고급 백화점의 화장품 코너, 특히 에르노 라즐로Erno Laszlo 매장에는 도무지 어울릴 것 같지 않았다. 점원들도 그를 무시했다. 겉표지만 보고 책을 평가하지 말라는 말을 잊었던 것이다.

두 가지 이유 때문에 신디는 재빨리 그리고 정중하게 그 고객에게 다가갔다. 첫 번째 이유는 신디가 품위 있는 여성이었다는 점이다. 이에 대해서는 아무도 이의를 제기하지 않을 것이다. 신디는 매장을 방문하는 모든 사람에게 원하는 것을 얻을 수 있도록 기회를 주기 위해 최선을 다하는 프로 세일즈우먼이었다.

두 번째 이유는 그 고객이 손에 종이 한 장을 들고 있었는데 신디는 아내에게 사줄 상품의 목록이라고 생각했다. 신디의 생각이 적중했다. 목록은 간단했다. 세 가지 품목이 적혀 있었다. 판매금액은 거의 100달러였으며 현재 가치로 따지면 300달러에 해당하는 금액이었다.

구매는 몇 분 만에 끝났다. 고객은 매우 친절했고 훌륭한 매너를 갖춘 사람이었다. 그 사람의 겉모양은 그다지 좋아 보이지 않았지만 주머니 사정은 훌륭했다.

이 책 후반에서 '산다고 가정하라'는 전략에 대해 다룰 것이다. 우선 내가 강조하고 싶은 것은 만나는 사람마다 모두 당신이 해결해 줄 수 있는 문제(요구)를 가진 고객이라고 생각하라는 것이다. 모든 사람에게 친절하라. 친절해서 잃을 건 하나도 없지만 반대의 경우 많은 것을 잃을 수 있다.

세일즈는 골프경기와 같다

세일즈 프레젠테이션의 효과를 극대화하려면 시작이 중요하다. 프레젠테이션 서두에 가장 자신 있는 부분, 가장 설득력 있고 파워가 크다고 생각하는 카드를 꺼내야 한다. 그다음 자신 있는 카드는 아껴 두었다가 마지막에 사용하라.

일반적으로 고객들은 처음과 끝을 듣고 중간은 대개 흘려 듣는다. 이렇게 함으로써 고객은 프레젠테이션의 가장 중요한 두 부분만 기억한다. 고객이 무슨 말을 들어야 할지를 당신이 선택해야 한다면 당연히 가장 설득력 있는 정보를 선택할 것이다.

이 논리의 기저에 깔린 사실은 고객은 객관적이고 명확한 사실을 사는 게 아니라 인간적이고 친근한 혜택을 산다는 점이다. 더불어 기억해야 할 것은 세일즈는 골프경기와 같다는 비유다. 골프에서 점수를 잘 따서 이기려면 매번 스윙할 때마다 다음 샷을 칠 수 있는 위치로 보내야 한다. 그러나 이번 샷을 성공시키지 못하면 현재 포지션은 그다지 중요하지 않다. 다음 샷을 칠 수 있는 기회가 없을 수도 있기 때문이다.

세일즈를 너무 많이 놓치면 돈이 떨어지고 비즈니스를 지속적으로 할 수 없기 때문에 급한 것부터 해야 한다. 그러므로 이번 세일즈를 성공시키는 데 집중하라. 그리고 이 세일즈가 다음 세일즈로 연결될 수 있도록 노력하라. 이것이 바로 커리어를 구축하는 세일즈다.

성공적인 세일즈를 위한
목소리 훈련

Voice Training to Close Sales

녹음기를 이용하라 한 가지 분명한 사실은 당신이 최고의 세일즈 커리어를 만들려면 95%의 세일즈맨들이 절대로 하지 않는 무언가를 해야 한다는 것이다. 대부분의 세일즈맨들은 목소리를 보다 효과적으로 사용하기 위한 훈련을 하지 않는다. 그리고 억양과 목소리 조절을 위한 노력도 하지 않는다. 이번 장에서는 목소리를 적절하게 사용하는 것이 얼마나 중요한지를 설명하고 효과적인 세일즈를 위한 목소리 훈련방법을 구체적으로 제시하겠다.

목소리를 만들기 위해 오디오 기기를 활용해야 하는 이유에 대해 생각해 보자.

대다수 사람들은 오디오 기기를 다른 사람들이 하는 말을 듣는 데 사용한다. 그러나 세일즈맨들에게 기쁜 소식을 하나 전하겠다. 당신도 할 말이 많지 않은가! 오디오 기기를 이용해 목소리와 세일즈 전략을 연마하면 말하기를 보다 효과적으로 할 수 있다.

프레젠테이션뿐만 아니라 반대의견에 대응하고 고객을 설득하는 과정도 녹음해 보라. 그런 다음 자신이 한 말과 말하는 방식을 여러 번 반복해서 들어 보라.

말하기의 효율성은 물론이고 당신이 하는 말의 상당부분이 불필요하며(즉, 말이 너무 많다는 뜻이다.) 단조로운 어조를 사용한다는 것을 발견하고 놀랄 것이다. 실제 고객과의 세일즈 상담을 녹음할 수 있다면 그렇게 하기를 권한다. 이것이 불가능하다면 다른 사람과 역할극role play 형식으로 자신의 프레젠테이션을 반드시 녹음해야 한다.

이 두 가지 실험을 해보면 자신이 질문과 이의제기에 대해 제대로 대답해 주지 않거나 고객이 한 말을 듣긴 했지만 핵심을 놓치는 경우가 빈번하다는 사실을 발견하게 될 것이다. 오디오 기기를 이용해서 이런 문제점들을 바로잡을 수 있다.

당신이 고객이라면 당신에게 사겠는가? 자신의 프레젠테이션을 녹음해서 들어본 다음, 스스로에게 질문해 보라. "내가 고객이라면 나의 프레젠테이션을 듣고 나서 제안한 상품을 사고 싶은 마음이 들까?" 자신의 프레젠테이션을 녹음하라고 하면 사람들은 이렇게 말한다. "에이, 저는 저렇게 말하지 않아요. 저 녹음기에서 말하는 사람은 제가 아닙니다." 하지만 당신이 맞다. 물론 약간의 왜곡이 있음은 인정하지만 생각만큼 크지 않다.

왜곡의 원인은 간단하다. 당신이 말하면서 자신의 목소리를 들을 때는 소리가 일차적으로 뼈의 진동을 통해서 발생하지만, 녹음을 해서 들을 때는 소리가 공기를 통해서 고막 안으로 들어오기 때문이다. 따라서 녹음기를 통해서 듣는 소리가 실제로 고객이 듣는 당신의 목소리다. 고객을 다루는 가장 효과적인 방법을 개발하려면 자신이 고객에게 말할 때 어떻게 들리는지를 반드시 알아야 한다. 그 방법이 바로 프레젠테이션을 녹음하는 것이다.

억양이 다르면 의미도 달라진다

목소리가 어떤 역할을 하는지 보여주기 위해 여덟 단어로 된 한 문장을 예로 들어 보자. 이 문장에서 여덟 단어의 의미가 달라지도록 해보겠다. 녹음기를 이용하면 그 차이가 더 명확하고 극명하게 드러난다. '나는 그가 그 돈을 훔쳤다고 말하지 않았다'라는 문장이 있다. 간단하고 사실적인 문장이다.

여기서 '나는'을 강조하면 그가 돈을 훔쳤다는 말은 했는데 내가 아니라 다른 사람이 말했다는 뜻이 된다. '않았다'를 강조해서 말하면 그런 말을 하지 않았다는 강한 부정을 의미한다. '말하지'를 강조하면 그가 돈을 훔쳤다는 것을 암시했지만 말로 표현하지는 않았다는 뜻이 된다. '그가'를 강조하면 그가 아니라 다른 사람이 돈을 훔쳤다는 의미가 된다.

또한 '훔쳤다고'를 강조하면 그가 돈을 빌린 것이지 실제로 훔친 것은 아니라는 것을 암시한다. 이번에는 '그'를 강조해 보자. 이때는 그가 돈을 훔치긴 했지만 그 돈을 훔친 게 아니라는 뜻이 된다. 마찬가지로 '돈'을 강조해서 말하면 무언가를 훔쳤지만 분명 돈은 아니라는 뜻이다. 똑같은 여덟 단어지만 말투에 변화를 줌으로써 문장의 의미를 바꿀 수 있다.

세일즈 클로징 적절한 억양을 사용하라 _ The "Voice Inflection" Close

중요한 사실은 말투가 학습이 가능한 '기술'이라는 점이다. 생각보다 쉽지는 않지만 열흘 동안 하루에 15분만 훈련하면 기본기를 마스터할 수 있다. 프로다운 세일즈 실력을 추구한다면 억양이야말로 집중해서 개발해야 할 가장 중요한 기술이다. 아래와 같이 훈련을 해 보라.

1. 억양을 공부하기 위해 녹음기를 이용해서 앞의 문장을 연습한다.
2. 녹음을 하고 나서 자신의 목표를 달성했는지 들어 본다.
3. 만약 실패했다면 자신이 원하는 대로 정확히 녹음이 될 때까지 계속 시도한다.
4. 억양에 따라 여덟 단어의 의미가 달라지도록 모든 패턴을 연습한다.
5. 제대로 될 때까지 수십 번 반복한다.

이렇게 연습을 해서 만족스런 결과가 나왔다면 테스트를 해 보라. 여덟 단어마다 강세를 달리 주고 억양을 바꿔 가면서 문장을 녹음하고 나서 동료나 배우자에게 들려주고 당신이 전달하고자 하는 의미를 그들이 제대로 이해하는지 확인하면 된다. 그리고 당신이 전달하고자 하는 의미를 다른 사람이 제대로 이해할 때까지 계속 연습하라. 그리고 나면 세일즈 프레젠테이션을 다시 녹음할 준비가 충분할 것이다. 맨 처음 녹음한 것은 반드시 보관해야 한다. 얼마나 달라졌는지를 알 수 있기 때문이다. 당신의 프레젠테이션뿐 아니라 세일즈 실적도 달라질 것이다.

억양은 추후 여러 번 다시 다룰 것이며 당신의 개인 세일즈 자료실에 반드시 포함되어야 할 녹음에 대해서도 나중에 이야기하기로 하겠다. 한 가지 분명한 사실은 당신이 이 책을 다 읽고 나면 목소리를 이용한 세일즈 기술을 반드시 배워야겠다고 생각할 것이라는 점이다.

보다 프로다워지기 위해 이 책을 구입했고 그러기 위해서는 이 책의 제안들을 따라야 한다는 점을 명심하라. 당신은 무언가 새로운 것을 시도하고 있는 게 아니다. 이 책에서 제안하고 있는 기술들은 세미나를 통해서 또는 강의 자료를 통해서 이 테크닉을 배운 수천 명이 이미 시도했고 입증된 것들이다.

마지막으로 억양을 조절하고 말하는 속도에 변화를 줌으로써 고객의 주의를 집중시키는 기술도 익혀야 한다. 고객이 당신의 말에 집중하지 않으면 구매결정에 필요한 메시지와 정보를 얻지 못하기 때문에 고객의 주의를 집중시키는 것도 매우 중요하다. 고객이 듣지 않고 있다면 'No'라고 말하기 쉽고 고객과 당신 모두 손해를 보게 된다.

가격저항에 대응하기

목소리를 적절하게 조절함으로써 보다 효과적으로 대응할 수 있는 중요한 문제가 있다. 이 문제는 세일즈를 하면서 모든 세일즈맨이 수차례 겪게 되는 것이다. 세일즈맨이라면 누구나 가격이 터무니없다거나 말도 안 되게 비합리적으로 책정되었다고 직·간접적으로 주장하는 고객을 항상 만난다.

"이 가격은 말도 안 되는 가격입니다"라고 말하는 호전적이고 독단적인 고객이 있을 수 있다. 또한 "음… 이 가격은 조금 문제가 있어 보이네요"라고 부드럽게 웃으면서 말하는 고객도 있을 것이다. 어떤 고객은 아주 편한 말투로 "당신들은 파는 상품에 대해 자부심이 강하지?"라고 말하기도 한다.

당신이 합리화할 것인가 고객이 방어할 것인가

"그건 말도 안 되는 가격입니다!"라고 독단적으로 말하는 고객에게는 "말도 안 되는 가격이라고요?"라고 똑같이 되풀이한다. 이때 질문형식이 되도록 억양을 조절해야 한다. 억양이 중요하다. 왜냐하면 나의 멘토 중 한 사람이었던 찰스 컬런이 말한 대로 이런 경우 당신은 고객에게 뻔뻔하게 반문해야 하기 때문이다.

그럼으로써 당신이 가격을 합리화하는 게 아니라 고객이 자신이 한 말을 방어하도록 상황을 유도하는 것이다. 이 두 가지 상황은 천양지차다. 전자의 경우는 당신이 수세에 몰리고 후자의 경우에는 공세를 펼 수 있다. 결과에서 상당한 차이가 난다.

이것은 간단하지만 쉽지는 않다. 녹음기를 준비하고 같은 단어를 녹음한 다음 자신이 녹음한 말을 주의 깊게 들어 보기 바란다. 열두 번, 아니 스무 번쯤 이 과정을 반복해야 제대로 된 억양을 습득할 수 있을 것이다. 귀찮고 힘든 작업임에 틀림없지만 그만큼 효과가 있다.

고객이 이렇게 말한다고 가정해 보자. "가격이 좀 부담스럽네요." 이런 경우 가격이 정말로 문제인지 아니면 다른 문제가 있는지를 먼저 판단해야 한다. 그 판단은 질문을 통해서 할 수 있다. 세일즈 강사인 존 하몬드는 다음과 같은 질문을 함으로써 수많은 가격 저항을 성공적으로 무마시켰다.

"제가 만약 그 가격이 절대적으로 공정한 가격이고 상품이 그만큼 충분한 가치가 있다는 것을 입증해 보이면 오늘 이 기회에 사시겠습니까?"

당신이 판단하기에 진짜 문제가 색상, 사이즈, 스타일 또는 그 밖의 다른 원인인데 이렇게 질문함으로써 고객은 가격을 기준으로 구매약속을 하게 된다. 이런 상황이라면 고객은 "아니요, 사실은 그게 아닙니다"라고 반응할 것이다. 이때 세일즈맨은 이렇게 묻는다. "고객님께서 주저하시는 다른 이유가 있는 것 같은데 그 이유가 뭔지 여쭤봐도 되겠습니까?"
이 질문은 진짜 문제가 무엇인지를 알아낼 수 있는 훌륭한 방법이다.

만약 가격이 진짜 문제가 된다면 이렇게 질문하라. "한 가지 여쭤보겠습니다. 고객님은 이 상품이 맘에 드십니까?" 대개의 경우 이렇게 응답할 것이다. "네, 상품은 좋습니다. 하지만 가격이 좀… 부담스럽네요." 그러면 부드럽고 자상한 목소리로 이렇게 되묻는다. "고객님, 고객님이 '정말로' 좋아하는 상품이라면 가격이 문제가 될까요?" 이제 공은 고객의 코트로 넘어갔다.

대개의 경우 비교적 싼 상품이라면 투자를 할 것이다. 고객에게 생각할 기회를 준 그 질문이 구매결정을 유도할 수 있기 때문이다. 고가상품인 경우에는 대개 잠시 생각해 본 다음 이렇게 말할 것이다. "상품은 맘에 듭니다. 그렇지만 아무리 좋아하는 상품이라도 비싼 건 비싼 거지요. 캐딜락을 타고 다니면 정말 좋겠지만 캐딜락 한 대에 7만 달러를 지불하지는 않겠지요."

세일즈 클로징 손실에 대한 두려움을 자극하라 _ The "Fear of Loss" Close

이것은 아주 기본적인 원칙이기 때문에 다시 한번 반복하겠다.
"이익에 대한 욕망보다 손실에 대한 두려움이 더 크다."
당신이 신뢰할 만한 사람이고 당신에게서 구매하면 돈이나 체면을 잃는 일은 없을 것임을 고객의 마음속에 각인시켜야 한다. 반대로 당신에게서 구매하지 않으면 상품이 줄 수 있는 혜택을 누리지 못한다는 점도 인식시켜줘야 한다.
방법은 이렇다. "고객님, 가격은 한 번 고민하면 됩니다. 즉, 구매하시는 날 한 번 고민하면 끝입니다. 하지만 품질은 그 상품을 사용하시는 동안 내내 고민거리가 될 겁니다. 이 점을 감안하시고 이렇게 한 번 생각해 보십시오. 적정가격보다 낮은 돈을 투자하는 것보다는 예상보다 조금 높은 가격에 투자하는 게 더 안전하다고 생각하지 않으십니까? (그러고는 대답을 기다린다.) 이유는 간단합니다. 예상보다 조금 더 많은 돈을 투자한다는 것은 약간의 추가 비용을 의미합니다. 반면, 적정가격보다 적은 돈을 투자하는 경우 상품이 제 기능을 하지 못할 것이고 그렇게 되면 결국 투자한 돈 전부를 잃기 때문이지요."

존 러스킨$^{John Ruskin}$은 가격과 관련해서 매우 예리한 지적을 한 바 있다. "너무 적은 대가를 지불하는 것은 현명하지 못한 일이다. 비싼 값을 지불하면 약간의 돈을 잃을 뿐이다. 그러나 너무 적은 대가를 지불하면 당신이 구매한 상품이 기대했던 기능을 제대로 수행하지 못하기 때문에 종종 지불한 모든 돈을 잃는 결과를 낳는다. 적은 대가를 지불하고 많은 것을 얻을 수 없다는 것이 비즈니스 법칙이다. 그것은 불가능하다. 가장 낮은 가격을 제시하는 사람과 거래한다는 것은 위험부담을 떠 안고 간다는 뜻이다. 그럴 바에야 좀 더 나은 상품에 그 돈을 투자하는 게 현명한 일이다." 일리 있는 말이지 않은가?

잠깐 ─아직은 버릴 때가 아니다 앞서 설명한 논리를 좀 더 구체적으로 보여주는 예를 제시해 보겠다. 당신이 여성이나 아내일 경우 자매 또는 엄마를 관찰해 보면 이 이야기에 공감할 것이다. 먼저 질문을 하나 하겠다. 집안 서랍에 사용하지 않고 있는 화장품이 있지 않은가? 분명 있을 것이다. 이 화장품들은 아무런 하자가 없고 훌륭한 상품들이다. 그럼에도 불구하고 몇 달째 서랍 안에서 먼지만 쌓여가고 있다. 앞으로도 사용하지 않을 것이다. 그러나 쉽게 버리지는 못한다. 그래서 또 다시 6개월을 그냥 두기로 한다. 6개월이 지나면 아무도 쓸 수 없는 완벽한 무용지물이 되기 때문에 화장품을 버리는 것이 경제적으로 합리화된다.

자신이 정확히 원하는 것, 필요한 것을 얻기 위해 돈을 좀 아껴 보겠다는 생각보다는 약간의 돈을 더 투자하는 것이 안전하지 않을까? 추가 투자금액은 그리 크지 않을 것이다. 반면 그 화장품에 투자한 돈은 모두 낭비한 셈이다. 만족도와 자존감(근사하게 차려 입었을 때의 뿌듯함을 누구나 잘 알 것이다.)을 생각한다면 품질에 투자하는 것이 남는 것이다.

정말로 싸게 산 것일까?

우리 모두는 할인상품을 충동적으로 구매한 적이 있다. 지금 당신이 방문한 구두 매장에서 특별할인, 정리세일, 재고정리, 가격파괴 등등의 이유로 250달러짜리 브루노 말리^{Bruno Magli} 구두 한 켤레를 딱 한 번 폭탄세일가격에 판다고 가정해 보자. 지금까지 역사상 단 한 번도 없었던 세일이다.

거부할 수 없는 유혹에 당신은 당장 그 구두 가게로 가서 너무나 멋진 브루노 말리 구두에 발을 밀어 넣어 본다. 당신의 발 사이즈는 240인데 구두는 230이다. 자기 합리화가 시작된다. '계속 신다보면 늘어날 거야.' 신발을 신고 가게 안을 몇 발짝 걸어보니 너무나 불편하고 신발이 턱없이 작다는 것을 알지만 100달러나 할인된 가격에 명품구두를 살 수 있다는 유혹을 뿌리칠 수가 없다. 게다가 새로 산 드레스와 지갑에 딱 어울리는 색깔이다. 논리적으로 사이즈가 맞지 않는 신발은 사지 말아야 한다는 것을 안다. 그렇지만 감정적으로 일생일대의 세일 유혹을 결코 물리치지 못한다.

결국 신발을 산다. 250달러짜리 구두를 119달러 95센트에 산 것이다. 구두가 너무 예뻐서 교회에 갈 때 신으려고 아껴 둔다. 구두에 발을 밀어 넣자 발이 너무 아프다. 구두를 신지 말아야 한다는 판단이 들지만 예쁜 구두를 싸게 잘 샀다는 생각에 억지로 신는다.

꼭 끼는 신발을 신고 설교를 듣지만 목사님이 무슨 말을 했는지 통 머리에 들어오질 않는다. 그 구두를 신는 것은 그때가 처음이자 마지막일 것이다. 한 번 신을 구두를 120달러 주고 샀다면 상당히 비싼 대가다. 맞는 사이즈의 구두를 제값을 주고 사서 오랫동안 신는 것이 차라리 낫지 않겠는가?

나 역시 같은 실수를 저질렀다

나도 똑같은 실수를 했기 때문에 잘 안다. 몇 년 전의 일이지만 정장 한 벌이 보통 279달러 95센트였는데 149달러 95센트로 할인된 적이 있었다. 당시 나는 44사이즈를 입었는데 이 정장은 42사이즈였다. 체중을 감량한 다음 그 멋진 정장을 입을 수 있다는 자신이 있었다. 이야기의 결론은 짐작하는 대로다. 살은 빼지 못하고 몇 달이 지나갔다.

돈을 조금 아끼려 하기보다는 조금만 더 투자했으면 좋았을 것이다. 후자의 경우 몇 달러만 더 투자하면 되지만 전자의 경우 결과적으로 옷 값으로 지불한 돈을 모두 날린 셈이다. 한 번 입어보는 데 149달러 95센트에 세금까지 지불한 셈이니까.

세일즈 클로징 '비용' 개념을 도입하라 _ The "Cost" Close

고객이 가격을 문제삼을 때는 이런 질문을 던져라. "만약 고객님께서 가격이 합리적이라는 생각이 드시면(여기서 절대로 '제가 고객님을 설득시킨다면'이라는 표현을 써서는 안 된다. 고객은 당신에 의해 설득당하는 것을 원치 않기 때문이다.) 오늘 구매하기로 결정하시겠습니까?"

고객이 이 질문에 'Yes'라고 대답하면 다음 질문으로 넘어간다. 다음 질문은 매우 중요하다. 고객의 눈을 직시하면서 이렇게 물어라. "고객님께서 가격을 문제삼으시니까 한 가지 확실히 해두고 싶은 게 있습니다. 고객님이 문제삼으시는 부분이 가격price인가요 아니면 비용cost인가요?" 그러면 고객은 분명 이렇게 되물을 것이다. "무슨 말씀인가요? 가격과 비용의 차이가 뭐죠?"

보는 것을 믿는다

"고객님, 예를 들어 설명해 드리지요." 지금이 바로 준비한 '프레젠테이션'을 할 때다. 고객은 눈에 보이는 것을 믿는 경향이 있다. 당신이 글로 써서 설명하면 더 잘 믿을 뿐 아니라 이해도 빠르다. 가격과 비용을 설명할 때 내가 사용하는 예가 있다. 당신의 상황에 적절하고 잘 맞는 자신만의 예를 하나 준비하라.

"1971년 여섯 살 난 아들과 저는 자전거를 사러 갔습니다. 슈윈Schwinn 자전거 가게에 갔는데 64달러 95센트라고 적힌 가격표를 보고 놀랐습니다. 1971년 당시 64달러 95센트는 큰돈이었고 여섯 살짜리에게 사줄 자전거 한 대 값으로 쓰기에는 너무 많은 돈이었습니다.

그래서 할인매장으로 갔습니다. 타는 법을 배우느라 결국 자전거가 망가질 거니까 싼 자전거를 사줘도 될 것 같았죠. 34달러 95센트를 주고 자전거 한 대를 샀습니다. 가격적인 측면에서 훨씬 잘한 일이죠.

한 6주쯤 지나서 핸들을 새로 사야 했습니다. 정상가격은 4달러 5센트였지만 보증기간이 끝나지 않아서 비용은 들지 않았습니다. 60일 뒤 또 핸들 때문에 매장을 다시 찾았는데 그때는 보증기간이 지나서 4달러 5센트를 투자해야 했죠. 6주쯤 지나니까 톱니바퀴 전체가 망가져서 다시 자전거 매장에 가야 했습니다. 정확한 비용은 기억이 나지 않지만 15달러가 조금 넘었던 것 같습니다. 몇 주 뒤 바퀴의 베어링이 고장나서 5~6달러를 썼지요. 그제야 나는 밑 빠진 독에 물 붓기라는 것을 깨닫고 포기했죠. 그런 후 결국 슈윈 자전거를 64달러 95센트 주고 샀답니다."

'싼 것'이 더 비싸다

자, 그럼 이제 가격과 비용의 차이를 알아보자. 저렴한 자전거의 가격은 34달러 95센트고 슈윈 자전거는 64달러 95센트다. 이제 비용을 살펴보자. 저렴한 자전거의 비용은 34달러 95센트에다 4달러 5센트와 15달러를 합쳐서 54달러 45센트가 된다. 아들이 자전거를 탄 기간은 고장나서 못 탄 기간까지 합쳐서 6개월이다.

슈윈 자전거의 비용은 64달러 95센트고 10년을 탔다. 아들이 저렴한 자전거를 타는 데 월 9달러가 들었는데 슈윈 자전거를 타는 데는 1년에 6달러 5센트가 들었고 둘째에게 물려줬을 때도 상태가 양호했다. 슈윈 자전거에 추가로 들인 돈은 타이어 교체비용이 전부였는데 타이어는 자전거의 내구성이나 품질과는 전혀 관계가 없는 것이다.

설명할 때 머릿속에 다음과 같은 표를 작성하라.

"고객님, 이 점을 잘 생각해 보십시오. 저렴한 자전거의 가격($34.95 vs $64.95)이 훨씬 낮았지만 비용차이는 월 9달러 대비 연간 6달러 5센트로 가격차이보다 훨씬 큽니다. 자, 이제 다시 질문을 드리겠습니다. 고객님은 지금 가격을 놓고 고민하고 계십니까, 아니면 비용을 놓고 고민하고 계신가요?

가격		가격	
저렴한 자전거	34.95달러	슈윈 자전거	64.95달러
추가 비용		**추가 비용**	
핸들	4.5달러	10년 동안 추가비용 없음	
톱니바퀴	15달러		
합계	54.45달러	**합계**	64.95달러
54.45 ÷ 6개월		64.95 ÷ 10년	
	= 월 9달러		= 연간 6.50달러
저렴한 자전거 타는 비용		**슈윈 자전거 타는 비용**	

가격은 일시적인 것이지만 비용은 상품을 사용하는 동안 신경 써야 할 부분입니다. (다음 문장이 사실이라면 세일즈를 성공시킬 수 있어야 한다.) 다른 회사제품이 가격면에서 저희보다 나을 수 있습니다. 그렇지만 비용면에서는 저희가 우월합니다. 고객님께서 비용을 고려하시고 계신다면 최저 비용의 혜택을 지금 당장 누리시는 것이 합리적이지 않겠습니까?"

이 말에 신빙성을 더 할 수 있도록 자신의 상품과 관련된 사례를 들어 줘야 한다.

이 테크닉이 효과가 있을까?

일리노이 주 브래들리^{Bradley}에서 뷰익^{Buick} 대리점을 운영하는 빌 이건

Bill Egan은 이 방법이 효과가 있다고 말한다.

업무회의에서 돌아온 빌은 한 노부부가 사무실에서 한참을 있다가 갔는데 그들이 대리점에 벌써 세 번이나 다녀갔다는 말을 들었다. 그들은 차를 구매하는 데 관심이 있었지만 여전히 망설이고 있었고 영업사원은 세일즈를 진전시키지 못하고 있었다. 다른 영업사원들도 시도해 보았지만 결과는 마찬가지였다.

빌은 마침 가격과 비용에 대한 강의를 듣고 있었고 직접 시도해 보기로 했다. 자기소개와 가벼운 대화에 이어 다음과 같은 대화가 진행되었다.

빌 : 가격은 9,600달러입니다.

노부부 : 너무 비싸네요. (할머니가 주로 말했다.)

빌 : (목소리를 낮추고 억양을 이용해 평서문을 의문문으로 만들면서) 너무 비싸다고요?

할머니 : 네, 가격이 너무 비싸요.

빌 : 한 가지 여쭤 보겠습니다. 고객님께서는 지금 가격을 말씀하시는 건가요, 아니면 비용을 말씀하시는 것인가요?

노부부는 어리둥절한 눈으로 빌을 바라보았다.

할머니 : 무슨 말인가요? (이쯤 되면 최소한 계획대로 일이 진행되고 있다는 것을 빌은 안다.)

빌 : 제가 일화를 통해서 설명 드려도 되겠습니까?

할머니 : 그럼요.

빌 : 몇 달 전 집에 깔려고 많은 양의 아스팔트를 주문했습니다. 고객님께서 지금 하고 계시듯이 저도 사전조사를 해서 지불하는 돈

에 합당한 최고의 상품을 사고 싶었습니다. 누구나 원하는 일이지 않습니까? (할머니가 동의한다.) 아스팔트나 건설에 대해 별로 아는 게 없긴 해도 베이스로 자갈을 밑에다 얼마나 깊이 까느냐가 가격을 결정한다는 정도는 압니다. 다들 그렇듯이 가장 저렴한 가격을 선택했습니다.

"간단히 요약하면 두 달도 못돼서 아스팔트 표면에 금이 가고 뒤집어지기 시작했습니다. 집안을 살펴보니 여기 저기 다 그렇더군요. 1년쯤 지나니까 아스팔트가 깨졌고 6,000달러를 더 주고 수리했습니다. 요점을 말씀드리죠. 가격은 일시적인 겁니다. 하지만 비용은 그 상품을 가지고 있는 한 영원히 지속되는 개념입니다. 지금 찾고 계시는 것에 비해 품질이 떨어지는 상품을 사서 두고두고 이런저런 추가 비용을 지불하는 것보다는 적정가격을 한 번 지불하고 끝내는 편이 낫지 않겠습니까?"

이렇게 말한 다음 잠시 한 템포 쉬어 준다. 노부부의 시선이 서로 교차한다. 거두절미하고 할머니는 말한다. "살게요." 빌은 세일즈를 성공시켜 고가의 차를 팔았다. 노부부가 다른 매장에서 다른 차를 샀더라면 그 정도의 비싼 차를 사지 않았을 것이다. 빌은 가격과 비용의 차이를 납득시켰을 뿐이다.

위의 사례에는 다양한 요소들이 개입되어 있다. 첫째, 노부부는 그 차를 원했음이 분명하다. 그렇지 않다면 왜 대리점을 세 번이나 방문했겠는가! 둘째, 빌은 목소리와 신뢰 그리고 잘 준비된 세일즈 논리를 거래에 적절히 활용했다. 셋째, 단순한 비유를 사용해서 핵심을 찌르고 고객의 관심을 유도했다. 넷째, 질문을 함으로써 고객이 스스로 결론에 도달하도록 유도했다. 성실한 세일즈맨이 적절한 테크닉을 사용해서 가능성 있는 고객을 상대로 적절한 상황에서 제대로 된 상품을 팔았기 때문에 성공할 수 있었던 또 다른 일례다.

만약 그 차를 정말로 사고 싶었던 노부부와 그 차를 팔고 싶었던 빌이 세일즈 테크닉과 설득력이 부족해서 거래를 성사시키지 못했다면 양쪽 모두에게 불행한 일이었을 것이다.

가격이 너무 비싸요

이 책의 후반에서 정말로 뛰어난 세일즈맨은 '정상'이 아니라는 말에 대해 자세히 다룰 것이다. 구매자도 마찬가지다. 계약서에 서명하는 순간 고객은 정상이 아니기 때문이다. 상당한 금액의 주문서에 서명할 때 그 사람의 맥박이 확실히 빨라진다는 증거가 있다. 변화가 일어나고 있으며 구매자는 감정변화를 겪게 된다. 이러한 변화를 완벽하게 이해할 때 보다 강력하게 고객에게 응대할 수 있고 결과적으로 효과적인 세일즈를 할 수 있다.

가격이 실제로 비싸다고 생각하든 아니든 사람들은 대부분 무조건 비싸다고 반응한다는 것을 기억하라. 비싸다고 말하면 조금이라도 싸게 살 수 있을 것이라고 기대하는 많은 사람들이 그렇게 반응한다.

가격이 비싸다는 저항에 대처하는 또 다른 방법이 있다.

"고객님께서 가격에 신경을 쓰신다니 기쁘군요. 가격이야말로 저희 회사의 최대 강점 중 하나거든요. 현실적으로 볼 때 고객님께서 지불하는 가격은 상품의 가치가 아니라 그 상품이 고객님을 위해 어떤 것을 할 수 있는지에 따라 정해져야 한다는 것에 동의하시지요?"

그런 후 대답을 잠시 기다린다. "이런 전제하에 저희 상품이 고객님을 위해 무엇을 해드릴 수 있는지 한 번 살펴 드리겠습니다."

너무 비싸다는 고객의 반응에 대해 이렇게 대응할 수 있다.

"고객님, 저희 회사는 물품을 최대한 싸게 만들어서 그럭저럭 버텨내는 상품으로 판매할 것인지, 아니면 서비스, 내구성 그리고 고객님의 장기적인 만족, 즉 장기적인 가치와 혜택을 드리기 위해 품질을 우선시 할 것인지, 둘 중에 하나를 선택해야 했습니다. 결정을 앞두고 저희는 고객님의 입장에서 생각해 보았습니다. 싸구려 재료와 값싼 노동력을 이용해서 그저 그런 상품을 만들어 내는 회사보다는 최고의 상품, 가장 유용한 상품을 만들기 위해 최선을 다하는 회사를 고객님께서 선호하실 거라는 생각이 들었습니다. 좋은 상품은 싸지 않고 싼 상품치고 좋은 상품이 없다는 것을 잘 아실 겁니다. 오랫동안 믿고 쓸 수 있는 상품을 원하시죠?"

가격은 잊히지만 품질은 기억된다

비용을 분석해 보고 목소리를 가장 효과적으로 사용하는 방법과 가격 저항에 대처하는 방법에 대해서 여러 가지 제안을 했다. 그런데 한 가지 문제에 대해 너무 세부적으로 다루다 보니 마치 파리 한 마리를 잡는 데 커다란 쇠망치를 사용한 격이 되었다. 그럼에도 이것이 중요하고 또 앞으로는 더 중요해지기 때문에 모든 부분을 빠짐없이 다루고자 한다.

당신이 기억해야 할 것은 고객은 가격을 잊어버린다는 점이다. 특히 고객이 상품에 만족하는 경우는 더 그렇다. 예를 들어 아주 맘에 들어서 즐겨 입는 정장이나 드레스가 몇 벌 있을 것이다. 그 옷들은 산 지가 오래 되어서 정확한 가격을 잊어버렸을 가능성이 매우 높다.

사람들은 가격은 잊어버리지만 품질이 나쁘다거나 잘못 산 경우는 결코 잊지 않는다. 그리고 대개 그 상품을 판 사람에게 책임을 돌린다. 세일즈를 하다 보면 어쩔 수 없는 일이지만 품질에 대한 불만이 커지면 아예 세일즈를 못하게 될 수도 있다.

세일즈 클로징 품질로 승부하라 _ The "Quality" Close

비누나 화장품처럼 소액상품을 파는 경우 가격저항에 대처하기 위해 위에서 말한 것처럼 모든 정보를 일일이 설명하자면 시간낭비가 될 것이다. 이럴 때는 매우 효과적이고 강력하면서도 간단한 대응방법이 있다. 매장에서 거래하는 경우에도 가격이 너무 비싸다며 망설이는 고객을 설득하는 데 활용할 수 있는 방법이다.

목소리를 낮추고 고객의 눈을 직시하면서 이렇게 말한다. "몇 년 전 저희 회사는 한 가지 중요한 결정을 내렸습니다. 품질문제로 계속 고객들에게 사죄하느니 가격에 대해 한 번 설득하는 것이 낫겠다고 판단했습니다. (여기서 잠시 쉬었다가 말을 잇는다.) 고객님께서도 저희 회사가 이런 결정을 내린 것에 대해서 기쁘게 생각하실 거라고 믿습니다."

당신이 저가상품을 팔고 있다면 위의 마지막 한마디면 세일즈를 마무리할 수 있을 것이다. 그리고 고가상품을 파는 경우에도 고객이 상품에 관심을 갖게 하는 결정적인 한마디가 될 것이다.

스테이트 팜^{State Farm}이라는 자동차 보험회사의 영업사원인 애리조나 출신의 앱 잭슨^{Ab Jackson}은 고객과의 상담에서 아무런 진전을 보지 못하고 있었다. 사실 앱은 슬럼프에 빠져 있었고 고객은 다소 적대적이었다. 앱이 프레젠테이션을 하고 몇 가지 질문에 답을 해주자 고객은 가격이 너무 비싸다고 강한 불만을 토로했다.

강의에서 들었던 '품질로 승부하라'는 내용을 기억하면서 앱은 고객을 바라보며 목소리를 낮추고 이렇게 말했다. "고객님, 저희 스테이트 팜은 품질이나 서비스 문제로 계속해서 고객들에게 사과해야 하느니 딱 한 번 가격에 대해 설명 드리는 편이 쉽겠다는 판단을 내렸습니다. (한 템포 쉬고) 고객님께서도 저희가 내린 결정을 좋아하시리라 생각하는데 그렇지 않으십니까?"

고객은 몇 초 동안 말이 없다가 단호한 목소리로 말했다. "하겠습니다." 앱이 그때까지 올린 최대 실적의 거의 두 배에 해당하는 계약을 성사시켰다.

당신도 앱이 한 것처럼 하기 바란다. 단어와 목소리 억양이 능숙해질 때까지 연습하고, 연습하고 또 연습하라. 당신과 고객 모두에게 이익을 주는 구매행위를 하도록 고객을 설득할 수 있는 강력한 무기를 갖추게 될 것이다.

▇세일즈 클로징▇ 모든 질문에 답을 준비하라 _ The "Answer for Everything" Close

세일즈, 특히 직접 판매를 하는 경우 끊임없이 질문에 대답해야 했던 경우가 있었을 것이다. 어떤 질문이든 능숙하게 대처하다 보면 고객이 자신의 아내를 보면서 이렇게 말할 때도 있다. "마르타, 무슨 질문을 해도 소용이 없구려. 모든 질문에 답을 갖고 있어!"

또는 좀 더 세련되게 이렇게 말할 것이다. "열심히 준비하셨군요. 제가 어떤 질문을 해도 소용이 없네요. 답을 다 알고 계시니까요!"

자아를 만족시킬 것인가 — 아니면 세일즈를 성공시킬 것인가?

이런 상황이 발생할 때 당신은 중요한 결정의 순간에 직면하게 된다. 자신을 치켜세우거나 아니면 세일즈를 성공시키거나 둘 중 하나를 선택해야 한다. 두 가지 다 가질 수는 없다. 고객이 "정말 모든 질문에 답을 갖고 계시군요"라고 말했을 때, 당신은 웃으면서 "사실 지난달 제가 사무실에서 최다 판매왕으로 뽑혔어요…"라고 말할 수 있다.

그러나 이와는 다른 방식으로 응대함으로써 세일즈를 성공시킬 수 있다. 위의 예처럼 반응하면 당신의 자아는 만족되었을지 모르지만 그 뿐이다. 고객이 "정말 모든 질문에 척척 답하시는군요"라고 말했을 때 진정으로 커리어를 만들어 나가려면 목소리를 낮추고 고객의 눈을 바라보면서 천천히 그리고 부드러운 목소리로 이렇게 말한다.

"고객님, 그렇게 말씀해 주시니 감사합니다. 칭찬으로 듣겠습니다. 그렇지만 아직도 많은 질문에 대해 답을 갖고 있지 못합니다. 그래서 고객님의 문제에 해답을 제시해 주는 이 상품을 파는 것이 기쁘답니다. 그것이 고객님이 원하시는 것이기도 하고요. (말하면서 고개를 끄덕인다.) 그렇지 않습니까?"

이 방법은 매우 효과적이다. 당신이 진지한 태도를 보이고 자신이 하는 말을 믿는다면 성과가 있을 것이다.

유명한 사기꾼을 데려다가 전 세계 세일즈맨들이 성공적으로 사용하고 있는 언변과 테크닉을 가르친다고 가정해 보자. 그 언변과 테크닉의 효과는 이를 사용하는 사람의 신용 때문에 상당부분 제한될 것이다. 세일즈 과정에서 가장 중요한 부분은 바로 세일즈맨 자신이다.

보스턴의 포럼 코퍼레이션의 드마르코DeMarco와 매긴Maginn의 연구는 유용한 정보를 담고 있으며 위에서 설명한 신뢰논리를 완벽하게 뒷받침해 준다. '신뢰'라는 주제는 이 보고서 전반에 걸쳐 계속 등장한다. 세일즈의 세계에서 성공하는 사람들은 고객과 눈으로 소통하는 일대일 커뮤니케이션을 통해 신뢰를 형성한다. 이들은 세일즈를 끝까지 마무리하겠다는 책임감을 스스로에게 부여함으로써 신뢰를 유지한다. 세일즈를 끝까지 마무리하는 책임감은 지속적으로 고객에게 서비스하고 회사의 지원 인력을 효과적으로 활용하는 것을 의미한다. 보고서에 따르면, 성공하는

세일즈맨은 판매한 상품이 전달되어 고객이 상품을 잘 활용하고 만족해
야만 비로소 세일즈가 완결되었다는 믿음을 보여주고, 세일즈 이후에도
고객에게 추가 서비스를 보장하는 인테그리티를 지니고 있다.

프로는
세일즈 이후를 생각한다
The Professional Sells and Delivers

나의 첫 번째 세일즈 1947년 세일즈에 입문한 지 3개월쯤 되었을 때 나의 첫 번째 세일즈 전략이라고 할 수 있는 심리 전략을 이용했다. 물 없이 조리가 가능한 튼튼한 조리기구를 포함하여 많은 것들이 귀했던 때 였다. 주문을 많이 받았는데 배달이 때로는 한 달에서 석 달까지도 지연 되었다.

그때는 제2차 세계대전이 끝난 지 얼마 되지 않았고 4년 동안 제대로 된 조리기구를 구할 수 없었다. 주문이 폭주했다. 노련한 세일즈맨들은 신이 났지만 신출내기인 나는 솔직히 실적을 올리지 못하고 있었다.

어느 날 나는 사우스캐롤라이나의 윈스보로에서 판매를 위해 가가호호 방문하고 있었다. 고속도로 순찰대원인 앤더슨 씨의 대문을 두드리자 그의 아내가 나왔다. 그녀는 옆집에 사는 볼웨어 부인과 함께 조리기구를 보고 싶다고 말했다. 나는 집안에 들어가서 남편들도 제품시연을 좋아할 거라면서 모셔 오라고 했다. 아내들은 뒷마당에 있던 앤더슨 씨와 볼웨어 씨를 억지로 집안으로 데리고 들어왔다.

그렇지만 아무리 설득해도 남편들은 제품시연을 진지하게 받아들이지 않았다. 나는 열심히 조리시연을 해 보였다. 내가 파는 조리기구 세트에 물 없이 낮은 온도에서 사과를 요리하고 그들이 가지고 있던 조리기구에다 물을 붓고 기존방식대로 사과를 요리했다. 차이는 엄청났다. 두 가지 방법으로 요리한 사과를 그들 앞에 내놓자 확연한 차이를 보고는 감탄했다. 그러나 남편들은 설득당하는 것이 두려워서 관심이 없는 척했다.

세일즈 클로징 반대심리를 이용하라 _ The "Reverse" Close

그때 나는 세일즈가 물 건너 갔음을 알았고 반대전략을 써 보기로 했다. 나는 조리기구를 깨끗이 닦아서 다시 샘플 케이스에 넣으면서 말했다. "시연을 할 수 있게 해주셔서 감사합니다. 오늘 이 조리기구를 제공해드릴 수 있다면 좋겠는데… 앞으로 언젠가는 구할 수 있을 겁니다."

두 남편은 즉각적으로 나의 조리기구 세트에 깊은 관심을 보였다. 앤더슨 씨와 볼웨어 씨는 자리에서 일어나서 언제 그 조리기구를 구할 수 있는지 알려달라고 했다. 언제가 될지는 정확히 모르지만 구하게 되면 그들을 잊지 않겠다고 확인시켜 주었다.

"당신이 우리를 잊어버릴 수도 있는데 어떻게 알죠?"라고 물으며 끝까지 매달렸다. "확실하게 하시려면 계약금을 먼저 주세요. 그러면 상품

재고가 있을 때 회사가 배달해 줄 겁니다. 그렇게 하시는 것도 좋을 것 같네요. 한 달이 될 수도 있고 석 달이 될 수도 있습니다."

두 사람은 급히 주머니를 뒤져서 계약금을 치렀다. 약 6주 뒤 상품이 배달되었다. 중요한 것은 오로지 사실을 근거로 프레젠테이션을 했다는 점이다. 얻을 수 없거나 구하기 힘든 것이라면 더 원하는 것이 사람의 심리다. 이 경우 이러한 인간의 본성을 이용해서 간단한 세일즈 심리전략을 사용했을 뿐이다.

두 가지 중요한 포인트를 살펴보자. 첫째, 반대전략은 매우 효과적인 설득방법이다. 둘째, 철저하게 정직해야 하고 속임수를 쓰지 않도록 주의해야 한다. 그렇지 않으면 사기를 치는 게 되고 이 사실이 발각되면 고객은 당신에 대한 신뢰를 상실할 것이다. 더 중요한 것은 자존감을 상실하고 자기 이미지가 훼손되면 세일즈 성과는 떨어진다. 제2부에서 그 이유를 설명할 것이다.

구두닦이 소년의 세일즈

나는 누구든 팔 수 있고 무엇이든 팔 수 있다고 생각한다. 지금까지 설명한 억양과 몇 가지 세일즈 테크닉을 잘 보여주는 이야기를 하나 소개하겠다. 1976년 늦겨울 나는 비행기를 갈아타기 위해 세인트루이스 공항에 내렸다. 구두를 닦아야 했는데 시계를 보니 다행히 여유가 있었다. 나는 세인트루이스 공항의 구두닦이들이 세계 최고라고 생각하기 때문에 여기에 오면 항상 구두를 닦았다.

작은 구둣방에 들어가 서 있으니 세 번째 의자에 앉아 있던 신사가 내려오고 있었다. 어린 구두닦이 소년이 나에게 말했다.

"들어오세요, 다음 차례입니다."

나는 의자에 앉아서 그 구두닦이 소년이 고객과 현금거래를 끝내는 동안 가격표를 보았다. 지금은 많이 바뀌었겠지만 그때는 일반이 75센트, 왁스칠이 1달러, 침으로 닦는 경우에는 2달러였다. 나는 일반으로 하고 25센트를 팁으로 주고 갈 생각이었다.

그의 이름은 조니였는데 조니가 다른 손님의 구두를 닦고 계산을 마치자 물었다.

"어떻게 닦아 드릴까요?"

"일반으로 해주렴."

조니는 뒤로 살짝 물러나서 나를 보면서 말했다.

"일반이요?"

'농담이겠지'라는 말투가 섞인 목소리였다. 그때 나는 특별한 구두닦이 서비스를 받을 것임을 직감했지만 그 소년에게 당하고 있을 수는 없다는 생각에 이렇게 말했다.

"그래, 일반으로 닦아주렴. 여기 구두닦이들이 일을 잘하니까 일반으로 해도 잘 닦을 거란 걸 알고 있지."

소년은 전혀 불평하지도 인상을 쓰지도 않았고 한마디도 하지 않았다. 가죽용 비누를 집어 들고 양쪽 구두에 듬뿍 발라서 구두를 닦기 시작했다. 그런 다음 천으로 구두를 닦아서 말렸다. 구두 한 짝을 다 닦은 다음 조니는 신발 가죽을 문질러 멀리서도 들릴 정도로 큰 마찰소리를 냈다. 조니가 질문투로 말했다.

"이 신발 명품이죠?"

"그렇단다."

"우와, 정말 멋진 구두네요."

"그럼."

"비싸게 주고 샀죠?"

"그렇지, 하지만 지금까지 신어 본 것 중 가장 편안한 신발이라서 불만 없어."

"정말 멋진 구두네요."

세일즈 클로징 허를 찔러라 _ The "Shame" Close

대화를 주고받는 사이에 소년은 다른 한 쪽도 다 닦았고 구두약을 집어 들었다. 구두약을 바르기 전 소년은 바지자락을 만져보며 말했다.

"여태까지 만져 본 것 중에 가장 특이한 천이네요."

소년의 말이 맞았다. 그 옷은 아주 드문 천이었다. 아이오와 주의 포트 메디슨Fort Madison에 있는 글래스고 의류가게Glasgow Clothier 주인인 도일 호이어Doyle Hoyer에게 산 옷이었다. 아일랜드에서 수입한 천인데 최소 5년은 끄떡없이 입을 거라고 했다. 정말로 훌륭한 옷이었다.

내가 소년에게 이런저런 이야기를 들려주자 질문을 던졌다.

"어떤 옷인가요?"

나는 히키 프리맨Hicky Freeman이라고 말해 주었다.

"우와! 정말 좋은 옷이네요! 비싸게 주고 사셨죠?"

히키 프리맨은 꽤 비싼 옷이지만 내가 입은 것은 천 때문에 더 비싸다고 대답했다. 사실 보통 내가 사 입는 옷보다 200달러나 더 주고 샀지만 만족스러웠다.

이제 소년은 구두약을 칠하고 본격적으로 헝겊을 이용해 광내기 작업에 들어가려는 참이었다. 2년간 미 해군에 복무하는 동안 구두를 닦은 경험이 있어서 구두닦이에 대해 약간의 지식이 있다. 구두닦는 사람이 헝겊으로 광을 내는 것은 구두에 광을 더 잘 내려는 게 아니라 두 가지 다른 의미가 있다는 것을 안다.

첫째, 지금은 고인이 된 엘머 휠러Elmer Wheeler가 말했듯이 '요란스러운 소리'를 파는 것이다. 그 소리에 걸맞는 실체가 있다면 이런 소리는 고객에게 설득력이 있다. 둘째, 구두방 밖에 있는 사람들에게 신나는 일이 안에서 벌어지고 있다는 것을 알려주는 행위다. 말하자면 소년이 다음 고객을 물색하는 행위인 셈이다. 이것은 모든 세일즈맨들이 늘 하는 일이다. 소년은 광내기를 한 차례 끝낸 뒤 나의 눈을 보며 물었다.

"참 안타까운 일입니다!"

소년이 잠시 쉬었다가 말을 이었다.

"구두 한 켤레에 100달러가 넘는 돈을 쓰고 한 벌에 수백 달러짜리 옷을 입고 최고로 멋지게 보이려는 분이 패션의 완성이라고 할 수 있는 구두를 세상에서 최고로 잘 닦아주는데 1달러를 아까워하다니요!"

결국 내가 이렇게 말했다.

"얼른 침 뱉어라!"

유쾌하고 유머러스한 방법으로 소년은 나를 궁지로 몰아 구두 닦는 데 돈을 더 쓰게 만들었다. 나의 구두와 옷값을 강조함으로써 추가 1달러의 가치를 새롭게 재조명했다.

세일즈 후 책임을 지라

작업이 끝났고 구두는 반짝거렸다. 다른 사람은 어떨지 모르지만 나는 75센트에 구두를 닦으면 팁으로 25센트가 적당하다고 생각한다. 하지만 2달러에 구두를 닦고 25센트를 팁으로 줄 수는 없지 않은가? 생각이 있는 사람이라면 그러지 않을 것이다. 나는 수고비 2달러에다 팁으로 1달러를 더 주고 걸어 나왔다. 자랑하듯 가슴을 펴고 활보했다는 표현이 정확할 것이다. 뿌듯하게 걸어 나가면서 속으로 생각했다. '여기서 구두

나 닦고 있기엔 아까운 녀석이군.'

그런 후 시계를 보니 10시를 가리키고 있었는데 이 점은 매우 중요하다. 내가 의자에 앉았을 때가 정확히 10시 3분전이었으니까 구두를 닦는데 걸린 시간은 3분이란 뜻이다. 나는 조니에게 3달러를 지불했다. MIT의 우등 졸업생이 아니어도 1분에 1달러면 한 시간에 60달러라는 것쯤은 쉽게 계산이 될 것이다. 이 정도면 그 당시 정신과 의사가 받는 수준이었다.

나는 독심술은 모르지만 당신이 지금 무슨 생각을 하고 있는지 안다. 시간당 60달러면 하루에 480달러다. 물론 구두닦이 소년이 그만큼 벌지는 못한다는 것을 안다. 그 절반이면 240달러다. 그 절반이라도 120달러다. 다시 반으로 나누면 하루 60달러다. 최소한 60달러 이상은 벌겠지만 그냥 60달러라고 가정해 보자. 그렇다고 해도 1년이면 1만 8,000달러고 장담하건대 그 구두닦이 소년은 1년에 2만 달러는 벌 것이다.

여기서 잠깐! 분명히 이해하고 넘어가야 할 것이 두 가지 있다. 우선 조니가 프로 세일즈맨이라는 점이다. 실제로 그의 명찰에는 "구두닦이 전문가"라는 타이틀이 적혀 있었다. 내가 알고 있는 한 그는 미국에서 유일한 구두닦이 전문가다. 그리고 그는 정말로 실력이 뛰어나다.

두 번째 중요한 것은 자신이 파는 것은 모두 책임진다는 점이다. 나는 남녀가 연애시절 서로에게 세일즈한 것들을 결혼생활에서 충실히 이행한다면 이혼율이 90% 감소할 거라고 확신한다. 한마디로 조니는 구두를 정말 잘 닦는다. 다행스럽게도 이 이야기의 2탄이 있다.

세일즈 클로징 숨어 있는 기회를 찾아라 _ The "Extra" Close

그 일이 있은 후 1년 뒤 나는 다시 세인트루이스 공항에 올 일이 있었다. 그래서 다시 그 구둣방을 찾았다. 작은 여행 가방을 하나 가지고 있었는데 자리에 앉기 전에 걸어 두었다. 가격표를 보니 가격이 달라졌다. 일반은 1달러, 왁스칠은 없어졌고 침으로 닦는다는 말 대신 '특급'이라는 말로 바뀌어 있었다. 조니는 어떤 걸로 할 건지 물었다. 나는 거두절미하고 특급으로 해달라고 했다. 조니는 웃으면서 'OK'라고 말하고는 구두를 닦기 시작했다.

맘씨 좋은 농부가 소를 다루듯이 사람을 대하면 뭐든지 더 잘한다는 것을 나는 오래전에 터득했다. 당신이 소에 대해서 얼마나 아는지 모르지만 소에 대해 알려주고 싶은 게 두 가지 있다. 여덟 살 때 경험에 따르면 소가 우유를 그냥 주는 게 아니라는 것이다. 젖 한 방울 한 방울이 그냥 얻어지는 게 아니라 열심히 얻어내야 한다. 그리고 우유의 양과 질은 소를 어떻게 다루는가와 직접적인 관련이 있다.

축사로 가서 늙은 소를 두어 번 찰싹 때리면서 최근에 우유 생산량도 줄고 유지방도 최하 수준이며 제대로 할 일을 못하고 있다고 말해 보라. 그러고는 옆구리를 차면서 우유 생산량을 늘리지 않으면 햄버거 고기로 쓸 거라고 위협해 보라. 두 가지 현상이 발생할 것이다.

먼저 소가 당신을 되받아칠 수 있다. 설령 소가 당신을 치지 않더라도 분명 우유의 양은 더 줄고 생산된 우유도 마시기에 부적합할 것이다. 실제로 늙은 젖소가 화를 내면 몸에 화학적 변화가 발생해서 우유가 시큼해지거나 써서 마실 수 없게 된다.

반면 축사에 들어가서 소에게 반갑게 인사를 해 보라. 그렇다고 키스까지 할 필요는 없지만 소를 쓰다듬어 주는 것도 좋다. 팔로 소를 안아 줘도 좋다. 세상에서 가장 예쁜 소라고 칭찬해 주고 몇 번 쓰다듬어 주면서 털이 아름답고 부드럽다고 말해 준다. 남들에게 소를 자랑하고 그동안 생산해 준 우유를 자랑스럽게 생각하며 앞으로 더 좋아질 걸로 기대한다고 말해 보라. 주위에 아무도 없다면 소에게 사랑한다고 말해 보라. 우유 생산이 늘어날 뿐 아니라 우유의 질도 좋아질 것이다.

칭찬하면 더 잘한다

어린 시절 나는 이런 일이 실제로 일어나는 것을 여러 번 목격했다. 어머니는 모든 동물을 사랑하셨지만 특히 소를 아끼셨다. 소를 한 마리 사면 이름을 짓고 자주 쓰다듬어 주며 가족처럼 대하셨다. 평균 하루에 11리터(1930년, 1940년대 평균 우유 생산량)의 젖을 짜내던 소를 사와서는 몇 주일 지나면 하루 15리터에서 19리터의 우유를 생산하게 만드셨다.

이 이야기가 구두닦이와 세일즈랑 무슨 상관이 있는지 궁금하다면 계속 읽기 바란다. 조니가 이미 최고의 구두닦이라는 것을 알지만 칭찬을 해주면 구두를 좀 더 잘 닦을 거라는 사실도 알았다. 그래서 나는 칭찬을 하기 시작했다. 나는 조니에게 일을 참 잘한다고 칭찬해 주고 구두광택이 훌륭하다고 말해 주었다. 그러자 조니는 더 열심히 닦았다. 사실 손님이 나밖에 없기도 했지만 내가 칭찬을 하니까 조니는 계속해서 나의 구두를 닦았다. 마침내 내가 가야 한다고 말하자 그때서야 일을 끝냈다.

의자에서 내려오며 조니를 관찰해 보니 즐겁게 구두를 닦은 표정이었다. 칭찬에 대한 그의 반응은 매우 긍정적이었다. 조니는 더러운 신발을 신고 왔다가 깨끗하게 닦인 구두를 보며 새로운 자신감과 열정으로 발걸음이 가벼워지는 고객을 보는 것이 즐겁다고 했다.

"저는 구두 닦는 일을 좋아하지만 사람을 더 좋아합니다. 다양한 사람들을 만나는데 대부분은 좋은 사람들이라 그들과 이야기를 나누는 게 즐겁습니다."

그의 말에 나는 이렇게 덧붙였다.

"너는 정말 일을 잘하는구나. 세일즈맨으로서나 대인관계뿐 아니라 구두 닦는 일도 정말로 프로답구나."

조니는 내내 얼굴이 상기되어 있었다. 내가 의자에서 내려오자 조니가 말했다.

"하나만 여쭤 봐도 될까요?"

"그럼."

"들어오실 때 작은 여행 가방을 가지고 오신 걸 봤는데, 맞죠?"

"가지고 왔지."

"세인트루이스에서 오늘 밤 묵으실 건가요?"

"그럴 생각인데."

"혹시 그 가방 안에 구두 한 켤레가 더 들어 있지 않나요?"

"그렇단다."

"참 안타까운 일입니다." 잠시 멈췄다가 다시 말을 이어 나간다.

"오늘밤엔 세인트루이스에서 가장 반짝이는 구두를 신고 있는데 내일이면 남들과 구두가 똑같이 더러워질 텐데요? 1분이면 됩니다!"

자신이 파는 상품에 책임을 지라

이번에 나는 조니에게 5달러를 주었다. 다시 한번 요점을 강조하면 조니는 프로 세일즈맨이고 자신이 파는 것에 책임을 진다. 프로 세일즈맨은 반드시 쓰리피스 정장을 입고 화려한 서류가방을 들고 다니면서 투자상품이나 컴퓨터, 부동산신탁이나 뮤추얼 펀드처럼 전문적인 상품만 팔고 다닌다고 생각하는 사람들이 있다.

고도로 전문적인 세일즈맨도 있고 쓰리피스 정장만 입고 화려한 서류가방을 들고 다니는 세일즈맨들도 있다. 하지만 조니처럼 구두닦이도 전문 세일즈맨이 될 수 있다. 시골에서 빵이나 음료수를 매장에 공급하는 세일즈맨은 트럭 운전수일 수도 있고 배달 소년일 수도 있지만 높은 봉급을 받는 전문적인 세일즈맨이 될 수도 있다. 할인매장의 점원이나 정육점 주인도 마찬가지다.

프로는 자신의 상품과 일, 고객들에 대해 공부한다. 적절한 언어와 보디랭귀지를 이용해서 사람들을 설득하는 방법을 배운다. 그리고 자신이 파는 모든 것에 대해서 책임을 진다.

세일즈 클로징 추가 세일즈의 기회 _ The "Add On" Close

더 중요한 사실은 조니가 한 번 세일즈한 것으로 만족하지 않았다는 점이다. 두 번째 세일즈의 기회를 포착하고 그 기회를 활용했다. 조니가 두 번째 구두를 닦으라고 권유했을 때 나는 전혀 기분 나쁘게 받아들이지 않았다. 첫 번째 거래에서 고객의 신뢰를 얻으면 당신은 고객에게 정말로 도움을 줄 수 있다.

첫 번째 거래는 신뢰의 표시다. 고객이 자주 사용하는 상품들을 여러 개 가지고 있다면 고객이 상대해야 할 공급업자의 수를 줄여줌으로써 고객의 시간을 절약해 줄 뿐만 아니라 복잡한 장부정리와 재고문제를 해결해 주는 서비스를 제공할 수 있다.

당신이 다양한 상품을 취급하는 경우 세일즈할 때마다 모든 상품을 팔아야 하는 것은 아니다. 자신이 파는 상품에 대한 확신이 있고 고객이 유사한 상품을 사용하고 있다면 두 번째나 그 이후 세일즈 상담 시 다른 상품을 제공함으로써 자신과 고객에게 혜택을 줄 수 있다는 말이다.

구두닦이 이야기 속편이 또 있다. 비 오는 어느 날 나는 비행기를 갈아 타기 위해 세인트루이스 공항에 다시 들렀다. 이번에는 조니가 없었다. 구두를 닦으려고 의자에 앉자 글루미 거스Gloomy Gus라는 구두닦이가 와서 말했다.

"일반으로 하실 거죠?"

나는 그 구두닦이를 믿을 수 없다는 표정으로 바라보며 말했다.

"어째서 특급이 아니라 일반을 제안하죠?"

"비 오는 날엔 2달러나 주고 구두를 닦아 봤자 금방 더러워지거든요."

"특급으로 닦으면 구두가 더 잘 보호되지 않나요?"

"맞습니다."

"그렇다면 왜 특급으로 권하지 않습니까?"

"비 오는 날엔 사람들이 2달러나 주고 구두를 닦지 않거든요."

"특급이 가장 구두를 잘 보호해 주는데 비 오는 날 영업이 신통치 않 다면 특급매출을 올리려고 열심히 노력해야겠네요."

"그렇겠죠."

그는 철저하게 부정적이다.

"특급매상을 두 배 올리는 방법을 제가 알려 줄까요?"

내가 물었다.

"정말입니까, 알고 싶다마다요. 그게 뭐죠?"

"다음에 손님이 오거든 먼저 구두를 보세요. 그리고 그 사람 눈을 쳐 다보고 미소를 지으면서 '제가 보기에 손님은 특급을 원하실 분 같은데 요'라고 말해 보세요."

이 말을 듣자 그의 반응감각이 살아나는 듯했다. 그가 흥분하면서 다시 한번 말해 달라고 했기 때문이다. 나는 다시 한번 반복해 주었다.

변화를 두려워 마라

글루미 거스라는 친구를 다시 만나지 못해서 그 뒤에 어떻게 되었는지는 모른다. 하지만 일에 대한 당신의 생각을 바꾸면 모든 것이 바뀐다는 것은 분명하다. 한마디로 현재 상태가 맘에 안 들면 당신 생각의 상태를 바꾸라. 그러면 현재가 좋아질 것이다.

당신이 무엇을 팔든지 프레젠테이션을 할 때 긍정적인 태도와 기대를 더한다면 실적이 향상되고 수익성도 높아질 것이다. 다시 한번 반복하겠다. 당신이 좋은 것을 팔고 있다면 주저하지 말고 사람들에게 긍정적인 태도로 권하라.

고객을 상대할 때 기억해야 할 것은 대부분의 사람들은 결정 내리기를 꺼려한다는 점이다. 다음 일화에 등장하는 중년 남성은 이런 심리를 잘 보여주고 있다. 심리 문제를 상담하러 온 그에게 정신과 의사가 물었다.

"결정 내리기가 힘드시다고요, 맞습니까?"

그는 잠시 난감한 표정으로 의사를 보더니 이렇게 말했다.

"글쎄요. 그렇기도 하고 아니기도 하고…"

많은 고객들이 이런 식으로 반응한다. 결정 내리기를 싫어한다. 그렇기 때문에 바로 당신과 같은 세일즈맨이 존재하는 것이다. 이런 사람들에게 정보를 제공함으로써 그들이 올바른 결정을 내리고 있다는 확신을 심어 주는 것이 세일즈맨의 역할이다.

우리가 하는 모든 일에는 심리학이 관련되어 있다. 제1부 '클로징의 심리학'을 마치면서 자신의 세일즈 노하우와 테크닉을 개발하라고 권하고 싶다. 특히 녹음기를 이용해서 자신의 목소리를 효과적으로 이용하는 방법을 반드시 터득하기 바란다. 사람을 설득할 때는 감정적으로 몰입하고 항상 의욕적인 태도로 임하며 테크닉을 철저히 연마해서 최고가 되라. 그러면 우리는 정상에서 만나게 될 것이다.

— **Chapter 2** —

세일즈의 심장

The Heart of Your Sales Career

🔑 목표

· 더 나은 그리고 더 생산적인 세일즈맨이 되기 위해 준비한다.
· 세일즈가 감정의 전이라는 것을 이해한다.
· 동정^{sympathy}과 공감^{empathy}의 차이를 이해하고 고객과 세일즈맨의 입장에서 생각한다.
· 프로다운 결과를 얻기 위해 세일즈 프로가 될 준비를 한다.
· 육체적, 정신적, 영적인 내공을 쌓는다.
· 세일즈맨의 주요 성공요인은 사랑임을 이해한다.
· 뛰어난 세일즈맨이 되기 위해 반드시 갖춰야 할 덕목인 정직, 확신, 인테그리티의 중요성을 이해한다.

세일즈의
핵심 단계

The Critical Step in Selling

앞서 말했듯이 세일즈에는 세일즈맨의 정직과 인테그리티가 가장 중요하다. 정직이란 요금 청구서를 제대로 지불하거나 부도수표를 발급하지 않는 것만을 의미하는 것이 아니다. 지금은 모든 정보가 전산화되어 있기 때문에 부도수표를 발행하면 즉시 밝혀진다. 각종 요금 청구서를 지불하지 않으면 은행전산망의 신용불량자 명단에 올라간다. 불량수표를 발행하지 않고 요금 청구서를 지불하는 것은 물론 좋은 일이다.

세일즈에서 정직은 그보다 한 단계 상위개념이고 그 단계로 올라서는 것이 중요하다. 다음 두 일화는 정직의 의미를 정확히 이해하는 데 도움이 될 것이다.

당신이 먼저 믿어야 한다

1963년 텍사스 주 댈러스에 있는 샐러드마스터 코퍼레이션Saladmaster Corporation에 근무하던 시절 나는 미국 최고의 조리기구 세일즈맨이었다. 우리는 사우스캐롤라이나의 콜롬비아에 살았다. 사업은 성공가도를 달리고 있었는데 같은 지역에서 같은 상품을 팔고 있던 나의 동료 빌은 '아사' 직전이었다. 한번은 그의 집에서 커피를 마시며 부진한 실적에 대해 이야기를 나눈 적이 있었다. 다음은 그와 내가 나눈 대화 내용이다.

지그 : 빌, 나는 자네 문제가 뭔지 정확히 알고 있지.

빌 : 내 문제가 뭔가?

지그 : 자네 문제는 간단해. 자넨 심리적으로 불가능한 일을 시도하고 있는 걸세.

빌 : 무슨 말인가?

지그 : 자네는 판매하는 상품에 대해 열정과 확신이 없네.

빌 : 지그, 그건 말도 안 되는 소리야. 우린 미국시장에서 최고의 조리기구 세트를 팔고 있다고. 정말 훌륭한 상품이야. 실은 말이야 지그, 4년 동안 일했던 회사를 그만두고 샐러드마스터로 왔는데 순전히 상품의 우수성 때문이었다네. 게다가 전 직장에서는 관리자였음에도 불구하고 상품에 대한 믿음 때문에 이 회사에서 세일즈맨으로 다시 시작한 거란 말일세.

지그 : 이보게 빌, 그런 헛소리는 그만두게. 우리는 지금 자네가 하는 말이 진심이 아니란 걸 알지 않나.

빌 : (좀 열이 받은 듯) 자네 맘대로 생각하게. 하지만 나는 우리 상품에 확신이 있다고.

지그 : 빌, 나는 자네가 상품에 대해 진정한 확신이 없다는 것을 입증할

수 있다네.

그런 후 나는 고개로 가스레인지 쪽을 가리켰다.

빌 :　아, 내가 경쟁사 상품에다 요리하고 있기 때문에 그런가?

지그 :　바로 그거야!

빌 :　지그, 그건 중요한 게 아니야. 그건 나의 확신과는 아무 상관이
　　　없어. 우리 회사 상품을 살 거야. 하지만 자네도 알다시피 요즘
　　　내가 좀 어렵지 않나. 차가 망가져서 최근 두어 달 동안 차를 빌
　　　리거나 대중교통을 이용했어. 자네도 잘 알다시피 세일즈를 하
　　　려면 하루 24시간 내내 교통수단이 있어야 하잖아. 게다가 의료
　　　보험도 안 들었는데 아내가 두 주나 병원에 입원하는 바람에 일
　　　할 시간도 뺏기고 돈도 많이 썼어. 이런저런 나의 걱정거리들을
　　　생각해 보면 자네도 이해가 갈 거야. 이게 끝이 아니라네. 편도
　　　선염 때문에 아이를 입원시켜야 하는데 아직도 보험이 없다네.
　　　자네 말이 맞아. 우리도 우리 회사 상품을 사야 해. 그리고 분명
　　　히 살 거야. 하지만 지금은 때가 아니야.

세일즈는 감정의 전이轉移

지그 :　하나만 물어 보겠네. 이 회사에서 일한 지 얼마나 되었나?

빌 :　한 5년 정도 됐지.

지그 :　빌, 작년에는 이유가 뭐였지? 재작년, 그 전년도에는 왜 못 샀
　　　지? (잠시 멈췄다가) 결정적인 순간이 왔을 때, 즉 자네가 고객에게
　　　결정적인 질문을 던지고 고객이 고민하고 있을 때의 상황을 가

정해 보자고. 결정의 시간에 고객이 'Yes'라고 하면 커미션을 모두 가질 수 있고, 'No'라고 말하면 커미션은 한 푼도 없어. 내가 상상하고 있는 그림을 자네에게 설명해 주겠네. 고객은 열심히 고민하면서 말하지. '잘 모르겠네요. 좋은 냄비세트가 필요하긴 한데… 지금 쓰고 있는 냄비가 낡아서 아내가 거기다 어떻게 요리를 하는지 모르겠지만 지금은 살 때가 아닌 것 같네요. 아내는 병원에 입원 중이고 차는 망가졌고 아이들은 편도선염 치료를 받아야 하는데 보험은 든 게 없고….'

고객들도 자네와 똑같은 변명을 늘어놓을 거란 사실을 우리 둘 다 알고 있지 않나. 자네가 지난 5년 동안 자신에게 되풀이 한 변명들을 고객들이 자네에게 늘어놓을 것도 알고 있지. 빌, 자네는 훈련을 잘 받은 사람이고 고객들이 안 사겠다고 변명을 늘어놓을 때마다 자네가 어떻게 할지 나는 알고 있다네. 자네는 얼굴에 억지웃음을 띠고 앉아서 스스로 주문을 걸겠지. '긍정적으로 생각해야 해, 빌. 긍정적으로 생각하라고, 빌!' 하지만 마음속 깊은 곳에서는 '그래, 나도 당신 말이 무슨 뜻인지 잘 알아. 그래서 나도 그 상품을 사지 않았으니까'라고 생각하고 있다는 거야.

빌, 잘 들어 보게. 자네의 미래를 저당 잡힌다 해도 지금 자네가 해야 할 일은 그 조리기구를 사는 것일세. 명심하게 빌.

이 책을 읽는 모든 세일즈맨들에게도 똑같이 해주고 싶은 말이다. 만약 당신이 여기서 이 책을 그만 읽는다고 해도, 아니면 이 책에서 내가 한 다른 말들을 믿지 않는다 해도 "세일즈의 본질은 감정의 전이轉移다."라는 말을 믿는다면 판매하는 상품에 관계없이 당신은 좀 더 효과적으로 세일즈를 할 수 있을 것이다.

세일즈는 본질적으로
감정의 전이(轉移)다.

당신(세일즈맨)이 상대방(고객)에게 상품에 대해 자신과 똑같은 생각을 전이시킬 수만 있다면, 그는 어떤 식으로든 돈을 마련하여 당신의 상품을 살 것이다.

지그 : 빌, 감정을 전이시키려면 자신이 그 감정을 갖고 있어야 해. 자신이 해보지도 않은 일을 다른 사람에게 하라고 설득한다면 고객도 느낌으로 알아차릴 수 있네. 물론 세일즈맨은 때때로 확신이 없는 상품을 판매하려고 속임수를 쓰기도 하지. 그러나 훌륭한 커리어를 쌓기 위해서는 자신이 상품에 대한 확신이 있어야 하네. 내가 아는 가장 위대한 세일즈 매니저인 캐나다 위니펙 출신의 버니 로프칙Bernie Lofchick은 '믿는 사람이 판다(Believers are closers)'라고 말했거든. 자네도 이런 믿음이 필요해.

'Close(계약을 성사시키다)'는 C로 시작한다. 여기서 C는 'conviction (확신)'을 의미한다. Close에서 C를 빼면 'lose(잃는다)'가 된다. 확신과 믿음이 부족해서 고객이 사지 않는다면 당신과 고객 모두에게 손해라는 뜻이다.

당신 스스로 그것을 보라

훈련이 제대로 되지 않은 신입사원들을 많이 보았을 것이다. 그들은 세일즈 테크닉을 알지 못하며 교묘한 구매거부를 과학적으로, 심리적으로 그리고 기술적으로 어떻게 다뤄야 하는지도 모른다. 그러나 그들은 자신이 팔고 있는 상품에 대한 확신으로 가득 차 있다. 그래서 사지 않는 것은 고객에게 손해라는 믿음을 갖고 있다. 결과를 보면 이런 신입사원이 기존의 프로들보다 판매실적이 훨씬 좋다. 이것은 초심자지만 확신이 있는 세일즈맨이 비관적이고 확신이 없는 세일즈맨보다 낫다는 것을 보여주는 증거라고 생각한다.

이런 생각을 가장 잘 보여주는 예가 위대한 흑인 가수 윌라 도르시^{Willa} ^{Dorsey}다. 그녀의 노래 '내 영혼의 평화^{Peace in My Soul}'는 명곡 중 명곡이다. 윌라는 신념에 대해 모든 세일즈맨이 새겨들어야 할 메시지를 남겼다. "남을 믿게 하려면 자신에게 믿음이 있어야 한다."

팔려면 먼저 사라

당신은 어떤가? 상품의 장점에 대한 확신이 있는가? 자신은 쉐보레를 몰면서 포드차를 판다면 이로 인해 손해를 입게 될 것이다. 자신이 판매하는 상품에 대한 믿음을 가져라. 그렇지 못하다면 자신을 위해, 당신의 회사를 위해, 불쌍한 고객들을 위해 그리고 세일즈라는 커리어를 위해 결단을 내려라. 상품을 바꾸거나 세일즈라는 직업을 포기하라. 그러지 않으면 당신은 실패할 수밖에 없다. 예정된 실패에 미련을 둘 필요가 있을까? 진심으로 열정적으로 좋아하는 것으로 빨리 바꿀수록 그만큼 성공도 빨라진다. 물론 자신이 판매하는 상품을 구입하거나 사용할 수 없는 예외적인 경우도 있다. 예를 들어 기관차나 100만 달러짜리 슈퍼컴퓨터, 보잉 747이라면 상품에 확신이 있다는 것을 증명하기 위해 이런 상품을 살 필요는 없다.

이 점을 강조하기 위해 나는 주저 없이 이렇게 말할 수 있다. 사지 않는 것이 고객에게 손해라는 믿음이 없다면 당신은 잘못된 상품을 팔고 있는 것이다. 고객들을 봤을 때 안타까운 마음이 들지 않는다면 세일즈의 효율성과 설득력을 극대화할 수가 없다. 세일즈는 '감정의 전이'다. 따라서 상품의 기능을 입증해 주는 증거보다 당신이 상품에 대해 갖고 있는 자부심과 확신이 고객에게는 더 큰 설득력을 가진다.

진심으로 자신의 상품보다 더 좋은 상품은 없다고 생각해야만 정직할 수 있고 세일즈 능력을 최대한 발휘할 수 있다. 그렇지 않으면 팔 수 있는 기회를 놓치게 되므로 당신에게는 큰 손해다.

나의 친구 찰스 로스Charles Roth는 많은 사람들이 비즈니스는 비즈니스일 뿐이라는 말을 핑계삼아 거짓말을 하고, 속이고, 훔치고, 한마디로 사람들을 속일 수 있는 허가를 얻은 것처럼 생각한다고 지적한 바 있다.

이런 일이 자신에게 생길 수 있다는 두려움이 고객의 마음속에는 존재한다. 정직과 인테그리티를 바탕으로 일하는 차분하고, 자신감 있고, 긍정적이고, 설득력 있는 세일즈맨이야말로 고객의 두려움을 잠재우고 상품을 구매할 수 있도록 하는 가장 효과적인 도구 그 자체라고 로스는 말했다.

그렇다. 정직은 도덕성의 문제, 그 이상이다. 또한 정직은 현실적으로 매우 유용하다.

세일즈 클로징 신념을 가지라 _ The "Believer's" Close

결론을 말하자면 나는 빌에게 조리기구 세트를 팔았다. 오해하지 말기 바란다. 빌은 자신의 이름으로 주문서를 작성하고 자신이 파는 조리기구를 산 것이다. 재미있는 사실은 그런 후 한 주 동안 빌은 평소보다 더 많은 조리기구를 팔아서 그 돈을 충당했다는 점이다. 이유는 간단하다. 고객이 '살 형편이 못돼서'라고 말하며 구매를 거부할 때마다 빌은 머리뿐만 아니라 가슴으로 이에 대응했기 때문이다.

결국 빌은 무리인 줄 알면서도 열심히 일해서 자신이 파는 상품, 즉 그 조리기구를 샀다. 이제 빌은 자신과 같은 생각을 하는 고객들의 마음을 이해하면서 동정이 아니라 공감으로 그런 고객들을 대할 수 있게 되었다. 다음 장에서 동정과 공감의 차이를 자세히 다루도록 하겠다.

빌은 고객의 기분을 이해했지만 그들과 똑같이 생각하지는 않았다. 빌은 자신이 파는 그 조리기구를 샀기 때문이다. 그는 자기 자신이 어려

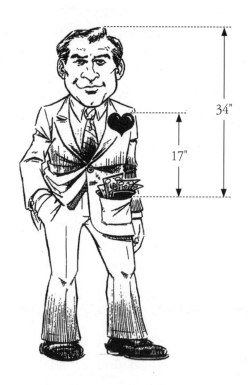

움을 감수하고 조리기구를 샀기 때문에 고객들의 눈을 똑바로 보면서 이렇게 말할 수 있었다. "기분은 충분히 이해합니다만 제 경험으로 볼 때 (어려운 형편에도 상품을 사는 것은) 그만큼 가치가 있습니다. 결코 후회하지 않으실 겁니다." 결과는 놀라웠다. 가슴속에서 우러나는 신념을 바탕으로 세일즈를 했더니 실적은 급증했다.

당신도 신념을 가져야 한다. 정직이란 다른 사람들이 왜 그 상품을 안 사는지 이해가 안 될 정도로 자신이 파는 상품에 대해 깊고 완벽한 열정적인 믿음이 있다는 것을 의미한다. 당신의 신념이 그렇게 확고할 때 고객에게도 그 신념이 전이된다.

이렇게 말하는 고객들이 있을 것이다. "당신한테 왜 마음이 열리는지 모르겠어요. 이번 주에 예닐곱 명은 다녀갔는데 모두 거절했어요." 사람들은 그 이유를 정말로 모르지만 당신의 신념 때문에 당신을 신뢰한다는 기본적인 사실로 귀결된다. 당신의 인테그리티와 공정함을 신뢰할 수 있다고 느낀 것이다. 이러한 신뢰는 대개 수년간 쌓아온 명성 때문이다. 아울러 상품에 대한 확고한 믿음과 애착 때문인데 이런 믿음과 애착은 고객에게 그대로 전이된다.

포럼 코퍼레이션의 조사에서 밝혀졌듯이 중요한 것은 성공한 세일즈맨들은 고객의 신뢰를 얻는다는 사실이다. 그들이 오랫동안 신뢰를 받는 데에는 그만한 이유가 있다. 실제로 신뢰할 만하기 때문이다. 앞에서 말했듯이 정직은 유용한 자산이다.

성공하는 세일즈맨은 자신의 상품을 산다

생명보험사들은 최소 1년 이상의 경력이 있는 영업사원들 100명을 대상으로 그들의 영업실적에 관한 기록을 보지 않고도 그 해 실적을 5%

오차범위 내에서 예측할 수 있다고 한다. 예측의 유일한 근거는 영업사원들이 자신의 이름으로 가입한 보험 금액이다.

세일즈는 감정의 전이다. 세일즈의 세계에서 중요한 것은 정직이고 정직은 자신이 파는 상품이나 서비스가 고객에게 정말로 최선의 선택이라는 완전한 믿음이며 완벽한 확신이다.

직업적으로 세일즈 강의를 시작했을 때 나는 여러 강의 자료를 통해 빌의 경험을 이야기했다. 화재경보기를 판매하는 젊고 열의에 찬 세일즈맨이 그 이야기를 들은 후 자신이 판매하는 것을 사지 않아 상품에 확신이 없었음을 깨달았다. 양심의 가책을 느껴 그는 자신의 집에 화재경보기를 설치했다. 나중에 나에게 쓴 편지에서 그는 이렇게 고백했다.

"우리 집에 화재경보기를 설치하고 나서 한 달 만에 경보기 비용을 다 지불할 만큼 판매실적이 올랐습니다."

세일즈 클로징 팔려면 먼저 사라 ─재확인 _ The "Ownership" Close Revisited

차, 화장품, 보험, 비누에 이르기까지 모든 상품을 파는 수많은 세일즈맨들이 공통적으로 경험하는 것이 있다. "제 상품에 대한 믿음이 확고하기 때문에 저도 그 상품을 샀습니다"라는 감정적, 금전적 약속을 하게 되면 상품에 대한 확신이 서고 그런 감정을 다른 사람에게 전이시킬 수 있다. 한마디로 요약하면 '성공하는 세일즈맨은 자신의 상품을 산다.'

고객이 '형편이 안 돼서…'라는 이유로 구매를 거부하면 다른 부분을 희생해서라도 사야 할 만큼 좋은 상품이라고 확신을 가지고 말하라. 만약 당신이 자신의 상품에 투자하지 않았다면 당신은 위선자가 될 것이고 고객을 설득하는 힘도 갖지 못할 것이다.

다시 한번 말하지만 포드를 팔고 있다면 포드를 몰아야 한다. 보잉 747이나 기관차, 증기선, 또는 100만 달러짜리 수퍼컴퓨터라면 살 필요는 없다. 그러나 자신이 파는 상품을 사기 위해 필요하다면 다른 부분을 기꺼이 희생할 만큼 상품에 대한 믿음이 확고해야 한다.

이 점은 아무리 강조해도 지나치지 않다. 당신의 상품을 사지 않는 고객은 손해를 본다는 진실된 믿음이 없으면 세일즈에서 성공하기 어렵다. 그런데 당신 자신조차 그 상품을 사지 않는데 고객이 안 산다고 해서 고객에게 무슨 손해가 되겠는가? 당신이 파는 상품이 무엇이든 당신의 집, 차, 회사를 비롯해 어디에든 그 상품이 증거처럼 있어야 한다. 상품이 그곳에 있음으로 '나는 내 상품에 믿음이 있다'는 증거가 되는 것이다. 다시 한번 강조하건대 성공하는 세일즈맨은 자신의 상품을 산다.

자신의 상품에 대한 믿음이 있어야 함은 물론이고 회사에 대해서도 신뢰하고 충성해야 한다. 세일즈 효율성과 생산성은 경영진과 회사에 대한 당신의 태도에 영향을 받는다. 러셀 콘웰Russell Conwell이 쓴 『다이아몬드의 정원Acres of Diamonds』을 읽어보길 권한다. 이 책에서 러셀 콘웰은 지금 당신이 있는 곳을 포함해 어디든지 기회의 금광이 있다고 말한다. 이 말은 당신이 인생에서 구하는 것을 얼마든지 얻을 수 있다는 사실을 의미한다.

가는 곳마다 자신의 회사를 칭찬하고 성장시켜 나가는 것은 현명하고 프로다운 행동이다. 자신의 동료, 도시, 회사 또는 회사와 관련된 사람들에 대해 험담하는 사람을 어떻게 신뢰할 수 있겠는가?

자신의 상품과 회사에 대해 믿음을 가져라. 그리고 그 믿음을 고객에게 전이시켜라. 그러면 실적이 좋아질 뿐 아니라 세일즈가 쉬워지고 고객들이 다른 고객을 소개시켜 줄 것이다. 이것이 바로 커리어를 만들어가는 세일즈다.

세일즈와
자아의식

The Big "E" in Selling

심리학자인 그린버그^{H. M. Greenberg}가 186,000명을 대상으로 심리분석을 실시한 결과 다섯 명 중 한 사람은 훈련을 받으면 훌륭한 세일즈맨이 될 소양이 있는 것으로 나타났다. 또한 세일즈맨으로 성공하려면 특별한 자아의식이 필요하다는 것도 발견했다.

세일즈맨이 고객에게 전화를 걸어서 약속을 잡는데 성공했다면 이것은 '당신 말을 믿으니까 어서 와서 상품에 대해 설명하세요'라는 의미다. 그리고 그 고객이 상품을 사고 실제 고객이 된다면 그것은 '나는 당신을 신뢰합니다. 당신의 말이 진실임을 믿으니까 어서 주문서를 작성해 주세요'라는 의사 표현이다.

그린버그 박사는 최고의 세일즈맨은 매번 세일즈를 성공시킬 때마다 자신의 파워와 능력을 재확인할 수 있을 뿐만 아니라 세일즈의 실패가 자존심에 타격을 주기 때문에 세일즈를 성공시키려 한다고 설명했다. 최고의 세일즈맨은 논쟁을 좋아하고 이기는 것을 즐기고 또한 세일즈를 즐긴다.

진정으로 뛰어난 세일즈맨이 되려면 자아ego가 있어야 하지만, 그린버그 박사에 의하면 한편으로는 자아로 가득 찬 세일즈맨을 주의해야 한다. 그런 사람은 세일즈를 위해서라면 뭐든지 하는데 그 결과가 고객과 세일즈맨 자신 모두에게 부정적일 수 있기 때문이다.

이런 경우 고객은 세일즈맨에게 이용당하기 쉽고, 세일즈맨도 자신의 능력에 걸맞는 세일즈 커리어를 만들기 어렵다. 대부분 이런 세일즈맨은 당장은 잘하는 것처럼 보이지만 결국 얄팍한 속임수, 거짓된 정보, 과장술은 바닥이 나고 다른 도시로 이사 가거나 상품을 바꿔야 할 것이다. 그래서 그린버그 박사는 세일즈 커리어를 쌓으려면 자아와 더불어 공감하는 능력이 필요하다고 강조한다.

공감 vs 동정   공감이라는 말을 자주 사용하면서도 많은 사람들은 공감empathy과 동정sympathy의 차이를 이해하지 못하고 두 개념이 세일즈의 세계에서 어떻게 응용되는지도 잘 모른다. 이 차이를 이해하는 것은 매우 중요하다. 자아ego에 공감empathy을 연계시키면 무리한 세일즈를 추진함으로써 문제를 야기할 위험이 거의 없기 때문이다.

동정이란 다른 사람이 느끼는 것을 느낀다는 뜻이다. 공감은 다른 사람과 똑같이 느끼지는 않지만 그 사람이 어떻게 느끼는지를 이해한다는 뜻이다.

예를 들어 보자. 배의 난간에 기대어 배 멀미로 고생하는 승객을 보았을 때 그 사람 옆에 있어 주는 것은 동정이고, 그의 기분을 이해하고 차가운 수건이나 멀미약을 가져다줌으로써 문제해결을 돕는 것은 공감이다. 공감하면 다른 사람을 이해할 수 있고 그 사람의 피드백에 민감하다. 당신 자신이 문제 안에 포함되지 않기 때문에 한 발짝 물러서서 해결책을 제시할 수 있다.

동정하는 결혼 카운셀러는 다른 사람의 문제에 너무 깊이 개입해 결과적으로 자신이 카운셀링을 받아야 할 때도 있다. 술을 끊은 알코올중독자가 동정심 때문에 다른 알코올중독자에게 카운셀링을 하다가 다시 술을 마시게 되는 경우도 있다. 또한 동정심 많은 세일즈 매니저는 빈털터리가 되기 쉽고 업무 효율성도 떨어진다. 부하 세일즈맨에게 돈을 빌려 주기도 하고 때로는 일을 대신 해주기도 한다.

동정심이 지나친 부모들은 아이들이 해서는 안 되는 일을 하도록 내버려 두거나 가져서는 안 될 상품을 사줌으로써 버릇이 나쁘며 비생산적인 아이로 키운다. 대부분의 의사와 변호사들이 가족을 치료하거나 대리하지 않는 이유는 문제에 몰입한 나머지 객관적으로 바라볼 수 없기 때문이다.

공감은 다르다. 문제를 이해하고 고객의 느낌을 정확히 이해한다. 그러나 고객과 똑같이 느끼지 않기 때문에 문제에서 한 발짝 떨어져서 해결책을 모색할 수 있다. 이번 장의 목표는 고객과 세일즈맨의 양쪽 입장에서 생각하도록 노력하는 것이다. 진정으로 세일즈 프로가 되려면 세일즈맨의 입장에서 고객의 입장으로 거리낌 없이 전환이 가능해야 한다. 고객의 생각과 느낌을 안다면 보다 효과적인 커뮤니케이션이 가능하므로 세일즈 실적이 올라간다.

공감과 함께 비즈니스에 관한 작자미상의 다음 논리 또한 중요한 의미를 가진다.

BUSINESS(비즈니스)라는 단어의 철자를 분해해보면 B-U-S-I-N-E-S-S가 된다. 이 단어에는 U(너)와 I(나)가 들어 있다. 실제로 U와 I가 BUSINESS에서 빠지면 비즈니스가 안 된다. 게다가 U(너)가 I보다 앞에 있고 I(나)는 묵음이다. I(나)는 들리지는 않고 보이기만 한다. 또한 비즈니스에서 U는 I의 소리로 발음되는데 이것은 U(너)와 I(나)의 이해관계가 뭉뚱그려 하나가 된다는 것을 의미한다. 너와 나의 이해관계가 적절히 융합되면 비즈니스는 조화롭고 수익성 높은 즐거운 일이 된다.

상황을 혼동하지 마라

여기서 말하는 것들은 대부분 상식적인 내용이다. 사실 다소 진부하다고 생각되는 내용도 있다. 그런 정보들을 무시하기 전에 다시 한번 생각해 보길 바란다. 오랫동안 전해지는 정보나 방법은 그것들이 좋기 때문에 회자되는 것이다. 결과가 좋지 않았다면 그 테크닉은 장수할 수 없었을 것이며 사장되었을 것이다. 따라서 당신이 모든 정보를 알 수 없으므로 오래된 정보를 새로운 것들과 접목하면 유용하다. 설령 당신이 다 아는 사실이라 하더라도 다시 한번 상기시킬 필요가 있다.

고객의 상황과 자신의 상황을 절대로 혼동해서는 안 된다. 자신의 요구, 필요, 욕망, 취향, 지불능력은 고객의 요구, 필요, 욕망, 취향, 지불능력과 전혀 관계가 없음을 기억해야 한다.

예를 들어 당신이 개인적으로 화려한 스타일의 옷을 좋아하는 의류 세일즈맨이라고 가정해 보자. 보수적인 옷차림의 비즈니스맨이 정장을 사러 매장에 들어왔다면 먼저 그의 옷차림에 주목해야 한다. 그리고 고객이 원하는 것과 필요한 것을 기준으로 생각해야 한다. 당신이 감당할 수 없는 비싼 옷을 고객이 고른다고 해서 좀 더 싼 옷을 선택하도록 설득할 필요는 없다. 그러면 상황을 잘못 판단하는 것이다.

앞 상황과 좀 다른 경우를 가정해 보자. 당신은 좀 더 비싼 것을 살 만한 능력이 되는데 고객이 그렇지 못하다면 고객의 예산에서 턱없이 벗어난 상품을 팔려고 해서는 안 된다. 당신이 그런 싸구려 옷을 입지 않는다고 해서 그 옷을 보고 콧대를 높이는 일이 없도록 주의하고, 그 고객에게 그 옷이 최고일 수도 있다는 점을 이해해야 한다.

파는 상품이 차든, 집이든, 생명보험이나 투자 상품이든 관계없이 똑같은 원칙이 적용된다. 요약하자면 자신의 상황과 고객의 상황을 혼동하지 말라는 것이다. 자신이 파는 상품이나 서비스를 고객의 눈으로 바라보라. 그것이 공감이고 프로가 일하는 방식이다.

열정만 있고 프로의식과 공감능력이 없는 세일즈맨

테크닉이 좋아도 시기가 어긋나면 문제다. 아무리 훌륭한 상품이라도 절대로 팔아서는 안 되는 때가 있기 때문이다. 우리가 댈러스로 이사 온 지 얼마 되지 않아서 최악의 타이밍 사건이 발생했다. 아들 톰Tom이 네 살이 채 안 되었을 때의 일이다.

어느 날 늦은 오후 갑자기 톰이 없어졌다. 서둘러 이웃집을 찾아가 물어 보고 거리를 헤매며 뒷골목도 샅샅이 뒤졌다. 그런 후 나는 재빨리 차를 몰아 작은 쇼핑센터의 주차장을 가로질러 달렸다. 내가 그러는 동안 아내는 이웃들에게 전화를 걸고 딸들은 주변지역을 살피며 목이 터져라 톰을 외쳤다. 그러나 아무런 응답이 없었다.

그렇게 열심히 찾아 헤매던 20분의 시간이 끝나지 않을 것처럼 길게만 느껴졌다. 우리는 불안해지기 시작했다. 나는 댈러스 경찰에 연락하고 자초지종을 설명했다. 몇 분 후 경찰이 수색작업을 시작했다. 그 사이

나는 지나쳤던 쇼핑센터를 다시 찾아가서 주변을 돌아보았다. 골목을 몇 번이나 왔다 갔다 하면서 창문을 내리고는 톰을 부르며 헤맸다. 그러자 몇몇 이웃사람들이 함께 걱정하며 관심을 갖고 수색작업에 동참했다.

그렇게 집집마다 톰을 찾아다니던 중 요즘 흔히 볼 수 있는 보안용역 업체 소속의 한 세일즈맨을 만났다. 세일즈맨은 내게 보안 서비스를 사용하라고 권유하기 시작했다. 그가 세일즈 프레젠테이션을 시작했을 때 나는 충격을 받았다. 그가 몇 초 정도 계속 말을 하자 이 상황이 믿어지지 않았다. 한편으로는 답답하고 화가 나서 말을 끊으며 다소 격앙된 목소리로 아들 찾는 것을 도와주면 보안 서비스에 대해 생각해 보겠다고 말했다.

전혀 공감할 줄 모르는 세일즈맨

최악의 타이밍이었다. 생각이 있는 세일즈맨이라면 그런 실수는 하지 않을 것이다. 공감이 전제된 타이밍이 성공적인 세일즈의 전제조건이라는 점을 지적하고자 위의 예를 들어 본 것이다. 다른 사람의 필요와 관심에 민감한 것은 너무나도 중요하다. 예를 들어 그 보안서비스 업체의 세일즈맨이 아이를 찾도록 도와줬더라면 20분만에 아주 쉽게 세일즈를 성사시킬 수 있었을 것이다. 다행히 우리는 아들을 찾았다.

나에게는 한 가지 원칙이 있다. 사교목적이든 업무목적이든 누군가에게 전화를 할 때는 처음 인사를 건넨 다음 항상 이렇게 묻는다. "제가 바쁜 시간에 전화를 드린 건 아닌지 모르겠네요? 아니라면 혹시 5분(10분도 관계없다.) 정도 시간 되십니까?" 이런 질문은 공손할 뿐 아니라 세일즈에도 도움이 된다. 고객의 마음이 딴 곳에 가 있다면 세일즈를 성공시킬 가능성은 확연히 줄어든다.

고객과의 상담 시 고객이 당신의 설명에 집중하지 않고 있다면 설명을 멈추고 이렇게 말하라. "고객님, 아무래도 제가 타이밍을 잘못 맞춘 것 같습니다. 나중에 설명 드릴까요, 아니면 계속 설명할까요?"

고객이 관심을 기울이지 않을 때는 팔기 어렵다. 고객이 생각 없이 듣고 있을 때 이런 질문을 함으로써 설명에 집중시킬 수 있다. 고객이 다른 일로 바쁘다면 당신의 배려를 감사하게 생각하면서 추후 약속을 잡을 것이다. 그리고 나중에 다시 찾아왔을 때는 당신의 설명을 집중해서 들어야 하는 빚을 지게 되는 셈이다.

이 책에서 여러 번 강조했듯이 상식과 좋은 세일즈 테크닉은 밀접한 관련이 있어서 이 두 가지를 분리하는 것은 불가능하다.

세일즈 클로징 고객을 웃게 만들어라 _ The "Get 'Em Smiling" Close

세일즈 트레이너로서 말하자면, 나는 프레젠테이션의 본론으로 들어갔을 때 고객을 웃게 만들고 동의를 이끌어 낼 수 있다면 성공 가능성이 매우 높다는 것을 강조하고 싶다. 이유는 간단하다. 고객이 당신의 생각과 서비스를 믿기 전에 당신을 먼저 믿어야 하기 때문이다. 친근한 미소나 웃음은 고객이 당신을 한 인간으로서 신뢰하고 있으며 당신의 상품을 살 가능성이 높다는 것을 보여주는 훌륭한 증거다. 고객이 얼굴에 환한 미소를 띠고 있거나 기분 좋게 웃었다는 것은 당신의 상품이나 서비스에 대해 부정적인 생각을 가질 가능성이 비교적 낮다는 뜻이다.

그리고 세일즈맨 입장에서도, 나는 당신이 일에 완전히 몰두하는 것은 불가능하고, 당신의 과도한 열정과 노력으로 인해 감정이 상한 고객으로부터 원하는 결과를 얻는 것도 불가능하다고 확신한다. 물론 그럴 수도 있지만 아주 드문 일이고 그런 경우는 고객에게 문제가 있을 가능성이 높다. 이 책의 후반부에서 흥분한 고객을 진정시켜서 세일즈에 성공하는 방법에 대해서 다루도록 하겠다.

다음 두 사례를 통해 동정은 당신과 고객을 망치는 반면 공감은 모두에게 득이 된다는 것을 알 수 있을 것이다.

동정의 결과

조리기구를 팔기 시작한 지 얼마 되지 않았을 때 전날 밤 시연회에 참석했던 농부와 그의 아내에게 전화를 걸었다. 그리고 다음 날 그들의 부엌에서 결코 잊지 못할 프레젠테이션을 했다. 내가 프레젠테이션을 끝내자 그가 손을 들고 말했다.

"지글러 씨, 당신은 집 안에 화장실이 있을 테니 내 말이 별로 와 닿지 않을 겁니다만 저와 아내는 결혼한 지 20년이 되었습니다. 20년 동안 살면서 아내에게 한 가지 약속한 게 있습니다. 내년에는 화장실을 만들어 주겠다고 말이죠. 그 계획은 매년 다음 해로 연기되었습니다. 흉년이 들기도 하고 아이가 아프기도 하고 새로운 트랙터도 사야 했기 때문이죠."

그는 계속 말을 이었다. "20년이 넘게 화장실을 지어 보려고 노력했습니다. 그리고 마침내 그 돈을 마련했답니다." 그는 작업복 상의 가운데 주머니에 있는 돈을 두드리면서 말했다. "당신도 그 누구도 우리가 화장실을 짓기 전까지는 내 돈을 한 푼도 못 가져 갑니다."

누가 세일즈의 승자가 되는가?

프레젠테이션을 할 때마다 어떤 식으로든 세일즈는 발생한다. 고객이 당신에게 살 능력이 안 되거나 사지 않겠다는 논리를 팔거나, 당신이 고객에게 살 수 있는 능력이 되거나 사야 하는 당위성을 팔거나 결과는 둘 중 하나이기 때문이다. 위의 예에서는 농부가 한 수 위였다. 그는 슈퍼 세일즈맨이었고 나는 그가 파는 논리를 기꺼이 살 준비가 되어 있는 훌륭한 고객이었다. 한마디로 나는 그를 동정했다. 이유는 이렇다.

어린 시절 우리 집에는 우물이 있었는데 물을 길러 그곳으로 가야 했다. 농부가 실외 화장실을 생각했을 때 연상되는 추위와 축축한 느낌을 암시하자 8월임에도 불구하고 세 번이나 오싹했다. 그의 상황에 깊은 동정심을 느꼈고 늙은 농부의 화장실을 담보로는 어떤 것도 할 수가 없었다. 그래서 상품을 챙겨서 그 자리를 떠났다.

나는 유쾌하게 그 자리를 떠났다. 세일즈에 실패했을 때는 고객이 다른 세일즈맨에게 쉽게 마음을 열 수 있도록 상담을 잘 마무리해야 한다고 친구이자 첫 번째 세일즈 강사였던 빌 크랜포드Bill Cranford가 가르쳤기 때문이다.

쇼를 마칠 때는 고객을 웃게 하란 말이 있다. 세일즈에서도 상담을 끝낼 때 최소한 고객에게 기분 좋은 인상을 남겨야 한다. 앞의 농부의 예에서 우리는 기분 좋게 헤어졌다고 확신한다. 왜냐하면 농부가 근처에 들를 일이 있으면 차나 한잔하러 오라고 청했기 때문이다.

이틀 뒤 사우스캐롤라이나 랭커스터의 작은 마을에서 우연히 그 농부의 여동생을 만났다. 1948년도에 일어난 일이지만 나는 아직도 그때 나눴던 대화를 기억한다.

농부의 여동생 : 도대체 오빠랑 무슨 일이 있었던 거예요?

지그 : 무슨 일이 있었다니 그게 무슨 말입니까?

농부의 여동생 : 오빠가 당신한테 화가 많이 나서 다시 만나면 가만두지 않을 걸요?

지그 : 나한테 화가 났다고요? 나처럼 착한 사람한테?

농부의 여동생 : 그렇다니까요!

지그 : 왜 나한테 화가 난 거죠?

농부의 여동생 : 간단해요. 오빠는 당신한테서 냄비세트를 사고 싶었는데 당신이 팔지 않았다는 거예요.

지그 : 그럼 지금 당장 가봐야겠네요.

농부의 여동생 : 한 발 늦었군요. 오빠는 이제 당신을 믿지 않아요.

고객의 속마음을 읽어라

나는 한동안 뭐가 문제였는지 도무지 이해할 수가 없었다. 마른하늘의 갑작스런 날벼락처럼 정답이 머릿속을 강타하지는 않았다. 오랜 시간이 흘러서야 근본적인 문제가 무엇인지 명백해졌다. 농부가 한 말을 한 마디 한마디 놓치지 않고 들었지만 그가 진짜로 하고 싶은 말은 듣지 못했던 것이다.

나는 그 조리기구가 돈과 노력을 절약해 줄 뿐만 아니라 음식의 가치를 높여준다는 것을 의심할 여지없이 명백하게 설명하고 입증해 보였다. 그 부부는 두 살에서 열여섯 살 사이의 자녀가 일곱이나 있었다. 분명 대가족이었고 집이 작았으니 아이가 일곱이라는 사실을 숨길래야 숨길 수도 없었다.

농부는 시연회에서 조리기구의 장점을 보고 들었다. 다음 날 그의 집에서 프레젠테이션을 했을 때 그가 말했다. "화장실을 지을 돈을 벌기 위해 20년 넘게 일했습니다. 그리고 그 돈이 지금 여기 있습니다. 그렇지만 당신도, 그 어느 누구도 화장실을 지을 때까지 한 푼도 가져갈 수 없습니다." 이것이 그가 한 말이다. 그러나 그가 정말로 하고 싶은 말은 그게 아니었다.

그는 이런 말을 하고 싶었던 것이다. "20년 넘게 화장실 지을 돈을 마련하느라 고생했습니다. 마침내 그 문제가 해결되었습니다." 그는 돈주머니를 두드리며 보여주기도 했다. 이런 그의 행동과 집안 환경은 이렇게 말하고 있었다. "보세요, 저에게는 일곱 명의 아이들이 있고 가장 좋은 음식을 가장 저렴한 가격에 먹이고 싶습니다. 일곱 아이의 엄마로 농부의 아내로 불쌍한 아내는 죽도록 일하고 있습니다. 지글러 씨, 아내의 일을 줄여 주고 아이들에게 좋은 음식을 제공해 주며 나에게는 돈을 절약해 줄 수 있는 게 없습니까?"

농부는 이런 말을 하고 있었던 것이다. 그가 처한 환경이 이것을 말해주고 있었다. 그러나 나는 이미 해결된 그의 문제 때문에 깊은 동정심에 사로 잡혀 더 큰 문제, 즉 아이들에게 최고의 음식을 먹이고 아내의 짐을 덜어 주고 싶은 그의 마음을 보지 못한 것이다.

고객의 필요에 완벽하게 초점을 맞추지 않으면 해결책을 제시할 수 없다. 동정심 때문에 세일즈에 실패했고 더 중요한 것은 고객은 매우 유용한 상품을 사용할 수 있는 기회를 박탈당했다는 점이다. 동정심은 세일즈맨과 고객 모두에게 피해를 준다.

다른 가능성… 이 경우 몇 가지 다른 가능성이 있을 수 있다. 어쩌면 나의 프레젠테이션이 허위였을 수 있다. 조리기구가 음식의 가치를 높여주지도 않았고, 농부 아내의 수고를 들어주거나 돈을 절약시켜주지도 않았다는 말이다. 그러면 결과적으로 내가 농부에게 거짓말을 한 셈이 된다. 그렇지 않으면, 쉽게 자리를 떠나는 나를 본 농부는 내가 조리기구에 대해 확신이 있고 자신을 정말로 걱정했다면 끝까지 자신에게 조리기구를 사도록 더 열심히 설득했을 거라고 생각했을 가능성도 있다.

동전의 다른 면을 보자면 조리기구는 내가 말한 그대로였다. 실제로 음식의 가치를 높여주고 돈도 절약해 주었다. 그러나 농부는 내가 빨리 팔아서 쉽게 돈을 버는 데만 관심이 있었기 때문에 그것이 불가능해 보이자 '됐습니다, 딴 데 가서 더 쉽게 팔 수 있으니 가보겠습니다'라고 생각하며 떠난 걸로 생각했을 수 있다.

　이 점을 기억해야 한다. 그가 무슨 생각을 하는지 마음속을 들여다 볼 수는 없지만 이런 가능성들이 있다고 짐작해 보는 것이다. 농부의 마음속에 또 한 가지 다른 가능성이 남아 있다. 내가 자신만만하게 구매를 요청했는데 거절당하자 나의 감정에만 지나치게 민감하고 자신의 필요에는 관심을 기울이지 않았다고 농부가 생각했을 수도 있다. 그래서 농부가 자존심을 살짝 건드리자 내가 얼른 꽁무니를 뺐던 것이다. 이 경우에 농부는 이렇게 해석할지도 모른다. '저 사람은 자기 자존심에만 관심이 있지 내 문제를 해결해 주는 데는 전혀 관심이 없군.' 만약 이것이 사실이라면 자신에게만 몰두해 있는 세일즈맨은 성공할 수 없음을 단적으로 말해 준다.

　앞서 말했듯이 많은 가능성이 존재하지만 결과는 모두 같다. 나는 세일즈에 실패했고 커미션도 날아갔다. 농부와 그의 가족은 고객을 다루는 나의 미숙함과 무능력 때문에 그 조리기구가 주는 혜택을 누리지 못했다.

공감은 득이 된다

　공감은 다르다. 테네시 멤피스 출신의 제이 마틴Jay Martin은 연기 및 화재 탐지기 판매사인 전국안전조합National Safety Associates 사장이다. 그가 이런 이야기를 들려주었다. 어느 날 저녁 젊은 직원과 함께 일을 하고 있었다. 그 직원은 프레젠테이션을 훌륭하게 마쳤다. 당연히 프레젠테이션을 끝내고 고객에게 주문을 유도하는 질문을 던졌는데, 그다음 상황에 대해 제이는 이렇게 말했다.

"지그, 초등학교 1학년도 못 마쳤을 것 같은 중년 고객이 의자를 뒤로 빼고 팔짱을 끼며 말하는 거야. '그런데 젊은 친구, 내가 당한 자동차 사고 이야기를 당연히 들었겠지?' 젊은 직원은 그 이야기를 물론 듣지 못했고 고객은 자세히 이야기를 늘어놓기 시작했어."

그 남자의 문제들

고객은 이렇게 이야기를 이어갔다.

"두 달 전 아내와 고속도로를 달리고 있었는데 엉뚱한 방향으로 달리던 그 녀석이 우리를 정면으로 받았지 뭐야. 우리 차는 산산조각이 났고 둘 다 병원에 입원했지. 나는 두 주간 입원했고 발목이 굳어서 움직일 수가 없게 됐네. 일을 못하니까 수입이 줄어서 정말 힘들어 죽겠어.

아내도 6주 동안이나 병원에 입원해 있었는데 직장을 너무 오래 안 나갔더니 회사에서 아내의 일자리를 없애 버려서 일을 못하고 있다네. 둘이 벌다가 갑자기 수입이 반으로 줄었으니 당연히 문제가 생기지. 우리 부부 병원비가 2만 달러가 넘어. 결국 보험처리를 할 수 있게 되었지만 그 전까지는 걱정이 많았다네.

게다가 지난 주 아들이 해군에 있다가 집에 들렀는데 집에 오던 첫날 밤에 커브길을 너무 빨리 돌다가 도로를 이탈해서 주유소를 들이받았지 뭔가. 다른 차를 치고 6,000달러짜리 주유소 간판을 망가뜨렸어. 보험회사에서 차는 보상해 주겠지만 간판은 어떻게 될지 모르겠어. 6,000달러를 마련하려면 정말 큰일이야. 어떻게 해야 할지 모르겠어.

이것도 부족해서 글쎄 어젯밤에는 장모님을 전국에서 제일 비싼 양로원에 등록해 드렸어. 살아 있는 유일한 친척은 오빠 하난데 도와주지 않을 게 뻔하거든. 1년 넘게 소식조차 없는데 설령 어디 있는지 안다고 해도 아무 소용없어. 이 모든 짐을 내가 지고 가야 한다는 것을 잘 아니까."

▬세일즈 클로징▬ 공감하라 _ The "Empathy" Close

이 중년의 문제를 들으면 당신의 상황이 얼마나 좋은지 새삼 감사할 것이다. 정말 그는 상당히 무거운 짐을 지고 있다. 당신이 젊은 세일즈맨이고 동정심이 많다면 이렇게 말할 것이다. "와, 정말 끔찍하네요. 이게 전부가 아니죠? 제가 걱정할까 봐 말을 안 하시는 거죠? 한 가지 여쭤볼게요. 정부가 어떻게 해주지 않을까요? 적십자도 있잖아요. 이웃들은요? 교회가 도와주지 않을까요? 무료 식료품 교환권을 얻을 순 없나요?" 이것은 동정이다. 그러나 제이 마틴의 말에 따르면 이 젊은 세일즈맨은 동정하지 않았다. 그는 공감했다.

공감은 문제로부터 감정적으로 자신을 분리해 주기 때문에 해결책을 제시할 수 있다. 자신의 입장에서 고객의 입장으로 바꿔 생각할 수 있다. 현실적으로 구매의 주체는 고객이며 고객의 입장을 알아야 고객의 관점에서 프레젠테이션을 할 수 있고, 그 결과 판매 가능성이 높아진다.

제이의 말에 따르면 젊은 세일즈맨은 그런 능력이 있었다. 그는 고객의 눈을 직시하면서 말했다. "고객님, 말씀하신 것들 말고 이 연기 및 화재 탐지기를 귀댁에 설치해서 고객님 가족의 생명을 보호하는 데 방해가 되는 다른 이유가 있을까요?"

중년 남성은 일종의 히스테리 발작을 일으켰다. 그는 큰소리로 껄껄 웃으면서 허벅지를 찰싹 때리고는 말했다. "아니 없다네, 젊은이. 내가 오늘 그 경보기를 살 수 없는 이유는 그게 전부라네. 하하하!" 이쯤 되면 중년 남성은 이미 고객 수준에서 벗어나 실제고객이 된 것이나 다름없다고 볼 수 있다.

몸동작을 활용하라 _ The "Physical Action" Close

전략적으로 젊은 세일즈맨은 아주 현명하게 대처했다. 살 수 없는 모든 이유들을 가급적 빨리 밝혀내서 프레젠테이션 중에 또는 세일즈 협상 초기에 해결해야 한다.

고객이 살 수 없는 이유가 더 이상 없음을 알았을 때 그는 전혀 머뭇거리지 않고 샘플 케이스로 손을 뻗어(제이 마틴은 이것을 '행동 전략'이라고 부른다.) 연기 탐지기 하나를 꺼냈다. 고객이 볼 수 있도록 탐지기를 들어 벽에 붙여 보였다. "얼추 짐작해 보면 고객님은 현재 3만 달러의 빚을 지고 계시군요. (잠시 쉬었다가) 그렇다면 300달러를 추가한다 해도 별 차이 없을 겁니다."

잠시 말을 끊었다가 세일즈를 성사시킬 결정타를 날렸다. 목소리를 낮추고 고객의 눈을 똑바로 쳐다보면서 조용히 말했다. "고객님, 모든 화재는 끔찍한 파괴력을 가집니다. 하지만 고객님의 경우에 화재는 (그렇게 많은 책임을 떠 안고 있는) 고객님 자신을 파괴시킬 것입니다." 이 테크닉은 전문적이었고 논리도 명쾌했다. 결국 그는 세일즈에 성공했다.

중년 남성이 제시한 살 수 없다는 이유를 사야 하는 이유로 바꿔 놓았다. 파는 상품에 관계없이 고객이 살 수 없다고 말하는 이유가 사야 하는 이유로 활용될 수 있는 확률이 최소한 십분의 일은 된다. 이 마지막 문장은 아주 중요하기 때문에 좀 더 살펴보자.

살 수 없는 이유를 역으로 이용하라 _ The "Can't Afford It" Close

1978년 댈러스에 우박을 동반한 강력한 폭풍이 불었다. 바람이 거세게 불고 우박이 떨어지고 비가 쏟아졌다. 다음 날 아침 거실, 서재, 부엌의 천장을 보니 문제가 심각했다. 우리는 지붕 고치는 사람을 불렀고 견적이 5,300달러가 넘게 나왔다.

내가 만약 "그 견적은 감당할 수 없어요"라고 말했다면 이 세일즈맨은 자신이 프로라고 주장하면서 이렇게 말했을 것이다. "지글러 씨 만약 지붕수리 비용을 감당하지 못하시겠다면 폭풍이 몇 번 더 지난 후 사야 할 새로운 가구, 페인트 칠 비용, 다락방의 단열재 교체 비용은 더 감당하기 힘드실 겁니다. 게다가 지붕교체 비용까지 추가될 텐데요?"

살 수 없는 이유를 사야 하는 이유로 이용할 수 있는 가능성이 높다. 다음 예들을 보자.

"타이어 균형을 맞추는데 10달러라니 무슨 말씀입니까? 나는 그 돈을 줄 수 없습니다!"

"고객님 타이어 균형을 맞추는데 10달러를 못 내시겠다면 조만간 더 비싼 새 타이어를 사셔야 할 텐데 그 비용은 어떻게 감당하시려고 그러십니까?"

"더 이상의 생명보험료는 지불할 수 없어요. 나는 보험료 때문에 가난해졌다고요!"라고 말하는 고객에게 나는 이렇게 대답할 것이다.

"남편이 생명보험을 너무 많이 들었다고 불평하는 미망인은 한 번도 못 봤습니다. 그리고 지금 일을 하고 계신데도 보험료를 지불할 형편이 안 된다고 하시면 만약 고객님이 죽고 일할 사람이 없어지면 가족들이 어떻게 생활비며 월세를 낼 수 있겠습니까?"

"이중 창문에 그렇게나 많은 돈을요? 나는 그럴 돈이 없습니다."

"고객님, 이중 창문 비용을 지불할 수 없으시다면 끊임없이 오르는 기름 값은 지불하실 수 있습니까?" 고객이 어떤 이유를 대든 대부분 사야 하는 이유로 역이용할 수 있다.

프레젠테이션을 마치고 나면 나와 나의 직원들도 역시 똑같은 거부반응을 경험하게 된다. 나는 직원들에게 고객을 바라보고 미소를 지으며 부드럽게 이런 말을 하라고 가르친다. "이 강의료 몇 달러를 정말로 내실 형편이 안 된다면 어떤 수단과 방법을 동원해서라도 이 강의를 반드시 들으라고 말씀드리고 싶습니다. 이유는 간단합니다. 이 강의에서 배우실 테크닉과 방법들은 세일즈 실적을 높이는데 도움이 되기 때문이죠. 투자한 강의료를 모두 회수하려면 세일즈를 몇 번만 성공시키면 되지요?"

공감empathy과 자아ego가 무엇인지를 생각해 보면 내가 정말로 하고 싶은 말이 무엇인지 알 수 있을 것이다. "고객의 입장이 되어서 문제를 찾아내고 해결책을 제시하라. 그러면 당신의 실적은 올라갈 것이다."

사용할 사람의 입장에서 생각하라

몇 년 전 어느 날이었다. 아내는 '우리를 위한' 크리스마스 쇼핑을 하다가 내게 전화를 했다. 니만 마커스Nieman Marcus 백화점에서 쇼핑 중이었는데 소형 서류가방을 보면서 흥분해 있었다. 서류가방에 대한 아내의 소감은 이러했다. "여보, 이 가방은 딱 번Bern처럼 생겼어요!"

나와 호형호제하는 캐나다 위니펙의 번의 형상으로 그 서류가방을 만들었다는 말은 분명 아니다. 아내의 말은 버니 로프칙Bernie Lofchick이 니먼 마커스에 서류가방을 사러 왔다면 다른 가방들을 모두 둘러본 다음 이 가방을 선택했을 것이고 "이게 나한테 딱이네. 나처럼 생겼어"라고 말했을 것이라는 뜻이다.

공감은 다른 사람의 마음속을 들여다 보고 그 사람의 눈을 통해 그 사람의 요구와 필요를 살필 수 있는 능력이다. 아내는 그 서류가방을 구매하면서 그러한 공감을 보여주었다. 옛말에 '장사를 하려면 살 사람의 눈으로 팔라'고 했다. 이것이 바로 공감이다.

친구, 아내, 남편, 자녀, 상사, 동료에게 선물을 사 줄 때도 공감이 필요하다. 선물을 받을 사람이 산다면 무엇을 고를까, 어떤 것을 좋아할까를 생각해야 한다.

매장의 세일즈맨이 다른 사람에게 선물할 상품을 고르는 고객을 상대할 때 공감은 매출증대에 상당한 도움이 된다. 오하이오 클리브랜드의 심리학자 어윈 웨이스Erwin S. Weiss에 따르면 조부모는 대체로 기억될 만한 선물을 주고 싶어하고 부모는 실용적인 선물을, 젊은층은 현재의 흥미를 충족시켜 줄 선물을 선호한다고 한다. 이와 같은 기본적인 정보를 숙지한 의식 있는 점원이라면 선물을 사는 고객의 예산에 맞는 상품 위주로 고객의 시간과 자신의 판매노력을 집중시킬 수 있다.

공감은 팀워크를 성장시킨다

테드 램Ted Lamb은 아리조나 프레스코트에서 성공한 쉐보레 대리점을 운영하고 있다. 1982년 자동차업계는 심각한 불경기를 겪고 있었는데 램은 1982년 한 해 동안 판매수량이 69%나 증가했고 매출수입도 68%나 늘었다. 수익 면에서 보면 1982년은 쉐보레 대리점에게는 최고의 한 해였다.

실적이 좋았던 이유를 설명하자면 여러 요인이 있다. 우선 테드는 시민의식을 가진 가정적이고 부지런한 낙관론자다. 또한 뭐든지 시도해보려는 창조적인 관리자였고 뛰어난 공감능력의 소유자였다.

성공하는 기업은 다양한 부서간에 유대감과 팀워크가 존재한다. 영업과 서비스간의 협력을 중요시하는 자동차업계의 경우는 더더욱 그렇다.

고객의 요구가 합리적이건 비합리적이건 상관없이 왜 서비스팀이 모든 고객에게 100% 완벽한 서비스를 제공하지 못하는지 영업팀이 이해하지 못할 때 커뮤니케이션은 단절된다. 마찬가지로 서비스팀은 왜 영업사원들은 불가능하거나 때로는 말도 안 되는 서비스를 요구해서 끊임없이 자신들을 곤란하게 만드는지 이해하지 못한다.

몇 년 전 시작한 독특한 제도 때문에 램의 대리점의 경우 이러한 커뮤니케이션 문제가 거의 없어졌다. 수입이 동일한 서비스팀 관리자와 영업팀 관리자가 며칠 동안 주기적으로 직책, 부서, 책임업무를 바꿈으로써 서로의 입장을 바꿔 보았기 때문이다. 이 제도를 통해 상대방 관리자가 매일매일 직면하는 업무와 기회, 어려움에 대해 상당 부분 이해하고 동료 관리자의 역할도 공감할 수 있었다. 그리고 각자가 자신의 자리로 돌아 왔을 때 일상적인 업무에서 상대방 관리자가 수행하는 역할에 대해 더 깊이 이해할 수 있었다.

이러한 시도는 세 가지 측면에서 이점이 있다. 각각의 관리자는 익숙한 자신의 업무와 익숙하지 않은 상대방의 업무에 대해 새롭게 인식하게 되므로 관리자에게 도움이 된다. 또한 양 팀에서 더 나은 서비스를 제공하므로 고객에게도 이익이 된다. 이런 과정에서 부서간의 팀워크가 좋아지면 고객에게 더 좋은 서비스를 제공할 수 있고 그로 인해 고객이 많아지므로 램의 대리점에도 좋은 일이다.

올바른
정신자세

The Right Mental Attitude

세일즈 커리어를 쌓아 가는 과정에서 가장 중요한 성공 조건은 올바른 정신자세다. 『정상에서 만납시다 See You at the Top』에서 태도에 대해 상당히 깊이 다루고 있기 때문에 여기서는 태도문제를 세부적으로 다루지 않을 것이다. 단지 세일즈 성공에 꼭 필요하다고 생각되는 네 단계 태도만 간략하게 살펴보겠다.

먼저 전체적인 태도를 살펴보고, 두 번째는 스스로를 대하는 당신의 태도, 즉 자기 이미지를 살펴볼 것이다. 세 번째는 고객을 대하는 당신의 태도를 점검해 보고 마지막으로 세일즈라는 직업에 대한 당신의 태도를 살펴볼 것이다.

긍정적인 사고방식도 좌절될 수 있다

나는 긍정적인 사고를 지향한다. 그런데 긍정적인 사고에 대해 뭔가 크게 오해하고 있는 사람들을 자주 만난다. 이런 사람들은 긍정적인 사고의 소유자들이 긍정적인 사고만 있으면 뭐든지 할 수 있다는 믿음에 사로잡힌 사람들인 줄 알고 있다. 이것은 잘못된 생각이다. 긍정적인 사고를 가진다고 해서 뭐든지 다 할 수 있는 것은 아니지만 부정적인 사고를 가진 것보다는 일을 훨씬 더 잘할 수 있다.

내가 아무리 긍정적인 사람이라 하더라도 세계 헤비급 챔피언을 이길 수는 없다. 내가 당신의 맹장을 떼내서 당신을 살려 낼 수 있다고 생각하지도 않는다. 그러나 한 가지 분명한 점은 당신과 내가 수천 마일 떨어진 무인도의 고립된 상황에서 당신이 맹장염에 걸렸다면 당신은 내가 긍정적인 태도를 가지고 문제를 해결해 주기를 바랄 것이다.

물론 내가 열의를 가지고 이렇게 말하면 당신은 한결 기분이 나아질 것이다. "나는 의사는 아니지만 책도 많이 읽었고 텔레비전도 많이 봐서 긍정적으로 생각합니다. 지난주에도 맹장 수술하는 것을 세 번이나 봤습니다. 다행히 아주 잘 드는 칼과 감염을 막아줄 강력한 약이 있습니다." (나의 낙천적인 성격으로 봐서는 노를 저어야 앞으로 나가는 보트를 타고서 모비딕을 잡겠다고 나서면서 타르타르소스를 챙겨 가고도 남을 것이다.)

"훈련이 부족하긴 하지만 제 생각엔 맹장을 제거할 수 있을 것 같습니다. 그리고 당신은 살 수 있다고 확신합니다!" 당신의 눈을 쳐다보면서 "당신은 죽을 거예요!"라고 말하는 것보다 긍정적인 태도로 접근하는 방식을 당신도 선호할 것이다.

후자의 접근방식을 택할 때 당신의 생존 가능성이 높다는 것에 동의하지 않을 의사는 없다.

당신은 할 수 있다! —이 책에 방법이 있다

현실적으로 방향이 올바르게 설정되지 않았을 때 긍정적인 사고와 동기는 좌절을 초래할 수 있다. 예를 들어 당신이 성공할 가능성이 충분하다는 이유로 어떤 사람이 "너는 할 수 있어. 한 번 해봐!"라고 격려만 하고, 훈련도 시키지 않고 방향도 제시해 주지 않은 채 무작정 내보내면 당신은 그대로 나자빠져서 좌절하고 낙담할 가능성이 크다.

이 점을 생각하면서 나의 생각을 간단하게 정리해 보겠다. 긍정적인 사고는 산도 옮길 수 있다는 긍정적인 희망이며 이 희망은 꼭 사실에 근거할 필요는 없다. 나는 긍정적인 사고가 산을 옮기는 것을 보았다. 긍정적인 믿음은 다시 말하면 긍정적인 희망인데 산을 옮길 수 있다고 믿을 만한 근거가 있을 때의 희망이다. 나는 긍정적인 믿음이 훨씬 더 많은 산을 옮기는 것을 보았다.

이 책은 긍정적인 믿음에 관한 책이다. 이 책은 당신이 산을 옮길 수 있다고(세일즈를 성공시킬 수 있다고) 믿을 만한 이유를 제시하고, 현실에 적용했을 때 세일즈 실적을 올려주는 방법과 테크닉을 알려 준다. 이 책의 의도는 간단하다. 책에서 약속을 가능케 하는 계획과 방법을 제시하지 못한다면 나는 약속을 아예 하지도 않을 것이다.

실제로 책이나 수업을 통해 발생할 수 있는 모든 상황을 당신에게 이론적으로 가르쳐 줄 수 있다. 그런 다음 과연 어떤 일이 벌어질까? 현장에 나간 첫날, 그 책을 읽지 않았거나 교육과정을 듣지 않은 고객은 그 이론들을 무참히 짓밟는다.

고객은 생각지도 못한 질문을 하거나 반대의견을 제시한다. 이런 상황에 대처할 수 있는 유일한 방법은 현장에서 고객과의 직접적인 대면을 통해 얻은 개인적인 경험뿐이다.

이 책에 있는 정보를 당신이 다니는 회사의 세일즈 강사의 구체적인 사례와 현장에서 얻은 당신의 경험에 접목시킨다면 당신이 지향하는 프로가 되는데 필요한 강력한 무기가 될 것이다.

정신자세가 다르면 결과도 다르다

당신의 정신자세와 당신에 관한 모든 것들은 당신의 마음속에 가지고 있는 생각에 의해 영향을 받고 통제 받는다. 당신이 어떤 사람이며 어디에 있느냐는 당신의 생각의 결과라고 해도 무리가 아닐 것이다. 당신이 생각을 바꾸면 당신이 어떤 사람인지 그리고 어디에 존재할 것인지가 달라지기 때문이다.

다른 사람들이 원하는 것들, 즉 건강, 부, 안정, 친구, 마음의 평화, 행복 등등 대부분을 당신도 원할 것이다. 당신이 이 모든 것들을 다 갖추지 못했거나 원하는 만큼 갖지 못했다면 다음 두 가지 가능성이 존재한다.

첫째, 너무 젊거나 단지 시간이 충분치 않았다. 둘째, 아마 이 경우일 가능성이 더 높다. 당신의 행동 때문에 원하는 결과를 얻지 못하고 있는 것이다. 만약 이런 경우라면 원하는 것을 얻기 위해 자신의 행동을 바꿔야 한다. 중요한 것은 행동을 바꾸기 전에 생각을 먼저 바꿔야 한다는 점이다. 그러나 생각을 바꾸려면 마음속을 채우고 있는 것을 바꿔야 한다.

건강, 부, 안정, 친구, 마음의 평화, 행복 등 원하는 것들을 정말로 얻고 싶다면 긍정적인 목표를 마음속에 채워 넣어야 한다. 마음속에 긍정적인 생각을 채워 넣는 데는 긍정적인 친구와 동료들이 도움이 될 수 있다. 또한 양서를 읽거나 적절한 강의를 듣거나 교육적이고 자극이 되는 세미나에 참석하는 것도 바람직하다. 이런 것들을 통해 건강, 부, 안정, 친구, 마음의 평화, 행복에 대한 간절한 생각들을 우리의 머릿속에 심어야 한다.

다음과 같은 생각을 믿으면 판매실적이 올라갈 것이다.

"당신의 비즈니스가 실제로 좋거나 나쁜 것이 아니다.
비즈니스가 좋고 나쁜 것은 당신의 마음에 달려 있다."

당신이 지금 이 순간 가장 많이 팔 수 있는 최적의 시간에 최적의 장소에 있다고 생각하라. 그렇다. 이것은 현실적으로 가능하다. 당신이 가장 확실하게 가진 시간은 지금 현재뿐이다. 당신의 몸이 하나이기 때문에 지금 현재 있는 곳에서만 팔 수 있고 따라서 당신은 지금 최적의 시간에 최적의 장소에 있는 것이다.

글루미 거스와 같이 부정적인 사람들은 주기적으로 경기침체를 운운하며 부정적인 생각을 퍼뜨린다. 4~5년에 한 번씩은 경기침체가 올 것이라는 주장을 편다. 테네시 멤피스의 돈 헛슨^{Don Hutson} 하원의원은 언론이 경기침체를 열여덟 차례 예측했는데 실제로 최근에 경기침체는 단 두 번 발생했다는 점을 지적한다.

이 점에 대해 생각해 볼 필요가 있다. 경기침체가 올 것이라고 발표할 때 당신은 거기에 합류할 것인지 말 것인지를 결정해야 하기 때문이다. 나는 로타리나 라이온스 같은 클럽에 동참하는 것은 찬성하지만 침체클럽에 합류하는 것은 반대한다.

여행을 하다 보면 10센트짜리 골동품부터 수백만 달러짜리 컴퓨터까지 온갖 종류의 상품을 파는 다양한 사람들을 만난다. 회사, 업종, 지역에 관계없이 아주 성공적인 사람이 있고 그럭저럭 해나가는 사람도 있고 망하는 사람도 있다. 비즈니스 기회는 모두에게 존재하지만 다른 모든 것이 같다고 가정한다면 긍정적인 자기 이미지와 정신자세를 가진 세일즈맨이 성공할 가능성이 높은 반면 부정적인 생각 때문에 힘들어하는 세일즈맨은 고전을 면치 못할 것이다.

■세일즈 클로징■ 도전하고 시도하라 _ The "Go Giver" Close

텍사스 빅토리아의 켈빈 헌트Calvin Hunt의 이야기는 올바른 정신자세의 모범사례를 보여준다. 켈빈은 전국에서 가장 훌륭한 생명보험 세일즈맨 중 한 사람이다. 한때 휴스턴 오일러Houston Oiler의 공격 라인맨(미식축구 포지션. 공격팀의 수비수로서 플레이가 시작되기 전에 공과 가장 가까이 위치해 수비선수들과 대치하고 있는 선수들이다. 또한 이들은 공격선수를 보호하는 역할을 맡는다.—역주)이었던 그는 매우 창의적이고 시민의식이 강한 사람이었다.

켈빈은 비즈니스를 만들어 내기 위해 다양한 방법들을 동원했다. 매년 지역사회를 위한 서비스 차원에서 유명 강사를 초청했다. 고객들을 위해서 강당의 앞줄을 예약하고 나머지 자리는 일반 대중들에게 내주었다. 강연은 무료였다.

켈빈은 10만 달러가 넘는 보험계약을 여러 차례 성사시킨 수백만 달러의 실적을 내는 세일즈맨이었다. 기사가 달린 리무진을 타고 다녔고 30킬로미터, 때로는 200킬로미터 떨어진 약속 장소로 가는 동안 프레젠테이션을 준비하고 꼼꼼하게 업무를 처리했다.

1982년 보험업계의 절반은 경기가 하강국면이라고 생각해서 활동을 축소했지만 켈빈은 오히려 성장의 기회로 삼았다. 그는 경기 침체를 이유로 경쟁자의 절반이 사업 확대 노력을 하지 않는 상황을 긍정적으로 해석했다. 보험업계 비즈니스의 90%가 남아 있는 반면 경쟁은 반으로 줄었으니 켈빈은 자신의 비즈니스가 대폭 증가할 것으로 예상했다. 그리고 예상대로 그 해 켈빈의 비즈니스 실적은 급격하게 증가했다. 그렇다. 자세가 다르면 결과가 다르다.

10

자신에 대한 태도

Your Attitude toward You

세일즈 커리어를 쌓고 싶다면(어떤 커리어든지 마찬가지다.) 건전한 자기 이미지를 구축하는 것이 그 출발점이다. 나의 초기 멘토 중 한 분이었던 노스캐롤라이나의 에몰 페일즈Emol Fails는 이렇게 말했다. "비즈니스가 아니라 사람들과의 네트워크를 만들어라. 그 네트워크가 비즈니스를 키울 것이다."

성공적인 세일즈를 논하기에 앞서 많은 세일즈맨들이 겁을 내고 있다는 사실을 인정해야 한다. 고객에게 단도직입적으로 사라는 말을 하지 못한다. 계속 이야기를 늘어놓지만 정작 사라는 말은 않는다. 거절을 두려워하기 때문이다. 뛰어난 세일즈 강사인 크리스 헤가티Chris Hegarty는 세일즈 상담의 63%가 세일즈를 성공시키려는 세일즈맨의 직접적인 노력이 없이 끝나 버린다고 지적했다.

열심히 설명하는 세일즈맨은 고객이 자기 말을 끊고 "좋습니다, 사겠습니다"라고 말해 주기를 간절히 바라고 있는 것이다. 세일즈맨 입장에서 볼 때 직접적인 구매요청을 했다가 대놓고 거절당해서 자존심 상할 위험이 없기 때문이다.

세일즈맨 vs 직업 방문객

나는 직접 세일즈를 위해 전화를 걸기도 했고, 또 계속 이야기만 늘어놓을 뿐 상품을 사라는 말을 하지 못하는 세일즈맨을 본 적도 있다. 고객들이 이렇게 말하는 것을 들은 적도 있다. "여보게, 존. 자네 지금 나한테 뭔가 팔려는 건 아니지?" 그러면 세일즈맨은 한 발짝 물러서며 "아닙니다, 아니에요. 절대 아닙니다"라고 말한다.

도대체 이 세일즈맨은 자신을 뭐라고 생각하며 뭘 하고 있는지 의문이 생긴다. 아마도 그는 자신이 직업 방문객professional visitor이라고 생각한 것 같다. 이것이 당신의 현재 모습이라면 이번 장이 매우 중요하다.

당신이 고객을 만나러 가든 고객이 당신을 만나러 오든, 내가 알기로는 세일즈 상담의 목적은 주문을 따내는 것이다. 그럼에도 부실한 자기 이미지와 거절에 대한 두려움 때문에 세일즈 상담의 63%가 직접적인 세일즈 노력 없이 흐지부지 끝나고 만다.

자기 이미지는 세일즈 기술과 효율성을 높이는데 너무나 중요하기 때문에 잠시 주제에서 벗어나서 자기 이미지 개선에 대한 이야기를 하고자 한다. 만약 당신의 자기 이미지에 문제가 있고, 문제가 있다는 사실을 정말로 아는 사람이 당신뿐이라면 서둘러 조치를 취하기 바란다.

건전한 자기 이미지를 만들기 위한 방법 중 하나는 대중연설 강의를 듣는 것이다. 일어서서 자신을 표현하는 능력은 자신감을 기르는 가장 좋은 방법 중 하나인데 교회나 대학 또는 학교 등에 가면 이런 강의를 들을 수 있다. 지글러 교육과정에서도 비즈니스 프레젠테이션, 성공전략 등 다양한 강좌를 제공하고 있다. 토스트마스터나 데일 카네기 코스도 모두 훌륭한 이미지 메이킹 강의다.

좋은 자기 이미지를 만드는 확실한 방법 중 하나는 자신이 선택한 세일즈라는 직업에서 진정한 프로가 되는 것이다. 대충 세어 봐도 이 책에 나오는 세일즈 테크닉이 백여 가지는 된다. 자신에게 구체적으로 적용할 수 있는 테크닉들을 배우라. 그러나 테크닉을 배우는 것보다 더 중요한 것은 실천하는 일이다.

이 테크닉들을 자신의 일부로 만들어라. 자신의 목적에 맞게 테크닉을 수정하면서 자신감이 솟는 것을 느껴 보라. 실제 세일즈 상황에서 성공할 가능성이 높다는 것을 알기 때문에 자기 이미지가 좋아진다. 세일즈의 효율성이 높아지면 세일즈에 대한 당신의 열정도 훨씬 커진다. 결국 좋은 태도를 유지하는 중요한 열쇠는 자신의 업무를 제대로 파악하는 것이다.

자기 이미지와 고객반응

다음 사례는 뛰어난 세일즈맨이 되기 위해 자기 이미지 구축이 절대적으로 필요하다는 사실을 생생하게 보여줄 것이다. 이번 예는 부동산 중개인에 관한 내용이지만 실적을 높이고자 하는 모든 세일즈맨에게 적용할 수 있다.

당신의 자기 이미지가 그다지 훌륭하지 않다고 가정해 보자. 어느 날 아침에 출근을 하면서 '부동산 매매! 주인 직거래' 표지판을 발견했다. 당신은 그 동네가 안전한지를 확인하기 위해 주변을 세 번이나 둘러본다. 신중함은 기본이다. 그 동네가 안전하다는 결론을 내리고 조심스럽게 문을 두드린다. 집주인이 나오고 당신은 프레젠테이션을 시작한다. 두 문장쯤 말하고 나자 그녀가 말한다. "잠깐만요, 하나 물어볼게요. 부동산 중개업자세요? 예, 아니오로만 대답하세요."

당신이 부동산 중개인이라고 고백하자 집주인은 이렇게 말한다. "관심 없어요. 부동산 중개업자가 두 사람 다녀갔는데 그 사람들한테 한 말을 당신에게도 똑같이 해야 하니… 이 집은 제가 직접 팔 겁니다. 마당에 나무 한 그루 한 그루 직접 심었어요. 당신보다 집에 대해서 훨씬 잘 아는데 수천 달러를 수수료로 줄 이유가 없지요. 더 이상 듣고 싶지 않아요!" 그녀는 면전에 대고 문을 닫아 버린다.

자기 이미지가 문제다

당신의 자기 이미지는 약하다. 당신도 자기 자신을 좋아하지 않고 집주인도 분명 당신을 좋아하지 않는다. 당신은 분명 이렇게 반응할 것이다. '아이쿠 불쌍한 내 신세야!' 그리고는 어떻게 할까? 당신이 할 수 있는 것은 고작 커피숍에 가서 차를 한 잔 마시는 거다. 처음 한 잔을 마시는 동안 한 잔 더 마셔야 한다는 것을 깨닫는다. 두 번째 잔을 천천히 마시면서 흥미로운 결론에 도달한다.

'왜 진작에 이걸 생각하지 못했을까? 너무나 쉬운 일인데! 내가 할 일은 사무실로 돌아가서 전화를 하고 책상을 정리하고 이메일을 처리하고 잔무를 처리하는 거야. 마음을 짓누르는 것들이 있으면 팔 수가 없어. 월요일 아침 새로운 마음으로 나가야지. 이것저것 마음을 짓누르는 일들을

다 치워 버리고 말이지. 벌써 수요일이네!'

한 가지 분명한 것은 꾸물거리는 사람들의 98%는 이미지 문제를 가지고 있다. 이들은 모든 세일즈맨들이 전화를 걸 때마다 부딪히는 거절의 가능성을 회피하고 싶은 사람들이다. 사람들은 세일즈맨을 거부하지만 사무실의 책상은 세일즈맨을 거부하지 않는다. 그러니 책상 뒤에 숨거나 골프를 치거나 아니면 계획만 열심히 세우는 게 안전하다.

오해하지 말기 바란다. 계획을 세우고 세부적인 사무를 처리하는 일도 중요하지만 어느 정도 수준이 넘어가면 계획 세우기는 거절당하는 걸 피하기 위한 구실이 된다. 일은 적은데 기록만 열심히 하는, 지나치게 정리정돈에 집착하는 사람이라면 이제 행동할 때다.

해결책은 긍정적인 자기 이미지

똑같은 상황에서 이 사례를 다시 보자. 단, 한 가지 중요한 변화가 있다. 이번에는 당신이 긍정적이고 건전한 자기 이미지를 갖고 있다. 같은 동네에 가서 똑같은 매물 표지판을 본다. 가서 문을 두드린다. 같은 주인이 나와서 짧게 불쾌한 대화를 나눈 뒤 주인은 면전에서 문을 닫는다.

그러나 이번에는 건전한 자기 이미지를 가지고 있기 때문에 다르게 반응한다. 집주인에게 문제가 있지 당신이 무능한 게 아니라는 것을 안다. 따라서 거리로 나와 문제가 없는 고객을 찾는다.

"그 사람 때문에 미치겠어"라는 말을 하거나 들어 본 적이 있을 것이다. 이 말에 대해 분명히 짚고 넘어가 보자. 심리학자는 이렇게 말한다. "냄비에 국이 없으면 국을 휘저을 수가 없겠지요." 다른 사람들이 당신을 미치게 만드는 게 아니다. 당신 안에 그런 감정이 잠재되어 있기 때문에 다른 사람들이 그것을 자극할 수 있는 것이다. 당신이 그들이 그렇게 하도록 내버려둔다는 전제 하에 말이다. 다른 사람들이 당신의 생각, 행동, 느낌을 지배하도록 내버려 둘 것인지는 당신의 결정에 달렸다.

나의 세일즈 노트에서

세일즈맨의 자기 이미지가 성공여부에 직접적인 영향을 미친다는 점을 강조하기 위해 개인적인 경험을 함께 나누고 싶다. 가가호호 문을 두드리며 세일즈를 하던 시절, 한 집에 고객이 있고 바로 옆집에 다른 고객이 있고 고속도로를 타고 30킬로미터를 달려서 도착하는 곳에 또 다른 고객이 있는 경우가 종종 있었다.

처음 고객에게 전화를 했는데 거절하면 내가 가진 특별한 능력을 사용했다. 젊은 세일즈맨이었던 나는 집의 외부를 보고 전화를 걸기 때문에 심리적으로 적절한 때인지를 알 수 있었다. 집안에서 사람들이 점심을 먹고 있거나, 낮잠을 자거나 부부싸움을 하는 등 여러 가지 상황들을 상상할 수 있었는데 나는 이런 상황들을 핑계로 옆집 고객에게 전화를 걸지 않는 나 자신을 합리화했다.

그렇다면 어떻게 했을까? 아주 간단하다. 고속도로를 30킬로미터 운전해서 다른 고객을 만나러 갔다. 이것을 어떻게 합리화 시켰을까? 간단하다. 고객에게 무슨 말을 할 것인지 계획하기 위해 시간이 필요했다. 할 말을 제대로 계획하지 못해서 그 전에 걸었던 전화에서 고객에게 거절당했기 때문이다. 30킬로미터를 운전하는 동안 나는 일하고 있다고 스스로 합리화했다.

요지는 명쾌하고도 유용하다. 나의 자기 이미지가 형편없었던 것이다. 나는 스스로를 거부했다. 마음속으로 첫 번째 방문한 집의 고객이 나를 거부했다고 생각했기 때문에 옆집에 가서 또 다시 거부당할 준비가 되어 있지 않았다. 다시 한번 강조하건대 자기 이미지를 개선하라. 그러면 세일즈 실적이 개선될 것이다.

열등감은 스스로 느끼는 것이다

자기 이미지가 확실하면 고객이 당신을 어떻게 응대하는지에 관계없이 계속해서 여러 고객들을 상대할 수 있다. 물론 거절당하는 것을 참는 데는 한계가 있음을 인정한다. 그렇기 때문에 특히 여러 차례 무참하게 거부당한 후에 자기 이미지 정립에 더욱 힘쓰고 정기적으로 책을 읽고 강의 자료를 들어야 한다.

세일즈맨의 이미지와 관련해서 루즈벨트가 한 말이 많은 도움이 될 것이다.

"이 세상 누구도 당신의 허락 없이 당신에게 열등감을 느끼게 할 수 없다."

자신의 이미지를 제대로 확립하면(나의 책과 강연 자료가 직·간접적으로 목표하는 것이기도 하다.) 세일즈맨으로서의 삶과 개인으로서의 삶이 모두 나아질 것이다. 성형외과 의사이자 『성공의 법칙Psychocybernetics』 저자인 맥스웰 몰츠Maxwell Maltz는 모든 심리치료의 목적은 자존감, 즉 환자의 자기 이미지를 정립하는 것이라고 말했다.

그렇다고 엄청나게 과장된 '내가 최고야' 식의 자기 이미지를 말하는 것은 아니다. 사실 이것은 건강한 자기 이미지와는 반대다. '내가 최고야!'식의 우월적 행위는 대부분 불안정한 자기 이미지의 반증일 뿐이다. 대부분의 사람들은 이런 사람을 오만하다고 생각하는데, 환자 당사자만 빼고 모든 사람을 짜증나게 만드는 일종의 병이라고 할 수 있다.

모든 위대한 세일즈맨들은 부풀려진 자아가 아니라
확고한 자아의식을 갖고 있다.
자아가 너무 커지는 순간 그들은 위대함을 상실한다.

나는 지금 자신의 모습을 받아들이는 건강한 자기 이미지를 말한다. 결함과 모순 덩어리인 자신을 스스로 받아들일 때 고객을 포함한 다른 사람들을 이해하고 커뮤니케이션(동의가 아닌 커뮤니케이션) 하는 것이 훨씬 쉽다. 자기 이미지는 중요하다. 그러므로 좋은 자기 이미지를 확립하면 세일즈 커리어를 더 잘, 더 크게 그리고 더 빨리 쌓을 수 있다.

당신이 세일즈 커리어상의 어떤 단계에 있는지 그리고 현재 이 순간 자신의 자기 이미지가 어떤지에 상관없이, 나는 세일즈라는 직업에 관해서라면 당신의 입장을 충분히 이해하며 당신이 느끼는 바를 이미 느껴본 사람이다.

이 책을 읽거나 강연 자료를 듣거나 비디오 자료를 보거나 나의 수업을 청강한 사람 중에서 미래에 대해 나만큼 두렵고 불확실하고 걱정스럽고 의심스러웠던 사람은 없을 것이다. 처음 세일즈 세계에 발을 내디뎠을 때 나처럼 의기소침하고 나서기가 싫었던 사람도 없었을 것이다. 내가 이런 말을 하는 이유는 당신에게도 희망이 있다는 나의 경험에서 비롯된 확신을 주기 위해서다.

타인에 대한
태도

Your Attitude toward Others

이번에 생각해 볼 태도의 세 번째 단계는 타인에 대한 당신의 태도다. 당신이 마주 앉아 대화를 나누고 있는 사람을 당신은 실제로 어떻게 생각하고 있는가? 상품을 팔아서 돈을 벌 수 있게 해 줄 사람인가, 아니면 당신이 해결해 줄 수 있는 문제를 가진 사람인가? 당신은 그 사람을 진실로 배려하고 생각해 주고 있는가, 아니면 상품을 팔아서 이익을 챙기는 것이 당신의 주요한 관심사인가?

모든 조사에서 나타난 고객들의 가장 큰 불만은 무례함과 비효율성, 즉 철저한 무관심이었다. 분명 이 두 가지는 단순한 인간관계에 관한 것이다. 이 두 가지 문제를 해결하지 않으면 어떠한 인간관계도 세일즈도 불가능하다.

카벳 로버트^{Cavett Robert}는 전 세계 인구의 3/4 정도는 매일 밤 인정 recognition에 굶주린 상태로 잠자리에 든다는 점을 지적한 바 있다. 중요한 사실은 세일즈맨이라면 누구나 자신의 매장에 들어오는 사람이나 상대하는 고객의 가치를 인정한다는 점이다. 세일즈맨이 지닌 최소한의 예의와 배려는 비즈니스를 확대하고 세일즈 커리어를 만들어 가는 데 큰 도움이 된다.

정치나 종교뿐 아니라 세일즈와 비즈니스 세계에서 성공한 사람들의 개인적인 품성과 특징을 관찰해 보기 바란다. 그런 사람들은 거의 예외 없이 한 가지 원칙을 고수한다. 바로 친절이다.

고객과 당신의 관계는 어떠한가? 당신은 친구처럼 다른 사람을 진심으로 도와주고 조언해 주는가? 즉, 고객의 이익을 추구하는 사람인가? 고객에게 최상의 서비스를 제공하는 사람이 최대의 이익을 얻는다는 진실을 믿고 있는가? 이 물음에 "예"라고 대답했기를 바란다.

세일즈 세계에서 고객을 얻으려면 당신이 만나는 사람들과 상생관계를 구축해야 한다.

질 그리핀^{Jill Griffin}이 쓴 『오스틴 비즈니스 저널^{Austin Business Journal}』에 따르면 일반적으로 미국의 기업은 적어도 매년 20% 정도의 고객이 감소한다. 자동차 대리점과 인터넷 서비스 업체 등 일부 기업들의 경우는 고객 이탈율이 50%에 이른다. 그리핀은 고객유치 전쟁에서 승리하는 가장 좋은 방법은 고객이 애초에 떠나지 않도록 하는 것이라고 강조한다. 그러기 위해서는 고객과의 첫만남부터 상생관계를 형성해야 한다.

코치, 치과의사, 전업주부, 장관, 건축업자, 인테리어 디자이너 등 모든 사람들은 무언가를 팔고 있으며 모든 사람들이 세일즈 대상이다. 이 점을 염두에 둔다면 생산성이 높은 프로가 되는 것은 당연한 일이다. 포럼 코퍼레이션이 한 가지 흥미로운 사실을 발견했는데 그것은 성공하는 사람들은 고객에게뿐만 아니라 내부 직원들에게도 철저한 세일즈와 서비스 정신으로 대한다는 점이다.

아무리 성공적인 세일즈맨이라 해도 세일즈맨은 대개 부하직원이 없기 때문에 자신의 통제를 전혀 또는 거의 받지 않는 사람들을 통해서 일을 처리한다.

세일즈맨들은 원만한 인간관계를 유지함으로써 본사의 지원인력으로부터 선적, 설치, 서비스 및 기타 고객만족과 관련된 도움을 받는다. 이런 도움을 바탕으로 성공한 세일즈맨은 고객에 대한 약속을 지킬 수 있고, 고객에게 자신이 신뢰할 수 있고 의지할 수 있는 사람임을 보여준다. 다음 이야기는 이 점을 잘 설명해 준다.

나는 절대 다시 오지 않을 당신의 고객입니다

나는 훌륭한 고객입니다. 모든 상인들은 나를 압니다. 어떤 서비스를 받더라도 절대 불평하지 않는 고객입니다.

상품을 사러 상점에 가더라도 나는 위세를 떨지 않습니다. 다른 사람을 배려하려고 노력합니다. 결정을 내리기 전에 이것저것 비교해 본다고 점원이 신경질을 내고 불친절해도 최대한 예의를 갖춥니다. 똑같이 무례하게 대하는 것은 옳지 않다고 믿기 때문입니다.

절대 불평거나 비판하지 않으며 공공장소에서 다른 사람들처럼 소란을 피우는 것은 상상도 할 수 없습니다. 나는 훌륭한 고객이 아니라 최고의 고객입니다. 절대 다시 오지 않을 최고의 고객입니다.

이것은 다시 올 일이 없다는 것을 알기 때문에 내가 감수한 부당한 대우와 모든 불친절에 대한 나의 작은 복수입니다. 당장은 기분이 풀리지 않지만 장기적으로 볼 때는 화를 내는 것보다 훨씬 더 만족스럽습니다.

실제로 나처럼 좋은 고객이 많아지면 사업을 망하게 할 수도 있습니다. 그리고 나처럼 착한 사람들은 많습니다. 지나치다 싶으면 성격 좋은 고객들을 감사히 여길 줄 아는 다른 매장으로 갑니다.

최후에 웃는 자가 진정한 승자입니다. 나를 다시 오게 하려고 열심히 광고하는 당신의 모습을 보면서 나는 웃습니다. 몇 마디 친절한 말과 미소만 있었으면 애초에 나를 놓치지 않았을 텐데…

다른 도시에서 사업을 할 수도 있고 상황이 다를 수 있습니다. 그러나 사업이 잘 안 된다면 당신의 태도를 바꿔 보세요. 소문이 퍼지고, 나는 다시 오지 않을 고객이 아니라 언제나 다시 오는, 게다가 친구들까지 몰고 오는 좋은 고객으로 바뀔 것입니다.

—작자 미상

고객을 붙잡기 위한 진지한 노력은 두 가지 중요한 이유 때문에 경제적으로도 의미가 있다. 「소비자 마케팅 저널The Journal of Consumer Marketing」 1984년 3월호에 기고한 글에서 래리 로젠버그Larry J. Rosenberg와 존 체피엘John A. Czepiel은 고객 한 사람을 만족시키는 데는 20달러의 비용이 드는 반면 그 고객을 잃으면 회사의 평균이익이 118달러 감소한다고 밝혔다.

이것은 1984년도 수치다. 오늘날 그 비용이 얼마나 될지 상상해 보라. 이런 사실에도 불구하고 기업들은 신규고객을 유치하기 위해 기존고객 한 사람을 유지하는 데 드는 비용의 여섯 배에 해당하는 돈을 쓰고 있다.

고객 한 사람이 불만에 차서 떠나면 최소한 11명에게 자신의 불만을 이야기할 것이고 그 타격은 만만치 않다. 패자는 고객을 다른 고객으로 대체하려는 생각을 하고 승자는 기존 고객을 유지하면서 새로운 고객을 추가해서 사업을 더 번창하게 만들 생각을 한다.

분명히 말하건대 만약 당신이 이런 태도로 고객을 대한다면 절대 성공할 수 없다. 앞서 강조했듯이 세일즈는 감정의 전이다. 고객이 당신의 탐욕과 이기심을 느끼면 세일즈는 불가능하다는 점도 지적한 바 있다.

다음 이야기는 당신과 고객 둘 다 승자로 만드는 좋은 태도를 보여준다. 몇 년 전 나는 네브래스카 오마하에서 볼링을 하다가 오른쪽 무릎을 다쳤다. 그다지 사려 깊지 못한 친구 하나가 심술궂게 나의 나이를 운운했다. 분명 그다지 똑똑한 친구는 아니었다. 나의 왼쪽 무릎과 오른쪽 무릎은 나이가 같은데 왼쪽은 멀쩡했으니 오른쪽 무릎의 상태가 나이와는 전혀 무관하다는 것을 몰랐으니 말이다.

얼마 지나지 않아 나는 샌프란시스코에서 2만 5천 명 정도의 청중을 대상으로 강연을 하기로 되어 있었다. 소개가 끝나고 절뚝거리며 무대로 올라가면서 관중들이 '오, 세상에! 지글러 좀 봐! 불쌍하기도 하지, 절름발이네. 그래도 최선을 다하겠지'라고 속으로 생각하는 것을 느낄 수 있었다. 강사는 청중의 느낌을 알 수가 있다.

솔직히 지금까지도 나는 마이크가 치료효과가 있는지는 잘 모르겠다. 그렇지만 분명 어느 정도의 약리작용은 있었던 것 같다. 마이크를 잡자 무릎통증이 사라졌다. 연설을 하는 65분 내내 일어섰다 앉기도 하고, 이리 저리 움직이고 상체를 구부리고, 쪼그려 앉기도 하고, 소리치고, 환호하고, 고함을 지르는 등 청중들에게 익숙한 나의 동작들을 모조리 했다. 65분 내내 통증을 못 느꼈다. 강연을 마치고 무대에서 내려오자 무릎에서 힘이 빠지며 쓰러졌다.

세일즈는 윈윈 행위다

어떻게 된 일인지 당신도 짐작할 수 있을 것이다. 65분 동안 나는 무률을 생각하지 않았다. 고객들만 생각했고 또, 어떻게 하면 내가 그들의 문제를 해결해 줄 수 있을까를 생각했다. 의식적으로 그런 것이 아니라 무의식적으로 그렇게 된 것이다.

강연을 마치자 긴장이 풀렸다. 그리고 스스로에게 '이젠 괜찮아 지글러, 이젠 그 사람들은 잊어 버려도 돼. 너 자신을 생각해'라고 말하고 있었다. 내 생각이 다른 사람들을 돕기 위해 바깥쪽으로 뻗치지 않고 내 자신으로, 즉 안으로 향했을 때 나는 무너진 것이다.

똑같은 현상이 당신에게도 발생할 것이다. 오해하지 말기 바란다. 나는 오직 사람들을 돕기 위한 이유 때문에 상품을 판다고 주장하는 사람들에 대해 대단히 회의적이다. 이런 사람들은 대부분 커미션 챙기기에 혈안이 되어 있다.

그렇게 말하는 사람들에게 나는 서둘러 한마디 덧붙인다. 나도 사람 돕는 것을 좋아하지만 우린 한 가지 공통점이 있다. 회사에서 판매수당을 지급하지 않으면 신념의 깊이나 직업에 대한 애착에 상관없이 재정적 필요 때문에 그 상품이나 서비스의 판매를 통해 사람들을 돕는 일은 중단할 수밖에 없다.

고객과 대화할 때는 고객의 문제를 해결하는 데 몰두해야 한다. 그러다 보면 당신 자신의 세일즈 목표와 커리어 목표에 분명히 도달하기 때문이다. 세일즈에서 이런 태도는 분명 당신과 고객이 모두 윈윈win-win하는 결과를 가져온다.

고객과 함께 더불어 승리하는 관계를 형성해 주는 이런 태도를 기르기 위해 포럼 코퍼레이션의 드마르코DeMarco와 매긴Maginn이 성공하는 세일즈맨의 고객들은 세일즈맨과 그들의 역할에 대해 어떻게 생각하는지에 관해 실시한 조사결과를 살펴보자.

왕인 고객이 보는 세일즈맨의 모습(포럼 보고서)

성공하는 세일즈맨은 고객이 보기에 진심으로 고객의 필요에 관심을 기울이면서도 적극적으로 자기 회사의 입장을 대변하는 사람이다. 이러한 중간자적인 모습 때문에 고객은 비밀정보들을 믿고 공유하며 세일즈맨이 자신의 근심을 이해하고 공정성을 유지하려고 노력한다는 사실을 알게 된다. 고객은 자신의 관점에서 단순히 세일즈 프레젠테이션을 하는 사람보다 정보를 교환할 줄 아는 사람이야말로 진정으로 성과를 만드는 세일즈맨이라고 생각한다.

성과를 만드는 세일즈맨은 고객의 시간을 소중하게 여기며 고객과의 시간을 보다 알차게 보낸다. 전략을 계획하고 전화통화를 준비하는 데 더 많은 시간을 투자했기 때문이다. 고객도 이 점을 잘 알고 있으며 높이 평가한다. 성과를 만드는 세일즈맨은 또한 고객이 개인적으로 직면하고 있는 압력과 필요가 무엇인지 알고 있으며 회사가 아니라 사람을 대상으로 세일즈를 한다.

가격은 중요하지 않으며 세일즈를 성사시키기 위해서라면 어떤 것이든 고객에게 약속해야 한다는 생각이 완전히 깨진 것처럼 세일즈맨은 세일즈 목적이 아니라면 고객의 문제에 개입하지 말아야 한다는 믿음 역시 깨졌다. 고객은 세일즈맨이 자신의 문제에 직접 나서서 효과적인 제안과 더불어 노하우까지 제공해 주는 듬직한 지원군이 되어 주기를 기대하고 원한다. 성공하는 세일즈맨의 중요한 특징 중 하나는 상품의 단점을 기꺼이 설명하려는 자세다.

고객은 열정적이며 문제해결에 관심을 갖고 동참해 주는 세일즈맨을 그렇지 않은 사람보다 높이 평가한다. 또한 관계를 형성해 나가면서 자문, 정보, 의견 등 소중한 서비스를 제공하는 세일즈맨은 반드시 고객으로부터 좋은 평가를 받고 다양한 경로를 통해 세일즈 대상 조직에 침투

할 수 있다.

　오늘날 고객들은 세일즈 업계에 보편화된 기초 교육이 계속되어야 한다는 사실을 이해한다. 상품에 대한 지식, 경쟁력 있는 지식, 상품의 특징과 장점을 설명하고 거부에 대응하는 방법 등의 직접대면 기술은 세일즈 업무에 있어 여전히 필수적이다.

　현명한 사람에게는 한마디면 족하다. 고객들이 하는 말을 깊이 새겨듣는다면 성공자의 대열에 합류할 가능성이 높아진다.

세일즈라는
직업에 대한 태도

Your Attitude toward the Sales Profession

세일즈는 열심히 일하는 사람에게는 높은 보수를 보장하지만 일하지 않는 자에게는 낮은 대가가 주어지는 직업이다. 세일즈를 천직으로 받아들이는 사람들에게는 신나고 보람 있고 도전적인 커리어다.

프레드 허먼Fred Herman은 자신이 쓴 세일즈에 관한 책에 『세일즈는 단순하다Selling Is Simple (Not Easy)』라는 흥미로운 제목을 붙였다.

여덟 살 때 가가호호 야채와 우유를 팔러 다녔을 때부터 나의 천직이 된 세일즈라는 직업에 대해 전반적으로 살펴보자.

대다수의 세일즈맨은 자신이 파는 상품에 대해 열정을 갖고 있다. 그들은 자기 회사가 최고라고 믿으며 그 회사와 인연을 맺게 된 것을 기쁘게 생각한다. 그러나 많은 세일즈맨들은 생계를 위해 세일즈를 한다는 사실을 선뜻 인정하려고 하지 않는다.

나는 이 문제를 아주 중요하게 생각한다. 고객, 상품, 회사 그리고 세일즈라는 직업을 포함하여 자기 자신에 대한 총체적인 태도가 세일즈의 성공여부를 판가름하는 관건이기 때문이다.

특히 세일즈가 성사될 가능성이 높은 경우에는 더 그렇다. 이번 장에서는 세일즈 자체를 위한 테크닉은 다루지 않지만 계약 가능성이 높은 세일즈를 마무리하는 데 아주 유용한 내용을 담고 있다.

자부심을 가지라

나는 여러 가지 이유에서 세일즈맨이라는 사실에 자부심을 가진다. 나는 미국이 세일즈맨들 때문에 위대한 나라가 되었다고 생각한다. 미국은 세일즈맨에 의해 발견되었다. 크리스토퍼 콜럼버스Christopher Columbus는 항해사라고 볼 수 없다. 기록에 의하면 그는 인도로 가는 짧은 항로를 찾으러 떠났다. 목표경로에서 2만 킬로미터나 빗나갔음에도 귀국 후 경로를 찾았다고 말했다. 내가 보기엔 제대로 된 항해라고 할 수 없다.

그렇다고 이것이 콜럼버스가 세일즈맨이라는 증거도 아니지 않느냐고 반문할 수 있다. 그러나 그는 분명 세일즈맨이었다. 우선 그는 스페인에 사는 이탈리아인이었고 따라서 외국어를 사용했다. 더구나 영토개척 임무 때문에 자신의 세일즈 영역에서 한참 떨어져 있었다. 그에게는 고객이 오직 한 사람뿐이었기 때문에 만약 세일즈에 실패했다면 엄청난 실망감을 안고 귀국해야 했다. 따라서 세일즈에 대한 중압감은 실로 엄청났을 것이다.

콜럼버스처럼 팔아라 _ The "Columbus" Close

　콜럼버스는 이사벨라 여왕을 찾아가 설명했다. 프레젠테이션을 들은 이사벨라 여왕은 "좋은 생각이지만 작은 배 다섯 척에 1만 2,000달러는 너무 비싸군요!"라고 말했다. 콜럼버스가 배 다섯 척으로 시작했다는 사실을 모르는 사람들이 많다. 이사벨라 여왕이 돈 문제를 제기했지만 콜럼버스는 여왕의 말을 듣고 속마음을 간파했으며 돈이 진짜 문제가 아님을 알았다.

　여왕이 인도로 가는 최단 항로를 발견했을 때 자신이 누리게 될 이익에 대한 확신이 없다는 것을 콜럼버스는 즉시 알아차렸다. 여왕이 이익보다 비용이 더 크다고 생각한다는 점을 이해한 것이다. 상식적으로 이사벨라 여왕뿐 아니라 어느 고객도 자기가 생각하는 가치이상의 대가를

지불하지 않는다. 그래서 콜럼버스는 세일즈맨이 되어서 인도로 가는 최단경로를 발견했을 때 스페인이 누리게 될 혜택과 여왕이 받을 이익과 영광에 대해 상세히 설명하기 시작했다.

시간이 단축될 뿐 아니라, 신대륙에는 새롭고 기이한 음식, 향신료, 보석, 모피가 있을 거라고 강조했다. 물론 대서양 건너 신대륙에 사는 미개인들에게 기독교를 전파할 수 있다는 점도 상기시켰다. 세계 정복을 향한 경쟁에서 프랑스와 영국을 한참 앞설 수 있다는 비전을 여왕에게 그려 주었을 것이다.

사실과 감정이 뒤섞인 프레젠테이션이 끝나고 결정의 순간이 되자(많은 위험이 따르는 결정이지 않은가?) 여왕은 말했다. "좋아요, 콜럼버스. 당신 말에 동의해요. 하지만 문제는 내게 돈이 전혀 없다는 겁니다." 콜럼버스는 여왕을 보며 이렇게 대답했다. "폐하의 목에 걸린 목걸이가 있지 않습니까? 그것을 돈으로 바꿔서 비용을 충당하면 됩니다."

기록에는 실제로 그들이 항해경비를 마련하기 위해 특별한 방법을 동원했다고 한다. 그리고 항해가 시작된 후에도 콜럼버스는 여전히 많은 세일즈를 해야 했는데, 선원들은 하루가 멀다 하고 그를 바다에 빠뜨리고 돌아가겠는 협박을 했다. 목숨을 걸고 한 세일즈였음을 감안할 때 선상에서 날마다 선원들을 대상으로 했던 그의 세일즈 프레젠테이션은 확신을 심어 주는데 초점이 맞춰졌을 것이다.

역사적으로 콜럼버스처럼 사람들의 신뢰가 절실하게 필요했던 세일즈맨은 없었다. 그는 항해를 지속하기 위해 날마다 세일즈를 해야 했고, 그렇게 하루하루를 버티던 어느 날 아침 마침내 육지를 발견했다는 함성을 들었다. 이로써 그는 역사상 가장 수익성 높은 세일즈에 성공했다.

고객을 사랑하라 그리고 고객이 그것을 알게 하라

그런 후 콜럼버스는 세일즈맨들이 자주 하는 실수를 저질렀고 세일즈 커리어에 치명타가 되었다. 서비스를 끝까지 제공하지 않았던 것이다. 콜럼버스는 신대륙 발견이 자신의 생각이었고 엄청난 기회의 문을 열었기 때문에 영원히 기억되고 보상받기를 원했던 것 같다.

당신이 세일즈 신참이라면 현실은 그렇지 않다는 것을 알려주고 싶다. 당신이 경험 많은 프로 세일즈맨이라면 이것을 상기시켜 줄 필요가 없기를 바란다. 그 이유는 경쟁 때문인데 대부분의 경쟁은 정당하다. 경쟁자는 항상 존재하기 마련이고 그들은 최선을 다해 당신 고객이라고 생각하는 고객을 쫓아다니며 구애할 것이다.

세일즈에 성공하고 나면 당신은 운전석에 앉아 부러움의 대상이 되지만 잠깐만 길(고객)에서 눈을 떼고 페달(서비스)에서 발을 떼면 경쟁자들이 나타나서 자신들이 더 많은, 더 좋은 연료를 갖고 있으며 더 나은 운전사라고 고객들에게 접근하기 시작한다.

서비스가 세일즈의 핵심이다

콜럼버스의 경우 경쟁자는 아메리고 베스푸치Amerigo Vespucci였다. 베스푸치가 세일즈와 서비스를 시작했다. 그 결과 콜럼버스 합중국United States of Columbus이 아니라 아메리카 합중국United States of America이 되었다. 콜럼버스가 끝까지 서비스를 다하지 않았기 때문이다.

세일즈 클로징 연애하듯 세일즈하라 _ The "Courtship" Close

개인적으로 나는 연애시절의 구애가 많은 결혼을 파경으로 이끄는 중요한 요인이라고 생각한다. 남녀는 연애기간(세일즈) 동안 도무지 믿을 수 없는 말들을 늘어놓는다. 연애하는 동안은 각자가 늘 최고의 모습만을 보여준다. 서로에게 약속과 맹세를 하고 정말로 지키려고 최선을 다한다. 남성은 샤워를 하고 남성미가 물씬 풍기는 화장품을 바르며 여성은 은은한 향의 향수를 뿌린다. 늘 약속시간을 철저히 지키고 사려 깊고 배려심이 넘친다. 결혼식을 올리기 전까지는 그렇다.

달라진 현실

결혼을 하면 구애는 끝난다. 신혼여행에서 돌아온 다음날이나 몇 주 또는 몇 달 뒤에 끝나지는 않지만 시간이 지나면서 사려 깊고 사랑스럽고 배려 깊은 작은 행동들은 점점 줄어든다. 깨끗이 몸을 치장하던 습관들도 하나둘 버리기 시작한다. 서로에 대한 사려 깊고 사랑스러운 행동들은 점차 사라지고 다른 것들로 대체되기 시작한다.

오해하지 말기 바란다. 결혼생활에서 신혼여행 때 느꼈던 황홀함을 계속 유지할 수 있다는 뜻은 아니다. 그러나 결혼생활을 유지하기 위해서뿐만 아니라 서로에게 행복하고 의미 있는 결혼생활이 되기 위해서는 구애와 예의는 반드시 필요하다고 생각한다.

다른 사람과 바람이 나는 경우를 종종 본다. 남편과 아내가 중요한 게 뭔지를 정확히 알고 결혼생활 내내 연애하듯이 서로를 대한다면 다른 사람이 끼어들 틈이 없다. 한마디로 남녀가 연애기간에 한 약속을 결혼생활에서 지킨다면 이혼율은 급격히 감소할 것이다.

마찬가지로 고객을 경쟁자에게 빼앗기는 것은 대부분의 경우 가격이나 상품이 더 좋기 때문이 아니다. 물론 그런 경우도 있을 수 있다. 하지만 대부분은 경쟁자가 나타나서 더 좋은 서비스와 더 많은 관심과 배려를 쏟아부으면서 고객의 필요에 더 열심히 귀를 기울이고 당신이 결혼(세일즈)전에 구애했듯이 고객에게 열심히 구애했기 때문이다.

누군가가 세일즈를 연애에 비유하면서 이렇게 물었다. "아내에게 언제 사랑한다고 말해야 합니까?" 이에 대한 답은 '다른 사람이 말하기 전'이다. 고객에게 언제 사랑한다고 말해야 할까? 마찬가지로 다른 사람이 하기 전에 해야 한다. 그리고 서비스를 통해 그 사랑을 보여줌으로써 그것이 진심이라는 것을 보여줘야 한다.

콜럼버스는 서비스를 끝까지 다하지 못했지만 미국이 세일즈맨에 의해 발견되었고 세일즈맨의 이름을 따서 이름을 지었다는 사실에는 변함이 없다. 월터 롤리 경은 런던의 찻집을 돌면서 무지하고, 겁 많고 미신을 믿는 사람들에게 영국의 보호를 버리고 종교의 자유가 있고 지주가 될 수 있는 기회의 땅, 미국으로 가야 한다고 설득하고 다녔다. 많은 사람들이 그의 말을 믿었고 이 세일즈맨 때문에 미국에 사람들이 이주해서 살게 되었다.

조지 워싱턴은 세일즈맨이었다

미국은 세일즈맨에 의해 독립되었다. 조지 워싱턴^{George Washington}이 독립을 쟁취하는 과정에서 얼마나 훌륭한 세일즈를 했는지 아는가? 그 당시 미국은 세 부류로 팽팽하게 분열되어 있었다. 식민지 개척자들은 독립을 원했고 1/3은 영국의 식민지로 남기를 원했으며 나머지 1/3은 이렇게 말했다. "이보게 조지, 어느 쪽이 이기든지 이기는 쪽에 합류하겠네, 전쟁이 나면 중립을 유지하다 위험이 사라지고 승자가 가려지면 승자 편에 합류하겠네. 우리는 꼭 그렇게 할 거야. 내 장담하지."

조지 워싱턴은 농부, 상인, 선원, 노동자, 조선^{造船}기사들을 동원해서 군대를 모집해야 했다. 그는 솔직하게 말했다. "여러분, 우리가 이기면 여러분께 봉급을 줄 수 있을 겁니다. 우리가 지면 여러분은 반역죄로 참수형을 당하고 가장 높은 나무에 목이 걸릴 겁니다." 실제로 독립을 원한 사람들은 1/3뿐이었고 영국이 세상에게 가장 막강한 군대와 해군을 보유하고 있다는 것은 모두가 아는 사실이었다. 그렇다. 군대모집을 위한 조지 워싱턴의 세일즈는 주효했다.

당신이 인력채용업무를 담당하고 있다면 조지 워싱턴의 세일즈와 비교했을 때 그것이 상대적으로 얼마나 단순한 일인지를 보여주기 위해 이렇게 생각해 보자. 당신이 채용하려는 지원자에게 방문대상 고객들은 모두가 한 번도, 누구한테서도 상품을 산 적이 없는 사람들이라고 말해야 한다고 가정해 보라. 게다가 상품을 판다고 해도 수당을 지급할 돈이 없다. 그러나 세일즈에 실패하면 해질 무렵 총살당할 거라고 말해야 한다면 어떨까? 그렇다. 조지 워싱턴은 뛰어난 세일즈맨이었다.

세일즈맨은 중요한 사람들이다

미국은 세일즈맨의 노력으로 국토의 양쪽 끝에 대서양과 태평양이 맞닿은 광활한 국토를 가진 국제적인 강대국이 되었다. 미국이 독립을 쟁취한 뒤 알렉산더 해밀턴Alexander Hamilton은 영국이 식민지를 건설해서 식민지에서 생산된 상품과 서비스를 전 세계에 내다 팔 대리인들을 양성하기 위해 사용했던 방법을 연구하도록 워싱턴 대통령을 설득했다. 그리고 의회의 예산승인을 받아냈다. 1608년 이후 이주가 시작되었지만 이후 168년 동안 겨우 애팔래치아 산맥까지만 진출했다.

그러나 독립이 되고 예산을 활용해 습득한 지식 덕분에, 무역기지를 건설하고 그곳에 세일즈맨을 배치할 수 있었고 이주자들이 서쪽으로 이동하기 시작했을 때 필요한 화약, 담요, 기타 보급품을 제때 공급할 수 있었다. 무역기지의 세일즈맨들 때문에 독립한 지 겨우 30년 만에 미국은 서부 해안까지 진출할 수 있었다.

세일즈맨이 성취한 결과의 차이

미국을 이 지구상에서 가장 위대한 땅으로 만든 사람은 세일즈맨들이다. 미국이 위대한 것은 국토면적 때문이 아니다. 국토면적에 있어서는 캐나다, 러시아, 중국이 미국보다 넓다. 미국이란 땅이 천연자원이 풍부하기는 하지만 그것 때문도 아니다. 사실 러시아, 중국, 캐나다 등 다른 나라들도 엄청난 천연자원을 갖고 있다.

기술면에서도 분명 세계 최강이긴 하지만 기술적 우월성 때문도 아니다. 일본, 독일, 스위스, 러시아, 이스라엘이 일부 기술개발에서 미국보다 앞서 있다. 내가 보기에는 너무나 명백하다. 미국이 위대한 국가가 된 이유는 세일즈맨과 자유기업제도 그리고 종교의 자유 때문이다.

세일즈맨은 안정적이다

내가 이 직업에 열광하는 이유 중 하나는 안정성 때문이다. 만약 아들이 이 세상에서 가장 안정적인 직업이 무엇이냐고 묻는다면 주저하지 않고 세일즈맨이라고 말할 것이다. 내 아들도 당신처럼 세일즈맨은 커미션에만 전적으로 의존하는 유일한 직업이라는 잘못된 생각을 가지고 있을 수 있다. 이러한 생각은 자연스럽게 '과연 정말로 안정성이 있을까'라는 의문을 갖게 한다.

그렇다. 세일즈는 진정한 안정성을 제공해 준다. 모든 직업은 위탁받은 것이다. 나의 비서 그리고 우리 사회의 모든 사람들은 실제로 위탁받은 일을 하고 있다. 월급을 받든 커미션을 받든 세일즈맨을 포함한 모든 사람들은 위탁받은 일을 한다.

직업이 무엇이든 관계없이 결국 생산이 유지되지 않으면 직업의 안정성은 상실된다. 따라서 월급을 받든 커미션을 받든, 심지어 미국의 대통령이라 해도 위임받은 자다. 따라서 대통령이라도 임무를 제대로 수행하지 못하면 자리를 잃을 수 있다.

세일즈는 안정적인 직업이다. 다음 예를 통해 그 안정성을 상기시켜 주고자 한다. 1981년과 1982년 미국은 침체를 경험했다. 그 당시 인테그리티를 지니고 있고, 정직하고, 충실하고, 양심적이고, 근면하고 생산성 높은 수많은 사람들이 일자리를 잃었다. 계층을 가리지 않았다. 교사, 아파트 관리인, 비행기 조종사, 승무원, 웨이터, 비서, 변호사, 청소부 할 것 없이 모두가 직장을 잃었다. 그들이 일하기 싫거나 능력이 없어서가 아니라 경제 때문에 실직했다.

인테그리티를 지니고 있고, 정직하고, 충실하고, 양심적이고, 근면하고, 생산적인 세일즈맨 중에 실직한 사람이 있는가? 예를 들어 세일즈맨이 기업파산처럼 자신이 통제할 수 없는 이유로 실직했다면 대개 거리로 나가면 일자리를 쉽게 다시 구할 수 있을 것이다.

즉시 가능한 새로운 일자리

조지아 주 애틀랜타에서 세일즈 세미나 도중에 있었던 사건을 결코 잊을 수가 없다. 세미나가 시작되기 직전 잘 차려입은 20대 후반의 두 젊은이가 입장권을 환불해 줄 수 있는지 물었다. 그들은 상사와의 성격불화로 일자리를 잃은 세일즈맨들이었다. 세일즈할 일이 없으니 세일즈 테크닉을 더 배워봤자 소용이 없다고 주장했다. 그들은 잠시 실의에 빠져서 다른 일자리를 얻기 위해 지금이야말로 세일즈 기술과 훈련이 필요하다는 것을 깨닫지 못했다.

나는 그들에게 두 가지 질문을 했다. 첫째, 당신은 파는 것을 좋아하는가? 둘 다 긍정적으로 답했다. 둘째, 다시 세일즈를 하고 싶은가? 역시 그렇다고 대답했다. 나는 그들이 세미나에 참석하면 그날 저녁 열 번 이상의 영업직 면접기회를 만들어 주겠다고 약속했다. 그날 저녁 프레젠테이션을 하면서 세일즈라는 직업의 안정성에 관한 부분에 도달했을 때 관중에게 두 가지 질문을 던졌다.

첫 번째 질문은 "당신은 영업 관리 업무를 하십니까?"였다. 500명 중 대략 100명이 손을 들었다. 두 번째는 "준수한 외모에 세일즈라는 직업을 사랑하는 열정적인 두 젊은이가 있는데 관리자와 성격적 마찰 때문에 일자리를 잃었습니다. 이 두 젊은이를 면접하고 싶으신 분 계십니까?" 75명 정도가 손을 들었다. 두 젊은이는 자기가 하고 싶은 일과 관련된 일자리 제의 중에서 열 건 이상을 고를 수 있었다.

그렇다. 세일즈는 안정된 직업이다.

더글러스 맥아더 장군은 안정을 '생산하는 능력'이라고 정의했다.
당신이 생산을 계속하는 한 재정적, 직업적 안정은 보장된다.

태도가 큰 차이를 만든다

세일즈란 직업은 인생과 비즈니스에서 응대하는 방식이 다르다. 비영업 분야에서 실적이 떨어지면 경영진은 일반적으로 '긴축모드'로 들어 간다. 여러 학교에 공급되고 있는 I CAN 코스를 개발한 마미 맥컬로우 Mamie McCullough가 긴축모드라는 용어를 사용했다.

그녀는 긴축모드가 개인에게도 영향을 미친다고 말한다. 어려운 상황에 초점을 맞추기 위해 경영진은 사무실을 일찍 소등하고 수위, 비서 그리고 지원인력 중에서 두어 명 정도 해고해야 한다고 직원들에게 설명한다. 그리고는 입술을 굳게 다물며 상황이 어려운 것이 사실이지만 이 고비를 이겨내고 최선의 결과를 기대해야 한다고 말한다.

세일즈의 세계는 경기침체에 다르게 대응한다. 언론에서 침체기라고 발표하면 경영진은 모든 사람을 불러놓고 이렇게 말한다. "경기침체에 대해 다들 들었을 겁니다. 그러나 우리는 침체기를 극복할 수 있는 아주 간단한 방법을 찾아냈습니다. 판매를 줄이면 됩니다." 과연 이럴까? 아니다!

경영진이 하는 일은 간단하다. 모든 영업회의에 종지부를 찍을 특별한 영업회의를 개최하기 위해 경영진 회의를 소집한다. 사장, 이사회 의장, 영업 관리자는 참석할 준비를 끝내고 가고 싶어 안달이다. 인력을 동원하고 붉은 카펫을 깔고 흥분된 목소리로 말한다.

"여러분 경기침체에 대한 전혀 근거 없는 소문을 들으셨으리라 생각합니다. 경기침체에 대한 저희의 생각을 말씀드리겠습니다. 여러분의 판단이 중요하다고 생각합니다. 경기침체도 다른 많은 것들과 마찬가지입니다. 경기침체에 합류하거나 아니면 합류를 거부할 수 있습니다. 현재저희 회사의 정책은 경기침체에 합류하지 않는 것입니다."

"앞으로의 계획을 말씀드리겠습니다. 평생 한 번도 본 적이 없는 콘테스트를 개최할 것입니다. 믿을 수 없는 상품들이 걸려 있습니다. 고객과 세일즈맨인 여러분에게 인센티브를 제공할 텐데 모든 사람들이 너무나 행복하고 신나서 경기침체가 계속 되기를 바라게 될 겁니다. 대대적인 홍보 및 광고에 착수할 겁니다. 여러분의 효율성과 생산성을 대폭 증가시켜 줄 세일즈 교육 및 동기부여 프로그램에 모두가 참여하도록 할 것입니다. 그 어느 때보다 우리는 더 많이 그리고 더 잘 팔 것입니다."

생각해 보기

이 접근방식이 현실적인가? 효과적일까? 1990년 이전부터 세일즈에 종사해 온 사람이라면 다음 질문에 답하면서 해답을 알 수 있을 것이다. "1990년보다 1991년에 돈을 더 많이 벌었습니까? 1991년보다 1992년에 돈을 더 벌었나요?"

이때는 경기 침체기였다는 사실을 기억하라. 당신은 세일즈를 해서 현재 그 어느 때보다 돈을 많이 벌고 있는가? (1974~75년과 1980~82년에 걸쳐 경기침체가 있었는데 나는 1976년부터 강연에 참석한 사람들에게 이런 질문을 계속했다. 그리고 중요한 것은 국내시장의 상황에 관계없이 상당수는 계속 실적이 나아졌다는 사실이다.)

우리의 생각에 문제가 있으면 비즈니스는 제자리걸음을 할 것이다. 그러나 생각을 바르게 하면 비즈니스가 제대로 될 것이다.

세일즈의 좋은 점은 민주주의적이라는 것이다. 대부분의 경우 세일즈 회사는 남녀, 인종, 키, 몸무게, 나이, 성격, 심지어 교육수준도 상관하지 않는다. 회사가 신경 쓰는 부분은 당신의 인테그리티와 생산성이다. 고도로 기술적인 분야의 경우 교육수준은 예외일 수 있다. 개인으로서 당신의 성과에 따라 인정받고 보수를 받고 보상을 받는다.

안녕하세요, 회장님

아침에 일어나서 거울을 볼 때 당신의 회장, 사장, 회계담당비서 그리고 경비의 모습을 보고 있다고 가정하자. 이제 당신은 당신이 거느리고 있는 전 직원들에게 기운을 북돋우는 연설을 한다. "자네는 참 좋은 사람이야. 월급을 인상해 줘야겠어." 이사회는 이미 소집이 되어 있지 않은가! 카벳 로버트가 좋아했던 말이 있다. "업무 효율성의 증가 속도와 월급인상 속도는 비례한다."

대선후보들이 누가 이 나라를 이끌어 나갈 것인지를 놓고 토론하는 모습을 보면 언제나 재미있다. 미국의 세일즈맨들이 이 나라의 경제를 지배하고 있음을 볼 수 있기 때문이다. 이 말을 믿지 못하겠다면 계속 읽기 바란다.

세일즈가 모든 일의 시작이다

당신이 상품을 하나 팔 때 무슨 일이 일어나는지 진지하게 생각해 본 적이 있는가? 우선 당신에게 이익이 되고 당신의 관리자에게 이익을 창출해 주며 당신의 회사도 이익을 본다. 모두가 이익을 얻으며 회사는 사업을 계속해 나가고 당신은 계속 세일즈를 할 수 있게 된다.

노동운동의 창시자 중 한 사람인 사무엘 곰퍼스Samuel Gompers는 이런 말을 했다. "경영진의 첫 번째 의무는 이익을 창출하는 것이다. 당신이 이익을 내지 못하면 회사는 망한다. 회사가 망하면 노동자들은 월급을 올려 받지 못할 뿐 아니라 일자리를 잃게 된다. 당신의 회사가 이익을 내야 모든 사람이 그 혜택을 누리기 때문에 회사는 이익을 창출해야만 한다."

당신이 상품을 팔 때 어떤 일이 일어나는지 간략하게 추적해 보자. 맨 처음 당신은 주문서나 계약서를 한 장의 종이에 쓴다. 그 종이 한 장은 종이가 아니라 나무에서 시작되었다. 누군가가 숲속에 들어가서 나무를 베어야 한다. 세일즈가 성사되는 순간 당신은 그 사람들이 숲속에 가서 나무를 베도록 돈을 지불한 셈이다.

그 나무를 제지공장으로 끌고 가려면 많은 사람들이 필요하다. 당신이 세일즈를 성사시킴으로써 그 사람들이 나무를 제지공장으로 끌고 가도록 임금을 지불한다. 제지공장에는 수백 명이 나무를 종이로 만드는 작업을 하고 있다. 당신이 세일즈를 성사시킴으로써 나무를 종이로 만드는 그 사람들의 월급을 주는 것이다. 그러나 이것이 끝이 아니다.

세일즈의 파급효과

당신은 이익의 일부를 가지고 슈퍼마켓에 가서 콩 통조림을 산다. 슈퍼마켓 주인의 입장은 이렇다. "당신이 나의 콩을 사면 나도 콩을 좀 더 사와야 해요." 그래서 그는 도매상에게 가서 콩을 더 산다. 도매상은 또 이렇게 말한다. "당신이 나의 콩을 사가면 나도 콩을 좀 더 사야 해요." 그래서 그는 통조림 공장에 가서 콩 통조림을 더 산다.

통조림 공장도 콩이 더 필요하고 공장 관리자는 농부에게 가서 콩을 더 산다. 농부가 가진 콩이 다 떨어지고 농부는 콩을 더 재배해야 한다. 농부의 콩을 재배하는 트랙터가 오래 되어서 문제가 생겼다. 트랙터 대리점에 가서 새 트랙터를 산다. 그 대리점은 트랙터가 한 대뿐이라 더 많은 트랙터를 구하러 트랙터 공장으로 가야 한다.

대리점이 트랙터를 추가로 주문하자 공장 관리자는 말한다. "재고가 없어서 트랙터를 더 제작해야겠습니다. 트랙터를 더 만들려면 철, 구리, 플라스틱, 강철, 알루미늄, 아연, 납, 점화전 그리고 고무 타이어를 사야 합니다. 게다가 우리가 자체적으로 제작하지 않는 부품들에 대해 백여 건의 하청계약을 해야 합니다."

어느 날 당신이 나가서 세일즈에 성공한 결과 이러한 모든 일련의 일들과 판매 그리고 일자리가 창출되었다.

세일즈맨은 부를 창출한다

세일즈라는 직업에 대해 부정적인 말이나 비하하는 발언을 하는 사람이 있다면 그 사람의 눈을 똑바로 쳐다보면서 단호하게 이런 말을 해주라. "저를 비롯한 수천 명이 세일즈라는 직업에 종사하기 때문에 당신이 지금 그만큼의 돈을 벌고 있는 겁니다." 그 사람이 우체부든 아니면 우체국장이든, 사병이든 장군이든, 교사든 교장이든 관계없이 이 말은 사실이다. 자유기업제도 때문에 삶의 질이 높아진 것이고 세일즈맨은 그 시스템의 꽃이다.

몇 년 전 미국의 재무장관이 오늘날 미국은 100만 명의 세일즈맨이 더 필요하다고 말한 적이 있다. 그가 이런 말을 한 이유는 분명하다. 세일즈맨이 팔면 산업의 바퀴가 돌아가기 때문이다. 내가 세일즈라는 직업에 대해 편파적임을 인정한다. 하지만 역사적 기록을 살펴보면 세일즈라는 직업을 가진 당신은 용기를 얻고 더 큰 열정을 가질 수 있을 것이다. 그리고 결과적으로 당신의 커리어에 도움이 될 것이다. 그러기 위해 쿠바를 보자.

카스트로가 정권을 장악했을 때 쿠바에는 배급제도도 없었고 부족한 생필품이 없었으며 세일즈맨들이 넘쳐 났었다. 한마디로 쿠바는 완벽한 자급자족국가였다. 오늘날 쿠바에는 세일즈맨이 자취를 감췄다. 사실상 모든 것이 배급을 통해 지급되고 아무리 많은 돈을 줘도 살 수 없는 게 많다. 이 섬나라에 세일즈맨이 거의 없다는 나의 말에 이렇게 반박할 수 있다. "잉여자원이 없으니 세일즈맨이 필요 없지요."

그러나 흥미로운 사실은 쿠바에 세일즈맨이 있었을 때는 잉여자원이 있었다. 이유는 간단하다. 세일즈맨은 일자리와 기회를 창출한다. 그들은 산업을 키우고 부를 창출한다.

세일즈맨은 훌륭한 사람들이다

사람들이 세일즈맨의 역할을 제대로 이해하면 그들의 역할은 훨씬 쉬워진다. 세일즈맨이 자신의 직업의 중요성을 충분히 이해할 때 자신의 역할에 대해 더 큰 열정을 가질 것이다. 세일즈맨은 미국의 모범적인 중산층을 대표한다. 세일즈맨들은 투표 참여율도 높고, 세금을 성실히 납부하며 상당수가 교회에 나간다. 세일즈맨의 이혼율은 모든 직업군 중에서 가장 낮은 편이고 자살율도 다른 직업에 비해 낮다. 당신이 세일즈맨이라면 고귀한 직업의 진정한 특권을 누리고 있는 것이다.

지금쯤 당신에게 한 가지 의문 또는 생각이 자연스럽게 떠오를 것이다. '이 모든 것들이 사실이라면 왜 많은 사람들은 세일즈맨에 대해 부정적인 이미지를 가지고 있을까?' 몇 가지 이유가 있다고 생각한다. 과거 '양키 행상인'으로 알려진 프로답지 못한 사기꾼의 등장으로 세일즈라는 직업에 대한 인식이 나빠졌다.

그때부터 사람들은 훌륭한 세일즈맨은 원치 않는, 더 심한 경우에는 정말로 필요 없는 상품을 사게 만드는 사람이라는 인식을 갖게 되었다. 고객들은 세일즈맨이 고객이 필요한 것이 무엇인지를 알고 좋은 상품이나 서비스를 통해 그 필요를 채워 주는 카운셀러 역할을 한다는 사실을 이해하지 못했다. 많은 사람들이 아직도 그것을 이해하지 못하고 있다.

잘못된 오해

아서 밀러Arthur Miller가 '어느 세일즈맨의 죽음The Death of a Salesman'이라는 제목의 끔찍한 희곡을 써서 세일즈맨들의 문제를 더 가중시켰다. 이 연극은 브로드웨이에서 오랫동안 인기를 누렸을 뿐 아니라 여러 차례 텔레비전에도 방영되었다. 주인공인 세일즈맨 윌리 로만Willy Loman은 패배자의 상징이었다.

'뮤직 맨Music Man'의 헤롤드 힐Harold Hill은 최악의 사기꾼이었고 불쌍한 윌리만큼 스포트라이트를 받았다. 수많은 미국인들의 머릿속에 이 두 사람은 세일즈라는 직업을 대표하는 인물로 각인되어 있다. 그러나 이것은 진실과는 거리가 멀다.

세일즈맨은 판매하는 상품이나 서비스 이외에 최소한 두 가지를 더 팔아야 한다. 삶의 방식으로써 자유기업제도를 옹호해야 한다. 또한 하루 꼬박 여덟 시간을 열심히 일해서 최적의 가격에 최고의 상품을 생산하고, 그럼으로써 세일즈맨이 더 큰 자신감을 갖고 세일즈를 할 수 있고, 결과적으로 더 많은 문제를 해결할 수 있다면 모두에게 이익이라는 점을 근로자와 경영진이 이해하도록 설득해야 한다. 소비자들은 최적의 가격에 최상의 상품을 원할 뿐 아니라 그것을 요구하고 있으며 이로 인해 가장 큰 혜택을 받는 것은 당신과 나의 가족이다.

안정, 장수 그리고 충만

세일즈맨이라는 직업이 주는 혜택은 엄청나다. 목회자와 오케스트라 지휘자를 제외하고 세일즈맨은 모든 직업 중에서 가장 오랫동안 활동할 수 있는 직업이다. 나는 여덟 살 때 세일즈를 시작했고 앞으로도 한참 동안 계속 일할 것이다.

캘리포니아 사우스 파사데나^{South Pasadena}의 빅터 크리스텐^{Victor Christen}은 아흔네 살에도 왕성하게 활동했다. 그 당시 그는 78년 동안 자동차 영업을 하고 있었고 쉐보레 판매왕이었다. 건강했기 때문에 활동을 줄일 생각은 없었으며 은퇴할 생각은 더더욱 없었다.

세일즈 직업의 장점은 오래 할수록 일의 효율성이 높아진다는 것이다. 세일즈를 하려면 머리를 써야 하므로 정신적으로 깨어 있고, 오래 할수록 고객의 충성도가 높아지고 따라서 부가 수입도 늘어난다. 고객 충성도와 커리어의 안정성을 높이기 위해 가장 중요한 요인이 당신의 인테그리티란 점을 생각할 때 진실한 관계의 실효성은 더욱 분명해진다. 세일즈맨과 고객 간에 신뢰가 형성되면 세일즈 커리어가 아름다운 변화를 시작한다.

남보다 앞서 시작하라

세일즈의 장점 중 하나는 일찍 시작할 수 있다는 점이다. 래리 호스^{Larry Hawes}가 전형적인 사례다. 래리는 일곱 살부터 세일즈를 시작했다. 그의 어머니는 래리에게 그녀가 운영하던 조명가게 앞에서 광고판을 걸치고 보도를 왔다 갔다 하도록 시키고 그 대가로 캔디를 주었다.

열한 살이 되었을 때는 재고를 관리하며 시간당 2달러를 받았다. 그러나 가끔 전시장으로 몰래 들어가고 싶은 유혹을 떨치지 못하고 램프를 몇 개 팔기도 했다. 그러다가 300달러짜리 놋쇠 램프를 팔기도 했다.

어머니 산드라 제닝스^{Sandra Jennings}가 기성품 블라인드, 버티칼, 커튼을 취급하는 블라인드 스팟^{The Blind Spot}이라는 가게를 열었을 때 래리는 열네 살이었고 형 제이^{Jay}는 열여섯 살이었다. 산드라는 두 아들을 가장 먼저 세일즈맨으로 고용했다. 가게에는 일곱 명의 직원이 있었는데 래리가 한 달 평균 5만 달러의 매출을 올리는 최고의 세일즈맨이었다. 가게 매니저였던 로이스 스파크스^{Lois Sparks}는 "래리에게 일을 맡기면 안심하셔도 되겠어요. 래리는 판매에 자신감이 있고 외모나 행동이 성숙해 보여서 실제 나이로 보는 손님이 거의 없어요"라고 말했다.

산드라는 사업가 소질이 다분한 아들에게 가장 든든한 후원자였다. "래리는 비즈니스에 소질이 있어요"라고 네 자녀 중 막내에 대해 평했다. "래리는 본능적으로 단 한 명의 고객도 그냥 돌려보내지 말아야 한다는 것을 알고 있어요. 일을 빨리 배우고 주변에 있는 모든 것에 관심을 기울이고 사람들을 좋아해요. 호기심이 넘쳤고 뭐든지 다 했어요. 창문치수를 재고 블라인드와 커튼을 설치했지요."

세일즈는 어렵지 않다고 래리는 말한다. "자신의 상품을 알고 목적이 있으면 정말 쉽습니다. 사람들은 가격을 알아보거나 상품을 실제로 사거나 브랜드와 스타일을 비교해 보려고 가게에 옵니다. 내가 할 일은 모든 것을 다 보여줌으로써 고객이 떠날 때 우리 가게를 신뢰하고 구매결정을 내릴 수 있다는 생각을 갖게 하는 겁니다."

래리는 확고한 목표의식이 있는 젊은이다. 그는 진지하게 부자가 되고 싶다고 말한다. "개인 투자자가 되어서 투자목적으로 집을 사고 팔고, 주식과 원유를 거래하고 백화점이나 레스토랑 체인같이 여러 사업체를 소유하고 싶어요. 일을 하면 힘이 나고 거래를 성사시키고 나면 기분이 정말 좋아요. 특히 토요일은 더 그렇습니다. 모두가 정해 놓은 판매목표를 달성하려고 더 열심히 일하기 때문이지요."

래리는 자신을 일중독이라고 표현하지는 않지만 정해 놓은 목표는 반드시 달성하거나 초과하고 싶어했다. 세일즈가 주는 도전의식과 흥분은 그의 일에서 중요한 부분이다.

앞서 언급했듯이 이것이 세일즈의 장점 중 하나다. 세일즈는 시작할 때 투자가 거의 필요 없고 아주 젊은 나이에 시작해서 원할 때까지 계속 일할 수 있다.

아흔네 살에도 왕성하게 활동했던 빅터 크리스텐, 일곱 살에 세일즈를 시작한 래리 호스 그리고 일곱 살과 아흔네 살 사이의 모든 세일즈맨들 때문에 나는 세일즈라는 커리어에 대한 믿음을 가지고 있다.

젊은이가 나에게 와서 사회에 대한 기여도도 높으면서 개인적인 충만과 안정을 주는 커리어를 권해 달라고 한다면 "세일즈만큼 훌륭한 직업은 없다"라고 진심으로 말할 수 있다.

문제를 해결해 주는 상품, 당신이 절대적으로 믿음이 가는 상품을 선택하라. 도덕적으로, 재정적으로 건실한 회사인지를 확인하라. 세일즈 전문가가 되면 반드시 100% 최선을 다하라. 그러면 세일즈 세계에서 원하는 대로 이룰 수 있다고 장담할 수 있다.

세일즈맨이라는 것을 자랑스럽게 생각하라. 세일즈는 자랑스러운 직업이다. 당신의 태도가 세일즈라는 직업뿐 아니라 자신의 상품, 회사, 서비스를 바라볼 때 자부심으로 충만해지는 단계에 이르고 세일즈라는 직업을 진실로 영광스러운 커리어로 생각할 때 더 많은 세일즈에 성공하게 된다. 지금 크게 승리하고 나중에는 더 큰 승리를 거두는 커리어를 만들 수 있을 것이다.

나는 세일즈맨입니다

나는 세일즈맨임이 자랑스럽습니다. 나를 포함한 수백만 명의 세일즈맨들이 그 누구보다 미국을 세우는 데 큰 공을 세웠기 때문입니다.

아무리 좋은 쥐덫(어느 것이든 상관없다.)을 만들었다 해도 사람들이 자기한테 와 주기를 기다린다면 굶어 죽을 겁니다. 상품이나 서비스가 아무리 좋아도, 그것들이 아무리 긴요하다 해도, 팔리지 않으면 소용없습니다.

엘리 휘트니|Eli Whitney가 조면기繰綿機를 보여주었을 때 사람들은 비웃었습니다. 에디슨은 사람들의 관심을 끌기 위해 그가 발명한 전깃불을 사무실에 공짜로 설치해 주어야 했습니다. 처음 세상에 나온 재봉틀은 보스턴에서 사람들에게 무참히 박살났습니다. 사람들은 철로를 만들겠다는 생각을 조롱했습니다. 시속 50킬로미터로 달리면 심장이 멎을 거라고 생각했으니까요.

맥코믹McCormic은 사람들이 자신이 개발한 수확기收穫期를 사용하게 하려고 14년이나 애를 썼습니다. 웨스팅하우스Westing House(철도 차량용 공기브레이크를 발명한 미국 웨스팅하우스일렉트릭사의 창업자—역주)가 바람으로 기차를 멈추게 할 수 있다고 말했을 때 사람들은 그를 바보 취급했습니다. 모스Morse는 그가 발명한 전신기를 봐 달라고 열 번이나 의회에서 애원해야 했습니다.

사람들은 이런 것들을 달라고 먼저 요구하지 않습니다. 누군가 이것들을 그들에게 팔아야 합니다. 발명가가 발명할 때와 똑같은 열정으로 사람들을 설득할 수 있는 수천 명의 세일즈맨, 선구자, 개척자가 필요합니다. 세일즈맨은 이러한 발명품들을 가지고 가서 상품의 기능을 사람들에게 설명하고 고객에게 사용법을 가르쳐 주고 기업가들에게는 이것들을 이용해서 돈을 벌 수 있는 방법을 가르쳐 주었습니다.

세일즈맨으로서 나는 미국을 오늘날과 같이 위대한 국가로 만드는 데 누구보다 많은 기여를 했습니다. 나는 과거에도 중요한 사람이었고 미래에도 중요한 사람입니다. 나는 어느 누구보다 더 많은 사람들을 교육시켰고 더 많은 일자리를 창출했으며 노동자들의 고통을 덜어 주었고 비즈니스맨에게는 더 많은 이익을 가져다주었으며 많은 사람들에게 충만하고 부유한 삶을 제공해 주었습니다.

가격은 내리고 품질은 끌어 올려서 자동차, 라디오, 냉장고, 텔레비전, 에어컨 등 당신이 삶의 편리함과 풍요로움을 누릴 수 있도록 해주었습니다. 아픈 사람을 낫게 하고 노인들에게는 삶의 안정을 주고 수많은 젊은이들이 대학에 갈 수 있게 해주었지요. 발명가가 발명할 수 있게 해주고, 공장이 돌아가게 하고, 배가 오대양을 누빌 수 있게 해주었습니다.

다음 달 월급을 얼마 받을 것인지 그리고 앞으로 조립식 주택, 성층권 비행, 새로운 제트엔진 시대, 원자력 등이 주는 편리함을 당신이 누릴 것인지는 모두 나에게 달려 있습니다. 오늘 당신이 산 빵 한 덩어리는 농부가 수확한 밀이 제분소로 가서 밀가루가 되고 그 밀가루가 빵가게로 배달되도록 내가 일을 했기 때문에 그 빵가게에 놓여 있었던 것입니다.

내가 없다면 산업의 바퀴는 멈출 것입니다. 그러면 일자리, 결혼, 정치, 생각의 자유는 과거지사가 되고 말겠지요. 나는 세일즈맨이고 세일즈맨으로서 나의 가족, 동포 그리고 국가를 섬길 수 있다는 것을 자랑스럽게 그리고 감사하게 생각합니다.

—작자 미상

세일즈맨과 세일즈라는 직업은 자유롭고 더 위대한 국가의 성장과 안정에 필수불가결한 존재다.

좋은 소식

세일즈맨에게 유리한 변화의 바람이 불고 있다. 「U. S. 뉴스 앤 월드 리포트News & World Report」에 실린 인터뷰에서 『미국 기업에 대한 콕스 보고서The Cox Report on the American Corporation』의 저자 알랜 콕스Allan Cox는 다음과 같은 말을 했다.

세일즈맨의 지위가 상실된 것은 기업과 소비자의 거리가 그만큼 멀어졌음을 상징한다. 미국의 비즈니스 태동기에는 제조업과 세일즈가 두 주인공이었다. 그러나 과거에도 그러했고 현재에도 고객과 기업간의 연결고리인 세일즈맨의 지위가 상실되었다. 이러한 추세가 변하기 시작했고 마케팅과 세일즈에 종사하는 사람들의 지위가 다시 높아질 것으로 예상한다. 그동안 제대로 관심을 받지 못했던 고객에게 다시 관심을 돌려야 한다는 것을 깨닫고 있다.

조만간 색다른 CEO가 기업을 지배할 것이다. 새로운 CEO는 여론에 귀를 기울이며, 1965년에서 1980년 사이에 최고로 여겨졌던 재무에만 집착하는 경영자와는 다를 것이다. 새로운 경영자는 마케팅을 중시하고 대중의 정서를 공유하며 사회적 책임에 보다 민감할 것이다. 기업들이 사회와 시장이 하나고 동일하다는 것을 깨닫기 시작하면서 아이디어를 중시하게 될 것이고 미국의 경제가 다시 부흥할 것이다.

추신 : 세일즈와 마케팅 전문가들이 다시 최고경영자의 자리로 돌아올 거라고 예상하는 이유 중 하나는 기업들이 결국은 세일즈가 유일하게 이익을 창출하는 요소라는 사실을 깨달았기 때문이다. 세일즈 이외의 모든 것들은 비용을 유발한다.

세일즈와
건강

Building Physical "Reserves" in Selling

　다시 한번 강조하건대 세일즈에서 가장 중요한 것은 세일즈맨 자신이다. 그렇기 때문에 왜 그리고 어떻게 육체적, 정신적, 영적인 체력을 길러야 하는지와 세일즈맨의 역할에 대해서 다루고자 한다. 이번 장에서는 지식의 보유고를 만들기 위해 필요한 정신적인 부분들을 주로 다루지만 그에 앞서 세일즈맨에게 너무나 중요한 육체적 건강에 대해 살펴보기로 하자.

운동을 통해 체력을 길러라

　세일즈를 포함한 모든 직업에서 최상의 기능을 발휘하려면 육체적 건강은 필수다. 심리학자의 말에 따르면 내가 한 시간 강연할 때 육체노동자가 8시간 일할 때보다 많은 에너지를 소모한다. 참고로 나는 분당 280단어를 말하고 강연하는 동안 550번 정도 목소리를 높인다.

4시간 강연을 하려면 건강해야 한다. 청중은 처음 시작할 때 5분처럼 마지막 5분 동안도 열정적인 모습을 기대하기 때문이다. 그들은 돈을 내고 강연을 들으러 왔고 처음부터 끝까지 최선을 다하는 강의를 들을 권리가 있다.

나는 정신적으로나 감정적으로 최상의 상태에서 강의할 수 있도록 몸의 컨디션을 조절해야 할 도덕적 의무감을 느낀다. 체력이 뒷받침되어야만이 청중들에게 세일즈나 인생의 효율성을 높여 줄 아이디어, 기술, 테크닉을 팔 수 있기 때문이다.

마찬가지로 당신도 고객에 대해 똑같은 도덕적 의무가 있다. (고객을 거래의 진정한 승자로 만들려면 고객이 승리할 수 있도록 돕기 위해 건강을 유지해야 할 의무가 있다.) 처음 만난 고객을 대할 때처럼 똑같은 열정을 가지고 그날 상담하는 마지막 고객을 대해야 한다. 당신이 고객을 만나러 가든 고객이 매장으로 당신을 만나러 오든 관계없이 그렇게 해야 한다.

모든 고객은 최선을 다하는 당신과 상담할 권리가 있다. 당신이 처음 응대하는 고객이나 그날의 마지막 고객이나 바라는 것은 똑같다. 모든 고객을 건강한 모습으로 만나야 하고 그럼으로써 모든 고객을 최고로 모실 수 있다. 나이와 신체적 장애는 분명 중요한 문제다. 그러나 자신만의 세일즈 노하우를 개발하고 열정적인 프레젠테이션과 함께 모든 고객을 정직하게 대함으로써 고객이 당신의 열정적인 프레젠테이션 내용을 완전히 이해하고 결정을 내릴 수 있도록 해야 한다.

건강을 유지하기 위한 방법과 책들은 많다. 그 중에서 내가 가장 좋아하는 책은 케니스 쿠퍼Kenneth Cooper 박사의 『토탈 웰빙을 위한 에어로빅 프로그램The Aerobics Program for Total Well-Being』이다. 나는 19년 동안 조깅을 했는데 쿠퍼 박사의 최근 연구 결과에 따르면 장기적인 관점에서 조깅보다 빨리 걷는 것이 건강에 훨씬 유익하다.

나는 여행을 많이 하고 날씨에 상관없이 어디서든지 걸을 수 있다는 점에서 빨리 걷기가 가장 실용적인 건강유지 방법이라고 생각한다. 폭우가 내리거나 영하 40도의 날씨에도 나는 걸었다. 오해하지 말기 바란다. 비와 추위는 밖에 있었고 나는 실내에서 걸었다.

운동뿐 아니라 영양가 높고 균형 있는 식사를 하고 적당한 수면을 취해야 한다. 수백만 달러짜리 경주마라면 밤에 잠을 못 자게 하고, 담배를 피우게 하거나, 커피나 술을 마시고, 몸에 해로운 음식을 먹도록 내버려두지 않을 것이다. 서러브레드Thoroughbred(경마와 도약경기를 위해 잉글랜드에서 개량된 말의 품종—역주)처럼 경주에서 좋은 성적을 낼 수 있도록 좋은 음식과 음료를 먹이고 휴식과 운동을 통제할 것이다.

당신 역시 수십만 달러의 가치가 있는 몸과 승부욕을 가진 서러브레드다. 그러므로 경주에서 승리할 가능성을 높이려면 이와 똑같은 대접을 받아야 하지 않겠는가? 몸을 잘 관리하면 마음이 맑아지고 생산성이 높아진다. 빈스 롬바르디Vince Lombardi가 말했듯이 "피로는 모든 사람을 소심하게 만든다."

체력은 하루가 다 끝나갈 때 한 번이라도 더 전화할 수 있는 에너지와 의욕을 뒷받침해 주고 이 한 통의 전화가 당신의 커리어에 엄청난 변화를 가져온다. 마지막 순간까지 최선을 다할 수 있는 육체적, 정신적, 감정적인 준비가 되어 있으면 세일즈에 성공할 가능성이 훨씬 높다. 더 많은 세일즈 테크닉을 열정적으로 활용할 수 있는 경쟁력을 갖게 되고 정상을 향해 한 발짝 더 내딛기 위해 남보다 더 노력할 수 있으며 그런 과정에서 고객을 도와줄 수 있다.

하루가 끝났을 때 피곤에 지친 세일즈맨은 세일즈 챔피언이 될 수 있는 가능성을 날려 버린 것을 합리화하곤 한다. 그날 하루가 괜찮았다면 이렇게 말할 것이다. "무리한 욕심을 부리지 말자. 오늘 그만하면 실적도 괜찮은데 굳이 무리할 필요가 뭐 있어? 일찍 끝내면 잠을 충분히 잘 수 있고 그러면 내일은 더 활력을 얻을 수 있어."

그러나 힘든 하루를 보내고 피곤한 상태라면 이렇게 말할 것이다. "이 모양인데 내가 못 파는 것도 당연하지. 오늘은 그만 끝내고 내일 맑은 기분으로 다시 시작하는 게 훨씬 낫겠어."

성공하는 세일즈 프로라면 오늘 마지막 상담에서 세일즈에 성공하는 것이야말로 내일을 준비하는 최선의 방법이라고 말할 것이다. 세일즈맨이 마지막 세일즈에 성공하면 하루를 마무리하는 세일즈에서 특별히 더 노력을 했다는 뜻이므로 더 큰 만족감을 얻는다. 그리고 즐거운 마음으로 다음 세일즈를 기다리며 그다음 날 아침 마지못해 하루를 시작하는 것이 아니라 의욕적으로 시작할 수 있다.

또 다른 요인도 연관되어 있다. 미국 심리학의 아버지라고 불리는 윌리엄 제임스William James에 의하면 사람은 심리적으로 최고 일곱 번까지도 에너지가 충전될 수 있다. 때때로 최선을 다 했다고 생각했는데 마지막 전화통화를 하면서 새로운 에너지가 솟아나고 의욕이 되살아나서 다시 생산성이 높아지는 경우가 있다는 것이다.

처음 한 시간처럼 마지막 한 시간도 열정적이고 효율적으로 일하기 위해 건강을 유지해야 하는 아주 현실적이며 이기적인 이유가 또 있다. 영업사원들은 자기가 버는 것의 일정 부분은 자신의 몫으로 챙겨두고 적절한 곳에 사용해야 한다고 말한다.

이 말에 동의하지만 실제로 매일 처음 여섯 시간 내지 일곱 시간은 자기 자신을 제외한 다른 사람을 위해 일한다고 봐야 한다. 식료품 가게 주인, 집주인, 전기회사, 주유소, 보험사, 정부, 세탁소 등에 돈을 지불해야 하기 때문이다. 하루 종일 마지막까지 열심히 일해서 다른 사람에게 줄 돈을 벌고 나서는 정작 자신을 위해 일해야 할 때 에너지가 없다면 안타까운 일이 아니겠는가?

개인적인 경험에 의하면 1분을 운동에 투자하면 3분 내지 5분 정도는 최고 속도로 전진할 수 있는 생산성을 확보할 수 있다. 할 일이 너무 많아도 운동을 하지 않을 수가 없다. 건강에 신경을 쓰면 생산적인 마지막 한 시간은 최고의 한 시간이 될 뿐 아니라 당신을 위한 시간, 즉 돈, 만족, 인정을 받을 수 있는 시간이 될 것이다.

육체적, 정신적, 영적, 감정적으로 건강을 유지하면 언제나 최선을 다할 수 있다. 건강해야만 최상의 결과를 얻을 수 있다.

시간, 관리할 것인가 낭비할 것인가 세일즈 강사인 돈 헛슨^{Don Hutson}은 S. M. E. International의 조사결과 세일즈맨으로서 실패하는 두 번째 주요한 이유는 시간의 부적절한 사용이었다고 지적한다. E. F. Hutton and Co.에서 근무했던 시절의 경험을 바탕으로 마크 가드너^{Mark Gardner}는 평범한 주식 브로커가 새로운 고객이나 기존 고객을 대상으로 실제로 영업하는 시간은 하루에 두 시간도 채 안 된다고 주장한다.

여기에는 두세 가지 원인이 있다. 첫째는 시간 관리를 소홀히 하고 시간 관리에 대한 전문지식이 부족하기 때문이다. 둘째는 에너지 부족으로 하루를 늦게 시작하고 일찍 마치며 하루 종일 또는 한 주 내내 최선을 다하지 않기 때문이다.

세 번째 이유는 자신감 부족, 부정적인 자기 이미지 또는 부정적인 사고 때문에 생기는 마음속의 거리낌 또는 거부감이다. 시간관리 이외의 이런 문제들은 긍정적인 해결책을 제시함으로써 해결할 수 있다. 대부분의 시간관리 문제는 나쁜 습관이나 방향성의 부재로 인해 발생한다. 지식이 부족해서 발생하기도 한다.

세일즈 프로는 예외 없이 시간의 구두쇠라고 해도 틀림없을 것이다. 그는 고객 앞에 있어야만 월급이 나온다는 것을 알기 때문에 고객과 대면하고 있지 않은 시간에는 다른 업무를 처리한다. 지식을 갖추고 건강을 유지하면 하루에 최소 한 시간이상 더 오래 고객과 같이 있을 수 있다. 그 한 시간은 당신의 재무제표에 지대한 영향을 미친다.

실적을 향상시킬 수 있는 또 다른 방법은 분기, 반기 또는 1년에 한 번씩 개인적으로 '집중주간'을 갖는 것이다. 집중주간이란 한 주 동안 아침부터 밤늦게까지 전력을 다해 일하는 것을 말한다. 그 한 주 동안 가능한 모든 시간을 고객과 함께 보냄으로써 고객이 구매결정을 내릴 수 있도록 전심전력으로 노력해야 하는데 그 과정에 그 무엇도 방해가 되지 않도록 몇 주 전에 미리 집중주간을 계획하라.

조리기구 세일즈를 시작하고 나서 처음 시도했던 나의 집중주간을 잊을 수가 없다. 회사에서는 6개월 전부터 그 상품을 홍보하기 시작했고 점점 속도를 높이기 시작했다. 마지막 한 주를 남겨두고 강력한 추진력을 얻기 위해 준비에 돌입했다.

집중주간을 위해 3주 전에 저녁만찬을 겸한 시연회를 예약했다. 저녁만찬에 더 많은 부부들을 오게 하면 만찬을 주최하는 여주인에게 추가로 인센티브를 주었다. 새벽 여섯시에 시작하는 아침식사 시간에 맞춰 팬케이크 시연회 일정을 잡기도 했다. 그 한 주 동안 39쌍의 부부에게 시연회를 해서 31개를 팔았다. 그 집중주간은 나의 세일즈 커리어에 중대한 영향을 끼쳤다. 목표를 높게 잡으니 자신감이 급상승했다.

집중주간은 엄청난 육체적 노동이 요구되기 때문에 건강을 유지하는 것이 중요하다. 집중주간이나 그 이후에도 가족의 도움을 구하라. 세일즈에 집중할 수 있도록 그 주에는 가족에게 도움을 청해서 다른 일은 제쳐 두라. 그리고 집중주간이 끝난 뒤 가족을 위해 특별한 일을 계획해 보라. 가족들과 시간을 보낼 수 있도록 짧은 휴가를 계획해보는 것도 좋다. 개인적으로 집중주간을 가지는 것은 자신과 회사 그리고 가족을 위해서도 좋은 일이다.

상담 중 흡연은 금물

흡연과 음주는 건강에 해롭고 돈이 많이 들기 때문에 나는 개인적으로 둘 다 하지 않는다. 이 책의 주요 목적은 세일즈이기 때문에 더 많이 팔고 싶으면 고객과의 상담 중에는 음주나 흡연을 해서는 안 된다는 사실만 간단히 이야기하려고 한다.

먼저 흡연을 보자. 고객이 담배를 피우면서 당신에게 한 대 권하더라도 거절해야 한다. 이유는 간단하다. 담뱃불을 붙이는 데 시간이 소요되고 재를 떨 공간이 필요하고 담뱃불을 끄는데 역시 시간이 소요되기 때문이다. 흡연 때문에 날려 버리는 세일즈가 분명 생긴다. 어떤 경우 얼마나 세일즈에 타격이 있는지는 모르지만 수백 명의 고객들과 나눈 대화를 통해 흡연으로 인한 손실이 담뱃값보다 많음을 알 수 있었다. 가급적 빨리 그리고 확실하게 좋은 세일즈 커리어를 쌓고 싶다면 세일즈 중에는 흡연을 삼가라.

고객과 술을 마시는 것은 어떨까?

"고객과 업무 이야기 중 칵테일 한잔 정도는 괜찮지 않습니까?" 종종 이런 도전적인 질문을 받곤 한다. 그러나 나의 답은 한결같다. "절대 안 됩니다!" 고객이 당신에게 한잔 권했다면 어떨까? 대답은 여전히 'No'

다. 질문자는 고집스럽게 또 묻는다. "그럼 도대체 뭐라고 합니까?" 이 질문을 하는 사람은 'No'가 충분한 답이 된다는 사실을 이해하지 못하는 것 같다. 고객이 칵테일 한잔하자고 계속 청할 때는 정중하게 "고맙지만 사양하겠습니다"라고 대답하면 된다.

1972년 11월 26일 나는 술을 끊었고 그날 이후 나에게 술을 재차 권한 사람은 열두 명도 채 안 된다. 두 번째 권유하는 사람에게 나는 조용히 이렇게 말한다. "아닙니다, 전 정말 술 안 합니다." 절반 정도가 "아휴, 나도 그랬으면 얼마나 좋을까!"라고 대답했다면 믿겠는가?

나는 단주 때문에 친구를 잃거나 세일즈에 실패한 적이 없다. 단주 때문에 사람들이 나를 덜 존중한다고 생각하지도 않는다. 대부분의 경우 사람들은 약간의 부러움을 느끼며 자신도 술을 끊을 수 있었으면 하고 바란다. 술을 끊은 것이 이 때문은 아니지만 실제로 대부분의 사람들을 대할 때 나의 입지가 강해졌다고 생각한다. 술 때문에 잃어버린 세일즈 기회보다 새롭게 얻은 기회가 더 많다고 확신한다.

당신은 이렇게 묻고 싶을 것이다. "그럼 도대체 뭘 하란 말입니까? 콜라를 마실까요?" 꼭 그럴 필요는 없다. 때때로 세븐업, 닥터 페퍼, 아니면 다른 여러 탄산음료를 마셔도 된다.

칵테일 효과

이렇게 말하는 세일즈맨들이 많다. "저는 사교를 위해 그리고 술을 마시면 기분이 좋아지기 때문에 마십니다. 정말로 정신이 더 맑아지는 것 같아요." 나는 이런 말을 해주고 싶다. "만약 칵테일이 당신의 정신을 더 맑게 해주면 고객의 정신도 똑같이 맑게 해주기 때문에 당신에게 결국 아무런 이익도 없다는 사실을 아셔야 합니다." 안타까운 것은 대개 술을 마시면 정신이 맑아진다고 말하는 세일즈맨들은 그렇게 믿고 싶은 것뿐이라는 사실을 깨닫지 못한다는 점이다.

그런 사람들은 진지하게 이 문제에 대해 생각해 본 적이 없다. 다음 질문에 솔직하게 대답해 보면 그런 생각이 사라질 것이다. 이런 상황을 가정해 보자. 당신이 정말로 술이 정신을 맑게 해준다고 생각한다면 다른 사람들에게도 똑같은 효과가 있다고 믿을 것이다. 당신이 중요한 수술을 앞두고 있다면 의사가 최상의 상태, 즉 정신이 가장 맑은 상태이기를 바랄 것이다. 그렇다면 질문하겠다. 당신은 의사가 당신의 배를 열기 전에 술을 한잔하라고 부탁하겠는가?

요점은 분명하다. 다른 사람을 설득하려 할 때 술을 마시지 마라. 술을 마시면 마음이 해이해지며 정신이 흐려지고 결국 세일즈를 망친다. 술은 기분을 북돋우는 게 아니라 가라앉힌다.

영적 깊이를 쌓아라

세일즈와 인생에서 균형 있는 성공을 즐기려면 영적 깊이를 쌓아야 한다. 종교와 정치는 비즈니스에서 금물이라고 생각하는 사람들이 있지만 나는 당당하고 거리낌 없이 이렇게 말한다. 나는 여러 번 나의 입장과 이 충고에 대해 고민했지만 전도사 제임스 로비슨James Robison과 같은 결론을 내렸다.

즉, 종교와 정치는 인생에서 가장 중요하며 이 두 가지 문제에 대해 이야기하지 않는다면 언젠가는 이 두 주제에 대해 이야기할 수 있는 선택권조차 없어질 날이 올 것이다. 신학적 논쟁을 할 생각도 없으며 이 주제에 두 단락 이상 할애할 생각도 없다. 그러나 내가 왜 이런 말을 하는지 이해할 필요가 있다.

내가 성경을 한 번도 읽어 본 적이 없거나 목사님의 설교를 들어 본 적이 없는 상태에서 마약에 중독된 젊은이들을 상대했더라도 신에 대한 나의 믿음은 더 깊어지고 완전해졌을 것이다. 마약에 너무 취해서 아무것도 분별하지 못하는 상태에서 재활 프로그램에 들어온 젊은이들을 수없이 보았다. 이들은 정신과 의사와 심리학자를 찾아가기도 했고 집단치료를 받기도 했으며 능력 있는 전문가들의 보살핌을 받았지만 치료성과는 미미했다. 그러나 단주회의 기본 콘셉트를 따르는 프로그램에 참가하자 좋은 일들이 일어나기 시작했다.

탈출구

중독자들이 따른 콘셉트는 간단히 말하면 다음과 같다. 첫째, 문제가 있음을 인정한다. 둘째, 스스로는 해결할 수 없음을 인정한다. 셋째, 인간이 제공할 수 없는 도움의 근원, 즉 신이 있다는 사실을 받아들인다. 나는 개인적으로 예수님을 믿는다는 것을 자랑스럽게 생각한다. 중독자들은 인간보다 위대한 존재가 있으며 이 위대한 힘에 의지해야 한다는 사실을 인정할 것을 강요받는다.

독자인 당신은 어떤지 모르지만 당신이 누구든지, 어디에 살든, 무엇을 하든 나는 이런 말을 해주고 싶다. 지금까지 아직 일어나지 않았다면 앞으로는 이런 일이 일어날 것이다. 당신이나 그 어떤 사람도 해결할 수 없는 난관을 경험하게 될 것이다. 그럴 때 영적인 내공은 너무도 중요하고 세일즈에도 도움을 주며 나아가 인생에서 더 놀라운 힘을 발휘한다.

이것이 세일즈와 무슨 관계가 있을까? 모든 면에서 관계가 있다. 당신이 심각한 개인적인 문제에 봉착해 있을 때, 이것이 건강이나 가족 문제든 또는 정신적, 사회적, 재정적, 영적, 직업적인 문제든 상관없이 당신은 고객의 문제해결을 고민하기보다는 자신의 문제해결에 골몰할 것이다. 다시 한번 말하건대 세일즈에서 가장 중요한 사람은 세일즈맨이다. 가장 효과적인 세일즈맨은 육체적, 정신적, 영적으로 균형이 잘 잡혀 있는 사람이다.

코네티컷 뮤추얼 생명보험사가 수천 명을 대상으로 150만 여건의 정보가 담긴 대대적인 연구를 실시한 적이 있다. 연구를 통해 몇 가지 흥미로운 사실을 밝혀냈는데 그 중에 하나는 미국에서 가장 도덕관념이 높은 집단 1위가 성직자, 2위가 비즈니스맨 그리고 3위가 일반대중이었다.

비즈니스맨으로서 이러한 결과를 보고 대단히 기뻤지만 이것은 더 큰 의미를 가진다. 이 연구는 신앙심이 깊은 사람이 가장 생산성이 높은 직원이라는 점을 보여준다. 그 이유는 이렇다. 신앙심이 투철한 사람들 중 97%는 신앙의 인테그리티와 충성심을 자신의 고용주에게 그대로 적용시켜서 높은 생산성을 나타냈다. 미국의 학생 인명사전에 이름이 올라간 2만 2,000명에 대해 조사한 결과도 이와 같았다. 이들 중 85%가 신에 대한 믿음이 그들에게 매우 중요했다고 답했다.

그뿐 아니라 헤리티지 재단Heritage Foundation의 조사결과 규칙적으로 예배에 참석함으로써 자살, 마약, 알코올 남용, 범죄, 미혼모, 이혼 등을 줄일 수 있는 것으로 나타났다. 예배에 규칙적으로 참석한 사람들은 훨씬 더 행복하고 건강했으며 우울증에 시달릴 확률이 낮고 자존감이 높았다. 그리고 결혼생활도 더 오래 유지하고 성생활도 만족스러워 했다.

신앙생활은 도심 할렘가의 젊은이들이 빈곤에서 벗어나는데 도움이 된다. 예배에 참석하는 가정의 수입은 3만 7,021달러인 반면 그렇지 않은 가정의 수입은 2만 4,361달러였다.

신앙이 있는 사람들이 더 생산적인 이유는 무엇일까? 세일즈맨인 당신이 영적인 믿음과 확고한 종교적 가치관을 가지면 생산성이 높아질까? 인간은 육체적, 정신적, 영적인 존재다. 이 중 어느 한 가지라도 소홀히 하면 완전한 사람이 될 수 없다.

당신의 삶에서 이 중 어느 곳에 상처가 나거나 비어 있다면 나머지 다른 부분의 생산성이 영향을 받는다. 반대로 육체적, 정신적, 영적인 면이 온전할 때 눈앞의 일, 즉 세일즈맨의 경우에는 세일즈에 집중할 수 있다.

세일즈와
내면

Building a Mental Reserve in Selling

───────

세 번째는 정신적 내면세계에 관한 것이다. 나는 권투를 했다. 2년 전까지도 링에서 시합을 했다. 권투를 오래 한 결과 누군가와 의견이 일치하지 않을 때 오직 대화로만 문제를 풀어 갈 수 있는 내공이 생겼다.

나는 잭 뎀프시Jack Dempsey와 진 터니Gene Tunney의 이야기를 무척 좋아한다. 진 터니가 잭 뎀프시와의 시합에서 헤비급 챔피언 타이틀을 되찾은 것은 거꾸로 달리기 훈련 덕분이었다. 진 터니는 겁쟁이는 아니었지만 다시 링에서 뎀프시와 맞붙으면 얻어맞고 다친다는 것을 알고 있었다.

전진을 위한 후퇴

진 터니는 잭 뎀프시와 링에서 만나면 깨질 것을 알았기 때문에 미리 대비하기로 했다. 로드워크roadwork를 하면서 뒤로 뛰는 연습을 하고, 스파링 파트너가 공격해 오면 부지런히 뒤로 물러나는 훈련도 했다. 이 연습을 수차례 반복했다. 부족하지만 나의 권투경험을 통해 볼 때 선수가 한 방 맞고 다치면 본능적으로 상대 선수를 치려 한다는 것을 안다. 그러나 얻어맞은 그 순간에는 상대방을 공격할 힘이 없다. 그래서 이때 종종 케이오KO를 당한다.

터니는 뎀프시한테 맞으면 쓰러지거나 계속 공격을 당해 자신이 KO패로 질 수 있음을 알았다. 이것을 피하기 위해 뒤로 달리도록 자신을 훈련시켰다. 권투 팬이라면 두 번째 시합에서 뎀프시가 터니를 때려 눕혔을 때 카운트다운을 할 때까지 오랫동안 링에 누워 있었던 것을 기억할 것이다. 훗날 터니는 그때 정신이 멀쩡했으며 일어나서 다시 싸울 수도 있었지만 그러지 않고 훈련했던 것을 생각했다고 말했다.

경기를 하는 중에 다치면 선수들은 모두 "괜찮습니다, 괜찮아요, 시합할 수 있습니다"라고 말한다. 너무 정신이 어지러워서 자신이 어느 도시에 있는지도 모르는 선수들이 심판에게 괜찮다고 말하는 것을 많이 보았다. 뎀프시가 자신을 때려 눕혔을 때 터니는 반격하는 대신 훈련한 대로 반응했다. 물러서서 정신을 차릴 때까지 지연작전을 썼다. 다음 라운드에서 그는 뎀프시를 쓰러뜨리고 승리했다.

거부에 대처하기

이것이 당신과 세일즈 커리어와 무슨 상관이 있을까? 많은 관계가 있다. 당신은 매일 고객을 만나러 나서거나 아니면 고객이 당신을 찾아온

215

다. 때때로 고객의 단호한 거부와 신랄한 말에 케이오 당할 수 있다. 이것은 일종의 직업적 위험이다. 정신적 깊이를 쌓아서 고객이 어떤 식으로 거부하더라도 정신적으로 이에 대처할 수 있어야 하지 않겠는가? 미리 긍정적인 마음으로 준비함으로써 부정적인 경험의 영향을 보다 잘 흡수할 수 있다.

부정적인 반응을 극복하기 위한 긍정적인 방법

또 한 가지 분명한 사실을 말해 주겠다. 세일즈를 하는 동안 매일 부정적인 독약이 당신 마음과 감정에 쏟아질 것이다. 여러 가지 사건, 사람, 라디오, 신문, 텔레비전 등이 원인이 될 수 있다. 이와 함께 알아두어야 할 사실은 세일즈의 세계에서 당신이 고객을 찾아가든 고객이 당신을 찾아오든 일정 비율의 고객들은 부정적으로 당신을 대한다는 점이다.

세일즈맨으로서 최상의 모습을 유지하려면 상당한 정신적 내공을 쌓아야 한다. 지식과 올바른 태도로 구성된 이 정신적 내공은 모든 세일즈에서 실질적인 차이를 가져올 것이다. 이런 차이는 고객이 마음을 정하지 못하고 고민할 때 특히 진가를 발휘하는데, 세일즈맨의 태도와 지식의 미묘한 변화가 세일즈의 성공여부를 결정하기 때문이다.

일반적으로 다른 조건이 같다면 고객은 좋아하는 세일즈맨에게 살 것이다. 그러나 존 윌슨John Wilson이 그의 저서 『고객의 마음을 열어야 판다 Open the Mind and Close the Sale』에서 지적했듯이 세일즈맨이 다른 경쟁자보다 자신의 상품에 대한 지식과 열정이 더 많다면 같은 조건이라고 볼 수 없다.

결국 세일즈 성공 여부는 매일 자신의 마음에 깨끗하고 긍정적인 양식을 제공하는 것으로 귀결된다. 세일즈에 필요한 이런 정신적 내공은 독서를 하고 의욕을 자극하는 세일즈 강의를 듣거나 회사에서 열리는 회의에 참석함으로써 쌓을 수 있다. 영업 관리자와 마케팅 관리자를 위한 '세일즈 및 마케팅 관리자 인터내셔널SMEI 클럽' 같은 모임에도 참가하고 적극적으로 지원하기를 권한다.

프로라면 오디오 기기를 적극 활용하라

제5장에서 자신이 적절한 단어를 사용하고 있는지 목소리 억양은 적절한지를 확인하기 위해 자신의 프레젠테이션을 녹음하는 게 얼마나 유용한지 설명한 바 있다. 이번에는 집과 차안에서 오디오 기기를 활용하는 것이 얼마나 유용한지 강조하고 싶다.

영업 분야에 종사하면서 활용할 수 있는 오디오 기기가 없다면 아직 프로가 아니다. 수천 통의 편지와 개인 면담을 통해서 확신하게 된 사실은 오디오 기기를 사용하면 세일즈의 효율성이 높아져서 매년 수천 달러의 추가 수입이 발생한다는 점이다.

녹음된 강의 자료나 의욕을 고취시키는 강의 프로그램을 보고 듣는 장점은 시간투자가 필요 없다는 점이다. 가장 이상적인 것은 하루를 시작하면서, 다림질을 하면서, 침대를 정리하면서, 면도하면서, 화장하면서, 옷을 입으면서 강의 자료를 듣는 것이다. 저녁때 잠들기 전에 누워서 들어도 된다. 고객을 방문하고 다른 고객에게 이동하는 사이에 들을 수도 있다. 이렇게 이동하는 시간에 종종 아이디어를 얻거나 새로운 열정이 솟아나기도 해서 다음 상담에 도움이 된다. 지난 수년 동안 수많은 세일즈맨들이 정신적인 준비태세를 유지하는 데 있어 이 방법이 가장 효과적이었다고 고백했다. 가전제품 매장이나 가구점 또는 전문매장에서 한가한 시간에 강의를 들으면 올바른 태도를 유지할 수 있고 한편으로는 자신의 지식창고에 세일즈 정보와 의욕을 저축할 수 있다.

남가주대University of Southern California 보고서에 따르면, 당신이 차 안에서 강의를 들으며 매년 약 2만 킬로미터를 운전할 경우 3년 동안 대학교육 2년에 해당하는 학습효과를 얻을 수 있다. 이 시간에 거절, 협상, 계약체결에 필요한 올바른 정신적 태도를 정립해 나가다 보면 세일즈라는 직업의 모든 면을 배우는 것이 가능하다. 이런 강의와 자료를 통해 지속적으로 마음의 곳간을 채움으로써 상당한 세일즈 정보를 얻을 수 있을 뿐만 아니라 사내 세일즈 강사와 다른 전문가의 강연을 들으면서 적절한 목소리, 끊어 말하기, 기타 기술에 대해 감을 잡을 수도 있다.

존 하몬드의 말처럼 대부분의 현안들은 한 가지 이상의 부정적인 면을 가지고 있기 때문에 차 안에서 듣는 뉴스 내용이 부정적인 소식일 수 있다. 음악 또한 상스럽고 폭력적이거나 친한 친구가 자신의 말과 여자친구를 데리고 도망갔다는 카우보이의 슬픈 이야기일 수도 있다. 쓸데없는 수다로 채워지는 토크쇼도 다르지 않다.

그러나 운전을 해서 고객을 만나러 가는 동안 긍정적이고 교육적인 강의를 듣는다면, 세일즈맨으로서 이것만큼 생산적인 일도 없다. 곧 있을 고객과의 만남에 대해 정신적, 감정적 준비를 하는 것이기 때문이다.

엄청난 부가효과

하루를 시작하기 전에 매일 강의를 들으면 부가적인 효과가 생긴다. 심리학자의 주장에 따르면 매일 당신이 처음 만나거나 응대하는 사람이 그다음에 만나는 다섯 사람보다 당신의 태도에 감정적으로 더 큰 영향을 미친다. 그러므로 이 시간에는 의욕을 고취시키는 연사, 세일즈 강사, 목사, 긍정적인 사고를 북돋울 수 있는 사람의 강의를 골라야 한다. 당신의 성공을 위해서는 가족 모두가 도와줘야 하므로 가족을 불러모아 하루를 시작하기 전에 몇 분간 긍정적인 강의 내용을 같이 들어라.

내 생각에 가장 효과적인 것은 긍정적인 가사의 신나는 노래다. 'God Bless the USA', 'Because He Live', 'How Great Thou Art', 'The Battle Hymn of the Republic', '록키Rocky' 주제곡이나 '불의 전차Chariots of Fire' 주제곡 같은 노래를 들으면서 하루를 시작하면 그날 기분이 안 좋을 수 없다.

단지 오디오를 집안 한가운데 켜놓기만 해도 가족들이 더 행복하고 신나게 생활하는 것을 볼 수 있다. 긍정적이고 신나는 음악은 마음을 움직이는 힘이 있을 뿐 아니라 당신의 태도에도 분명히 영향을 준다. 신나는 음악과 함께 하루를 시작한다면 고객과 일대일 대면할 마음의 준비는 완벽할 것이다.

한 가지 덧붙이자면 잘못된 음악은 사기를 떨어뜨리고 부정적인 영향을 준다. 존 다이아몬드John Diamond가 쓴 『행동 운동요법Behavioral Kinesiology』이라는 책을 읽고 자신에게 어떤 음악이 좋은지, 나쁜지를 알아보고 그 이유를 이해하라고 권하고 싶다.

좋은 씨앗을 뿌리고 긍정적인 열매를 거두라 다시 반복하건대 당신의 정신적인 태도는 마음속에 어떤 것이 투입되느냐에 지대한 영향을 받는다. 좋은 열매를 원하면 좋은 씨를 뿌려야 한다. 당신의 생각이 좋으면 비즈니스도 좋을 것이다. 당신이 생각을 잘못하면 비즈니스도 잘못된다. 세일즈에서 훌륭한 커리어를 쌓고 싶으면 키플링Kipling의 말처럼 성공과 실패를 만나도 이 두 가지를 똑같이 대할 수 있도록 정신적 내공을 쌓아야 한다.

정신적, 육체적 준비에 의한 득점

당신은 구기 종목에서 전반전이 끝나기 몇 초전과 게임이 끝나기 몇 초전에 득점할 수 있어야 한다. NFL^{전미프로미식축구리그}이 득점에 관한 조사를 했더니 전반전의 마지막 2분과 게임의 마지막 2분에 나머지 20분보다 더 많은 득점이 난다는 결과가 나왔다.

왜 그럴까? 내가 보기에는 세 가지 이유가 있다. 첫째, 팀들은 대개 게임을 계속하기 위해, 승리하기 위해 또는 확실하게 리드하기 위해 득점해야 한다는 것을 깨닫는다. 둘째, 게임의 어느 단계보다도 마지막 2분에 초점을 맞춘 '2분 훈련'을 실시함으로써 정신적, 육체적, 감정적 내공을 쌓는다. 셋째, 목표가 뚜렷하다. 그들은 무엇을 해야 하는지 알고 있으며 철저하게 연습했기 때문에 목표를 달성할 수 있다는, 즉 득점할 수 있다는 자신감이 충만하다. 그 결과 전반전 또는 게임을 멋지게 마무리한다.

마찬가지 원칙과 방법이 세일즈맨에게도 적용된다. 올바른 생각과 영적인 가치관을 확립하고, 건강을 유지하는 것은 신나고 성공적인 세일즈 커리어를 만들어 나가는 초석이 된다. 가장 중요한 사실은 이런 것들이 누구에게나 가능하다는 점이다.

고객관리

진정으로 뛰어난 세일즈맨이 쌓아야 할 또 하나의 일이 있는데 바로 고객들에게 좋은 평가를 받는 것이다. 세일즈에 입문한 지 얼마 되지 않아 처음으로 진정한 의미의 고객 평가가 무엇인지를 깨닫게 해주었던 사건이 기억난다.

나는 사우스캐롤라이나 주의 콜롬비아에 살았는데 노스캐롤라이나 주 샬로트에서 양쪽 캐롤라이나 주에 사는 모든 세일즈맨이 참여하는 중요한 회의가 있었다. 노스캐롤라이나 주 그린스보로의 랄프 비버Ralph Beaver라는 나이든 프로가 그날 연사 중 한 사람이었다. 랄프는 쇼맨십이 대단한 사람이었다.

■세일즈 클로징■ 고객의 긍정적인 평가를 활용하라 _ The "Testimonial" Close

그날 연설을 마치면서 랄프는 폭 10센티미터 정도 되는 종이 두루마리를 꺼냈다. 종이에 무언가 적혀 있다는 것을 우리가 볼 수 있도록 그는 종이를 높이 들어 보이더니 연극하는 투로 말했다.

"신사 숙녀 여러분, 이렇게 멋진 시연을 하고 여러 건 계약을 성사시켰지만 여전히 'No'라고 말하는 고객들이 가끔 있습니다. 그러면 저는 이 종이 두루마리를 꺼내 놓고 이렇게 말합니다. '고객님, 아직도 고객님의 마음속에 저희 조리기구 세트를 구매하는 데 거리낌이 있으신 듯 하군요. 그렇다면 제가 질문을 하나 드리겠습니다. (이렇게 말하고는 종이 두루마리의 한 쪽 끝을 최대한 높이 든다. 종이 두루마리가 완전히 펴지면 랄프는 말을 계속한다.) 이 종이 두루마리에 적힌 이름은 고객님께서 지금 보고 있는 조리기구 세트를 소유하고 계신 고객님의 친구 분들과 이웃들입니다. (랄프는 20년 동안 세일즈를 하면서 상품을 사간 모든 고객들의 이름과 주소를 깔끔하게 타이핑해 두었다.) 아시는 분이 있는지 한번 보시지 않겠습니까?" (고객들은 명단을 훑어보다가 익숙한 이름을 발견한다.)

랄프 : 고객님, 시간과 돈을 절약해 주고 음식의 가치를 높여주는 조리기구 세트에 투자한 이분들이 모두 실수했다고 생각하십니까?

고객 : 그렇지는 않은 것 같습니다.

랄프 : 보시다시피 명단의 맨 아래 세 줄이 있습니다. 고객님께서 정말로 갖고 싶다고 늘 말했던 것을 행동으로 옮겼다는 것을 보여주기 위해 그 석 줄에 고객님의 이름과 주소를 적어 넣어도 괜찮겠습니까?

고객 : 네, 그렇게 해주세요.

　

　가장 인상적인 결과와 가장 효과적인 사례를 보여준 사람은 캐나다 위니펙 출신의 버니 로프칙이다. 버니는 메이태그Maytag(미국의 대표적인 종합 백색가전업체. 2006년 4월 Whirlpool Corporation에 의해 인수되었음—역주) 매장을 운영했는데 전 세계 50개국을 통틀어 가장 높은 시장 점유율을 달성했다. 흥미로운 것은 수익성이 높을 뿐만 아니라 다른 매장들에게 학습 훈련 센터 역할을 했던 버니의 매장이 메이태그 제품가격의 절반도 안 되는 세탁기를 전문적으로 취급하는 대형 할인매장 바로 옆에 위치해 있다는 사실이다. 버니는 그 경쟁사 매장을 사업의 자산으로 여겼다.

　버니와 메이태그는 품질, 내구성, 기능 그리고 서비스를 판다. 최근 그는 낡은 탈수기로 상품값의 일부를 치른 고객에게 새로운 메이태그 제품을 팔았다. 그 탈수기는 40년이나 사용했음에도 여전히 성능이 우수해서 고객은 내주기를 아쉬워했다. 관절염이 심해져 더 이상 탈수기를 작동할 수가 없어서 어쩔 수 없이 탈수기를 교환했다.

　버니와 직원들이 사용하는 가장 효과적인 세일즈 전략 중 하나는 메이태그 제품을 5년, 15년, 20년, 25년 동안 사용하고 있으며 만족스러워하는 고객에게 전화를 하는 것이다. 이런 고객들이 서비스, 성능, 내구성에 대해 사용 후기를 말해 주면 가격 저항이 완전히 사라지고 새로운 메이태그 고객도 그 대열에 합류한다.

앞서 설명한 두 가지 접근방식은 특정 상황에 적용되는 것이지만 만족스런 고객은 추가 고객을 창조하는데 도움이 될 수 있을 뿐만 아니라 대개의 경우 도움을 주고 싶어한다. 고객의 평가가 왜 중요한지와 고객의 긍정적인 평가를 얻어내는 방법 그리고 그것을 사용하는 방법에 대해 세일즈 프로인 마이크 프랭크^{Mike Frank}의 생각을 들어 보자.

왜 고객의 평가를 활용해야 하나?

기업들이 평범한 소비자들의 평가와 추천을 텔레비전, 라디오, 신문, 잡지 광고에 활용하기 위해 매년 수백만 달러를 쏟아붓는 이유는 광고 효과가 분명히 있기 때문이다.

과거나 현재에 있었던 광고 중에 기억나는 광고를 몇 가지 생각해 보자. 아메리칸 익스프레스, 맥주회사, 제지회사, 치약, 증권회사, 데일 카네기 코스, 차민^{Charmin}(미국의 생활용품업체 프록터 앤 갬블^{P&G}의 화장실용 휴지 브랜드—역주), 세븐업, 코카콜라, 펩시 등이 있다. 생각해 보라. 효과가 없다면 대기업들이 자사 상품을 홍보하는 대가로 유명인들에게 수백만 달러를 지불하겠는가?

세일즈를 성공적으로 계속 하다 보면 구하지 않아도 고객들로부터 감사편지를 받게 된다. 이런 편지들은 주로 세일즈맨의 효율성, 후속조치, 태도 등을 칭찬하는 내용들이다. 고객들은 세일즈맨이 열심히 노력한다는 점과 상품에 만족한다는 점 또는 회사의 서비스 문제 처리가 만족스럽다는 점에 대해 감사를 표시한다. 이렇게 받은 편지들은 당신의 세일즈 홍보키트를 만들기 위한 기초가 된다.

많은 세일즈맨들은 고객 편지를 받고 감사하게 생각은 하지만 이 편지들이 얼마나 귀중한 세일즈 수단이 될 수 있는지는 잘 모른다. 그래서 이런 편지가 세일즈맨이 하는 어떤 말보다 효과적인데도 그것을 활용하지 못하고 주로 자신의 말에 의존한 세일즈를 한다. 사람들이 듣는 것보다 보는 것을 더 신뢰한다는 사실을 생각해 보라. 고객들은 늘 세일즈맨이 약간은 편향된 의견을 가지고 있다고 생각하는 반면, 상품을 구매한 고객들의 평가는 정직하다고 생각한다.

고객의 편지를 얻어내는 방법

고객의 평가는 쉽게 얻을 수 있다. 어젯밤 새로 개점한 좋은 레스토랑에 갔다고 가정해 보자. 음식, 분위기, 서비스 모두 맘에 들었고 무엇보다 적당한 때에 계산서를 가져와 준 점도 맘에 들었다. 레스토랑을 나서면서 매니저나 주인에게 만족스러움을 표시했다. 그는 감사해 하며 앞에서 언급했던 몇 가지 질문을 했다.

당신은 그의 요구에 따라 편지를 쓰겠는가? 95%는 그렇다고 답할 것이고 그 중 50%는 실제로 편지를 쓸 것이다. 당신은 기꺼이 도울 것이고 당신의 의견이나 칭찬이 높이 존중된다는 사실에 기분이 으쓱해질 것이다. 평가를 해달라는 요구는 그만큼 자신이 있다는 증거다.

세일즈를 한 지 몇 년 지났다면 당신의 상품, 서비스, 아이디어와 세일즈맨으로서 당신에게 그리고, 당신의 회사에게 감사의 뜻을 말로 표현하는 고객들이 있을 것이다. 만족시켜 줄 고객을 더 많이 발굴하기 위해 이미 만족스러워 하는 고객들의 도움을 받는 것이 합리적이지 않는가?

이 방법을 사용하기 바란다. 이런 부류에 해당하는 고객과 만족스러워 하지만 당신에게 직접 말로 표현하지 않은 고객들의 명단을 모두 작성하라. 그런 후 전화를 하거나 직접 그들을 방문하라. 명단에 고객이 다섯 명이든 오십 명이든 포함된 모든 고객들에게 연락을 하라. 그리고 고객들에게 다음과 같이 말하라.

"안녕하세요, 고객님. ○○○(상품이나 서비스)는 아무 문제없이 잘 사용하고 계십니까? (문제가 있다면 해결해 주겠다고 안심시키고 실제로 문제를 해결하라. 문제가 없다면—90%는 이상이 없을 것이다—계속 진행하라.) 오늘 제가 전화(방문)를 한 것은 저의 세일즈 커리어에 엄청난 도움이 될 중요한 질문과 부탁을 드리기 위해서입니다. 고객님께 상품을 사달라는 부탁은 아닙니다, 괜찮으시겠습니까? (미소를 지어 보이고 잠시 말을 쉰다. 대개 긍정적이거나 고무적인 반응을 보인다.) 몇 주 전 저희 회사(서비스, 당신 자신)에 대해 칭찬하셨던 거 생각나십니까? (대답을 기다려라.) 믿지 않으실지 모르겠습니다만 저희 회사를 신뢰하지 못하는 사람들이 여전히 많이 있습니다. 시간 나실 때 고객님의 생각을 편지에 적으셔서 제게 보내주시면 정말 큰 도움이 될 것입니다. 그렇게 해주시겠습니까?"

약 90%는 그렇게 하겠다고 대답할 것이다. 그리고 그 중 절반은 편지를 쓸 것이다. 보내지 않는다고 해서 재차 부탁하지 마라. 50%면 충분하다. (물론 당신에게 직접 칭찬의 말을 하지 않은 고객에게는 과거에 그런 말을 했던 걸 기억하느냐고 물어서는 안 된다. 그런 경우에는 회사, 서비스, 당신에 대해 어떻게 생각하는지만 묻고, 고객의 반응이 긍정적이면 무슨 말이든 고객이 하고 싶은 말이 있으면 편지를 써달라고 부탁하라.)

상품이나 회사에 대해 칭찬하는 내용의 편지면 다 좋다. 꼭 당신 앞으로, 당신에 대해 쓴 편지일 필요는 없다. 동료 세일즈맨의 편지를 활용해도 좋다. 함께 일하는 동료들이 모두 이 일에 동참하면 많은 편지들을 공동으로 활용할 수 있다.

그다음에 할 일은 성능 좋은 복사기로 편지들을 복사하는 것이다. 복사된 편지들을 코팅해서 프레젠테이션 자료에 끼워 넣어라. 프레젠테이션 자료집이 없다면(베테랑 세일즈맨의 90%는 회사정보, 가격, 고객의 감동편지, 보증서 등등이 포함된 프레젠테이션 자료집을 갖고 있다.) 편지를 묶을 수 있는 바인더를 사라.

편지의 내용을 숙지하라. 편지의 내용을 완벽하게 숙지하고 있지 않으면 이런 편지들은 아무 소용이 없다. 당신이 전달하고자 하는 메시지와 관련된 편지의 핵심내용을 노란색 형광펜으로 강조하라. 프레젠테이션을 할 때마다 이 자료를 활용하라.

고객편지 활용하기

대개 프레젠테이션에서 사용할 수 있는 편지가 한두 통에 불과하기 때문에 고객의 편지를 효과적으로 활용하려면 꼭 맞는 편지를 즉시 골라낼 수 있어야 한다. 때때로 고객을 만나기 위해 편지를 사용할 수도 있지만 대부분은 확신을 심어 주거나 반대의견에 대응하기 위해 활용한다.

예를 들어 고객이 당신에게 이렇게 말할 수 있다. "저는 서비스가 정말 걱정되는 부분이에요." 이에 대해 당신은 이렇게 반응한다. "고객님, 고객님이 걱정하시는 부분을 충분히 이해합니다. X사의 아무개 씨도 처음에 똑같은 걱정을 했었습니다." (이때 고객의 문제나 반대의견에 답이 될 만한 편지를 보여준다.) 고객이 편지를 다 읽은 뒤 프레젠테이션을 계속한다. 예를 들어 고객이 "당신이 말한 세금혜택을 못 받을까 봐 걱정돼요"라고 말한다면 이 질문에 답이 되는 편지를 보여주라.

모든 질문이나 반대의견에 해답을 제시하는 편지가 없을 수도 있지만 계속 편지를 수집하다 보면 결국 발생할 수 있는 모든 질문과 반대의견에 해답을 제시해 주는 편지를 받게 될 것이다. 편지가 너무 많아 고민인 경우는 드물지만 그런 경우도 가끔 있다. 그럴 때는 오래된 편지는 버리고 시간이 지나감에 따라 더 좋은 편지나 보다 신뢰할 만한 고객에게서 받은 편지로 대체하라.

편지가 50통이더라도 당신이 적당한 편지를 필요시 즉시 골라낼 수만 있다면 모두 활용하라. 산업, 지역, 알파벳순서, 질문의 유형별로 유사한 편지들을 묶어서 정리해 두라. 드물기는 하지만 필요하면 고객에게 줘도 무방한 사본이 아니라면 폴더에 끼워 넣지 마라.

잘 나가는 자동차 세일즈맨들 중에는 사무실에 결재를 받으러 간 사이에 고객들이 읽을 수 있도록 편지를 두고 가는 경우가 있다. 많은 부동산 세일즈맨들이 이런 편지를 적극적으로 활용한다. 일반 제조업 세일즈맨들도 사용하기는 하지만 대부분 미미하다. 보험 영업사원들의 경우 편지를 효과적으로 활용할 수 있다. 전문 연사들은 편지를 최고의 참고자료 및 도구로 활용한다.

질문이나 반대의견에 답하기 위해, 고객을 만나기 위해, 상담이 잘 안 풀릴 때 보충자료로 거의 모든 시연이나 프레젠테이션에서 고객의 편지는 효과적으로 사용될 수 있다. 고가상품을 파는 영업사원들은 고객의 편지를 적극 활용해야 한다. 회사를 그만둔 영업사원이 보낸 편지들을 신입사원 면접에 활용할 수도 있다. 편지를 보낸 영업사원이 회사를 떠났지만 재직시절이 값지고 보람 있었다는 내용이라면 영업사원 지원자에게 효과적인 홍보자료가 될 수 있다.

활용방법은 무한하지만 현실적으로 그런 편지들을 활용하는 것은 쉽지 않다. 편지를 얻어내고, 내용을 숙지하고, 정리하고 세일즈 보조도구로 효과적으로 활용하려면 추가적인 노력이 요구된다. 그러나 분명 그런 노력에는 좋은 결과와 보상이 따른다.

사랑의
힘

Ya Gotta Have Love

_____

강해져야 한다 세일즈의 세계에서 성공하려면 강해져야 한다. 지구 상에서 가장 강력하고 거부할 수 없는 힘은 사랑이다. 당신의 인생, 세일즈라는 직업, 당신이 응대하는 고객, 동료, 국가, 가족을 사랑해야 한다.

사랑 이야기

당신의 개인적인 삶, 가족생활 그리고 세일즈 인생에서 큰 의미를 차지하는 사랑 이야기로 제2부를 마무리하고자 한다.

이 사랑 이야기는 골프게임에 관한 것이다. 세일즈에서 성공하려면 고객에 대한 진정한 사랑과 배려가 있어야 한다. 이 이야기는 이 점을 잘 보여준다.

나는 골프를 좋아한다. 몇 년 전 잦은 출장 때문에 골프를 자주 칠 수 없었기 때문에 한 번 필드에 나가면 끝까지 치곤했다. 공을 올려놓고 스윙을 끝까지 했다. 공을 치고 나서 공을 찾는 경우에는 다시 쳤다. 그런데 나는 이처럼 골프를 사랑하지만 가족을 훨씬 더 사랑한다. 오래전 나는 골프 라운딩을 끝내는데 약 다섯 시간이 걸린다는 사실을 깨달았다. 대부분 가족들과 떨어져 생활했기 때문에 출장에서 돌아오자마자 아내와 아들에게 키스만 하고 곧장 골프를 치러 내뺄 수는 없었다.

그래서 나의 '문제'에 대해 아주 창의적인 해결책을 생각해 냈다. 톰과 아내에게 골프채 세트를 사주었다. 이제 골프는 가족끼리 즐길 수 있는 게임이 되었다. 아내와 아들이 몇 차례 골프게임에 따라 오더니 아내가 어느 날 말했다. "당신이 골프를 좋아하는 건 나도 알아요. 하지만 전 재미가 없어요. 내 스타일이 아니에요." 그리고 아내는 골프를 그만두었다. 골프 친구 한 사람이 사라졌다.

그런 후 여름이 끝나갈 무렵 톰이 말했다. "이런 말씀드리기는 싫지만 아빠, 저는 되도록 아빠랑 함께 있고 싶어요. 하지만 골프는 재미가 없어요." 그래서 또 한 명의 골프 친구를 잃었다. 그 뒤 2, 3년 동안 나는 골프를 많이 못 했다.

세일즈맨인 아들

어느 날 저녁 드라이브를 하다가 골프 연습장을 지나치게 되었다. 그때 톰이 나에게 놀라운 제안을 했다. "아빠, 골프 치러 가요." 내 차 트렁크에 골프채가 항상 있었기 때문에 차를 멈추고 골프 연습을 하는 것이 너무 쉽다는 것을 아들은 알고 있었다.

몇 차례 공을 친 다음 아들이 말했다. "아빠, 골프채 하나 빌려 주실래요?" 나는 내가 쓰고 있던 골프채를 주었다. 아들은 숨을 죽이고 지금까지 내가 본 것 중에서 가장 멀리 공을 쳤다. 그런 후 나를 보고 씩 웃더니 말했다. "아빠, 우리 언제 골프장 가죠?"

버디에 성공하다

며칠 뒤 톰과 나는 몇 년 동안 회원으로 있었던 컨트리클럽에서 골프를 쳤다. 톰이 이번에는 완벽하게 샷을 날렸다. 프로가 친 것처럼 톰의 볼이 똑바로 위로 솟았다가 페어웨이에 떨어졌다. 공이 땅에 떨어진 다음 한참을 굴러서 다음 샷을 위한 완벽한 위치인 페어웨이 정중앙에서 멈췄다. 그때부터는 5번 아이언을 사용해서 두 번째 샷을 날렸고 그린으

로 공을 보냈다. 텔레비전에서 보는 것과 똑같았다. 공은 홀에서 12미터 정도 떨어진 위치에 살포시 안착했다. 톰은 버디를 잡을 수 있는 위치에 있었다.

골프를 치지 않는 사람들이 보기에는 톰이 퍼트를 성공시키면 1언더 파가 될 뿐이라고 생각할 것이다. 나는 톰이 퍼트자세를 잡도록 도와주고 공을 어떻게 치는지 시범을 보여주었다. 톰이 공을 치자 곧바로 홀로 들어갔다. 톰이 공을 치는 순간 나는 제대로 쳤다는 것을 알았다. 공이 홀에 들어가자 톰은 웃으며 좋아서 펄쩍 뛰었다. 완전히 흥분의 도가니였다. 나는 톰을 끌어안고 잠시 승리의 춤을 추었다.

불완전한 승리는 패배나 다름없다

그런 후 깨달음이 엄습했다. 문제가 생겼다. 내가 퍼팅할 차례였고 나역시 버디를 노리고 있었다. 그린에 있는 나의 공이 홀에 훨씬 가까웠다. 내가 퍼팅에 실패하면 톰을 이기게 하려고 일부러 실수했다고 생각할 것이다. 그렇게 되면 아들의 승리는 불완전한 것이 되고 내가 아는 한 그것은 패배나 다름없다.

이 점을 염두에 두고 나는 최선을 다하기로 결심했다. 그래도 홀을 비켜 가면 나는 톰의 얼굴을 보면서 "잘했어, 아들! 네가 아빠를 정정당당하게 이겼구나"라고 말해줄 수 있을 것이다. 그러면 아들의 승리는 완전한 승리가 된다.

나의 최선에는 언제나 하나님의 도움이 포함되며 골프경기에서까지 신의 도움을 구해도 신학적으로 문제는 없다는 것을 덧붙이고 싶다. 공을 놓고 정말로 최선을 다해 퍼팅을 했다.

공을 집어 들면서 나는 톰을 보며 말했다. "솔직히 말해 봐, 아들. 아빠 응원했어?"

내가 만약 졌다면 톰의 기분이 어떠했을지 알 것이다. 톰은 겨우 열한 살이었고 골프에서 한 번도 아빠를 이겨 본 적이 없다. 따라서 톰에게는 큰 의미가 있었을 것이다. 하지만 조용히, 그렇지만 망설임 없이 그리고 단호하게 톰은 나를 보며 말했다. "아빠, 전 항상 아빠를 응원해요."

이것이 사랑이다. 순수한 사랑. 우리는 사랑이 더 많이 필요하다. 모든 가정과 모든 도시, 위대한 이 나라의 전국 방방곡곡에 좀 더 많은 사랑이 필요하다. 사랑이야말로 개인, 가정, 직장 문제 그리고 전 세계 문제에 대한 해답이다.

사랑은 아름다운 세일즈의 세계에서도 분명히 필요하다. 세일즈 상담을 할 때 상품을 팔든 비즈니스 기회를 팔든 당신이 제공하는 것이 고객에게 최선의 이익을 가져다준다는 확고하고 진심어린 믿음을 가져야 한다. 이런 믿음이 있을 때 당신은 고객의 이익을 위해 당신의 상품을 사도록 고객을 응원할 수 있다.

바로 그 순간 당신은 훨씬 효과적이고, 프로다워지고, 생산적이고, 성숙해진다. 어느 현자의 말처럼 "당신이 그들에게 얼마나 관심이 있는지 알기 전에는 사람들은 당신이 얼마나 많은 것을 알고 있는지 관심을 갖지 않는다."

요약하자면 지금까지 내가 확신을 가지고 당신에게 전달한 정보들은 모두 유용하다. 그러나 당신은 머리로 사람들에게 말하지만 결국 세일즈는 설득하는 것, 즉 심장으로 하는 것이다.

2부에서 배운 핵심내용을 정리하면 다음과 같다.

　　H : 세일즈의 핵심은 Honesty(정직)

　　E : Ego(자아)와 empathy(공감)

　　A : 자신과 고객과 직업에 대한 Attitude(태도)

　　R : 육체적, 정신적, 영적인 Reserve(예비)

　　T : 사랑이 가장 Tough(강함)

이 단어들의 첫 알파벳을 합치면 HEART라는 약자가 만들어진다. 세일즈의 HEART(심장)는 바로 당신 자신이고 심장(HEART)이 제대로 되어 있으면 세일즈 커리어도 제대로 될 것이다.

Chapter 3

세일즈 프로

The Sales Professional

🏺 목표

· 반응(부정적인 태도)이 아니라 대응(긍정적인 태도)하는 방법을 배운다.

· 세일즈 프로와 세일즈 아마추어, 성공한 사람과 평범한 사람의 차이를 안다.

· 다양한 계층의 실제 세일즈 프로들을 만나고 그들의 특징, 방법, 기술을 직접 배운다.

· 치과의사, 건축업자, 웨이터, 인테리어 디자이너, 교사, 주유소 운영업자, 어린이 등
   세상 모든 사람들이 세일즈맨이라는 사실을 이해한다.

세일즈 테크닉의
습득과 활용

Learning and Using Professional Techniques

당신은 대응하는가 아니면 반응하는가? 이 질문에 대응한다고 답했기를 바란다. '대응^{respond}'은 긍정적이고 '반응^{react}'은 부정적이기 때문이다. 예를 들어 아파서 병원에 간다고 가정해 보자. 의사는 당신에게 처방전을 주면서 내일 다시 오라고 말한다. 다음 날 다시 병원을 찾자 의사는 한번 보더니 고개를 저으면서 "당신의 몸이 약에 반응을 일으켜서 처방을 바꿔야겠어요"라고 말한다. 이런 부정적인 결과를 반길 사람은 아무도 없다.

반면, 다음 날 병원에 갔을 때 의사가 "처방을 제대로 내린 것 같습니다. 몸이 치료에 응하고 있습니다"라고 말한다. 누구나 이 긍정적인 결과에 만족할 것이다.

저지Judge Ziglar의 대응방식

세일즈의 세계나 이 세상에서 우리가 경험하는 모든 일이 다 긍정적이지는 않다. 예를 들어 매장에서만 근무하는 경우를 제외하고 상품을 팔아 본 적이 있는 세일즈맨의 99%는 약속을 잡아 놓고 바람맞은 적이 있을 것이다. 직접 판매, 보험, 부동산, 자동차 영업의 경우 특히 더 그렇다. 바람을 맞으면 대부분 화를 내거나, 짜증을 내거나 실망하거나 아니면 이 세 가지를 모두 합친 반응을 보인다.

1964년, 현재 가치로 환산했을 때 80만 달러에 해당하는 10만 4,000달러어치의 조리기구를 팔아서 샐러드마스터 코퍼레이션Saladmaster Corporation의 전국 판매기록을 깬 나의 동생 저지 지글러Judge Ziglar는 약속이 깨지면 매우 독특하게 대응했다. 지금은 고인이 된 저지는 판매를 위해 조리기구 시연을 자주 했다. 이것은 주인이 초대한 부부들을 위해 많은 양의 음식을 조리했다는 뜻이다. 시연이 끝나면 참석한 부부들이 다음날 개별적으로 각자의 집에서 만나기로 약속을 잡는다.

그런데 약속한 시간에 저지가 도착했는데 아무도 집에 없을 때가 있다. 그런 경우에 절망, 좌절, 분노로 반응하지 않고 그는 '그래! 고객을 확보했군!'이라고 말함으로써 이에 대응했다.

세일즈 클로징 바람맞은 약속을 확실한 세일즈 기회로 만들어라 _ The "Stood Up" Close

다음 날, 그 전날 약속했던 시간에 정확히 저지는 문 앞에 다시 나타났

238

다. 남편이나 아내가 문을 열어 주면 그는 재빨리 사과로 말문을 열었다. "어제 못 만나 뵙고 가서 정말 죄송합니다. 만나 뵈려고 최선을 다했지만 불가능했습니다." (그는 100% 정직하게 말하고 있었다. 그들을 만나려고 최선을 다했다. 약속한 시간에 거기 있었으니까.)

저지는 많은 세일즈맨들이 자신의 불찰에 대한 책임을 고객에게 떠넘 긴다고 말했다. 바로 그 순간 그는 세일즈가 성공할 것임을 직감한다. 이 유는 이렇다. 약속된 시간에 세일즈맨과 대면해서 면전에 대고 거절할 만한 용기가 없는 고객이라면 저지처럼 의욕에 넘치고 열정적이며 훈련 을 잘 받은 프로 세일즈맨을 대적할 심리적인 준비가 되어 있지 않다는 뜻이기 때문이다. 저지가 그런 태도로 대응했으니 전국기록을 갈아 치웠 다는 게 충분히 이해가 된다.

저지가 그렇게 의욕이 넘쳤던 이유는 방문했던 집이 절실하게 그의 조리기구 세트를 필요로 했다는 것을 믿어 의심치 않았기 때문이다. 저 지는 조리기구가 돈과 노력을 절감해 주고 자녀들을 위해 소중한 음식의 가치를 높여 준다는 것을 알고 있었다. 그는 상품을 파는 데 진실로 선교 사와 같은 열정을 소유했고, 인간의 본성과 고객들이 자기를 바람맞힌 진짜 이유를 이해했다.

이에 대해서는 책의 앞부분에서 상세히 다룬 바 있다. 기본적으로 이 부부는 조리기구를 원했지만 살 수 있는 형편이 못된다고 생각했으며 자 신들의 욕구를 부인하기엔 너무 마음이 약했던 것이다. 그래서 생각해 낸 해결책이 세일즈맨을 바람맞히는 것이었다. 이것이 바로 8장에서 다 뤘던 공감능력을 개발해야 하는 이유다.

세일즈 클로징 인간의 본성을 이해하라 _ The "Impossible Child" Close

이것이 전부가 아니다. 대부분의 직접 판매 영업사원들은 아이들이 서류가방이나 샘플가방에 올라가고 종이와 샘플로 장난을 쳐서 시연을 방해할 때 짜증내고 당황스런 반응을 보인다. 부모들은 힘없는, 때로는 불쌍한 목소리로 "얘야, 세일즈맨 아저씨의 종이를 가만 두렴"이라고 여러 번 말한다.

때로는 남편이 아내를 보고 "여보, 저 녀석은 정말 구제불능이군! 저 녀석을 어떻게 좀 해봐!"라고 말한다. 이 말에 아내는 일어서서 아이를 밖으로 데리고 나가서 자기 방에 있으라고 말한다. 그러나 3분도 지나지 않아 아이는 다시 서류가방이나 샘플로 달려와 엉망으로 만들어 놓는다. 이때쯤 되면 부모는 절망적으로 머리를 흔들며 손에 힘을 주고 아이에게 소리를 치며 제발 얌전히 굴라고 사정한다.

저지 지글러는 바로 이 순간 세일즈에 성공했음을 직감한다고 한다. 마찬가지 논리로 세 살짜리 어린아이에게 'No'라고 말하지 못하는 사람이 어떻게 저지와 같이 의욕이 넘치고 잘 훈련받은 세일즈맨에게 'No'라고 말할 수 있겠는가? 저지는 부모가 자식을 사랑한다면 훈육해야 한다고 지적했다.

저지는 모든 어린이들을 사랑했지만 특히 부모에게서 사랑받지 못하는 아이들을 더욱 사랑했다. 저지는 이렇게 말했다. "그 구제불능의 아이가 사랑이 담긴 훈육을 받지 못한다면 영양가 높은 좋은 음식을 먹고 건강해질 수 있는 최선의 기회라도 주어야 한다는 생각이 더 간절했지요."

세일즈에 임하는 태도의 문제를 다루고 있긴 하지만 인간의 본성에 대한 지식과 상식도 세일즈에서 중요하다. 생각해 보면 의욕적이고 훈련을 잘 받은 전문 세일즈맨이 가장 자주 사용하는 지식이 바로 인간 본성을 이해하는 지식이다. 이 지식을 바탕으로 자신의 세일즈 상황에 대해 반응이 아니라 대응할 수 있도록 생각과 태도를 정리한다.

프로 세일즈맨의
특징

세일즈에서는 세일즈맨이 가장 중요하다고 앞서 여러 차례 강조했다. 이번 장에서 프로 세일즈맨에 관해 본격적으로 알아보자. 먼저 프로는 사람을 생각하게 만드는 것은 논리지만 사람을 행동하게 만드는 것은 감정이라는 것을 점을 이해한다. 그리고 논리만 내세워 세일즈 프레젠테이션을 하면 고객을 잘 교육시켜서 다른 세일즈맨에게 보내주는 결과를 초래할 수 있다는 점도 알고 있다. 반대로 프레젠테이션에서 감정에 지나치게 호소하면 상품을 팔아도 고객이 주문을 취소할 가능성이 높다는 사실도 이해하고 있다. 말하자면, 프로 세일즈맨은 감정과 논리를 적절하게 활용해야 오늘 세일즈에 성공할 수 있고, 고객도 행복한 소비자가 될

수 있다는 사실을 아는 세일즈 전문가다.

또한 프로는 논리를 내세울 때는 눈에 바라봐야 하고 감정은 귀를 겨냥해서 호소해야 한다는 것도 안다. 고객들에게 가급적 상품의 기능 설명과 시연을 동시에 해 보이는 이유가 바로 여기에 있다.

우리는 듣는 것이 아니라 보는 것을 믿도록 되어 있다. 눈이 '마음의 창'이란 말은 사실이다. 마음의 눈은 보이는 것을 믿는다. 우리 몸의 감각기관 중에서 유일하게 뇌에 직접 연결되어 있는 것이 바로 눈이다. 그렇기 때문에 듣는 것보다 보는 것을 더 쉽게 받아들인다. 그러나 행동을 이끌어 내는 것은 귀로 듣는 말이다. 명심하라. '감정의 뇌'는 '사고의 뇌'보다 열 배나 크기 때문에 고객의 귀와 눈을 동시에 자극할 때 세일즈 가능성이 높아진다.

외향적인 사람 vs 내성적인 사람

프로 세일즈맨에 대해서는 다양한 의견이 있을 것이다. 일반적으로 사람들은 세일즈맨이 낙천적이고, 이야기하기를 좋아하고, 사교적이고, 외향적이고, 싹싹한 유형의 사람이라고 생각한다. 그러나 사실 프로 세일즈맨은 외향적이기보다는 내성적인 경우가 많다. 성격적으로 그는 조용하고 진지하다. 물론 모든 규칙에는 예외가 있다. 외향적인 사람과 내성적인 사람을 비교해 보자.

외향적인 사람은 첫인상이 좋을 가능성이 더 높다. 사람들은 그를 쉽게 좋아하고 그는 인간관계를 잘 맺는다. 그러나 많은 경우 외향적인 사람은 자신의 성격에 기대서 상품을 판다. 뜨내기 세일즈맨처럼 한 번 방문해서 한 가지 상품을 파는 경우라면 상관없다. 하지만 세일즈 커리어를 쌓는다면 문제가 달라진다. 동일한 고객에게 지속적으로 상품을 파는 경우에도 역시 문제가 달라진다.

내성적인 사람은 대체로 철저하게 준비를 하기 때문에 정확하게 프레젠테이션을 하고 상품과 서비스, 자신의 회사에 대해 많은 지식을 갖고 있다. 그리고 성향적으로 꼼꼼하기 때문에 언제 어디에서 약속이 있는지를 알고 있으며 대개 남의 이야기를 잘 들어 주고 고객의 니즈needs를 이해하기 위해 더 열심히 노력한다.

물론 이상적인 프로 세일즈맨은, 외향적이면서도 자신의 직업에 대해 진지하며 내성적인 사람의 특징을 수용함으로써 고객에게 더 효과적인 서비스를 제공할 수 있는 사람이거나, 또는 내성적이면서 자신의 직업에 충실하고 외향적인 사람의 특징을 본받기 위해 노력함으로써 고객에게 보다 효과적인 서비스를 제공할 수 있는 사람이다.

성공한 사람 vs 평범한 사람

포럼 코퍼레이션의 드마르코와 매긴의 연구에 따르면 성공한 세일즈맨들은 직원, 고객, 동료 세일즈맨들과 좋은 관계를 유지하기 위해 기본적인 세일즈 기술과 관리기술을 활용하고 인맥관리에 신경을 쓰는 것으로 조사되었다. 성공한 세일즈맨들은 설치, 시행, 서비스에 대한 책임을 기술지원팀에게 전가하지 않는다. 이처럼 '서비스' 관계를 지속적으로 유지하려는 태도는 훌륭한 커리어를 쌓고자 하는 젊은 세일즈맨들이 반드시 배워야 할 태도다.

성공한 사람은 종사하는 업종에 관계없이 의견을 구하고 정보를 공유하고 조직 내에서 신뢰관계를 구축함으로써 다른 사람들을 개입시킨다. 성공적인 세일즈맨이 은행이나 제조업분야로 옮긴다 해도 업무를 성공적으로 수행할 수 있다는 연구 결과가 많이 있다. 이는 판매 능력이 평범한 사람과 성공한 사람을 구별짓는 요소가 아니며 신뢰나 관계와 같은 다른 요인들이 더 중요함을 나타낸다.

한마디로 성공한 프로 세일즈맨들은 지식이 풍부하고 창조적인 방식으로 문제를 해결하기 위해 적극적으로 노력하는, 모든 면에서 전체적으로 균형을 이룬 정직한 사람들이다.

인테그리티를 지닌 팀 플레이어　성공한 사람은 상당한 기술을 보유한 영향력 있는 매니저이며 현장의 고객과 사내의 지원인력을 연결시켜 주는 연락병 또는 연결고리다. 이들은 지원부서와 일할 때 생산성과 자존심을 높여주려고 노력하고, 다른 한편으로는 고객과 생산적인 신뢰관계를 구축하고 유지하는 데 관심을 집중한다.

또한, 성공한 사람은 관련 상품과 서비스를 통해 도움을 주고 자신의 지식이나 회사의 능력으로 고객의 필요를 충족시켜 줄 수 없는 경우 도움 받을 곳을 적극적으로 알려줌으로써 고객의 의사결정 절차를 단순화시켜 준다. 고객들은 정직의 가치를 높이 평가하며 질문에 대한 지식적인 대답뿐 아니라 조언을 기대한다.

성공한 사람과 마찬가지로 성공하는 세일즈맨은 품위, 인테그리티, 기술로 자신의 회사와 고객의 이익을 대변한다. 이들은 열정, 능숙한 대인관계, 프로의식을 바탕으로 세일즈 업무에 대한 부가가치를 창출한다. 그리고 고객과 지원부서 직원들과 명확하고 세심한 커뮤니케이션을 추구함으로써 고객들의 신뢰를 얻는다. 이들은 상품이나 서비스 자체가 가치를 창출하는 게 아니라 세일즈맨들이 매번 고객을 방문할 때마다 가치가 창출된다는 것을 안다.

성공한 사람들의 성공 비결은 조직 내부에서의 인간관계다. 성공한 사람들은 팀 플레이어로서 조직 내 관계 속에서 행동할 때나 고객을 대할 때나 일관성을 유지한다. 관리자를 적절한 때에 의지할 수 있는 자산으로 생각하며, 부하들이 솔선수범 하도록 격려하고 지원해 주는 효과적인 리더라고 생각하고 있음을 알게 한다.

프로다운 태도

성공한 프로들은 항상 다른 사람들을 의식하기 때문에 자아의식이 노력에 방해가 되도록 내버려두지 않는다. 프로로서 자신의 역할이 고객이 구매여부를 결정하도록 돕는 것이 아니라 고객이 현명한 결정을 내릴 수 있도록 필요한 정보를 제공하는 것임을 알고 있다. 그리고 고무적이고 생각하게 만드는 정보를 제공함으로써 고객이 올바른 결정을 내리도록 도와준다.

무엇보다도 성공한 프로는 뻔뻔하게 보일 만큼 무던하기 때문에 고객의 말 한마디에 일희일비一喜一悲하지 않는다. 그렇다고 욕설이나 모욕적인 태도를 수용한다는 뜻은 아니다. 고객이 여러 차례 다른 세일즈맨에게 속은 경험이 있다는 걸 아는 까닭에 세일즈맨 자신을 거부하는 것이 아니라 단지 자신의 제안을 거부하는 것임을 이해한다는 뜻이다.

프로의 정의

프로는 서비스 측면에서 생각하기도 하지만 특정 방문에서 세일즈를 성공시킬 수 있는 자신의 능력에 대해서도 생각하며 세일즈 성공을 기대한다. 그리고 세일즈 지식과 전략에 능통하고 가능성보다는 계획에 따라 일한다. 그는 메시지를 전달하는 방법이 많이 있지만 가장 효과적인 방법을 알기 때문에 세일즈 프레젠테이션을 할 때마다 짧은 명언과 좋은 문구들을 사용한다. 자신의 상품이 고객에게 이익이 된다는 것을 이해할 수 있도록 명쾌하게 설명하는 것도 자신의 책임이라고 믿는다.

또한 프로는 고객이 난폭하게 행동하는 것은 열등감이나 자존감의 부족으로 인한 공포감에서 촉발된 방어기재임을 이해한다. 세일즈의 세계에서 보편적으로 통하는 법칙이 무엇인지 알고 있으며 그 법칙을 부지런히 그리고 열정적으로 적용한다. 그 법칙이란 고객이 원하는 것을 찾아내고 그것을 고객이 얻을 수 있도록 도와줘야 한다는 절대적인 믿음이다.

사전에서는 프로를 '특정 분야나 직업에서 확실한 능력을 갖춘 사람'이라고 정의하고 있다. 프로는 일의 질質을 중요하게 생각하고 유머감각이 뛰어나다. 그리고 자신보다는 자신의 직업과 고객의 니즈를 중요하게 생각한다.

프로는 끊임없이 배운다

프로는 끊임없이 배워야 한다는 것을 안다. 고객을 연구하고, 회사자료들을 공부하고, 설득의 기법을 공부한다. 양서를 읽고, 의욕을 고취시키는 강의 자료를 듣고, 교육 세미나에 참석하며 무엇보다 상담할 때마다 인간의 본성을 연구하는 것을 가장 중요하게 생각한다.

프로는 인생에서 자신의 지위를 바꾸려면 업무성과를 바꿔야 한다는 사실도 안다. 업무성과를 바꾸려면 생각을 바꿔야 하고, 생각을 바꾸려면 머릿속에 투입되는 정보를 바꿔야 한다는 것을 알기 때문에 마음의 양식을 위해 좋은 것들만 선별해서 투입한다. 자신의 마음이 쓰레기장이 아니라 신성한 사원이라는 것을 잘 알고 있다.

프로 세일즈맨도 직접 판매, 도매, 소매 등 현장에서 일하고 있는 훌륭한 세일즈맨들을 관찰함으로써 배운다. "어떻게 하면 이 방법을 내 상황에 맞게 응용해서 더 효과적으로 세일즈를 하고 고객에게 더 나은 서비스를 제공할 수 있을까?"라는 질문을 끊임없이 자신에게 던진다. 고객들은 이해가 되고 믿음이 가야 결정을 내린다는 것을 알기 때문에 강매하지 않고 간결성과 신뢰성을 유지한다.

프로는 세일즈를 생활화한다   프로는 세일즈를 늘 의식한다. 아침에는 세일즈를 생각하면서 잠에서 깨어난다. 일하러 가면서도 세일즈를 생각한다. 집에 돌아올 때도 세일즈를 생각한다. 한 가지 다른 점은 하루일과를 마치고 집에 돌아왔을 때, 세일즈 상황이 다르다 해도 똑같은 기본적인 원칙에 따라 똑같은 성품의 바탕에서 세일즈에 임해야 한다는 것을 깨닫는다는 점이다. 세일즈가 감정의 전이라는 것과 위선이 언제나 부정적인 결과를 낳는다는 것을 알기 때문이다.

프로는 자녀에게도 착한 사람이 되어야 한다고 진심으로 충고한다. 아내에게는 진심으로 자신이 좋은 남편이라는 믿음을 주고 자신의 말을 증명해 보인다. 한마디로 프로는 아침부터 저녁까지 다른 사람들을 의식한다. 중요한 점은 이런 것들이 자신의 성격으로 굳어진다는 사실이 너무도 즐겁다는 사실이다.

사람들은 세일즈맨이 사야 한다고 주장하는 이유 때문이 아니라 자신들이 생각하기에 타당한 이유가 있어야 산다. 그러므로 프로는 구매동기와 인간의 행동양식을 열심히 연구하며 인간의 행동에 영향을 주려면 인간의 행동에 대한 이해가 선행되어야 함을 잘 알고 있다. 좋은 아이디어나 테크닉은 누구나 익혀서 사용할 수 있다는 것도 알고 있다.

프로는 낙관론자다. 인생을 긍정적으로 바라본다. 보통 사람들은 각자의 삶에서 우울함과 불운을 충분히 경험하기 때문에 세일즈맨이 거기에 더 보태기를 원치 않는다는 것을 안다. 프로가 대체로 분위기를 주도하는데 주제와 상관없는 것을 논하지 않고 최근에 발생한 전국적인 또는 지역의 참사를 화제로 삼지 않는다. 대신에 유쾌하고 긍정적인 분위기를 조성함으로써 세일즈의 성공률을 대폭 끌어올린다. 상품을 파는 일이든 불만에 가득 찬 고객을 달래주는 일이든 후속 방문이든 한 마음으로 혼란함 없이 눈앞의 목표에 집중한다. 이러한 집중력과 목표의식으로 무장한 프로는 고객의 구매동기에 초점을 맞추고 고객이 원하는 것을 얻을 수 있도록 에너지와 관심을 집중시킨다. 이처럼 프로는 의욕에 넘치며 고객에게 자신의 흥분된 감정을 전이시켜서 구매동기를 유발시킨다.

프로는 융통성이 있다

프로는 사색가다. 평범한 것을 창조하기보다는 비범함을 모방하는 편이 낫다고 생각하므로 결과를 바탕으로 자료와 방법들을 평가한다. 그가 사용하고 있는 테크닉과 방법이 소기의 결과를 도출해 내면 계속 사용할 것이다. 그러나 효과적이지 못한 방법이나 테크닉은 과감하게 버린다. 효과가 없어진 세일즈 테크닉을 익숙하다는 이유만으로 계속 사용하는 일은 없다. 변화의 필요성을 잘 알지만 원칙은 변하지 않는다는 사실은 더 잘 알고 있다.

프로는 커리어를 생각한다

프로는 개별적인 세일즈를 성공시키기보다는 커리어를 쌓는다는 생각을 염두에 두고 행동한다. 말로만 설명하면 실패한다는 것을 잘 알고 있으며 세일즈를 위해서 직접 보여준다. 그리고 고객이 상품이나 서비스에 대한 시연을 직접 보면 신뢰지수가 높아진다는 것도 잘 안다. 사람은 들으면 쉽게 잊어버리지만 보는 것은 잘 기억하기 때문에 듣고, 보고, 직접해 보면 구매할 가능성이 훨씬 커진다. 그러므로 프로는 프레젠테이션에 시청각자료를 활용하고 고객을 직접 참여시키기도 한다. 예를 들어 고객이 코트를 직접 입어보고 천의 촉감을 느끼게 하거나, 시연을 하면서 고객이 운전하도록 하고 고객을 키보드 앞에 앉히고 직접 컴퓨터를 사용해 보게 하는 것이다.

또한 프로는 상품이나 서비스를 고객이 직접 사용해 보게 하는데, 남편이 늘 하던 일을 아내에게도 해보게 한다든지 고객이 직접 화장품을 발라보게 함으로써 자신도 똑같이 할 수 있다는 자신감을 갖게 하는 경우가 그렇다.

프로는 확신, 배려, 자신감 그리고 용기가 있는 사람이다. 자신의 상품이 고객의 문제를 해결해 줄 거라는 강한 확신을 갖고 있을 뿐만 아니라 고객 자신의 이익을 위해 상품을 사야 한다는 그의 배려도 진심이다. 그리고 그가 지닌 자신감은 고객을 설득하고 용기는 고객 자신의 이익을 위해 지금 상품을 사라고 요구할 수 있는 대담함을 준다.

프로는 호기심 또한 끝이 없다. 그는 이웃집의 잔디가 왜 더 푸른지가 궁금한 게 아니라 잔디에 어떻게 비료를 주는지 그리고 이웃이 사용하는 비료의 상표가 무엇인지를 알아내야 직성이 풀린다.

프로다운 모습과 행동

프로는 프로다워 보여야 한다. 때에 따라 적절하게 옷을 갖춰 입는다. 실패자의 옷을 입고 성공한 사람의 역할을 할 수는 없다. 작년에 뿌린 비료로 올해 곡식을 수확할 수 없다는 것을 알기 때문에 프로는 지속적으로 자신의 마음속에 올바른 생각과 방법들을 심어 넣는다. 즉, 프로는 몸과 마음을 잘 가꾼다.

프로에게는 원칙이 있다. 반드시 지켜야 할 원칙이 없는 사람은 넘어지기 쉽다. 진실이란 조금이라도 보태거나 뺄 수 없다는 것을 안다. 프로는 윌 로저스^{Will Rogers}(미국의 컨트리 가수—역주)가 한 말에 동의한다. "브루클린^{Brooklyn} 다리를 판 사람보다는 차라리 산 사람이 되는 쪽이 낫다." 이 말은 자신의 인테그리티를 지키고 다른 사람을 속이지 않기 위해 최선을 다할 것이라는 뜻이다. 앤 랜더스^{Ann Landers}(미국의 유명한 인생 상담 칼럼니스트—역주)의 말처럼 최선을 다한다는 것이 쉬운 일은 아니지만 그럼으로써 최악의 결과는 막을 수 있을 것이다.

프로는 열심히 일한다. 조지아 주 애틀랜타 출신의 세일즈 교육가인 스티브 브라운^{Steve Brown}이 말했듯이 시도할 만한 가치가 있는 것은 비록 잘 못하더라도 해야 한다. 잘할 수 있을 때까지.

프로는 프로답게 해낼 수 있을 때까지 집착하고 연구한다. 인재를 통해서 일을 하는 것이 아니라 일을 통해 인재를 만든다는 것을 잘 안다. 한마디로 성취하려면 행동이 앞서야 하고 대체로 행동하기에 앞서 배워야 한다는 것을 프로는 안다. 스스로 공부하고 세일즈 미팅이나 가족들 앞에서 연습한다.

프로는 마지막 시험을 치르기 위해 고객 앞에 빨리 서고 싶어한다. 자신이 배운 것을 시도해 보고 목표를 달성할 수 있기 때문이다. 세일즈 교육가인 필 린치^{Phil Lynch}는 이런 말을 했다. "오늘 최선을 다하는 것은 내일을 위한 준비다."

프로는 끊임없이 성장한다

프로는 세일즈맨이란 직업, 세일즈 테크닉, 고객에 관한 자료들로 가득 찬 아름다운 서재를 만들어 나간다. 프로는 의대를 졸업한 뒤 공부를 중단한 의사나 법대를 졸업한 뒤 공부를 하지 않는 변호사에게는 절대로 가지 않을 것이다. 의사나 변호사가 참고자료나 전문서적이 없다는 사실에 황당해 할 것이다. 그렇기 때문에 자신만의 세일즈 서재를 구축하고 정기적으로 책을 추가해 나간다.

평범한 세일즈맨은 면도, 이발, 헤어스프레이, 화장품, 향수 등 머리와 겉모양을 치장하는 데 1년에 수십만 원을 쓰고 몸치장하는 데 최소 300만 원 그리고 교통비로 수백만 원을 쓸 것이다. 이렇게 세일즈를 하기 위한 준비에 수백만 원을 썼으니 프로로서 고객 앞에 앉았을 때 무슨 말을 해야 할지를 분명히 알아야 한다. 그래서 그는 서재를 계속 채워 나간다. 더 중요한 점은 새로운 방법과 테크닉들로 끊임없이 머리를 채워 나간다는 것이다. 또한 세일즈를 하기 위해 고객을 방문하는 데도 비용이 들고, 잘못된 정보나 불완전한 정보 때문에 놓쳐버리는 세일즈도 비용을 유발시킨다는 점을 알기 때문에 책, 자료, 교육 세미나에 들어가는 투자비용을 보다 큰 틀에서 바라보고 이해할 수 있다.

노트북 컴퓨터, 휴대전화 등 갖가지 첨단 장비들은 엄청난 세일즈 기회와 편익을 제공해 준다. 세일즈를 하는 데 많은 비용이 소요되지만 정보, 기술, 의욕 부족 때문에 발생하는 좌절과 그로 인해 잘못되는 세일즈 커리어에 따르는 비용은 훨씬 더 높다. 필요한 교육 정보를 얻기 위한 비용은 그것을 얻지 못한데 따르는 비용에 비하면 미미하다. 누군가 이런 말을 한 적이 있다.

"교육이 비싸다고 생각하면 무지로 인해 발생하는 비용을 생각해 보라." 좀 더 개인적으로 접근해 보면 세일즈에 실패하고 나서 나중에 그 실패를 막을 수 있었던 정보나 테크닉을 알게 되는 경우가 몇 번이나 있었는지 생각해 보라. 씁쓸하지 않은가.

추신 : 이 책에 투자하고 배우고자 노력하고 있는 당신에게 축하의 박

수를 보낸다. 계속 노력하라. 당신은 성장하고 있다.

프로는 자신의 한계에 도전한다

프로는 내적인 성과기준을 정한다. 그는 날마다 목표를 향해 뛴다. 「현대 심리학Psychology Today」이라는 잡지에 실린 기사에 따르면 일반적으로 프로는 자신만의 할당량과 목표를 설정하는데 회사가 정한 수준보다 높게 잡는다. 또한 여가시간에도 세일즈와 관련된 일을 하면서 보내는 경우가 많다. 예를 들어 일이 한가할 때에도 잡지를 읽거나 커피를 마시거나 허풍을 떨며 시간을 죽이기보다는 고객에게 감사편지를 쓴다.

시대가 바뀌면 방법과 테크닉도 바뀌지만 최대한 열정적으로 가장 공정하고 낮은 가격에 고객에게 약속한 바를 제공한다는 원칙과 철학은 결코 바뀌지 않는다. 프로는 국회도서관에 소장된 수많은 책 속에 들어 있는 지식이 아무리 많아도 상식과 판단이 개입되지 않으면 무용지물이란 것을 안다. 가장 중요한 것은 단지 자신이 무엇을 아느냐가 아니라 알고 있는 것으로 무엇을 하느냐가 커리어를 결정한다는 사실이다.

프로가 될 수 없는 사람

청진기를 산다고 의사가 되는 게 아니고 계산기가 있다고 엔지니어가 되는 게 아니다. 마찬가지로 구인란을 보고 전화를 걸어서 제품설명서가 든 서류가방을 집어 든다고 세일즈맨이 되는 게 아니라는 것을 프로는 안다.

세일즈맨이 된다는 것은 얼굴에 미소를 띠고, 말쑥하게 차려입고, 제품을 설명하고, 몇 가지 세일즈 기술을 배우는 것만이 전부가 아니다. 다른 일을 중도에 포기한 사람이나 세일즈가 쉬워서 어쩌다 세일즈를 하게 된 사람을 프로라고 하지 않는다. 이런 사람들은 '말만 잘하면 되지 뭐. 난 말을 잘하니까 훌륭한 세일즈맨이 될 거야'라고 생각한다.

포럼 코퍼레이션의 조사 결과에서 깨진 신화 중 하나가 세일즈맨은 입담이 좋고 말을 빨리하는 사람이어야 한다는 생각이다. 돈을 좀 더 벌기 위해 크리스마스가 되기 전 6주 동안 일하러 온 시간제 점원도 프로라고 할 수 없다.

프로는 끊임없이 노력한다

프로는 세일즈를 직업으로 선택했고 커리어를 쌓는 동안 끊임없이 배우기에 힘쓰며 세일즈맨이라는 타이틀을 얻기 위해 꾸준히 노력한다. 세일즈 테크닉을 갈고 닦듯이 태도, 자기 이미지, 관계, 목표를 위해 열심히 노력한다. 그리고 무엇보다도 세일즈맨이 되기 전에 인간이 되어야 한다는 것을 안다.

프로는 초심을 잃지 말고 끊임없이 성장해야 한다. 초심을 잃지 않는 한 계속 성장할 수 있지만 초심을 잃는 순간 나태해지기 시작한다.

프로는 세계 신기록을 수립한 높이뛰기 선수와 같다. 누군가 그에게 어떻게 그것이 가능했는지를 물었더니 이렇게 답했다. "제 마음을 가로대 너머로 던졌더니 몸이 따라 오더군요."

세일즈라는 직업과 당신의 회사에 진심으로 마음을 던지면 성공하기 위해 필요한 기술, 방법, 테크닉들을 얻게 될 것이다. 『가능성을 생각하며 전진하라Move Ahead with Possibility Thinking』의 저자인 로버트 슐러Robert Schuller 는 다음과 같이 말했다.

화려한 성공 뒤에는 반드시
화려하지 않은 준비가 있다.

때때로 어려움에도 감사할 줄 아는 것이 프로의 태도다. 프로는 눈에 보이는 행운만을 바라는 사람이 아니다. 까다로운 고객을 만났을 때 기억해야 할 것은 까다로운 고객이 최고의 스승이라는 것, 모든 세일즈가 쉬우면 아무나 세일즈를 할 수 있을 것이고 그렇게 되면 커미션은 지금보다 1/10로 줄어들 거라는 점이다.

프로는 시시각각 경쟁이 치열해지고 있다는 것을 너무나 잘 안다. 그렇기 때문에 자신도 시시각각 치열해져야 한다는 것을 안다. 프로의 성품 또한 하나에 고착되지 않는다.

세일즈 프로인 마이크 프랭크는 다음과 같이 말했다. "프로는 '고객 발굴 안테나'를 갖고 있어야 하고 그것을 늘 켜고 다녀야 한다. 세일즈에 실패했든 성공했든 관계없이 방문하는 고객뿐 아니라 현재 또는 과거의 고객들 중에서도 고객을 발굴하고, 슈퍼마켓, 바, 레스토랑, 기타 사교모임에서도 고객을 발굴한다. 심지어 라디오, 텔레비전, 신문, 광고 전광판, 버스광고에서도 정보를 수집하여 활용하고 구석구석에 숨은 고객을 찾아낸다."

프로는 늘 기록한다. 자신이 성공한 이유를 되새기며 일에 대해 늘 열정적이고 인테그리티를 지닌다. 그가 처음 세일즈를 시작하게 된 동기와 전문지식, 경험, 기술, 지식이 합쳐져 성공적인 프로를 만들어 낸다. 프로는 늘 배우는 학생이며 세일즈와 동기부여에 관한 좋은 책과 출판물들을 읽는다.

질문을 하나 해 보겠다. 이 책이 올해 들어 처음 읽는 책인가 아니면 여섯 번째 읽는 책인가? 만약 이 책을 읽고 있는 시점이 6월 이후라면 최소한 여섯 권은 읽었기를 진심으로 바란다.

최신, 빈도, 영향 그리고 추천

좋은 세일즈 커리어를 만들고자 한다면 고객 한 사람에게 팔고 나서 또 다른 고객을 찾아 나서기보다 호주 시드니 출신의 보디랭귀지 전문가 조셉 브레이시크Joseph Braysich의 충고를 진지하게 받아들여야 한다. 그는 '최신, 빈도, 영향 그리고 추천' 법칙을 사용하라고 권한다.

최신 최신이란 고객에게 당신이 언제든지 서비스를 제공할 준비가 되어 있다는 것을 알려 주고, 고객에게 거래해 준 것에 대해 감사하다는 말을 전하며, 신상품에 대한 정보를 주거나 기존에 고객이 이미 사용하고 있는 상품에 대한 새로운 용도를 알려 주기 위해 마지막으로 고객과 연락한지 얼마나 되었는가 하는 시간의 문제다. 브레이시크 박사는 설령 고객이 친한 친구라 하더라도 자신의 존재를 상기시키고 그들의 필요를 채워주며 문제를 해결해 주려는 당신의 열의를 보여줘야 한다고 충고한다.

빈도 빈도는 생산에 관계된 것이기 때문에 상품이나 시간투자 가능 여부에 따라 천차만별이다. 그러나 요즘처럼 경쟁이 치열한 세상에서 어떤 방법과 형식을 동원하든지 고객에게 자신의 존재와 당신의 관심을 상기시켜 줘야 한다. 그렇지 않으면 당신처럼 '그 고객은 이미 내거야'라는 안일한 생각을 하지 않는 경쟁자가 나타나고 당신은 고객을 한 사람 잃게 된다.

고객에게 자신의 이름을 세상에서 가장 잘 기억시키는 달인은 조 지라드Joe Girard다. 그는 스탠리 브라운Stanley Brown과 공동으로 『세일즈의 달인이 되는 방법How to Sell Anything to Anybody』이라는 책을 출간했다. 그의 자동차 세일즈 실적은 가히 기록적인데 자신의 경험을 바탕으로 이 책을 썼다. 내가 기억하기로는 자동차 영업에 관한한 모든 기록을 다 보유하고 있다. 그의 자동차 판매실적은 다음과 같다.

1963년—267대(승용차/트럭)	**1964년**—307대(승용차/트럭)
1965년—343대(승용차/트럭)	**1966년**—614대(승용차)
1967년—667대(승용차)	**1968년**—708대
1969년—764대	**1970년**—843대
1971년—980대	**1972년**—1,208대
1973년—1,425대(최고 기록)	**1974년**—1,376대
1975년—1,360대	**1976년**—1,200대 이상
1977년—1,200대 이상	

그의 놀라운 실적에 대한 자세한 내용을 알고 싶다면 조의 책을 사서 꼼꼼히 읽어보기 바란다. 그의 기록을 보면 정말 놀랍다. 첫째, 15년이 넘는 기간 동안 연 평균 실적이 거의 900대에 이르고 모두 개인을 대상으로 한 판매 결과다. 대량구매는 한 건도 없다. 둘째, 특별판매나 경품이 아니라 모두 정상적인 영업의 결과다.

결과적으로 회사가 이익을 얻었고, 조도 돈을 벌었으며 고객들에게도 분명 이익이 되었다. 그렇지 않았다면 재구매하지 않았을 것이다. 셋째, 조는 1967년부터 1977년까지 매년 미국에서 자동차 최다 판매를 기록했다. 이것은 실로 엄청난 위업이 아닐 수 없다. 넷째, 초기 7년 동안 두 차례나 경기침체가 있었음에도 불구하고 매년 전년보다 더 많은 차를 팔

앉다. 다섯째, 그가 강연과 집필 때문에 바빠지기 전인 마지막 6년 동안
은 자동차 세일즈에 전력투구했고 그 결과 매년 평균 1,300대 이상의 실
적을 올렸다.

놀라운 실적에는 여러 가지 이유가 있지만 그 중 하나는 매달 한 번
씩 모든 고객의 우편함에 카드를 넣었다는 점이다. 크리스마스나 부활
절, 생일날, 결혼기념일과 같이 특별한 날은 물론이고 독립기념일, 노동
절, 워싱턴이나 링컨의 탄생일처럼 그다지 특별한 날이 아닌데도 카드
를 보냈다. 늘 카드를 받아 보는 그의 고객들은 조를 가족처럼 또는 최
소한 오랜 친구처럼 생각했을 것이다. 바로 이것이 진정한 프로의 모습
이다.

마이크 프랭크는 이를 응용해서 매일 최소 일곱 장의 카드를 친필로
썼다. 대부분 고객과 만나는 시간이 10~15분 정도 되는데 그 시간에 미
팅날짜를 잡아서 다시 만나도록 고객을 설득해야 하기 때문에 마이크는
사진이 부착된 메모지를 이용한다. 미팅의 목적은 다가올 세일즈 및 동
기부여 집회의 티켓을 팔기 위한 것이다.

메모지는 고객에게 날짜를 상기시켜 주고 사진은 마이크의 얼굴과 이
름을 모두 기억할 수 있도록 해준다. 마이크는 상품을 사지는 않았지만
나중에 살 가능성이 있는 사람들에게도 역시 메모지를 나누어 주었다.
그는 1972년 이후 하루도 빠짐없이 이렇게 하고 있다. 어렵고 시간이 많
이 소요되지만 그만큼 효과가 있다.

영향 당신이 얼마나 강력한 영향을 주었는가? 관계가 얼마나 확고했
는가? 고객이 당신과의 마지막 만남을 뚜렷하게 기억할 것인가? 세일즈
와 서비스를 잘해서 고객의 마음속에 확고히 자리를 잡았는가? 아니면
소개를 통해 알게 된 고객이었는가? 소개를 통해 세일즈하는 것은 좋지
만 한 번 팔았다고 해서 그들이 당신의 고객이라고 믿는다면 매우 위험

하고 잘못된 생각이다.

추천 새로운 고객에게 처음 세일즈를 시도할 때 추천은 특히 더 중요하다. 다음 장에서 설명하겠지만 척 벨로스Chuck Bellows는 나에게 캐딜락을 팔았는데 그 이유는 다른 사람이 그를 강력하게 추천했고 내가 그를 찾아갔을 때는 이미 신뢰로써 차를 살 준비가 되어 있었기 때문이다. 프로는 이런 정도의 명성을 만들어 가는 사람이다. 강력한 추천은 세일즈 커리어를 쌓는 가장 쉽고 확실한 방법이다.

결론

프로는 커뮤니케이션에 능하고 고객의 반응을 잘 읽는다. 전문가에 따르면 우리가 하는 말의 내용이 가지는 메시지 전달능력, 즉 설득력은 7%에 불과하다. 어떻게 말을 하느냐에 따른 화술 방식이 38%의 설득력을 갖고 보디랭귀지가 나머지 55%의 효과를 발휘한다. 그래서 프로는 보디랭귀지와 목소리 사용법을 배운다. 프로는 설득력 있는 언어를 배우고 사용하며 비효율적인 언어를 피한다. 이 점에 대해서는 22장에서 다룰 것이다.

프로는 파괴자가 아니라 성장 도우미다. 동료 세일즈맨이 성장할 수 있도록 도와주고 국가, 회사, 지역사회를 성장시킨다. 또한 프로는 만성적으로 경미한 불만족에 시달리는데 본능적으로 이러한 증상을 영감으로 전환시킨다. 이것이야말로 세일즈 프로가 연마해야 할 가장 강력한 힘이다.

프로의
실제

Here Is a Professional

세일즈의 세계에 있는 실제 프로를 살펴보자. 세일즈 프로들의 실제 이야기는 세일즈에서 필요한 구체적인 세일즈 포인트, 테크닉, 방법들을 모두 담고 있다. 그들의 이야기는 세일즈맨에게 유익할 뿐 아니라 누군가를 설득해야 하는 일반인 또는 전문가에게도 심리전과 설득에 관한 교훈을 제공할 것이다.

여기에서는 목소리와 억양을 사용하는 방법, 질문하는 방법, 세일즈 기술과 세일즈맨의 중요성, 세일즈에서 결정적인 요소에 대해 효과적으로 협상하는 방법, 파는 사람에서 사는 사람으로 입장 전환하기, 고객에게 새로운 결정을 유도하는 방법, 세일즈에 방해요인이 되지 않도록 가격을 분해하는 방법, 어떻게 그리고 왜 가치를 팔아야 하는가 등의 이슈를 전반적으로 다룬다.

사람들은 이야기를 기억한다

이 책에는 많은 사례들이 등장한다. 내가 세일즈에 관한 사례를 많이 다루는 데는 두 가지 이유가 있다. 첫째, 내가 이야기를 재미있게 한다는 전제 하에 사례를 읽을 때는 마음을 집중하기가 쉽다. 둘째, 사례는 기억하기 쉬우며 기억해 내는 과정에서 자연스럽게 이야기에서 배운 요점과 테크닉을 기억한다. 머릿속에 기억하고 있어야 활용할 수 있으므로 실화나 비유를 통해 테크닉을 가르치는 것이 가장 효과적이다. 위대한 세일즈맨이었고 스승이었던 갈릴리의 목수 예수도 이 방법을 사용했다.

가르치고 훈련시키는 사람으로서 나는 학생이 배우지 못했다는 것은 선생이 가르치지 않았기 때문이라고 믿는다. 이 책을 통해 당신이 정보를 얻고, 더 좋은 사람, 더 나은 세일즈맨이 되기를 바란다. 책을 읽고 당신이 더 프로다워지고 더 생산적인 사람이 되려면, 저자인 내가 당신에게 효과적인 테크닉을 가르쳐 주고 그것들을 사용하도록 동기를 제공해 주어야 한다.

1975년 1월, 나는 새 차를 구입하기로 했다. 76년형 캐딜락이 특히 멋있어 보여서 대리점 두 곳을 방문해 시운전을 해보고 여러 가지로 최상의 조건을 따지며 차를 고르기 시작했다. 나는 운전을 잘 안 하기 때문에 5~6년 만에 한 번씩 차를 바꿨다. 따라서 차를 당장 서둘러 사야 할 이유는 전혀 없었다. 그런데 사업상 아는 사람과 전화통화를 하다가 화제가 차로 이어졌고, 그에게 캐딜락을 새로 살 것 같다는 말을 했더니 로저 마이어 캐딜락 대리점의 척 벨로스를 즉시 추천했다.

그 말에 나는 이렇게 말했다. "그 사람을 잘 아는 모양인데 전화 한 통 넣어서 내가 좋은 사람이고 지금 거기로 가고 있으니 잘 해주라고 말해 줄 수 있겠나?" 그는 이렇게 대답했다. "기꺼이 그렇게 하지, 지그. 미리 말하지만 척 벨로스는 신뢰할 만한 사람이야. 그가 비가 온다면 물 받을 통을 준비해도 된다네. 그 사람은 정직하고 성실하기로 정평이 나 있지."

대화를 마치고 나는 척에게 전화를 건 후 차를 타고 로저 마이어 대리점으로 향했다. 대리점 근처에서 운전해 들어오는 내 차를 척이 알아 봤다. 척을 소개해 준 친구가 내 차에 대해 설명해 주었기 때문이다. 딱 하나 남아 있던 주차공간에 차를 주차하자 척이 대기하고 있다가 문을 열어 주었다.

세일즈 클로징 칭찬하라 _ The "Complimentary" Close

척은 보수적이고 내성적인 스타일이었다. 문을 열어 주면서 말했다.

"지그 지글러 씨죠?"

"네, 맞습니다."

"여태 본 차 중에 가장 멋진 차라는 것을 먼저 말씀드리고 싶네요. 정말 근사합니다!"

첫 번째 핵심 포인트 : 상담을 시작할 때 최근에 산 상품이나 과거에 산 상품에 대해 칭찬하는 것도 좋은 방법이다. 상품을 기분 좋게 사게 만드는 확실한 방법은 과거에 산 상품에 대해 칭찬하는 것이다. 척이 바로 이 방법을 쓰고 있었다. 그러나 전제조건이 붙는다. 즉, 그 칭찬이 진실된 것이어야 한다. 만약 차가 낡아빠진 고물 차인데도 "와, 정말 멋진 차네요!"라고 말한다면 내 돈을 노리고 있다는 사실을 알고서 지갑을 가지고 줄행랑을 칠 것이다.

포인트 : 말이나 칭찬은
정확하고 진실되어야 한다.

척은 사실대로 말하고 있었다. 내 차는 멋진 차였다. 두 가지 톤의 갈색 올즈모빌 리젼시Oldsmobile Regency였다. 풀옵션으로 차의 가치와 승차의 즐거움을 높였다. 그래서 척이 "정말 멋진 차네요!"라고 말했을 때 그에게 감사하다는 말과 함께 차를 잘 타고 있으며 탈 때마다 만족스럽다고 답했다. 척은 다시 한번 말했다. "정말 좋은 차네요. 어디서 구입하셨는지 여쭤 봐도 되겠습니까?"

질문하라

척이 던지는 질문들을 눈여겨봐야 한다. 질문들이 너무나 자연스럽고 별 뜻 없어 보이지만 척은 수년 동안 수없이 같은 질문을 했을 것이다. 그의 질문은 반복적으로 사용하기 위해 미리 짜 놓은 것은 아니지만 매우 치밀하게 계획된 것이다. 나는 길 건너에 사는 이웃이 제너럴 모터스의 임원이라서 그를 통해서 차를 샀다고 대답했다.

척 :　혹시 이그제큐티브executive(대형 패밀리 차량보다 큰 승용차. 성공적인 전문직 종사자나 기업 중역들을 대상으로 출시된 모델—역주) 모델을 사셨나요?

지그 :　맞습니다.

척 :　좋은 가격에 잘 사셨겠네요. 그렇지요?

누군가 당신이 4~5년 전의 상품을 잘 샀다고 칭찬한다면 괜찮은 거래 였다고 겸손하게 인정하고 싶을 것이다. 그렇지만 부디 겸손하기를 바란 다. 지나치면 우스워지니까. 나는 최대한 겸손하게 말했다.

지그 : 사실, 내가 이 차를 샀을 당시에는 신차 가격이 7,600달러 정 도였죠. (1975년도였다는 것을 잊지 말기 바란다.) 살 때 주행거리가 3,379킬로미터밖에 안 되었는데 5,600달러에 샀습니다.

척 : 정말 잘 사셨네요!

사실이다. 정말로 좋은 가격이었다. 그러나 내가 그에게 한 말은 또 다 른 의미가 있었다. 척의 세일즈 무기에 내가 첫 번째 총알을 장전해 준 셈이다. 그는 나에게 정보를 요청했고 나는 그 정보를 주었다.

포인트 : 고객과 대화할 때, 대부분의 경우 고객은 당신이 묻기만 하면 기꺼이 관련정보를 준다는 사실을 기억하라!

척은 계속 말을 이었다.

"지글러 씨, 이렇게 와 주셔서 반갑습니다. 감정사를 불러서 이 멋진 차의 가격이 얼마쯤 될지 알아 봐 드리지요. 내부도 외부만큼 훌륭하다 면 만족하실 만한 수준에서 차를 교환해 드리겠습니다. 약속드리지요. 저희에게도 멋진 차가 준비되어 있습니다."

그는 감정사를 불러서 내 차를 몰고 나갔다.

먼저 고객의 관점을 이해하라

차를 감정할 때는 아무데나 가고 싶은 대로 가고 무엇이든 하고 싶은 대로 해 본다. 테스트는 약 10~15분 정도 걸렸다. 그들이 다시 주차장으로 차를 몰고 왔을 때 척은 운전석 옆자리에 앉아서 카나리아를 방금 집어삼키고 시치미를 뚝 떼는 고양이처럼 씩 웃고 있었다. 척은 정말로 흥분해 있었다.

세일즈맨은 구매자와 판매자 양쪽 입장에서 동시에 생각해야 한다. 이 경우 나는 사는 사람이기 때문에 구매자 입장에서 생각한다. 척이 얼굴에 환한 웃음을 지으며 주차장으로 차를 몰고 들어왔을 때 솔직히 고백하건대 창피스러운 생각이 스쳐갔다. 그렇지만 그런 생각을 오래한 것은 아니란 점을 강조하고 싶다.

욕심이 생겼다. 나는 속으로 척이 4년 된 차가 너무 마음에 들어서 오히려 돈을 주고 새 차와 교환해 줄 거라고 생각했다. 말했듯이 창피스러운 생각이지만 나는 고객이었고 고객입장에서 생각하고 있었을 뿐이다.

다시 한번 강조하건대 프로 세일즈맨으로 성공하고 싶다면 모든 세일즈 상황에서 판매자와 구매자 양쪽 입장에서 생각해야 한다.

잠재 구매자로서 나는 속으로 이런 생각을 했다. '척은 내 차를 정말 좋아해. 엄청나게 좋은 조건을 제시할 거야. 틀림없이 그럴 거야!' 차가 멈추고 척이 걸어 나왔다. 확실하진 않지만 척은 연기훈련을 받았을지도 모르겠다. 척이 차에서 나오자 문을 닫고 뒤로 물러서서 고개를 저었다. 그런 후 마치 믿기지 않는다는 듯이 문을 열었다 다시 닫았다. 척은 분명이 멋진 차를 너무도 맘에 들어 하고 나와의 거래를 통해서 그것을 차지할 기회를 얻을 참이었다.

숨어 있는 부정적인 요인을 찾아내라

척은 나를 보면서 앞서 한 말을 되풀이했다.

척 : 지글러 씨, 정말 이 차는 제가 지금까지 본 것 중에서 가장 멋진
차네요! 사실 외부 상태보다 내부 상태가 훨씬 좋습니다. 정말
차를 잘 사용하셨네요.

지그 : 정말 감사합니다.

척 : 사실, 약간 이해가 안 되는 부분이 있습니다. 오해는 마시기 바
랍니다. 지글러 씨가 방문하신 것은 정말 기쁘게 생각합니다만
이렇게 멋진 차를 지금 교환하려는 이유가 궁금하군요.

직접 세일즈를 하는 독자라면, 특히 세일즈를 시작한 지 얼마 되지 않
았다면 척의 이런 질문이 다소 부정적으로 보일 수 있다. 그러나 고객이
4년된 중고차를 새 차와 교환하려고 가지고 왔는데 왜 지금 당장 교환하
려고 하는지 세일즈맨이 그 이유를 묻는다면, 이것은 그 세일즈맨이 능
력 있고 자신감 있는 프로라는 긍정적인 증거다.

그 이유는 이렇다. 어떤 부정적인 요인이든 가급적 빨리 드러내서 프
레젠테이션을 하는 중에 해결하는 것이 상담이 끝날 무렵에 해결하는 것
보다 훨씬 낫다. 부정적인 요인을 초기에 탐지해 내면 수세가 아니라 공
세에서 세일즈를 할 수 있기 때문이다.

척의 반응

척이 나에게 "어째서 이 차를 바꾸려고 하십니까?"라고 물었을 때, 나
는 그를 보고 미소를 지으면서 이렇게 대답했다. "사실은 3주쯤 뒤에 미

시시피에서 가족모임이 있는데 새로 뽑은 캐딜락을 몰고 가면 정말 좋을 것 같아서요." 척도 분명 내 말에 동의했지만 아무 말도 하지 않았다.

그럴 필요가 없었다. 내가 방금 그의 세일즈 무기에 두 번째 총알을 장전해 주었기 때문이다. 척은 그저 수첩을 꺼내고서는(이 책에서 항상 세일즈 수첩을 준비해 가지고 다녀야 한다고 반복해서 강조한 적이 있다.) 계산을 하기 시작했다. 얼굴에 기분 좋은 듯 웃음을 머금고 있는 척을 보자 값을 후하게 쳐 줄 거라는 나의 확신이 더욱더 강해졌다.

높아졌다가 낮아지고, 다시 높아졌다

불행하게도 그 확신은 그리 오래 가지 못했다. 잠시 계산을 해보더니 그의 아름다운 미소가 사라지고 무표정으로 변했다. 미소가 사라지자 나는 그를 바라보며 속으로 생각했다. '안 돼! 문제가 생겼군. 뭔가 잘못된 거야.' 실망감이 밀려오기 시작했다.

그는 계속 셈을 했고 몇 분이 더 지나자 무표정으로 바뀌었던 미소는 이제 완전히 일그러져 버렸다. 내 평생 그렇게 심하게 일그러진 표정은 본 적이 없을 정도였다. 심장이 발끝까지 추락하는 것을 느꼈다. 나는 생각했다. 더 정확히 말하자면 속으로 중얼거렸다. '이런! 뭔가 문제를 발견했군. 정말로 갖고 싶었던 저 멋진 캐딜락을 사기는 틀렸구나.'

돌이켜보건대 나처럼 긍정적인 사고방식으로 명성을 얻은 사람이라면 그때 좀 더 긍정적으로 생각했어야 했다. 사실 나는 척 벨로스를 만만하게 보았다. 그것은 잘못된 행동이었다. 무엇보다 척은 성실한 사람이었기 때문이다. 그는 최선을 다해 셈을 하고 또 했다. 마침내 그의 일그러진 얼굴표정이 정상으로 돌아오자 속으로 이렇게 외치고 있는 나 자신을 발견했다. '제발 그 표정을 계속 유지해 주시오!' 다행히 그의 표정은 더 이상 일그러지지 않았다.

몇 분 동안 열심히 계산을 하더니 무표정이 다시 아름다운 미소로 변했다. 그때 척은 수첩에서 눈을 떼고 고개를 들어 흥분된 목소리로 말했다. "지글러 씨, 아주 좋은 소식이 있습니다. 차의 상태가 훌륭하고 또 저희가 보유한 물량이 많아서 칠삼팔오(7,385) 달러에 오늘 차를 교환구매하실 수 있겠습니다."

나는 거의 심장마비를 일으킬 뻔했다

오해가 없기 바란다. 나도 교육을 받은 사람이다. 즉, 나도 텔레비전을 보고 신문도 읽는다는 뜻이다. 텔레비전과 라디오가 주요한 교육의 매개체라는 것은 잘 아는 사실이다. 자동차 가격이 계속 올랐다는 것은 나도 알고 있었다. 그뿐 아니라 친구들과 친척들도 내게 이렇게 말했다.

"지그, 자동차 가격이 얼마나 올랐는지 믿기 힘들 거야! 너무 하다 싶을 정도라니까!" 그러나 친구와 친척들이 하는 말은 나와는 상관없는 것이었다.

너무 비싸요

그들은 '그들의' 차와 '그들의' 돈을 말하고 있었다. 척 벨로스는 내게 '나의' 차와 '나의' 돈에 대해 말하고 있었고 이는 전혀 다른 별개의 문제다. 척이 아주 부드럽고 쉽게 칠삼팔오 달러라고 말했을 때(척은 칠천삼백팔십오 달러라고 말하지 않았다.) 나는 깜짝 놀라 큰소리로 말했다.

"세상에! 그렇게나 많이!"

척은 나의 눈을 응시하면서 아주 단순한 질문을 하나 했다. 매우 적절한 목소리와 억양을 사용해서 말이다. "지글러 씨, 너무 비싼가요?"

핵심 포인트 : 그는 언쟁을 하거나 방어적 자세를 취하거나
가격을 합리화하려고 하지 않았다. 조용히, 아무런 동요도 없이
자신감 있는 태도로 공을 나의 코트로 넘겼다.

그는 나에게 무엇을 요구하는가? 이 게임의 플레이어로서 나는 스스로에게 몇 가지 질문을 던져야 했고 결정을 내려야 했다. 첫째, 나에게 던진 질문의 의미는 무엇인가? 내가 감당할 수 없는 수준인지, 재정능력 밖인지를 묻고 있는 것인가? 그의 질문은 도전의 의미인가? 내가 7,385달러의 차액을 지불할 능력이 안 된다고 솔직하게 고백하라는 말인가? 조금이라도 나를 아는 사람이라면 그 정도의 투자를 감당할 수 없을 거라고 생각하지 않을 것이다.

아니면 그의 말(질문)은 전혀 다른 성질의 것인가? 그는 단순히 "지글러 씨, 현명하고 신중한 비즈니스맨으로서 7,385달러가 지금 이 시점에서 자동차를 교환하는 데 투자하고 싶은 금액보다 많다고 생각하십니까?"라고 묻고 있는 것일까?

만약 질문의 의미가 후자라면 사실을 인정하는 데 어려울 게 없다. 나는 이렇게 응수했다. "척, 내가 투자하고 싶은 금액보다 많은 액수네요." 그는 반가운 표정으로 부드러운 공세를 유지하면서 직접적이고도 간단한 질문을 했다. "지글러 씨가 갖고 계신 4년 된 올즈모빌 리젼시 모델과 저희가 갖고 있는 멋진 새 캐딜락 새단 드빌Cadillac Sedan deVille을 교환하는 차액으로 어느 정도가 적당하다고 생각하십니까?"

세일즈 클로징 에이브러햄 링컨 전략 _ The "Abraham Lincoln" Close

한 가지 주목해야 할 것은 상담하는 동안 척 벨로스는 나의 차에 대해 한 번도 폄하거나 부정적인 말을 하지 않았다는 사실이다. 그는 에이브러햄 링컨과 같은 전략을 사용했다. 링컨은 배심원을 설득할 때 사건의 당사자 모두의 편에서 변론했다. 상대방의 입장에서 변론하고 나서 고객의 입장에 서곤 했다. 자신에게 유리한 쪽으로 더 많은 사실들을 이끌어내기 위해 매우 신중하게 접근하면서도 상대방의 입장에서 말할 때는 언제나 공정했다. 물론 자기 고객을 변론할 때처럼 뛰어난 언변을 구사하지는 않았다.

세일즈 클로징 과거의 구매를 긍정적인 결정으로 인식시키라
_ The "Previous Purchase" Close

척의 테크닉과 심리전은 완벽했다. 내 차에 대한 공격은 곧 나에 대한 개인적인 공격으로 받아들여졌을 것이다. 결국 그 차를 산 사람은 나고, 산 상품에 대한 비난은 곧 사람과 판단력에 대한 공격이다. 부모가 자녀의 이성 친구를 비난하거나 폄하하는 것은 자녀의 판단력, 취향 그리고 지적 능력을 비난하는 것이나 다름없다. 이런 방법으로는 친구를 얻거나 사람들에게 영향력을 행사할 수 없다. 그것은 자녀나 고객의 경우도 마찬가지다.

고객이 과거에 구매한 상품에 대해 비하적인 발언을 할 때는 신중하고 눈치껏 대처해야 한다. (눈치라는 것은 알다시피 자신을 내세워야 할 때와 낮춰야 할 때를 분별하는 기술이다.) 설령 고객의 말에 동의한다 하더라도 "아이고, 당했군요!"라든가, "바가지를 쓰셨네요!"라는 식의 말은 당신에게 부

정적인 결과를 초래할 수 있다.

예를 들어 "그 사람들이 고객님한테 100% 정직하지 않은 게 분명하군요." 또는 "제가 보기에도 고객님이 바가지를 쓰신 것 같네요"라는 등의 말은 고객으로 하여금 '맞아요, 그 사람들이 날 속였어요. 그래서 당신을 예의 주시할 것이고 당신은 날 속일 수 없을 거예요!'라고 생각하게 만들 것이다. 과거에 산 상품이나 상대했던 세일즈맨에 대한 비하발언은 경고의 깃발을 흔들며 고객에게 당신을 경계하라는 경각심을 불러일으키는 짓이나 다름없다.

그렇다면 고객이 과거에 산 상품에 대해 부정적인 말을 할 때 어떻게 대응해야 할까? 이런 방법을 시도해 보라. 고객의 눈을 똑바로 응시하면서 조용히 이렇게 말해보라. "다시 한번 기회가 주어진다면 누구나 그때와 다른 결정을 내렸을 것이라고 생각할 것입니다. 그렇지만 고객님이 결정을 내렸을 그 시점과 그 상황에서 그 당시 알았던 똑같은 정보를 갖고 있다면 대부분은 똑같은 결정을 내렸을 거라고 생각합니다. 그렇기 때문에 오래전에 이미 일어난 일에 대해 기분 상해하지는 않을 겁니다."

고객이 기분 좋게 새로운 결정을 내리도록 만드는 최고의 방법은
과거에 내린 결정에 대해 기분 좋게 만들어 주는 것이다.

고객의 기분을 좋게 만들어라

여기서 한 가지 질문을 하겠다. 당신은 고객에게 정직했는가? 다음 질문에 답을 해보면 이 질문에 대한 답이 자명해진다. 상품을 산 뒤 후회한

적이 있는가? 이러한 경험에 대해 잠시 반추해 보자. 옳은 결정이라고 생각했기 때문에 그 상품을 샀을 것이다. 중요한 상품을 살 때는 가격이 적절하고 그 상품이 당신에게 유익하다고 생각하기 때문에 산다. 고객이 과거에 상품을 샀을 때도 똑같은 생각을 했다는 점을 기억해야 한다.

이런 원칙에 따라 척은 나의 기분을 좋게 만들어 주었다. 4년 된 올즈모빌 리젠시에 대해서 칭찬도 했지만 그게 전부가 아니었다. 내가 생각하고 있는 교환가격을 물어봄으로써 진짜 고객인지의 여부를 가려내고 있었다. 만약 500달러에 새 차를 교환받겠다고 제시한다면 시간낭비이므로 상담을 중단하는 게 낫다는 것을 그는 알고 있었다.

동상이몽 同床異夢

부동산에서도 유사한 경우가 있을 수 있다. 예를 들어 집값이 39만 5,000달러인데 고객이 "19만 5,000달러로 합시다"라고 말한다. 부동산 중개인은 제시한 가격이 너무 낮으면 전혀 다른 곳에서 다른 게임을 한다는 뜻이므로 고객이 될 수 없음을 안다. 이것을 가급적 일찍 파악해서 지금 눈앞에 있는 고객과 다른 고객 중 누구에게 자신의 시간을 투자하는 것이 더 효과적일지에 대해 현명한 결정을 내려야 한다. 바로 척이 그런 결정을 하기 위해 그 질문을 던진 것이다.

"적절한 교환가격이 얼마라고 생각하십니까?"라는 질문은 내가 가망이 있는 고객인지 아닌지를 판별하는 해답을 제공해 준다. "저는 늘 우수리 없는 숫자로 거래하는 게 좋다고 생각하는 사람입니다. 제 생각엔 두 차의 차액으로 7,000달러면 충분하다고 생각하는데요. (잠시 쉬었다가) 세금과 제비용을 포함해서 말이죠."

척은 약간 놀란 듯이 나를 쳐다보며 말했다. "지글러 씨, 불가능한 것을 요구하시는군요. 385달러나 깎아 달라고 하시고 게다가 약 350달러의 세금과 제비용까지 가격에 포함시켜 달라는 말씀이시군요. 합계 735달러인데 그것은 절대 불가능한 일입니다. (잠시 쉬었다가) 하지만 지글러 씨, 한 가지 질문을 드리겠습니다. 그럴 리는 없겠지만 설령 저희가 지글러 씨의 제안을 받아들인다면 지금 당장 이 멋진 새 캐딜락을 몰고 집에 가실 준비는 되어 있으십니까?"

척은 진지했다

갑자기 이런 생각이 들었다. '이 사람은 자동차 세일즈를 진지하게 생각하고 있군!' 아울러 누군가 말리지 않는다면 척에게 차를 사고야 말 거라는 생각이 스쳤다.

바로 그 순간, 나는 당신이 세일즈를 하는 동안 늘 고객들이 그렇게 해왔고 또 세일즈 세계에 있는 한 계속 반복될 반응을 척에게 보였다. 내가 가격을 제시했고 척이 그것을 수용하겠다는 신호를 보낸 그 진실의 순간, 나는 뒤로 물러서기 시작했다. 나는 한 발 뒤로 빼면서 말했다.

"그건 잘 모르겠습니다. 7,000달러는 큰돈이고 내 돈은 쉽게 번 돈이 아닙니다."

결정의 순간, 일시적인 이성마비가 발생한다

찰스 로스에 의하면 중요한 결정인 경우, 그 결정을 내리는 순간 고객은 일시적으로 제정신이 아니라고 한다. 중요한 결정을 내릴 때는 의심과 두려움이 반드시 끼어 들기 때문이다. 나의 경우 7,000달러짜리 결정을 내려야 했고 재정적으로 보수적인 나에게는 큰 결정이었다.

마음속에 생겨나기 시작한 질문, 즉 의구심은 이것이 정말 내가 원하는 색깔인가? 캐딜락을 원하는 것이 확실한가? 지금 당장 이 차를 살 것인가 아니면 두세 달 더 기다렸다가 살 것인가? 캐딜락을 살 것인가 아니면 다른 모델을 살 것인가? 다른 대리점에 가면 더 좋은 가격을 제시하지 않을까? 확실히 차를 사고 싶은가 아니면 차를 리스하는 게 나을까? 조금만 더 버티면 척이 더 좋은 조건을 제시하지 않을까? 등이다.

한마디로 의심이 있었고 의심은 판단에 영향을 주며 따라서 "일시적인 이성마비"가 발생한다. 척은 다음 질문으로 나를 압박했다. "만약 제시하신 7,000달러를 저희가 수용하면 사시겠습니까?"

의구심이 있는 고객을 다룰 때 기억해야 할 중요한 포인트는 당신이 어떤 사람이냐가 당신이 어떤 세일즈맨이냐와 동일한 중요성을 갖는다는 사실이다. 고객이 당신이 설명한 내용을 믿고 상품을 사려면 먼저 당신을 믿어야 한다. 즉, 당신의 성품, 인테그리티, 정직함을 믿어야 한다. 결론은 고객이 당신을 신뢰해야 한다는 것이다.

이 시점에서 한 인간으로서 척 벨로스가 취한 신뢰형성 방식과 프로 세일즈맨 척 벨로스가 사용한 세일즈 전략을 주의 깊게 살펴보기 바란다. 고객이 당신에게서 사지 않는 가장 중요한 이유는 신뢰 부족 때문이라는 것을 다시 한번 기억해야 한다. 따라서 당신이 처음으로 세일즈 자료세트를 집어 들거나 판매원으로서 카운터 뒤에 섰을 때가 아니라 책임질 수 있는 나이가 되었을 때 비로소 세일즈 커리어가 시작된다는 것을 알아야 한다.

기술이냐 신뢰냐

세일즈를 할 때, 세일즈맨으로서 생각하고 느끼는 입장에서 고객처럼 생각하고 느끼는 입장으로 전환해야 한다. 이것이 지금 이 상황에서 척이 해야 할 일이다. 그는 내 입장이 되어 고객인 나처럼 생각해야 한다. 세일즈에 성공하려면 고객인 나의 상황에 공감해야 하는 것이다.

이와 함께 그가 보여주고 있는 협상기술과 프로 세일즈맨으로서 그가 사용하고 있는 세일즈 테크닉들을 눈여겨보기 바란다. 그러나 여러 차례 강조한 바와 같이 고객이 당신의 말을 믿지 않거나 당신의 성품을 신뢰하지 않으면 어떠한 테크닉도 소용없음을 알아야 한다.

나의 제안에 뒤로 물러서기 시작한 바로 그 순간 척은 어떻게 했을까? 펜을 집어서 수첩에 썼던 7,000달러에 줄을 그어버리고 나서 말했다. "지글러 씨, 현실적으로 저희 회사가 그런 제안을 받아들일 가능성이 전혀 없기 때문에 7,000달러는 잊어버리기로 하고 7,385달러를 놓고 생각해 보시지요. 저희는 그 가격에서 더 깎아 드릴 수가 없으니까요." 그런 후 척은 목소리를 낮추고 내 눈을 응시하면서 희미한 미소를 지으며 말했다. "지글러 씨, 저희가 제시한 가격에서 더 이상 양보는 하지 않습니다."

약간 위험할까? 그렇다. 그러나 크게 위험하지는 않다. 그 친구가 유머감각이 뛰어난 사람이라고 귀띔해 주었기 때문에 척은 약간의 농담이 통한다는 것을 알고 있었다. 그가 "저희가 제시한 가격에서 더 이상 양보는 하지 않습니다"라고 말했을 때 나는 기분이 상하기보다 재미있다고 생각했다. 더 중요한 점은 척이 진지한 협상가이며 나 역시 진지해지길 바라고 있다는 그의 메시지를 분명하게 이해했다는 것이다.

"그러니까 7,385달러에 대해서 이야기해 봅시다. 지글러 씨께서 앞서 말씀해 주신 가격에 따라 (이번에도 역시 수첩을 사용하고 있었다.) 새 차였을 때 올즈모빌 가격으로 지불하신 금액에서 2,600달러를 제하고 제시해 드리는 가격이기 때문입니다. 지글러 씨는 4년 동안 그 차를 사용하셨고 계산을 해보면 연간 비용이 약 600달러인 셈이지요." 그는 수첩에 적힌 숫자들을 보여주었다. 그런 후 목소리를 낮추고 내 눈을 바라보며 말했다. "지글러 씨, 쉐보레도 그렇게 싸게 타고 다닐 수는 없을 겁니다!" 이 말을 듣고 나는 과거에 산 차에 대해 기분이 좋아졌다.

■세일즈 클로징 기분 좋은 계약 _ The "Feel Good" Close

나는 속으로 생각했다. '지글러, 머리를 굴려! 지금 내가 고성능 올즈모빌을 1년에 600달러에 타고 있는데 쉐보레도 그 정도 돈은 줘야 하잖아!' 그런데 갑자기 척의 의도가 무엇인지를 깨달았다. 나는 말했다. "잠깐만! 난 그 차 값으로 7,385달러를 지불할 생각은 없습니다. 나는 7,000달러를 제시했고 더 이상은 안 됩니다!"

척은 분명 연기수업을 받았음에 틀림없다. 그는 감정을 드러내지도 않았고 웃지도 않았다. 그는 단지 이렇게 말할 뿐이었다. "지글러 씨, 저로서는 어쩔 도리가 없군요. (이제 그는 나의 입장, 즉 고객의 입장이 되어 말로 나를 감싸주었다.) 하지만 이렇게 하지요. 감정사와 상의해서 지글러 씨를 위해 할 수 있는 일이 있는지 알아보겠습니다. 저는 지글러 씨가 로저 마이어 대리점에서 차를 사기를 바랍니다. 그렇기 때문에 '고객님이 원하는 가격'에 '고객님의 차'를 살 수 있도록 제가 최선을 다해 도와 드릴 테니 걱정 마세요."

처음에 척은 내가 판단력이 좋은 사람인 것처럼 느끼게 해주었다. 이제 그는 내가 중요한 사람인 것처럼 느끼게 해주었다. **주의** : 확신과 진심이 없다면 시도하지 말 것.

척은 추후 더 자세히 다룰 '산다고 전제하기'라는 전략을 나름대로 응용하고 있다. 그가 '당신의' 차, '당신이' 원하는 가격이라는 표현을 사용하면서 올즈모빌을 타는 데 연간 소요되는 비용이 겨우 600달러였다고 설명함으로써 그는 나를 올즈모빌에서 캐딜락으로 옮겨 태운 것이다. 그는 나를 운전석에 앉히고 운전대를 쥐어 준 셈이며 이미 새 차의 소유권을 넘겨주었다.

그는 우리가 나눈 대화를 재확인함으로써 향후 발생할 수 있는 오해를 피하고자 했다.

"감정사를 만나기 전에 의사소통이 제대로 되고 있는지 확인해 보겠습니다. 제가 이해하기로 고객님께서는 교환대금으로 7,000달러를 제시했고 여기에 모든 제비용이 포함된다는 조건이지요." 척이 말했다.

"맞습니다."

이렇게 말하고 나서 척은 다시 감정사를 만나러 갔다. 3분 정도 지나자 다시 돌아온 척이 말했다.

"이를 어쩌나! 감정사가 급한 일로 집에 갔답니다. 내일 아침에 볼 수 있겠네요. 이 멋진 새 새단 드빌의 소유자가 되실지 결정이 나지 않았는데 하루 정도는 기다리실 수 있겠습니까?"

세일즈 클로징 확실하게 못박아 두라 _ The "Tie Down" Close

"기다릴 수 있을 것 같습니다."

"가시기 전에 서로의 의사를 제대로 이해하고 있는지 확실히 해 두는 게 좋을 것 같습니다. (척이 어떻게 세일즈를 매듭짓는지 한번 보라.) 아시다시피 자동차 업계에서는 서명된 계약서 없이는 정식 가격제안으로 보지 않습니다만 저는 이 업계에 오래 있었기 때문에 신뢰할 만한 고객인지 아닌지를 판단할 수 있다고 자신 있게 말씀드릴 수 있습니다. 지글러 씨께서 제비용을 포함해서 차의 교환대금으로 7,000달러를 말씀하셨기 때문에 그것으로 계약이 성사된 것이고 지글러 씨의 말이 곧 지글러 씨의 약속임을 믿습니다. 제 말이 맞지요, 지글러 씨?"

이런 말에 내가 뭐라고 대답했을까? 당신이라면 뭐라고 말했을까? "아닙니다, 저는 거짓말쟁이입니다"라고 말하지는 않을 것이다. 누군가 당신을 그런 식으로 존중해 주는데 그럴 수는 없을 것이다. 그래서 나는 점잖게 "맞습니다, 제가 한 말을 믿으셔도 됩니다"라고 말했다.

"지글러 씨를 전적으로 믿어도 되겠다는 확신이 들었습니다. 그래서 신사답게 악수로 계약을 확정짓고 좋은 소식을 갖고 내일 아침 일찍 전화를 드리겠습니다."

다음 날 아침 8시 30분에 사무실에 들어서자 전화벨이 울리고 있었다. 척의 전화였고 그는 흥분된 목소리로 말했다. "지글러 씨, 기쁜 소식입니다. 감정사에게 이야기를 했는데 7,200달러에 차를 교환해 드릴 수 있답니다. 제비용을 포함해서 말이죠." 그 순간 나는 7,000달러에 그 차를 이미 산 거나 다름없다는 것을 알았다.

타협은 또 다른 타협으로 이어진다

우리 고향에서 하는 말로 "내가 하는 말을 파이프에 넣고 태워 버려도 난 상관 않겠다"(즉 "내가 하는 말이 듣기 싫거나 마땅치 않으면 무시해도 되지만 나는 이 말은 꼭 해야겠다"라는 의미의 관용표현—역주)는 말이 있다.

기업이든 개인이든 한 번 타협하기 시작하면
그것이 가격이든 원칙이든 또 다시 타협하기 쉽다.

"척, 어젯밤 당신이 나를 믿어 주었을 때 나는 당신의 통찰력과 지혜로움에 감탄했습니다. 당신의 말이 옳다고 생각했고 저는 제가 한 약속을 지키는 사람이기 때문에 정확히 제가 말한 대로 할 것입니다."

"지글러 씨, 그러니까 7,000달러 이상은 안 된단 말씀이십니까?"

"우린 지금 눈빛이 아니라 말로 커뮤니케이션을 하고 있습니다. 제가 한 말대로입니다."

"그럼 잠시 후 다시 전화 드리겠습니다."

척은 다시 전화를 걸어서 물었다.

"제가 차를 갖다 드릴까요, 아니면 직접 와서 가져가시겠습니까?"

"차를 갖다 주셨으면 좋겠습니다."

"그럼 잠시 후에 뵙겠습니다."

두 가지 핵심 포인트 : 첫째 내가 7,000달러를 제시해 놓고 물러섰을 때 척은 내게 계속 판매를 시도하지 않았다. 그랬다면 내가 가격을 더 낮추려고 할 것을 알았기 때문이다. 둘째 나는 그 차를 사기 전날 처음 척을 만났지만 척은 캐딜락 세일즈를 자신의 커리어로 삼겠다고 결심했던 22년 전부터 그 차를 내게 팔기 시작한 것이나 다름없다.

척은 자동차 세일즈의 두 가지 중요한 원칙이 무엇인지를 알고 있었다. 첫째, 단골을 만들어서 같은 사람에게 여러 번 차를 팔아야 한다. 둘째, 고객이 고객을 소개하도록 만들어야 한다. 이 점에 있어 그가 얼마나 성공적이었는지는 비즈니스의 상당부분이 재구매 고객이라는 사실을 보면 알 수 있다. 사회는 이동이 빈번하고 그의 고객 중 다수가 다른 도시로 이사 간다는 것을 생각할 때 이것은 실로 엄청난 성과다. 나 역시 척의 오랜 단골 고객 중 한 사람의 소개로 차를 사게 되었다.

척이 어떻게 그렇게 성공할 수 있었는지 그 방법이 중요하다. 우선 척은 인테그리티를 바탕으로 자신의 커리어를 쌓아 왔다. 나의 경우 캐딜락을 '보러' 척에게 간 게 아니었다. 이미 다른 두 곳의 대리점에서 캐딜락을 살펴보았다. 나는 그 차를 사기로 이미 마음먹었다. 구체적인 비용문제에 대해 합의가 이루어진다면 차를 '살' 생각으로 척한테 간 것이다. 나는 척이 신뢰할 수 있는 사람임을 알고 있었고 신뢰는 거래에 있어 가장 중요한 요소다. 둘째, 척은 후속조치에서도 지극히 프로다웠다. 내가 차를 산 열흘 뒤, 전화를 걸어서 차가 마음에 드는지, 도와줄 일은 없는지 그리고 '새로 나온 모델을 소개할 만한 친구가 있는지'를 물었다.

처음으로 정비 서비스를 받으러 갔을 때 시동이 꺼지기도 전에 내 앞에 나타난 사람도 척 벨로스였고, 그 자리에서 나에게 도와줄 일이 있는지를 물었다. 그게 전부가 아니다. 주기적으로 척은 전화를 해서 "안녕하세요, 혹시 새 모델을 소개해드릴 만한 분을 아시나요?"라고 묻기도 했다. 내 마음속에 자신의 이름을 끊임없이 상기시켜서 차를 교환할 시기가 되었을 때 내가 그의 이름을 기억하도록 하기 위해서였다.

척 벨로스는 프로다. 항상 깔끔하고 보수적인 옷차림을 한 그는 꼭 맞는 차를 골라주고 선택한 차를 즐겁게 탈 수 있도록 도와주는 친구이자 조언자의 이미지를 만들어 낸다. 그것은 아주 훌륭한 세일즈 전략이다. 이것이 바로 세일즈를 성공시킬 뿐 아니라 단순한 세일즈 이상의 부가가치를 창출하는 방법이다. 고객도 얻고 친구도 만들어라. 그럼으로써 현재의 세일즈가 미래로 연결되도록 할 수 있다. 이것이야말로 커리어를 만드는 세일즈다.

모든 사람은 세일즈맨이고
모든 것은 세일즈 대상이다

Everybody Is a Salesperson and Everything Is Selling

프로 세일즈맨 같은 치과의사 진정한 세일즈 프로 중 한 사람은 나의 친구 톰 맥두걸Tom McDougal이다. 톰은 치과의사고 훌륭한 의사다. 그는 성공적인 치과운영에 대해 다른 치과의사들에게 전국으로 강의를 하러 다닌다. 진정한 프로들이 그렇듯 톰은 자기가 말한 바를 실천한다.

처음 그의 병원을 찾아갔을 때 안내 데스크 직원은 예의 바르고 친절하며 적극적이었다. 직원이 환자 등록양식을 건네주면서 대기실에 앉으라고 권했다. 양식을 다 작성하자마자 또 다른 직원이 와서 예진을 위해 상담실로 안내했다.

처음부터 끝까지 모든 직원들이 자신이 담당하는 일을 열정적으로 그리고 프로답게 처리했다. 물론 맥두걸 박사는 치료과정 중에서 치과의사만이 할 수 있는 부분을 담당했지만 다른 직원들 역시 자신의 임무를 프로답게 해냈다.

가장 인상적인 것은 무려 세 사람이 치실 사용의 중요성에 대해 설명해 주었다는 점이다. 이들은 모두가 웃으면서 보존하고 싶은 치아가 있다면 반드시 치실을 사용해야 한다는 것이 맥두걸 박사의 생각이라고 말했다.

요점은 간단하다. 맥두걸 박사는 예방의학의 중요성을 믿는다. 병원을 나서면서 그곳의 모든 사람이 나의 치아가 건강하기를 원한다는 강한 느낌을 받았다. 이것이 바로 훌륭한 치과운영이고 훌륭한 인간관계이며 훌륭한 서비스의 판매다.

말의 힘

맥두걸 박사를 만났을 때 그가 긍정적인 단어를 사용한다는 것을 발견했다. 단어의 대부분은 치과 컨설턴트인 글래이디스 쿡Gladys E. Cook이 편집한 방대한 목록에서 참고한 것들이다.

맥두걸 박사는 '수복(때운다)'이란 말 대신 '복구'라는 단어를 사용했고 '취소' 또는 '연기'라는 말 대신 '일정 변경'이란 표현을 썼다. '대기실'이 아니라 '접견실'에서 아주 잠시 기다렸다. 치료가 끝나자 '진료비를 계산'하겠냐고 묻지 않고 '서비스 비용을 결제'하겠냐고 물었다.

또한 진료예약을 '상기'시켜 주기 위해서가 아니라 '확인'하기 위해 내 사무실로 전화를 했다. '침을 뱉으세요' 대신 '입안을 비워주세요'라는 표현을 사용했다. 치아를 '갈다'란 말 대신 '준비한다'라고 말했다. '바늘' 또는 '한 방'이란 표현 대신 '주사'라는 말을 사용했다. 나 역시 '통증'

이 아니라 약간의 '불편함' 또는 '압력'을 느꼈다. 그렇다. 언어는 중요하다. 말에는 힘이 있다.

앗! 나의 실수

관계관리라는 측면에서 이 치과는 두 가지 또 다른 특이점이 있다. 첫째, 이틀 뒤 임시 치관 중 하나가 떨어져 나갔다. 나는 맥두걸 박사의 사무실로 전화를 했지만 자동응답기가 응답했다. 5분 뒤 전화가 왔고 10분 뒤 나는 병원으로 갔다. 맥두걸 박사의 동료가 신속하게 치관을 제자리에 고정시켜 주었다. 이것이 바로 환자, 즉 고객관리다.

둘째, 맥두걸 박사는 3개의 치아에 치관을 씌우기 위해 치아를 '준비' 해야(갈아야) 했기 때문에 치료시간은 길었고 작업도 어려웠다. 그날 저녁 그는 내게 직접 전화를 해서 상태가 어떤지 확인했다. 처방이 필요한지, 불편한 곳은 없는지, 도와줄 일은 없는지를 물었다. 여태까지 치과에 다니면서 집으로 전화를 해서 상태가 어떤지, 아픈 곳은 없는지를 물어 본 치과의사는 단 한 명도 없었다.

솔직히 처음엔 나의 직업이 강사이며 저술가라는 것을 알기 때문에 전화를 했을 거라고 생각했다. 그래서 다른 환자들에게도 확인해 보았지만 중대한 치료를 받은 환자의 경우에는 그날 밤 환자상태를 확인하기 위해 항상 전화를 한다는 사실을 알게 되었다.

훌륭한 치의술이 아닐 수 없다. 나의 입장에서 볼 때 이것은 또한 훌륭한 세일즈가 아닐 수 없다. 인간적으로 나에게 관심과 배려를 보여주었기 때문이다.

조지아 주 애틀랜타 출신의 휴 러셀Hugh Russell 박사는 "사람들이 세일즈맨의 제안을 이해하고 공감하기 때문이 아니라 세일즈맨이 자신들을 이해한다고 생각하기 때문에 상품이나 서비스를 사는 경우가 많다"고 지적한다.

맥두걸 박사의 경우 훌륭한 치과의사이고 나의 필요를 이해하기 때문에 그에게서 서비스를 사는 것이다. 모든 프로 세일즈맨은 고객을 보살피는 데 있어 이와 같은 배려와 프로의식을 발휘해야 한다.

이러한 정신은 맥두걸 박사가 기고한 다음 글에 잘 나타나 있다.

치과 서비스나 여타 다른 직업 또는 비즈니스에서 '세일즈'의 진정한 비법은 머리나 지식이 아니라 가슴으로 말하는 것이다. 마음의 목소리로 말할 때 가장 깊은 진심이 전달된다. 그러나 자신의 상품이나 서비스에 대한 확신이 없으면 가슴으로 말할 수 없다. 이것은 자신의 상품이나 서비스 분야에서 심오한 지식을 쌓기 위한 나름대로의 고된 노력이 있었음을 의미한다. 또한 세일즈맨은 고객에게 그 상품(서비스)이 반드시 필요하다는 믿음이 있어야 한다.

맥두걸 박사는 일반인의 눈으로 볼 때 세일즈맨이나 세일즈 강사가 아니지만 위의 글은 그 어떤 세일즈 강연보다도 세일즈 핵심을 잘 설명하고 있다.

프로 주유소 운영자

몇 년 전 주유소에 운전자가 직접 주유할 수 있도록 펌프가 비치되어 있지 않던 시절, 우리 시대 최고의 세일즈맨 중 한 사람인 톰 파운틴Tom Fountain을 만났다.

조지아 주 테커터에 있는 그의 주유소에서 기름을 넣기 위해 차를 세우던 날을 잊을 수가 없다. 장대비 속에서 주유기 옆에 차를 세우고 주유소 안으로 재빨리 뛰어가면서 급하지 않으니 밖으로 나와 비에 흠뻑 젖지 말라고 손으로 신호를 보냈다.

주인에게 나를 소개하고 평소와는 달리 부정적인 말로 대화를 시작했다. "이렇게 비가 오면 주유소 영업에 피해가 많겠네요, 그렇죠?" 톰은 아주 밝은 목소리로 대답했다. "아닙니다, 전혀 그렇지 않아요. 사실 이거야말로 반가운 일이죠."

세일즈 클로징 부정에서 긍정을 찾아라 _ The "Rainy Weather" Close

내 평생 비 오는 날씨에 그렇게 반가워하는 주유소 주인은 처음이라서 이유를 물었다.

"비가 오면 매출이 떨어지는 게 사실이지만 오늘처럼 폭우가 내리면 못이나 유리조각이 빗물에 휩쓸려 도로로 나오지요. 그래서 한동안 펑크 난 타이어 때문에 손님들이 몰려옵니다. 오해는 마세요. 다른 사람의 불운을 바라는 것은 아니지만 못이나 유리가 도로에 있으면 사람들이 그 위를 밟고 지나가는 것은 당연한 이치지요. 그리고 이 도시에서 최고의 타이어 수리공이 저희 주유소에 있기 때문에 최적의 가격으로 신속하고 훌륭하게 작업을 해드립니다. 비가 오는 것은 어쩔 수 없지만 비가 와서 생긴 문제는 제가 해결해 줄 수 있지요."

정말 즐거운 대화였다. 그런 태도를 가진 톰의 사업이 번창하는 것은 당연했다.

세일즈 클로징 스페어 타이어 전략 _ The "Spare" Close

톰의 주유소를 다시 방문해서 세일즈 전략에 대한 이야기를 나누었는데 추가 세일즈를 이끌어 내기 위해 그가 사용한 효과적인 방법을 알려 주었다.

차가 주유소에 들어오면 톰과 직원은 팬벨트뿐 아니라 오일, 배터리, 냉각수를 점검한다. 팬벨트가 낡아서 끊어질 위험이 있는 경우 톰은 차 주에게 이렇게 말한다. "손님, 팬벨트가 낡았네요. 트렁크에서 여분의 팬 벨트를 꺼내 주시면 제가 끼워드리겠습니다. 금방 됩니다."

이 말에 대한 차주의 대답은 거의 틀림없이 다음과 같다. "트렁크에 여분이 없는데요." 그러면 톰은 "직접 보시면 아시겠지만 심하게 낡았습 니다. 새 것으로 교체하시는 게 좋겠습니다. 조만간 끊어질 것 같은데 그 렇게 되면 곤란하니까요." 대부분의 차주는 교체하는 데 동의한다.

이미 이야기의 결말을 짐작했을 것이다. 톰이 주유소에서 나올 때 1개 가 아니라 2개의 벨트를 들고 나온다. 벨트 1개만 파는 것이 아니라 대 개의 경우 여분의 벨트도 판다. 이것이 바로 프로라는 증거다. 상품을 팔아서 고객에게 서비스하는 것이다. 서비스를 통한 판매라고 할 수도 있겠다.

교사도 세일즈맨이다

모든 사람은 세일즈맨이다. 「퍼레이드Parade」라는 잡지의 편집장이던 레드 모틀리Red Motley는 이런 말을 했다. "누군가가 무언가를 팔기 전에는 아무 일도 일어나지 않는다."

미시시피 주 레이몬드에 있는 힌스 전문대학Hinds Community College에서 코 치 조비 해리스Coach Joby Harris의 미국역사 수업을 받던 1943년 무더웠던 여름을 잊을 수가 없다. 나는 어쩔 수 없이 그 수업을 들어야 했다. 고등 학교 졸업장을 따기 위해 역사수업을 들어야 했지만 내가 보기엔 완전히 시간낭비였다. 50년 전, 100년 전, 200년 전에 일어난 일을 안다고 해서 그것이 내게 무슨 유익이 될까?

나는 살아가는 데 불편하지 않을 만큼의 지식은 얻을 테니까 수업을 듣겠다(그리고 시험을 통과하겠다)는 태도로 임했다. 나의 진짜 관심사는 이 수업을 마치고 다음 가을 학기에 수학과 과학 수업을 추가로 들어서 해군항공부대에 지원하는 것이었다. 수년 간 나는 전투기를 조종하는 꿈을 가지고 있었다. 1943년 여름은 제1차 세계대전이 한창 진행 중이었고 나는 나름대로 내 몫을 하고 싶어 안달이었다.

교실에 들어서면서 자기소개와 이런저런 가벼운 이야기를 하고 수업에 들어갈 것으로 생각했다. 처음 부분은 맞았다. 해리스 선생님은 자신을 소개하고 몇 마디 일상적인 말씀을 하시고 나서 너무나도 훌륭한 세일즈 프레젠테이션을 하셨다. 선생님의 말씀이 끝났을 때 나는 왜 역사를 알아야 하는지 그 이유를 분명히 이해했다. 사실 첫 수업이 끝나기 전에 나는 이미 역사라는 과목에 흠뻑 빠져 있었다. 역사과목에서 A를 받았을 뿐 아니라 유일하게 학창시절 내내 계속 A를 받은 과목이었다.

그보다 더 중요한 사실은 해리스 선생님이 그날 한 말이 내 인생에 영향을 주었다는 점이다. 정치와 사회에 대한 관심과 내 나라를 좀 더 살기 좋은 곳으로 만들기 위해 최선을 다하겠다는 생각은 해리스 선생님의 역사수업 첫 시간에 형성된 것이다.

교사도 세일즈맨이다. 그렇다면 모든 교사가 세일즈맨이라는 것을 깨닫게 해서 그들이 우리의 젊은이들에게 조국을 위대하게 만들어 줄 사상을 심어 주고 학생들에게 최선을 다하고 더 높은 목표를 향해 노력하고 더 많이 기여해야 한다는 믿음을 팔도록 한다면 얼마나 좋은 일이겠는가? 이런 접근방식을 도입한다면 오늘날 젊은이들은 미래에 열릴 그들의 세상에서 훨씬 더 생산적인 사회 구성원이 될 것이라고 믿는다.

전문 건축가 역시 세일즈맨이다

이 책을 통해 여러 번 말했듯이 주부와 엄마부터 전문 컴퓨터 기사까지 모든 사람은 세일즈맨이다. 건축가도 마찬가지다. 나는 1981년에 수년 동안 계획했던 일을 행동으로 옮겼다.

텍사스 주 댈러스에서 동쪽으로 두 시간 정도 떨어진 홀리 레이크Holly Lake에 대지를 매입했다. 강연을 줄이고 집필에 좀 더 집중하겠다는 것이 나의 오랜 바람이었다. 최대한 많은 사람들에게 긍정적인 영향을 주자는 것이 개인적인 목표였다. 이를 위해 직접 나서는 것보다는 책을 쓰는 것이 더 효과적이었다.

한적하고 조용한 홀리 레이크에서 아름다운 집을 짓기에 이상적인 곳을 발견했다. 그 대지를 매입한 뒤 건축업자를 정해야 했다. 우리는 딱한 사람에게 연락했는데 그의 이름은 빌 테니슨Bill Tenison이었다. 빌은 처음부터 자기가 우리 집을 지을 것처럼 말하고 행동했다. ('산다고 가정하라'는 전략과 일맥상통하는 부분이다.) 빌은 장점이 많았다. 편안하고, 친절하고, 프로다운 매너를 갖췄고 명성 또한 자자했다.

대지를 사면서 이웃을 만났는데 집을 마무리 손질하고 있었다. 그들은 오직 한 건축가만 만나면 된다면서 빌을 추천해 주었다.

빌은 일솜씨가 뛰어나고 정직한 사람이며 자신이 약속한 것은 모두 그대로 지켰으며 약속한 것 이상을 해준다고 칭찬을 아끼지 않았다. 2년 전 빌이 집을 지어준 사람들과도 이야기를 해보았다. 그들 역시 똑같은 말을 했다. 빌은 수년 전에 그가 건축한 집들 뿐 아니라 현재 건축 중인 집들도 우리에게 보여주고 싶어했다.

빌 테니슨은 매번 집을 지을 때마다 자신의 모든 고객과 좋은 이웃이자 친구가 된다는 것이 그 동네에 사는 주민들의 공통된 생각이었다. 빌은 홀리 레이크에 자기 집을 짓는 중이었고 이웃들과 낚시를 하거나 골프를 칠 예정이기 때문에 그것은 현명한 전략이었다. 50명의 불만에 찬 고객들과 골프를 칠 수는 없지 않는가?

비결은 무엇일까?

빌은 우리가 기대했던 것 이상의 집을 지어 주었다고 정직하게 말할 수 있다. 나는 건축에 대해 아는 게 없지만 업계를 잘 아는 사람들마다 빌이 설계도에 명시된 것보다 훨씬 많은 단열재를 사용했고 요구하지도 않았는데 재료들을 아낌없이 더 사용했다고 알려 주었다. 일반적으로 5×10 규격의 목재를 사용하도록 되어 있는데 그는 7.5×15 규격의 목재를 사용했다.

건축단계마다 우리가 현장에 가 볼 수 없었기 때문에 건축이 진행되는 동안 빌은 자발적으로 사진을 찍어서 우리에게 보내 주었다. 그래서 우리는 집이 완성되어 가는 모습을 볼 수 있었을 뿐 아니라 우리가 원하는 대로 모든 것이 진행되고 있으며 원하는 것 이상을 얻고 있다는 것에 너무나도 만족스러웠다.

자기 직원들이 우리 집에 마지막 못질을 할 때 빌은 이것이 만족스러운 고객, 즉 우리가 앞으로 소개해 줄 다른 집의 첫 번째 못질을 하기 위한 기초공사라는 것을 알고 있었다. 프로로서 빌은 일을 잘하고 받은 돈보다 더 많은 것을 해주고 나에게 만족을 주면, 내가 아는 누군가가 홀리 레이크에 집을 지을 경우 자신을 추천할 것임을 알만큼 똑똑하게 이기적인 사람이었다. 이것이 바로 세일즈 커리어를 쌓는 방법이다.

이제부터는 아름다운 집안을 채워야 하므로 이 이야기에는 후속편이 있다. 세일즈 강사였던 더글러스 에드워즈가 "애완견 전략"이라고 불렀던 세일즈 테크닉과 관련이 있는 이야기다.

세일즈 클로징 애완견 전략 _ The "Puppy Dog" Close

이 방법은 간단하다. 꼬마들이 애완동물 가게에 가서 창문에 진열된 강아지를 보기만 하자고 부모를 졸랐던 시절부터 시작되었거나 적어도 그때부터 애용되었던 방법이다. 좀 나이가 든 독자라면 이 말을 듣고 패티 페이지Patti Page의 'The Doggie in the Window'라는 노래가사가 생각날 것이다.

꼬마손님과 가게 주인이 한편이 되어 귀여운 강아지를 사도록 엄마와 아빠를 설득하지 못하면 가게 주인은 강아지를 집으로 데려 가서 마음에 드는지 어떤지 직접 체험해 보라고 권한다. 이쯤 되면 이야기의 결말을 짐작할 수 있을 것이다. 가장 중요한 포인트는 가게 주인이 자신의 상품, 즉 강아지가 스스로 팔도록 했다는 점이다. 좋은 전략이다.

인테리어 디자이너도 세일즈맨이다

빌 테니슨이 홀리 레이크에 우리 집을 완공하자 인테리어 디자이너인 조이스 윈Joyce Wynn와 그의 훌륭한 직원(특히 캐시 애드록 스미스는 어떻게 해서든 우리가 필요한 것을 기가 막히게 찾아냈다.)들이 집에 꼭 맞게 그리고 우리의 취향과 요구에 맞춰 내부를 꾸미기 위해 우리 부부에게 세심하게 상의하며 일을 진행했다.

모든 것이 거의 다 완성되었는데 멋진 방의 한쪽 벽에 빈 공간이 남아 있었을 때 잊을 수 없는 일이 벌어졌다. 솔직히 나는 그대로도 괜찮다고 생각했지만 조이스는 그 공간을 채우기 위해 아름다운 벽걸이용 러그를 가져왔다. 물론 그 러그는 가격이 만만치 않았다. 맘에 들긴 했지만 살까 말까 망설였다. 조이스는 일단 걸어 두고 맘에 드는지 보라고 가볍게 제안했다. 맘에 들면 좋고 아니라 해도 문제될 건 없었다.

　나같이 고집 센 남편이 보기에도 그 말은 타당하게 들렸다. 그날 오후 조깅을 하면서 조이스가 나에게 '애완견 전략'을 써먹었음을 깨달았다. 내가 설명하고자 하는 핵심을 찌르는 그의 전략에 나는 웃지 않을 수 없었다. 훌륭한 테크닉은 그것을 사용하는 대상이 세일즈 테크닉과 절차에 대한 교육을 받은 사람이라 해도 효과가 있다. 물론 나는 그 러그를 샀다. 테크닉이 정말로 좋으면 고객은 세일즈맨이 테크닉을 사용하고 있다는 것을 인식하지 못한다. 설령 고객이 그것을 알아차린다고 하더라도 소유에 대한 필요와 욕구가 존재하고 세일즈맨의 기술이 프로수준이라면 별도리가 없기는 마찬가지다. 고객은 문제가 해결되기를 원한다는 것을 기억하라.

　프로는 고객이 그가 프로임을 잊어버릴 만큼 효과적이다. 홀리 레이크에 있는 새집으로 이사한 지 1년쯤 지나서 아내와 캐시 애드콕 스미스를 방문했다. 아내는 우리 집의 따뜻한 분위기가 좋다며 많은 사람들이 칭찬했다고 캐시에게 말해 주었다. 또한 많은 인테리어 디자이너들이 집을 인위적이거나 과도하게 꾸미는 경향이 있는데 우리 집은 너무나 자연스럽고 살기 좋아서 인테리어 디자이너가 정말 큰 도움이 된다는 사실에 놀라움을 표시한 사람도 있다고 덧붙였다.

　아내의 칭찬에 캐시의 기분이 더 좋아졌다. 캐시는 우리 부부의 취향, 생각, 콘셉트와 조화를 이루는 가구와 장식품, 그리고 인테리어 아이디어까지 적절하게 제안함으로써 일을 훌륭하게 해냈을 뿐만 아니라 자신의 전문지식이 우리 집에 새로운 차원의 아름다움을 주었다는 것을 잘 알고 있었다.

　아내와 캐시의 대화는 나의 초기 세일즈 경험을 떠올리게 했다. 조리기구 한 세트 판매를 마무리 짓고 나서 고객에게서 다른 고객을 소개받고 있었다. 고객들에게 소개를 받으면서 나는 단지 시연만 해줄 것이고 고객의 친구들이 사면 좋고, 사지 않아도 상관없다고 안심시켰다. 이 말에 주부고객은 이렇게 말했다. "맞아요, 난 그 말이 진심이란 걸 알아요. 당신은 절대 그다지 훌륭한 세일즈맨이 아니거든요."

우리 회사에서 만든 가장 큰 조리기구 세트를 사고 수표로 지불했음을 생각할 때 그녀의 그런 말에 오히려 기뻤다. 그 고객의 마음속에는 그녀가 산 것이지 내가 판 게 아니라는 생각이 있는 것이다. 모든 고객이 거래가 끝난 후 그렇게 느끼는 것이 바람직하다.

고액 거래에서도 통한다

몇 년 전 암웨이가 오늘날에 비해 규모가 작았던 시절에 어느 비행기 세일즈맨이 암웨이 사장인 리치 디보스Rich DeVos에게 제트 비행기를 팔려고 방문했다. 리치는 상당히 보수적인 사람이었고 그 당시 암웨이로서는 제트 비행기를 살 형편이 못된다고 생각했다.

그 세일즈맨은 제트기가 리치의 몸이 축나는 것을 막아 줄 뿐 아니라 시간을 절약하는 데 도움이 된다는 것을 알고 있었다. 또한 제트기가 있으면 리치가 더 많은 유통업체들을 둘러볼 수 있고 업무 효율성을 크게 향상시킬 수 있다는 사실도 알고 있었다.

그 세일즈맨이 사용한 전략은 이렇다. "디보스 씨에게 꼭 맞는 특별한 제트기가 한 대 있는데 한번 시승해 보시지요." 한편으로는 내키지 않았지만 한편으로는 흥분된 마음으로 리치는 시승을 했다. 마음에 들었지만 사야 한다는 확신은 전혀 들지 않았다. 그러자 세일즈맨은 말했다. "이번 주에는 이 제트기를 사용하지 않을 겁니다. 그러니 가져가셔서 사장님 제트기라고 생각하시고 마음대로 사용하세요. 전혀 부담 가지실 필요는 없습니다."

암웨이측에 어떠한 부담도 없다는 것을 강조한 만큼 그런 제안을 거절하기란 쉽지 않다. 공교롭게도 리치는 출장이 많아서 특별히 힘든 한 주를 앞두고 있었다. 그 한 주 동안 리치는 제트기를 타고 더 빨리, 더 편안하게 그리고 더 생산적으로 전국을 누비고 다닐 수 있었다.

한 주가 끝나갈 무렵 세일즈맨은 다시 와서 계약을 체결하려고 했지만 리치는 여전히 구매가 합당한지에 대해 확신이 서질 않았다. 그러자 세일즈맨은 애완견 전략에 약간의 조건을 달아서 연장해 주었다. "앞으로 한 달 동안 이 제트기를 사용할 구체적인 계획이 없으니 그동안 대여해서 사장님 제트기라고 생각하시고 계속 쓰시는 것이 어떻겠습니까?" 이번에는 더욱더 망설여졌지만 세일즈맨은 끈질기게 종용했고 리치는 한 달 동안 제트기를 더 유용하게 활용했다.

한 달이 끝날 때쯤 리치는 완전히 제트기에 중독되어 세일즈맨이 제트기를 찾으러 왔을 때 이렇게 물었다. "당신의 제트기라니 무슨 말씀입니까?" 한 달 동안 사용하고 난 리치는 제트기가 제공해 주는 스피드와 편리함에 익숙해져 있었다. 합리화가 가능하다면 만족스러운 편리함을 포기하기란 쉽지 않은 일이다. 사실, 리치가 회사를 위해 보다 효과적으로 일할 수 있도록 해준다면 그 정도 투자를 하도록 스스로를 설득하는 것은 문제가 안 되었다.

세일즈맨이 상품의 가치를 입증해 보일 수 있었기 때문에 리치는 그 제트기를 샀다. 한마디로 자신의 상품을 이용함으로써 리치가 보다 효과적으로 책임을 다할 수 있다는 것을 상품이 스스로 입증하도록 만든 것이다. 실제로도 세일즈맨이 애완견 전략을 사용한 이후에는 상품이 스스로 판 것이라고 볼 수 있다.

웨이터도 세일즈맨이다

프랭크 인판떼Frank Infante는 쿠바에서 태어나서 자랐지만 카스트로와 그 동료가 정권을 장악하자 가족과 함께 미국으로 이민을 왔다. 내가 프랭크를 처음 만난 것은 아내와 함께 댈러스에 있는 파르파로 레스토랑에서 저녁을 먹고 있던 어느 저녁이었다. 그날 프랭크를 웨이터로 만난 것은 정말 행운이었다.

내가 본 최고의 웨이터인 프랭크는 모든 면에서 완벽한 프로이며 훌륭한 웨이터가 갖춰야 할 태도와 자질을 잘 겸비하고 있었다. 적절한 언어를 사용하고 꼭 맞는 단어를 알고 있으며 좋은 서비스에 필수적인 우아함, 매력 그리고 좋은 매너를 가졌다. 원치 않거나 불필요한 관심으로 고객을 숨막히게 하지 않으면서도 고객과 고객이 필요한 것에 민감하게 반응했다.

서빙할 때마다 프랭크는 다정하고 조용한 환영인사를 건네는 것으로 시작한다. 우리에게 메뉴판을 살펴볼 시간을 충분히 준 다음 천부적인 육감으로 우리가 결정을 내린 바로 그 순간에 딱 맞춰서 다가온다. 웃으면서 주문을 할 것인지를 묻는다. 대개 메뉴에 대한 간단한 대화가 이어진다. 나는 늘 특별요리에 대해 묻고 프랭크는 생동감 있으면서도 너무 장황하지 않게 설명해 준다. 내가 그에게 요리를 추천해 달라고 하면 그는 주저하는 법이 없다. 우리의 취향을 알고 있기 때문에 "이 요리를 분명 좋아하실 겁니다. 정말 맛있습니다"라고 추천한다.

그러나 우리는 상당히 전통적인 취향을 가진 사람들이어서 서너 가지 요리를 특히 즐겨 먹는다. 대개 송아지요리, 붉은 도미요리 또는 베어네이즈 소스를 곁들인 필레 미뇽을 주문한다. 샐러드에 대해서도 정성껏 설명하지만 너무 길지 않다. 다시 말해 장황하게 설명하기보다는 요점을 짚어 준다.

부드러운 세일즈 서비스 _ The "Soft Service Sell" Close

우리가 다소 시간에 쫓길 때는 신속하고 정확하게 원하는 것을 제공하고 단 둘이 식사할 때는 여유 있는 저녁식사가 될 수 있도록 완벽하게 시간을 안배하는 모습이 놀라웠다. 차와 커피는 언제나 준비되어 있고 따뜻한 빵은 손짓 한 번에 즉시 가져왔다. 한 코스를 끝내고 다음 코스를 먹을 준비가 되었을 때 1분 이상을 기다려 본 적이 없다.

식사를 마치면 프랭크는 디저트에 대해 물었고 우리는 대개 먹지 않겠다고 말한다. 때때로 프랭크는 눈을 반짝이면서 치즈케이크가 특별히 맛있다거나 카푸치노 파이가 특별히 훌륭하다고 말해 주면서 하나를 함께 나눠 먹으면 그다지 부담스럽지 않을 거라고 알려 준다.

그의 전략은 부드러움이고 서비스 중심이다. 그래서 효과적이다. '부드러운 전략'이 유효한 이유 중 하나는 프랭크가 보조 웨이터와 효과적으로 협력할 줄 아는 진정한 팀플레이어이기 때문이다. (보조 웨이터busboy는 바람직하지 못한 명칭이다. 레스토랑 업계가 보다 우수한 인력을 유치하려면 '보조 웨이터'라는 말을 바꿔야 한다.) 그는 보조 웨이터에게 도움을 강요하는 대신 정중하게 요청하며 존중과 예의로 대한다. 이것이 바로 품위다.

처음부터 끝까지 프랭크는 세일즈를 하고 있다. 즐겁게, 점잖게, 다분히 프로답게 하지만 여전히 그는 세일즈를 하고 있는 것이다. 프랭크는 서빙의 효율성과 매너가 자신의 수입과 직결된다는 것을 잘 알고 있다. 그러나 프랭크의 행동과 말을 보면 친절과 철저한 서비스는 전적으로 직업에서 최고가 되고 싶은 마음에서 우러났음을 알 수 있다. 그의 목표는 고객에게 정말로 만족스러운 식사가 되도록 하는 것이다. 당연히 우리는 프랭크에게 평균 이상의 팁을 준다.

팁이란 말은 원래 "신속한 서비스를 보장하다To Insure Prompt Service"라는 뜻의 TIPS에서 유래되었다. 팁은 신속한 서비스에 대한 사전 보상으로써 원래는 식사를 하기 전에 주었다. 아내와 나는 신속하고 친절한 서비스에 대해서는 평균금액의 팁을 준다. 유익한 제안, 우아한 매너, 기분 좋은 미소, 적극적인 친절이라는 형태의 '보너스'를 받았을 때는 우리를 도와준 웨이터에게 더 많은 보상을 해준다.

모든 웨이터와 웨이트리스가 프랭크에게 서빙 받을 수 없다는 점은 유감스러운 일이다. 만약 그렇게 한다면 그들은 프로다운 서비스가 무엇인지에 대해 깨달을 것이고 대부분 수입이 50~150% 늘어날 수 있을 것이다.

추가 수입이 생긴다면 무엇을 하겠는가? 각자가 원하는 것이 있겠지만 프랭크는 자신의 레스토랑에 투자했고 그 투자는 성공적이었다.

정말 알 수 없는 미스터리 중 하나는 웨이터나 웨이트리스(모든 세일즈맨도 마찬가지다.)들이 진짜로 팔아야 하는 것이 자신의 태도와 서비스라는 점을 모른다는 사실이다. 우아함, 유쾌함, 열정, 유익함이라는 간단한 비법을 배운다면 수입이 대폭 증가할 것이다. 그렇다. 훌륭한 웨이터는 훌륭한 세일즈맨이다.

세 살된 프로

세일즈에 관한한 어린아이처럼 설득력 있고 효과적인 사람은 없다. 완벽한 확신, 의심할 수 없는 인테그리티 그리고 무한한 열정을 가졌기 때문이다. 완전히 열린 태도와 완벽한 언어의 조합은 가공할 만한 설득력을 창출해 낸다.

큰 딸 수잔이 막 세 살이 되었을 때의 일을 잊을 수가 없다. 둘째 딸 신디는 겨우 6주 전에 세상에 등장했고 나는 그 전 3주 동안 내내 출장 중이었다. 춥고 눈이 내리던 2월의 토요일, 정오가 조금 못 된 시간에 테네시 녹스빌에 있는 우리 집 진입로에 차를 댔다. 아내와 수잔, 신디 그리고 입주 가사 도우미인 리지 로저스로부터 귀가환영을 받고 나서 슈퍼마켓에 가서 몇 가지 상품을 사와야 한다는 말을 들었다.

그 이야기를 아내와 하면서 아기를 안고 수잔과 놀고 있었는데 그 추위에 다시 밖에 나갈 생각을 하니 기분이 찜찜했다. 그러나 꼭 필요한 물품들이라서 마지못해 코트, 모자, 장갑을 챙겼다. 나갈 준비를 하는데 수잔이 같이 가도 되냐고 물었다. 날씨가 너무 나빠서 수잔을 밖에 데리고 나갈 수 없으며 몇 분밖에 안 걸린다고 설명했다. 그러자 수잔은 이렇게 말했다.

"하지만 아빠, 저는 너무 외로울 거예요."

"수잔, 외롭지 않을 거야. 엄마랑, 동생 그리고 리지가 모두 여기 있잖아. 그러니까 절대 외롭지 않을 거야."

"하지만 아빠가 없어서 외로울 거예요."

정말 공정한 싸움이 아니었다. 나는 강적을 만났고 전혀 승산이 없었다. 수잔이 '유력한 구매동기'나 고객을 중요한 사람으로 느끼게 만드는 것(그리고 진심으로 그렇게 생각하는 것)이 얼마나 중요한지에 대해 알 리가 없었다. 그러나 30년 경력이 있는 세일즈 프로라도 이보다 더 강력한 말을 생각해 내지는 못할 것이다. 물론 수잔을 '외롭게' 하고 싶지 않아서 슈퍼마켓에 데리고 갔다.

완벽한 챔피언

미국에서 가장 위대한 프로 세일즈맨 중 한 사람은 댈러스 외곽지역에서 샐러드마스터 코퍼레이션의 세일즈맨으로 활동했던 빌리 엥그먼

Billie Engman이다. 회사 역사상 최다 개인 세일즈기록 보유자가 된 빌리는 조리기구, 도자기, 식탁용 나이프와 스푼, 포크류, 크리스탈, 접시류 등을 팔았다. 은퇴직전에는 그녀가 처음 일을 시작했을 때인 1950년에 만난 소녀고객들의 딸들이 고객이 되어 있었다.

빌리는 진정한 프로개념과 철학을 가진 사람이었다. 그녀는 꼼꼼하고 성실하며, 끈기 있고, 인테그리티를 지닌 사람이었다. 그리고 투철한 목표의식을 갖고 고객을 찾아 나서는 진정한 프로 세일즈맨이었다.

그녀는 세일즈 심리학자다

빌리의 개념, 아이디어, 철학을 살펴보자. 우선 그녀는 '세일즈를 마무리시킨다closing the sale'라는 말을 그다지 좋아하지 않았다. '문을 닫는다close the door'거나 '누군가에 대해 마음의 문을 닫는다shutting someone out'라는 표현들이 연상되기 때문이다. 상품이 든 샘플가방을 열고 고객과 공유할 정보의 창고(프레젠테이션 키트)를 열 때, 그녀는 세일즈를 마무리 짓는다기보다는 세일즈를 본격적으로 시작한다고 생각했다.

빌리는 인간의 본성에 대한 깊은 통찰력을 보여주었으며, 시간을 내서 배우기만 한다면 누구나 다른 사람에게 영향을 끼칠 수 있다는 사실을 알고 있었다. 그녀는 엄청난 성공을 거두었지만 지극히 겸손했고 세일즈맨으로서 자신의 역할이 그녀에게 봉사할 수 있는 특권과 기회를 주었다고 생각했다.

수년 동안 자신의 세일즈 실적을 보고하지 않았다는 사실은 그녀의 겸손함을 가장 잘 보여준다. 실적을 보고하지 않는다는 것은 수많은 상과 그로 인해 부수적으로 따라오는 명성을 얻을 수 있는 기회를 상실한다는 뜻이다. 그렇지만 빌리는 그러한 주목과 관심을 멀리하고 고객을 섬기기를 원했다.

직장 상사이자 동료로서 그녀를 자랑스러워했던 남편 할Hal의 말에 따르면 빌리는 다른 사람들과는 비교할 수 없을 정도로 높은 판매실적을 기록해서 그녀의 유일한 경쟁자는 그녀 자신과 자신의 기록이었다. 골프코스 자체가 진정한 경쟁자인 프로 골퍼처럼 빌리는 전년도 금주의 판매실적을 정확히 알고 있었다. 전년도 같은 기간보다 실적을 늘리겠다는 그녀의 목표를 일관되게 달성함으로써 거의 예외 없이 해마다 전년보다 높은 실적을 기록했다.

과거 수년 동안 몇 번의 경기침체가 있었음을 그녀는 알고 있었다. 경기침체란 말만 들어도 놀라서 밖으로 뛰어나가 더 열심히 일했기 때문에 실적이 줄지 않고 올랐다고 고백했다. 얼마나 훌륭한 태도인가!

그녀는 영리했다

빌리의 세일즈 심리 전략은 고객의 가족 구성원 모두를 프레젠테이션에 참여하도록 하는 것이었는데 그 이유는 그녀의 고객 중 60%가 가족 단위였고 40%만이 독신여성이었기 때문이다. 처음엔 그녀도 남성들을 상대로 세일즈하는 것이 두려웠지만 곧 여성보다 남성을 상대하는 것이 더 쉽다는 것을 곧 알게 되었다. 아이가 프레젠테이션에 오면 그 아이도 참여시켰고 모든 가족 구성원이 중요한 고객이라는 느낌을 받도록 신경을 썼다.

고객이 살 수 있는 심리상태로 만들기 위한 그녀의 전략 중 하나는 고객이 느낄 수 있는 긴장감이나 압박감을 없애는 것이었다. 세일즈를 본격적으로 시작했을 때 고객이 긴장하거나 불안해 하는 기미가 보이면 그녀는 고객에게 물을 한잔 달라고 부탁했다. 그녀의 설명에 따르면 놀랍게도 그 잠깐 동안의 시간이 고객의 긴장을 해소시켰다.

빌리는 절대로 전화를 이용해서 약속을 잡지 않았다. 전화를 이용하면 좋은 고객을 놓치기 쉽고 특히 직접 판매를 하는 경우 전화로 인해 일을 망칠 수 있다고 생각했다. 그녀는 고객에게 자신이 방문할 것임을 미리 알려줌으로써 고객들이 사지 않을 구실을 생각하는 기회를 주지 않았다. 직접 판매는 귀로 하는 것이 아니라 얼굴을 맞대고 하는 비즈니스다.

빌리는 모든 것을 꼼꼼하게 기록했고 고객의 자녀까지 고객으로 만들곤 했다. 지역별로 고객을 분류하고 집을 나설 때는 오로지 최대한 많은 고객을 만나겠다는 한 가지 목표만 생각했다. 모든 세일즈 프로들이 그렇듯 그녀 역시 행동파였고 목표에 따라 움직였다.

고객이 집에 있을 경우 프레젠테이션을 곧바로 시작할 수 있도록 현관문 앞까지 샘플가방을 들고 갔다. 이렇게 함으로써 프레젠테이션이 중단되거나 샘플을 가지러 차에 갔다 오는 몇 분 사이에 고객이 변심할 가능성을 방지했다. 집안으로 들어갈 것을 예상하고 문을 두드리기 때문에 빌리가 샘플가방을 들고 오는 것은 당연한 것이다. 그러면서도 강압적이지 않았고 자신이 상대하는 사람들에게 위협적으로 보이지 않았다.

빌리는 조리기구와 식탁용품 분야에서 최고의 실적을 기록했다. 주문금액이 2,500달러에 이르고 판매금액이 4,000달러에서 5,000달러에 이르는 경우가 빈번했다.

고객마다 다 다르다

빌리는 고객마다 프레젠테이션을 다르게 준비했다. 상품에 관해서는 기본적으로 동일한 사실들을 말해 주지만 평생 독신으로 지낼 미혼여성의 관심사는 결혼을 계획하는 미혼여성이나 기혼부부의 관심사와 다르다는 사실을 반영했다. 빌리는 개인적인 삶 속에 상품의 사용을 접목시켜 설명했다. '미래의 거울'이라는 전략을 사용해서 고객들이 자신의 삶속에서 상품을 사용하고 아름다움과 실용성을 만끽하는 모습뿐 아니라 자녀들과 손자들로 이어지는 상품의 가치를 머릿속에 그려주었다.

도자기류와 특히 그녀가 30년 전에 고객들에게 판매했던 순은제품은 구매 당시보다 현재 훨씬 더 가치가 높다는 점을 자랑스럽게 강조했다. 앞으로 30년을 생각할 때 지금 투자하는 고객 역시 그런 혜택을 누릴 수 있다고 믿었다.

빌리는 최신 시사뉴스를 놓치지 않았다. 고객의 필요를 최근 이슈가 되는 이야기들과 엮어서 즉각적인 행동을 이끌어 내는 세일즈 전략과 도구로 활용했다. 그녀는 사랑, 관심, 나눔, 연대감이라는 가치들을 내세워 상품을 팔았고 자신의 상품이 이 모든 가치들을 만들어 내는 데 일조했다는 자부심을 갖고 세일즈에 임했다.

고객과 상담할 때는 따뜻한 말들을 사용했다. 풍요, 사랑, 고상한 취향, 우아함, 편안함, 안정, 투자, 관심을 비롯한 많은 긍정적인 단어들을 체화함으로써 자연스럽게 그녀의 일상적인 어휘가 되었다. 빌리가 가장 싫어하는 단어는 '강매조의 설득'을 의미하는 'pitch'라는 말이었다. 그녀는 프로라면 절대 그 단어를 사용해서는 안 된다고 주장했는데 나 역시 전적으로 이 말에 동의한다.

머리끝부터 발끝까지 세일즈 정신으로 무장하라

빌리는 옷차림, 액세서리와 의상의 품위, 미소, 걸음걸이, 심지어는 차의 종류에 따라 세일즈의 성공여부가 결정된다고 굳게 믿었다. 자신이 '너무' 성공했다고 고객이 생각하지 않도록 검소함을 중시했다. 빌리는 벤츠와 밍크코트를 걸치고 고객을 방문할 수도 있었지만 적당한 품질의 상품들을 사고 적당한 차를 몰았으며 조용하고 자신감 있는 성공한 여성의 모습을 보여주었다.

1948년에 세일즈를 시작한 빌리는 고객들에게 자신의 세일즈 경력에 대해 절대 이야기하지 않는다. 그녀는 미래를 위한 최상의 투자를 도와주는 친구이자 조언자가 되기를 원하는 데 경력을 이야기하면 '사람들에게 상품을 팔려는 사람', 즉 단순한 세일즈맨으로 낙인찍힐 것이기 때문이다.

카탈로그를 이용한 구매의 증가는 그녀에게 행운이었다. 사람들이 쇼핑을 나가지 않고서도 질 좋은 상품을 살 수 있다고 인식하기 시작했기 때문이다. 카탈로그를 보고 상품에 관심이 생긴 고객에게 그녀는 직접 프레젠테이션을 하면서 상품을 보여주고 시연까지 해줄 뿐 아니라 고객들이 상품을 직접 보고, 느끼고, 꼼꼼히 살펴볼 수 있도록 하기 때문에 훨씬 더 유리했다.

빌리는 고객들이 보내준 감사편지들을 모아두고 지속적으로 업데이트를 해나갔다. 상품에 만족하는 신규 고객의 감사편지는 10년 전 고객들이 감사편지에서 했던 평가에 신뢰를 더해 주었다. 이런 형태의 투자(구매)가 전혀 새로운 것이 아니며, 수년 전에도 투자자들이 그녀의 권유에 따라 똑같은 투자를 했다는 증거이기 때문에 오래된 편지들을 꺼내 보였다. 그렇다. 그녀는 평생 동안 유효할 수 있는 투자를 제안하고 있는 것이다. 확신이 성공적인 세일즈를 가능하게 한다.

그녀가 성공한 또 다른 이유

빌리 엥그먼이 이렇게 놀라운 세일즈 실적을 기록한 데에는 많은 이유가 있다. 몇 가지 이유를 이미 설명했지만 그녀가 생활화했던 세 가지 이유가 있었다.

첫째, 방문하는 모든 사람에게 상품을 판매할 것이라고 예상했다. 단순히 팔기만 하는 것이 아니라 처음 방문 시에 대량 주문을 따내고 두 번째 방문 시에는 더 큰 주문을 받아낼 거라고 기대했다.

둘째, 주문은 프레젠테이션의 결과이기 때문에 판매를 프레젠테이션의 자연스러운 일부분이라고 생각했다. 그녀는 고객에게 구매를 권유함으로써 모든 사람들에게 살 수 있는 기회를 주었다. 이 말이 유치하게 들린다면 세일즈 상담의 63%가 구체적인 구매권유 없이 끝난다는 사실을 지적한 세일즈 강사 크리스 헤가티Chris Hegarty의 말을 생각해 보기 바란다.

셋째, 빌리는 모든 고객들에 관해 꼼꼼하게 기록을 해 두었다. 고객들이 무엇을 샀는지, 언제 샀는지, 대금은 어떻게 지불했는지를 정확히 알고 있었다. 처음 상품을 팔 때 재방문을 계획했고 고객에게 재방문이 있을 거란 사실을 충분히 인식시켰다. 또 한 가지 중요한 사실은 후속 전화를 걸기 위해 스스로도 준비를 했다는 점이다. 처음 주문은 구매자의 신뢰를 얻었다는 뜻이고, 후속 전화는 두 번째 방문을 할 때 고객에게 더 많은 도움을 줄 수 있는 상태가 되었다는 뜻이다.

세일즈 클로징 추가 제안을 준비하라 _ The "Accessory" Close

빌리의 두 번째 방문은 특별했다. 세일즈를 마무리하기 위해 다시 방문할 때는 처음 주문한 내역을 꼼꼼히 확인했다. 그리고 세 가지 부가적인 제안을 준비했다. 첫 번째 제안은 불가능한 것이었다. 너무 크고 완벽하고 방대하고 비싸서 고객이 절대 살 수도, 사려고 하지도 않을 수준이었다. 대부분의 사람들은 꿈만 꿔 볼 수 있을 뿐 현실적으로 사기는 어려운 그야말로 완벽한 구성이었다.

다행히 많은 고객들이 가장 크고 가장 좋은 것이라고 해서 자신들은 가질 수 없다라고 생각하지 않았으며 불가능해 보이는 꿈같은 제안을 받아들였다. 프로답게 빌리는 고객들에게 금제품을 사보라고, 최고에 도전해 보라고, '불가능한' 꿈을 이루어 보라고 자극했고 고객은 이에 응했다. 고객의 반응은 세일즈맨의 기대수준과 직접적인 관계가 있다. 빌리의 기대수준은 언제나 높았다.

빌리가 준비한 두 번째 추가 제안 역시 멋지고 비싼 것이었다. 처음 주문을 완벽하게 보완해 줄 수 있는, 대규모 주문을 이끌어 내는 제안이었다. 평범한 세일즈맨이라면 이 정도의 실적에도 흥분하겠지만 빌리는 평범함을 거부했다. 중간 정도 규모의 두 번째 추가 제안은 가격대가 덜 비싸고 실질적이어서 가장 인기가 좋았고 재주문이 많았다.

고객이 처음 주문한 내용을 보완하여 매우 꼼꼼하게 빌리가 준비한 세 번째 추가 제안 역시 만만치 않았지만 먼저 제안한 두 가지에 비하면 확실히 규모가 작았다. 앞선 두 제안을 본 뒤 아무것도 살 수 없다고 생각했던 고객들은 이 최소 규모의 제안에 너무나 기뻐하며 구매한 뒤 추후 세 번, 심지어 네 번까지도 주문을 계속했다.

중요한 것은 추가제안을 위해 후속방문을 했을 때 빌리는 그 방문을 처음과 똑같이 본격적인 세일즈와 서비스를 위한 방문처럼 생각하고 행동했다는 사실이다. 본격적인 세일즈를 위한 방문 때와 마찬가지로 최선을 다해 고객을 대했다. 자신을 다시 팔았다. 회사를 다시 팔고 상품을 다시 팔았으며 미래에 대한 투자개념을 다시 팔았다. 그리고 내일이 아니라 오늘 구매해야 한다는 생각을 팔았다. 빌리는 꼼꼼히 체크해 볼 수 있도록 고객에게 처음에 산 상품을 꺼내 오라고 했다. 그러고는 상품을 잘 관리했다고 고객을 칭찬해 주거나 좀 더 관리를 잘하면 더 많은 혜택을 얻을 수 있다고 넌지시 암시하기도 했다. 그녀는 자신과 상품에 대해 처음부터 끝까지 다시 한번 세일즈를 실시했다.

그녀의 방문에는 두 가지 합당한 이유가 있었다. 첫째는 일단 서비스 차원의 방문이었고, 또한 처음 구매한 즉시 감사편지를 고객에게 보냈으며 크리스마스카드도 보냈으니 이제는 친구로서 방문한 것이다. 두 번째는 고객이 너무나 좋아할 특별세일 상품을 소개하기 위해서였다. 당연히 빌리는 후속 방문에서 한 번도 구매를 거부당한 적이 없었다.

미리 알았더라면

내가 현업에 있을 때 이 방법을 알았더라면 내 수입이 최소한 50% 이상은 늘었을 거라고 확신한다. 빌리의 주문 취소율과 대금 미지급율이 궁금한 독자들을 위해 밝혀 두자면 취소율은 지극히 낮았고 미지급율은 그 당시 사내에서 최하수준이었다.

다른 사람에게도 이 방법이 효과가 있을까? 당연히 효과가 있다. 빌리는 실적으로 최고의 자리에 등극했을 뿐 아니라 수년간 전국에서 상위 10위권에 든 수많은 세일즈맨들을 가르쳤다. '나에게도 효과가 있을까?' 이 방법을 사용하기만 한다면 효과는 분명히 있다. 테크닉, 방법, 아이디어는 감정이 없다. 따라서 사용하는 사람이 누구냐를 가리지 않는다.

정말 알 수 없는 미스터리 중 하나는 어째서 매장에서 일하는 세일즈맨들이 그들과 자신의 매장에 충실한 단골고객을 발굴하지도, 더 많은 비즈니스를 창출하지도 않는가 하는 점이다. 예를 들어 아내와 내가 56년 동안 살림을 꾸려오는 동안 집이나, 다이아몬드, 모피, 가구, 가전 제품을 사라고 찾아오는 세일즈맨이 한 명도 없었다.

사후 서비스를 제공하고 앞으로 구매해 달라고 요청한 사람은 내게 옷을 팔았던 도일 호이어Doyle Hoyer와 차를 판 척 벨로스뿐이었다. 아내와 같이한 세월 동안 우리는 네 채의 집과 회사차량을 포함해서 35대의 차를 샀고 개별적으로 교체한 대형 아이템을 제외하고라도 가구와 가전제품을 네 번이나 전체적으로 교체했다. 보석과 모피제품을 구매하는 데 수천 달러를 썼지만 아무도 우리에게 그런 상품을 팔려고 하지 않았다. 상품을 판매한 상점도 우리를 다시 오게 하려고 노력하지 않았다.

당신이 위에서 내가 열거한 상품을 팔고 있다면 이렇게 묻고 싶다. 당신은 일을 스스로 찾아다니는가 아니면 일이 당신을 찾아와 주기를 기다리는가? 처음 상품을 판매하고 나서 고객이 구매한 상품에 만족하는지를 확인하고 다음번 판매를 위한 씨앗을 뿌리기 위해 후속조치를 하는가? 골퍼, 투수, 축구선수, 권투선수는 최고의 결과를 얻기 위해 후속조치를 해야만 한다. 세일즈맨의 경우에도 고객을 계속 유지하고(한 번 상품을 판 고객은 영원히 자신의 고객이라고 생각해야 한다.) 커리어를 쌓으려면 서비스와 자신을 지속적으로 고객에게 상기시켜줌으로써 고객관리를 해야 한다.

포인트 : 상당히 고가인 상품을 구매한 사람은
'우수 고객' 명단에 올리고 당신이 같은 회사를 다니거나
동일한 계열의 상품을 파는 한 지속적으로 관리해야 한다.

빌리 엥그먼은 여러 가지 면에서 이번 장에서 내가 말하고자 하는 핵심을 상징적으로 잘 보여주고 있다. 그녀는 모든 일을 제대로 해냈고 모든 단계를 다 밟았으며 스스로 깨달았고 끊임없이 배우는 학생이었다.

또한 수완이 좋고 상상력이 뛰어났으며 최고의 인테그리티를 지녔을 뿐만 아니라 절대적으로 신뢰할 수 있을 만큼 매우 성실했다. 무엇보다도 그녀는 회사와 고객에 충실했고 자신이 나름대로 세운 공정함과 올바름에 대한 원칙에도 충실했다. 그녀는 진정한 세일즈맨들의 자랑이었다.

빌리 엥그먼을 어떻게 요약할 수 있을까? 한마디로 그녀를 어떻게 설명할 수 있을까? 불가능하다. 그러나 굳이 설명하자면 사랑에서 출발해야 할 것이다. 그녀는 자신의 가족과 상품, 회사 그리고 고객을 사랑했다. 이들 모두에게 최고를 주고 싶었다. 그다음은 자신과의 약속이다. 매 순간을 최대한 활용함으로써 일에 최선을 다하고 자신의 재능과 능력을 최대한 활용하겠다고 다짐했다.

마지막으로 그녀는 자신이 대단한 세일즈 실적을 올리고 큰일을 해내며 최고의 보상을 받을 자격이 있는 사람이라고 생각했다. (이런 자격을 얻으려면 먼저 그만큼 남을 섬겨야 한다.) 이것이야말로 그녀의 가족, 고객, 회사 그리고 국가 역시 큰 승리를 거둘 수 있는 방법이라고 생각했다. 그녀는 진정한 세일즈 프로였다.

──── Chapter 4 ────

상상력과
살아 움직이는 말

Imagination and Word Pictures

목표

· 세일즈 실적을 대폭 향상시키려면 상상력 개발이 중요하다는 점을 이해한다.
· 24개의 구체적인 테크닉을 배우고 그 중 일부를 실제 세일즈에 응용한다.
· 말이라는 그림붓을 사용해서 미래에 고객이 누릴 수 있는 즐거움을 형상화함으로써
  지금 당장 판매실적을 높일 수 있는 방법들을 배운다.

세일즈
상상력

Imagination in Selling

나의 친한 친구이자 세일즈 강사인 멀 프레이저^{Merle Fraser}에 따르면 24시간 동안 고객의 심장은 10만 3,689번 뛰고 혈액은 2만 7,000킬로미터를 이동하고 폐는 2만 3,240번 숨을 들이쉰다. 그리고 하루 1.6킬로그램의 음식을 먹고 90억 개의 뇌세포 중 7백만 개만 사용한다.

또한 고객은 하루에 4,800단어를 말하는데 그중 3,200단어는 자신에 관한 것이다. 따라서 당신이 고객을 세일즈 프레젠테이션에 감정적으로 개입시킬 방법을 생각해 내지 못하면 고객은 당신의 상품이나 서비스에 대한 말을 한마디도 하지 않을 것이다. 고객의 관심을 유도하고 고객이 당신의 상품에 대해 이야기하도록 하는 유일한 해결책은 상상력을 발휘해서 당신 자신이 고객의 세계로 들어가는 방법뿐이다.

세일즈의 세계에 관한 가장 흥미로운 사실 중 하나가 대부분의 고객들이 'No'라고 말하기를 꺼려한다는 점이다. 그 이유는 'No'라는 말이 너무나 극단적이라서 상대방과의 관계를 끝내 버리는 말이기 때문이다.

그러므로 'No'라고 말하는 대신에 고객들은 "생각해 볼게요"에서부터 "변호사, 아내, 남편, 공인회계사 등과 상의해야 해요"에 이르기까지 다양한 핑계를 댄다. 이것도 놀라운 사실이지만 실제로 나는 고객 중에 'No'라는 말을 피하기 위해 거짓말까지 한다는 증거도 가지고 있다.

세일즈 클로징 1902전략에 대한 재확인 _ The "1902" Close Revisited

세일즈와 상상력 그리고 이번 장에서 다룰 세일즈 테크닉을 공부하면서 제1장에서 부분적으로 다루었던 '1902전략'을 다시 살펴보고자 한다. 오래전 조리기구를 팔던 시절 나는 조리기구 세일즈에 맞게 이 방법을 수정하고 약간의 상상력을 더했다.

무거운 스테인레스 스틸 조리기구 세트였는데 중앙에 열을 고르게 전달해 주는 장치가 있었다. 이 조리기구는 내구성이 정말 뛰어났다. 실제로 내구성을 보여주기 위해 나는 경찰관을 설득해서 45구경 연발권총에 강철로 코팅된 총알을 장전해서 약 370센티미터 떨어진 거리에서 작은 프라이팬을 쏘아서 맞추도록 한 적이 있다.

45구경의 충격은 엄청나다. 프라이팬을 나무에 기대어 세워 놓았고 총알은 정중앙을 맞췄다. 눈으로 볼 수 있는 확실한 증거와 경찰관이 보내준 공신력 있는 편지 덕분에 내구성에 관한한 고객들을 설득하는 데는 전혀 문제가 없었다. 고객들에게 "평생을 쓰실 수 있는 조리기구 세트입니다"라고 말하면 고객들은 수긍했고 평생 간다는 말에 동의했다. 평범한 주부가 팬을 그 정도로 혹사할 일이 없기 때문이다.

물론 그 조리기구가 매장에서 파는 가벼운 조리기구에 비하면 값이 비싸다는 사실도 짐작할 수 있을 것이다. 고객들이 가격 때문에 구매를 거부하는 경우가 종종 있었다. "너무 비싸요"라고 고객이 말하면 "얼마나 너무 비쌉니까?"라고 묻는다. 고객은 "200달러 정도 너무 비싸요"라고 대답한다. 내가 보기엔 정말 터무니없는 답이었지만 고객의 감정을 고려해야 한다는 점을 잊지 말아야 한다. 이 책을 통해서 여러 번 강조했듯이 이때 수첩을 사용하라.

고객이 "200달러 정도 너무 비싸요"라고 말하면 수첩에 200달러를 적어서 고객이 볼 수 있도록 하라. 그리고 이런 식의 대화를 유도하라.

"고객님, 이 조리기구 세트를 얼마나 오랫동안 쓸 수 있다고 생각하십니까?"

"평생 쓸 수 있을 거예요."

"분명 10년, 15년, 20년, 30년은 쓸 수 있을 겁니다. 그렇지요?"

"그럼요!"

"최하로 10년이라고 가정해 보겠습니다. 그러면 고객님이 생각하시기에 1년에 20달러가 더 드는 셈이지요. 제 말이 맞나요?"

"네, 맞아요."

비용을 작은 단위로 나눠라

"1년에 20달러는 한 달에 얼마지요?"

"한 달에는 1달러 67센트 정도네요."

"맞습니다. 그 정도 됩니다. 그러면 고객님께서는 얼마나 자주 요리를 하시죠?"

●	조리기구 세트 구매 비용 : 200달러(10년 사용 가정)	
●	·연 구매 비용 : 200달러 ÷ 10년 =	**20달러**
	·월 구매 비용 : 20달러 ÷ 12개월 =	**1.67달러**
	·한 끼당 구매 비용 : 1.67달러 ÷ 60끼 = **0.03달러**	
	★월 30일 × 하루 2끼 = 월 60끼	
	·당신의 아내에게 주는 팁 = 3센트	
	vs 웨이트리스에게 주는 팁 = 1달러!	

"하루에 두세 번 정도 합니다."

"보수적으로 잡아서 하루에 두 번이라고 하면 한 달에 60끼의 끼니를 요리하는 셈이지요. (수첩에 이 모든 숫자들을 적는 것을 잊지 마라.) 한 달에 1달러 67센트 더 주고 이 멋진 조리기구 세트를 사면 한 끼니당 3센트도 안 되는 돈을 투자해서 최고의 조리기구 세트를 소유하시는 셈입니다."

질문을 통해 결정을 유도하라

"고객님은 외식을 하시나요?"

"그럼요!"

"얼마나 자주 하시죠?"

"일주일에 한두 번 정도 합니다."

"웨이트리스에게 팁을 주지요?"

"우린 항상 팁을 줍니다."

"얼마나 주시나요?"

"1달러 줄 때도 있고 2달러 줄 때도 있습니다."

(1962년도 상황이라는 것을 기억하기 바란다.)

'당신의 아내'라고 쓴 글씨 옆에 3센트라고 적고 '웨이트리스' 옆에는 1달러를 적는다.

"한 가지 생각할 거리를 제안하고 질문을 드리겠습니다. 웨이트리스가 주문을 받고 부엌에서 테이블로 음식을 가져오고 차, 커피, 빵 등 추가적인 음식들을 가져다주지요. 대개 보조 웨이터가 테이블을 치우고 접시를 부엌으로 가져갑니다. 고객님의 아내도 상점에 가서 식료품을 사서 집으로 가져오고 찬장과 냉장고에 넣습니다. 식사 준비를 위해 사온 재료들을 꺼내서 씻고, 준비하고, 요리하고, 차려 냅니다. 식사가 끝나면 남은 음식을 냉장고에 저장하고 깨끗이 치웁니다. 고객님, 공정성 측면에서 생각해 볼 때, 단지 부엌에서 테이블로 음식을 날라다 준 웨이트리스에게 1달러를 팁으로 준다면(1달러에 여러 번 동그라미를 친다.) 재료를 사오고, 요리하고, 차려 내고, 저장하고, 청소까지 하는 고객님의 아내에게 최소한 3센트는('당신의 아내'와 '3센트'에 여러 번 동그라미를 치면서 말한다.) 주셔야 한다고 생각하지 않으십니까?"

이런 경우 상상력, 감정, 논리가 모두 작용하고 있다. 위의 대화에서 많은 질문이(12개의 질문) 사용되었다는 것을 분명히 알 수 있다. 질문은 고객이 스스로에게 압력을 가하도록 만들기 때문에 대단히 중요하다. 그렇게 되면 당신이 행동을 취할 수 있는 입지가 상당히 강화된다. 위의 예에서 사용된 테크닉과 질문은 남편이 아내의 기여도를 보다 현실적이고 긍정적으로 생각하도록 도와주었다. 질문을 통해 가격을 보다 큰 그림

속에서 볼 수 있도록 해주었고 아주 작은 단위까지 분해함으로써 부담 없는 가격으로 바꾸어 놓았다.

1902전략은 가격을 아주 작은 단위로 분해하여 고객이 감당할 수 있다고 느끼게 함으로써 그 상품에 대한 소유의식을 구체화하는 것이다. 조리기구를 사용함으로써 3센트 이상을 절약할 수 있다는 것은 이미 입증되었고 한 번 사용하는 데 드는 3센트라는 비용은 충분히 감당할 수 있는 수준이 된다. 이 전략은 고객이 쉽게 구매결정을 내릴 수 있게 도와주며 이것이 바로 프로 세일즈맨의 역할이다.

집중과 신뢰

이번에 공유하려는 테크닉은 매우 특별하다. 파는 상품에 관계없이 효과적으로 사용할 수 있는 테크닉이다. 그러나 내가 소개하는 테크닉과 방법이 모든 사람에게 꼭 들어맞지는 않을 것이며 대부분의 경우 자신의 구체적인 상황에 맞게 응용해야 한다는 점을 강조하고 싶다. 그렇기 때문에 이 책의 초반부에 언급했듯이 책과 함께 노트를 준비해야 한다. 이 책은 좀 더 효과적인 세일즈 방법을 가르쳐주며 새로운 테크닉을 즉시 실천하도록 자극함으로써 성공적인 세일즈맨이 되도록 도와주는 실전서다.

오래전 나는 사우스캐롤라이나 주의 세인트 메튜스라는 작은 지역에서 일한 적이 있다. '집단' 세일즈가 효과적이라고 믿었던 나는 한 동네에 가서 작은 지역을 집중적으로 공략해서 빠른 시일 내에 지역주민들에게 나를 알렸다. 그렇게 함으로써 출장을 줄이고 시간을 절약했을 뿐 아니라 신뢰를 쌓는 데 도움이 되었다.

다른 지역에서도 그랬듯이 세인트 메튜스를 몇 차례 방문하고 나자 '냄비맨'^{Pot Man}(Pot : 보통 냄비라는 뜻으로 쓰이지만 속어로 대마초라는 뜻도 있음—역주)으로 알려졌다. 이 별명이 그다지 맘에 들지는 않았지만 당시에는 그 별명을 조리기구가 아니라 마약과 연관시키는 사람은 아무도 없었다. 내가 시내나 고속도로를 운전하며 지나갈 때면 "냄비맨이다!"라고 소리치기도 하고 "나도 다음 주에 냄비맨의 파티(조리기구 시연회)에 갈 거야!"라고 말하는 사람도 있었다.

세일즈 클로징 구두쇠 전략 _ The "Tightwad" Close

일곱 쌍의 고객에게 시연회를 마친 다음 날 후속방문을 나갔다. 처음 다섯 집에서 상품을 팔았고 여섯 번째 집의 문을 두드리자 온 동네가 떠나갈 듯한 목소리로 "들어오세요, 지글러 씨!"라고 대답했다. 집에 들어갔더니 엄청난 거구가 서 있었다. 그가 녹색이었다면 졸리 그린 자이언트^{Jolly Green Giant} (미국 완두콩 통조림 상표 캐릭터—역주)처럼 보였을 것이다.

그는 키가 2미터에 몸무게는 130킬로그램에 육박했다. 쾌활한 성격의 그는 "만나서 반갑습니다. 당신과 나는 내가 400달러짜리 냄비세트를 안 살 것을 알고 있지만 어쨌든 들어 와서 앉아 보슈. 얘기나 합시다!"라고 말했다.

참고로 그는 전날 저녁 시연회에서 보통 사람 기준으로 5인분을 혼자서 먹어 치웠다. 그리고 나는 그가 먹은 음식을 직접 사서 요리하고 서빙했다. 그런 후 대뜸 "우리 둘 다 내가 아무것도 사지 않을 거라는 걸 알고 있지요!"라고 말했다.

그런 식으로 상담을 시작하는 것이 이상적이라고 할 수는 없지만 나는 웃으면서 그를 보고 이렇게 말했다.

"고객님, 고객님께서는 아무것도 사지 않을 거라고 생각하실지 모르지만 저는 그렇게 생각하지 않습니다.”

“당신과 이야기하는 것은 좋지만 나는 아무것도 사지 않을 겁니다.”

“그런데 고객님과 저는 공통점이 많은 것 같네요.”

“어째서요?”

“저의 경우 제가 번 돈은 아내가 다 쓰고 이웃들은 제 일에 참견하기를 좋아하지요. 그래서 저는 자유롭게 일만 하면 됩니다. 고객님의 아내분이 고객님 돈을 다 쓰시는지는 모르겠지만 이웃들이 고객님 일에 관심이 많은 것은 확실하네요!”

“왜 그런 말을 하죠?”

“오늘 고객님의 이웃분들을 방문할 때마다 상담을 마치고 나면 모든 분께서 상품을 사셨는데(이 시점에서 이 말을 하고 싶었다.) 하나 같이 고객님을 방문했느냐고 묻길래 아직 안 했고 오후에 만날 거라고 했더니 예외 없이 고객님께서 샀는지 그 여부를 알려달라고 하시더군요.”

이웃들은 당신을 잘 모른다

“그래서 그 중 한 분께 물었죠. 어째서 모든 사람들이 아무개 씨가 샀는지를 알고 싶어 하느냐고요. 한 분이 웃으면서 아무개 씨가 이 동네에서 상당히 보수적인 사람으로 알려져 있다고 말씀하시더군요.”

그는 큰소리로 화를 내며 말했다.

“아마 그 사람들은 내가 우리 동네에서 제일 뚱뚱한 구두쇠라고 말했겠지!”

“그 중 한 분이 좀 짜다는 말을 분명히 했는데 저는 무슨 말인지 전혀 모르겠습니다.”

고객은 코웃음을 치는 듯한 목소리로 “그게 무슨 뜻인지 너무나 잘 아실 텐데. 그리고 그 사람 말이 맞아요. 나는 좀 보수적입니다."

"그 사람들이 고객님을 보수적이라고 생각할 수는 있겠지만 이 동네에서 나고 자라셨는데 이웃들이 고객님을 전혀 모르고 있다는 것이 이상하군요."

"무슨 말이죠?"

"고객님께서는 조리기구 세트를 사지 않을 거라고 말씀하신 줄 알았는데요?"

"안 살 겁니다!"

"이상하지 않습니까? 고객님은 태어나서 지금까지 평생 이웃들과 함께 살았는데 그들은 고객님에 대해서 전혀 아는 게 없으니."

"도대체 무슨 말을 하고 있는 거죠?"

"제 기억이 맞다면(아마 맞을 겁니다.) 어젯밤 제게 결혼하신 지 23년쯤 되셨다고 하셨죠?"

"네, 사실 올해 8월이면 24주년이 됩니다."

"좋습니다. 제가 질문을 하나 하겠습니다. 어젯밤 저희 조리기구 세트로 요리하면 최소한 하루에 1달러는 절약할 수 있을 것 같다고 하셨는데 진심이셨나요?" (절대로 사실인지 거짓인지를 묻지 마라. 실례가 될 수 있다.)

"대가족이기 때문에 하루에 아마 2달러는 절약할 수 있을 겁니다. 어젯밤 제가 얼마나 많이 먹는지 보셨잖습니까! 게다가 네 명의 아들 녀석들도 저만큼 많이 먹습니다!"

옥죄기

"최소한 1달러는 확실히 절약할 수 있습니다, 그렇죠?"

"최소한 1달러죠."

"이 조리기구가 있으면 하루에 1달러를 아낄 수 있다는 말은 그것이 없으면 하루에 1달러를 손해 본다는 뜻이기도 하지요. 그렇지 않습니까?"

"그렇게 볼 수도 있겠네요."

(주의 : 이 대목에서 단호하고 강력하지만 부드럽게 나가야 한다. 여기서 긍정적이고 건전한 자기 이미지가 중요하게 작용한다. 이 부분에서 고객을 옥죄지 못하면 상담이 끝나고 나서 사지 않을 것이다.)

"제 생각은 중요하지 않습니다. 고객님 돈이니 고객님의 생각은 어떻습니까?" (이런 유형의 대화에서 목소리와 억양이 결정적인 요소가 될 수 있다.)

"제 생각도 같은 것 같네요."

"사실 '같네요'라는 부분은 빼도 되지 않겠습니까?"

"네."

"하루에 1달러가 아니라 50센트라고 가정한다면 너무나 보수적이지요. 그렇죠?"

"당연하죠!"

"좋습니다. 이 조리기구로 하루에 50센트를 절약할 수 있다고 가정해 보면, 고객님의 아내 분께서 돈을 절약해 주는 이 조리기구를 이틀 동안 사용하지 못한다는 말은 고객님 주머니에서 빳빳한 1달러짜리 새 지폐를 꺼내서 조각조각 찢어서 던져버리는 것이나 다름없지요. 그렇지 않습니까?" (이때 나는 빳빳한 1달러짜리 새 지폐를 천천히 찢어서 그 조각들을 바닥에 던졌다.)

"고객님께서는 이렇게 1달러의 손해를 충분히 감내할 수 있는 분이신데 이웃들은 고객님을 구두쇠라고 하는군요. 또 이웃들의 말에 따르면 이 멋진 고객님의 집은 저축대부조합의 것이고 135만 평의 땅은 은행 소유인데도(여기서 한 번 미소를 지어 준다.) 고객님께서는 절대 낭비하는 법이 없다고 하시더군요. 그런데 하루에 50센트를 손해 본다고 가정하면 40일에 한 번꼴로 고객님과 아내 분이 20달러짜리 새 지폐를 말 그대로 조각조각 찢어서 버리는 것과 같다는 것을 아십니까?" (이때도 역시 나는 20달러짜리 지폐를 천천히 찢어 버렸다. 물론 찢어진 조각들은 내 주머니에 잘 넣어 둔다.)

고객들이 당신의 메시지를 보고 느끼도록 하라

잠시 다른 이야기를 해보겠다. 내가 돈을 찢는 대목을 읽었을 때 어떤 느낌이 들었는가? (돈이 갈기갈기 찢길 때 그것을 가만히 보고 앉아 있다고 상상해 보라.) 그 고객은 유명한 구두쇠였다는 것을 잊지 말기 바란다. 돈을 천천히 찢어 버리면서 나는 그의 눈을 똑바로 바라보았는데 분명 그의 이마에 식은땀이 흐르고 있었다.

질문은 고객을 생각하게 만든다

나는 그를 보며 말했다.

"고객님, 제가 1달러짜리 지폐를 찢어 버렸을 때 무슨 생각을 하셨습니까?"

"정신이 나간 사람이라고 생각했죠."

"그럼 20달러짜리 지폐를 찢었을 때는 무슨 생각을 하셨습니까?"

"아무 생각도 할 수가 없었습니다."

"고객님, 그게 누구 돈이었죠?"

"당신 돈이었겠죠?"

나는 그것이 내 돈이었다고 그를 안심시킨 다음 계속 말을 이었다.

"그렇지만 제가 돈을 찢었을 때 실제로 육체적인 고통을 느끼셨지요.

319

그렇지 않습니까?"

"그럼요!"

"고객님께 질문을 하나 드려도 될까요?"

"물론이죠."

"고객님 자신의 돈이라면 더 고통스럽지 않겠습니까?"

"도대체 무슨 말을 하려는 겁니까?"

"아주 간단합니다. (나는 다시 수첩을 꺼낸다.) 결혼하신 지 23년이 넘었다고 하셨는데 셈을 빨리하기 위해 20년으로 가정해 보겠습니다. (수첩에 20이라고 쓴다.) 이 조리기구 세트로 하루에 최소한 50센트를 절약할 수 있을 거라고 말씀하셨으니까 조리기구가 없다면 하루에 50센트 손해를 본다는 뜻이지요. 1년을 360이라고 치면 1년에 180달러가 됩니다. (180달러라고 쓴다.) 즉, 고객님께서는 이 조리기구 세트를 사용하지 못함으로 인해 20년 동안 이미 3,600달러(1년 180달러)를 손해 보신 셈입니다. (수첩에 쓰면서 셈을 한다.) 그럼에도 고객님은 이 조기기구 세트 값으로 겨우 395달러밖에 안 되는 돈을 (역시 395달러라고 적는다.) 투자하지 못하면서 돈에 대해 철저하다고 말씀하시는군요. 이거야말로 모순이 아닐 수 없습니다."

확신은 생겼다, 이제 설득하라

그가 아무 말 없이 생각에 빠져 있는 모습을 보고 나는 웃으며 말했다.

"그보다 더 놀라운 것은 고객님께서는 지금 속으로 '그 조리기구 세트가 없어서 앞으로 20년 동안 3,600달러를 손해 본다고 해도(크게 3,600달러라고 적는다.) 395달러를 투자해서 그걸 살 생각은 없소이다'라고 말씀하고 계신다는 사실입니다."

그가 이 말을 곱씹는 사이 나는 그의 약점을 파고들며 말했다.

"제가 겁주려고 하는 말은 아니지만 이런 생각을 갖고 계신다면 이웃 사람들에게 고객님과 있었던 이야기를 모조리 말해줄 거라는 경고를 미리 해두는 게 공평할 것 같네요. (물론 농담이다.) 지금까지 사람들은 고객님이 돈에 대해 신중하신 분이라고 생각했을 텐데, 저희 조리기구 세트가 없음으로 인해 7,200달러(3,600달러 + 3,600달러)의 손해를 보면서도 395달러를 투자해서 그것을 장만하지 않으려 한다는 것을 알게 되면 돈에 대해 신중하시다는 평판은 완전히 무너질 것 같네요."

몇 초 동안 적막이 흘렀다. 그리고 그는 내가 여태껏 받은 질문들 중에서 가장 의미심장한 질문을 했다.

"지글러 씨, 그럼 이웃 사람들한테는 뭐라고 말하죠?"

미국에서 가장 독립적인 사람들이 바로 농부다. 그리고 나의 고객인 이 농부야말로 바로 그런 독립적인 사람이었다. 게다가 그는 동네에서는 유지였다. 돈 많고 존경받는 교육 위원회 위원이었다. 그런 그가 "이웃 사람들한테는 뭐라고 말하죠?"라고 묻고 있었다.

고객의 고민을 해결하라

그가 왜 그런 말을 했을까? 아주 단순하다. 시연회에 초대받았을 때, 그는 초청하는 여주인에게 말했다.

"가기는 하지만 400달러짜리 냄비 세트는 안 살 겁니다!"

시연회에 늦게 도착한 그가 들어서자 한 이웃이 "냄비 세트를 사러 오시다니!"라고 그를 조롱했다. 그러자 그는 큰소리로 공언했다. (나는 그때 부엌에서 이 말을 들었다.)

"냄비장수가 해준 음식을 먹으러 왔습니다! 400달러짜리 냄비세트는 안 삽니다!"

그 자리에 있던 모든 사람이 그의 말을 들었고 자기가 한 말 때문에 스스로를 곤란하게 만든 것이다.

전날 밤 시연회를 보고, 오늘 돈에 관련된 나의 설명을 듣고 난 그는 조리기구를 사기로 마음이 기울었다. 사고 싶고 돈도 있었지만 먼저 그가 체면을 잃지 않도록 내가 그의 고민을 해결해 주어야 했다. 고민을 해결할 수 있으면 세일즈에 성공하는 것이다.

세일즈가 쉬워지는 비결

이 이야기는 중요한 교훈을 담고 있다. 종종 고객들은 자신의 아내, 형제, 친구 또는 다른 세일즈맨에게 어찌어찌하기 전까지는 절대 사지 않을 것이라는 약속을 함으로써 스스로를 곤경에 빠뜨린다. 살 것 같은 고객이 사지 않을 때는 빠져나가고 싶은 곤경에 처해 있을 가능성이 있으므로 민감하게 살펴봐야 한다. 이것은 세일즈로 직결되기 때문에 프로 세일즈맨은 기꺼이 고객의 고민을 해결해 주고자 한다.

나는 웃으며 말했다.

"고객님, 아주 간단합니다. 그뿐만 아니라 이웃 사람들이 고객님을 전보다 더 사랑하고 존경하게 될 겁니다. 돈에 철저하신 고객님께서 높은 이자를 지불할 리가 없으므로 '완불'이라고 표시된 영수증을 드리겠습니다. (우린 둘 다 웃었다.) 이 영수증을 들고 가서 이웃 사람들에게 보여주세요. 비웃거나 약간의 장난기 섞인 놀림을 당하실 수 있으니 마음의 준비를 하세요. 그럴더라도 웃으면서 이렇게 말씀하세요.

'그 비싼 냄비 안 살 거라고 말했던 거 알고 있습니다. 하지만 그건 가격만 알았을 때의 얘기지요. 이 조리기구가 아내의 일을 덜어 줄 뿐 아니라 돈도 절약되고 음식의 가치도 높여준다는 것을 알았으니 사는 게 현명하죠. 솔직히 나는 아내와 가족을 너무 사랑해서 내 고집 때문에 모두에게 도움이 되는 상품을 못 쓰게 할 수는 없습니다.'

도량이 큰 사람만이 자신의 실수와 섣부른 결정을 인정할 수 있기 때문에 이웃 사람들은 고객님을 정말로 좋아하게 될 겁니다. 그리고 그 실수를 바로 잡으려면 더 큰 도량이 필요하지요."

그는 수표책을 가지러 가면서 이렇게 말했다.

"내 평생 당신처럼 영리한 사람은 처음이오!"

그는 나의 좋은 친구이자 가장 큰 후원자가 되었다. 이 구두쇠가 샀다는 소문이 퍼지자 세일즈가 훨씬 쉬워졌고 실적도 올라갔다. 내가 한 일은 단지 스스로 만든 그의 고민거리를 해결해 준 것뿐이었다. 그로 인해 세일즈가 한결 쉬워졌다.

세일즈 클로징 도표를 활용하라 _ The "Diagram" Close

모든 상품은 상한가가 있다. 지불할 수 있는 최대 가격이다. (진행 중인 서비스의 경우는 제외된다.) 그러나 상품이 주는 혜택은 다르다. 사용해서 돈을 절약할 수 있는 상품이 있다면 더 오랜 시간 제대로 작동할수록 혜택은 커진다.

앞서 언급했던 조리기구처럼 돈을 절약해 주는 상품을 파는 경우라면 다음과 같은 방법으로 표를 작성하면 효과적이다.

멘트 : 고객님께서 이 조리기구를 사시면 그것을 사용함으로써 절약된 돈으로 상품값을 지불하실 수 있습니다. 사지 않으면 조리기구를 사용하지 않아서 발생하는 손실 누적액이 곧 상품값을 초과할 것입니다. 다시 말해 상품을 사면 결과적으로 그것이 스스로 대금을 지불하게 하지

		고객이 사는 경우	고객이 사지 않는 경우
●	시작	은행잔고 000.00달러	은행잔고 400.00달러
●	첫째 날	은행잔고 (조리기구 사용으로 50센트 절약)	은행잔고 (조리기구 미사용으로 50센트 손해)
	800일 후	은행잔고 400.00달러 * 조리기구 세트 보유	은행잔고 000.00달러 * 조리기구 세트 없음

만 사지 않으면 상품값에 해당하는 손실을 입게 됩니다. 사든 안 사든 결국 상품값은 지불하게 되니 셈이니 사는 게 합리적이지 않겠습니까?

또는 이렇게 말할 수도 있다.

"보시다시피 하루에 50센트만 절약해도 800일이면 조리기구 값을 치를 수 있는 돈이 됩니다. 사지 않으시면 400달러의 손해는 손해대로 발생하면서 조리기구도 소유하지 못합니다. 그러니 선택은 간단하지요. 400달러를 투자해서 조리기구를 사시면 400달러를 되돌려 줄 것입니다. 400달러를 투자하지 않으면 400달러만큼의 손실이 발생하면서 조리기구도 소유하지 못합니다." (잠시 말을 멈춘다. 그리고 미소를 짓는다.)

세일즈 클로징 20 / 20전략 _ The "20 / 20" Close

"이 조리기구 세트는 정말 맘에 드실 겁니다. 20/20결제시스템을 통해 이 제품을 사용하실 수 있도록 해드립니다. 즉, 20달러의 예탁금을 두 번 선불하시고 매월 20달러씩 20개월 결제하시는 겁니다. 아니면 90일짜리 현금 할인 방식을 이용하셔도 됩니다. 어느 쪽이 편하시겠습니까?"

참고 : 최고의 보험 세일즈맨인 벤 펠드먼Ben Feldman은 이런 말을 했다.

"문제를 해결하기 위해 조치를 취하는 것보다 아무 조치도 취하지 않는 쪽이 돈이 더 많이 든다는 것을 고객이 이해할 때 세일즈에 성공할 수 있다."

하나 더

1977년 새 복사기를 사는 데 거의 1만 달러를 투자했다. 계산을 해보니 복사기를 사용함으로써 하루에 최소한 두 시간을 절약할 수 있었다. 시간당 5달러라고 가정해도(1977년 기준) 하루에 10달러고 주당 50달러, 1년에 2,500달러다. 복사기는 성능도 좋을 뿐 아니라 잘못된 복사가 거의 없어서 종이 값도 절약할 수 있다. 복사기에 투자했기 때문에 사용할수록 돈이 절약되어서 결국 복사기 값을 복사기가 스스로 치른 셈이다. 복사기를 사지 않았다면 복사기 가격만큼의 손실을 입고도 1만 달러의 대가로 남은 것은 아무것도 없었을 것이다.

포인트는 분명하다. 돈을 절약해 주는 상품이나 서비스를 팔고 있다면 고객이 그것을 사든 안 사든 상품 가격만큼의 대가를 치른다는 것을 분명하게 인식시킬 수 있도록 프레젠테이션을 보강해야 한다. 사든 안 사든 상품값만큼의 비용을 지불해야 하므로 고객들은 차라리 사는 쪽을 택할 것이다. 한 가지 더, 말만하지 말고 동시에 숫자를 보여주라. 고객

복사기를 사는 경우	
현재 은행잔고	000.00달러
1년 후 은행잔고	2,500.00달러
(연간 2,500달러를 절약할 수 있다.)	
2년 후	5,000.00달러
3년 후	7,500.00달러
4년 후	10,000.00달러
	…게다가 복사기가 남아 있다.
복사기를 사지 않는다면…	
현재 은행잔고	10,000.00달러
1년 후 은행잔고	7,500.00달러
(복사기가 없기 때문에 연간 2,500달러의 손실이 발생한다.)	
2년 후	5,000.00달러
3년 후	2,500.00달러
4년 후	000.00달러
	…그리고 복사기도 없다.

은 이해하고 믿어야 구매를 결정한다.

덧붙여서 돈을 절약해 주는 상품에 투자하는 것보다 투자하지 않을 때 돈이 더 든다는 것을 분명히 이해해야 고객은 투자한다. 단, 당신이 고객에게 투자하도록 권하고 고객이 돈 문제를 쉽게 해결할 수 있도록 도와줘야 한다.

세일즈 클로징 지금 행동하라 _ The "Action Now" Close

나의 제안에 의해 당신이 행동으로 옮긴다면 이 책에서 다룬 테크닉 중에서 적어도 하나는 효과를 발휘하는 셈이다. 만약 행동에 옮기지 않았다면 질문을 하겠다. "생각해 보겠다.", "더 고민해 보겠다.", "배우자, 변호사, 은행직원, 공인회계사 등등과 상의해 보겠다.", "다른 사람들의 의견을 들어 보겠다"고 말하는 고객들이 너무 많아서 고민하는가?

이것은 결정을 미루는 것이다. 미루기 좋아하는 사람은 다른 사람에게도 미루는 증상을 전염시킨다는 사실을 잘 알 것이다. 그렇다면 역으로 다른 사람을 행동하게 하려면 당신이 먼저 행동하는 것이 가장 좋은 방법이란 점이 분명해지지 않는가? 미루기를 그만두려고 결심했다면 지금 당장 행동하기 바란다.

세일즈 클로징 정직은 가장 효과적인 테크닉 _ The "No Procedure"
Close

때로는 무無 테크닉이 최고의 테크닉이다. 예를 들어 보겠다. 얼마 전 우리 회사 대표와 나는 사업상 아는 사람과 함께 골프를 즐겁게 치고 집으로 가는 길이었다. 우리는 댈러스 포트 워스 공항을 통과해서 진입로에 접어들었다. 언덕배기에 올라서자 친절한 경찰관이 차를 길가에 대라고 손짓하고 있었다. 내가 친절하다고 말한 이유는 그 경찰관의 표정이 하도 험상궂어서 냉소적으로 덧붙인 말이다.

과속을 하지 않았다고 확신했기 때문에 정말로 놀라지 않을 수 없었다. 경찰관은 운전 면허증을 보여 달라고 했다. 면허증을 찾으면서 나는 왜 차를 멈춰 세웠는지 기분 상하지 않게 물었다.

"선생님은 82킬로미터로 운전하셨고 제한속도보다 26킬로미터 초과하셨습니다."

나는 약간 놀라서 대답했다.

"아이쿠, 제한속도가 56킬로미터인지 전혀 몰랐습니다. 저는 88킬로미터인 줄 알았습니다."

그는 제한속도가 56킬로미터라고 확인시켜 주었다.

"그렇다면 분명 과속을 했으니 말씀하신 대로 규정을 위반했군요"라고 말했다. 경찰관은 어디로 가느냐고 물었다. 집에 가는 길인데 전혀 서두를 필요가 없었고 따라서 과속할 필요가 없다고 설명했다. 그는 웃으며 말했다.

"앞으로는 절대 과속하지 마세요."

그가 면허증을 돌려주자 과속하지 않겠다고 말했다.

이 상황에서 경찰관을 설득하려고 했다면 분명 딱지를 받았을 것이다. 제한속도가 56킬로미터라는 것을 알고 정말로 놀랐기 때문에 내가 한 말은 효과가 있었다. 분명 진입로에는 '제한속도 56킬로미터'라는 표지판이 있었을 테지만 대여섯 번 그 도로를 이용했음에도 그것을 보지 못했던 것이다.

'알을 낳았으면 한 발짝 뒤로 물러나서 그것을 감상하면서 자신이 한 일을 인정하라(즉, 자신의 업적이나 과오를 인정하라)'는 말이 생각났다. 나는 주저하지 않고 과속했음을 인정했다. 서두를 이유가 정말로 없었기 때문에 그렇게 말했고 그 말 때문에 경찰관이 딱지를 떼지 않기로 결정했다고 확신한다. 나의 설득은 현란하지도 상상력이 가미되지도 않았지만 그것이 사실이었기 때문에 효과를 발휘했다.

이 책을 통해 수없이 반복했듯이 세일즈의 세계에서는 정직이 최고의 테크닉이다.

세일즈 상상력과
클로징

Imagination Sells and Closes Sales

　지금까지 당신의 세일즈 효율성을 높여줄 수 있는 구체적인 테크닉들을 공부했다. 지금부터는 여러 가지 세일즈 교훈이 담겨 있는 중요한 테크닉을 살펴볼 것이다. 사례는 기억하기도 쉬울 뿐 아니라 기억하고 있으면 그에 포함된 테크닉과 교훈도 자연스럽게 기억할 수 있기 때문에 사례를 통해 설명하겠다. 이번에도 효과적인 목소리 사용과 상상력을 자신의 세일즈 상황에 적용하는 것이 얼마나 중요한지 알 수 있다.

　경우에 따라 고객의 반대와 저항을 무시해야 한다는 것 그리고 고객이 관심 없다고 말할 때 너무 심각하게 받아들이지 않는 것이 중요하다는 점을 다시 한번 상기시켜 줄 것이다.

우리는 누군가로부터 사야만 한다

수년 전 내가 보험업계에 있었을 때 진상파악에 필요한 상담을 한 후 고객을 찾아가 프레젠테이션을 하고 상품(필요성, 서비스)을 팔려고 하는데 고객이 이렇게 말할 때가 가장 힘들었다.

"지글러 씨, 다시 오시게 해서 정말 죄송합니다. 보험이 필요한 것은 인정하지만 보험을 든다고 해도 지글러 씨한테 들 수 없습니다. 아내의 사촌 이웃의 가장 친한 친구의 삼촌 아들의 학교친구의 친구가 있는데 그 친구 딸의 남편이 보험을 한다고 합니다. (이 정도로 심하지는 않았고 약간은 과장한 것이다.) 보험에 가입해야 한다면 그 사람한테 해야 할 것 같아요."

세일즈 클로징 고객과 결혼하라 _ The "Marriage" Close

그것은 명백한 핑계였고 분명히 필요한 것을 팔고 있음에도 아무도 그 혜택을 누리려 하지 않는다는 사실 때문에 괴로웠다. 어느 날 이 문제로 고민하다가 해결방법을 생각해 냈는데 바로 '결혼전략'이었다. 프랭크 베트거Frank Bettger가 쓴 『세일즈맨으로서 실패에서 성공으로 도약하기 How I Raised Myself from Failure to Success in Selling』에서 아이디어를 얻었다. 1948년에 이 책을 읽었는데 8년이 지나서야 프랭크가 준 정보에 약간의 재치를 더해서 이 전략을 개발해 냈다.

나는 '결혼 증명서'를 만들어서 예쁜 황산지(겉모양이 양피지羊皮紙를 닮은 강인하고 반투명한 가공지—역주)에다 인쇄했다. 고객이 주저하며 말했다.

"아이디어는 좋은데 ○○한테 사야 할 것 같아요."

나는 고객의 눈을 똑바로 응시하며 말했다.

"고객님이 말씀하신 그분이 능력 있고 그 회사도 우리 주州에 등록이 되어 있으므로 적법한 회사라고 믿어 의심치 않습니다. (절대 부정적이거나 대립적인 언급은 하지 말아야 한다.) 그렇지만 어떤 보험 설계사도 할 수 없는 일을 제가 지금 이 순간 고객님을 위해 해드릴 수 있습니다."

분명 고객은 이렇게 물을 것이다.

"그게 뭐죠?"

그때 서류가방 속에서 결혼 증명서를 꺼내들고 이렇게 말한다.

"당신과 결혼하겠습니다." (반응은 흥미로웠다.)

"무슨 말인지 설명해 드리겠습니다."

증명서 상단 중앙에는 '결혼 증명서'라고 써 있다. 그리고 다음과 같은 내용이 적혀 있다.

'2003년 (2004년이든 2005이든 해당 일자를 적는다.) 1월 18일 발급된 이 결혼 증명서는 지그 지글러와 존 스미스 그리고 메리 스미스 사이에 체결된 계약으로 이 결혼으로 말미암아 지그 지글러는 존과 메리가 필요할 때마다 달려와 주겠다고 약속한다. (방문하기 전에 미리 고객의 성명을 적어 넣었다.) 세금과 사회보장제도에 관한 최신 정보를 항상 파악하고 있음으로

써 존과 메리에게 보험과 관련된 적절한 조언을 제공할 것을 약속한다. 상담과 도움을 줄 것을 약속한다. 존과 메리는 지그 지글러에게 이러한 서비스를 제공할 특권을 주기로 약속한다. 존과 메리는 언제든지 이 결혼을 취소할 수 있지만 지그 지글러는 어떤 경우에도 취소할 수 없다.'

이 결혼, 합법적인 거죠?

결정타 : 고객을 보면서 말한다. "고객님이 OK라고 적기만 하면 이 결혼은 발효됩니다."

거의 예외 없이 남편은 아내를 보고 웃으면서 이렇게 말한다.

"여보, 어때? 이 분이 우리 둘과 동시에 결혼하겠다는군! 이 분과 결혼하고 싶어?"

때론 아내가 웃으면서 "모르겠어요, 당신이 알아서 하세요"라고 말한다. 대개 부부 중 한 사람이 "좋은 분인 것 같아요. 그렇게 하는 게 어때요?"라고 말한다. 대개 남편들은 "지글러 씨, 합법적인 거 맞죠? 그러니까 제 말은 중혼은 아니지요? 저희에게 문제가 생기는 건 아니겠죠?"

나는 웃으며 대답한다. "네. 주지사, 국무장관, 보험 사정관에게 이미 허락을 받았고 심지어 제 매형에게도 허락을 받았습니다. 모두들 전혀 문제없다고 하네요."

남편들은 웃으면서 "안 될 게 뭐 있어?"라고 말하면서 펜을 집어 들고서는 화려한 필체로 정말로 서명을 하기도 한다. 재미있는 것은 결혼 증명서에 서명을 받을 때마다 보험가입 신청서에도 역시 서명을 받았다는 사실이다.

결혼 증명서를 사용함으로써 두 가지 효과를 얻을 수 있다. 첫째, 사전포석이다. 첫 번째 아이디어, 즉 결혼 증명서에 서명을 하게 되면 그다음 단계가 훨씬 쉬워진다. 둘째, 이 증명서를 통해 고객에게 '오늘 하루만 팔고 끝나는 것이 아니라 다가올 미래에 대한 약속을 하고 있는 겁니다. 저는 이제 당신 삶의 일부가 될 겁니다. 저는 당신의 보험 자문관이 될 것입니다'라고 약속하는 것이다. 이것이 바로 커리어를 만드는 세일즈다.

지금 적용하라

이 책의 서두에서부터 수없이 강조했기 때문에 당신은 지금쯤 이렇게 자문하고 있을 것이다. '어떻게 내 상황에 알맞게 응용할 것인가?' 내가 만난 세일즈맨 중에서 제리 파커^{Jerry Parker}라는 열정적인 사람이 있었다. 제리는 엑스트라코퍼리얼 코퍼레이션^{Extracorporeal Corporation}에서 근무했는데 이 회사는 현재 존슨 앤 존슨의 사업부가 되었다. 참고로 엑스트라코퍼리얼^{extracorporeal}이라는 말은 '체외', 즉 '몸밖의'라는 뜻이다.

1년이 넘게 제리는 캘리포니아 주 싸우전드 오크스^{Thousand Oaks}에 있는 로스 로블스 병원을 공략하고 있었다. 수간호사인 로레타 데이비스를 만나서 상품과 서비스를 판매하려고 애를 썼다. 그런데 1년 내내 데이비스는 제리의 상품이 가장 비싼 데다가 서비스는 최악이라고 주장했다.

제리의 방문이 왜 중요한지 이해를 돕기 위해 참고로 말하면 그가 파는 상품은 신장투석에 사용되는 인공혈관이었다. 몸 안에 있는 혈액을 인공신장으로 보냈다가 다시 몸 안으로 돌려보내는 관이다. 신장투석을 하는 사람은 매달 13회 이런 과정을 겪어야 한다. 1년에 한 환자가 156개를 사용하고 환자가 40명이면 6,240개가 필요하다. 이것은 엄청난 물량이다.

1년 동안 제리는 두 가지를 시도했다. 신뢰를 쌓고 친구관계를 형성했다. 그리고 세일즈에 관한 강의 자료를 날마다 들었다. '결혼전략'에 대해서도 수없이 들었다. 마침내 어느 날 농담 반 진담 반으로 데이비스가 제리에게 물었다.

"가격도 제일 비싸고 서비스도 나쁜데 제가 도대체 왜 당신한테 사야 하죠?"

제리는 재빨리 머리를 써서 '결혼전략'의 응용버전을 생각해 낸 다음 그녀를 보고 웃으면서 말했다.

"제가 당신과 결혼할 수 있기 때문이죠."

이 말을 듣고 데이비스는 갑자기 웃음을 터뜨리며 말했다.

"그러면 윌리는 어쩌고요?"

제리는 곧바로 대답했다.

"오해하지 마세요. 제가 설명해 드리겠습니다." (그 말을 하면서 카운터에 놓여 있는 갈색 종이를 발견했다. 제리는 손을 뻗어 그 종이를 집어 상단 중앙에다 '결혼 증명서'라고 서둘러 썼다. 그런 후 제리는 그가 쓴 결혼 합의서의 핵심을 설명했다.)

"저희 서비스를 산다는 것은 저를 산다는 뜻이고 저는 말 그대로 고객님과 결혼한 겁니다. 병원과 저희 회사 사이에서 당신의 개인적인 대리인이 될 것입니다. 환자들을 잘 관리할 수 있도록 모든 일을 효과적이고 효율적으로 처리할 것입니다. 가격이 비싼 것에 대해서는 최고의 품질과 개인적인 관심과 배려를 제공함으로써 충분히 보상해 드릴 것입니다. 이것은 환자의 건강과 직결되기 때문에 병원 측에서도 매우 중요하지요. 환자의 건강이 최우선 아닙니까, 수간호사님?" (그녀는 그렇다고 인정한다.)

말을 끝냈을 때쯤 제리는 결혼 증명서에 들어갈 내용을 다 써서 '결혼 증명서'를 데이비스에게 전해 주며 말했다.

"여기다가 OK라고 적기만 하면 이 결혼 합의서의 효력이 발생합니다.” 데이비스는 잠시 생각해 보더니 일리가 있다고 인정했다. 또한 자신의 상품에 대한 제리의 유쾌하고도 끈질긴 확신 때문에 그녀는 신뢰하기 시작했고 그의 논리가 타당하다는 것을 알게 되었다. 그는 올바른 방법을 따랐고 적절한 말을 사용했으며 그의 관심은 환자와 병원의 이익에 있었다. 데이비스는 그를 신뢰했다. 그래서 ‘결혼 합의서’에 서명했고 잠시 후 정식 주문서에 서명했다.

세일즈 클로징 상상력 전략 _ The "Imagination" Close

가장 뛰어난 상상력을 발휘한 사례는 캘리포니아 주 사크라멘토 시의 폴 제퍼스Paul Jeffers의 이야기다. 1982년 폴은 86번의 연설을 했고 70번의 세일즈에서 980만 달러어치의 생명보험 계약을 성사시켰는데 납입 보험료가 25만 달러가 넘었다. 폴은 과녁의 정중앙을 못 맞추는 것은 과녁 잘못이 아니며, 상품을 사지 못하는 것은 고객 잘못이 아니라고 믿는 대단한 사람이었다.

1975년 2월 8일, 폴은 청각을 상실했음에도 불구하고 귀머거리여서 ‘No’라는 말을 듣지 못하니 오히려 다른 세일즈맨보다 유리하다고 웃으면서 말했다.

청력을 상실한 지 얼마 되지 않아 독화술을 마스터하기 전인데 고객 두 사람을 만나는 중요한 상담에 혼자 나갔다. 폴은 그 상황을 이렇게 묘사했다.

“고객의 사무실로 걸어 들어가 상담을 시작했는데 고객이 대답을 해도 입술모양을 읽을 수가 없지 뭡니까. 그래서 말했죠. ‘고객님, 제가 고객님의 입술을 읽을 수가 없습니다.’ 나는 노란색 노트를 꺼내고 말했습니다. ‘두 분께 노트 한 권씩을 드릴 테니 질문을 써주시면 제가 대답해

드리겠습니다. 괜찮겠습니까?' 둘 다 괜찮다고 고개를 끄덕였고 그들에게 노트를 주었더니 노트에 온갖 질문을 썼습니다. 그리고 나에게 건네주었는데 둘 다 도저히 글씨를 알아 볼 수가 없었어요."

"그래서 말했죠. '고객님, 정말 문제군요. 제가 고객님의 입술을 읽을 수도 없고 필체도 알아 볼 수가 없어요. 그렇다면 두 가지 방법이 있습니다. 당장 이곳을 떠나고 없었던 일로 하든지 아니면 더 좋은 방법은 모든 자료를 준비해 왔으니 평소대로 프레젠테이션을 하면 어떻겠습니까? 고객님이 가질 수 있는 반대의견을 제가 스스로 제시하고 이에 대한 대답도 제가 알아서 하겠습니다. 고객님은 그저 제 말에 동의하시면 고개를 위아래로 끄덕이고 동의하지 않으시면 고개를 가로 저으면 됩니다. 어떻습니까, 괜찮지요?' 그 제안에 둘 다 고개를 끄덕여 동의했지요."

"열심히 프레젠테이션을 했고 최고의 프레젠테이션이었습니다! 상품을 설명하고, 반대의견을 제시하고, 이에 대한 답을 제시하고, 모든 것을 다 끝내고 굳히기에 들어가며 말했죠. '고객님, 이 보험내용 중에 마음에 안 드는 부분이 있습니까? 지금 당장 시작할 수 없는 이유가 있습니까? 저에게 지금 당장 3,800달러짜리 수표를 주는 데 문제가 있습니까?' 그들은 아니라고 고개를 저었고 나는 '스탠다드 보험사Standard Insurance Company 앞으로 수표를 써주십시오'라고 말했죠. 그들은 수표를 써서 제게 주었습니다."

"대부분의 보험설계사들은 대금을 받지 못하고 가입 신청서를 받을 수 있지만 저는 가입 신청서는 없어도 대금은 받을 수 있습니다. 그럼 이제 어떻게 할까요? 어떻게 처리할까요? 저를 도와줄 매니저는 어디 있을까요? 없었습니다. 저는 철저히 혼자서 해결해야 했습니다. 그래서 이렇게 말했습니다. '아무것도 적지 않은 가입 신청서를 드리겠습니다. 활자체로 또박또박 써 주십시오. 또 한 장의 빈 신청서를 드릴 테니 여기다

서명해 주세요. 고객님께서 적은 신청서의 정보를 서명하신 신청서로 제가 옮길 것입니다. 그런데 제가 직접 적겠습니다. 의사한테 검진을 받고 나면 두 분 모두 보험에 가입됩니다. 괜찮으시죠?' 둘 다 고개를 끄덕였습니다."

폴은 웃으면서 말했다. "이것이 바로 주도권을 장악한 상담입니다. 아마 이렇게 상담을 압도적으로 주도하기는 쉽지 않을 겁니다."

아는 사람 하나 없는 낯선 곳에 프로 세일즈맨을 낙하산에 태워 떨어뜨리면 해가 질 때쯤이면 영업을 시작할 것이라는 말이 있다. 이 말에 동의한다. 특히 세일즈맨이 폴 제퍼스처럼 상상력, 끈기, 승리에 대한 의지, 사람들에 대한 사랑이 있다면 더더욱 그렇다.

상상력은 물론이고 뛰어난 세일즈맨이 갖춰야 할 모든 덕목을 겸비한 또 한 사람이 있다. 바로 미시시피 주 로렐Laurel의 E. U. 파커 주니어다. 이 책이 처음 출판되었을 당시 스테이트 팜 보험사State Farm Insurance의 지역 부사장이었던 빌 샌더스Bill Sanders의 말에 의하면 파커 주니어는 여덟 살 때 완전히 실명했으나 그럼에도 불구하고 중남부 지역에서 처음으로 공인생명 보험사 자격증을 취득했다. 빌 샌더스는 "자동차 보험업계의 경우 세일즈맨은 보험가입 당시 과거의 차량파손 유무를 찾아내고 기록하는 것이 중요한데 파커 주니어는 다른 세일즈맨보다 차량파손 여부를 잘 찾아낸다"고 말했다.

폴 제퍼스와 파커 주니어의 이야기는 '장애'는 장애라고 생각할 때만 장애가 된다는 것을 잘 보여주고 있다. 두 사람의 이야기는 내가 세일즈라는 직업을 사랑하는 이유 중 하나로 기억해 두기 바란다.

세일즈 클로징 사소한 부분이 세일즈를 결정한다 _ The "Click" Close

가끔 사람들은 믿기 어려운 이유로 상품을 사기도 한다. 오래전 네쉬빌에 살았을 때 저지 지글러는 한 생명보험사 본사의 총대리인이었다. 우리는 회사 초창기에 입사해서 주식공모를 통해 자본을 조달하도록 도와주었다. 주식발행이 마감되고 회사가 정상화되기까지 3개월이나 걸렸다. 우리가 가진 것이라고는 요율표뿐이었다. 경쟁이 치열한 생명보험업계에서 살아남으려면 완벽한 제안서와 완전한 프레젠테이션을 할 수 있어야 한다.

그렇다고 3개월 동안 수입 없이 지낼 수는 없었으므로 제안서를 제작하고 인쇄할 장비를 구입하기로 했다. 그중 하나가 계산기였다. 그 당시에는 프리든Friden, 몬로Monroe, 마천트Marchant만이 자동 계산기를 생산했다.

미숙한 세일즈맨 때문에 마천트는 제외했고 프리든과 몬로 중에서 선택해야 했다. 우리는 프리든으로 결정했는데 그 이유가 재미있다. 다른 모든 조건은 동일했는데 프리든 계산기를 누를 때 나는 소리가 마음에 들었다면 믿을 수 있겠는가? 실제로 그랬다. 계산기의 소리가 구매를 결정하는 중요한 요인이었다.

포인트 : 사람들이 상품을 사는 이유는 논리적이지 않다.
감정적인 이유 때문에 산다.

세일즈 실적을 올리고 싶다면 고객과 고객의 필요에 관한 것이라면 작은 것에도 민감해져야 한다.

세일즈 클로징 독자적인 구매결정을 유도하라 _ The "Special Occasion"

Close

나는 18년 동안 직접 판매에 종사했고, 이 시기에 많은 세일즈 테크닉을 개발했다. 진공청소기, 알람시계, 연수기, 조리기구 등을 판매하는 세일즈맨은 다음과 같은 상황이나 이와 유사한 상황에 직면하게 될 것이다. 이 테크닉은 원래 직접 판매를 위해 고안되었다. 그러나 상상력을 효과적으로 활용해서 자신의 일에 맞게 응용한 젊은 가구점 사장을 보면 내가 왜 이 테크닉을 상상력의 범주에 포함시켰는지 알게 될 것이다.

내가 조리기구 세일즈를 했을 당시에는 주로 부부를 밤에 모아 놓고 시연회를 한 후 다음 날 약속을 잡았다. 하지만 아내 혼자 집에 있는 경우가 많았다. 대개 아내들은 자신이 결정할 수 있다고 장담한다. 그런데 막상 프레젠테이션이 끝나면 결정을 내리기 전에 남편과 함께 상의를 해야 할 내용이라며 상담을 끝내려고 한다. 이런 경우는 대부분 세일즈에 실패했음을 의미한다. 오해하지 말기 바란다. 정말로 남편과 상의하고 싶은 경우에는 나도 그렇게 하기를 원한다. 아내가 남편의 반대를 무릅쓰고 구매를 하는 경우 결국 주문을 취소할 뿐 아니라 아니라 더 중요한 것은 불만족스러운 고객이 한 명 생겨난다는 사실을 쓰라린 경험을 통해 알고 있기 때문이다.

그러나 이것이 단순히 구매를 보류하는 것인지 정말로 사지 않으려는 핑계인지 판단해야 했다. 그래서 이렇게 말한다. "좋습니다, 남편께서 6시에 퇴근하시니까(그 전날 이미 그의 퇴근 시간을 알아두었다.) 7시에 다시 방문하겠습니다. 아니면 8시가 더 좋을까요?" 이런 방법으로 정말로 관심이 있는지 아니면 나를 피하려고 하는 것인지를 금방 알아 낼 수 있다. "아시다시피 우리는 20년이나 부부로 지냈기 때문에 남편 다루는 방법을 잘 알고 있습니다"라는 흔한 핑계를 대는 경우는 가망이 없다는 뜻이다.

세일즈맨이라면 어떤 상품을 사기 위해 필요한 이해수준과 그것을 팔 수 있을 만큼 이해하는 것과는 천양지차라는 것을 알 것이다. 그 아내는 조리기구를 살만큼 그 가치를 이해했지만 남편에게 그것을 팔 만큼 충분히 이해한 것은 아니었다. 나는 그것을 팔 수 있을 만큼 잘 설명하기 위해 수년간 공부했지만 그녀는 시연회를 딱 한 번 보았을 뿐이다.

그녀가 약속을 잡지 않으려고 발뺌하자 나는 이렇게 말했다.

"질문 하나 하겠습니다. 남편께서 장을 봐서 몇 시에 퇴근하시죠?"

"무슨 말씀이세요?"

"남편께서 장을 보실 것 같은데요?"

"아니요, 안 봐요."

"그럼 누가 장을 보시죠?"

"제가 하죠."

"항상 부인께서 장을 보셨나요?"

"그럼요, 당연하죠."

"장보는 비용이 만만치 않죠?"

"그럼요!"

"일주일에 20내지 25달러는 들죠?"

이렇게 말하면 거의 예외 없이 다음과 같이 말한다.

"20이나 25달러라니요? 120내지 125달러를 말씀하시는 거죠?"

"25달러 이상 든다는 말씀이십니까?"

"장을 한 번도 안 보셨군요!"

"그렇다면 보수적으로 추정해서 일주일에 50달러 잡으면 될까요?"

"그것도 적게 잡은 금액입니다."

남편을 선택한 건 당신이다

"그렇다면 (여기서 다시 수첩을 꺼낸다.) 일주일에 장보는 데 50달러를 투자하시지요. (수첩에 적는다.) 1년이 50주라고 하고 50달러를 곱해 보겠습니다. 그러면 1년에 고객님께서는 장보는 데 2,500달러를 쓴다는 뜻이지요. 결혼하신 지 20년이 되셨다고 하셨고요. 2,500달러에다 20년을 곱하면 5만 달러니까 남편께서 시장 보는 데 사용하라고 고객님께 맡기신 돈이 5만 달러나 된다는 말이군요. 실례일지 모르겠지만 그 5만 달러 중에서 100달러어치에 해당하는 식료품도 지금 당장 보여주실 수 없으십니다. 그렇죠?"

우리는 둘 다 웃었고 그녀는 말했다.

"그럼요, 당연하죠!"

"고객님, 남편께서는 이미 식료품을 사는 데 5만 달러를 투자하라고 고객님께 맡기셨습니다. 앞으로 5만 달러어치의 음식을 가장 잘 그리고 가장 경제적으로 요리할 수 있다는데 남편께서 겨우 400달러를 고객님께 못 맡기겠습니까?"

남편이 당신과 결혼한 이유

그래도 주문을 받아 내지 못했다면 이 말을 추가하라.

"남편께서 당신과 결혼한 이유 중 하나는 남편을 선택한 고객님의 안목 때문일 겁니다."

조용히 미소를 지으며 그녀의 눈을 응시하고 말한다.

"남편께서 고객님의 안목을 신뢰했다면 남편에게 줄 음식을 요리하기 위해 조리기구 세트 사는 데 몇 달러 투자하겠다는 고객님의 판단도 신뢰하지 않겠습니까?"

이 멘트로 조리기구를 많이 팔았다.

오해하지 말기 바란다. 모든 세일즈맨이 만나는 고객마다 항상 세일즈에 성공할 수 있다고 생각하지는 않는다. 그러나 약간의 상상력을 발휘한다면 대부분은 실적을 상당히 개선할 수 있다. 세일즈맨에게 가장 안타까운 경험은 꼭 성공했어야 하는 세일즈를 놓치는 경우다. 당장 수입에도 영향을 주지만 더 중요한 것은 그 고객에게 서비스를 제공할 수 없다는 사실이다. 나는 단지 고객이 유리한 결정을 내릴 수 있도록 모든 기회를 주고 싶을 뿐이다.

이와 관련해서 '도대체 한 고객을 언제까지 붙잡고 있어야 하는가?'라는 질문을 자주 받는다. 정해진 규칙이나 구체적인 해답은 없다. 이것은 자기 스스로 느끼고 경험을 통해 배울 수밖에 없다. 나의 개인적인 기준이라고 한다면 고객이 명백한 관심을 보이거나 아니면 사지 않을 거라고 분명하게 말할 때까지 고객을 설득한다.

매장에서도 활용할 수 있다

이 책의 초고를 준비하고 있을 때 경기침체 같은 것은 없다고 생각할 만큼 젊고 패기 있는 가구점 사장 랜디 쿠퍼Randy Cooper가 사무실에 들렀다. 아쉽게도 지금은 랜디와 연락이 끊어졌지만 그 당시 랜디는 오클라호마 주 에니드Enid에서 쿠퍼스 홈 퍼니싱스Cooper's Home Furnishings라는 사업체를 소유하고 있었다. 그는 자신의 사업에 대해 매우 열정적이었고 위에서 설명한 테크닉을 응용해 너무나 쉽게 세일즈에 성공했다며 좋아했다.

1982년 12월 엄마와 딸이 랜디의 매장으로 들어 와서 남편이 크리스마스 선물로 사 주겠다고 약속한 안락의자를 찾았다. 그녀는 원했던 의자를 발견했고 투자금액은 449달러였다. 그녀는 랜디에게 남편과 상의해 보겠다고 말했다. 공교롭게도 그녀가 가게에 들어왔을 때 랜디는 '독자적인 결정을 유도하기'에 관한 강의를 듣고 있었다. 그는 이 테크닉을 다음과 같이 응용했다.

"고객님, 저는 혼자 살고 있고 일주일에 3일 동안 두 아이와 같이 지냅니다. 제가 직접 장을 보는 데 일주일에 100달러 정도 듭니다."

"저도 장을 보는 데 그 정도 들어요."

"일주일에 100달러면 1년이면 5,000달러가 넘는 돈인데 (이 대목에서 목소리에 힘을 주어 강조한다.) 남편에게 이 돈에 대해 상의하지 않으실 겁니다. 그렇지요?"

그러자 그녀는 자랑스러운 듯 턱을 치켜들고는 딸을 쳐다보며 "사겠어요!"라고 말했다는 것이다.

참고로 랜디는 세일즈 교육을 전혀 받지 않은 채 사업을 시작했는데 내가 그를 잠깐 만났을 때 이 테크닉이 실제로 효과가 있다는 것에 무척 기뻐하며 놀라움을 표시했다. 랜디가 '양자택일' 전략과 '구매전제' 전략을 응용했을 때 정말 놀라운 결과가 나타났다. 한번은 어느 부부가 그녀의 매장에서 상품을 여러 개 선택했다. 그런데 금액이 너무 비싸다고 생각한 아내는 집에 가서 생각해 보겠다고 말했다. 랜디는 갑자기 '청력장애'를 일으키며 남편에게 말했다.

"댁에 직접 가져가시겠습니까, 아니면 저희가 배달해 드릴까요?"

그러자 남편이 아내에게 물었다.

"어떻게 할까?"

"배달비가 들잖아요. 우리가 가져갈게요."

20초 전에 집에 가서 생각해 보겠다던 아내가 이렇게 말했다. 세일즈맨이 고객에게 사라고 권하지 않기 때문에 놓쳐 버리는 세일즈가 상당히 많다는 사실을 기억하기 바란다.

세일즈 클로징 유머감각을 활용하라 _ The "Tuit" Close

때로는 세일즈에서 약간의 유머를 촉매로 사용할 수 있다. 1만 8,000 달러짜리 교육 패키지를 팔기 위해 방문했던 한 회사에서 있었던 일이 생각난다. 경영진은 이 프로그램을 원했고 사기로 결정했지만 구매를 지연하고 있었다. 살듯 말듯 하다가 늘 끝에 가서는 "저희가 연락 드리겠습니다"라고 말하는 것이었다.

"대략 얼마나 걸리겠습니까?" 내가 물었다.

"한 30일, 60일, 아니 90일 이내가 될 것 같습니다."

"이미 확신이 드셨고 정말로 이 프로그램을 원하고 계시는 것 같은데요?"

"네, 그렇습니다."

"어쨌든 교육을 한다는 것은 분명하죠?"

"할 겁니다."

"다시 말해 여건이 되면(get around to it) 이 교육 프로그램을 시작하실 거죠?"

"네, 그럴 생각입니다."

이 말에 나는 그들을 보고 미소를 지으면서 말했다.

"고객님께(네 사람이었다.) 드릴 말씀이 있습니다. 정직하신 고객님들과 일하게 되어서 정말로 기쁘게 생각하고 있습니다. 여건이 되면(get around to it) 즉시 이 교육 프로그램을 시작하겠다고 말씀하신 것이 진심임을 알고 있기에 제 명함을 드리겠습니다. 제 명함은 보시다시피 둥근 모양이고 한 면에는 이름과 주소, 전화번호가 적혀 있습니다. 다른 한 면에는 TUIT이라는 단어가 적혀 있습니다. 명함이 둥글고(round) 'TUIT'라고 쓰여 있으니까 합치면 하나의 둥근 TUIT(a round tuit)가 됩니다. 기회가 되면(get a round to it) 시작하겠다고 하셨지요? 제가 가장 먼저 축하드리고 싶군요. 이제 둥근 TUIT(get a round tuit)를 갖게 되셨으니 즉시 교육 프로그램을 시작하실 수 있게 되셨군요."

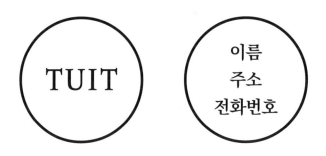

'농담이죠?'

지금쯤 당신은 속으로 이렇게 생각하고 있을 것이다. '설마, 농담이겠지. 그렇게 해서 정말로 그 사람들이 샀단 말이야?' 정말로 샀다. 그렇지만 오해하지 말기 바란다. 다짜고짜 쳐들어가서 "여건이 되면 시작하겠다는 거죠?"라고 말한 것은 아니었다. 그것은 말도 안 되는 일이다.

나름대로 사전준비를 철저히 했다. 기초공사를 한 것이다. 즉, 우리 프로그램이 그들의 필요에 부합한다는 사실을 입증했고 과거에 함께 일을 했기 때문에 이미 신뢰관계가 형성되어 있었다. 이 우스운 명함사건은 그저 그 신뢰관계에 촉매작용을 함으로써 즉각적인 행동을 이끌어 냈을 뿐이다.

애매한 반응은 세일즈 최대의 적

지금 당장 행동하게 만드는 것이 세일즈 방문의 목표다. 이미 강조했지만 앞으로도 나는 이 점을 여러 차례 강조할 것이다. 'Yes'라고 말하는 고객 때문에 사업이 어려워지지는 않는다. 'No'라고 말하는 고객 때문에 파산하는 경우도 없다. 그러나 '아마도'라고 말하는 고객은 사업을 어렵게 만들 뿐 아니라 특히 직접 판매의 경우 당신을 괴롭게 만들 것이다.

그 이유는 이렇다. '나중에 사겠습니다'라고 말하는 고객의 말을 믿는 것은 가짜 담보를 비축해 두었다가 적당한 때 현금화하겠다는 생각이나 다름없다. 재방문이 필수적인 업계에 종사하는 경우(예 : 신약에 대해 의사에게 자세히 설명한다거나 수년간 경쟁력 있는 사업을 운영하고 있는 백화점에 신규 사업을 제안하는 경우) 고객을 재방문하기로 약속하면 반드시 그 약속을 지켜야 한다.

대부분의 세일즈 테크닉이 그렇듯이 앞의 경우처럼 유머감각을 활용한 방법도 때와 상황에 맞게 활용해야 한다. 심각하게 설득했을 때 안 풀리던 일을 유머감각을 이용해서 성사시키는 경우가 더러 있다. 고객과 고객의 상황을 충분히 연구한 다음 약간의 센스를 더해서 한 번쯤 시도해 보는 것도 괜찮은 생각이다.

추신 : 이 방법을 시도해 보고 싶다면 우표와 자신의 주소가 적힌 봉투를 보내라. 둥근 TUIT를 무료로 보내 줄 수 있다.

세일즈 클로징 직접적이며 강력하게 구매를 권하라 _ The "Challenge" Close

세일즈 및 관리 프로그램 전문가인 래리 윌슨Larry Wilson은 이 분야의 커리어를 시작하기 전에는 전국 최고의 생명보험 판매원 중 한 명이었다.

래리는 TUIT 명함전략을 한 단계 업그레이드해서 직접 사용했는데 대리석 조각, 야구공, 비치볼을 하나씩 들고 다녔다.

그는 세일즈를 마무리 지으려고 할 때 고객이 금전적인 부분에서 저항을 심하게 보인다면 대리석을 고객에게 주고 주머니에 넣으라고 말한다. 그리고 이렇게 말한다. "고객님, 이 대리석은 너무 작고 가벼워서 주머니에 있는지조차 느끼지 못합니다. 며칠 지나면 고객님은 그 존재를 완전히 잊어버릴 겁니다."

그런 다음 래리는 야구공을 꺼내서 이렇게 말한다. "좀 힘들긴 하겠지만 고객님께서는 이 야구공을 주머니에 넣을 수 있을 겁니다. 가는 곳마다 가지고 갈 수도 있지만 한 걸음 한 걸음 옮길 때마다 야구공의 존재를 느끼실 겁니다." 마지막으로 래리는 비치볼을 가방에서 꺼낸 다음 바람을 넣고서 말한다. "이 비치볼은 주머니에 절대 넣지 못 할 겁니다."

"생명보험은 바로 이런 이치와 똑같습니다. 고객님 나이에 오늘 시작하면 보험료는 이 대리석 조각을 갖고 가는 것과 같습니다. 너무 작아서 조만간 잊어버릴 겁니다. 몇 년을 더 기다렸다가 보험에 들면 야구공처럼 됩니다. 갖고 다닐 수는 있지만 늘 부담이 됩니다. 너무 오래 미루시면 이 비치볼처럼 됩니다. 도저히 감당할 수가 없습니다. 고객님께서는 오늘 생명보험을 들 건지 말 건지를 결정하시는 게 아닙니다. '대리석 조각을 갖고 다닐 것인가, 아니면 야구공이나 비치볼을 가지고 다닐 것인가?'를 결정하시는 겁니다. 저는 고객님께 대리석 조각을 권하고 싶습니다. 그것이 고객님께도 더 쉽고 가족에게도 더 좋을 겁니다."

고객들은 대개 "한 번도 그런 식으로 생각해 본 적이 없어요"라는 반응을 보인다. 이 말에 래리는 "참고로 오늘 대리석 가격은 겨우 _____이고 1년에 한 번, 분기에 한 번 또는 매월 한 번, 원하시는 대로 지급하시면 됩니다. 어떤 쪽이 더 편하시겠습니까?"

당연히 래리는 좋은 실적을 거두었다.

월 29일짜리 보험 전략 _ The "Twenty-Nine-Day" Close

생명보험업계에서 일하던 시절 가장 힘들었던 부분은 고객이 구매를 거부하는 진짜 이유를 찾아낼 수 없을 때였다. 말로 표현하는 거부의사에 대해서는 대부분 효과적으로 대처할 수 있었지만 말하지 않는 경우는 훨씬 대처하기가 어려웠다. 사실 아예 대처가 불가능한 경우도 있었다.

어느 날 저녁 나는 좀 더 포괄적인 생명보험이 필요한 고객과 상담을 하고 있었다. 고객은 그 보험 상품을 감당할 만한 재정능력이 충분했고 가족의 건강에도 지대한 관심을 갖고 있었다. 그런데 전혀 타당성이 없는 핑계와 이유를 대는 바람에 진전이 없었다. 상상력을 발휘해서 진짜 이유를 밝혀내지 못하면 세일즈에 실패할 것이 분명해 보였다.

나는 기억을 더듬어서 오래전 세미나에서 한 연사(이름은 기억이 나지 않는다.)가 심어 놓았던 아이디어에서 씨앗을 찾아냈다. 나는 그 아이디어를 취해서 대폭 수정한 다음 고객에게 이렇게 말했다.

"고객님께서 왜 결정을 내리지 못하고 망설이는지 모르겠군요. 이미 보험이 필요하다고 하셨고 그 보험에 가입할 만큼 충분한 재정 능력도 있으시고 가족을 분명히 사랑하시는데요. 제가 생각할 수 있는 단 한 가지 가능성은 엉뚱한 상품을 권해드리지 않았나 하는 겁니다. 지금까지 고객님께 말씀드린 상품이 아니라 '29일 보험'을 권해드려야 할 것 같습니다."

수첩이 등장할 시간

이때 나는 수첩을 꺼내면서 말했다. "아주 간략하게 29일 보험에 대해 설명 드리지요. 우선, 고객님이 필요하다고 하신 보험의 액면금액과 같습니다. 둘째, 연금혜택도 정확히 똑같습니다. 저희가 선택한 금액이 최소금액이라고 강조하셨으니까 잘 되었지요. 셋째, 29일 보험은 장애가 발생해서 보험료를 납부하지 못할 경우 또는 사고로 인한 사망 시 보험료 면제와 함께 두 배의 보상금을 드립니다. 참고로 29일 보험의 보험료는 일반 보험료의 절반밖에 안 됩니다. 이 상품이 고객님한테 더 적합하겠습니까?"

고객은 놀란 듯이 나를 보며 말했다. "제 주머니 형편에 훨씬 잘 맞는군요. 하지만 29일 보험이 무슨 뜻인가요?"

나는 정색을 하며 말했다. "매월 29일 동안 보장을 받는다는 뜻입니다. 지금이 4월이고 이번 달은 30일이 있으니 하루만 빼고 다 보장받으실 수 있고 그 하루는 고객님이 선택하실 수 있습니다. 토요일이나 일요일을 선호하실 수도 있겠지요." 잠시 멈췄다가 다시 이렇게 말했다. "아니 그건 좋은 생각이 아니네요. 주말에는 집에 계실 테고 통계적으로 보자면 집이 가장 위험한 장소일 수 있거든요."

그런 후 고객을 쳐다보며 미안한 듯한 표정으로 말했다. "고객님께서 저보고 당장 나가라고 하신다고 해도 충분히 이해할 수 있습니다. 제가 주제 넘게 행동했습니다. 제가 고객님 가족의 미래 행복을 너무 가볍게 생각한 것 같습니다. 고객님께서는 가족에 대한 책임감이 투철하신 분이시니까요. 제가 29일 보험은 한 달에 하루나 이틀 동안 보험혜택이 적용되지 않는다고 말씀드렸을 때 고객님 마음속에는 그 하루나 이틀 동안 자연사나 사고로 죽을 수도 있다는 생각이 들었을 겁니다."

진정하세요, 고객님 "제가 설명드릴 테니 흥분하지 마십시오. 고객

349

님, 29일짜리 보험을 판매할 보험 설계사는 절대 없습니다. 고객님께서는 보험이 단 하루만 적용되지 않는다고 해도 이 점을 걱정하실 분이란 걸 알기 때문에 제가 임의로 제안해 보았습니다. 고객님께서는 단 하루라도 가족의 미래를 운에 맡기실 분이 아니라는 걸 잘 압니다. 그렇지 않습니까? 고객님께서는 처음에 설명해 드린 보험을 선택하실 분이라고 믿습니다. 그 보험은 하루 24시간, 하루도 빠짐없이 일주일에 7일, 고객님이 어디에 있든, 무엇을 하든 상관없이 보험이 적용됩니다. 고객님께서 가족들에게 주고 싶은 것이 바로 이런 보험일 겁니다. 그렇죠?"

그날 밤 나는 보험계약에 성공했고 생명보험 세일즈를 하는 동안 여러 차례 이 방법을 이용했다. 이 방법을 쓸 때마다 세일즈에 성공한 것은 아니지만 오래전 참석했던 세일즈 세미나에서 얻은 아이디어를 내 상황에 맞게 응용함으로써 많은 세일즈를 성공시킬 수 있었다.

세일즈 프로가 되려면 반드시 날마다 읽고, 공부하고, 자극이 되는 교육적인 강의를 들어야 한다. 이 말은 아무리 강조해도 지나치지 않을 것이다. 프로들이 진행하는 클리닉이나 세미나에 참석해야 한다. 그런 후 방법과 아이디어를 자신의 구체적인 상황에 맞게 수정하고 적용하기 위해 노력해야 한다. 이렇게 해야만 끊임없이 자극을 받고, 정보를 얻고, 앞서 나갈 수 있다.

상상력과 상식

진부하게 들리겠지만 세일즈를 성공적으로 하려면 고객의 주요 관심사를 찾아내고 자신의 상품이 고객의 필요를 충족시키고 관심을 만족시킨다는 것을 고객에게 보여줘야 한다.

제2차 세계대전 중에 군인보험이 도입되었다. 간단히 말해 최소 월

6~7달러의 보험료를 납입하면 1만 달러까지 보장받을 수 있는 생명보험이었다. 장병이 죽으면 수혜자가 1만 달러를 받는다. 너무나 좋은 조건이었지만 다른 판매 서비스와 마찬가지로 이 보험 역시 저절로 팔리지는 않았다. 세일즈가 필요했다.

젊은 중위가 자신이 이끄는 보병중대를 소집해서 보험에 대해 자세히 설명한 후 가입하고 싶은 사람들을 위해 가입 신청서를 나누어 줬다. 그러나 한 사람도 가입하지 않았다. 나이가 제법 지긋한 하사관이 젊은 중위에게 자신이 설명하겠다며 허락을 구했다. 중위는 마지못해 동의했고 자신이 그 보험을 팔지 못했다면 하사관도 못할 거라고 확신했다.

세일즈 클로징 최전방 전략 _ The "Front Line" Close

하사관은 자리에서 일어나서 간단하지만 설득력 있게 설명했다.

"내가 이해하기로는 이 보험은 이런 거다. 너희들은 해외로 파견될 거야. 보험에 가입하고서 죽으면 정부가 너희 가족한테 1만 달러라는 엄청난 돈을 보내 주지. 보험에 들지 않고 죽으면 정부는 너희 가족한테 아무 것도 안 보내줄 거고. 질문 하나 하겠다. 정부가 어떤 놈을 최전방에 먼저 보낼까? 죽으면 1만 달러의 비용이 드는 놈일까 아니면 죽어도 땡전 한 푼 안 드는 놈일까?" 병사들은 보험에 가입했다.

사실 나는 이 이야기가 실화라고 생각하지는 않는다. 그러나 핵심을 완벽하게 찌르고 있다. 즉, 무엇을 팔든지 안 사는 것보다 사는 것이 고객에게 이익이라는 것을 분명하게 보여줘야 한다.

어디에서든 팔아라

1952년 나는 사우스캐롤라이나 주 플로렌스^{Florence}에 살면서 노스캐롤라이나 주 윌밍턴^{Wilmington}에서 세일즈를 하고 그곳에다 세일즈 조직을 일부 구축하고 있었다. 어느 늦은 토요일 저녁 플로렌스로 돌아가는 길에 과속을 했다. 고속도로 순찰대원이 차를 세우고 속도위반 딱지를 발급했다. 그가 친구의 친구여서 그날 벌금을 지불하지 않고 보내 주었는데 월요일 윌밍턴으로 돌아가는 길에 노스캐롤라이나의 화이트빌^{Whitevill}에 들러서 과태료를 지불한다는 조건을 제시했다.

세일즈 클로징 기회를 잡아라 _ The "Opportunity" Close

나는 과태료 금액을 분명히 기억한다. 30달러였다. 1952년에는 상당히 큰돈이었다. 월요일 법원에 들러서 벌금을 냈다. 과태료를 담당하는 젊은 여직원에게 돈을 주는데 '이 기회를 이용해서 과태료로 인한 손실을 만회할 수 있지 않을까' 하는 생각이 스쳤다. 밑져야 본전이란 생각이 들었고 다음과 같은 대화가 이어졌다.

"한 가지 물어봐도 될까요?"

"그러세요." 그녀는 웃으며 말했다.

"궁금한 게 있는데, 아직 미혼이고 일을 하고 있으니까 버는 돈의 일부는 저축하겠죠?"

"네, 그래요."

"정말로 원한다고 가정하고, 나중에 분명히 필요한 정말로 좋은 상품이 있다면 그것을 사기 위해 하루에 25센트씩 추가로 저축할 수 있겠습니까?"

"네, 그럴 수 있겠죠."

"지금 제 차에 정말로 훌륭하고, 아름답고, 당신의 남은 여생 동안 필요할 뿐 아니라 분명 사용하게 될 상품이 있다면 5분만 시간을 내서 봐주시겠습니까?"

"그럼요."

"잠시만 기다려 주세요."

나는 재빨리 차로 가서 조리기구 샘플을 가지고 돌아왔다. 짧지만 열정적인 시연을 하고 나서 결정적인 질문을 던졌다. 내가 결정적인 질문, 즉 사겠냐는 질문을 하자 그녀는 10년쯤 나이가 많은 기혼여성을 보며 말했다. "언니가 저라면 어떻게 하시겠어요?"

기혼여성이 대답을 하기 전에 내가 말을 가로채며 먼저 말했다. "끼어들어서 죄송하지만 질문 하나 하겠습니다. 당신이 이 미혼여성의 입장이라면, 아이들은 날로 자라나고 이런저런 비용과 해야 할 일들이 많다는 것을 잘 아는 선배로서 결혼하기 전에 이 멋진 조리기구 세트를 장만할 기회가 있었다면 돌이켜봤을 때 어떻게 하셨겠습니까?"

잠시도 머뭇거리지 않고 기혼여성은 말했다. "살 겁니다." 나는 미혼여성을 보며 말했다.

"당신도 그렇게 할거죠?" 그녀는 미소를 지으며 말했다. "네." 그래서 나는 주문을 받았다.

세일즈 클로징 동반자 전략 _ The "Companion" Close

주문서를 다 작성하고 나서 나는 기혼여성을 보고 말했다. "10년 전에 살 기회가 없었다고 해서 남은 여생 동안 이 멋진 조리기구 세트를 계속 쓰지 말란 법은 없지요. 그렇지 않습니까?" "그렇지요." 그녀는 말했다. "당신도 이 조리기구가 필요하시죠?" 내가 물었다. "네, 필요하죠." 그녀가 말했다.

첫째, 나는 기회를 포착했고 둘째, 구매를 청했기 때문에 세일즈에 성공했다. 나는 테크닉이 나빠서가 아니라 테크닉이 없기 때문에 많은 세일즈를 놓친다고 확신한다. 고객에게 구매를 청하라.

이렇게 해서 나는 손쉽게 두 세트를 팔았고 그로 인해 발생한 커미션으로 벌금을 내고도 남았다. 사실 그날 오후 고속도로 순찰대원을 다시 만났다. 물론 이번에는 속도를 위반하지 않았고 나는 딱지를 떼 줘서 고맙다고 손을 흔들어 주었다.

이 이야기를 하는 이유는 자신이 하는 일에 완전히 몰입해서 모든 세일즈 기회를 본능적으로 잡을 줄 알아야 한다는 말을 하기 위해서다.

세일즈 클로징 세심하게 배려하라 _ The "Nice People" Close

당신이 하는 사업이 흔한 분야이고 경쟁이 심할수록 상상력을 개발하고 활용하는 것이 중요해진다. 결국 상상력은 고객의 필요를 알고 이 필요에 부응하기 위해 최선을 다하는 당신, 즉 세일즈맨 자신으로 귀결된다. 예를 하나 들어 보겠다. 텍사스 주 칠러코시Chillicothe라는 작은 동네에 있는 틸러스 카페Tiller's Cafe와 쉘 주유소Shell Station에 들르면 주유는 셀프지만 뭔가 특별한 게 있다.

아내와 내가 주유를 하려고 차를 멈추자 여직원이 자동차 번호를 물었다. 번호가 기억나지 않아 번호판을 보고 알려주었다. 그녀는 풀이 묻은 흰색 종이에 자동차 번호를 적어서 내 신용카드 뒤에다 붙였다. 그러면서 이렇게 하면 늘 차번호를 갖고 다닐 수 있다고 설명해 주었다. 좋은 방법이다. 그런 후 종이가 한 장 붙어 있는 마분지 조각을 꺼냈다. 이 종이에 모든 고객들의 명단을 작성해 두었기 때문에 특히 날씨가 안 좋은 날 고객이 들어오면 차량번호 때문에 밖으로 나가지 않아도 된다고 설명했다.

아주 대단한 것은 아니지만 고객을 다시 찾게 만드는 '작은 것들' 중 하나라고 할 수 있다. 이것이 바로 커리어를 만드는 세일즈다. 사려 깊고 야망이 있는 착한 사람들이 일하는 방식이다.

■세일즈 클로징■ 티끌모아 태산 _ The "Cokes and Smokes" Close

아메리칸 세일즈마스터스American Salesmasters와 그 후신인 크레스트컴Crestcom의 창립자인 할 크라우제Hal Krause는 미혼여성들에게 조리기구, 도자기그릇, 크리스털, 접시를 팔아서 대학 등록금을 벌었는데 매우 재치 있는 세일즈 테크닉을 개발했다. 시연을 끝내고 난 뒤 그는 고객에게 미소를 지으며 이렇게 말했다.

제가 지금부터 하는 이야기는 전적으로 진실입니다.
이 이야기를 아는 사람은 고객님과 오직 저뿐이지요.

제 말이 모두 진실이라는 것을 당신은 알게 될 것입니다.
왜냐하면 저는 다른 세일즈맨처럼 거짓말을 하거나
진실을 왜곡하는 일이 절대로 없으니까요.

당신이 제게서 냄비세트를 사지 않는다면,
당신은 그 돈을 모두 초콜릿, 콜라, 담배, 화려한 옷,
미술 전시회에 써 버릴 겁니다.

돌이켜 생각해 보면,

콜라와 담배는 다 사라졌고 은행통장에는

현금이 바닥났음을 깨닫게 될 것입니다.

더 큰 문제는 얇은 팬, 주석 팬, 싸구려 팬, 빵 굽는 팬에다

요리하고 있는 자신을 발견하게 될 것입니다.

팬들은 모양도 제각각, 요리도 제각각이지요.

그러니 모든 이들이 말합니다.

"당신한테 팬을 살 수밖에 없겠네요."

그리고 대부분 삽니다. 당신에게 좋은 소식을 알려드리지요.

당신에게도 역시 기회가 있답니다.

압력이 너무 심하다고 생각한다면,

당신의 펜을 사용해서 이 주문서를 작성하셔도 됩니다.

유머와 상상력이 성실과 합쳐져서 승리하는 결과를 가져왔다. 지금은
고인이 되었지만 미국에서 가장 창조적이고 상상력이 넘치는 세일즈 강
사 중 한 명인 이라 헤이즈Ira Hayes는 1980년 회사 창립을 위해 은퇴하기
전까지 내셔널 캐쉬 레지스터National Cash Register, NCR의 홍보팀장으로 근무
했다.

NCR에 근무하는 동안에도 이라는 공개 세미나를 하느라 전국을 누
비며 다녔고 당연히 그의 경쟁자들도 종종 그 세미나에 참석했다. 그러
나 이라와 NCR은 개의치 않았다.

"프로답게 세일즈를 한다면 자신의 파이 한 조각을 잃어버리는 것이

아니라 오히려 파이의 크기를 늘려서 나와 NCR은 더 많은 파이를 얻게 될 것이다. 또한 자기 직원들에게 교육을 시켜도 그 테크닉들은 사용하기가 쉽지 않기 때문에 경쟁자들이 자신의 아이디어를 듣는다고 해서 걱정할 필요는 없다"며 웃으면서 설명해 주었다.

국제적으로 '미국의 열정대사'라고 알려진 이라는 자신의 사진을 최대한 활용하는 것이 좋다고 생각하고 있었다. 그는 수백 장의 증명사진을 만들어서 편지를 쓰거나 명함을 나눠 줄 때면 늘 사진을 부착했는데 매우 효과가 있었다. 어딜 가든 사람들이 그를 알아보았다.

내가 지금까지 본 명함 중에 가장 재치 있는 명함은 적극 추천하고 싶은 잡지 「Personal Selling Power」의 발행인 게르하르트 그슈반트너 Gerhard Gschwandtner의 명함이었다. 그는 아래 그림처럼 생긴 자신의 명함에 대해 다음과 같이 말했다.

제 명함을 소개하겠습니다.

전화번호는 뒷면에 있습니다. 네, 뒤집어 보세요.

| 르하트 그슈반트너
발행인

Personal Selling Power®
성공적인 세일즈를 위한 당신의 자산

사서함 5467
프레드릭스 버그, 버지니아 22403 | 전화
(뒷면을 보세요) |

주요 전화번호	
블라드미르 푸틴	(011) 95-2959051
조지 부시	(202) 456-1414
자크 시락	(011) 33-1/2615100
게르하르트 그슈반트너	**(540) 752-7000**
교황 요한 바오로 2세	(011) 39-6/6982
게르하르트 슈뢰더	(011) 49-228/561
엘리자베스 2세	(011) 44-1/9304832
Personal Selling Powe	**(540) 752-7000**

제 명함에 왜 전 세계 지도자들을 넣었냐고요? 세 가지 이유가 있습니다. 첫째, 처음 이야기를 시작할 때 서먹한 분위기를 부드럽게 만들어 줍니다. 둘째, 훌륭한 세일즈맨 정신은 당신을 정상의 자리에 올려놓을 수 있다는 것을 상기시켜 줍니다. 의심스럽다고요? 그렇다면 이 리더들이 만약 자기 자신을 세일즈할 능력이 없었다면 어떻게 되었을지 한번

생각해 보십시오. 셋째, 이 명함에 적힌 리더들은 모두가 정상에 오른 사람들의 특징을 상징적으로 보여줍니다. 그들의 이름과 성공적인 세일즈가 어떤 관련이 있는지 살펴보십시오. 훌륭한 세일즈맨은 러시아인처럼 터프하고 미국 대통령처럼 설득력이 있으며 프랑스 총리처럼 외교적이고 교황처럼 신뢰가 가며 독일 총리처럼 철저하고 영국 여왕처럼 자신감이 있습니다.

정상에서 만납시다!

좀처럼 마음을 바꾸지 않는 고객

월드 북 백과사전의 경영진 교육 담당 이사였으며 현재는 여러 기업에서 세일즈 컨설턴트 겸 강사로 활동 중인 하워드 보넬Howard Bonnell의 이야기다. 어느 날 하워드는 월드 북 백과사전의 세일즈맨과 같이 일하고 있었다. 하워드가 프레젠테이션을 마치자 고객이 말했다.

"보넬 씨, 드릴 말씀이 있습니다. 저희는 이 백과사전 세트를 원하고 필요하며 저희 애들에게도 많은 도움이 될 수 있습니다. 하지만 15년 전 저희가 결혼했을 때 집을 제외하고는 어떤 것도 외상으로 사지 않겠다고 약속했고 15년 동안 저는 한 번도 그 약속을 어긴 적이 없습니다."

이런 부류의 사람들을 본 적이 있을 것이다. 돈이 없어서 세계 일주하는 데 15센트밖에 안 든다고 해도 갈 수 없다면서 모든 것을 현금으로 지불한다. (즉, 아무리 돈이 없어도 외상으로는 세계 일주를 시켜줘도 가지 않을 만큼 철저하게 빚이나 외상 거래를 싫어하는 사람을 빗대는 말—역주) 이 고객의 경우는 돈이 아니라 자존심이 걸린 문제였고 하워드 보넬처럼 설득력이 뛰어난 사람도 그의 마음을 바꿀 수는 없었다. 도저히 방법이 없었다.

그는 고집스럽게 이렇게 말했다. "외상으로 사지 않는다고 말했고 제

358

가 말씀드린 것처럼 절대 사지 않을 겁니다!" 하워드가 만약 자신이 알고 있는 모든 세일즈 테크닉을 다 동원해서 팔려고 했다면 오히려 역효과가 났을 것이다. 앞서 말했듯이 사람의 마음을 바꾸는 것은 사실상 불가능하다.

▰세일즈 클로징▰ 코너에서 구해 주라 _ The "Corner" Close

하워드가 해야 할 일은 고객을 코너에서 구해줌으로써 새로운 결정을 유도하는 것이다. 그는 고객에게 이렇게 질문함으로써 문제를 해결했다.

"고객님 제가 질문을 하나 드리겠습니다. 현금이 없다고 했으니 현금으로 결제하지 않고, 약속을 어기지도 않으면서 월드 북 백과사전 세트를 지금 당장 살 수 있는 방법을 제가 알려 드린다면 관심이 있으시겠습니까?"

"어떻게 말이죠?" 고객이 물었다.

하워드는 틈을 주지 않고 다시 물었다.

"다시 여쭤 보겠습니다. 만약 제가 현금을 내지 않고 외상으로 구매하지도 않고 약속을 어기지도 않으면서 월드 북 백과사전 세트를 오늘 구입할 수 있는 방법을 알려 드린다면 관심이 있으시겠습니까?"

"네, 어떻게 하면 되죠?"

"아주 간단합니다."

그런 후 하워드는 고객의 아내를 보며 말했다. "제가 알기로 부인께서는 남편과 똑같은 약속을 하지 않으셨지요?"

"네, 하지 않았습니다." 그녀가 말했다.

하워드는 남편을 보며 말했다.

"고객님과 아드님을 위해 부인과 문제해결에 대해 상의를 해도 되겠습니까?"

"아내와 상의해서 어떤 해결책을 찾아내든 저는 좋습니다. 어서 말씀하세요."

사실 그 고객은 부담에서 벗어난 것이 기뻤고 코너에서 빠져나올 수 있었다. 하워드는 고객의 체면을 살려 주었는데 이는 매우 중요하다. 고객은 백과사전의 필요성을 인정했고 사고 싶었다. 그러나 하워드가 재치를 발휘해 그의 체면을 살려줌으로써 사는 것을 쉽게 만들어 주지 않았다면 살 수 없었을 것이다. 세일즈의 핵심은 고객에게 당신이 파는 상품을 살 수 있는 방법을 찾아 주는 것이다.

하워드는 고객의 구매거부 이유가 감정적이며 비논리적이라고 정확히 지적했지만 고객은 절대로 사지 않으려 했고, 세일즈를 성공시키기 위해 하워드는 고객의 감정에 호소해야 했다. 논리적으로 볼 때 책임문제에 관해서는 남편이 계약서에 서명하든 아내가 하든 상관없었다. 그러나 감정적으로 볼 때 아내가 서명을 함으로써 자신의 현금거래 원칙과 기록에 전혀 영향을 주지 않는다면 고객은 편안한 마음으로 상품을 살 것이다. 그가 산 이유는 애들을 위해서다. 그러나 자신이 아니라 아내가 샀다는 변명을 내세웠다.

많은 세일즈 테크닉과 기술은 상상력을 활용한다. 즉, 당신의 제안을 고객이 논리적으로 그리고 감정적으로 이해하도록 만들고 새로운 결정을 내리도록 유도하는 것이다. 세일즈 방문이나 상담 시 교과서대로, 다시 말해 처음 계획했던 대로 모든 일이 진행되는 경우는 드물다. 그러나 지침과 언제든 활용할 수 있는 지식의 창고를 갖고 있다면 자유자재로 상상력을 발휘할 수 있다. 따라서 더 많이 판매할 수 있고 커리어를 더 빨리 그리고 더 성공적으로 만들어 나갈 수 있다.

상상력을 이용한 시간 활용

할 크라우제는 내가 지금까지 만난 세일즈맨 중에서 가장 시간관념이 철저하고 열정적이며 상상력이 넘치는 사람이다. 할이 아메리칸 세일즈 마스터즈라는 회사를 설립했을 때 두 가지 목표가 있었다. 첫째는 그 회사를 세계 최대 그리고 최고의 세일즈 교육기관으로 만들겠다는 것이었다. 할은 이 목표를 달성했을 뿐 아니라 미국 최고의 수출기업에게 수여하는 수출기업 대통령상을 받았다.

할의 이야기는 12장에서 다루었던 세일즈라는 직업과 자유기업제도라는 주제에 대해 다시 생각하게 해준다. 가정형편이 넉넉지 않았던 청년시절 할은 미혼여성들에게 혼숫감을 팔아서 학비뿐 아니라 상당한 종자돈까지 마련할 수 있었다. 이 돈으로 그는 미국을 위대하게 만든 원칙에 입각하여 성공적인 커리어를 시작했고 진정한 아메리칸 드림의 상징이 되었다. 그의 커리어는 세일즈라는 직업에서부터 출발했다.

할의 두 번째 목표는 40세가 되기 전에 회사를 팔고 은퇴하는 것이었다. 40세 생일이 되기 3주전 그는 두 번째 목표를 이루었다. 할은 콜로라도 주에서 공화당 전국 위원회 위원으로 활동하며 다양한 기업문제 해결에 앞장서고 전 세계를 무대로 금융관련 세미나를 열었다. 노력, 상상력, 시간관리, 이 세 가지가 할의 성공 요인이다.

세일즈 클로징 **효율적인 시간 활용 사례 _ The "Time Utilization" Close**

시간활용과 관련된 한 사례를 보자. 아메리칸 세일즈 마스터즈의 사장으로 근무하던 시절 할은 대도시에서 비행기를 갈아타기 전까지 한 시간 정도 비는 시간이 생겼다.

큰 보험회사의 본사가 공항 근처에 있었다. 할은 그 회사의 의사 결정권자를 만날 생각으로 택시를 타고 갔다. 안내 데스크 직원에게 명함을 주며 말했다. "저는 곧 비행기를 갈아타러 가야 하기 때문에 약속을 미리 잡지 않았습니다. 혹시라도 사장님을 뵐 수 있을까요?"

그 회사에서는 전화기에 내장된 스피커 시스템을 사용하고 있어서 안내직원이 사장에게 아메리칸 세일즈 마스터즈의 할 크라우제 씨가 만나고 싶다고 말하는 것을 할이 모두 들을 수 있었다. 약간 귀찮다는 듯이 사장은 전화기에 대답하지 않고 할이 들을 수 있도록 스피커에다 말했다. "그 젊은이한테 내가 지금 바쁘니까 약속을 잡아서 오라고 해."

할과 안내직원은 둘 다 사장의 대답을 들었고 그 직원은 약간 당황스러워 했다. 할은 웃으면서 사장과 직접 통화할 수 있게 전화기 버튼을 눌러 달라고 부탁했다. 그녀는 할의 요구대로 했고 할은 이렇게 말했다.

"사장님, 제 이름은 할 크라우제입니다. 질문을 딱 하나만 드려도 되겠습니까?" 보험사 사장은 말했다. "그러시죠." "귀사의 교육 프로그램에서는 약속시간 사이에 남는 자투리 시간을 이용해서 사전약속 없이 세일즈 방문을 하라고 영업사원들을 교육합니까?" 한참 동안 아무 말이 없던 사장은 "크라우제 씨, 당신이 제대로 된 질문을 했기 때문에 당신과 이야기하고 싶어졌습니다. 어서 들어오세요"라고 말했다.

할은 시간을 효율적으로 사용했다. 이 방문을 통해 토대를 구축해서 다음번 방문에서 상당한 주문을 따냈다.

세일즈 클로징 질문의 기술 _ The "Question" Close

효과적인 세일즈 테크닉은 장소를 가리지 않는다. 데일 카네기Dale Carnegie코스 후원업체에 근무했던 마이크 바그Mike Bhag는 강연 자료를 통해 할 크라우제의 사례를 알게 되었다. 다음은 마이크가 이 테크닉을 어떻게 활용했는지에 관한 내용이다.

어느 무더운 금요일 오후 1시 40분이었습니다. 2시에 약속이 있어서 차를 타고 막 그 동네에 도착했지요. 20분이라는 시간이 남았습니다. 하루는 1,440분이고 20분이면 긴 시간이므로 이 죽은 시간을 효율적으로 활용해서 생산적인 시간으로 만들기로 작정하고 임의로 고객을 방문했습니다. 큰 자동차 전시장을 발견하고 스스로 용기를 불어넣은 다음 걸어 들어갔지요.

세일즈맨에게 물었습니다.

"사장님 안에 계십니까?"

"아니요." 세일즈맨이 말하더군요.

이에 굴하지 않고 말했죠.

"사장님이 안에 계시지 않으면 어디 계실까요?"

"길 건너요."

나는 길 건너에 있는 건물로 들어가 안내 데스크 직원에게 물었습니다.

"사장님 안 계시죠?"

"아니요, 계십니다. 바로 앞에 있는 방에 계시는데요."

세일즈 매니저와 회의 중이던 사장이 안내직원의 말을 들었습니다.

사장이 제가 있는 쪽을 보더군요. 나는 들어가서 말했습니다.

"이 회사의 운영자로서 판매실적을 높일 수 있는 방법을 늘 고민하시죠?"

그리고 사장의 반응에 나는 말문이 막혔습니다.

"이보게 젊은이, 바쁜 게 안 보이나? 금요일 오후야! 점심시간이고! 도대체 이 시간에 방문한 이유가 뭔가?"

나는 자신감 있는 표정으로 그의 눈을 똑바로 바라보며 말했습니다.

"정말 알고 싶으십니까?"

"알고 싶군."

"리딩Reading에 막 도착했습니다. 2시에 약속이 잡혀 있지요. 20분이 남아서 이 시간을 생산적인 시간으로 만들기 위해 임의로 고객을 방문해야겠다고 생각했습니다."

그런 후 목소리를 낮춰서 천천히 물었습니다.

"귀사의 영업사원들에게 이렇게 가르치고 계시지 않습니까?"

그러자 놀라서 사장의 입이 벌어졌습니다. 놀란 표정으로 세일즈 매니저를 보고 나서 미소를 지으며 내게 다정하게 말했습니다.

"앉지, 젊은이. 어서 앉게!"

상담이 끝나고 그 회사를 위한 대형 세일즈 및 관리교육 프로그램을 수주 받았습니다.

마이크는 자신의 시간과 재치를 멋지게 활용했을 뿐 아니라 자신의 상황에 맞게 테크닉을 응용했고 여섯 번의 질문을 통해 실제 세일즈 상담에 이르게 되었다.

22

살아 움직이는
말의 힘

Using Word Pictures to Sell

대부분의, 아니 모든 야심 있고 적극적인 세일즈맨은 설득력을 배가 시켜주고 고객이 거부할 수 없게 만드는 마술과 같은 단어, 강력한 말 한 마디 또는 새로운 테크닉을 찾기 위해 항상 노력한다. 다행히 그런 '무기'는 존재하지 않지만 당신의 제안을 더 매력적으로 만들어 줄 수 있는 단어, 말, 테크닉들은 많다. 배우고 사용한다면 더욱 설득력 있는 프레젠테이션을 통해 모든 고객은 아니더라도 더 많은 고객들을 설득해서 사게 만들 수 있다.

세일즈 업계의 강경파 보수주의자들이 생각하기에는 마음에 들지 않는 말일 수도 있지만 나는 모든 사람이 당신의 상품이나 서비스를 사야 한다는 생각을 버리면 정말로 필요한 사람에게 더 많이 팔 수 있다고 확신한다.

고객에게 과도한 부담이나 압력을 가해 실제로 원하지도 않고 필요도 없는 상품을 억지로 사게 만든다고 해서, 당신의 명성이 높아지고 커리어가 쌓이는 것이 아니다. 이 기본 전제를 확실히 이해하고 나면 당연히 성공할 거라고 생각했던 세일즈를 놓쳤을 때 자신을 용서하기가 쉬워진다. 그리고 마음을 비우고 다음 세일즈 상담에 최선을 다할 수 있게 된다.

이 경우에도 역시 상식과 성숙한 판단이 개입된다는 점을 명심하라. 그렇지 않으면 사지 않는 사람은 애초에 고객이 될 가망이 없는 사람이었다고 합리화할 수도 있기 때문이다. 세일즈 커리어라는 측면에서 이것은 치명적인 실수다.

이제부터 좋은 상품을 공정한 가격에 판매하고 있는 합리적인 세일즈맨이 합리적인 고객을 설득해서 고객 자신에게 가장 이로운 행동을 하도록 설득하는 말과 방법을 살펴보자.

세일즈를 성공시키는 24개 키워드

아리조나 주 스코츠데일Scottsdale 출신의 내 친구이자 세일즈 강사인 톰 노먼Thom Norman은 미국에서 가장 폭넓은 활동영역을 자랑하는 세일즈 강사였다. 톰의 전문분야는 전화 세일즈였지만 다른 분야에서도 상당한 연구 활동을 했다. 예를 들어 그는 세일즈를 성공시키는 24단어와 세일즈를 망치는 24단어를 찾아냈다.

톰은 이 단어들을 공개하는 데 동의했다. 이 단어들을 외우고 좋은 사전을 구해서 이 단어 하나하나가 정확히 어떤 뜻을 갖고 있는지 공부하기 바란다. 아래 목록의 단어들을 사전에서 찾아보면 분명 놀랍고 흥미로운 사실들을 배우게 될 것이다.

세일즈의 성공 키워드 그 첫 번째 단어는 바로 **고객의 이름**이다. 대부분의 사람들이 이에 동의할 것이다. 고객의 이름이야말로 모든 성공 키워드 중에서 가장 아름다운 단어일 것이다. 프레젠테이션을 하면서 종종 고객의 이름을 사용해야 한다. 나머지 23개의 키워드는 다음과 같다.

이해하다	증명하다	건강	쉬운	보장
understand	prove	health	easy	guarantee
발견	돈	안전	절약하다	새로운
discovery	money	safety	save	new
사랑	이윤	옳은	결과	진실
love	profit	right	results	truth
편안함	자랑스러운	필수적인	자격	행복한
comfort	proud	vital	deserve	happy
신뢰	가치	즐거운		
trust	value	fun		

참고 : 예일대학은 톰이 제시한 24개의 키워드에 5개의 단어를 추가했다. 5개의 추가된 키워드는 당신[you], 보안[security], 이점[advantage], 긍정[positive] 그리고 혜택[benefits]이다.

톰은 또한 세일즈를 망치는 24개 키워드도 연구했다.

거래	비용	결제	계약	서명
deal	cost	pay	contract	sign
시도	손해	상처	구입	죽음
try	lose	hurt	buy	death
나쁜	팔다	팔린	가격	결정
bad	sell	sold	price	decision
힘든	어려운	걱정하다	의무	책임 있는
hard	difficult	worry	obligation	liable
실패하다	법적 책임	실패	손실	
fail	liability	failure	loss	

이 단어들 역시 사전을 이용해 꼼꼼히 찾아보기 바란다. 물론 고객의 귀에 듣기 좋은 단어들도 더 많고 고객에게 아무런 반응도 불러일으키지 못하거나 고객의 기분을 상하게 하는 단어들도 많다. 빌리 엥그먼은 '세일즈맨의 강매조의 설득'이라는 뜻을 가진 'pitch'라는 단어를 싫어한다고 했는데 나 역시 말에 공감한다.

대부분의 사람들은 '집'보다는 '가정'이란 말을 더 좋아하고 '좋은 차'보다는 '멋진 자가용'이라는 말을 더 선호한다. 고객에게 '계약서에 서명하세요'보다는 '합의서에 OK 해주세요'라는 말이 더 설득력이 강해서 구매를 유도하기 쉽다. 사람들은 '산다'는 표현보다는 '투자한다'는 말을 선호한다.

생동감 있는 말과 표현은 세일즈의 효과를 높이는 데 유용하다. 예를 들어 노스캐롤라이나의 특별한 도로 표지판은 고속도로 순찰대원의 긍정적이고 재치 있는 발상을 보여준다. 표지판에는 이렇게 쓰여 있다. "노스캐롤라이나는 과속하는 운전자들로부터 당신을 보호하기 위해 레이더를 사용합니다." 메시지가 뚜렷하지 않은가?

주의해야 할 말들

자신의 세일즈 프레젠테이션을 녹음하라고(제5장 참조) 권한 이유 중 하나는 당신이 사용하는 단어, 표현, 언어사용 패턴의 긍정적인 측면과 부정적인 측면을 인식하는 데 도움이 되기 때문이다. 아시다시피 고객을 짜증나게 하는 것 중 하나가 '아시다시피'의 반복적인 사용이다.

믿기지 않겠지만 어떤 사람들은 정말로 아시다시피라는 말을 대화 중에 수없이 자주 사용한다. 말 한마디 할 때마다 아시다시피라는 말을 듣는 것처럼 고객에게 짜증나는 일은 없다. 아시다시피 정말로 짜증난다.

그렇지 않은가?

부정적이고 짜증스럽게 하는 또 다른 말은 '제 말이 무슨 뜻인지 이해하시겠습니까?' 또는 '제 말이 무슨 뜻인지 아시겠습니까?'라는 말을 계속 사용하는 것이다. 이런 작은 친절과 지나친 배려가 과하면 고객은 당신의 말에 집중하지 못하고 당신이 이런 표현을 몇 번이나 사용하는지 숫자를 세기 시작할 것이다. 숫자를 세면서 동시에 집중하기는 어렵기 때문에 당신의 설득력에 부정적인 영향을 줄 것이다.

부정적인 말 중에서도 가장 부정적이고 해로운 것은 음란하고 상스럽고 불경스러운 말이다. 나를 포함한 많은 고객들을 상대로 세일즈 자살 행위를 하는 가장 확실한 방법은 비속어를 사용하거나 신의 이름을 헛되이 사용하는 것이다. 상스러운 말을 쓰거나 신의 이름을 헛되이 사용했다는 이유로 그 세일즈맨에게 상품을 샀다는 사람을 본 적이 있는가? 불경스럽거나 저속한 말은 많은 사람들이 사지 않는 이유가 될 수 있다. 고객이 불경스럽고 저속한 말 때문에 사지 않거나 사지 않을 가능성이 있다면 그런 말들은 하지 않는 것이 합리적이지 않을까?

반복, 반복, 또 반복 훌륭한 세일즈 매니저인 존 쉐드John Shedd는 이렇게 말했다. "말할 필요는 없지만 상기시켜 줄 필요는 있다." 이 책 전반에 걸쳐 나는 말로써 당신의 마음속에 그림을 그리고 있다. 지금까지 읽었던 것(내가 차와 집을 샀던 것, 구두닦이 소년과 콜럼버스 항해 등)을 돌이켜 생각해 보면 내가 말로 그린 그림이 떠오를 것이다.

이 책의 남은 후반부에서 당신은 내가 생동감 있는 말로써 그린 그림과 그 효과에 더 민감해질 것이다. 이 책을 여러 번 반복해서 읽으라고 권하는 또 다른 이유는 말로 그림 그리기가 습관이 될 때까지 당신의 마음을 말로 그린 그림들로 가득 채우기 위해서다.

세일즈의 세계에서 진정한 프로가 되기를 원한다면 두 가지를 이해해야 한다. 첫째, 마음은 그림으로 생각한다는 것이다. 예를 들어 내가 '차'라고 말하면 당신은 'ㅊ'과 'ㅏ'를 생각하는 것이 아니다. 마음의 눈에는 차가 보이고 그 차는 아마 멋있고 훌륭할 것이다. 내가 '소녀'라고 말하면 당신은 '소'와 '녀'라는 글자를 생각하는 것이 아니라 마음의 눈에는 아름다운 소녀가 보일 것이다. 집이라고 말했을 때도 마찬가지로 마음속에는 집이 보인다.

방금 전 본 집이 텅 빈 공간인 반면 가정이라는 말을 들으면 가족이 있는 따뜻한 가정을 마음속에 그린다. 세일즈의 달인은 언어의 그림붓을 사용하고 집처럼 텅 빈 단어가 아니라 본능적으로 가정처럼 충만한 단어를 사용한다.

둘째, 판매실적을 높이려면 언어의 그림붓으로 고객을 그림 속에 그려 넣는 법을 배워야 한다. 고객을 차에 태워서 그 차를 탔을 때 느낄 수 있는 풍족함, 편안함 또는 경제성을 고객에게 보여주어야 한다. 당신이 보여주는 집의 뒷마당에서 어느 아름다운 봄, 여름, 또는 가을날 저녁 그릴에 스테이크를 구울 때 고객이 느낄 수 있는 만족감과 기쁨을 그려주어야 한다. 그림은 첫째, 색깔이 선명해야 하고 둘째, 현재 시제여야 한다.

세일즈 클로징 말과 상상으로 보여주라 _ The "Picture" Close

「뉴욕 타임스」는 자기 가정에 대한 느낌과 광고 카피의 뛰어난 감각이 합쳐져서 다섯 명의 중개인이 석 달 동안 못 팔고 있었던 집을 하루만에 팔아치운 뉴저지의 한 가정주부 이야기를 기사로 실었다.

로위Lowe 부부는 공간이 부족해서 큰 집으로 이사 가기 위해 집을 팔기로 했다. 중개인들은 '안락한 방 6개, 농장 스타일, 벽난로, 차고, 타일로 된 욕실, 모두 온수가 나옴, 러트거스Rutgers 대학, 경기장, 골프장, 초등학교가 인근에 위치하여 편리함'이라는 전형적이고도 평범한 광고를 실었다. 이 내용들은 모두 사실이지만 사람들은 그 편리함을 자신이 실제로 사용할 수 있다는 것을 볼 수 없으면 사실도, 혜택들도 믿지 않는다.

석 달 후 로위 부인은 자신이 직접 광고를 냈다. 집을 팔기 위해 뭔가를 하고 싶었고 자신의 집을 팔 수 있을 거라고 믿었다. 그녀가 만든 광고카피는 이렇다.

우리 집이 그리울 거예요

우리는 이 집에서 행복했습니다. 그렇지만 침실이 부족해서 이사를 가야만 합니다. 아늑하고 편안한 벽난로 옆에 앉아 큰길에서 떨어진 가을 숲을 넓은 창문을 통해 감상하고 싶으시다면, 무더운 여름날 나무가 울창한 시원한 마당과 겨울 석양이 잘 보이는 전망이 있고 봄이면 개구리 울음소리가 들릴 만큼 조용하지만 도시의 편리함과 시설들이 모두 있는 집을 원하신다면 저희 집을 사세요. 꼭 그렇게 하기를 바랍니다. 크리스마스에 우리 집이 외롭게 텅 비어 있는 것을 원치 않으니까요.

다음 날 광고를 보고 전화한 여섯 명 중 한 사람이 집을 샀다.

이제 말로 그린 그림들을 살펴보자. 첫 번째 문장을 떼어내 보면 지금 이 가족에게는 너무 작지만 좋은 집에서 북적거리는 행복한 가정을 볼 수 있다. 그리고 그 집에 하자가 없다는 것을 금방 알 수 있다. 문제는 식구가 너무 많다는 것이다.

천천히 나머지 광고 문구를 하나씩 살펴보자. 7개의 그림이 더 있고 이 광고의 본문에는 총 8개의 그림이 있다. 솔직히 말해보라. 제목에 또 하나의 그림을 보았는가, 아니면 너무 뻔히 드러나 있어서 놓쳤는가? 그래서 이 책을 여러 번 공부하라고 강조하는 것이다.

이 광고 또는 세일즈 문구는 로위 부부가 집주인으로서 즐겼던 집의 장점과 혜택들을 아름답게 그려내고 있다. 그 뿐만이 아니다. 광고는 새로운 주인에게 그들이 누렸던 똑같은 아름다움, 혜택, 즐거움을 고스란히 물려받을 수 있다고 약속한다. 그러면서 새로운 주인이 누리게 될 행복, 만족감, 안정감을 아름답게 그리고 있다.

로위 부인이 낸 광고의 대상은 '집'이 아니라 '가정'이었음을 쉽게 알 수 있다. 집과 가정의 차이는 사랑이다. 새 주인은 로위 부부가 그들의 집에 대해 느끼는 애착을 분명히 느낄 수 있었을 것이다. 그래서 뭔가 채워 넣어야만 하는 집을 사는 것이 아니라 들어가서 행복하게 살 가정에 투자한다고 생각했을 것이다. 그렇다. 말은 큰 차이를 만들어 낸다.

말로 그린 그림은 아름다움, 풍요로움, 사랑, 만족, 즐거움, 성공, 성취, 즉 로위 부인이 그려낸 특징들을 그려내야 한다. 그림은 물론 특징과 혜택을 모두 조화롭게 그려내야 하지만 반드시 고객을 그려 넣어야 최대한의 효과를 낼 수 있다.

그림을 그리듯 생동감 있게 설명한다면, 특히 현재시제를 사용하는 경우 거의 모든 상품이나 서비스는 팔린다. 앞서 말했듯이 우리는 그림으로 생각하기 때문에 그림 속에서 만족스러운 모습으로 그려진 자신의 모습을 보면 그 그림을 산다.

그림 세일즈로 고객이 원하는 미래를 판다

그림 세일즈를 가장 효과적으로 사용한 사람은 프레드 허먼Fred Herman이다. 강연에서 말로 그린 그림을 어떻게 사용하는지를 보여주면서 그가 한 이야기가 있다. 나는 프레드가 실제로 이렇게 하는 것을 몇 번 볼 수 있었고 그의 미망인 케이 허먼Kay Herman은 나의 기억을 돕기 위해 프레드의 프레젠테이션을 녹음한 자료를 제공해 주었다.

내가 직접 프레드의 프레젠테이션을 보고 들었기 때문에 이 이야기를 전하고는 있지만 다음 대화 속의 말은 프레드가 실제로 했던 말들이다. 프레드가 청중에게 말한다.

"사람들은 상품이나 서비스를 사는 게 아닙니다. 그 상품이나 서비스를 사용함으로써 얻게 되는 최종 결과에 대한 그림을 삽니다. 예를 하나 들겠습니다. 대여섯 살 된 꼬마를 데리고 오신 분이 있으시면 앞으로 나와서 저를 도와주세요."

프레드는 청중석에서 손을 든 한 참석자에게 말한다.

"큰아들이 몇 살이죠?"

"열두 살입니다."

"열두 살이라, 좋습니다. 그럼 여기로 올라오세요. 아들 이름이 뭐죠?"

"마이클Michael입니다."

"성함이 어떻게 되십니까?"

"밥Bob입니다."

"밥, 나와 주셔서 감사합니다. 밥, 우리는 보험이나 투자가 아니라 마이클에게 어떻게 대학교육을 시킬 것인지에 관해 이야기하려고 여기 나온 겁니다. 그러니까 몇 분 정도 시간을 내 주실 수 있겠죠?"

"그럼요."

이 연극에서 프레드는 보험 설계사인 자신이 보험 프로그램과 혜택에 대해 설명한다는 말을 하고 나서 청중에게 이렇게 말한다.

"그렇게 우리는 보험에 대해 이야기를 했습니다. 해결책을 제공했지요. 특정 시점이 되면 해약 환급금도 받을 수 있는 보험을 설계했습니다. 그렇지만 나는 이렇게 말합니다. '밥, 우리가 함께 보험을 생각하다 보니 한 가지 분명해진 것이 있습니다. 당신의 마음속에 있는 한 가지 중요한 동기는 바로 마이클이 인생에서 성공할 수 있도록 수단과 도구를 갖추게 하는 것이지요, 맞지요?' '맞습니다.' 밥이 말합니다. 우리가 개발한 이 보험은 무슨 일이 생기든 상관없이 당신이 원하는 것을 해결해 줄 겁니다. 그리고 앞으로 이런 일이 당신에게 일어날 겁니다."

"지금으로부터 8, 9년 후가 되겠지요. 마이클이 선택한 대학에서 초청장이 옵니다. 당신과 아내는 졸업식에 갑니다. 졸업식장에 들어서자 웅성거림과 사람들의 온기가 가득합니다. 졸업식 행렬이 시작되고 옷자락이 흔들리는 소리가 나며 학사모의 줄이 모자에서 찰랑거리기 시작하자 모든 소리가 잠잠해지죠. 아내의 얼굴을 쳐다봅니다. 환한 미소를 짓고 있지만 눈가엔 눈물 흔적이 보입니다. 당신은 아내의 손을 잡고 아내도 당신 손을 잡습니다. 수년간 바라고 계획하고 꿈꾸었던 것들이 이루어진 이 순간 당신은 정말로 행복합니다."

"이제 끝났습니다. 당신은 마이클이 졸업장을 받는 것을 바라봅니다. 마이클이 복도를 걸어갑니다. 마이클은 당신과 아내를 찾습니다. 당신을 발견했고 얼굴에 미소가 가득합니다. 당신은 아들의 따뜻한 손을 느끼고 아들의 팔이 당신의 어깨를 감싸고 있는 것을 느낍니다. 아들은 말합니다. '아버지, 저는 아버지의 은혜를 결코 잊지 않을 거예요.' 당신이 원하는 게 이거죠, 밥?"

"네."

진부하다고 생각할 수 있다. 세일즈맨인 당신이 그 부모가 느낀 감정을 정말로 느끼지 못했다면 말이다. 이 방법은 미래를 파는 좋은 전략이다. 판매로 인해 얻어질 결과를 팔기 때문에 세일즈에 도움이 된다. 부모는 아들의 대학교육이 보장된다는 것을 알기 때문에 얻을 수 있는 마음의 평화, 즉 그 상품이 주는 혜택을 현재에도 누리고 있는 것이다.

파는 상품에 관계없이 고객이 보고 느낄 수 있는 그림을 그려야 한다.

이 경우처럼 혜택의 상당부분이 수년간 유예되기 때문에 감정을 자극하는 그림을 통해 유예된 혜택을 고객의 마음속에서 지울 수 없도록 확실하게 각인시켜야 한다. 그럼으로써 취소 가능성을 대폭 줄일 수 있다.

그림 세일즈의 위력은 실로 엄청나서 CBS 뉴스의 찰스 오스굿^{Charles} ^{Osgood}은 이런 말을 했다. "말과 상상력이 그려내는 그림에 비하면 진짜 그림은 너무나 시시하다." 앞의 대화 중에 여섯 번의 질문을 했다는 점 또한 간과해서는 안 된다. 훌륭한 세일즈맨의 훌륭한 세일즈와 좋은 클로징에는 언제나 다양한 세일즈 프레젠테이션 요소들이 포함되어 있다.

프레드가 이 프레젠테이션을 했을 당시에는 해약 환급금이 있는 생명보험이 젊은 부모들에게 인기가 높았고 실용적이었다. 지금은 다른 보험상품(뮤추얼펀드, 주식, 머니마켓, 양도성 예금증서^{CD} 등과 연계한 보험)을 취급하고 있지만 세일즈 테크닉과 방법은 여전히 똑같다. 자신의 상품이나 서비스에 맞게 그것을 응용해야 한다.

세일즈 강사인 존 하몬드는 그것이 무엇이든 상당히 비싼 상품을 구매하는 경우 대개 고객들은 자신의 마음속에 그림 그리기 과정을 거친 후에야 산다고 지적한다. 프로로서 당신이 할 일은 고객의 그림 그리기를 도와주는 것이다.

세일즈 클로징 철저히 준비하라 _ The "Preparation" Close

나의 친구 에몰 페일즈^{Emol Fails} 박사는 노스캐롤라이나 주립대학교의 교수를 지내기도 했는데 여러 상공회의소와 많은 일을 같이 했다. 그는 상공회의소가 관장하는 지역의 매장에서 근무하는 영업사원들을 대상으로 세일즈 클리닉을 만들어서 그냥 놓쳐 버리는 세일즈 기회들을 활용하는 방법을 가르쳐야 한다고 설득했다.

교육이 필요하다는 것을 입증하기 위해 페일즈 박사는 자기 지갑을 차의 뒤쪽에 묶어서 너덜거릴 때까지 며칠 동안 끌고 다녔다. 그리고 그 지갑에다 신용카드, 돈, 운전 면허증을 넣었다. 그런 다음 넥타이를 하나 사려고 매장에 갔는데 일반적으로 넥타이는 지갑이 전시된 곳 근처에 있기 마련이다. 그는 호주머니에서 지갑을 꺼내서 일부러 떨어뜨렸다. 돈, 신용카드 지갑이 바닥에 흩어졌다.

조그만 마을에서 똑같은 행동을 다섯 군데 매장에서 보여주었다. 모든 매장에서 직원은 쏟아진 상품을 같이 주워 주었다. 지갑이라고 부르기도 민망한 그의 지갑을 지저분하다는 듯이 무시하기도 했다. 그렇지만 넥타이뿐 아니라 새 지갑을 사라고 권하는 사람은 단 한 사람도 없었다.

페일즈 박사가 그린 그림은 너무나 분명했다. 세일즈 교육의 필요성이 절실했다. 이로써 상공회의소 직원은 사람들과 상인 그리고 상공회의소에게 돌아올 혜택을 머릿속에 쉽게 그릴 수 있었다.

상상력을 이용함으로써 고객에게 효과적인 그림을 그려 줄 수 있다고 나는 확신한다. 페일즈 박사의 경우 상공회의소 직원을 방문하기 위한 사전준비(지갑을 차에 달고 다니고 다섯 군데 점포를 방문한 것)에 실제 방문보다 열 배나 더 많은 시간이 소요되었다. 이것은 에이브러햄 링컨의 말과도 일맥상통한다. "나무를 베는 데 9시간이 주어진다면 그중 6시간은 도끼를 가는 데 쓰겠다"고 말했다. 세일즈가 쉬운 일은 아니지만 적절히 준비하면 쉬워지고 훨씬 더 많은 보상이 따른다.

이것은 모든 분야에 똑같이 적용될 수 있다. 법정 공방을 준비하는 변호사는 법정에서의 한 시간을 위해 연구, 조사, 준비하는 데 수백 시간을 투자한다. 외과의사, 프로 운동선수 그리고 프로 세일즈맨도 마찬가지다. 뛰어난 경주마 내슈아는 한 시간도 채 안 되는 경주에서 100만 달러를 벌었지만 어떤 기후조건과 트랙 컨디션에도 잘 해낼 수 있도록 수백 시간의 훈련을 받아야 했다. 적절한 속도로 달리고, 필요하면 속력을 내고 때에 따라 전속력으로 달릴 수 있도록 준비했다. 그렇게 신체적, 정신적으로 좋은 컨디션을 유지함으로써 내슈아는 모든 기회를 잡을 수 있었다.

이제 무슨 말인지 그림이 보일 것이다. 프로 축구팀이 일요일 경기를 위해 준비하고 권투선수가 경기(챔피언전은 더더욱 그렇겠지만)에 대비하는 시간만큼 프로 세일즈 기술을 연마한다면 일상적인 세일즈 방문에 따른 판매실적이 대폭 향상될 뿐 아니라 대부분의 세일즈맨들이 놓치기 쉬운 세일즈에서도 상당한 성과가 있을 것이다.

세일즈 클로징 두려움을 자극하라 _ The "Fear" Close

프레드 허먼은 가장 빠르고 효과적인 그림 세일즈 테크닉을 구사했다. 그가 대형 정유회사에서 주유소 직원들을 대상으로 교육 프로그램을 실시했다. 주유소 직원들이 직접 서비스를 제공하던 시절의 이야기다. 프레드의 주요 목적은 직원들에게 더 많은 기름을 팔 수 있는 방법을 가르치는 것이었다. 그 시절에는 주유소에서 여러 가지 도움을 제공했고 한 방울이라도 더 많이 팔려고 안달이었다.

프레드는 직원이 보닛을 열고 엔진오일을 체크할 때 운전자에게 가서 "5리터가 필요합니다"라고 말하도록 가르쳤다. 프레드는 이것을 두려움에 의한 동기라고 규정했는데 참으로 적절한 표현이다. 생동감 있는 이미지를 심어 주지 않는가? 직원이 "5리터가 필요합니다"라고 말하는 순간 차주인은 엔진에 심각한 문제가 있음을 머릿속에 떠올릴 수 있기 때문에 고객의 마음속에 두려움을 시각화하기가 쉽다.

대부분의 고객은 최악을 예상한다. 자기 차가 5리터의 엔진오일을 태웠다는 것은 생각만 해도 끔찍한 일이다.

프레드는 차 주인이 흥분해서 서둘러 운전석을 박차고 나올 거라고 말했다. "5리터가 필요하다니 무슨 말입니까?" 그러면 직원은 차분하게 말한다. "고객님의 엔진오일이 너무 더러워져서 모터에 손상을 입히기 전에 교환하셔야 합니다. 잠깐이면 됩니다." 마지막 문장 역시 그림처럼 생동감 있는 표현이라고 할 수 있다.

상품의 기능을 팔아라

고객이 당신의 상품이나 서비스를 사용하고 만족해 하는 그림을 그려야 한다. 그리고 그림 그리기와 그 장점을 완전히 이해하고 나면 그림 그리기가 습관이 될 때까지 계속 연습하는 것이 필요하다.

이 책을 읽는 동안 내가 당신에게 말로써 그려주는 그림을 확인할 수 있도록 마음속에 메모장을 만들어라. 이 책을 두 번 이상 읽을 때는 이런 그림들을 찾아보도록 한다. 또한 처음 이 책을 읽을 때보다 더 많은 아이디어를 얻고 메모하고 책에 표시해야 하며 세 번째 읽을 때는 두 번째보다 이런 것들이 더 많아져야 한다.

이 책을 통해 그려진 그림은 만족과 기쁨의 그림이다. 이유는 간단하다. 당신은 상품의 내용을 파는 것이 아니라 기능을 팔기 때문이다. 예를 들어 보자. 해마다 500만 개가 넘는 0.6센티미터 직경의 드릴이 팔리는데 0.6센티미터 직경의 드릴을 원하는 사람은 아무도 없다. 사람들은 0.6센티미터의 구멍을 원하는 것이다.

해마다 수십억 달러의 화장품이 팔리지만 립스틱, 아이섀도, 볼터치를 원하는 사람은 아무도 없다. 사람들이 원하는 것은 매력적인 외모다. 이성에게 더 좋은 향기를 풍기고 매력적이고 섹시해 보이고 싶어한다.

상품의 내용이 아니라
상품의 기능을 파는 것이다.

텔레비전 광고를 보면 그림을 그리듯 생동감 넘치는 말들을 들을 수 있고 상품이 주는 혜택을 누리는 사용자들의 실제 모습들을 볼 수 있다.

세일즈 클로징 사후관리가 중요하다 _ The "Postselling" Close

톰 노먼은 편지를 활용해서 이런 그림들을 그렸다. 세일즈 이후에 고객에게 편지를 쓰라고 교육했다. 이것은 세일즈 교육에서 종종 간과하기 쉬운 사후관리. 상품을 팔았으니 취소나 환불 없이 계속 고객으로 하여금 사용하도록 해야 하므로 사후관리는 중요하다.

톰은 자신이 직접 판매를 하던 시절 수년간 사용했던 방법을 가르쳤는데, 판매장소가 집이든 사무실이든 세일즈를 마치고 난 당일 저녁이나 늦어도 그다음 날에는 편지를 쓰라고 권했다.

또한 톰은 편지를 반드시 직접 손으로 쓰라고 충고했다. 회사에 비치된 편지지나 편지봉투를 사용해도 괜찮지만 직접 손으로 봉투에 주소를 쓰고 우표를 붙이는 것이 중요하다.

편지의 내용은 이렇다. "고객님의 호의와 어제(날짜는 상황에 맞춰 바꾸면 된다.) 고객님께서 저에게 보여주신 신뢰와 믿음에 대해 감사의 마음을 표하기 위해 편지를 씁니다. 고객님과 가족분들을 만나서 정말 반가웠습니다. 고객님께서 저희 상품을 사용하고 계시다는 것이 뿌듯하고 그 상품으로 인해 혜택을 보고 그 효과에 만족하실 거라고 믿습니다. 제가 도와

드릴 일이 있을 수 있으니 계속 연락을 드리겠습니다. 제가 연락을 드리기 전이라도 혹시 도움이 필요하시면 언제든지 연락 주십시오."

이 편지는 많은 그림을 그려주고 있으며 신규고객에게 자신의 상품을 산 것이 잘한 일이라고 진심 어린 칭찬과 확신을 주고 있다.

고객님의 호의에 감사드립니다.
방문이 즐거웠습니다.
고객님이 자랑스럽습니다.
그 상품으로 인해 혜택을 얻고 만족할 것입니다.
도움이 필요하면 연락주십시오.

이런 말들을 통해 고객을 챙겨주고 고객의 거래에 감사하고 고객이 필요한 것이 있으면 해결해 주려는 세일즈맨의 이미지를 그리고 있다. 또한 이 편지는 상품을 산 고객을 소홀하게 대하지 않을 것이라고 안심시킴으로써 사람과 서비스 중심으로 생각하는 세일즈맨의 이미지를 그려내고 있다. 바로 이것이 실적을 높이고 견실한 세일즈 커리어를 만들어 가는 방법이다.

고객의 마음속에
그림을 그려라

Picture Selling for Bigger, Permanent Sales

세일즈 클로징 반복의 효과 _ The "Repetition" Close

다음에 제시하는 광고문구들은 너무나 익숙하기 때문에 그다지 걱정은 안 되지만 몇 가지 시험을 해보겠다. 내가 인상적인 광고 문구를 제시하면 아래 답을 보지 않고 상품의 이름을 맞춰 보기 바란다.

'상쾌한 이 순간' _____. 이 문구는 40년 이상 사용되었지만 그 이미지는 당신의 마음속에 여전히 뚜렷하다. 다음은 한 무리의 젊은이들이 놀고, 웃고, 노래하고, 달리고, 신나게 즐기고 있는 그림이다. 이들은 어느 세대인가? _____. 운동선수가 경기를 마치고 '챔피언의 아침식사'를 먹기 위해 앉는다. 어느 시리얼인가? _____.

위에서 예로 든 상품이나 기업은 반복과 강력한 이미지를 주는 카피를 사용함으로써 인지도를 높였고 이 상품을 살 때 특정 결과를 기대하도록 소비자를 세뇌시켰다. 반복과 이미지는 코카콜라, 펩시 또는 위티스Wheaties를 사도록 만드는 강력한 요인이다.

프레젠테이션이 15분 이상 길어진다면 고객이 당신에게서 구매함으로써 사지 않은 사람이 절대 누릴 수 없는 혜택을 누릴 것임을 강조하는 반복적인 광고 문구를 포함시켜야 한다. 이런 문구들은 논리적인 연속성이 있어야 한다. '새는 것을 완벽하게 밀봉해 줍니다. 열기는 나가지 못하게, 냉기는 들어오지 못하게 막아 줍니다'라든가 '전기료를 대폭 절감할 수 있습니다. 절약된 돈은 전기회사의 돈이 아니라 당신의 돈입니다. 절약된 돈을 당신의 미래를 위해 투자하십시오'와 같이 논리적으로 연결되어야 한다.

훌륭한 세일즈맨은 고객의 마음속에 그림을 그린다

좋은 기계공과 양심적인 의사의 공통점이 있다. 의사는 "암은 아닙니다, 아직은"이라고 말한다. 정비사는 "대대적인 수리가 필요하지는 않은 것 같습니다, 아직은"이라고 말한다. '아직은'이라는 말은 고객의 마음속에 공포의 이미지를 그려준다.

조치를 취하지 않으면 양성 종양이 암이 될 수 있다는 약간의 공포감을 당신의 마음속에 심어주지 않는 의사가 과연 좋을까? 브레이크 패드를 빨리 교체하지 않으면 다섯 배나 많은 돈을 써야 할 거라는 사실을 알려 주지 않는 정비사가 과연 좋을까?

세일즈맨과 고객의 입장에서 생각해 볼 때, 고객을 정말로 생각하는 마음에서 이미 산 상품의 효과나 만족도를 높이기 위해 적극적으로 한두 개의 상품을 더 사도록 설득하는 세일즈맨을 어떻게 생각하는가? 동기가 키워드다. 오로지 돈을 더 벌기 위해 고객에게 상품을 더 사라고 권한다면 당신은 '잡상인'이다. 고객의 이익을 위해 더 사라고 권한다면 당신은 프로고 고객과 당신 모두 이익을 얻는다.

고객을 그림 속에 그려 넣고 동반자 전략과 연계시킬 때 판매실적을 높이고 고객의 이동시간과 쇼핑시간을 줄여 줄 수 있다. 다른 사람들이 원하는 것을 얻도록 도와주면 당신이 인생에서 원하는 것을 모두 얻을 수 있다. 이것은 사실이다.

세일즈 클로징 입맛 돋우는 메뉴판처럼 묘사하라 _ The "Menu" Close

생동감 넘치는 이미지 언어를 가장 많이 사용하는 것은 하얏트 호텔의 메뉴다. 인디아나 주 인디애나폴리스에서 가져온 메뉴를 보면 사용된 형용사들이 아름다운 이미지를 그려냄으로써 한 가지 음식이 아니라 여러 다른 음식들도 주문하게 만든다. 정말로 뛰어난 상상력을 발휘한 메뉴 설명이다. 몇 가지 예를 들어 보겠다.

"오감자극 샐러드. 캘리포니아 화가의 미각. 화려한 색깔의 신선한 제철 딸기, 바나나, 멜론, 파인애플, 포도로 장식된 아이스 요거트와 카티지 치즈가 속을 파낸 수박에 담겨 나옴."

이런 메뉴도 있다. "시금치 슈프림. 버섯, 바삭하게 튀긴 베이컨, 잘 익은 토마토와 신선한 시금치 잎을 섞어 만든 샐러드와 뜨거운 꿀과 베이컨으로 만든 하얏트 특제 드레싱."

"단백질 애호가의 선택. 설로인(소의 허리 윗부분 살—역주) 토막이 지휘하는 아이스 요거트와 카티지 치즈를 동반하고 온 양상추를 위한 신선한 야채, 과일, 계란의 오케스트라."

"티볼리Tivoli. 허니 호밀 빵 사이에 신선한 아보카도 싹, 스위스 치즈, 토마토, 양상추가 듬뿍 담긴 가든 샌드위치와 찍어 먹는 에스콰이어 소스를 곁들인 신선한 야채의 심포니."

러스티 스커퍼Rusty Scupper(미국의 패밀리 레스토랑—역주)도 만만치 않다. 다음은 이 레스토랑의 메뉴 중 하나다. "크랩과 체다. 바다의 제왕에 견줄 만큼 손색없을 만찬. 녹인 체다 치즈 위에 듬뿍 얹은 게살 샐러드. 그릴에 구운 재료들이 사우어도우 브레드sourdough(발효시킨 반죽으로 구운 빵—역주)에서 펼치는 맛의 향연."

이번 메뉴는 짧고 맛깔스럽다. "아보카도, 새우, 베이컨. 한 번 맛을 보면 잊을 수 없습니다! 캐나다식 베이컨을 얹은 먹음직스러운 아보카도와 태평양 연안에서 잡아 올린 새우가 사우어도우 브레드 위에 펼쳐집니다. 감자튀김도 빠질 수 없겠죠?"

그렇다. 이들은 진정 언어를 파는 상인이다. 음식을 묘사하기 위해 언어를 어떻게 써야 하는지를 잘 아는 사람들이다. 위에서 말한 레스토랑에서 여러 번 식사를 했기 때문에 메뉴의 설명대로 맛있는 음식을 제공한다는 것을 알고 있다. 정말 맛있다!

세일즈 클로징 '우와' 전략 _ The "Oooh and Aaah" Close

버니 로프칙과 월드 와이드 디스트리뷰터World Wide Distributors와 함께 일했던 몇 년 동안 내게 특별한 기회가 많이 주어졌다. 월드 와이드가 바이에른 자기를 팔기 시작했을 때를 잊을 수가 없다. 버니는 독일에 가서 아름다운 바이에른 자기 제조업체와 협상을 통해 계약을 체결했다. 계약에 따르면 버니가 직접 무늬를 고를 수도 있었고 그의 회사만을 위한 독특한 무늬를 제작할 수도 있었다. 이것은 이미지 언어와 상상력을 사용할 수 있는 특별한 기회를 제공해 주었다.

미혼여성들에게 혼수물품을 판매할 때 무늬와 연관된 '로맨스'나 '배경 이야기'는 특히 중요했다. 딱 한 가지 무늬만 제외하고 모든 무늬에 대한 준비가 완료되었다. 그 무늬는 독특하고 아름다웠지만 적절한 설명이 없다면 시장에서 거부당할 거라고 버니는 생각했다.

새로운 자기를 선보일 컨벤션이 열리기 전날 밤 11시, 버니와 나는 마침내 아이디어가 떠올랐다. 컨벤션 당일, 우리는 세일즈맨들에게 새로운 자기를 선보였다. 고품격의 상품에 어울리는 제품설명뿐 아니라 그 품질과 아름다움에 모두들 극찬을 아끼지 않았다. 각기 다른 무늬들이 하나씩 소개되었는데 취향이 제각각이기 때문에 세일즈맨들은 자신의 취향과 기호에 맞는 무늬를 좋아했다.

마침내 이 무늬가 소개될 차례가 되자 나는 잠시 멈췄다가 관중을 바라보고 미소를 지으며 말했다. "자, 여러분! 샘플가방에서 이 자기를 꺼내서 고객에게 보여주기 전에 이렇게 말씀하시기 바랍니다. '이번에 보여드릴 무늬는 '우와' 무늬입니다. 고객들이 보시면 '우~!' 또는 '와~!' 하고 감탄하기 때문이지요. 고객님께서 평생 이 자기를 사용하시는 동안 저녁식사에 초대된 손님들 역시 이런 반응을 보일 겁니다."

그때 나는 샘플가방에서 그 자기접시를 꺼내 관중들 앞에서 들어 보였고 역시나 한 사람도 빠짐없이 모두가 '우~!' 또는 '와~!' 하고 탄성을 질렀다. 이 무늬는 금방 베스트셀러가 되었고 다른 무늬의 두 배가 넘는 판매실적을 월드 와이드 디스트리뷰터스사에게 가져다주었다. 이런 결과는 다른 상황에서도 가능했겠지만, 버니 로프칙은 약간의 세일즈 전략과 함께 모든 세일즈맨들에게 그 자기접시를 소개했던 것이 주효했다고 확신했다.

응용하기

다시 한번 강조하건대 이 방법을 자신의 상황에 맞게 응용해야 한다. 예를 들어 숙녀복 매장을 운영하고 있는데 고객이 적당한 옷을 고르지 못해 고민하고 있다면 '우와 드레스'를 만들어 내라. 눈치가 있는 주인이라면 고객과 몇 분만 이야기해 보면 고객의 취향을 파악할 것이다.

대부분의 고급 의류매장들은 특별한 고객을 위해 만든 독특한 의상들을 갖고 있다. 그러나 대개 고객은 결정을 내리지 못하고 어떤 것을 골라야 할지 망설인다. 고객이 무엇을 사야 할지 혼란스러워 하는 기미를 보이는 바로 그때(겨우 서너 벌의 의상을 보여주었다면 절대 적절한 타이밍이 아니다.) 고객에게 이렇게 말한다.

"고객님께서 찾고 계시는 옷이 방금 생각났어요. 남편(남자친구)께서 이 옷을 입은 고객님을 보시면 '우~!' 또는 '와~!'라고 말할 겁니다." 그런 다음 웃으면서 말한다. "그래서 저희는 정말로 이 옷을 '우와 드레스'라고 부른답니다." 물론 이 방법이 통하는 고객도 있고 그렇지 않은 고객도 있을 것이다.

전망이 특별히 아름다운 집이나 외관이 독특한 자동차를 판매할 때도 기본적으로 이 방법을 응용할 수 있다. 아름다운 보석, 매혹적인 그림, 아름다운 가구 등에도 이 방법을 적용할 수 있다. 골프채 세트에도 확대 적용할 수 있다. 골프채를 설명하면서 세일즈맨은 웃으면서 고객에게 이렇게 말한다. "이 드라이버로 샷을 날리면 사람들이 '우~!' 또는 '와~' 하고 탄성을 지를 겁니다."

그림을 그리려면 따뜻하고 묘사적인 단어들을 사용해야 한다. 그림과 말은 구매결정에 상당한 영향을 준다.

말은 큰 차이를 만든다. 그렇기 때문에 당신은 '말을 파는 상인'이 되어야 한다. 당신이 가진 잠재력을 활용하고 세일즈 프로로서 최대한의 역량을 발휘하기 위해서는 말을 사용해서 고객에게 효과적인 그림을 그려주는 방법을 반드시 배워야 한다.

Chapter 5

세일즈 공학

The Nuts and Bolts of Selling

◯ 목표

· 고객의 이의제기가 의미하는 바를 이해하고 세일즈에 활용하는 방법을 배운다.

· 고객을 유형별로 구분하여 다르게 대응하는 방법을 배운다.

· 질문하는 방법을 배우고 다양한 세일즈 상황에 맞는 구체적인 질문을 제시한다.

· 특수한 상황에서 약간은 대담하게 또는 심지어 뻔뻔하게 대응하는 방법을 배운다.

고객의 이의제기
― 세일즈를 성공시키는 열쇠

Objections _ The Key to Closing the Sale

'이의objection'라는 말만 들어도 자신감이 부족하거나 초보 세일즈맨의 마음에는 공포감이 생긴다. 그러나 사실 이 말을 들으면 기뻐해야 한다. 추후 다시 설명하겠지만 이의가 있다는 것은 관심이 있다는 뜻이고, 이것은 세일즈맨이 고객에게서 찾아내야 할 첫 신호다.

고객마다 각양각색의 이의를 제기하기 때문에 대응하는 방식도 그만큼 다양하다. 고객의 이의제기와 관련된 문제는 광범위하고 심오한 주제이며 이 책에서 다루는 가장 중요한 주제 중 하나다. 자신의 회사에서 제공하는 자료와 이 정보를 합쳐서 응용하고 자신에 속한 업계의 세일즈 리더들과 이 주제를 연구해 보기 바란다.

고객의 이의제기는 세일즈의 시작

대개 상당히 고가인 상품을 파는 경우 당신이 프레젠테이션을 하는 동안 이의제기가 없다면 그 고객은 사지 않을 거라고 보면 된다. 고객이 이의를 제기하면 속으로 웃으면서 '야호! 오늘 한 건 올리겠구나!'라고 생각해야 한다. 상품이 지닌 장점과 가치를 고객이 다 알 수 있다면 당신, 즉 세일즈맨은 필요 없어진다. 고객들이 쉽게 당신의 상품을 산다면 커미션은 급격히 낮아질 수밖에 없다는 것을 기억하기 바란다.

이의가 없으면 고객도 없다

예를 들어 당신이 스쿠버 다이빙 장비를 팔러 온다면 나는 그 장비에 대해 절대 이의를 제기하지 않을 것이다. 당신이 내게 9달러 95센트에 보증기간이 50년이나 되는 완벽한 장비를 팔겠다고 제안한다고 해도 나는 절대 이의를 제기하지 않을 것이다. 스쿠버 다이빙에 관심이 없기 때문이다.

그러나 골프채를 팔려고 한다면 나는 이렇게 이의를 제기하고 나설 것이다. "샤프트가 너무 단단하네요(또는 충분히 단단하지가 않네요)." 이런 말을 들으면 기뻐해야 한다. "고객님께서는 새로 나온 그라파이트 샤프트를 쓰셔야겠네요"라고 제안할 수 있기 때문이다. 고객이 당신의 상품에 관심이 있다면 대개 어떤 종류가 되었든 이의를 제기할 것이고 고객이 이의를 제기하면 당신은 기뻐해야 한다.

이의제기와 관련해서 가장 자주 듣는 질문은 '언제 고객이 제기한 이의에 답을 해줘야 하는가?' 하는 것이다. 고객의 이의를 해결하는 데는 네 가지 시기가 있다. 첫째 이의를 제기하기 전, 둘째 이의를 제기했을 때, 셋째 나중에, 넷째 대응하지 않는다. 네 번째 시기에 대해서는 부가 설명이 필요하다.

고객이 제기한 이의가 당신이 보기에 사소하고 엉뚱할 수 있지만 고객이 두 번째 동일한 이의를 제기하면 고객에게는 중요한 문제임에 틀림없다. 그런 경우 즉시 설명해 주지 않으면 고객은 당신이 관심이 없거나 문제에 대한 답을 갖고 있지 않기 때문에 그것을 무시한다고 생각할 수 있다.

지나치게 적극적이고 노련한 세일즈맨은 고객이 제기하는 모든 질문에 답을 함으로써 사지 않을 수 없게 하거나, 고객을 위협하고 압력을 가해서 억지로 사도록 할 수도 있다. 심지어 어떤 세일즈맨들은 뛰어난 설득력과 언변술을 이용해 고객들을 현혹시키고 필요도 없는 상품을 터무니없이 비싼 가격으로 사게 한다. 그러나 아무리 노련한 세일즈맨이라도 프레젠테이션 하는 동안 잠시 고객을 현혹시킬 수는 있어도, 상품이 배달되고 대금을 결제하는 그때까지 고객을 현혹시킬 수는 없는 법이다.

이런 점을 감안할 때 강압적인 판매나 바가지 판매는 세일즈 커리어에서 절대 하지 말아야 할 일이다. 이런 경우 구매를 취소할 가능성이 매우 높을 뿐 아니라 세일즈 커리어를 쌓기 위해 반드시 필요한 단골 만들기에도 실패한다.

지금은 은퇴한 커뮤니케이션 시간관리 전문가 댄 벨루스Dan Bellus는 많은 세일즈맨들이 세일즈가 세일즈맨에게는 '승리'고 고객에게는 '패배'라는 잘못된 인식을 갖고 있다고 지적한다. 이런 태도를 가진 세일즈맨은 다른 사람, 즉 고객을 이겨야 한다는 생각을 가지고 있다. 그는 이런 의문을 제기했다. "당신한테 방금 패배당한 사람이 당신에게 상품을 살 거라고 기대할 수 있는가?"

커뮤니케이션이라는 측면에서 볼 때 '패배'시키기보다는 설득함으로써 이의에 대응해야 한다. 우리의 목표는 누군가와 싸워 이기려는 게 아니라 납득시키고 설득하는 것이다. 누군가를 패배시키는 그 순간 이해와 커뮤니케이션이 상실되고 결과적으로 세일즈에 실패하게 된다. 댄 벨러스는 다음과 같은 예를 들었다.

한 관광객이 홍콩에서 두 아시아인이 화난 듯이 거친 말을 주고받고 있는 것을 보았다. 그 모습을 보고 가이드에게 물었다.
"지금 이 사람들은 무슨 이야기를 하고 있는 거죠?"
"배 한 척이 있는 데 소유권을 놓고 논쟁 중입니다."
가이드가 말했다.
"굉장히 흥분한 것 같은데 조만간 싸움이 시작될 것 같은데요?"
관광객이 말했다.
"아니요, 절대 싸우지 않을 겁니다. 먼저 주먹을 날리면 논리가 바닥났다는 것을 인정하는 셈이라는 걸 둘 다 알고 있거든요."

대화가 언쟁으로 변하는 경우도 마찬가지다. 논리가 부족할 때 싸우기 시작한다. 커뮤니케이션(설득)은 더 이상 존재하지 않는다.

고객의 이의제기에 어떻게 대응해야 하는지 감을 잡도록 도와주기 위해 미국 최고의 세일즈 강사인 나의 동생 저지 지글러가 한 말을 비유적으로 설명해 보겠다. 저지는 버팔로에서 뉴욕까지 야간열차가 더 이상 운행하지 않는다는 것 때문에 사지 않는 사람도 있다고 설명했다. 버팔로에서 뉴욕까지 운행하는 야간열차가 당신에게서 사지 않는 것과 무슨 상관이 있냐고 묻고 싶은 것은 당연하다. 저지의 말처럼 아무 상관없다. 그렇지만 고객이 사기 싫으면 무엇이든 핑계가 될 수 있다.

모든 세일즈 방문에 최선을 다하라. 상대하고 있는 사람에게 당신의 상품과 서비스를 제공하기 위해 모든 노력을 기울이라. 그러나 고객이 사지 않는다고 해도 자책하지 마라. 훌훌 털고 일어나 다음 방문에서 성공할 수 있도록 정신적인 준비를 하라. 다음 세일즈 방문에 부정적인 영향을 주지 않는다면 그 방문은 실패한 방문이 아니라는 것을 기억하라.

준비된 대답

고객의 이의를 해명하기 위한 최적기는 고객이 이의를 제기하기 전이다. 프레젠테이션이 끝났는데도 계속 같은 질문을 받는다면 프레젠테이션에 문제가 있다는 확실한 신호다. 프레젠테이션을 분석해서 프레젠테이션 도중에 고객이 제기할 수 있는 질문들을 대부분 해결해 줄 수 있도록 수정, 보완해야 한다. 이렇게 함으로써 고객이 이의를 제기하기 전에 대답해 줄 수 있고 그럼으로써 당신이 방어적으로 대응하는 게 아니라 공세를 유지하면서 세일즈할 수 있다.

고객이 이의를 제기하기 전에 프레젠테이션 과정에서 해결하는 몇 가지 방법을 예로 들어 보겠다.

오래전 나는 주방용품을 판매한 적이 있다. 텔레비전이나 박람회, 음식 전시회 또는 백화점 등에서 아마 이 기계를 본 적이 있을 것이다. 몇 달 동안 이 기계를 보여주며 시연회를 했기 때문에 나는 완전히 숙달된 상태였다. 입구에 재료를 넣으면 시간당 150킬로미터를 뽑아냈고 저미기, 깍둑썰기, 채썰기, 굵게 다지기, 잘게 다지기, 곡선 썰기 등 안 되는 게 없었다.

한 무리의 고객들이 앉거나 서서 재료가 정확하게 순서대로 잘라져 나오는 것을 보며 감탄사를 연발했다. 그러나 매번 두 가지 문제가 제기되었다. 대개 남편 중 한 사람이 아내에게 몸을 기대며 모두가 들을 수 있는 큰소리로 이렇게 '속삭'였다. "저 사람이야 그 기계로 모든 재주를 부릴 수 있지만 막상 사서 써보면 절대 저 사람처럼 못 할걸?" 아주 흔히 제기하는 의문이었다. 그 뒤를 이어 여성 고객이 이런 말을 하곤 했다. "저 기계에 손도 잘릴 것 같네요!"

믿게 만들어라

이와 같은 두 가지 문제가 늘 제기되므로 기계를 대량으로 팔기 위해서는 사전에 대처해야 한다는 것을 알고 있었다. 샐러드마스터 코퍼레이션의 창립자이자 사장인 해리 레몬스Harry Lemmons가 내게 가르쳐 준 방법은 다음과 같다.

서너 가지의 음식재료를 재빨리 그리고 쉽게 자른 다음 고객들을 보며 이렇게 말하는 것이다. "자, 여러분 시연회에 참석해서 제가 이 기계를 작동하는 것을 보신 분들은 이렇게 묻습니다. '지글러 씨, 이 기계를 사면 저도 당신처럼 할 수 있을까요?'"

"솔직하게 말씀드리자면 여러분은 저처럼 할 수 없습니다. 여러분은 절대로 저처럼 능숙하게 이 기계를 다루지 못할 겁니다. 제 자랑이 아니라 사실이 그렇습니다. 설명 드리지요. 매일 몇 시간 동안 이 기계를 돌리면서 재료가 썰리는 것을 바라보는 것이 제 일입니다. (이렇게 말하면서도 여전히 재료를 썰고 있다.) 음식재료가 얼마나 예쁘게 썰렸는지 보이시죠? 그리고 이 기계가 얼마나 작동하기 쉬운지 아시겠죠? 솔직하게 말씀드리면 제가 이 기계의 전문가이기 때문에 쉬워 보이는 겁니다."

세일즈 클로징 산다고 가정하라—재확인 _ The "Assumptive" Close Revisited

"여러분이 이 기계를 사시면 (처음으로 고객이 산다고 가정한다.) 필요하기 때문에 구매하는 일반 사용자가 되시는 겁니다. 여러분은 기계를 사용하면서 동시에 아이들도 돌봐야 하고, 전화도 받아야 하고, 청소기도 돌리고, 개를 산책시키는 등 수없이 많은 일들을 합니다. 반면 저는 이 기계를 돌리기만 하면 되고 그래서 잘할 수밖에 없습니다."

상품의 기능을 팔아라

고객들은 수긍했지만 그때까지도 시연의 목적, 즉 판매는 단 한 건도 성공하지 못했다. 그래서 프레젠테이션을 계속했다.

"저처럼 능숙하게 기계를 다루지 못한다면 얼마만큼 시간과 돈을 절약하고 가족들에게 더 멋진 요리를 해줄 수 있는지 궁금하실 겁니다. 제가 답을 드리겠습니다. 여기 계신 숙녀분을 모셔다가 (항상 앞줄에 있는 젊은 여성을 선택한다.) 5분 동안 안내서를 읽게 한 후 제품을 사용하게 하면 잘 드는 칼을 사용하는 세 분보다 재료를 빨리 썰 수 있습니다. 아마 세 분은 평생 칼을 사용했을 것이고 숙녀분은 한 번도 이 기계를 사용해 본 적이 없습니다. 그럼에도 기계를 이용하신 분이 더 많이 그리고 더 빨리 썰 수 있는 이유는 간단합니다. 그런 기능을 가진 기계를 가졌기 때문입니다. 저만큼 능숙하게 사용하지는 못해도 제대로 된 기계를 가졌기 때문이지요. 여러분이 정말 원하시는 것 아닌가요?"

세일즈 클로징 고객의 구매심리에 대한 중간점검을 실시하라 _ The "Trial" Close

그렇게 해서 첫 번째 이의는 잘 해결되었다. 이번에는 두세 가지 재료를 썰다가 칼날을 기계에서 빼내고 첫 번째 중간점검을 실시하기 위해 이렇게 말한다. "보시다시피 이 기계에는 다섯 종류의 칼날이 있습니다. 처음 여섯 가지 음식재료를 써는 데 하나의 칼날만 썼습니다. 그럼 질문을 하나 하지요. 칼날이 하나뿐인데 (여기서 목소리를 낮추고 고객들의 눈을 바라본다.) 벌써 이 기계를 사겠다고 결심하신 분이 몇 분이나 되시죠? 손을 들어 주시겠습니까?" 거의 예외 없이 몇몇 여성 고객과 그보다 많은 남성 고객이 고개를 끄덕이며 손을 들거나 사겠다고 말한다.

고객이 사겠다고 말했는데도 주문을 받지 않고 돈도 받지 않은 채 프레젠테이션을 끝까지 듣게 하는 것은 고객에게 가혹한 형벌이 될 수 있다. 구매결정을 위해 프레젠테이션을 끝까지 들으라고 고집하지 말고 살 준비가 되었으면 언제든지 살 수 있게 하는 것이 좋다. (참고 : 단체고객을 상대하는 경우에는 시연을 계속하는 동안 갑자기 사고 싶은 생각이 든 고객을 응대할 도우미가 필요하다.) 단, 주의할 것은 고객이 마치 살 것처럼 반응하는 경우에도 실제로는 단지 기분이 좋아서 또는 세일즈맨의 말에 동의한다는 뜻으로 그렇게 반응하는 경우가 많다. 구별하기가 어렵기 때문에 이때에는 경험과 직관이 중요하다.

유머의 유용성

그런 후 두세 가지 재료를 더 썬 다음 두 번째 문제해결에 나선다. "많은 여성 고객들이 저에게 묻습니다. '지글러 씨, 이 기계를 사면 손을 베일 수도 있나요?' 나는 웃으면서 대답한다. "네, 고객님 그럴 수 있습니다. 하지만 권장하지는 않습니다."

심각한 것보다는 유머를 이용해 더 많은 일을 할 수 있다. 그리고 이렇게 말한다. "이 기계에 손을 베이고 싶으시면 아주 간단합니다. 손잡이를 돌리면서 깔때기 모양의 주둥이 깊숙이 손가락을 넣어서 칼날과 깔때기 사이에 끼게 만들기만 하면 됩니다. 운동신경이 좋으시다면 손잡이를 돌리면서 동시에 손가락을 집어넣을 수 있을 겁니다. 그러면 피가 바로 여기로 나오겠죠. (깔때기 모양의 주둥이를 가리키며 활짝 웃어 준다.) 자, 여러분, 손을 베이고 싶지 않으시면 기계에다 손가락을 집어넣지 마세요! 질문 있습니까?" 이렇게 해서 두 번째 손가락 잘릴 걱정은 해소되었다. 앞서 가격에 대해서는 자세히 다루었지만 가격 역시 이의제기의 하나로 볼 수 있으므로 여기서 마지막으로 한마디만 덧붙이려고 한다.

너무 비싸요!

너무 비싸다는 말에 이렇게 대답한다.

"저도 그 말에 동의합니다. 고객님, 좋은 것은 싸지 않고 싼 것은 좋은 법이 없으니까요. 저희 회사는 결정을 내렸습니다. 가급적 기능을 단순하게 설계해서 싸게 팔든지 아니면 최대한 많은 기능을 구비하도록 설계하고 만들어서 장기적으로 고객님의 비용을 대폭 낮추든지 이 둘 중 하나를 선택해야 했죠. 고객님, 애초에 최고의 상품에 투자하지 않으면 결국은 허술한 상품에 대한 대가를 치르게 된다는 것은 그냥 하는 말이 아닙니다. 그저 그런 허술한 상품대신 최고를 선택하시는 게 낫지 않겠습니까? 저희 회사가 최고의 상품을 만들겠다는 결정을 내렸을 때, 정말로 고객님의 입장에 서서 고객님께 무엇이 최선인지를 찾아내려고 노력했습니다. 그렇기 때문에 저희는 주저하지 않고 이 상품을 적극 권해드리는 겁니다."

"가격이 너무 비싸요"라는 말에 이렇게 답할 수도 있다. "가격이 비싼 것은 분명하지만 품질이 주는 혜택을 더하고, 싼 상품이 주는 실망을 빼고, 좋은 상품을 소유한다는 기쁨을 곱하고 비용을 사용기간으로 나누면 결론은 고객님께 유리하게 나올 겁니다."

+ 더하기 : 품질이 주는 혜택	
− 빼기 　: 싼 상품이 주는 실망	
× 곱하기 : 좋은 상품을 소유한다는 기쁨	
÷ 나누기 : 비용을 사용기간으로	

또는 이런 설명도 가능하다. "네, 비싸지요. 그렇지만 결국 따져 보면 상품이란 고객님이 지불해야 하는 돈만큼 가치가 있는 게 아니라 그 상품이 고객님을 위해 해줄 수 있는 것만큼 가치가 있는 것이지요. 100달러를 주고 샀는데 1,000달러의 효용이 있다면 잘 사신 거죠. 그렇죠?"

가격은 결정적인 요인이 아니다

1982년 12월 16일, 투수 플로이드 바니스터Floyd Bannister는 시카고 화이트삭스와 5년 동안 450만 달러에 계약을 체결했다. 6년 동안 630만 달러를 제시한 애틀랜타 브레이브스를 제치고 시카고 화이트삭스를 선택한 것이다. 브레이브스는 화이트삭스가 제시한 것보다 180만 달러나 더 많은 금액을 제안했고 1982년 우승팀이었다.

고객의 입장에서 플로이드 바니스터는 분명 돈보다 더 중요한 것들을 고려한 것이다. 플로이드의 아내 재너^{Jana}가 이런 말을 했다. (32장에서 남편과 아내가 의사결정에 모두 참여해야 하는 이유에 대해 자세히 다룰 것이다.)

삭스는 플로이드에게 상품으로서가 아니라 인간적인 관심을 보였습니다. 협상 후반까지도 삭스는 정말로 승산이 없었지만 우린 마음을 계속 열고 협상에 임했죠. 결정을 내리는 데 있어 제리 레인스도프^{Jerry Reinsdorf}(화이트삭스의 구단주)와 데이브 던컨^{Dave Duncan}(화이트삭스의 투수코치)이 애리조나로 비행기를 타고 와서 저희에게 저녁을 사주었던 것은 정말 의미가 있었습니다. 또 중요했던 것은 토니 라루싸^{Tony LaRussa}(화이트삭스의 매니저)가 플로이드에게 여러 번 전화를 했고 화이트삭스팀 소속의 칼튼 피스크^{Carlton Fisk}와 톰 파시오레크^{Tom Paciorek} 선수도 전화를 했다는 겁니다.

제리 레인스도프는 이렇게 말했다. "플로이드는 다른 여느 선수들과는 완전히 달랐습니다. 시^市와 팀 동료들이 돈만큼이나 그에게 중요했으니까요. 아마 50대 50일 겁니다."

다른 결정요인으로는 첫째, 바니스터의 특기인 플라이 볼을 연습하기에 적당한 넓은 홈구장 둘째, 아메리칸 리그에 남을 수 있는 기회 셋째, 친구와 친척들이 있는 도시였다.

이 모든 것들이 중요했지만 나는 플로이드 바니스터의 우선순위가 무엇인지 안다. 그는 모든 구단의 제안을 비교해서 자신이 중요하게 생각하는 우선순위에 따라 결정을 내렸다. 이 책에 플로이드의 이야기를 포함시킨 이유는 세일즈 프로가 커리어를 통해 배울 수 있는 것들을 잘 보여주는 사례기 때문이다. 고객이 정말로 원하는 것을 알아내고 당신의 상품이나 서비스가 고객의 목표를 달성하는 데 어떻게 도움이 되는지를 보여주면 세일즈에 성공할 것이다.

물론 가격이 중요하지만 많은 중요한 요소들 중의 하나일 뿐이다. 가격 면에서 유리하다면 당연히 최대한 그 이점을 활용하라. 가격 경쟁력이 없다면 삭스가 플로이드와의 계약을 성사시키기 위해 했던 것처럼 자신이 가진 다른 이점들을 활용하라. 물론 이것은 셜록 홈즈가 늘 말하듯이 '기초적인 것'이다.

결정권자인지를 파악하라

고객이 제기한 여러 가지 이의를 해명했는데도 계속 다른 문제를 제기한다면 엉뚱한 사람을 붙잡고 설득하고 있는 것은 아닌지 생각해 봐야 한다. 그 사람이 결정권자가 아닐 수도 있기 때문이다. 구매 담당자, 사장 또는 배우자 등 다른 사람과 상의해야만 하는지도 모른다. 그 고객은 자신이 결정권자가 아니라는 것을 인정하지 않음으로써 일을 지연시키거나 체면을 잃지 않으려고 하는지도 모른다.

진상을 파악하는 데는 존 하몬드가 사용한 방법이 직접적이면서도 기분 상하지 않고 아주 효과적이다. "고객님, 성급하고 주제 넘는 말인지 모르지만 저희 상품의 다양한 기능과 고객님이 원하시는 바를 볼 때 이 상품이야말로 고객님께서 제기하실 수 있는 모든 질문에 대한 해답을 갖고 있다고 확신합니다. 하지만 더 진행하기 전에 질문을 하나 해도 되겠습니까?" 고객이 좋다고 하면 이렇게 말한다. "저희 상품이 고객님께서 찾던 상품이고 지금이 구매적기이며 가격도 적절하다는 점을 충분히 이해하실 만큼 고객님의 질문에 제대로 대답해드린다면 고객님께서는 직접 오늘 상품을 주문하실 수 있는 위치에 계신가요? 그리고 그렇게 하실 의향이 있으신가요?"

만족스러운 대답을 주었는데도 결정을 못 내린다면 그 시점에서 판단을 내림으로써 시간낭비를 막을 수 있다. 고객이 결정을 내릴 수 없다고 인정하면 고객의 도움을 얻어서 결정권자와 약속을 잡아야 한다.

다시 강조하건대 같은 문제가 계속 제기된다면 당신의 프레젠테이션에 문제가 있을 가능성이 높다.

같은 문제가 반복된다

고객의 이의를 해명하기에 최적기는 이의가 제기되기 전이다. 일반적으로 프레젠테이션이 끝나고 제기되는 문제들은 대부분 비슷하다. 그렇다면 자신의 프레젠테이션을 녹음해서(제5장 참조) 당신이 말하고 있는 포인트와 전달방식을 면밀히 분석해야 한다.

십중팔구 불필요한 말을 많이 하고 중요한 핵심을 놓치고 있음을 발견하게 될 것이다. 또한 당신에게는 흥미롭지만 고객은 그다지 관심 없는 부분을 지나치게 상세하게 다루고 있을 수도 있다. 당신은 그 상품이 주는 장점과 혜택을 충분히 알고 있으므로 자신을 대상으로 세일즈를 할 필요는 없다. 세일즈의 대상은 고객이다. 고객의 입장에 서서 통계적으로 계속 제기되었던 문제들을 예측하고 프레젠테이션을 통해 그 문제에 대한 답을 제시해야 한다.

문제는 같지만
고객은 같지 않다

Objections Are Consistent _ Objectors Aren't

특별한 순서 없이 각기 다른 종류의 고객들을 분류하고 나서 각각 어떻게 대처해야 하는지에 관해 한 문장 내지 다섯 문장으로 기본적인 지침을 제시하고자 한다.

고객의 종류에는 대립적인 성향의 고객, 회의적인 고객, 잘 믿는 고객, 독선적인 고객, 잘난 척하는 고객, 미루는 고객, 적대적인 고객, 우유부단한 고객, 터프가이 스타일의 고객, 씀씀이가 큰 고객, 구두쇠 고객, 비판적인 고객, 알뜰한 고객, 낙천주의 고객, 감정을 드러내지 않는 고객이 있다.

재미있는 고객의 종류로는 '참고하겠다('bear' it mind)'는 짐승 같은 고객('bear it mind'는 '참고하겠다' 또는 '명심하겠다'는 뜻인데 '곰(bear)'이라는 단어와 같아서 이를 이용해서 재미있게 만든 말—역주), '곰곰이 생각해 보겠다(sleep on it)'는 불면증 고객, '메모해 두겠다(make a note of it)'는 음악가 고객('make a note of it'은 '메모하다'는 뜻인데 여기서 'note'가 '악보', '음표'의 뜻도 있어서 '작곡하다'라는 뜻으로도 임의로 해석해서 'musical (음악의, 음악적인)'을 붙여서 만든 말—역주) 그리고 '시장상황을 파악해 보겠다'는 장난꾸러기 고객('feel out'은 어린애들이 몸을 만지면서 장난치는 행동을 의미하는데 이와 연결시킨 말장난—역주) 등 다양한 고객들이 있고 여러 고객의 종류를 다루기 때문에 이 중 일부는 중복될 수 있다. 이 모든 종류의 고객에 대해서 반드시 알아야 할 두 가지가 있다.

첫째, 세일즈 강사 톰 노먼의 말에 따르면 고객은 모두 왕이기를 바라고 이해 받기를 원한다는 것이다. 둘째, 찰스 로스가 말했듯이 사는 순간에는 모든 고객이 실수하는 게 아닌가 하고 두려워한다. 특히 가격이 비싸면 더 그렇다. 그렇기 때문에 고객은 실제로 아주 정상은 아니다. 결정의 순간 구매자의 심장박동이 실제로 증가한다는 것이 입증되었다. 두려움을 느끼고 그 두려움은 판단에 영향을 주기 때문에 말 그대로 정상적인 상태는 아니라고 볼 수 있다. 그러므로 모든 고객은 자신이 올바른 결정을 하고 있다는 확신을 원한다.

고객에게 확신을 주어라 고객을 대함에 있어 댄 벨루스가 한 말을 기억하자. "우리의 목표는 고객을 패배시키는 것이 아니라 상품을 사면 그 결과로서 더 행복해지고 더 좋아질 것이라는 확신을 주는 것이다."

또 한 가지 기억해야 할 것은 카벳 로버트가 설명한 기본적인 공식이다. 고객이 이의를 제기하면 그 고객이 속기 쉬운 스타일이든지 아니면 적대적인 스타일이든지에 상관없이 우선 이의가 제기된 것에 기뻐해야 하고, 프레젠테이션을 끝까지 보고 나면 그 문제가 해결될 거라고 고객을 안심시켜야 한다. 이의는 반대하면 더 커지고 동의하면 사라지는 속성을 갖고 있다. 둘째, 이의를 질문으로 생각하고 그 질문을 세일즈에 몰입시키기 위한 촉매로 이용한다. 셋째, 확답을 얻어낸다. 이것이 유일한 문제다. 넷째, 제기된 이의를 가급적 고객이 사야 하는 이유로 역이용하고 사도록 적극적으로 권유한다.

오해가 없기 바란다. 한 가지 공식이나 방법이 모든 세일즈 상황이나 문제에 대한 해답일 수는 없다. 그러나 이 기본적인 공식 또는 방법을 완전히 마스터하면 이 공식에 딱 들어맞지 않는 상황도 쉽게 대처할 수 있는 단단한 기초가 될 것이다.

이 문제를 보다 심층적으로 분석함에 따라 그리고 앞에서 이미 살펴보았듯이, 항상은 아니지만 대체로 우리가 이 기본공식을 따르고 있다는 것을 깨닫기를 바란다. 다양한 형태의 이의제기 상황들을 다루면서 계속 이 공식을 되풀이하기보다는 아예 이 공식을 외워두기 바란다.

고객은 'Yes'라고 말하길 원한다

다시 반복하자면 'No'라는 말은 끝을 의미하기 때문에 고객은 'No'라고 말하기를 원치 않는다. 앞서 언급했듯이 당신이 고객의 필요를 충족시킬 수 있도록 도와주고 싶은 만큼 고객도 자신의 필요를 충족시키기를 간절히 원한다. 대부분의 사람들은 'No'라고 말하기를 꺼린다. 이의제기는 당신에 대한 비난이 아니므로 상처받을 필요가 없음을 명심하라. 마음의 평정을 유지하면 세일즈에 성공할 가능성이 훨씬 커진다.

또한 고객을 상대할 때 당신이 강사가 아니라는 사실을 기억하기 바란다. 당신은 말하고 고객은 듣기만 하는 것은 바람직하지 않다. 세일즈에 성공하는 가장 좋은 방법은 고객을 개입시키는 것이다. 그것이 이 책 전반에 걸쳐 질문 테크닉이 사용되는 이유다. 훌륭한 의사와 변호사들도 문제를 밝혀내고 해결책을 제시하기 위한 최상의 방법을 연구하고 찾아내기 위해 이 테크닉을 사용한다.

비교적 상대하기 쉬운 고객

잘 믿는 고객—상대하기 쉬운 고객부터 살펴보자. 잘 믿고, 잘 속는 고객이다. 참 고마운 고객이 아닐 수 없다. 이런 고객을 만나면 우리의 하루가 즐겁다. 아직도 달이 치즈로 만들어졌다고 믿는 부류다. 이런 고객은 마음을 열고 솔직하게 대해야 한다. 사람들의 관심사에 대한 이야기를 많이 해주라. 이런 유형의 고객들은 다른 이유보다도 당신을 좋아하고 신뢰하기 때문에 구매하는 사람들이다. 이런 고객들은 설득에는 반응을 보이지만 서두르거나 압력을 주면 기분 나빠한다.

회의적인 고객—두 번째 유형은 회의적인 고객인데 이런 사람은 험티덤티Humpty Dumpty(영어권 어린이들에게 잘 알려진 짧은 동요 속에 나오는 계란을 의인화한 인물. 벽에 앉아 있다가 떨어져 깨져서 다시는 원상복구가 안 된다는 내용의 노래—역주)를 누군가가 뒤에서 밀어서 떨어진 것이라고 생각할 정도로 냉소적이다. 회의적일 뿐 아니라 이런 부류의 고객들은 따지기를 좋아한다. 특히 주의해야 할 점은 회의적이고 늘 언쟁할 준비가 되어 있는 이런 고객은 자신이 늘 옳다고 생각하며 다른 사람이 이해해 주기를 원한다는 것이다. 그렇기 때문에 이런 고객이 분노, 냉소 또는 빈정거림의 형태로 독선적인 반론을 제기하면 이렇게 대응해야 한다. "참 잘 지적해 주셨습니다. 고객님의 말씀을 제가 확실히 이해했는지 확인할 수 있도록 한 번만 더 말씀해 주시겠습니까?"

이렇게 함으로써 두 가지 효과를 얻을 수 있다. 당신이 고객의 말을 공정하게 들어주려고 진정으로 노력하고 있음을 보여주고 고객이 하는 말을 상당히 중요하게 생각한다는 것을 보여준다. 아울러 고객이 자신이 제기한 문제를 반복할 때는 대개 목소리 톤을 상당히 하향 조절하는 경향이 있다.

이런 고객을 상대할 때는 설령 틀렸다 할지라도 고객의 말에 반론을 제기하거나 맞서지 않도록 한다. 먼저, 고객이 할 말을 다 하도록 내버려 두라. 후련하게 털어놓게 하라. 화를 발산하게 하라. 다 쏟아 놓고 나서 당신이 자기한테 관심을 보이고 있으며 자기를 걱정하고 있다는 것을 알면 존 윌슨의 말처럼 마음이 열리고 세일즈에 성공할 가능성이 높아진다.

고객이 이의제기라는 형식을 빌려 독선적이거나 강한 자기주장을 펼 때는 기쁜 표정으로 이렇게 말한다. "고객님께서 그 질문을 해주시니 정말 고맙습니다. 그 질문이 바로 핵심을 찌르고 있거든요. 제가 하고 싶은 말씀을 해주시니 고객님과 저는 통하는 게 있는 것 같네요."

적대적인 고객—세 번째 유형의 고객도 비슷한데 한 가지 기억해야 할 것은 적대적인 데에는 나름대로 이유가 있다는 점이다. 과거에 세일즈맨에게 속은 경험이 있을 수 있다. 혹은 그 전에 만났던 세일즈맨이 자신의 불만을 들어 주지 않았다는 아주 단순한 이유 때문일 수도 있다.

이 경우 핵심은 적대적인 고객의 말문을 여는 것이다. 고객이 분노를 표현하면 가장 오랫동안 애용되어 온 방법(세일즈 강사들 사이에서는 3F원칙이라고 알려져 있다.)에 따라 이렇게 말한다. "고객님께서 어떤 기분Feel이신지 잘 압니다. 과거에 다른 사람들도 고객님과 똑같이 느꼈지요Felt. (잠시

408

멈췄다가) 하지만 모든 사실들을 알고 나면 그런 행동에는 다 나름대로 그만한 이유가 있다는 것을 깨닫게 되지요Found. 설령 세일즈 절차상에 실수가 있었더라도 일부러 그런 것이 아니라는 것을 아시게 되는 겁니다."

"참고로, 고객님께서 그렇게 말씀해 주셔서 기쁘다고 말씀드린 이유를 한 가지 설명해 드리지요. 고객님처럼 솔직하고 마음이 열려 있는('화났다'거나 '적대적'이라는 말은 절대 사용하면 안 된다.) 분들이 대부분 나중에 알고 보면 다른 사람의 말을 잘 받아들이시거든요. 그런 분들은 질문만 해결되면 개방적이고 공정한 분들임을 알기 때문에 솔직하게 고객님이 걱정하시는 부분들을 밝혀 주신 것에 정말 감사할 따름입니다."

아무것도 결정할 수 없는 고객

우유부단한 고객 — '우유부단자 클럽'을 결성하려고 했지만 나중으로 미루는 그런 부류다. 이런 고객은 결정을 내리지 못한다. 정신과 의사에게 가서 의사가 "결정을 내리지 못 하시겠다고요?"라고 묻자 "글쎄요, 그렇기도 하고 아니기도 하고 그렇습니다"라고 대답하는 사람처럼. 우유부단한 고객은 여러 가지로 가장 불행한 부류다. 점심에 무엇을 먹을지도 결정할 수 없고 집, 차, 고액의 투자, 생명보험 등과 같은 중요한 구매결정은 더더욱 할 수가 없다. 기운을 내서 무언가를 하려고 각성제를 먹고 나서 거기다 바륨(신경 안정제의 일종—역주)을 섞어 마시고는 아무 일이 안 일어나도 신경 쓰지 않을 사람들이다.

이런 부류의 고객을 다루는 방법은 신뢰를 얻는 것이고 여러 번 언급했듯이 그 방법은 고객이 원하는 사람이 되는 것이다. 깊이 공감하고 있음을 보여주라. 고객의 입장에 서고 고객에게 당신이 고객편이라는 것을 알게 하라. 당신의 상품을 반드시 고객이 사야 한다는 신념과 믿음이 결정적인 요인이 된다.

기억하라. 고객은 지금 사야 할지 말아야 할지를 결정할 수가 없다. 당신이 팔아야 하는지에 대해 의심을 갖고 있다면 고객은 절대 사지 않을 테니 고민할 필요 없다. 고객을 압박하라. 단호하지만 부드럽게. 심리적 압박감이 중요한 열쇠다. 평소보다 더 많은 질문을 퍼부음으로써 압력을 가한다. 나중에 이 책에서 질문을 정확히 어떻게 해야 하는지 상세하게 설명하고 여러 가지 사례를 들어 줄 것이다. 참고로 지금까지 이 책에서 내가 한 질문은 500개가 넘는다. 놀랍지 않은가? 이 말 역시 또 다른 질문이다. 그렇지 않은가?

알뜰한 고객—짐 세비지Jim Savage가 명명한 또 다른 유형의 고객은 알뜰형 또는 신중형 고객인데 이들은 늘 다른 사람들보다 조금이라도 더 좋은 조건을 원한다. 상품을 살 때마다 콘테스트라고 생각한다. 그래서 이겨야 한다고 생각하고 어떤 식으로든 거래에서 양보를 얻어내지 못하면 기분이 좋지 않다. 이런 고객을 다루는 방법은 두 가지가 있다. 첫째, 이 회사에서 일하는 것이 좋은 이유 중 하나가 모든 사람을 동등하게 대우한다는 사실이라고 말한다. 어느 누구도 그 고객보다 더 좋은 조건을 제시받은 적이 없고, 그렇기 때문에 그녀가 승자라는 것을 믿고 당신의 상품을 사도 된다고 말해 준다. 대개 고객이 원하는 것은 자신이 승자라는 것, 자신이 똑똑한 사람이라는 것, 그래서 가장 좋은 조건으로 상품을 샀다는 확신이다.

둘째, 최상의 구매조건일 뿐 아니라 당신을 만났기 때문에 최상의 조건으로 구매가 가능했다는 것을 증명할 수 있는 무언가를 고객에게 개인적으로 해줄 수 있다면 세일즈에 성공할 수 있다. 그것은 개인적인 서비스가 될 수 있다. "원래는 이렇게 안 하는데 고객님을 위해서 제가 한 가지 특별한 서비스를 해드리겠습니다. 제가 직접 고객님이 주문하신 상품을 선적담당자에게 가지고 가서 추가비용 없이 오늘 바로 선적이 가능하도록 조치하겠습니다."

또는 이런 제안도 가능하다. "제가 직접 고객님의 신용조회를 해서 배달시간을 최소한 24시간은 단축해 드리겠습니다." 혹은 "고객님 댁과 방향이 같으니까 장비가 설치될 때 제가 직접 댁에 가서 고객님이 원하시는 데로 설치될 수 있도록 하겠습니다"라고 제안할 수도 있다.

잘난 척하는 고객

다음 유형은 큰소리치기 좋아하고 잘난 척하는 고객이다. 일반적으로 이런 유형의 사람들은 자기 이미지에 심각한 문제를 갖고 있으며 사람들이 항상 자신을 부정적으로 평가하고 있다고 생각한다. 이들은 관심에 굶주려 있다. 그들에게 관심을 주되 분명하고 긍정적으로 주어라. 또한 도전의식을 불러일으켜 자극하라. 모든 허장성세 뒤에는 대개 부드럽고 연약한 모습을 숨기고 있다. 이런 고객 역시 자신이 옳다고 생각하며 이해 받기를 원하고 인정받기를 원한다.

이런 말로 그를 자극하라. "저희가 실시한 조사에 따르면 전체 인구의 3%만이 이 상품을 살 수 있는 재정능력을 갖고 있는 것으로 나타났습니다." "결제대금이 상당합니다, 고객님. ○○○를 감당하실 수 있겠습니까?" 구체적인 금액을 제시하라.

잘난 척, 아는 척하는 고객들은 자존심에 호소해야 한다. "이것은 특별히 좋은 옷입니다"라든가 "이것은 특별히 아름다운 조경 테마랍니다.

분명 고객님의 취향과 성격에 맞으실 겁니다. 특별한 소수를 위한 것이 니까요." 속물스런 발상이지만 이런 고객들에게는 그것이 중요하기 때문이다. 이와 더불어 텔레비전에 나온 유명 인사나 스포츠 인기스타도 이 모델을 갖고 있다는 사실을 알려주는 것도 좋은 방법이다. 물론 사실인 경우에만 이 방법을 써야 한다. 세일즈 교육 분야의 진정한 프로 중 한 사람인 빌 고브^{Bill Gove}는 이렇게 말했다.

"절대 거짓말을 하지 마라. 올가미로 돌아온다."

너무 바쁜 고객

바쁜 고객—이 유형의 고객은 세부적인 것에 신경 쓰기 싫어한다. "사실만 말씀하세요. 해야 할 일이 있어요, 바빠요!"라고 말할 것이다. 대개 이런 사람들은 실제로 돈보다 시간을 절약하는 데 관심이 더 많다. 간략하게 요점만 짚고 넘어가라. 사무적으로 신속하고 효율적으로 처리하라. 가급적 빨리 세일즈를 마무리하라. 세부적인 것은 당신이 알아서 할 것이고, 배달도 책임지고 알아서 처리하고, 고객이 원하는 것을 정확하게 받을 수 있도록 당신이 직접 챙기겠다고 안심시켜라. 그리고 반드시 말한 것을 지켜야 한다.

성격 좋은 고객—장난기 있고 성격 좋은 유형의 고객은 때에 따라 충동적이고 우유부단하기 때문에 모든 고객 중에서 가장 힘든 유형이다. 이런 고객은 자기가 좋아하고 같이 있으면 즐거운 사람에게서 살 가능성이 높다. 그와 친구가 되라. 함께 웃고 편하게 대하라. 그런 후 지금 당장 상품이 주는 혜택을 누릴 수 있도록 어서 결정을 내리라고 '친구로서' 권유하라.

모든 걸 다 아는 고객

아는 척하는 고객─이런 유형의 고객은 자신이 아는 것을 동원해 당신을 놀라게 하려고 안간힘을 쓴다. 그렇게 하도록 내버려둬라. 손해 볼 건 하나도 없다. 주의할 것은 하루 종일 당신의 귀를 힘들게 할 수 있으므로 시간조절을 잘 해야 한다. 현금결제를 유도함으로써 당신 자신에게 기쁨을 주라. 현금결제를 유도하는 것이 주문을 따내는 열쇠다.

권위적인 고객─권위적인 고객에게도 이와 유사한 방법을 적용해야 한다. 이런 유형은 자신이 중요한 사람이라고 느끼기를 원한다. 그러므로 모든 수단을 동원해서 그가 중요한 사람처럼 느낄 수 있도록 하라. 무대의 중앙을 차지하고 싶어하므로 스포트라이트를 그에게 비춰줘라. 마찬가지로 자신이 상대하는 사람도 허접한 사람이 아니라 자기를 상대할 만한 자격이 있는 높은 사람이기를 원한다. 판매실적에 관한 기록을 보유하고 있거나 중요한 업적이 있으면 적정한 선에서 이런 사실을 활용함으로써 자기가 상대하고 있는 세일즈맨이 충분한 자격을 갖춘 사람이라는 것을 알게 하라.

충동적인 고객─결정을 쉽게 내리지 못하는 소심한 유형의 고객이 있는 반면 결정을 너무 빨리 내리는 충동적인 고객도 자주 접할 수 있다. 이런 고객으로부터 동의를 얻어냈고 구매 쪽으로 방향이 기울

면 확신 있고 단호하게 세일즈를 마무리 지어라. 고객이 가장 흥분했을 때 주문서에 서명하게 하라.

■세일즈 클로징■ 가장 까다로운 고객 _ The Toughest of All

세일즈 강사 존 하몬드는 가장 다루기 힘든 고객을 전혀 이의를 제기하지 않는 예스맨이라고 했다. 상담하는 내내 예스로 일관하고, 웃고, 고개를 끄덕이고 모든 것에 동의하는 고객을 존은 다음과 같이 다룬다.

상담 초반에 직감적으로 고객이 예스맨이라는 것과 사지 않을 거라고 판단되면 갑자기 말을 하다가 중단하고 웃으면서 고객 쪽으로 몸을 기울여 이렇게 말한다. "고객님, 저희 상품이 드리는 혜택을 이용할 수 있는 이 기회를 왜 거부하시는지 여쭤 봐도 되겠습니까?" 그런 후 아무 말도 하지 않는다.

예스맨 고객—예스맨 고객은 다음 두 가지 중에서 한 가지 반응을 보일 것이다. 이유를 설명하고 당신이 해결할 수 있는 이의를 제기하거나 "왜 제가 사지 않을 거라고 생각하시죠?"라고 말할 것이다. 이 말을 듣고 즉시 주문서를 작성한다. 좋은 전략이다.

온갖 유형의 고객이 다 있을 수 있다

맘만 먹으면 백 가지 고객유형을 열거할 수 있다. 생각의 속도가 느리거나 빠른 고객, 잘못된 생각을 가진 고객, 생각이 없는 고객, 지독한 구두쇠, 비판하기 좋아하는 고객, 알뜰한 고객, 수줍은 고객, 충동적인 고객, 헐뜯기를 좋아하는 고객, 따지기 좋아하는 고객, 남의 말을 듣지 않는 고객, 무표정해서 속을 알 수 없는 고객, 괴로운 사장님 고객 등등.

좋은 고객, 늙은 고객, 중년, 여성, 남성, 부자, 가난한 고객 등 고객의 유형에 상관없이 모든 고객은 자신이 옳다고 생각하며 이해받고 인정받기를 원한다. 모든 고객은 신체적, 정신적, 감정적인 욕구를 갖고 있다. 우리의 목표는 이러한 욕구를 충족시킴으로써 가망고객이라는 딱지를 떼고 진짜 고객으로 만드는 것이다.

물론 빌 고브의 농담처럼 "세일즈에 성공한 경우 문제는 최고의 '잠재'고객을 잃는다는 것이다."

고객이 독선적이고 적대적으로 이의를 제기하는 것은 대개 방어기재라는 것을 기억해야 한다. 예를 들어 고객이 "모든 세일즈맨은 사기꾼들이다"라고 말했다고 가정해 보자. 중요한 것은 세일즈맨으로서 당신은 공세를 취해서는 안 된다는 것이다.

한두 번의 안 좋은 경험 때문에 고객이 이런 결론에 도달했을 수도 있다. 그 고객은 자신의 결론이 잘못되었다는 것을 확신시켜 줄 수 있는 진정한 프로를 만나고 싶어할 가능성이 높다. 어쩌면 지금 당장 무언가를 사고 싶은지 모른다. 이 말은 누군가가 그에게 무언가 팔기를 원할 가능성이 있다는 뜻이고 당신이 그 자리에 있으니 그 누군가가 당신이 될 수도 있다는 뜻이기도 하다.

세일즈맨의
친구

The Salesman's Friend

고객이 제기하는 이의에 대처할 때 중요한 것 중 하나가 질문을 하는 것이다. 여러 번 말했듯이 질문은 행동하도록 설득하는 데 도움이 된다. 질문을 통해 고객의 주요한 구매동기를 밝혀낼 수 있는데, 이는 세일즈의 효율성을 높이기 위해 반드시 해야 할 일이다.

고객이 흥분하며 불만을 제기하는 경우 당황하다 보면 회사에 반하는 입장을 취하기 쉽다. 이런 불만에 대처할 때는 특히 조심해야 한다. 지금까지 배운 테크닉을 따라야 한다. 고객이 제기하는 불만을 반갑게 생각하는 것처럼 하라. 고객의 말을 끝까지 들어주라. 문제가 있다는 고객의 말에 동의하라. 또 다른 문제가 있는지 확인하라. 당신과 회사, 심지어 다른 세일즈맨까지도 고객의 우려를 불식시키고 그 문제를 해결하려고 노력할 것이며 그것이 모두에게 이익이라는 것을 고객에게 각인시켜라. 그런 후 고객이 제기한 불만을 당신과 당신의 회사와 거래해야만 하는 중요한 이유로 역이용하라.

고객이 강한 불만을 제기하면 이렇게 말하라. "제가 상황을 정확히 이해해서 문제를 해결할 수 있도록 문제가 무엇인지 다시 한번만 말씀해주시겠습니까?" 당신은 중재자 역할을 하면서 고객의 권리도 무시하지 않았고 회사를 난처하게 만들지도 않았다.

모든 사실이 밝혀지고 나면 고객이 문제를 부풀려서 말하고 있는 경우가 종종 있기 때문에 차분한 중재자 역할을 자처하는 것은 좋은 방법이다. 이런 경우 지키지 못할 약속을 하는 것은 회사의 신뢰를 무너뜨리고 고객의 반감을 키우는 어리석은 행동이다.

차분한 중재자 역할을 함으로써 다른 세일즈맨을 욕되게 하지 않으면서 상당 부분 고객의 화를 풀어 줄 수 있다. 자신과 회사의 신뢰성도 전혀 타격을 입지 않는다. 고객의 불만이 거셀수록 이런 방법을 따르는 것이 더욱 중요하다. 대체로 합리적인 사람들은 지나치게 호전적이거나 거칠게 불만을 제기하지 않는다.

이의 vs 질문

이의에 대처할 때는 질문인지 이의인지 확실하게 가려낼 필요가 있다. 구별하는 방법은 간단하다. 질문은 정보를 얻기 위한 물음이다. 가격이 얼마죠? 상품을 받는 데 얼마나 걸리나요? 노란색 말고 녹색도 있나요? 더 비싼 또는 더 저렴한 모델이 있나요? 더 큰 것 또는 더 작은 것도 있나요? 이런 것들은 질문이고 답을 해 줘야 한다. 일반적으로 질문은 관심이 있다는 신호이며 프레젠테이션 진행 도중에 하게 된다.

일반적인 상황이라면 세일즈 프레젠테이션에 방해가 되지 않는다는 전제 하에 질문을 받았을 때 대답하는 것이 좋다. 예를 들어 프레젠테이션의 처음 부분에서 고객이 "가격이 얼마입니까?"라고 물을 수 있다. 상품의 가격이 경쟁력이 있는지 아니면 가장 높은 수준인지에 따라 그 시점에 대답을 할 수도 있고 안 할 수도 있다. 확실하게 가격 경쟁력이 있다면 경험, 상식, 자신의 판단에 따라 답변방식을 선택하면 된다.

품질과 장점은 확실하지만 가격 면에서 다소 비싸다면 상품의 장점을 설명하거나 보여줄 때까지 가급적 가격에 대한 답변을 피하는 것이 좋다.

구체적인 방법

고객이 가격을 물을 때 직접적인 답변으로 이렇게 말할 수 있다. 기분 좋게 웃으면서 "잠시만 기다리시면 그 부분을 말씀드릴 겁니다." 아니면 "가격에 관심이 있으시다니 기쁘군요. 잠시 뒤에 제가 가격부분을 말씀드리면 고객님께서 가격을 물어 보길 잘했다고 생각하실 겁니다." 고객이 계속 가격을 물으면 이렇게 말할 수 있다. "물론 기꺼이 답해드리고 싶지만 그렇게 되면 옷을 보기도 전에 옷값을 치러야 하는 논리와 비슷해질 겁니다. 그러니 저희가 드리는 혜택이 어떤 것인지를 먼저 정확히 보셔야 얼마나 좋은 조건인지 아실 겁니다."

상황에 따라 이런 식으로 대답할 수도 있다. "사이즈, 모델, 기간, 배송 등 가격에 관련된 요인들이 너무 많아서 고객님께 제시해 드릴 수 있는 옵션을 구체적으로 정하기 전에는 답변해 드리기가 좀 어렵겠네요."

가치를 입증하거나 혜택을 설명할 기회도 없이 가격을 묻는다면 이런 식으로 대처할 수 있다. 고객을 보고 웃으면서 "바로 가격 부분이 고객님 마음에 드실 겁니다. 벌써 가격에 대해 궁금해하실 만큼 관심이 있으시다니 기쁘군요. 잠시 후에 그 부분을 다루도록 하겠습니다"라고 말한다. 그리고 프레젠테이션을 계속한다.

고객의 타이밍에 맞추라

진행하는 속도가 중요하다. 급하게 서둘러서는 안 되지만 잠시 후에 가격을 설명하겠다고 말한 경우에는 그 가격을 정당화할 수 있는 매력적인 장점과 혜택들을 신속하게 설명해야 한다.

어떤 고객들은 천성적으로 인내심이 부족해서 당장 대답을 요구할 수 있는데 그런 경우에는 이런 식으로 대응하라. "고객님의 관심에 대해서 감사 드리며 제가 이 문제를 회피하고 있는 것이 아니라는 점을 알아주시기 바랍니다. 그렇지만 고객님과 제가 충분히 상의를 해서 고객님의 요구가 무엇인지를 정확히 알 수 있을 때까지는 가격을 말씀드릴 수가 없을 것 같습니다. 지금 시점에서 가격을 말씀드리면 너무 높거나 너무 낮을 수 있습니다. 너무 높으면 고객님께서 관심을 잃을 수 있습니다. 너무 낮으면 실제 가격을 제시했을 때 실망하실 수도 있습니다."

그리고 프레젠테이션으로 돌아간다. 그러나 고객이 다시 가격을 알려달라고 요구한다면 더 이상 미룰 수는 없을 것이다. 상품에 부가되는 모든 장점, 추가 서비스, 혜택 등을 포함한 최고가를 제시함으로써 정면으로 부딪혀라. "가장 높게는 ○○○○까지 가능합니다." 그리고 구체적인 수치를 제시한다. "그렇지만 고객님이 원하시는 바를 정확히 결정해 주시면 실제 가격은 훨씬 낮아질 수 있습니다. 고객님의 가장 큰 관심사는 상품이 고객님의 욕구를 충족시키느냐 하는 것입니다. 그렇죠, 고객님?" 고객의 대답을 기다렸다가 특징과 혜택을 다시 설명한다.

당신이 제시한 가격이 고객의 예상가와 비슷하거나 낮은 것 같으면 결정적인 질문을 던진다. "상품이 고객님의 욕구를 충족시키고 고객님의 예상가격보다 훨씬 낮으니까 지금 당장 장비를 설치할까요? 아니면 특별히 원하시는 날짜가 있습니까?"

모든 불만에 대해 해명할 필요는 없다

상담이나 프레젠테이션을 하는 동안 반드시 기억해야 할 것은 '이의해명'이 주가 되어서는 안 된다는 점이다. 모든 반대의견에 대해 해명해야만 팔 수 있는 것은 아니다.

현실적으로 고객이 상품의 모든 면을 좋아하는 경우는 거의 없다고 봐야 한다. 또한 상품의 모든 면을 좋아해야만 고객이 그 상품을 사는 것도 아니다. 가망고객이 실제 고객이 되려면 상품을 얻는 대가로 지불하는 돈보다 상품을 더 원하면 되는 것이다.

예를 들어 보자. 두 가지가 맘에 들지 않았지만 나는 옷을 산 적이 있었다. 우선 가격이 맘에 안 들었지만 친구이자 의류판매업자였던 도일호이어Dolye Hoyer와 아내의 도움으로 그 가격을 합리화할 수 있었다.

모든 것에는 돈이 든다. 즉, 품질과 내구성이 좋으면 비싸고, 성공한 사람처럼 보이려면 돈이 든다. 둘째, 바지를 입을 때 벨트를 매야 한다는 사실이 맘에 들지 않았지만 그리 큰 문제는 아니었다.

두 가지 불만이 있었지만 색상과 옷을 입었을 때 잘 맞는 느낌이 정말 좋았기 때문에 나는 그 옷을 샀다. 또 내가 그 옷을 입자 포옹을 무척 좋아하는 아내가 꼭 껴안아 보고서는 옷의 느낌이 좋다고 말했다. 이 이야기는 이쯤에서 줄이기로 하자.

중요한 핵심은 이것이다. 해명할 수 없는 불만들이 있을 것이다. 어떤 불만이나 질문에는 아예 정답이 없을 수도 있다. 그래도 너무 걱정할 필요가 없다. 이런 경우에도 고객이 이의를 제기했을 때 세일즈를 하는 입장에서 적절하게 이의를 다루기만 하면, 그것이 오히려 판매에 도움을 주는 친구가 될 수 있다는 사실을 기억하는 것이 중요하다.

이의와 답변의 일을 하는 것이 아니다

세일즈 경력이 짧거나 자신감이 없는 세일즈맨들은 고객의 불만처리가 그들의 주요 업무라고 생각하는 경우가 많다. 이처럼 잘못된 생각으로 인해 실제로 고객에게 질문이나 불만을 더 제기해 보라고 부추기거나 자극하기도 한다. 특히 어려운 질문이나 불만에 대해 대답을 잘했다고 생각하는 경우에는 더 그렇다. 세일즈 강사인 나는 정말로 팔짱을 낀 채 턱을 높이 쳐들고 자신만만해 하거나 고객에게 '다음번 질문도 해결해 드릴 수 있으니 어서 한번 해보시지요. 한번 날 시험해 보시라니까요!'라고 말하는 듯이 행동하는 세일즈맨을 본 적이 있다.

이런 태도로는 세일즈에 실패한다. 고객 입장에서 보면 세일즈맨이 자존심이 너무 세서 자기(고객) 문제를 해결하는 것보다 세일즈 지식을 자랑하는 데 관심이 더 많다는 느낌을 받기 때문이다.

이의를 다른 표현으로 바꾸고 완화하라

표현을 바꿈으로써 불만을 상당히 누그러뜨릴 수 있다. 예를 들어 고객이 "당신의 상품품질은 정말 개선의 여지가 많습니다. 품질보증기간인 3년은커녕 3주도 못 갈 걸요!"라고 말했다고 가정해 보자. 상당히 강한 어조지만 세일즈맨이 이 말을 달리 표현함으로써 중화시키거나 진정시킬 수 있다. 목소리를 낮추고 고객을 똑바로 쳐다보면서 이렇게 말하면 된다.

"고객님의 말을 제가 제대로 이해했는지 모르겠습니다만 저희 상품이 내구성이 있는지 그리고 고객님께서 투자하신 돈만큼의 가치를 얻을 수 있을 것인지 확신이 필요하신 거죠? 고객님의 질문은 그런 말씀이시죠?" 또는 더 짧게 말할 수도 있다. "그러니까 고객님의 질문은 ○○○이죠, 그렇죠?"

"고객님의 불만에 대해 설명 드리자면…"이라는 말은 절대 사용해서는 안 된다.

대부분 고객은 자신의 불만을 바꿔 표현한 것을 수용할 것이다. 사람들은 대개 불만을 과장하는 경향이 있고, 그 당시 정말로 관심이 없는 경우는 특히 더 그렇다. 이로 인해 세일즈맨이 용기를 잃고 포기하기도 하는데 이것이야말로 고객이 바라는 바다.

따라서 표현을 부드럽게, 친근하게 바꿈으로써 세일즈에 조금 더 가까워질 수 있는 발판을 마련해야 한다. 그럼으로써 당신의 세일즈 기술을 압도하기 위한 무기가 아니라 설득을 위한 도구로 사용하는 것이다.

공격은 부드럽게

고객은 "관심 없어요"라는 말을 가장 흔히 한다. 목소리의 억양과 톤을 보면 거부의사가 약한지, 중간 정도인지, 강한지를 알 수 있다.

거부의사가 약하거나 중간정도라면 이렇게 말한다. "관심이 없으시다니 약간 놀랍군요. 이 상품은 (상품의 주요 장점이나 특징을 말한다.) 이러한데 관심이 없으신 데는 그만한 이유가 있을 거라고 생각합니다. 그 이유를 제게 말씀해 주시겠습니까?" 다시 공은 고객에게 넘어간다.

세일즈 강사 존 하몬드는 1957년 이 방법을 쓰기 시작한 이후로 딱 두 명의 고객만이(그때 상황을 아주 자세히 기억하고 있다.) 관심이 없는 이유를 말해 주지 않았다고 강조했다. 이렇게 질문함으로써 고객이 왜 관심이 없는지에 대해 짐작할 필요가 없고 진짜 불만을 직접적으로 해결할 수 있다.

관심 없다고 말할 때 고객의 목소리 톤이 거칠고 독선적이라면 찰리 컬런이 사용한 전략을 써서 좀 더 대담해져야 한다. 평서문과 질문이 뒤섞인 목소리로 '관심 없다고요'라는 말을 반복한다. 이때도 억양이 중요하다. 이런 식으로 대응하면 당신이 수세에 몰리는 게 아니라 고객이 당신의 말에 대응하게 만들 수 있기 때문이다.

고객이 불만을 제기하는데 그 이유를 도무지 알 수 없을 때는 짐작하지 말고 세일즈 강사인 리 뒤부아Lee DuBois가 제안하듯이 이렇게 물어봐야 한다. "그렇게 말씀하시는(그렇게 느끼시는) 데는 분명 그럴 만한 이유가 있을 겁니다. 그 이유를 여쭤 봐도 될까요?" 잠깐 말을 멈추고 고객의 대답을 기다려라.

생각하기　세일즈에 입문한 지 3일째라면 프레젠테이션이 끝나고 나서 "생각해 볼게요"라고 말하는 고객을 한 명쯤은 만났을 것이다. 이 말의 의미를 생각해 보고 인간의 본성을 이해함으로써 당신이 세일즈에 성공하도록 돕기 위해 내가 강연할 때 사용하는 방법을 시도해 보자.

나는 청중에게 이렇게 묻는다. "자신이 꽤 정직하다고 생각하시는 분은 손을 들어주세요." (모두 손을 든다.) 그런 후 이렇게 묻는다. "꽤 정직한 세일즈맨인 여러분 중에서 다른 세일즈맨에게 생각해 보겠다고 말한 다음 정말로, 진지하고 신중하게 받은 제안에 대해 생각해 보신 분이 몇 분이나 되십니까?" 이번에는 거의 손이 올라가지 않는다. 그리고 또 묻는다. "정직한 세일즈맨인 여러분은 혹시 동료 세일즈맨이 귀찮아서 쫓아

버리려고 했던 것은 아닙니까?"

이 질문에 대한 답은 '예'일 수도 있고 'No'일 수도 있다. 고객이 정말로 상담을 끝내거나 세일즈맨을 쫓아 버리고 싶을 때도 있다. "생각해 볼게요." 또는 "변호사, 은행원, 배우자, 파트너 등등과 상의해 볼게요"라는 말은 세일즈 상담을 정중하게 끝내기 위한 손쉬운 방법이다. 그러나 또 다른 가능성이 있다.

앞서 말했듯이 'No'라는 말은 극단적이기 때문에 대부분의 사람들은 그 말을 사용하기 꺼린다. 'No'라고 말하는 것은 그 관계의 종말을 의미하기 때문에 그 말을 피하기 위해 다양한 변명들을 생각해 낸다. 세일즈맨으로서 이 기본적인 사실을 이해한다면 세일즈의 효율성을 높일 수 있을 것이다. 고객이 강력하게 'No'라고 말하지 않는 한 세일즈의 가능성은 여전히 존재하기 때문이다.

이 시점에서 세일즈맨으로서 언제나 기억해야 할 것은 우리도 역시 소비자라는 점, 그리고 판매자 입장에서뿐만 아니라 구매자 입장에서도 생각할 수 있어야 한다는 점이다. 이것이 바로 8장에서 설명한 공감이다. 공감이 있으면 당신이 문제의 당사자는 아니지만 문제를 이해할 수 있고, 고객의 생각을 이해하면 문제해결에 도움을 줄 수가 있다.

생각해 본다는 말은 생각하지 않겠다는 말

간과하지 말아야 할 중요한 포인트가 있다. "생각해 볼게요"라고 말하는 고객은 십중팔구 생각해 보지 않는다. 당신이 동료 세일즈맨의 제안에 대해서 진지하게 생각해 보기 위해 모든 장단점을 비교하고 평가하지 않는 것처럼. 다시 말해 생각해 보겠다는 고객은 대부분 실제로 그렇게 하지 않기 때문에 결국 사지 않겠다고 말할 것이다.

물론 상황에 따라 다를 수 있다. 그렇기 때문에 상식적인 판단과 경험은 언제나 중요하지만 한 가지 지침을 주자면 오늘 'No'라는 말을 듣는 것이 내일 듣는 것보다 낫다. 물론 내일의 'Yes'가 오늘의 'No'보다 좋겠지만 뚜렷한 이유 없이 결정을 미루는 사람은 대개 내일 'No'라고 말할 가능성이 높다.

내일보다 오늘 'No'라는 말을 듣는 것이 나은 이유는 단순하다. 마음을 비울 수 있기 때문이다. 고객으로부터 'No'라는 말을 듣고 마음을 정리하면 미래의 세일즈를 가져다줄 가능성이 있는 새로운 고객에게 집중할 수 있다. 'No'라고 말한 고객에게 계속 세일즈를 기대하면 새로운 고객을 찾지 못하는 덫에 빠지게 된다. 그러면 오늘 놓친 세일즈가 내일의 세일즈까지 빼앗는 결과를 만드는 것이다.

이렇게 대응하라

생각해 보겠다는 핑계에 효과적으로 대처하는 두 가지 방법이 있다. 첫째, 웃으면서 이렇게 말한다. "좋습니다, 생각해 보시겠다니 반갑군요. 저희 제안에 관심이 없다면 생각하느라고 시간을 낭비할 리는 없을 테니까요. 그러니 고객님의 결정이 'Yes'든 'No'든 실수할 가능성을 최대한 줄이기 위해 생각해 보시겠다는 걸로 생각하겠습니다. 제 말이 일리가 있지요? (대답을 기다려라.) 뭔가에 대해 생각할 때 시간이 중요한 핵심은 아니라는 데 동의하십니까? 고객님의 의중을 제가 제대로 파악하고 있다면(나는 이 말을 많이 사용한다.) 고객님의 주요 목표는 2분을 생각하든 2일을 생각하든 궁극적으로 올바른 결정을 내리고 싶으신 것입니다. 고객님의 올바른 결정이란 고객님께서 원하는 것을 얻는 것이고요. 그렇지 않습니까? 다른 문제들 때문에 혼탁해지지 않은 필요한 사실들을 갖고 있을 때 가장 정확한 결정을 내릴 수 있다는 데 비즈니스맨과 효율성 전문가들의 의견이 일치하고 있습니다. 그래야 명확한 사실정보를 근거로 정확한 결정을 내리는 데 생각을 집중할 수 있거든요. 빠뜨린 사실이나 혼란스러운 정보는 대개 잘못된 결정으로 이어질 수 있습니다. 이 점을 고려해서 고객님께서 올바른 결정을 내릴 수 있도록 말씀하신 대로 잠시 함께 생각해 볼까요?" (대답을 기다린다.)

세일즈 클로징 네 가지 질문으로 압축하라 _ The "Four Question" Close

"사실 고객님 마음속으로 답해야 할 질문은 네 가지뿐이고 이미 그 중 세 가지에 대해서는 'Yes'라고 답하셨습니다. (질문이 하나 끝나면 잠시 시간을 준다.) 상품이 마음에 드십니까?, 그 상품을 원하십니까?, 가격을 지불할 수 있습니까?, 마지막 질문 하나는 '그 혜택을 언제부터 누리고 싶은가' 하는 것입니다. 물론 고객님만이 그 질문에 답을 갖고 계시지만 제가 한 가지 다른 질문을 드려도 되겠습니까? (잠시 말을 멈췄다가) 가격은 같거나 오를 가능성이 있습니다. 고객님께서 이 상품을 소유하고 있어야만이 혜택과 만족을 누리실 수 있기 때문에 고객님이 내리셔야 할 결정은 '언제부터 그 혜택을 누리고 싶은가'의 문제로 귀결됩니다. 그렇지 않습니까? (잠시 쉬었다가) 그렇다면 구매를 결정하셔서 지금 당장 그 혜택을 누리시는 것이 합리적이지 않습니까?"

내가 이 책을 처음 출간했을 때 텍사스 주 휴스턴에 있는 E. F. 헛튼 앤 컴퍼니E. F. Hutton and Company의 임원이었던 마크 가드너Mark Gardner는 좀 더 직설적인 방법을 선택했다.

"제가 프레젠테이션에서 중요한 포인트를 간과했을지도 모르기 때문에 생각해 보시겠다는 겁니까?"라든가 "생각해 보고 싶은 것이 뭡니까? 좀 더 구체적으로 말씀해 주시겠습니까?"라고 말하는 식이다.

(대답을 듣고 마크는 계속 이렇게 말했다.)

"고객님, 정말로 현명한 결정을 내리기 위해서는

1. 정보에 대한 접근성
2. 평가할 수 있는 전문지식
3. 경우에 따라서는 경영진과의 개인적인 친분이 있어야 한다고 생각하지 않으십니까?"

"고객님, 바로 여기서 우리가 지금까지 한 일이 이 세 가지에 해당합니다. 고객님과 저는 지금 중요한 비즈니스 결정을 내리고 있는 겁니다."

"많은 사람들이 고객님처럼 '생각해 볼게요.' 또는 '나중에 전화 드릴게요'라고 말합니다. 그 말의 진짜 의미는 맘에 안 든다는 것이지요. 잠시 솔직해져 볼까요?"

"부탁드리는데 예의를 갖추려고 애쓰지 마세요. 불편한 점이 있으세요? 더 알고 싶으신 것이 있나요?"

"비즈니스맨으로서 제가 알고 싶은 것은…"

이런 방법도 있다. 유머감각이 있는 고객이 생각해 보겠다고 말하면 웃으면서 과장된 동작으로 손을 앞으로 쭉 뻗어서 손목시계가 잘 보이게 하고서는 "자, 그럼 지금부터 생각해 보십시오"라고 말하는 것이다.

전미 세일즈교육협회National Association of Sales Education 창립자인 딕 가드너가 가르쳐 준 방법인데 대체로 유쾌한 웃음을 이끌어 낸다. 더 중요한 것은 이런 농담이 긴장을 완화시켜 주는 역할을 해 세일즈에 도움이 된다는 점이다. 이 방법은 신중하게 사용해야 한다. 그렇지만 죽고 사는 데 관련된 상품이 아니라면 세일즈 상담 중에 고객을 미소짓게 만들거나 웃게 만들 수 있다면 게임에서 한 발 앞서갈 수 있다고 봐도 무리가 없다.

평생 동안 사용하는 상품을 파는 경우라면 이런 방법도 좋다.

"평생 이 상품을 사용해도 몇 년 사용하시는 비용만큼 저렴한 가격에 사용하실 수 있습니다. 그렇다면 5년, 아니 5개월 기다렸다가 사시는 것보다 지금 사시는 것이 연간, 월간, 일일 기준으로 따져볼 때 비용이 훨씬 저렴할 겁니다. 그렇게 생각해 보면 지금부터 그 혜택을 누리시는 것이 낫다고 생각하지 않으십니까?"

논리로 시작해서 감정으로 마무리하라

이의를 제기하는 고객을 상대할 때는 반드시 논리적인 대답으로 시작하고 감정적인 대답으로 마무리해야 한다. 사고하는 뇌는 감정을 주관하는 뇌의 10%에 불과하다. 사람들은 논리적인 이유보다는 감정적인 이유 때문에 마음이 움직여서 사게 된다.

제기된 불만에 대해 차근차근 해결하면서 고객이 당신을 좋아하고 신뢰하게 만든다면 고객의 마음이 구매 쪽으로 기울기 시작하는 때를 대체로 알 수 있다. 고객이 친근하게 대하기 시작하고 다시 한번 상품을 보고 한 번 더 상품을 만져 본다. 때로는 말없이 계약서나 앞에 놓인 홍보책자를 읽기 시작한다.

당신이 대답할 수 없는 질문이나 불만을 제기했다고 가정해 보자. 이런 경우에는 이렇게 대응하라. "분명 중요한 질문입니다, 고객님. 그렇지 않다면 이 시점에서 고객님께서 그 질문을 하셨을 리가 없겠지요. 고객님은 통찰력이 대단하시군요. 하지만 지금까지 아무도 그런 질문을 하지 않았기 때문에 완벽한 답변을 드릴 수가 없습니다. 고객님께 중요한 문제이고 솔직히 말씀드리면 저에게도 역시 중요하기 때문에 제가 직접 본사의 지원팀한테 정보를 받아서 정확한 답변을 드리도록 하겠습니다. 그렇게 해도 괜찮으시다면 다음 주초에 다시 연락 드리겠습니다."

참고로 "내가 무슨 말을 하는지 이해하시겠어요?"라는 말은 절대 사용하지 마라. "제가 드린 말씀 중에 혹시 이해가 안 되시는 부분이 있습니까?"라든가 "충분한 답변이 되셨나요?"라고 물어라.

27

고객의
이의제기와 클로징

Using Objections to Close the Sale

몇 번이 적당한가? "세일즈를 마무리하기 전에 고객의 이의제기에 대해 몇 번이나 해결해 주어야 하나요?"라는 질문을 자주 받는다. 내가 판단하기에는 최대 두세 건이 적절하고 대부분의 경우에는 두건이면 충분하다. 질문과 이의제기는 다르다는 것을 기억해야 한다. 고객이 두 번째, 또는 세 번째 이의를 제기하면(상황에 따라 다르지만) 고객의 눈을 보면서(앞서 배운 목소리 톤과 억양에 관한 훈련이 빛을 발하는 순간이다.) 이렇게 말한다. "고객님, 질문을 하나 드리겠습니다. 이것이 고객님께서 _____ (상품명)을 소유하시는 데 방해가 되는 유일한 걸림돌인가요? 아니면 고려해야 할 다른 문제가 또 있으신가요?"

만약 고객이 "아닙니다, 제가 걱정하는 것은 이것뿐입니다"라고 말한다면 그때는 그 문제를 해결하고 질문형식을 빌려 쐐기를 박는다. "고객님 질문에 답이 되었을 걸로 믿습니다, 그렇죠?" 반응이 없거나 긍정적인 반응이 나오면 계속해서 이렇게 말한다. "질문에 답변이 됐다니 정말 다행이군요. 정말 상품이 맘에 드실 겁니다." 그것이 구매의 유일한 걸림돌이라고 고객이 말했고 그 장애물(질문, 불만)이 제거되었다는 고객의 동의를 얻어냈으니 고객이 살 거라고 가정해야 한다.

세일즈 클로징 수첩을 활용하라 _ The "Talking Pad" Close

대부분 고객은 질문이나 불만을 한 가지만 갖고 있는 것이 아니기 때문에 앞에서 한 질문(이미 제기한 문제 이외에 또 다른 문제가 있느냐는 질문)에 대해 이렇게 말할 수도 있다. "사실 또 있습니다. 가격이 적절하다는 확신이 들지 않는다는 것말고도 적절한 애프터서비스를 제공할 수 있는 능력이 있는지도 상당히 의심스럽고 솔직히 제품보증도 개선의 여지가 많아요."

고객이 이 세 가지 문제를 제기하면 수첩을 꺼내서 이 문제들을 간략하게 적고서 이렇게 말한다. "고객님 말씀을 제가 정리해 보면 가장 중요한 문제는 첫째가 가격이군요." (가격이라는 단어를 적는다.) "둘째는 저희 서비스가 우려되시는 거고요." (서비스라는 단어를 적는다.) "그리고 세 번째 문제는 품질보증이란 말씀이시군요." (제품보증이라고 적는다.)

당신의 수첩에는 지금 가격, 서비스, 제품보증이라는 세 단어가 적혀 있다. 고객의 눈을 바라보며 말한다. "다시 말하면 가격이 비싸지 않고, 적절한 애프터서비스를 제공할 수 있는 능력과 좋은 제품보증조건을 제시한다는 확신이 있으면 저희 상품에 대해 편안한 마음으로 'Yes'라는

가격 – 경쟁력이 있음
서비스 – 적정수준
제품보증 – 훌륭함

결정을 내리실 수 있다는 거군요. 그런 말씀인가요?" (확답을 받아라.)

고객이 그렇다고 답하면 가격문제를 설명한다. 5장과 24장에서 이 문제에 대해 상당히 자세히 다루었으니 이 시점에서 그 정보를 활용하라. 가격문제를 해결하고 나서 고객을 보며 질문형식으로 이렇게 말한다.

"이 정도면 가격에 대해 만족스러운 답변이 되셨을 겁니다, 그렇죠? 그렇다면 고객님의 허락을 전제로 가격문제는 지우도록 하겠습니다. 괜찮겠습니까?" (수첩에서 가격이라는 단어에 줄을 그어 지우면서 고개를 끄덕인다.) 참고로 "이의 없으시죠?", "합리적이지요?" 그리고 "괜찮겠습니까?"라는 말은 세일즈의 성공여부를 시험해 볼 수 있는 가장 효과적인 질문이다.

하나씩 장애물을 제거하라

다음은 서비스 문제 또는 불만을 처리한다. 가장 확실한 증거는 서비스에 대해 구체적으로 이야기하고 있는 만족스러운 고객들이 보낸 편지다. (14장에서 마이크 프랭크가 설명했던 편지를 참고하기 바람.) 이것은 회사의 안정성과 신뢰도의 문제이기 때문에 상공회의소나 경영개선협회의 회원임을 입증한다거나 회사의 규모, 연혁, 신뢰도에 관한 참고자료를 제시하는 것이 중요하다.

고객으로부터 말이나 보디랭귀지를 통해 피드백을 받으면 서비스에 관한 설명을 마무리하며 이렇게 말한다. "저희 서비스에 관한 평판과 관련해서 이 정도면 고객님의 질문에 답이 되겠습니까?" 그렇다고 대답하면 이렇게 물어라. "그렇다면 저희 회사의 서비스 능력에 관한 질문을 지워도 될까요?" 이 질문을 하면서 긍정적인 대답을 예측하며 만년필이나 볼펜으로 서비스라는 단어에 줄을 그어 지운다.

"세 번째 질문은 저희 회사의 보증에 관한 것입니다. 먼저 모든 보증은 그 보증을 제공하는 회사에 의해 질이 결정된다는 점을 말씀드리고 싶습니다. 제가 이미 증명해드렸듯이 저희 회사는 경쟁력 있고 견실한 기업입니다. 제가 한 가지 강조하고 싶은 것은 보증이 구매자와 판매자 모두에게 공정하지 않으면 아무런 가치가 없다는 점입니다. 기업으로서 저희가 보증을 감당할 수 없다면 문을 닫게 될 겁니다. 그렇게 되면 그 보증이 아무리 많은 혜택을 제공한다고 적혀 있어도 가치가 없습니다. 저희 보증은 사람의 실수와 부주의 그리고 상품의 남용을 제외하고 거의 모든 것이 다 해당됩니다. 저희 상품은 제가 보여드렸듯이 남용이 아니라 적절한 사용을 목적으로 제작되었습니다. 저희는 정상적인 사용뿐 아니라 모든 제작결함에 대해서도 보증혜택을 드립니다. 바로 이것이 고객님이 걱정하시는 부분 아닙니까?"

당신의 강점을 과시하라

모든 기업은 나름대로 강점을 갖고 있기 때문에 당신이 속한 회사의 강점을 파악하고 이를 활용하기 바란다. 불만에 대처할 때 우선적으로 주의해야 할 것은 방어적으로 행동하지 말고 공격하거나 목소리를 높이지 않는 것이다.

냉정을 잃지 않는 것이 핵심이다. 고객이 원하는 것은 조용한 확신이다. 다시 한번 말하지만 협상에서 한 인간으로서 당신의 자질이 세일즈 기술만큼이나 중요해지는 시점이 바로 이때다. 당신의 성품이 훌륭하고 프로다운 기술을 갖고 있다면 고객이 제기한 문제 때문에 세일즈에 실패하는 일은 드물다.

세 번째 문제까지 모두 해결하고 난 다음 고객의 눈을 보며 이렇게 말한다. "이제 저희 보증제도에 대해 상당히 긍정적인 생각이 드실 겁니다. 그렇죠?" 이번에도 역시 대답은 'Yes'일 거라고 단정하면서 활짝 웃으며 마지막 문제를 지워 버린다.

이와 더불어 사내 강사가 제공한 것과 회사 홍보물 등에서 얻을 수 있는 정보를 활용해야 한다. 다시 한번 말하지만 이 책을 쓴 이유는 당신이 다니는 회사의 노력들을 대체하는 것이 아니라 보완하기 위함이다.

세 가지 문제를 해결한 다음 고객에게 말한다. "제가 만나는 모든 사람들이 고객님처럼 간단명료하게 질문을 해주면 정말 좋겠어요. 고객님의 생각이 명료하면 저도 상품을 설명하기가 쉽고 신나거든요." 활짝 웃으면서 마치 세일즈가 성사된 것처럼 손을 내밀어 악수를 청한다.

주의할 점 어떤 불만이라도 지나치게 해명해서는 안 된다. 지나친 해명은 고객에게 당신이 상품에 확신이 없기 때문에 방어적인 자세를 취하고 있다는 인상을 줄 수 있다. 더 큰 문제는 고객이 제기한 불만을 너무 강하게 반박하면 그 문제를 제기한 고객이 무안해질 수 있다. 우리 고향에서 하는 표현을 빌리면 "그런 식으로 해서는 절대 팔 수가 없다."

세일즈 클로징 안전밸브 전략이나 지연 전략 _ The "Safety Valve" or "Punt and Pray" Close

고객이 제기한 불만이나 이의에 대처함에 있어 모든 세일즈맨은 딕 가드너가 '안전밸브'라고 명명한 전략을 갖고 있어야 한다. 할 크라우제는 이것을 '지연작전'이라고 부른다. 경험 많은 세일즈맨이라면 고객이 질문이나 불만을 제기했을 때 대응방법은 분명히 아는데 필요한 순간에 그 방법이 기억나지 않았던 경험이 있을 것이다.

이런 일이 생겼을 때 몇 분 동안 침묵을 지키고 있을 수는 없다. 그렇다고 "제가 답을 아는데 생각이 나질 않네요. 그러니 1, 2분 정도만 기다려 주시면 설명해 드리겠습니다"라고 말할 수 없는 노릇이 아닌가! 답은 분명 알고 있다. (정말로 안다고 가정하자.) '안전밸브' 또는 '지연작전'을 생각해 내야 한다.

방법은 이렇다. 고객이 질문을 하거나 이의를 제기했고 답은 분명 아는데 지금 당장 생각이 나지 않는다면 지연작전을 써야 한다. "고객님께서 이런 질문을 해주시니 감사합니다. 제가 보기에도 상당히 중요한 부분이거든요. 이런 부분까지 생각하실 만큼 관심과 통찰력이 있으시다니 놀랍군요. (이 말이 진심이 아니라면 상황이 다소 어색해질 수도 있다.) 이런 관심과 통찰력을 갖고 계신 분이라면 저희가 제공해드리는 서비스를 보다 잘 활용하셔서 최대한의 효과를 보실 수 있을 겁니다." 지금쯤이면 문제에 대한 구체적인 해답이 기억났을 테니 질문에 답을 한다.

답은 이미 알고 있지만 좀 더 효과적으로 설명하고 싶을 때도 이 같은 방법을 쓸 수 있다. 예를 들어 환자에게 참담한 소식을 전해야 할 때 최대한 충격을 주지 않을 수 있는 방법을 생각해야 한다. 이때는 사랑하는 부모님이나 배우자에게 충격적인 소식을 완곡하게 전하고 싶을 것이다. 그런 경우 목소리, 단어 선택, 말하는 방식이 중요한 역할을 한다. 답을 안다고 해도 그 답을 전달하는 것이 어려운 부분이다.

침착하게 안전밸브를 사용하라

때때로 고객이 완강하게 말할 때가 있는데 이때는 내장형 안전밸브가 필요하다. 예를 들어 고객이 이렇게 말한다고 가정해 보자. "나는 당신네 회사와 앞으로 절대로 거래하지 않을 겁니다!" 독선적이고 다분히 흥분된 상태임을 알 수 있다.

안전밸브 사용법은 간단하고도 효과적이다. 목소리를 낮추고 고객의 눈을 똑바로 보면서 이렇게 말한다. "고객님께서 이 문제를 상당히 심각하게 생각하는 게 분명한데 그렇게 느끼실 만한 이유가 있을 겁니다. 왜 그렇게 생각하시는지 저에게 말씀해 주시겠습니까?"

부드럽고 조용하지만 이 방법을 사용하면 분노와 감정을 상당 부분 누그러뜨릴 수 있다. 흥미로운 것은 대부분의 경우 문제는 성격차이, 커뮤니케이션 또는 별로 중요하지 않은 사소한 이유 때문이라는 점을 발견하게 된다. 그러나 문제의 심각성에 상관없이 고객의 눈에 큰 문제라면 큰 문제인 것이다.

문제의 규모나 중요도에 관계없이 이 방법은 문제를 드러냄으로써 당신이 그것을 해결할 수 있게 해준다. 이 방법의 핵심은 고객이 당신의 회사, 절차와 정책 또는 과거의 사건에 대해 공격할 때는 그것을 기분 나쁘게 받아들이지 않는 것이다.

냉정을 잃으면 세일즈를 잃는다는 것을 명심하라.

세일즈 클로징 양자택일하게 하라—재확인 _ The "Alternate of Choice" Close Revisited

지금까지는 주로 직접 판매하는 세일즈맨에 대해서 이야기했다. 이들은 시간적인 면에서 더 여유롭고 일반 매장에서 일하는 세일즈맨과는 다른 환경에서 일하기 때문에 당연히 해답과 방법이 다를 수밖에 없다. 화장품, 조리기구, 생명보험, 진공청소기, 백과사전, 상업용 인쇄물, 걸스카우트 쿠키, 추첨권 등등 파는 상품의 종류와 상관없이 사실상 모든 직접 판매는 일반적으로 1회 방문에서 판매가 이루어진다.

고객이 매장을 찾은 경우에는 불만을 해결해 준 다음 마지막 부분에서 약간 다르게 처리한다. 고객이 살 거라고 가정하는 것은 같지만 양자택일을 유도하기 위해 언제나 상냥하게 이렇게 말한다. "고객님의 질문에 답을 해드릴 수 있어서 다행이네요. 이곳 _____(회사명)에서의 저희 임무는 고객에게 최상의 서비스를 제공하는 것이니까요. 이 상품이 정말 마음에 드실 겁니다. 물론 필요하시면 언제든 이곳으로 오시면 애프터서비스를 해드립니다. 그럼 상품을 직접 갖고 가시겠습니까, 아니면 댁으로 배달해드릴까요?" (고객이 직접 들고 가거나 배달이 가능한 상품이라는 전제 하에)

다른 대안으로는 "빨간 색이 마음에 드시는 것 같은데, 아니면 파란색으로 드릴까요?"라고 할 수도 있다. 또 다른 예로 "신용카드로 하신다고 했던가요, 아니면 수표나 현금으로 하시겠습니까?"라는 말도 좋다.

세일즈 클로징 선택권을 선점하라 _ The "Wheeler Which" Close

양자택일 전략은 세일즈 강사인 엘머 휠러Elmer Wheeler가 1930년대에 처음 개발했는데 그는 이 전략을 '휠러의 선택'이라고 불렀다. 그는 월그린 드러그Walgreen Drug라는 체인점에서 사업을 도와달라는 부탁을 받았다. 그 당시에는 모든 잡화점에서 소다수를 통에 넣고 따라서 팔았는데 가게에 많은 손님을 끌어들였을 뿐 아니라 수익구조를 개선하는 효과도 상당히 컸다.

몰트 밀크(맥아분유를 우유에 탄 음료—역주)를 15센트에 팔았는데 불황기였음에도 불구하고 엄청난 인기상품이었다. 월그린 드러그에서 몰트 밀크에다 추가한 것 중 하나가 계란이었다. 계란 1개를 5센트에 팔았는데 월그린사는 12개를 15센트에 구입했으므로 몰트 밀크에 많은 계란을 섞어서 팔수록 수익이 높아졌다.

고객이 몰트 밀크를 주문하면 엘머는 직원들에게 2개의 계란을 집어 들고는 "하나요, 아니면 둘이요?"라고 묻도록 가르쳤다. 대부분의 손님은 원래 계란을 주문할 생각이 없었지만 조금이라도 부담을 덜려고 "하나요"라고 말했다.

월그린사는 계란을 전혀 사지 않겠다는 고객과 2개를 주문하는 고객의 수가 비슷하다는 것을 발견했다. 계란 매출이 매주 수백 바구니에 달했고 수익구조에 미친 영향은 엄청났다.

때로는 양자택일해야 하는 상황에서 내린 아주 단순한 결정이 중요한 결정을 동반하는 경우가 있다. 예를 들어 보자. 집을 파는 경우 부동산 중개인이 이렇게 말할 수 있다. "제가 고객님께 서비스로 한 가지 해드리고 싶은 것은 고객님의 이름이 새겨진 예쁜 도어 노커door knocker(방문객이 초인종 대신 두들기도록 문에 달아 놓은 쇠—역주)랍니다. 고대 영어, 현대 미국식 영어, 아니면 코린트식 필기체 중에서 어떤 걸로 해드리면 좋겠습니까?" 자동차 세일즈맨, 특히 고급차를 파는 경우라면 같은 방법으로 계기판이나 문에 사용할 수 있도록 고객의 이름 첫 글자를 따서 조합한 문자로 만든 장식품을 선물할 수 있다.

물론 도어 노커나 장식품 하나를 얻으려고 집이나 고급차를 사는 사람은 없겠지만 고객이 하고 싶지 않으면 어떤 방법도 소용없는 건 마찬가지다. 이 방법뿐 아니라 다른 테크닉이라도 살 생각이 있거나 살 계획이 있는 고객에 대해 하는 역할은 간단하다. 이유나 핑계라는 형식을 빌

438

려 고객을 살짝 밀어줌으로써 지금 당장 행동에 옮기도록 만드는 것이다. 한마디로 좋은 테크닉은 결정을 유도하고 그 결정을 당신에게 유리하게 만들어 주는 것이다. 정말 좋은 세일즈 테크닉은 당신이 파는 것이 아니라 고객 스스로 자신이 사는 거라고 생각하게 만드는 것이다. 그런 생각을 가진 고객은 쉽게 변심해서 주문을 취소하지 않는다.

양자택일 전략은 모든 세일즈맨들이 해마다 수백 번 사용하는 방법이다. 다시 말하지만 직업에 관계없이 우리는 모두 매일 뭔가를 판다.

- **부모가 아이에게** : 잔디를 깍을래, 아니면 창문을 닦을래?
- **선생님이 학생에게** : B를 받고 만족할 거니, 아니면 숙제를 다 해 올 거니?
- **의사가 환자에게** : 오래 살고 싶으세요, 아니면 담배를 계속 피우고 싶으세요?
- **정비소 직원이 자동차 주인에게** : 타이어를 앞뒤로 바꿔서 8,000킬로미터를 더 타실래요, 아니면 그대로 내버려둘까요?
- **남성이 여성에게** : 7시 반에 데리러 갈까, 아니면 8시가 나을까?
- **웨이터가 손님에게** : 식사와 함께 스프를 하시겠습니까, 아니면 샐러드로 할까요?
- **경찰이 과속한 사람에게** : 지금 벌금을 내시겠습니까, 아니면 8월 1일에 법원으로 가시겠습니까?

요점 : 우리 모두가 날마다 세일즈를 한다면 좀 더 효과적인 방법을 배우는 것이 당연하지 않을까?

구체적인 불만들

전국의 세일즈맨들을 직접 방문하거나 고객의 이의제기라는 주제에 대해 공개 토론을 하는 세미나에서 자주 듣는 질문을 하나 살펴보자.

"새로운 고객과 거래를 하고 싶은데 그 고객은 이미 내가 판매하는 상품(혹은 서비스)과 사실상 똑같은 상품을 비슷한 가격에 제공하는 거래처가 이미 있는 상황입니다. 더구나 그 거래처가 친구(혹은 친척)인데다 장기 거래를 통해 신뢰까지 쌓여 있는 경우라면 어떻게 새로운 고객을 설득해야 하나요?"

쉽지 않은 경우다. 내가 하는 말이 모든 불만을 해결해 줄 수도 없고 매번 세일즈를 성공하게 만들지도 않을 것이다. 그러나 이 방법을 사용했을 때 분명히 성공하는 경우가 있고 최소한 어느 정도 가능성이 있다는 생각을 할 수 있다. 즉, 희망이 있다는 말이다.

고객이 위에서 설명한 이유를 제시할 때 기존 거래처의 신뢰성이나 거래처 상품의 품질을 헐뜯는 것은 어리석은 방법이다. 장담컨대 이런 방법으로는 절대 세일즈에 성공할 수 없으며 고객을 직접적으로 압박해도 성공 가능성은 그다지 높지 않다. 그러나 다음에 설명할 방법을 사용하면 세일즈에 성공할 가능성을 높일 수 있을 것이다. 이 방법은 이 책에서 두세 번 설명한 적이 있으며 질문이 많이 포함된 전략이다.

세일즈 클로징 의무감 전략 _ The "Obligation" Close

당신의 장점을 내세운 정면공격으로 고객에게 확신을 줄 수도 있지만 고객을 사게 만드는 유일한 방법은 설득이다. 앞서 언급했듯이 질문을 해서 고객 스스로 'Yes' 결정에 이르게 해야만 설득할 수 있다.

앞에서 말한 경우에는 이런 식으로 대처하라.

"현재 거래처로부터 똑같은 상품을 더 좋은 가격에 살 수 있고 게다가 더 좋은 서비스를 제공받을 수 있다면 그 방법을 알고 싶으시겠지요?" 대답을 기다려라. 분명 "그럼요, 어떻게 하면 되죠?"라고 말할 것이다. "답을 드리기 전에 두 가지 질문을 더 드리겠습니다. 첫째, 지금 바로 이 순간 한 번도 본 적이 없는 저에게 뭔가 사야 한다는 의무감 같은 것을 느끼십니까?" (대답을 기다려라. 아니라고 말할 것이다.)

"두 번째 질문입니다. 가까운 친구이자 수년간 거래하신 현 거래처에게서 계속 구매해야 한다는 의무감이 있습니까?" (대답을 기다려라. '예' 아니면 기타 답변이 나올 것이다.) "기본적으로 고객님이 가장 충실해야 할 대상은 고객님 자신과 가족들이지 거래처의 안위가 아니라는 것은 두 말할 필요가 없습니다. 이 전제에 동의하십니까?" (이 말에 동의하게 만들었다면 세일즈를 성공시키기 위한 작은 한 걸음을 내디딘 것이다. 실패했다면 마음이 열려 있지 않은 고객임에 분명하다.)

더 노력해 보겠습니다

고객이 대답을 하면 이렇게 말한다. "그렇다면 고객님께서는 저에게 의무감을 느끼지 않으시고 현 거래처에 의무감을 느끼시니 제가 더 경쟁력 있는 서비스를 제공하고 고객님을 더 만족시켜 드리기 위해 열심히 노력하는 건 부담이 없으시겠지요? 고객님과 거래하는 것을 최우선 순위에 두고 제가 할 수 있는 모든 노력, 즉 좋은 상품을 좋은 가격에 납품하고 훨씬 더 좋은 서비스를 제공하려는 노력을 하는 것도 괜찮으시겠습니까? (이런 식의 논리는 고객이 중요하게 생각하는 문제를 하나쯤 건드릴 수 있다.)

주제넘게 들릴지 모르지만 고객님께서는 수익성에 상당한 관심을 갖고 계신 것 같은데, 제가 틀렸습니까? (대답을 들어라.) 더 좋은 가격, 더 나은 품질, 더 좋은 서비스를 제공받을 수 있다면 이 세 가지 중 어느 한 가지라도 고객님의 만족과 수익성에 직접적인 영향을 미칠 것입니다. 그렇지 않습니까? 두 가지는 수익성에 큰 영향을 미칠 수 있고, 세 가지라면 상당한 차이를 가져올 것입니다.

고객님께서 가장 충실해야 할 대상이 자신이라고 인정하셨습니다. 고객님이 투자하신 돈에 대해 제가 더 많은 것을 돌려 드릴 수 있다면, 최소한 그것을 증명할 수 있는 기회를 주시는 것이 고객님을 위해서 좋지 않겠습니까? 그렇게 해서 저는 고객님으로부터 거래를 따내야 하고 그것은 자동적으로 고객님을 승자로 만들어 드립니다.

오해하지 마십시오. 저는 지금 모든 주문을 제게 달라고 말씀드리는 것이 아닙니다. 단지 주문의 일부분을 따낼 수 있는 기회를 달라는 겁니다. 고객님은 많은 것을 얻으면 얻었지 잃을 것은 아무것도 없습니다.

저희 상품을 받으시면 눈에 잘 띄는 장소에 두셔서 현 거래처 사람이 확실히 볼 수 있게 하셔야 합니다. 그것을 보고 둘 중 한 가지 일이 일어날 겁니다. 첫째, 현 거래처는 거래를 유지하기 위해서 마음속으로 더 일을 잘하고 더 좋은 가격을 제시해야겠다고 결심할 겁니다. 또는 정말로 저희가 더 나은 서비스나 더 좋은 가격을 제시해드릴 수 있다는 것을 아시게 될 겁니다. 1그로스(12다스, 144개를 의미하는 단위―역주)부터 시작할까요, 아니면 3그로스로 하고 대폭적인 할인을 해드릴까요?"

윈윈전략

오래전 나의 초창기 멘토 중 한 사람이었던 빌 그로브는 '친구나 친척한테 살 겁니다'라는 저항에 대처하는 간단하면서도 효과적인 방법을 알려주었다. 그러나 존 하몬드가 책의 내용에 포함시키라며 이 방법을 제안하기 전까지 나는 뛰어난 효과를 깨닫지 못했다. 그 방법은 이렇다.

"고객님 말씀이 무슨 뜻인지 잘 압니다. 그리고 그 관계를 유지해야하는 이유도 잘 압니다. 그분에게서 주문을 빼앗아서 제게 달라는 말이 아닙니다. 고객님의 비즈니스를 확대시키고 그로 인해 저희 상품에 대한 필요성을 부각시킬 수 있는 아이디어들이 가끔씩 떠오릅니다. 그런 아이디어를 고객님께 알려드린다면(그리고 기꺼이 그렇게 할 의향이 있습니다.) 제 아이디어로 인해 발생된 추가 비즈니스를 제게 주실 의향이 있겠습니까? 이것은 모두에게 이익이 됩니다. 고객님은 고객님의 친구 분과 계속 거래를 하시고 고객님의 비즈니스가 늘어나니 고객님과 현 거래처 모두에게 이익이지요. 고객님의 비즈니스가 늘어나면 저희 상품을 더 많이 사야 한다는 뜻이고 그로 인해 저도 혜택을 보게 됩니다. 좋은 생각이고 공정한 거래지 않습니까?"

세일즈 클로징 진품과 모조품의 차이 _ The "Similar Product" Close

고객들은 때때로 "당신네 상품은 ○○하고 똑같네요"라면서 다른 상품을 거명할 것이다. 이런 경우 고객의 말을 완전히 부인하거나 당신의 상품은 완전히 다르다고 단정적으로 말하지 않는 것이 좋다. 대신에 동의할 수 있는 부분을 찾아라. 이것은 어렵지 않다. 침착하게 고객을 보며 말한다. "네, 약간의 유사점이 있다는 데 동의합니다. 유사점이 있다는 뜻으로 하신 말씀이지요? (대답을 듣고 나서) 렘브란트의 원작과 모조품의 차이는 미미합니다. 하지만 모조품과 진품을 경매에 내놓으면 가격 차이는 엄청날 겁니다. 그렇지요? 저희 상품을 기능과 품질 면에서 이 분야의 렘브란트로 만드는 작은 차이점들을 설명해 드리지요. 고객님께서는 가장 좋은 가격에 최고의 상품을 원하시죠?"

유머감각이 있는 고객이 "당신네 상품은 ○○하고 똑같은데요"라고 말한다면 이렇게 말할 수도 있다. "그렇습니다, 두 상품은 비슷합니다. 제 아내와 저도 아주 비슷하지요. 우리 둘 다 팔이 둘, 다리가 둘, 머리는 하나지만 재미있는 차이점들이 있답니다. 사실 저희를 하나로 엮어 준 것도 이 차이점들이고 지금 저희를 같이 묶어 주고 있는 끈도 역시 이 차이점들이랍니다."

"유사점이 있는 것이 사실이지만 저희 상품이 고객님께 최선의 선택이 되는 이유는 바로 차이점 때문입니다." 그리고 차이점들을 짚어주고, 왜 그 차이점들로 인해 당신의 상품이 고객에게 최고의 선택이 되는지를 설명하고 난 뒤 결정적인 질문을 한다. "고객님께서 지불하시는 돈에 합당한 최고를 원하시지요?"

많은 불만과 더 많은 해답들이 있지만 궁극적인 핵심은 당신이 올바른 사람이고, 적절한 상품을 적정한 가격에 팔고 있으며 판매로 인해 고객이 더 이익을 얻는다고 확신하며 당신이 주도권을 쥐고 있다는 사실이다. 여기에 적절한 단어를 알고 사용하는 프로의식과 적절한 목소리와 억양, 올바른 의도 그리고 적절한 후속조치를 더하면 당신의 판매실적은 올라갈 것이다.

세일즈 클로징 내 안에서 해답을 찾아라 _ The "Right Experience" Close

직업을 얻는 일도 역시 세일즈다. 난제 해결에 관한 이번 사례는 주로 고용시장에 입문하는 십대들에게 해당되지만 일자리에 지원하는 모든 사람들에게 응용될 수 있다.

세일즈에서 가장 중요한 부분은 바로 세일즈맨 자신이라고 맨 첫 장부터 계속 강조했으므로 지원자가 정직, 성품, 인테그리티, 믿음, 사랑 그리고 충성심의 중요성을 이미 배워 알고 있다는 것을 기본 전제로 하겠다. 또한 지원자는 책임질 줄 알고, 신뢰할 수 있고, 좋은 태도를 갖추고 있어야 한다.

어떤 경험을 갖고 있습니까?

보통 십대라면 세일즈 훈련을 전혀 받지 않았을 것이다. "어떤 경험이 있습니까?"라는 질문을 받았을 때 "정식 직업경험은 사실 없습니다. 아이 돌보기와 이웃들이 휴가 중일 때 애완동물을 돌봐준 적은 있지만 정식 직업은 아직 없었습니다"라고 대답할 것이다.

십대는 이 정도가 최선의 답변이라고 생각할 수 있다. 그러나 그가 이런 생각을 갖고 이런 식으로 대답하는 한 직업을 구하기는 대단히 어려울 것이다. 미래의 고용주가 던진 중요한 질문에 답을 하지 않았기 때문이다.

위와 같이 대답해서는 안 된다. 세일즈 교육을 받았거나 우리 회사가 미국의 공립학교와 사립학교에 제공하고 있는 I CAN과 Coaching to Change Lives^{인생을 바꾸는 기술} 강의를 들었다면 이렇게 말할 것이다.

"저의 경험에 대해 질문해 주셔서 감사합니다. 고용주 입장에서 중요한 문제라는 것을 잘 압니다. 고객에게 최상의 상품과 서비스를 제공할 수 있도록 제가 정말로 이 일을 잘 해낼 수 있는 사람인지 알고 싶으시겠지요. 제 말이 맞습니까? (대답을 기다린다.)

지금까지 저는 훌륭한 직원이 되는 데 도움이 되는 경험을 쌓아 왔습니다. 예를 들어 모든 일을 하는 데 신뢰와 정직이 얼마나 중요한지를 배웠습니다. 또한 다른 사람들과의 융화가 중요하다는 것을 배웠고 융화가 업무성과를 높일 수 있다는 것을 경험을 통해 알고 있습니다.

저를 고용하실 때는 기대하는 일들이 있다는 것도 압니다. 긍정적인 태도와 책임감을 갖고 맡겨진 일을 해야 하겠지요. 또 월급인상을 원한다면 일찍 출근하고 더 열심히 일하고 필요하면 야근도 기꺼이 해야 한다는 것도 압니다.

기업은 사업을 유지하기 위해 이익을 내야 한다는 것 역시 잘 알고 있습니다. 직원들이 일을 잘하면 회사가 이익을 낼 가능성이 높아지는 것은 당연하지요. 제 일을 계속하고 제 일에서 앞서 가기 위해 열심히 일하고 최선을 다할 준비가 되어 있습니다. 이 회사뿐 아니라 모든 기업은 바로 이런 경험이 필요하다고 믿습니다."

할 말을 했으니 결정타를 날려라

이렇게 말하고 나서(겨우 1, 2분이면 끝난다.) '경험 많은' 이 십대가 할 일은 결정타를 날려서 세일즈를 마무리하는 것이다. 질문을 적절히 활용해서 이렇게 말한다.

"저는 일자리가 꼭 필요합니다. 그래서 한 가지 약속을 하겠습니다. 열심히 일할 것이며 저를 고용하신 것을 후회하지 않도록 할 것입니다. 오히려 제게 첫 직장을 주고 훈련을 시켜준 사람이라는 것을 뿌듯하게 생각하실 겁니다. 지금 당장 일을 시작할 수도 있고, 사장님께서 필요하시면 언제라도 일을 시작할 준비가 되어 있습니다. 언제부터 시작할까요? 지금 당장 할까요, 아니면 다음 주 월요일이 좋겠습니까?"(더 이상 말하지 마라. 공은 그에게로 넘어갔다.)

그 회사에 일자리가 없을 수도 있기 때문에 이런 말이 일자리를 보장해 주지는 않는다. 그렇지만 여러 번 시도하다 보면 분명 조만간 일자리를 얻을 거라고 확신한다.

바짝 긴장한 십대가 생애 첫 면접에서 차분하게 그런 말을 할 수 있을 거라고는 생각하지 않는다. 하지만 그런 메시지를 전달하는 모습을 보고 감명 받지 않을 고용주는 없을 것이다. 면접 프레젠테이션을 열심히 배우면 고용하지는 않아도 그 십대에게 일자리를 줄 수 있는 다른 고용주에게 그를 보내주려고 최선을 다할 것임에 틀림없다.

일시적으로 실직했는데 당신의 전문분야에 일자리가 하나도 없다면 다른 분야에서 일자리를 얻기 위해 이 방법을 응용할 수 있다. 많은 고용주들에게 필요한 바로 그 경험을, 그것도 아주 많은 경험을 당신은 갖고 있다. 당신이 당신 자신을 그들에게 세일즈하면 그들은 당신과 당신의 경험을 살 것이다.

다른 모든 영업직과 마찬가지로 이 경우도 여러 차례 방문을 해야 한다. 그렇지만 이 전략을 사용한다면 다음에 일자리가 생겼을 때 여러 회사의 후보 명단의 맨 위에 당신의 이름을 올려놓을 수 있을 것이다. 이 기본적인 테크닉을 배우면(자신이 면접에서 말한 장점들이 사실이라는 전제 하에) 훨씬 더 편안하고 자신감 있게 면접에 임할 수 있을 것이고 결과적으로 당신의 상품, 즉 자신의 강점을 잘 보여줄 수 있다. 그럼으로써 일자리를 얻을 가능성이 훨씬 높아질 것이다.

28

사야 하는
이유와 명분

Reasons and Excuses for Buying

구체적인 이유로 설득하고 추상적인 이유로 마무리하라

구매저항을 극복할 때, 사야 하는 이유로는 구체적인 것을 제시하고 사야 하는 명분으로는 추상적인 것을 강조해야 할 때가 종종 있다. 예를 들어 호숫가에 있는 아름다운 부지, 멋진 별장 또는 휴가철 패키지의 일부로 콘도를 판다고 가정해 보자. 이런 상품들은 고객들이 직접 만져볼 수 있는 구체적인 무언가를 분명히 제시해 준다.

그러나 호숫가나 골프장에 위치한 부지는 보통 수천 달러를 호가한다. 순전히 논리적인 관점에서 본다면 제한적인(아무나 가질 수 없을 정도로 비싸다는 뜻의 완곡한 표현) 땅 덩어리 한 조각에 그렇게 많은 돈을 쓴다는 것은 정말로 논리적인 행동이 아니다. 땅은 만져볼 수 있고 눈으로 볼 수 있기 때문에 사야 할 이유가 있지만 세일즈에 성공하려면 사야 하는 명분을 만들어 주기 위해 추상적인 개념으로 바꿔야 한다.

예를 들면 이렇게 말할 수 있다. "고객님 소유의 아름다운 부지뿐 아니라, 배스(농어의 일종—역주)와 브림(잉어과의 민물고기—역주)으로 가득 찬 이 아름다운 천연 호수도 갖게 됩니다. 골프장을 언제든지 사용하실 수가 있을 뿐 아니라 원할 때마다 한적한 오솔길을 걷거나 자전거를 타고 즐길 수도 있습니다. 가장 좋은 점은 여기처럼 반쯤 고립된 곳에서 한적함을 즐기고자 하는 사람들과 함께 조용하고 평온함을 즐기며 살 수 있다는 사실이지요. 도시의 더운 열기, 스모그, 소음, 교통체증, 혼잡함에서 벗어나서 평온함을 즐기고 고객님의 개성에 맞춰 생활할 수 있기 때문에 삶의 즐거움, 평화, 휴식 같은 재미를 더할 수 있을 겁니다."

세일즈 클로징 당신은 자격이 있습니다 _ The "Deserve It" Close

구체적인 이유에서 시작해서 이제 추상적인 이유로 넘어왔다. 좀 더 정확하게 말하자면 눈에 보이는, 즉 집을 중심으로 전체 패키지 상품에서 고객이 정말로 원하는 다른 것들을 채워 주었다. 고객에게 사야 하는 이유(호숫가의 아름다운 부지, 진짜 땅)와 사야 하는 명분(우아한 삶, 스트레스로부터의 해방 등)를 주었다.

이제 이렇게 마무리한다. "평생 동안 고객님께서는 열심히 일했고 미래를 위해 투자했습니다. 그동안의 고생과 노력에 대한 보상을 받을 때가 되었고 그럴 자격이 있다고 생각하지 않으십니까? 고생한 자신에게 이 정도는 해주셔야 합니다. 고객님 부인의 의중을 제가 정확하게 읽었다면 부인께서도 동의하시고 계십니다. 저는 당연히 동의하고요. 그러니까 고객님께서 평생 일하신 대가로 이제부터 즐기면서 사실 수 있도록 스스로 동의하시기만 하면 됩니다. 어떻습니까? 땅도 마음에 드시고 골프와 낚시를 모두 좋아하시잖습니까? 평생 이루기 위해 노력해 온 꿈을 현실로 만들 수 있는 기회를 거부할 이유가 있을까요?"

기억하라—고객은 겁내고 있다

고객이 호숫가의 부지를 사든, 은퇴 후 거주할 주택을 사든, 콘도를 사든, 사는 것에 관계없이 고객과 이야기할 때 기억해야 할 네 가지 기본적인 원칙이 있다. 첫째, 고객은 구매결정이 합당하다는 것, 상품의 가격이 적절하다는 것, 당신이 적법한 회사에 속해 있다는 것 그리고 당신이 믿을 만한 사람이라는 것에 대한 확신이 필요하다.

두 번째 기억해야 할 것은 꼭 필요하지 않거나 심지어 사치라고 생각할 수 있는 상품의 범주에 속하는 상품이라면 모든 고객은 자신이 너무 비싼 값을 지불한 게 아닌가, 구매품이 요구한 가격만큼의 가치가 없는 것은 아닌가 하는 불안감을 계속 안고 있다는 점이다. 가격비교 정보처럼 신뢰할 만한 증거를 제공해 주면 고객의 불안감을 일부 가라앉힐 수 있지만 궁극적으로 고객의 두려움을 잠재울 수 있는 중요한 요인은 당신의 성품에 대한 고객의 신뢰다. 당신은 고객이 불안한 가망고객에서 신뢰하는 실제고객이 되기 위해 건너야만 하는 다리와 같은 존재다.

셋째, 고객이 피해의식을 갖고 있을 수 있다는 점이다. (당신은 전문가고 자신은 '순진한 양'이라는 생각) 아마 과거에 속임을 당한 적이 있어서 다시는 그런 일이 일어나지 않기를 원할 것이다. 두려움이나 부정적인 경험 때문에 고객이 비합리적이고 적대적인 반응을 보일 수 있다. 그렇기 때문에 세일즈맨인 당신은 냉정을 유지하고 철저하게 윤리적이어야 하며 자

450

신이 파는 상품이 진정 가치가 있고 가격도 공정하다는 전적인 믿음이 있어야 한다.

넷째, 고객이 구매를 결정하면서 자신뿐 아니라 다른 사람들을 염두해 둔다는 점을 기억해야 한다. 다른 사람들이 어떻게 생각할지에 신경을 쓰지 않는 것처럼 보여도 이것은 사실이다. 누구나 가족, 친구, 동료, 이웃들이 어떻게 생각하는지에 신경을 쓴다.

그래서 "이웃들이 모두 부러워할 겁니다.", "고객님의 가족분들이 이런 결정을 내리신 것에 대해 자랑스럽게 생각할 겁니다.", "드디어 고객님 자신을 위해 좋은 일을 한다며 직장 동료들이 기뻐할 겁니다"라는 말들이 필요한 것이다.

고객이 산 상품에 대해 부정적인 말을 하는 사람들이 있기 마련이므로 그런 사람들에게 반론을 제기할 수 있도록 고객을 논리적으로 무장시켜야 한다. 그렇지 않으면 고객이 구매결정을 취소할 수도 있다.

기억하라―고객은 미래의 만족을 산다

위에서 언급한 내용들을 정리하자면, 어떤 상품이든 고객은 현재의 상품을 사는 것이 아니라 지금 당신이 팔고 있는 상품이 줄 미래의 만족을 산다는 사실을 기억해야 한다. 대지에 지어진 집을 사는 것이 아니라 그 마당에 심은 나무가 만들어 주는 그늘, 추운 겨울 날 벽난로의 따스함, 욕실에 설치된 전화의 편리함을 산다는 사실을 기억하라. 호숫가의 시원한 저녁 공기, 가족들과 스키를 타는 즐거움, 호수에서 모터보트를 타는 기쁨, 뜨거운 풀에 몸을 담그는 호사스러움을 사는 것이다.

다시 한번 말하지만 이 모든 것들은 눈에 보이는 집이 주는 보이지 않는 혜택이다. 여기서 당신이 할 일이 하나 있다. 28장의 첫 부분에서 내가 사용한 따스함이 느껴지는 말들과 생동감 있는 이미지들에 줄을 긋고 특별히 음미해 보기 바란다.

그리고 책을 잠시 제쳐 두고 수첩에다 당신의 상품이나 서비스에 고객이 투자해야 하는 이유와 명분들을 적어 보라.

명분과 이유 전략

고객에게 사야 하는 이유를 준다면 고객은 살 가능성이 있다. 고객에게 사야 하는 명분을 준다면 역시 살 가능성이 있다. 그렇지만 사야 하는 이유와 명분을 모두 주고 사는 것을 쉽게 만들어 주면 세일즈 성공 가능성이 훨씬 높아진다고 A. O. 스미스 하베스토어A. O. Smith Harvestore의 직원들은 말한다.

그들은 프로였다

A. O. 스미스 하베스토어의 전국대회에서 연설하기 전날 아침 세일즈의 진정한 프로 중 한 사람인 칼 클래이튼Carl K. Clayton과 몇 시간을 같이 보낼 수 있는 기회가 있었다. 그 전에 우리 회사에서 주최한 '타고난 승부사' 세미나에서도 그를 만난 적이 있었지만 그날 아침 하베스토어의 구조와 그것이 농부에게 주는 혜택에 대해 흥미로운 정보를 설명해 주는 모습에서 나는 그의 새로운 면을 알게 되었다.

하베스토어는 농부들이 저장설비로 사용하는 시스템인데 기존의 사일로silo(곡식이나 마초 등을 저장하는 탑 모양의 건축물—역주)에 비해 명백한 이점을 갖고 있다. 이 설비를 사용하면 곡식이 완전히 건조되기 전에 저장할 수 있기 때문이다.

농부들은 수분함량이 25~30%일 때 들판에서 곡식을 거둬들여 하베스토어의 꼭대기로 곡식을 넣는다. 꼭대기에는 한 쌍의 '허파'가 있다. 확장과 수축을 통해 모든 공기를 설비 밖으로 빼냄으로써 부패를 상당히 감소시킬 수 있다. 곡식에 습기가 있으니 가축들은 사료를 덜 먹게 되고 소화가 더 잘 된다. 그 결과 사료비용이 10~15% 감소하고 고기 생산성은 10~15% 증가한다. 농부들에게 많은 비용절감 효과를 가져다주는 놀라운 시스템이다.

세일즈 클로징 이유와 명분을 모두 주라 _ The "Reason-Excuse" Close

농부들에게 주는 또 한 가지 편리함은 이 설비를 이용하면 건초더미를 만드는 작업을 할 필요가 없다는 점이다. 건초를 모아서 기계(이 회사 제품 중 하나만을 말하는 것이다.)에 넣기만 하면 된다. 농부들은 젊은이들이 농장을 떠나는 가장 큰 이유가 건초작업 때문이라는 것을 알고 있다.

농부에게 제품을 설명할 때 하베스토어 세일즈맨은 기분 좋은 데이터를 제시한다. 첫째, 일반적으로 7년 이내에 손실감소와 생산성 증가에 따른 이익이 장비가격을 상쇄한다. 둘째, 하베스토어 장비를 사용할 경우 농부가 건초더미를 만들거나, 곡식을 완전히 건조하거나 인공적으로 건조시킨 다음 곡식을 거둬들여야 하는 다른 설비에 비해 훨씬 일을 적게 해도 된다. 후자는 비용도 많이 들고 곡식의 양도 줄어든다.

요약하자면 그들이 이 설비를 팔 수 있는 것은 실제로 비용절감효과가 있고 돈을 절약해 준다는 이유를 농부에게 제시하기 때문이다. (은행 대출을 받기 위해 농부가 은행에 제시하는 이유이기도 하다.) 농부는 비용감소효과 때문에 샀다고 말할 것이다. 그렇지만 칼은 기존의 하베스토어 고객들을 만나서 이야기해 본 결과 대부분의 농부들이 사는 진짜 이유는 줄어든 일로 인해 자유시간이 많아지고 심지어 휴가를 떠날 수도 있다는 장점 때문이라고 말했다. 무엇보다도 농장운영이 쉬워지고 현대화되기 때문에 자녀들이 농장에 남아 있을 가능성이 높아지기 때문이다.

앞서 설명한 바와 같이 사야 하는 이유를 주면 살 가능성이 있다. 사야하는 진짜 이유, 즉 명분을 주면 역시 살 가능성이 있다. 그렇지만 사야하는 이유와 명분을 둘 다 주고 구매를 쉽게 만들어 주면 가능성은 훨씬 높아진다.

까다로운 고객은 좋은 스승이다

나는 지금까지의 세일즈 방문에 있어서 어떤 세일즈맨보다 많은 시간을 할애했다고 생각한다. 내가 약간 고집이 있긴 하지만 그렇다고 꼭 고집이 센 것만은 아니며, 그렇다고 전적으로 끈질긴 성격 때문만도 아니다. 또한 경쟁의식이 강해서 하나라도 놓치기 싫어하기 때문도 아니다. 물론 이 말에 아내가 전적으로 동의할지는 의문이다.

내가 세일즈 방문에 그렇게 오랜 시간을 투자한 데는 다른 이유가 있다. 고객이 까다로울수록 배울 것이 많기 때문이다. 까다로운 고객들이 더 많은 문제를 제기하고 그 문제들을 극복해 나갈수록 다음 상담을 더 잘 할 수 있기 때문이다. 내 앞에 많은 장애물이 있을수록 기술연마에 도움이 된다. 이 '최전방 훈련'으로 인해 위대한 세일즈의 진실들을 발견하게 되었고 그것들을 지금 독자들과 공유할 수 있게 되었다. 이 책을 쓰기까지 '까다로운 고객들의 가르침'이 많이 필요했다.

자신의 능력을 최대한 발휘하는 세일즈맨으로 성장하고 성숙하려면 당신도 역시 까다로운 고객들의 가르침을 많이 받아야 한다. 하워드 보넬의 말에 따르면 처음에는 고객들이 "전혀 살 생각이 없습니다"라는 단호한 거부로 시작한다. 그러나 두 번째 거부의 강도는 더 약해지고 점점 더 갈수록 그 강도가 약해진다.

고객의 의지가 약해지고 있음을 감지한 세일즈맨은 용기를 얻고 의지가 샘솟는다. 이것은 '이기기 위한 경쟁'도 아니고 고객에게 세일즈맨의 의지나 상품을 강요하는 것도 아님을 다시 한번 기억하기 바란다. 처음에 말했듯이 프로는 상품을 판매함으로써 고객에게 서비스를 제공하고 도움을 준다는 진실한 믿음을 갖고 있다. 나를 돌이켜 볼 때, 누군가에게 무언가를 팔려고 최선의 노력을 다했던 가장 큰 이유는 정말로 고객에게 도움이 되는 상품을 팔아야 한다는 도덕적인 의무감을 느꼈기 때문이었다.

그러나 세일즈를 성공시키려는 노력을 중단하고 항복하는 시점이 있다. 고객이 모든 장점을 본 다음에도 관심이 없으며, 살 생각도, 능력도 없다는 것을 분명히 밝힐 때다. 하지만 그 전까지는 최선을 다해 노력한다. 이미 설명했듯이 그러기 위해서는 유쾌한 설득력이 중요하다. 이 점에 관해서는 추후 다시 다루기로 하자.

세일즈를 마무리하는 테크닉들을 추가로 사용할 때는 자연스럽게 해야 한다. 손이나 팔이 우리 몸의 일부인 것처럼 마무리 테크닉도 세일즈 절차의 한 부분이다. 부드럽고 자연스럽게, 무엇보다도 절대 머뭇거리지 않고 마무리 단계로 넘어가야 한다. 마무리 단계에서는 고객에게 '지금 당장 사야 한다'는 급박감을 불러일으켜야 한다. 참고로 급박감은 모든 프로들이 사용하는 레퍼토리 중 하나다.

의사는 이렇게 말할 수 있다. "쓸개에 이상이 있는데 시급한 치료를 요하지는 않습니다, 아직은. 당신이 할 일은 언제 쓸개를 제거할 것인지를 결정하는 것입니다. 스케줄을 맞출까요, 아니면 쓸개가 파열해서 고통을 유발시키고 긴급한 수술을 요할 때로 할까요?"

정비사는 긴급함을 조성하기 위해 이렇게 말한다. "브레이크 드럼이 망가지지 않았습니다, 아직은. 고객님이 결정할 것은 정비소에 오신 김에 몇 달러를 쓰실 것인지, 아니면 브레이크 드럼이 망가져서 생명의 위협을 초래할 수 있는 위험을 감수하실 건지의 문제입니다."

그렇다. 급박감은 모든 프로들이 즐겨 쓰는 말이다. 고객은 예상되는 미래의 즐거움과 만족 때문에 당신한테 산다는 것을 나는 계속 강조할 것이다. 'Yes'라고 말하는 고객 때문에 당신의 커리어를 망치는 일은 물론 없을 것이고 'No'라고 말하는 고객도 당신의 커리어를 망치지 않을 것이다.

그러나 당신의 커리어를 망치는 두 가지가 있다. 첫째는 당신이 만나지 않은 사람들이고, 둘째는 '글쎄요' 또는 '생각해 볼게요'라고 말하는 사람들이다. '생각해 볼게요'가 '주문서 주세요'로 바뀔 수 있도록 이 책의 전반에 걸쳐서 철저히 다루고자 한다.

세일즈를 클로징하는
질문의 기술

Using Questions to Close the Sale

———————

질문 :   고객이 어떤 행동을 하도록 하려면 어떻게 설득하는가?

답 :   고객 스스로 그 행동이 필요하다는 결론에 이르도록 함으로써
        설득한다. 결국 결론은 고객이 만들어 낸 생각이다. 즉, 고객이
        스스로에게 가한 압력이다. 그것은 내적인 압력이며 매우 강력
        하다.

소크라테스가 한 멋진 말을 바꿔서 표현해 보면 이렇다.

"고객이 쉽게 동의할 수 있을(반박하지 못할) 말을 하고 고객의 동의를
근거로 일련의 질문을 던지고 나서 그 질문에 대한 답을 바탕으로 결정

적인 마무리 질문을 하면, 원하는 대답을 얻어낼 수 있다."

바로 이것이 성공한 변호사가 배심원에게 자신의 감정을 전이시키기 위해 사용하는 방법이다.

세일즈는 설명이 아니라 질문하는 것이다

목소리를 조절하며 사용하는 능력과 마찬가지로 질문하는 능력도 세일즈의 세계에서 무시되고 소홀하게 생각되는 기술이다. 그리고 우리가 배운 적이 없는 기술이다. 내가 이런 말을 하는 이유는 평범한 여섯 살짜리 꼬마가 일반적인 환경에서 하루에 400~700개의 질문을 하는 데 비해 평범한 대학 졸업생은 약 30개의 질문을 하기 때문이다. 인생에 대해 아는 게 있다면, 또는 아이들과 함께 있어 본 경험이 있다면 여섯 살짜리가 대학 졸업생보다 많은 것을 얻어낸다는 사실을 분명 알 것이다. 질문은 중요한 기술이고 배울 수 있는 기술이다.

나는 당신에게 다양한 질문과 그 질문들이 사용될 수 있는 상황들을 제시할 것이다. 다시 말하지만 모든 것이 당신에게 꼭 맞지 않기 때문에 자신의 상황에 맞게 응용해야 한다는 것을 잊지 말기 바란다.

'고객이 산다고 가정하라'는 전략과 관련된 것도 있고 재치, 개연성 있는 사건들, 기타 여러 테크닉과 관계 있는 질문도 있다. 예를 들어 보자. 집을 보여줄 때 고객의 가족과 친분을 쌓은 다음 거실에 들어가면서 세일즈 강사인 톰 홉킨스Tom Hopkins가 제안하듯이, "소파는 어디에 두실 건가요?"라고 묻는다. 다른 방에 가서는 "조니의 침대는 어디에 놓을 건가요? 벽에 붙여 놓는 게 좋을까요, 아니면 가운데에 놓는 게 좋을까요?"라고 묻는다.

이런 질문도 가능하다. "이 아름다운 집에 멋진 전망만 있다고 해도,

아니면 이 훌륭한 거실과 부엌만 봐도 벌써 기대되지 않습니까?" 또는 "다른 건 다 제쳐두고 이 위치만으로도 구매를 고려할 만하지 않습니까?"라고 물을 수 있다.

상담 후반에 결정타를 날릴 계획이라면 도입부에서는 이렇게 말하는 것도 좋다. "백만장자가 정말로 드물었던 시절에 마흔 세 명의 백만장자를 키워낸 주인공인 앤드류 카네기가 오래전 이런 말을 했습니다. '결정을 내리고, 그 결정에 따라 행동하고, 그 결정을 계속 유지할 수 있는 사람을 나에게 데려 오면 내가 그 사람을 성공하게 만들겠다.' 성공한 비즈니스맨들은 한결 같이 이 원칙에 동의하고 있습니다. 고객님은 이 말에 대해서 어떻게 생각하십니까?" 대부분은 동의할 것이다.

비즈니스맨과 장비, 기계 또는 효율성 제고 시스템에 관한 구매 상담을 할 때 이 말을 응용할 수 있다. 하지만 재정능력이 불확실한 젊은 부부에게는 이 방법이 효과적이지 않을 것이다.

세일즈를 클로징하는 16개 질문

부동산의 경우와 마찬가지로 컴퓨터나 장비 시연 중에 이렇게 물을 수 있다. "이 기계가 가진 특징만으로도 소유할 가치가 확실히 있지 않습니까?"

질문 : 장비를 설치할 때 주요 특징들을 다시 설명해 드릴까요?

질문 : 오늘 배달해 드릴까요, 아니면 다음 주가 고객님 일정에 더 잘 맞겠습니까?

질문 : 이 상품을 일단 팔렸다고 표시해 두고 고객님에게 가장 유리한 결제조건을 알아볼까요?

질문 : 주문을 하시기 전에 다른 사람과 상의해야 합니까?

질문 : 이 부서에서 발주하나요?

질문 : 고객님이 거래하시는 은행에서 대출을 받으시겠습니까, 아니면 저희가 융자를 해결해 드릴까요?

질문 : 이 상품은 공급이 부족해서 3주 뒤에나 배송될 텐데 기다리시겠습니까?

질문 : 예치금을 많이 내시고 매월 내는 할부대금을 낮추시겠습니까, 아니면 예치금을 최소로 하고 월 할부대금을 약간 높이시겠습니까?

질문 : 녹색으로 하시겠습니까, 아니면 붉은색이 더 마음에 드십니까?

질문 : 특송으로 보내드릴까요, 아니면 항공화물로 보내드릴까요?

질문 : 고객님 명의로 등기를 해드릴까요, 아니면 부인 명의로 해드릴까요?

질문 : 골프장 근처에 있는 부지가 더 좋으십니까, 아니면 호숫가에 있는 것이 더 마음에 드십니까?

질문 : 이 상품을 소유하시는 것이 고객님께 이익이라고 생각하시고 저희가 제시하는 조건이 만족스럽다면 오늘 결정하시는 데 문제가 있습니까?

질문 : 일부 지역에서 불필요한 빛을 제공하는 강력한 오버헤드 조명의 사용을 줄이고 그 대신 하루 중 일정 시간동안 집중식 조명을 사용하는 것이 비용 면에서 유리하다는 것을 아시겠지요?

질문 : 상품을 사용하는 동안 오래 사용해도 고장 없이 작동되는 견고한 장비에 투자하는 것이 현명하다고 생각지 않습니까?

결정을 유도하는 질문

많은 질문들은 실제로 '생각하게' 하는 질문이며 고객을 결정으로 이끈다. 앞서 언급한 적이 있는 마크 가드너는 모든 프로들이 그렇듯 사실을 찾아내고 구매결정을 유도하는 질문을 많이 한다. 그 중 몇 가지를 소개한다. 질문 자체가 그 의미를 충분히 설명해 준다.

질문 : 현재 주식시장에 투자하고 계십니까?

질문 : 자본소득이나 수입을 원하십니까?

질문 : 고객님께서 감당할 수 있는 위험 수위를 말씀해 주실 수 있습니까? 공격적인 성향인가요, 아니면 보수적이신가요?

질문 : 고객님의 포트폴리오는 어떻게 구성되어 있습니까?

1. 가장 많이 오른 종목 2. 가장 많이 산 종목

질문 : 가장 최근에 하신 거래 중에서 하나만 예를 들어 주실 수 있겠습니까? 그리고 언제였는지 말씀해 주시겠습니까?

질문 : 일반적으로 저희에게 위탁하시는 금액은 _____달러에서 _____달러 사이입니다. 고객님은 보통 어느 정도의 자본을 위탁하시나요?

"비즈니스맨 대 비즈니스맨으로서 고객님께 한 가지 약속을 드리고 싶습니다. 첫째, 고객님의 시간을 낭비하지 않겠습니다. 둘째, 고객님을 다시 만날 때는 중요한 전략제안을 드리겠습니다. 이런 두 가지 이유로 상당한 금액의 위탁금을 저희에게 맡겨주실 것을 진지하게 고려해 주셨으면 합니다. 이 모든 투자의 변수들을 고려할 때 고객님께서는 신속한 결정을 내릴 수 있는 입장이신가요?"

이러한 일련의 질문들은 세일즈 클로징으로 직접 연결된다.

"고객님께서 소유하고 계신 주식 중에서 고객님의 기대에 미치지 못한 것이 있습니까? 그 주식을 얼마나 오랫동안 보유하셨습니까? 제가 고객님께 어려운 결정을 요구하고 있다는 것을 압니다. 이익이 나지 않았을 때 왜 팔지 않았을까요? 그 이유는 무엇입니까?

1. 손실 때문에

2. 대부분의 투자자들이 흔히 저지르는 실수는 주식이 언젠가는 다시 오를 거라는 희망을 가진다는 겁니다.

이 말에 동의하지 않으십니까?"

"현실적으로 우리가 투자할 때마다 소기의 목적을 달성하지는 않습니다. 이유가 무엇이든 간에 실패를 인정하고 _____(주식)을 팔고 _____ (주식)을 사서 이 상황을 수정하는 결정을 내리는 것이 최상이 아닐까요?"

이런 질문을 하면 성공한다

찰스 로스는 뉴욕시내의 고급 사무실 임대 중개인이 '질문과 가정' 테크닉을 어떻게 활용했는지를 설명하면서 이런 예를 들었다. 중개인이 고객을 허드슨 강의 아름다운 전망이 보이는 곳으로 데려가서 이렇게 물었다. "전망이 너무 좋지 않습니까?" 고객은 예외 없이 "네, 아름답네요"라고 대답한다. 그런 후 같은 건물의 다른 쪽에 있는 사무실로 데려가서는 이렇게 묻는다. "먼저 본 전망만큼 마음에 드십니까?" 마음에 들었을 수도 있고 그렇지 않을 수도 있다. 고객이 마음에 들지 않는다고 말하면 그는 "그렇다면 먼저 보신 사무실을 원하시겠군요, 그렇죠?"

물론 임대계약이 체결되었다.

반복적인 선택을 통해 최종선택을 이끌어 내라 _ The "Choice" Close

내가 미혼여성들에게 도자기, 접시, 크리스털을 파는 식탁용 식기 세일즈를 하던 시절, 가장 어렵고 중요한 과제 중 하나는 고객이 적절한 무늬를 고르도록 유도하면서 자신의 선택이었다고 믿게 하는 것이었다.

우리는 도자기부터 시작했고 일곱 가지의 무늬가 있었기 때문에 이렇게 해결했다. 처음에는 고객이 좋아할 거라고 확신하는 '무난한' 무늬를 제안한다. 고객이 좋아하는지 그렇지 않은지는 별개의 문제다. 그릇을 보여주고 갖은 미사여구를 동원해서 설명을 한 다음, 두 번째 무늬를 꺼내서 보여준다. 두 번째 무늬를 보여주고 나서 고객에게 묻는다. "메리, 이 세상을 통틀어 이 두 가지 도자기 무늬뿐이고 지금 당장 어느 것을 선택할지 결정을 내려야 한다면 이 둘 중 어느 것을 선택할 것 같습니까?"

고객이 선택하고 나면 선택하지 않은 무늬는 치워버린다. 마지막 무늬까지 이런 식으로 가면 대개 마지막 선택은 비교적 쉽다. 고객이 마지막 무늬를 고르면 마지막으로 또 한 번 선택의 기회를 준다. "구성품이 5개인 세트를 원하십니까, 아니면 7개인 세트를 원하십니까?" 대답을 듣고 주문서를 작성했다.

오래전 나의 친구 마이크 인그램Mike Ingram이 오클라호마 시 외곽에 있는 터프츠 앤 선Tufts & Son사의 사장이었을 때 농담 삼아 그를 '미국의 최고 미끼 세일즈맨'이라고 불렀다. 실제로 그랬다. 마이크와 그의 회사는 판매를 촉진하기 위해 여러 가지 아이디어를 동원했는데 대리점들에게 제시한 판촉물 중 하나는 22구경 소총이었다.

마이크는 판촉행사를 설명한 뒤 직원들에게 이런 질문으로 세일즈를 마무리하라고 교육시켰다. "여섯 박스 판촉행사를 원하십니까, 아니면 아홉 박스에 이 멋진 22구경 소총을 사은품으로 받는 것이 좋겠습니까?" 이 판촉 전략을 이용해 터프스 앤 선은 한물간 상품의 세일즈(그렇다. 그들이 판 상품은 바로 미끼였다.)에서 기록을 모조리 갱신했다.

> 질문 : 이 지구본 하나만 사시겠습니까, 아니면 3개를 사고 15% 할인을 받으시겠습니까?

많은 경우 이런 질문이나 이와 비슷한 질문만으로도 고객이 더 큰 주문을 하도록 유도할 수 있다. 질문을 하는 과정은 고객을 개입시키는 과정이고 해리 오버스트리트^{Harry Overstreet}가 멋지게 표현했듯이 "영향력을 행사하는 모든 힘의 핵심은 다른 사람을 참여하게 만드는 데 있다." 고객들을 세일즈 절차에 참여시키면 성공 가능성이 놀랍게 증가한다.

> 질문 : 당신과 당신의 회사에 많은 돈을 절약해 주는 상품을 보여준다면 지금 당장 구매할 수 있는가?

참고로 고객에게 하지 말아야 할 질문 중 하나는 "이것을 어떻게 생각하십니까?"라는 질문이다. 앞서 설명한 것처럼 '생각하는 뇌'는 '감정의 뇌'의 10%에 불과하고 사람들은 대체로 논리적으로 사지 않는다. 감정적으로 산다. 사람들은 자신이 원하는 것을 사지 필요한 것을 사는 것이 아니다. "이것에 대한 느낌이 어떠십니까?"라고 물으면 분명 세일즈에 성공할 가능성이 더 높다.

세일즈 클로징 확실하게 못 박아라 _ The "Tie Down" Close

더그 에드워즈는 다음에 나오는 소위 '못 박기'라는 전략을 완성하고 가르쳤다. 그는 이 테크닉을 매우 효과적으로 사용했다. 고객들은 종종 "이 상품, 녹색도 있나요?"라고 묻는다. 당신이 그렇다고 말한다고 해도 세일즈에 성공하기까지는 여전히 요원하다. 고객이 "이 상품, 녹색도 있나요?"라고 물으면 이렇게 물어라. "녹색이 있으면 사시겠습니까?" 이 질문에 고객이 응답하면 고객의 마음이 열린 것이다. 그러면 다음과 같은 질문으로 못을 박는다. "3주 후에 배송해 드릴 수 있습니다. 아니면 좀 서둘러서 2주로 당겨 볼까요?"

고객이 "그 집에 이 커튼도 딸려 있는 건가요?"라고 묻는다면 당신은 이렇게 되묻는다. "집에 커튼이 딸려 있으면 사시겠습니까?" 또는 "그 집에다 커튼을 포함시키도록 해드리면 사시겠습니까?"라고 묻는다. 이 질문으로 고객을 묶어 두는 것이다.

더그는 자동적으로 또는 본능적으로 질문이나 문장을 다음과 같은 못 박기로 끝낸다. "붉은색으로 하니 아름답군요, 그렇죠?" "무게가 더 나가니 훨씬 더 편안하네요, 그렇죠?" "마력이 더 높으니 정말 좋지요, 그렇지 않습니까?" "경제성이 더 좋아지니 경쟁이 심해질 수밖에 없을 겁니다, 그렇지 않습니까?" "색을 추가하니까 입체감이 살아나네요, 그렇죠?" "저녁 전망은 아름다운 추억을 많이 만들어 줄 겁니다, 그렇지 않습니까?"

이 문장들은 당신의 제안에 고객이 행동하도록 감정적으로 옭아매고 있으며, 고객에게 의무감을 부여하는 질문으로 제안을 마무리하면 세일즈의 성공 가능성은 더 높아진다. (이 책을 앞으로 더 읽어감에 따라 내가 여기서 사용한 못 박기 전략을 더 잘 이해하게 될 것이다. 그렇지 않은가?)

못 박기 전략에서 특히 중요한 것은 핵심을 강조하기 위해 축약형을 써야 한다는 사실이다. 세일즈 강사인 필 린치Phil Lynch는 not을 절대로 사용하지 말라고 권했다. isn't, shouldn't, wouldn't, can't, couldn't, doesn't, won't와 같은 축약형을 쓰고 is not, should not, would not, cannot, could not, does not, will not과 같은 형태를 피하라.

이제 당신의 상품과 고객에 대한 구체적인 질문을 만들어 보기 바란다. 기억하라. 프로 세일즈맨은 점점 더 프로다워지는 법을 배우기 위해 노력한다. 쉽지 않은 일이지만 그에 따른 감정적인 만족과 금전적인 보상은 엄청나다.

세일즈 클로징 한번 고객은 영원한 고객 _ The "Permanent Customer" Close

가구점, 옷가게, 기타 매장에서 세일즈를 하는데 고객이 들어와서 "옷을 좀 보고 싶은데요"라고 하면 웃으면서 이렇게 말하라. "어서 오세요. 남성복은 이쪽입니다." 남성복 코너를 향해 대여섯 걸음정도 걷다가 돌아서서 말한다. "특별한 행사 때 입을 옷인지, 아니면 고객님의 다른 옷들과 맞춰 입어서 투자한 의류비 대비 최대의 효율성을 얻고자 하시는지 제가 알 수 있으면 도움이 될 텐데요?"

이 방법은 곧바로 판매에 성공하도록 도와줄 뿐 아니라 당신이 향후 고객의 옷 문제를 해결해 줄 수 있는 능력과 관심을 갖춘 사람이라는 인상을 심어준다. 당신은 인상적이고 프로다운 접근방식과 문제 해결사가 되어주기 위한 진실된 관심을 보여주고 있는 것이다. 당신의 첫 질문은 '영원한 고객 만들기'의 시작이다.

이와 똑같은 방법을 사용하면 대부분의 매장(가구점, 전문매장, 일반매장 등)에서는 효과를 볼 수 있다. 가구점에 고객이 찾아와서 램프, 러그, 또는 소파에 관심을 표한다. 당신은 웃으며 말한다. "제가 기꺼이 도와드리지요. 이쪽에 있습니다." 고객이 찾는 상품이 있는 쪽으로 가면서 말한다. "그런데 단독으로 사용하실 겁니까, 아니면 다른 실내장식품들과 어울려서 가구비용 대비 최대한의 효과를 원하십니까?" 이렇게 물으면 고객은 자신이 요구한 그 상품을 사는 단순한 금전적인 결정보다 좀 더 중요한 결정을 내려야 함을 깨닫는다.

나는 이 책의 전반에 걸쳐 질문에 대해 다루고 있으며 또한 사용하고 있다. 세일즈맨으로서 당신의 커리어는 그 어떤 기술보다도 질문하는 법과 목소리를 적절하게 사용하는 법을 배움으로써 보다 빨리 발전할 것이라고 믿어 의심치 않는다.

대부분의 세일즈맨들이 질문의 중요성은 알지만 질문하는 과정에서 몇 가지 중대한 실수를 저지른다. 무엇보다도 질문의 방법에서 실수가 많은데, '경찰 취조'처럼 지나치게 공격적이고 단정적인 질문을 하는 경우가 그렇다. 세일즈맨의 태도는 정말 중요하다. 세일즈맨이라면 서비스 정신을 잊지 말아야 한다. 처음 질문을 시작하기 전에 고객의 허락을 반드시 얻어야 한다. 이런 식으로 허락을 구하라. "고객님, 저희가 고객님을 어떻게 도와 드려야 할지를 결정하려면 고객님께 몇 가지 질문을 드려야 합니다. 지금 여쭤 봐도 되겠습니까?" 이런 방법으로 긍정적인 반응을 얻을 수 있을 뿐 아니라 당신이 왜 질문하는지 그 이유를 고객에게 알려준다. 그럼으로써 질문할 수 있는 길을 열고 더불어 고객은 대답할 의무가 생긴다.

직접 판매를 위한 전략

For Direct Sales People

이번 장은 직접 판매에 종사하는 사람들을 주요 대상으로 하고 있다. 그러나 형식이나 상품에 관계없이 최소한 한 번쯤은 읽어보기 바란다. 분명 당신의 상황에 응용할 수 있는 아이디어나 테크닉을 발견할 수 있을 것이다.

할 일을 알고 아는 대로 하라

이런 옛날 이야기가 있다. 하루는 여우와 토끼가 호프집에서 시원한 맥주를 한잔하고 있었다. 그러다가 공동의 적, 즉 사냥꾼들의 사냥개로 화제가 바뀌었다. 여우는 도망갈 방법을 아주 많이 알고 있기 때문에 사냥개들이 전혀 겁나지 않는다고 자랑스러운 듯이 이렇게 말했다.

"사냥개가 오면 다락방으로 재빨리 도망가서 위험이 사라지고 안전해질 때까지 숨거나 번개처럼 후다닥 문밖으로 도망치면 제 아무리 사냥개라도 잡을 수 없지. 아니면 가까운 개울가로 달려가서 사냥개들이 못 찾고 포기할 때까지 잠시 물속에 들어가 있으면 되고. 그것도 아니면 한 자리에서 원을 그리고 몇 차례 뒷걸음질을 쳐서 사냥개들을 완전히 따돌린 후 나무에 올라가 나를 찾느라 헤매는 사냥개들을 구경할 수도 있어."

여우는 도망칠 방법을 많이 알고 자신감이 넘쳤다. 반면에 토끼는 약간 수줍어하면서 창피한 듯이 사냥개가 오면 한 가지 방법밖에 모르는데 그것은 '놀란 토끼'처럼 도망치는 것이라고 고백했다.

이런 대화를 하던 중 사냥개가 짖는 소리를 들었다. 토끼는 자기가 한 말처럼 깡충 뛰어서 놀란 토끼처럼 문밖으로 도망쳤다. 여우는 다락방으로 도망가서 숨을지, 문 밖으로 쏜살같이 나간 다음 달리기 솜씨를 믿어야 할지, 개울가로 달려가 물속에서 냄새를 없애야 할지, 아니면 도망가다가 뒷걸음질과 원 그리기로 사냥개들을 헷갈리게 한 다음 나무에 올라갈지를 고민하느라 망설이고 있었다. 어떤 방법을 쓸지 고민하는 사이 사냥개들이 몰려와 그를 잡아먹었다.

이야기의 교훈은 아주 단순하다. 모든 세일즈 테크닉을 알고 있지만 그 중 하나도 사용하지 않는 것보다는 효과적인 한 가지 방법을 알고 사용하는 것이 낫다.

이 책에 수많은 테크닉과 방법들이 등장하는 데는 몇 가지 이유가 있다. 우선 파는 사람과 파는 상품들이 각양각색이다. 다양한 성격을 가진 각기 다른 종류의 사람들이 셀 수 없이 많은 상품과 서비스를 판다. 물론 모든 것을 다룰 수는 없지만 여기서 다룬 테크닉과 원칙들은 그 범위가 상당히 넓으면서도 구체적인 목표를 갖고 있다.

이 책의 내용 대부분은 다양한 분야의 세일즈맨들이 보다 프로다워지고 성공하는 데 도움을 주는 것에 초점이 맞춰져 있다. 다양한 세일즈맨들이 더 다양한 종류의 고객들을 상대로 세일즈를 하기 때문에 다양한 방법들을 소개하는 것이다.

여기에 사용된 대부분의 테크닉과 방법들이 교육적이라는 사실을 느꼈을 것이다. 고객은 'Yes'라고 말할 만큼 충분히 알지 못하면 대체로 'No'라고 말하기 마련이다. 따라서 고객이 자신의 이익을 위해 왜 'Yes'라고 말해야 하는지와 명분(논리적 또는 감정적인)을 포함한 추가 정보를 주어야 한다. 이 과정에서 게라트 니렌베르크Gerard I. Nierenberg가 「Personal Selling Power」에 기사화된 인터뷰에서 한 말을 기억해야 한다.

"고객은 배우기를 원하지만 가르침을 받는 것은 거부한다."

지금까지 이 책을 읽었으니 당신은 이미 테크닉과 방법들을 충분히 배웠고 그것들을 사용하고 있을 거라고 믿는다. 또한 이 책의 남은 부분에서 다루게 될 절차와 테크닉을 기쁜 마음으로 배우고 적용하리라고 믿는다.

오래된 방법은 검증되었다는 뜻이다

지금부터 설명하려는 세일즈 테크닉은 주로 직접 판매 세일즈맨들이 사용하지만 약간 응용하면 자동차, 부동산, 가전제품, 백화점이나 전문 매장의 주력 상품에도 사용할 수 있다. 이 방법은 가치를 입증하고 나서, 그러나 상품에 대한 모든 정보를 고객에게 주기 전에 사용되어야 한다. (영화가 시작되기도 전에 로비에 팝콘을 쏟지 마라.) 이 테크닉은 몇 가지 특징이 있다.

우선 거래에 관한 모든 세부내용을 공개하기 때문에 교육적이다. 그리고 효과적이기 때문에 오랫동안 사용된 방법이다. 효과가 없다면 사장되었을 것이다. 내가 처음 세일즈에 입문했을 당시에는 '할아버지 전략'이라고 알려졌으며, 어떤 세일즈 강사들은 '주문서 전략'이나 '기본전략'이라고 불렀다.

이 전략은 오래되었지만 오레곤 주 포트랜드 출신의 세일즈 강사 진 몬트로스Gene Montrose가 '공개전략'이라고 다시 이름을 붙였다. 내가 이 전략을 '공개'하면 왜 이것이 훨씬 더 적절한 이름인지 알 수 있을 것이다.

세일즈 클로징 공개전략 _ The "Disclosure" Close

상품의 가치를 입증하고 나서 세일즈맨이 마무리 단계로 접어들면 이렇게 말한다.

"고객님께서도 아시다시피 정부가 이제 우리 삶의 다양한 부분에 간섭하고 있습니다. 좋은 점도 있고 나쁜 점도 있습니다. 정부에서 정한 좋은 법이 하나 있는데 그 법에 의하면 기업들은 거래의 모든 세부내역을 구매자에게 공개해야만 합니다. 이렇게 하면 숨겨진 비용이 없지요. 윤리적인 세일즈맨과 기업들은 이 법을 환영하고 있습니다."

"저희 회사는 정부보다 한 발 더 나아가 실제 판매거래뿐 아니라 모든 거래에 대해 제안된 내용까지 정보를 공개하고 있습니다. 따라서 어느 누가 보아도 저희가 제안하는 내용과 비용내역을 분명히 알 수 있습니다. 또한 고객님께서 저희가 제안한 내용을 이웃 분들과 비교해 보시면 제안한 내용이 똑같다는 것을 알게 되실 겁니다. 모든 사람에게 공정하고 개방되어 있는 회사라는 사실을 알게 되면 분명 기분이 좋으실 겁니다."

(마지막 문단을 다시 읽어보면 우리의 제안에 관한 모든 정보를 모든 사람에게 '공개'한다고 말했음을 알 수 있다. 이 말을 해석해 보면 "지금부터 고객님의 주문서를 작성하겠습니다"라는 뜻이다.)

주문서 작성하기

"고객님께 제가 설명해 드린 주문은 87번입니다. (이때 주문서를 아주 잘 보이게 두고 해당되는 부분에다 87번이라고 적는다.) 이 주문에 드는 투자비용은 399.95입니다. (이런 식으로 가격을 말하고 숫자 옆에 달러표시를 적지 않는다. 전혀 새로운 사실은 아니지만 이런 작은 부분들이 큰 차이를 만든다.) 배송비가 20이니까 총 419.95네요. 정부가 제공하는 도움의 대가로 청구하는 세금은 33.55, 그러면 총 453.50입니다."

이때 걱정이 되기 시작한 고객이 이렇게 말한다. "잠깐만요, 나는 사겠다고 한 적이 없는데요!" 이 말이나 이와 유사한 반응에 대해 다음과 같이 합리적으로 설명한다. "물론 그런 말씀을 하지 않으셨지요. 설명 드린 것처럼 저희가 제안 드리는 조건을 정확히 아셨으면 하는 것뿐입니다. 개인적으로 보기에 고객님은 내용을 파악하고 나서야 가부를 결정하실 스타일이신 것 같은데, 제 말이 맞습니까?"

목소리와 억양이 역시 중요하다

(강의실에서 정해진 각본대로 하는 롤 플레이(역할연기)를 하는 게 아닌 다음에야 고객이 무슨 말을 할지 짐작하기는 어렵지만 대개 이러한 전제에 동의할 것이다.)

계속해서 이렇게 말한다. "그런데 만약('만약'이란 단어를 강한 목소리로 강조한다.) 고객님께서 이 프로그램을 고려해야 한다면 월 20달러 투자 프로그램이 감당하기에 좀 더 편하시겠습니까?, 아니면 대개 이 정도 금액이면 60일짜리 현금결제로 처리하시나요?" (대답을 기다려라.)

많은 경우 고객은 "글쎄요, 만약(정말로 만약의 경우에 말인데요.) 이 상품을 살 거라면 월 20일 프로그램이 좋을 것 같아요." 이 대답에 당신은 이렇게 대응한다. "아, 한 가지 제가 깜빡 잊고 말씀 안 드린 게 있는데 주문하시면 칼 가는 기계와 바닥 광택제 중에서 하나를 선택하실 수 있습니다. ('양자택일' 전략이다.) 아니면 접시나 자기그릇 중에서 선택하셔도 됩니다."

당장 사도록 만들기 위한 인센티브로서 사은품을 제공하지 않는 회사의 경우에도 여전히 '양자택일' 전략을 사용할 수 있다. "고객님, 제가 깜빡하고 말씀 안 드렸는데, 이 상품은 투톤 브라운이나 단색의 회색으로도 나옵니다. 어떤 것으로 하시겠습니까?" 이번에는 목소리의 강세가 '하시겠습니까'에 있다.

대부분의 고객들은 이렇게 말할 것이다. "글쎄요, 산다면 회색으로 할 것 같아요." 그러면 '회색'이란 단어를 주문서에 적고서 고객에게 말한다. "이 상품을 살 때('살 때'라는 말을 은근히 강조한다.) 결제일을 1일이나 15일로 해도 상관없겠습니까, 아니면 25일이 낫겠습니까?"

"글쎄요, 별로 상관없을 것 같은데요. 그렇지만 25일로 하는 게 어떨까요?"라고 대답하는 고객들을 수없이 많이 만났다. 이 시점에서 처음으로 주문을 고객과 연결시킨다. "고객님 성함이 제이 제이 존스톤J. J. Johnston이시죠?" 그러고는 주문서 작성을 마친다.

세일즈 클로징 작은 결정 전략 _ The "Minor Decision" Close

이 방법에는 몇 가지 짚고 넘어가야 할 중요한 포인트가 있다. 첫째,

'양자택일' 전략은 구매결정으로 연결될 수 있는 작은 결정을 유도하는 것이다. 둘째, 이번에 고객이 사지 않더라도 당신의 노력은 여전히 중요하다. 주문, 구매조건, 옵션을 밝혀둠으로써 고객을 교육시켰기 때문이다.

고객이 현명한 또는 편안한 결정을 내리려면 이런 정보가 필요하기 때문에 이 점은 매우 중요하다. 이렇게 조건들을 명확히 밝힘으로써 최소한 고객은 자신이 무엇 때문에 구매결정을 내렸는지 알고 있다는 확신을 갖게 된다. 모든 것이 명백해지면 확신이 생긴다.

또한 고객들에게 '고민할 시간'을 줘야 할 때가 많다. 나는 이것 때문에 세일즈에 실패한 적이 여러 차례 있다. 다른 특징들을 상세하게 설명하고 있을 때 고객이 다시 '공개전략'과 관련된 질문을 하는 경우가 그렇다.

"결제기간이 20개월이라고 했나요, 아니면 18개월이라고 했나요?" "배송기간은 얼마나 걸린다고 했죠?" "매월 결제한다고 결정하고 나서 일시불로 지급한다고 가정해 보자고요. 이 경우 수수료를 얼마나 내야 하죠?" 대개 이 단계에서는 고객이 'No'라고 말하지만 '고민할 시간'과 추가정보를 주면 새로운 'Yes' 결정을 내린다.

고객은 고민 중

추가적인 특징들을 설명했음에도 고객이 한마디도 듣지 않은 경우가 많다. 그들은 지금 갚고 있는 할부금이 끝나면 새로운 대금결제가 가능할 것인지를 고민하고 있는 것이다. 그렇기 때문에 구매를 합리화하는 이유를 충분히 고객에게 설명하고 곧바로 '공개전략'을 써야 한다. 이 전략은 고객의 생각을 명쾌하게 정리해 주고 고객이 결정을 내릴 수 있도록 확실하고 기본적인 정보를 준다.

필요하지도, 원하지도, 감당할 수도 없는 것을 사게 만들기 위한 것이 아니다. 이 전략은 자신에게 가장 이익이 되는 쪽으로 행동하기 위해 약간의 부드러운 설득이 필요한, 망설이는 고객을 상대할 때 매우 효과적인 전략이다.

세일즈 클로징 테니스 라켓 전략 _ The "Tennis Racket" Close

베테랑 세일즈맨은 남편과 아내에게 프레젠테이션을 끝냈을 때 다음과 같은 대화를 들어야 했던 경험이 분명히 있을 거라고 확신한다.

남편 : 어때, 여보?
아내 : 글쎄요, 전적으로 당신이 결정하세요.
남편 : 아니야, 당신이 쓸 거잖아.
아내 : 네, 그렇지만 돈을 내는 사람은 당신이잖아요.

그렇게 아내와 남편이 끊임없이 옥신각신 대화를 주고받는다.

이런 일이 벌어지면 분명 세 가지 중 한 경우에 해당될 테니 걱정할 것 없다. 첫째, 둘 다 사기를 원한다. 둘째, 둘 다 사고 싶지 않다. 셋째, 한 사람은 사기를 원하고 다른 한 사람은 그렇지 않다. 그러나 더 확실한 것은 누구도 결정을 내리고 싶어하지 않는다는 사실이다. "당신이 결정하세요"라고 말하면서 계속 공을 상대방의 코트로 되받아넘긴다.

이 상황이 네트를 가운데 두고 공을 주고받는 것과 비슷하기 때문에 '테니스 라켓' 전략이라고 부른다. 이런 경우 옆으로 비껴 나서 '게임'을 구경하면서 그들이 네트 너머로 두세 번 이상 공을 주고받도록 내버려두면, 둘 중 한 사람이(대개 남편이) 웃으면서 이렇게 말한다. "사기는 살 건대 안타깝게도 아내가 결정을 못 내리네요."

이렇게 해결하라

이런 상황은 다음과 같이 해결할 수 있다. 부부가 이 질문이란 공을 두세 차례 네트 너머로 주거니 받거니 한 다음 손을 번쩍 들고 이렇게 말한다. "잠깐!" (일부 지역에서는 "잠시만요"라고 말할 수도 있지만 그건 잘못이다. 혹시 모든 것을 액면 그대로 받아들이는 사람들이 있을까 봐 고백하건대 말장난일 뿐이다.) "이런 말을 해도 될지 모르겠습니다만, 해야겠습니다. 두 분 중 어느 쪽도 지금 결정을 내리면 안 된다고 생각합니다. 제가 주제넘는다고 생각하실지 모르지만 설명을 드리겠습니다. 지금 두 분 모두 감정적이시고 이럴 때는 결정을 내리기에 최악의 시간입니다."

"이유는 간단합니다. 지금 사겠다고 말하면 둘 중 한 분이 나중에 '글쎄, 당신이 그 상품을 산다고 했을 때 내가 말렸잖아요!'라고 말씀하실 수 있습니다. 사지 않겠다고 하면 얼마 지나서 한 분이 '당신도 기억하겠지만 내가 사자고 했잖아요'라고 말할 수도 있습니다. 사기로 하든 안 사기로 하든 감정이 섞여 있기 때문에 잘못된 결정이 될 수 있습니다."

세일즈 클로징 벤자민 프랭클린 전략 _ The "Ben Franklin" Close

이 전략을 이번 장에 포함시키는 이유는 직접 판매를 하는 세일즈맨들을 위한 것이긴 하지만 이 방법은 모든 세일즈 상황에서(심지어는 인생을 살면서 겪는 거의 모든 상황에서조차도) 실용적으로 응용될 수 있다고 생각하기 때문이다. 상상력을 발휘해서 이 방법을 연구하고 인생에서 활용하기 바란다. 집, 자동차, 직업, 학교, 휴가지, 교회 등을 선택할 때 이 방법이 매우 유용할 수 있다.

서두를 장황하게 설명했으니 이 방법이 고객이 올바른 결정을 내리는 데 도움을 줄 수 있다는 것을 굳이 더 이상 설명할 필요는 없다고 생각한다. 이 전략이 어디서, 누구에 의해 처음 사용되기 시작했는지는 모르지만 나의 친구 빌 크랜포드가 1947년 이 전략을 가르쳐 주었다. 이제 다시 구체적인 전략을 살펴보자.

"이 결정을 감정적으로 접근하지 마시고 미국이 만들어 낸 최고의 현인들 중 한 사람의 삶에서 배워 보라고 권해드리고 싶습니다. 그의 이름은 벤자민 프랭클린입니다. 어려운 결정을 내려야 할 때 그는 종이 한 장을 꺼내서 가운데에 줄을 그었습니다. 왼쪽에는 '찬성하는 이유'를 적고 오른쪽에는 '반대하는 이유'를 적었지요. (이 방법은 『5가지 위대한 세일즈의 법칙The Five Great Rules of Selling』 저자인 퍼시 화이팅Percy Whiting에 의해 약간 수정되었다.) 우리도 이 방법을 따라 해봤으면 합니다. 간단히 말하면 구매를 찬성하는 이유와 반대하는 이유를 살펴보고 사실에 근거해서 결정하는 겁니다. 이런 방법을 사용하면 두 분 중 어느 누구도 틀릴 염려가 없고 어떤 결정을 하시든지 두 분 모두 옳을 수 있습니다. 이 아이디어가 괜찮겠습니까?" (걱정할 필요 없다. 분명 좋아할 것이다.)

사야 하는 이유

이때 수첩을 꺼내서 가운데에 선을 긋고 왼쪽 상단에 '찬성하는 이유'를 적고 오른쪽 상단에는 '반대하는 이유'를 적는다.

"사야 하는 이유는 많습니다. 첫째, 상품이 마음에 든다고 하셨습니다." 그러나 모든 이유의 총 합계를 내기 전까지는 각각의 찬성이나 반대 이유에 번호를 매기지 마라. '찬성하는 이유'에 번호를 매기면 찬성과 반

	찬성하는 이유	반대하는 이유
●		
●		

대 이유 사이에 숫자경쟁을 유발할 수 있기 때문이다. 번호는 고객에게 더 많은 반대의견을 생각해 내라는 도전으로 해석될 수 있다. 구매반대 의견 중에는 말도 안 되는 것들이 있을 수 있지만, 말도 안 되는 이유라고 반박하다가는 어느 쪽 이유가 많은지에 상관없이 상황을 어색하게 만들 수도 있고 결과적으로 세일즈에 실패할 수도 있다.

'마음에 든다'라는 이유를 첫째로 꼽는 이유는 사람들이 필요한 것이 아니라 원하는 것을 사기 때문이다. "둘째, (잊지 마라. '둘째'라고 말은 하지만 숫자는 적지 마라.) 저희 상품이 돈을 절약해 준다고 말씀하셨습니다." (사야 하는 이유를 모두 적을 때까지 이런 과정을 계속한다.)

이제 '반대하는 이유'로 넘어 간다. 다음과 같은 말로 목록 만들기를 시작한다. "오늘 사지 말아야 하는 이유 중 하나는…" (프레젠테이션을 하면서 고객이 계속 제기한 중요한 문제점을 적는다.) 고객이 제기한 주요 이유나 문제점을 끄집어 내야 한다. (당신이 끄집어내지 않으면 고객이 할 것이다.) 그리고 당신이 그 문제를 지적하면 거부감이 다소 경감된다. 그런 다음 당신은 입을 다물고 고객에게 반대하는 이유를 말하게 하라. 당신이 충분히 준비했다면 고객의 반대이유보다 훨씬 더 많은 찬성이유를 갖고 있을 것이다.

산다고 가정하라

이제 합계를 내면서 말한다. "봅시다, 하나, 둘, 셋…" 크고 굵은 글씨로 합계를 쓰고 (예를 들어 합계가 10개라고 가정해 보자.) 그 숫자에 여러 번 동그라미를 친다. "반대이유는 하나, 둘, 셋….." 합계를 쓰고 (반대이유가 7개라고 가정해 보자.) 마찬가지로 동그라미를 여러 번 친다. 퍼시 화이팅에 따르면 이때 고객에게 수첩을 보여주며 묻는다. "고객님, 사야 하는 이유와 반대이유 중 어느 쪽이 더 많습니까?" (고객에게 답하게 한다.)

찰리 컬런이 말했듯이 이때 대담하게 수첩에서 고개를 들어 고객의 눈을 응시하면서 손을 내밀어 악수를 청하면서 말한다. "제가 만나는 모든 사람들이 이렇게 논리적이고 상식적인 의사결정 방법을 사용한다면 제 일이 훨씬 재미있을 겁니다! 정말 마음에 드실 겁니다!"

세일즈맨들이 종종 이렇게 묻는다. "지그, 정말로 이런 방법이 통할까요?" 나는 이렇게 대답한다. "아니오, 항상 통하는 것은 아닙니다. 하지만 어떤 경우에는 효과가 있습니다." 프레젠테이션이나 세일즈의 하이라이트가 가장 중요한 장점으로 시작해서 그다음 중요한 장점으로 끝나야 하는 이유가 바로 이것이다. 고객은 당신이 프레젠테이션을 시작하고 끝낼 때 하는 말과 행동을 기억하기 때문이다.

이와 관련하여 중요한 두 가지 사실이 있다. 첫째, 사지 않아야 하는 이유가 딱 하나만 있어도 고객은 이렇게 말할 수 있다. "사지 않을 겁니다. 당신이 사야 하는 이유를 아무리 많이 갖다 대도 상관없습니다!" 둘째, 사야 할 이유가 열 가지 된다고 해서 고객이 사는 것은 아니다. 대부분 한 가지 중요한 이유나 사소한 이유 때문에 산다.

고객의 친척까지 고객으로 만들 수 있다

사야 하는 이유와 사지 말아야 하는 이유의 목록을 만드는 것은 고객이 이 콘셉트의 논리를 눈으로 볼 수 있기 때문이다. 이것은 구매결정에 영향을 준다. 또한 뭔가를 살 때 사람들은 확신이 필요하기 때문에 남편, 아내, 친척, 친구들과 상의하고 그들은 또 다른 사실들을 제시한다.

많은 사람들이 기분 좋게 사고나서 나중에 취소를 하는 경우도 있는데 그 이유는 주변 사람들이 잘못된 결정이라며 고객을 놀리거나 조롱하기 때문이다. '벤자민 프랭클린' 전략을 통해 이유를 목록으로 만듦으로써 세일즈에 성공할 뿐 아니라 많은 경우 변심이나 구매취소를 방지할 수 있다. 따라서 나는 이런 방법을 권한다. 나중에 '감정적인 논리'를 다루면서 이 방법을 적극 추천하는 이유를 자세히 설명할 것이다.

모든 세일즈 테크닉은 교육적이어야 한다. 이 방법은 사야 하는 새로운 이유를 제시해 주지는 않지만 이미 논의된 이유들을 요약해 준다. 또한 고객을 안심시키고 자신의 새로운 결정(처음에 사지 않겠다고 말한 경우)이 옳은 결정이라는 확신을 준다.

두 가지 중요한 점이 또 있다. 첫째, 상품이나 서비스에 관한 모든 사실을 설명했음에도 고객이 여전히 중요한 포인트를 놓칠 수 있다. 둘째, 고객이 모든 사실을 알고서도 잘못된 결정을 내릴 수 있다. '벤자민 프랭클린' 테크닉은 고객이 중요한 포인트를 놓치지 않도록 도와주고 요약을 통해 고객이 잘못된 결정을 내릴 수 있는 가능성을 대폭 줄여준다.

세일즈 클로징 고객을 높여라 _ The "Pedestal" Close

이 방법은 부부고객인 경우 아내가 시연이나 마무리 단계에서 단호한 어조로 솔직하게 "우린 살 형편이 안 됩니다!"라고 말할 때 사용할 수 있는 방법이다. 이런 경우는 일반적으로 둘 중 한 가지 상황이다. 아내가 집안을 좌지우지하거나(나의 고향에서는 '바지 입는 아내'라고 부른다.) 정반대로 남편이 아내를 완전히 통제하는 경우다.

만약 후자라면 남편한테 점수를 따거나 자기가 희생하겠다는 의도로 그런 말을 한다. 아내는 자신이 더 가치 있다고 생각하는 앞으로의 이익을 위해 원하는 것을 기꺼이 '포기'할 의사가 있음을 남편에게 보여줌으로써 남편에게 점수를 따려는 것이다.

아내가 "우린 살 형편이 안 됩니다!"라고 말하면 웃으면서 남편을 바라보며 이렇게 말하라. "아내 분들이 이런 말을 하면 언제나 흥미롭습니다. 단지 자신 때문에 남편께서 이 상품을 살지도 모른다는 우려로써 이렇게 말씀하시기 때문이지요. 솔직히 아내 분께서 자신만을 위해서 이 상품을 원하는 것은 아니라고 생각합니다. 요즘 같은 세상에 아직도 고객님 아내 같은 분이 있다는 것은 참 기분 좋은 일입니다. 그렇지 않습니까? (이런 칭찬을 듣고 남편이 무슨 말을 하겠는가?) 이렇게 이타심이 강한 조력자를 만나시다니 정말 운이 좋으십니다. 물론 아내 분께서도 운이 좋으시고요. 고객님께서는 분명 이처럼 특별한 배우자를 얻은 것에 대한 감사의 마음을 실제적이고도 구체적인 방식으로 표현하실 분이란 것을 알 수 있거든요."

적절한 말 + 좋은 억양 = 세일즈

잠시 멈추고 이 부부가 처한 상황을 보자. 우선 당신은 아내를 높이 올려주었다. 이때부터 아내는 당신이 눈치가 빠른 세일즈맨이라고 생각할 것이다. 당신의 말이 일리가 있고 가장 중요한 것은 자신이 중요한 사람인 것처럼 느끼도록 만들었기 때문에 그녀는 당신의 말을 기꺼이 들으려할 것이다. 남편 쪽도 상황은 상당히 좋다. 자기 아내의 필요와 요구를 채워줌으로써 최고의 남편이 되라고 자극했기 때문이다.

이런 생각을 염두에 두고 계속 세일즈를 진행한다.

"사실 아무도 다른 사람을 위해 희생하는 일은 없습니다. 이 상품을 사용하는 사람은 아내 분이지만 가족 모두가 그 혜택을 누릴 것이고 가족 전체의 행복이 중요하니까요. 그렇지 않습니까?

그렇습니다, 아내 분께서 이 상품을 원한다는 것은 분명합니다. (중요한 것은 목소리를 낮추고 남편의 눈을 보면서 말하는 것이다.) 하지만 그보다 더 중요한 것은 아내 분께서는 이 상품을 사고자 하는 자신의 마음을 고객님께서도 지지해 주기를 바란다는 것입니다. 그렇지 않습니까?"

주부들이 "네, 이런 상품이 있으면 좋죠"라고 말하는 경우는 수없이 많다. 그렇게 말하면 더 이상 다른 말을 하기 전에 나는 남편에게 악수를 청하면서 이렇게 말한다.

"고객님, 두 번이나 축하드려야겠네요. 첫째는 이런 분과 결혼하신 것, 둘째는 아주 긍정적인 방식으로 감사를 표현할 줄 아는 남성이라는 것에 대해서 말이지요. 이 상품, 정말 마음에 드실 겁니다!"

정말 효과가 있나요? 답은 '그렇다'이다. 이 방법은 상황에 따라 효과가 있다. 당신이 고객에게 세일즈 논리(테크닉)를 제시할 때마다 고객에게 새로운 결정을 할 수 있는 새로운 기회를 준다는 것을 기억하라. 고객은 이제 새로운 결정을 할 수 있는 기회를 더 많이 갖고 있다. 또는 감정적으로 더 많이 개입되어 있는데, 이는 고객이 스스로 구매에 대한 내적 압력을 가하고 있다는 뜻이다.

또 한 가지 기억해야 할 점은 각각의 세일즈 테크닉은 고객의 마음속에 상품이나 서비스의 가치를 높이는 과정이 되어야 한다는 것이다. 분명 고객의 마음속에 가치를 계속 높여가고 감정적 또는 교육적인 테크닉을 충분히 알고 사용한다면, 결국 가격보다 가치를 높일 수 있기 때문에 이론적으로는 항상 세일즈에 성공한다는 결론이 나온다.

고객이 컴퓨터라면 항상 이런 결과가 나올 것이다. 그렇지만 고객은 사람이지 컴퓨터가 아니다. 그러니 이론은 더 이상 이야기하지 않겠다. 그러나 이것은 약속할 수 있다. 내가 설명하고 있는 세일즈 테크닉들은 당신의 세일즈 성공률을 상당히 높여줄 것이다. 오직 커미션에만 의지한다고 가정하면 비용은 거의 똑같기 때문에 세일즈의 효율성이 1% 증가하면 순수익은 2~10% 증가한다.

세일즈 클로징 **밑져야 본전이다 _ The "Hat in Hand" Close**

세일즈의 세계에서는 아무리 노력해도 고객이 사지 않는 진짜 이유를 알아낼 수 없을 때가 있다. 고객이 솔직하게 털어놓지 않아서 세일즈의 가능성이 존재하는데도 그것을 놓친다는 것은 안타까운 일이다. 그러나 구매를 하지도 않고 미래 가망고객으로 남아 있을 가능성도 없는 고객을 상대하는 데에는 한계가 있다. 당신이 물러설 수밖에 없거나 탐색, 인내, 질문이 소용 없음이 분명할 때는 '손안의 모자' 전략을 시도해 보라. 나의 첫 세일즈 강사였던 더글러스 에드워즈로부터 기본적인 방법을 배웠고 딕 가드너가 이를 보완했다. 방법은 다음과 같다.

세일즈를 놓쳤음이 명백하면 샘플과 서류들을 가방에 집어넣음으로써 철수한다. 과거에는 모든 세일즈맨들이 모자를 썼기 때문에 이 테크닉은 그 시절에 탄생한 것이다. 오늘날 일부 세일즈 강사들은 이것을 '실패한 세일즈' 전략이라고 부른다. 서류를 가방에 넣으며 떠난다는 신호를 확실하게 주고 고객에게 시간을 내줘서 고맙다는 뜻을 표현한 후 언젠가는 그 고객과 거래할 수 있기를 바란다는 희망도 덧붙인다.

자리에서 일어서서 문을 향해 가면서 고객 쪽을 돌아보고 이렇게 말한다. "고객님, 이런 질문을 하기는 좀 쑥스럽습니다만 고객님께서 도와주신다고 생각하시고 한 가지 질문에 대답해 주시면 저의 커리어에 많은 도움이 될 겁니다. (의외로 많은 사람들이 도와주고 싶어하고 그런 의사를 보인다.)"

그러면 당신은 이렇게 말한다. "물론 고객님께서는 오늘 저와 아무런 거래도 하지 않으셨으며 그건 괜찮습니다. 매번 세일즈에 성공할 수는 없으니까요. 저희 상품이 고객님의 필요에 꼭 맞는다고 생각했기 때문에 사시기를 바랐습니다. 그렇지만 고객님은 사지 않기로 하셨고 저는 기분이 좋지 않습니다. 왜냐하면 고객님께서 상품의 혜택을 분명히 이해할 만큼 충분히 설명하지 못했기 때문이지요. 세일즈맨으로서 제가 어떤 실수를 했는지, 제가 어떤 부분에서 실수를 저질렀는지를 알려주신다면 다른 고객을 방문할 때 큰 도움이 될 겁니다."

많은 대답들이 가능하지만 대개는 "당신의 잘못이 절대 아니에요. 우리가 사지 않은 이유는 …"이라고 말할 것이고 이때 진짜 이유가 밝혀질 것이다. 이런 경우에는 손뼉을 치거나 손가락을 부딪쳐서 딱 소리를 내면서 이렇게 말한다. "세상에, 그런 실수를 하다니! 여태 망설이시는 것도 당연하지요! 제가 고객님 입장이었더라도 아마 고객님처럼 똑같이 했을 겁니다. 어떻게 그런 실수를 할 수 있었을까요?"

가방을 재빨리 열고 진짜 문제에 대한 해답을 제시하고 나서 이제 결정이 달라졌느냐는 질문으로 마무리한다. 이런 일은 자주 발생하지는 않지만 개인적인 경험으로 볼 때 이런 방법으로 세일즈에 성공하는 경우가 가끔은 있다. 이렇게 성사된 세일즈는 보너스나 다름없다. 완전히 실패로 끝났을 세일즈였기 때문이다.

이런 경우에는 두 가지가 중요하다. 첫째, 아주 간략해야 하고 즉시 주문을 얻어내지 못하면 우아하게 떠나야 한다. 둘째, 당신과 상품이 고객에게 도움이 된다고 진심으로 믿는다면 당신은 정말로 고객의 이익을 위해 행동하고 있다고 믿어야 한다. 이 방법은 어느 정도의 대담함 또는 배짱이 필요하다. '한물 간' 세일즈맨이 아니라 '나이 들어서도 건재한' 세일즈맨이 되는 방법은 배짱 있는 세일즈맨이 되는 것이다.

고객이 아무 말도 안 한다면?

때때로 답답하고 어려운 세일즈 상황도 발생한다. 세일즈맨이 결정적인 질문을 했는데 고객이 한마디도 하지 않는 경우다. 당신도 이런 경험이 있을 것이다. 만약 없다면 조만간 그런 일이 분명히 생길 것이다.

결정적인 질문을 한 다음 당신은 가만히 앉아서 아무 말도 하지 않는다. 고객도 앉아서 아무 말도 하지 않는다. 한마디로 아무도 말을 하지 않는다. 수년전 먼저 말하는 자가 진다고 가르쳤던 사람들이 있었다. 15년이나 20년 전에는 그 말이 맞았을지도 모르지만 오늘날에는 35장에서 다루게 될 한 가지 예를 제외하고 일반적으로 이 말은 사실이 아니다.

그 이유는 이렇다. 오늘날의 소비자들은 지식이 풍부하고 영리하다. '결정적인 질문을 던지고 입을 다무는' 전략은 너무 오랫동안 이용되어서 많은 고객들이 알고 있다.

고객이 듣지 않고 있었거나 질문을 정확히 이해하지 못했을 가능성도 있다. 다른 생각을 하다가 갑자기 당신이 조용해지자 왜 그런가 하고 의아해 할 수도 있다. 이 방법이 건전하지 못한 또 다른 이유는 당신이 압력을 행사하고 있다고 생각해서 이에 분노한 고객이 당신을 기다리게 만들기로 작심할 수도 있기 때문이다. 이것은 시간낭비다.

세일즈 클로징 엄마를 끌어들여라 _ The "Mother" Close

더 좋은 전략이 있다. 중요한 질문을 했는데 고객이 반응을 보이지 않을 때는 적당한 시간을 기다려라. 얼마나 기다려야 할까? 때에 따라 다르기 때문에 나도 알 수 없다. 경험과 상식적인 느낌이 그 시간을 결정해주겠지만 대개 10초 내지 60초 사이가 될 것이다. 그러나 한 가지 확실한 것은 고객의 목에 붉은 기운이 올라오는 것이 보이면 귓불에 도달하기 전에 무슨 말을 해야 한다. 고객의 눈을 보고 웃으면서 말한다. "고객님, 제가 어렸을 때 제 어머님께서는 침묵은 동의한다는 뜻이라고 말씀하셨습니다. 고객님께서는 제 어머님의 말이 맞다고 생각하십니까?"

이 말에 침묵이 깨지고 공은 고객의 코트로 넘어간다. 문제는 고객이 어떻게 할 것인가 하는 것이다. "아니오, 당신 어머니는 거짓말쟁이에요!"라고 말하지는 않을 것이다. 이것을 '압박 세일즈'라고 해야 할까? 그럴 수도 있지만 이 전략의 주요 목적은 고객이 스스로 압력을 가하도록 도와주는 것이다. 다음 이야기는 이 점을 좀 더 확실히 밝히는 데 도움을 주며 고객이 스스로 압력을 가하는 것을 당신이 도울 수 있도록 고객으로부터 허락을 얻어내는 방법을 알려줄 것이다.

척 애드킨스Chuck Adkins 이야기

우리가 가진 선입견, 애용하는 공식, 정해진 방법에도 불구하고 때때로 우리의 모든 이론과 생각을 뒤엎는 사람이 있다. 척 애드킨스가 그런 사람이었다. 척은 세일즈맨처럼 보이지 않았다. 면도를 하고 20분이 지나면 다시 면도를 해야 할 것처럼 보였다. 뚱뚱하지는 않지만 벨트 위로 배가 나와 있었다. 부드러운 솔이나 구두닦이 헝겊을 한 번도 만나본 적이 없는 끈 없는 구두를 신었다.

오래전 펩소덴트Pepsodent 치약광고 멘트를 한 줄 빌리자면 척의 미소를 보고서 '누런색이 어디로 사라졌는지 궁금해'할 필요가 없었다. (펩소덴트 치약으로 이를 닦으면 누렇던 이가 하얗게 변한다는 의미의 광고 한 구절로 척의 이가 그만큼 누런색이었다는 뜻 ―역주)

척은 차도 없고 다른 세일즈맨들과 어울리지도 않았기 때문에 보통 상황이라면 고용될 수 없었다. 척에게는 단지 자전거 한 대와 고용에 필요한 보증금 6달러만 있었을 뿐이다. 그럼에도 척이 고용된 이유는 그를 고용하면 욕심 많은 젊은 판매업자가 대리점으로 승격할 수 있었기 때문이다. 회사 규정에 따르면 다섯 명의 직원이 있어야 대리점 승격 자격이 주어졌다. 척을 고용한 젊은 판매업자는 직원이 네 명이었으니 한 사람이 더 필요했던 것이다.

사람들은 모두 척이 계약을 체결하고 3일 이내에 일을 그만둘 거라고 예상하고 있었다. 그러나 척은 우리 모두를 놀라게 했다. 계속 남아 있었을 뿐 아니라 얼마 지나지 않아 다섯 명 중에서 리더가 되었다. 그런 후 어느새 지역 전체의 리더가 되었고 주에서 1위, 남부지역 전체에서 1위 그리고 전국에서 7위에 등극했다.

볼품없는 외모에도 불구하고(사실 꽤 깔끔해졌다.) 척은 '딱히 뭐라 말할 수 없는 매력'이 있었다. 나는 척에 대한 보고서를 보고 매니저와 통화를 하면서 그의 성장을 지켜보았다. 그리고 척이 남부지역에서 1위에 올랐을 때 나는 그가 어떻게 세일즈를 하는지 직접 보러 가기로 결심했다. 그때쯤 척은 사우스캐롤라이나 주 조지타운으로 옮겨왔고 대리점 승격을 위해 열심히 노력하고 있었다.

척이 세일즈 업무 과정을 어떻게 처리하는지 보기 위해 나는 월요일 아침 일찍 조지타운에 도착했다. 먼저 그가 어떻게 시연회 예약을 잡는지부터 관찰했다. 시연회를 열고 세일즈를 어떻게 성공시키는지도 지켜보았다. 척의 이야기를 하는 이유는 선택한 분야에서 업무 생산성을 높여주는 세 가지 교훈이 있기 때문이다. 이 교훈에 대해서는 잠시 후 이야기할 것이다.

그날 저녁에 본 시연회를 결코 잊을 수가 없다. 척과 그의 조수가 여러 쌍의 부부들을 위해 시연회 음식을 모두 요리했다. 개인적으로 나는 그 자리에 있는 것이 당황스러웠다. 그렇게 지저분하고 더러운 시연회는 본 적이 없기 때문이다. 그 음식을 먹지 않아도 되는 것이 정말 다행이란 생각마저 들었다. 그럼에도 참석한 사람들은 재미있어 했다. 척도 자신이 말하고자 하는 포인트를 잘 전달했다. 시연이 끝나자 초대받은 부부들과 약속을 했다. 그리고 마침내 다른 고객들이 떠나고 척은 주인 부부와 세일즈 상담을 하기 위해 앉았다.

겉으로 보기에 척은 다정하고, 유쾌하고, 성격 좋고, 심지어 인생에 대해서는 전반적으로 무덤덤해 보였다. 특히 비즈니스에 대해서는 더 그렇게 보였다. 그러나 세일즈 상담에 들어가자 척은 핵심을 정확히 찔렀다. 그와 하루 종일 일하고도 이제 서야 수면 위로 떠오른 '킬러 본능'을 전혀 눈치채지 못했다는 것이 정말로 놀라웠다.

척은 주인 부부에게 구매 압력을 가했다. 그는 마치 상식과 판단력을 집어던진 것처럼 보였다. 그 결과 몇 분 지나자 주인장이 말 그대로 폭발하고 말았다. 이렇게 일방적인 판매에는 응하지 않을 것이라고 식탁을 손으로 내리치며 펄쩍펄쩍 뛰었다. 그러고는 매우 흥분된 목소리로 척처럼 강압적인 세일즈맨에게는 절대 사지 않는다고 말했다.

세일즈 클로징 허락받은 압박 _ The "Pressure Permission" Close

약간은 재밌고, 약간은 놀랍고, 약간은 당황스러운 마음으로 앉아 있던 나는 척이 이 상황을 어떻게 벗어날지가 궁금했다. 내 생각에는 화를 면할 길이 없어 보였다. 세일즈의 가능성도 너무나 희박했는데 내 생각에는 거의 불가능해 보였다.

그러나 나는 그다음에 벌어진 일을 결코 잊을 수가 없다. 내 평생 그렇게 침착한 사람은 처음 보았다. 얼굴에는 어이없다는 표정을 하고 그냥 앉아 있었다. 그러고는 천천히 고개를 가로 저었다. 반은 혼자말로 중얼거리는 듯 반은 나와 고객이 들으라는 듯 그는 이렇게 말했다.

"고객님, 제가 무엇 때문에 그런 짓을 하겠습니까! 정말, 정말 죄송합니다. 지그 씨(그는 나를 이렇게 불렀다. 지그는 이름이고 지글러가 성이므로 'Mr. Ziglar'라고 해야 하는데, 다소 무식한 척이 깜빡하고 'Mr. Zig'라고 불렀다는 뜻—역주)는 제 상사되시는 분인데 고객님께서 말씀하신 대로 제가 정말로 강압적인 세일즈맨이라고 생각하실까 봐 겁나네요. 사실 저는 강압적인 세일즈맨을 고객님보다 더 싫어하거든요. 제가 고객님께 압력을 행사했다고 생각하셨다면 고객님이 당연히 화가 나실 만도 하죠. 저라도 그랬을 겁니다. 고객님의 집에 저는 손님으로 와 있고, 고객님께서는 저를 도와주시려고 친구들과 이웃 분들을 초대하셔서 시연회를 보게 할 정도로 친절을 베풀어 주셨는데 저 때문에 기분이 상하셨다는 게 저로서도 안타깝습니다. 이 모든 일에 대해 너무나도 죄송하고 당황스럽습니다. 고객님께서 화를 내신다고 해도 전혀 무리가 아닙니다. 누군가가 제게 강압적으로 대했다는 생각이 든다면 저도 화가 났을 테니까요."

척의 이 연설이 아마 2분 정도는 걸렸던 것 같다. 척의 차분함과 평온함은 그가 자리에 계속 앉아 있었다는 사실과 더불어 고객에게 놀라운 효과를 발휘했다. 잠시 후 고객이 자리에 다시 앉았고 척이 물었다.

"고객님, 제 사과를 받아주시고 다시 친구가 될 수 있겠습니까?" 이 말에 늙은 농부는 미소를 지으면서 "그러죠 뭐"라고 말했고 그 말을 들은 척은 손을 내밀어 화친조약의 표시로 악수를 나누었다.

다음에 벌어진 일은 분명히 보고 들었는데(내가 눈과 귀를 쫑긋하고 들었다고 말할 때는 말 그대로 정말 열심히 들었다는 뜻이니 믿어주기 바란다.) 보고 들은 다음에도 스스로에게 '내가 지금 보고 들은 것이 헛것이 아닌가?'라고 물을 정도로 믿기지 않는 일이었다. 척이 말했다. "고객님, 제가 좀 흥분했던 것 같습니다. 그런데 한 가지 여쭤 봐도 되겠습니까?" "네, 그러세요." 고객이 말했다.

척이 물었다. "고객님께서 돈을 낭비하고 아내 분에게 불필요한 일을 더 많이 하도록 하는 실수를 발견해서 제가 알려드린다면 고객님께서는 제게 고마워하시겠습니까, 아니면 제가 상관할 바가 아니라고 생각하시겠습니까?" 고객은 이렇게 답했다. "내가 아내를 불편하게 만드는 중대한 재정적인 실수를 하려는 것을 아셨다면 알려 주셔야죠."

그러자 척은 누런 이를 드러내고 치약광고에 나왔음직한 웃음을 보이며 갓난아이처럼 순진한 표정으로 이렇게 말했다. "고객님, 제가 바로 그런 일을 하려고 했던 건대 고객님께서는 화를 내셨습니다. 고객님께서 화를 내지 않겠다고 약속하시면 기꺼이 다시 한번 시도해 볼 수 있습니다." 놀랍게도 고객은 화를 내지 않겠다고 약속했고 척은 세일즈를 진행했다.

그 상황을 곰곰이 반추해 볼 때, 무식하고 문맹에 가까운 척 애드킨스가 나에게 중요한 세일즈 교훈을 가르쳐 주었다. 말 그대로 척은 고객을 압박할 수 있게 해 달라고 고객에게 허락을 요청했던 것이다. "고객님께서 돈을 낭비하면서까지 고객님 아내 분에게 불필요한 일을 더 많이 하게 만드는 실수를 제가 보고서 고객님께 알려드린다면 제게 고마워하시겠습니까, 아니면 상관할 바가 아니라고 생각하시겠습니까?"라는 질문은 고객을 압박할 수 있는 허락을 요구하는 것이나 다름없다. 그리고 그것은 효과가 있었다. 척은 세일즈에 성공했다.

척 애드킨스로부터 내가 배운 두 번째 위대한 교훈은 모든 고객을 대함에 있어 긍정적인 기대를 갖는 것이 중요하다는 사실이다. 앞서 언급했듯이 척은 교육을 제대로 받지 못한 사람이었다. 고객이 표준 주문서 양식대로 주문을 하고 대금을 지급하는 경우에는 주문서를 작성할 수 있었다. 그러나 고객이 주스기를 커피메이커로 바꾸거나, 다용도 팬을 추가로 구입한다거나, 아니면 대금결제방식을 변경하거나 차트에 정확하게 명시되지 않은 기타 변경사항이 있으면 척은 어찌할 바를 모르고 당황했다. 척이 우리에게 보내준 주문서 3분의 1은 판매금액의 총액이 적혀 있지 않았다. 척은 이런 주문서들을 이렇게 해결했다.

"고객님께서 주문하신 합계가 정확히 얼마인지는 모르지만 대략 __달러입니다. 그러니 예치금으로 40달러를 제게 주시면 지그 씨가 주문한 결제금액이 정확히 얼마인지 계산할 겁니다." 놀랍게도 척에게 따지거나 의심하는 사람이 없었다. 고객들은 그 돈을 척에게 주었고 척은 고객이 당연히 주문을 할 거라고 예상했기 때문에 주문서를 작성했다.

척이 가르쳐 준 세 번째 교훈은 우리 모두가 전혀 예상치 못했던 사람들한테서 중요한 교훈이나 테크닉을 배울 수 있다는 사실이다. 척이 약간의 압력을 행사할 수 있는 허락을 얻어내는 방법을 가르쳐 주었다고 해서 척이 당신이나 나보다 세일즈에 대해 더 많은 것을 안다는 뜻은 아니다. 이것이 의미하는 포인트는 척이 내가 몰랐던 테크닉을 최소한 한 가지는 알고 있었다는 뜻이다.

메시지 : 때와 장소를 가리지 말고 배우라.

— Chapter 6 —

클로징의 열쇠

The Keys in Closing

목표

· 세일즈와 구체적인 관련성이 있고 세일즈나 설득에 필요한 열쇠를 제공해 주는 철학을 배운다.
· 일상적인 세일즈의 효율성을 높여주고 평생 동안 당신의 커리어를 발전시켜 줄
  아이디어, 방법, 테크닉, 절차를 추가로 배운다.

세일즈를 성공시키는
아이디어와 열쇠

Four Ideas and the Keys to Sales Success

───────

당신이 믿어야 하는 네 가지 아이디어로 이 장을 시작하고자 한다.

첫 번째 아이디어 지금도 그렇고 과거에도 그랬고 앞으로도, 정상에 올라 기록을 깨고 판매왕의 칭호를 얻은 세일즈맨이나 진정한 세일즈 챔피언 중에 '정상'인 사람은 아무도 없을 것이다. 이런 사람들은 자신이 파는 상품에 대해 약간은 비정상적인 믿음을 갖고 있다. 자신이 파는 상품에 대해 누군가 'No'라고 말할 수 있다는 것은 꿈에도 상상할 수 없는 일이다. 자신이 파는 상품에 대해 이렇게 확신이 있기 때문에, 그 확신 자체의 힘과 믿음의 깊이 그리고 열정 때문에 실제로 살 가능성이 높은 가망고객이 아님에도 많은 사람들을 설득해서 사게 만들 수 있다.

그러나 열의, 열정, 믿음에도 불구하고 여전히 'No'라고 말하는 고객, 고집스럽고 좀처럼 마음을 열지 않으며 도무지 믿으려 하지 않는 고객을 만날 수밖에 없다. 이런 고객을 만나면 세일즈맨의 마음은 복잡해진다. 자신이 파는 상품에 대한 믿음이 너무 강한 나머지, 고객이 상품에 대해 자신이 주장하는 바를 분명히 이해한다면 'No'라고 말할 리가 없다고 합리화한다. 그러므로 고객이 상품을 거부하는 게 아니라(너무나 좋은 상품이니까) 세일즈맨인 자신을 거부하는 것이라고 합리화한다. 한마디로 이런 태도를 가진 세일즈맨은 자칫 인간적으로 고객에게 거부당했다는 느낌을 갖기 쉽다.

거절 vs 거부

두 번째 아이디어 자존심을 유지하면서 자신의 상품을 효과적으로 팔 수 있으려면 세일즈맨은 거절과 거부의 차이를 분명하게 이해해야 한다. 내 아들은 세 살 때부터 이 차이를 분명히 이해했다. 아들이 뭔가를 요구했는데 내가 'No'라고 말하면 아들은 거부당했다고 생각하지 않았다. 아빠가 단지 질문을 못 알아들었다고 생각했다. 2, 3분 정도 기다렸다가 내게 명백한 실수를 바로잡을 기회를 다시 주었다.

고객이 당신에게 'No'라고 말할 때 나의 아들이 그랬듯이, 당신의 자녀들이 당신에게 하듯이(자녀가 있다면) 고객에게 친절해야 한다. 뭔가 실수를 했으려니 생각하고 분명한 실수를 바로잡을 기회를 주라. 고객이 'No'라고 말하면 당신은 마음속으로 고객의 실수라고 생각해야 하고, 그가 'Yes'라고 말함으로써 그 실수를 수정할 기회를 주어야 한다.

'타고난' 세일즈맨은 없다

세 번째 아이디어　　좋은 세일즈맨이 되기 위해서 '선천적으로 타고난' 세일즈맨일 필요는 없다. 나는 전 세계를 여행하면서 여성이 아들을 낳고 딸을 낳는 것은 보았지만 지금까지 세일즈맨을 낳았다는 말은 들어본 적이 없다. 그런데 세일즈맨이 죽는 것은 보았다. 세일즈맨이 태어나지는 않는데 죽은 것이 확실하다면 그는 탄생과 죽음 사이 그 어느 시점에서 선택과 훈련에 의해 자신이 되고자 하는 사람, 즉 훈련받은 프로 세일즈맨이 된 것이다.

메시지 : 자신이 '타고난 세일즈맨'이 아니라는 패배의식을 버려라. 당신이 타고난 세일즈맨이 아닌 것은 사실이다. 그러나 당신은 훈련을 통해 세일즈맨이 될 수 있고 이 책이 그 훈련의 일부를 담당하고 있다.

네 번째 아이디어　　거래에서 누가 승자인지를 기억해야 한다. 2장에서 이 주제를 다룬 적이 있다. '지난 1년 동안 세일즈를 해서 번 돈을 지금 모두 가지고 있는가'라는 질문을 기억할 것이다. 그리고 당신이 1년 전 또는 그 전에 판매한 상품이나 서비스의 혜택을 고객들이 여전히 누리고 있는지도 물었다.

답은 분명하다. 고객이 더 큰 승자라는 결론에 도달했던 내용이 기억나길 바란다. 고객이 더 큰 승자라는 점을 완전히 이해하고 믿을 때 더 열정적인, 더 강력한 세일즈를 할 수 있다. 당신이 인테그리티를 바탕으로 세일즈를 한다면 세일즈는 '누군가에게'가 아니라 '누군가를 위해' 하는 일이기 때문이다.

논리와 감정의 패키지

효과적인 세일즈 전략이나 방법이 단 한 가지 테크닉이나 원칙만을 사용하는 경우는 드물다. 세일즈에서 감정과 논리를 '극단적인 세분화 전략'과 접목한 사례를 살펴보자.

논리적인 문제를 제기하면 감정적으로, 감정적인 문제에는 논리적으로 대답해야 한다는 것을 기억하라.

한때 나는 자전거 회사에 근무한 적이 있었다. 그 회사의 세일즈맨들의 교육을 내가 대부분 담당했다. 가장 흔히 제기되는 불만은 가격이었는데 품질이 비슷한 다른 자전거보다 약 20달러나 비쌌기 때문이다. 우리 회사는 업계에서 가장 좋은 브레이크를 사용한다는 점을 강조했다. 가격문제가 제기되면 회사는 브레이크에 초점을 맞춰서 효율성, 내구성 그리고 무엇보다도 안전성을 설명하라고 가르쳤다. 그래도 고객들은 여전히 가격을 문제삼았다. 그러면 회사는 세일즈맨에게 고객과 아래와 같이 대화를 시도하라고 지시했다.

세일즈맨 : 고객님께서는 자녀가 이 자전거를 대략 얼마 동안 탈거라고 생각하십니까?

고객 : 모르겠습니다. 7년, 아니면 5년, 더 오래 탈수도 있죠.

세일즈맨 : 좋습니다. 5년이라고 가정해 보죠. 그러면 이 자전거가 겨우 20달러 비싸니까 업계 최고 품질의 브레이크를 사용하는 데 드는 비용이 연간 4달러군요. (이제는 익숙해졌을 법한 바로 그 수첩을 꺼내서 고객이 연간 4달러라는 가격을 볼 수 있게 하라고 가르쳤다.) 1년은 365일이니까, 고객님 자녀의 자전거에 장착된 가장 좋은 브레이크의 사용료는 하루에 1센트가 조금 넘는 셈이지요.

세일즈맨은 몇 초 동안 말을 멈췄다가 조용히 이렇게 말한다. "5년 동안 사용하면서 어떤 차가 자녀분 앞으로 후진하는데 이 브레이크 때문에 다행히 차에 부딪히지 않고 멈출 수 있다면 20달러 이상의 가치가 있을 겁니다. 그렇지 않습니까?"

세일즈맨이 자기가 한 말(비록 질문의 형식이기는 하지만)이 진실임을 절대적으로 확신하고 있기 때문에 이 방법은 효과적이었다. 하루에 1센트가 적은 돈이라는 말은 논리적인 접근방식이었음에도 불구하고 감정적인 효과가 그보다 훨씬 컸다. 고객은 마음속으로 자기 아이가 언제든지 자전거를 신속하게 멈출 수 있기 때문에 위험을 모면하는 모습을 그려 볼 수 있다.

세일즈의 열쇠

당신을 보다 프로답게 만들어 주고 세일즈 실적을 높여 줄 수 있는 열한 가지 세일즈의 열쇠가 있다. 이 열쇠들은 태도, 절차 그리고 테크닉을 포함하고 있다. 어떤 경우는 세 가지가 모두 포함되어 있으며, 이 중에서 당신이나 당신의 상황에 해당되지 않는 경우는 없을 것이다. (단 한 가지라도 그런 경우가 있다면 여기서 다루었을 것이다.)

이 열쇠들 중에서 맨 먼저 살펴볼 첫 번째 열쇠는 '긍정적인 예측'의 열쇠다. 내가 절대적으로 강조하고 싶은 것은 당신의 비즈니스는 좋지도 나쁘지도 않다는 점이다. 비즈니스가 좋고 나쁜 것은 당신의 머릿속에서 결정된다. 당신이 고객과 상담을 시작하기 전에 이미 마음속에서 세일즈에 성공해야 한다. 고객이 당신을 찾아오든 당신이 나가서 고객을 만나든, 실제로 고객에게 팔기 전에 당신의 마음속에서 팔아야 한다. 열한 가지 세일즈의 열쇠는 다음과 같다.

1. 긍정적인 예측(Positive Projection)

2. 추정하는 태도(The Assumptive Attitude)

3. 전략적 행동(Physical Action)

4. 열정(Enthusiasm)

5. 종속 질문(The Subordinate Question)

6. 경청(Listen)

7. 미래가치(The Impending Event)

8. 끈기(Persistence)

9. 작은 세일즈(Inducement)

10. 양심(Sincerity)

11. 이야기(The Narrative Event)

그냥 구경하는 거예요!

매장에서 일하는 경우 안으로 들어와서 천천히 둘러보는 고객에게 다가가면 "그냥 구경하는 거예요"라고 말하는 고객을 자주 만난다. 그런데 고객이 "그냥 구경하는 거예요"라고 말했을 때 당신은 그 말을 믿는가? 나는 당신이 그 말을 믿었기를 바란다. 정말로 그냥 구경만 하기 때문이다.

나는 이런 사실을 오랫동안 깨닫지 못했었다. 1973년 막내딸 줄리^{Julie}가 고등학교를 졸업할 때였다. 졸업선물로 새 자동차를 사주겠다고 딸에게 약속했다. 딸과 함께 차를 사는 것은 신나는 이벤트였다.

솔직히 나는 자동차를 한 번도 팔아 본 적이 없다. 그러나 최고의 자동차 고객을 설명하라고 한다면 이렇게 설명하겠다. 갓 고등학교를 졸업한 딸을 가진 아빠. 아빠는 딸에게 차를 사주겠다고 선언하고 사줄 만한 경제적 여유가 있다는 암시도 보낸다. 내가 보기에 이런 사람이야말로 아주 훌륭한 가망고객이다.

무심한 자동차 세일즈맨

차를 보러 갔을 때는 일하는 중이었기 때문에 정장을 하고 있었다. 딸은 이 중대한 이벤트를 위해 옷을 입어 보느라 전날 밤에 잠을 못 잤을 정도였다.

딸에게는 첫 차였기 때문에 가장 멋진 옷으로 잘 차려 입었다. 나는 산지 얼마 안 되는 새 올즈모빌을 운전하고 있었다. 그러니 우리 둘을 보면 최소한 중산층 이상은 된다는 정보를 알 수 있었다. 딸이 차에서 내려 대리점으로 가는 데 걷지 않고 날아갔다.

젊은 세일즈맨은 다가와서 친절하게 물었다. "도와 드릴까요?" 그의 친절한 제안에도 불구하고 우리는 급했기 때문에 돌려 말하지 않고 대답했다. "내 딸이 막 고등학교를 졸업했는데 졸업선물로 사줄 차를 보려고 합니다." 그는 우리를 보고 말했다. "마음에 드시는 것을 보시면 저한테 알려 주세요." 이렇게 말하고는 돌아서서 가버렸다.

그 젊은 세일즈맨이 계속 그 일을 했는지는 모르겠다. 그가 아무리 오랫동안 일을 했더라도 우리만큼 좋은 가망고객은 없었을 것이다. 대부분의 고객들처럼 우리도 딸이 원하는 차를 판매하는 대리점부터 둘러보았다.

첫 번째 젊은 세일즈맨이 실수를 한 것이다. 다음 대리점에 가기 전까지 나는 그가 상당히 문제가 있는 세일즈맨이라고 생각했다. 그런데 두 번째 세일즈맨은 처음 세일즈맨과 똑같은 말을 했을 뿐 아니라 몸에서 냄새까지 풍겼다. 세 번째 대리점도 거의 대동소이했지만 네 번째 대리점에서는 운이 좋았다.

'그냥 둘러보는' 것이 아니다

'운이 좋았다'는 것이 무슨 뜻일까? 아주 간단하다. 딸은 그 세일즈맨과 데이트를 한 적이 있었고, 그래서 그 대리점과 연결고리가 생겨서 차를 살 수가 있었다. 그 일로 그 전까지는 알지 못했던 두 가지를 이해할 수 있게 되었다.

첫째, 왜 불경기인지 이유를 알았다. 고객을 제대로 모실 줄 아는 세일즈맨이 없었던 것이다! 내가 깨달은 두 번째 사실은 고객이 매장에 들어와서 "그냥 구경하는 거예요." 또는 "그냥 둘러보는 거예요"라고 말할 때, 정말로 '둘러보고' 있음이 틀림없다. 아주 필사적으로 둘러보고 있다. 세일즈맨을 찾아서! 그들에게 무언가를 팔아줄 세일즈맨을 말이다! 그래서 둘러보는 것을 그만둘 수 있도록.

구매자와 판매자, 양쪽 입장에서 생각하라

8장으로 돌아가서 공감과 동정에 대해 다시 살펴보자. 고객이 하는 말과 그 말의 의미를 모두 알아들어야 한다. 그러기 위해서는 구매자와 판매자, 양쪽 입장에서 생각해야 한다. 쇼핑을 갔을 때, 처음 들어간 가게에서 원하는 것을 찾을까? 아니면 열 번째 가게에서 찾을까? 43대 1의 비율로 첫 번째 가게에서 찾기를 선호할 것이다. 그렇지 않은가? 누군가가 매장에 들어와서 당신에게 "그냥 둘러보는 겁니다"라고 말한다면 얼굴을 찡그리지 말고 활짝 웃어라. 그러나 오버하지 않도록 주의해야 한다. 그 사람을 붙잡고 껴안지는 마라. 그냥 웃기만 하라.

고객이 수줍고 내성적인 것처럼 보이면 웃으면서 한 발짝 뒤로 물러서서(위협적이거나 강압적이라는 인상을 주어서는 안 된다.) 이렇게 말한다. "저희 매장을 찾아주셔서 감사합니다. 원하시는 대로 둘러보세요. 제 이름은 _____입니다. 도움이 필요하시면 기꺼이 도와 드리겠습니다. (뒤늦게 생각났다는 듯이) 아! 그리고 참고로 저희 가게에 고객님께서 원하시는 것이 없으면 어디서 살 수 있는지 알려 드릴 수도 있습니다. 괜찮은 제안이죠?"

고객이 외향적이고 활달하고 붙임성 있는 성격이라는 것을 한 눈에 알 수 있다면 활짝 웃으면서 이렇게 말한다. "축하드립니다! 고객님께서 원하시는 것을 정확하게 찾을 수 있게 도와 드릴 준비가 되어 있는 사람을 제대로 찾으셨습니다. 저희 가게에 없으면 고객님의 문제를 해결해 줄 수 있는 다른 매장이나 사람을 소개해 드리겠습니다. 괜찮은 제안이죠?"

"괜찮은 제안이죠?"라는 말은 매우 중요한 질문이다. 우리는 본능적으로 모든 것이 공정하기를 원하는 바람 또는 욕구를 갖고 있기 때문이다. 이 질문은 항상 'Yes'라는 대답을 유도하는데 이것은 양쪽이 모두 원원하기 위해 미리 계획된 세일즈 게임에서 첫 번째 점수를 획득했음을 의미한다.

다시 한번 반복하는데 고객이 "그냥 둘러보는 중입니다"라고 말한다면 정말 기쁜 마음으로 활짝 웃어야 한다.

세일즈 클로징 성공할 거라고 믿으면 성공한다 _ The "Sure Sale" Close

다음 이야기는 '긍정적인 예측'의 힘을 단적으로 보여준다.

몇 년 전 동부지역의 한 인쇄회사가 사업을 확장하기 시작했다. 이 회사는 6개월마다 신입 세일즈맨을 고용하고 사무실에서 상품지식과 업무 절차에 대한 교육을 시작한다. 그런 다음 신입 세일즈맨은 자신에게 세일즈 기술과 테크닉을 가르쳐 준, 경험 있는 세일즈맨을 동반하고 현장에 나간다. 그리고 마지막으로 격려의 말을 해주는 사장님과의 대면을 마치고 나면 신입직원은 마침내 세일즈의 날개를 단다.

한번은 회사가 유난히 경험이 없고 자신감도 부족한 젊은 세일즈맨을 고용했다. 사실 이 신입사원이 너무 겁먹고 있어서 상사는 훈련이 좀 더 필요하다고 생각했다. 늘 그렇듯이 '넌 할 수 있어'라는 요지의 격려의 말을 하고 나서 상사는 덧붙여 말했다.

"이보게, 이렇게 하지. 길 건너에 있는 '잡아 놓은 고기'나 다름없는 고객에게 가 보게. 신입 세일즈맨들을 항상 거기로 보내는데 그 이유는 아주 간단하지. 그는 분명히 사거든. 그 사람은 항상 뭘 사도 사지. 그렇지만 경고할 게 있어. 그 사람은 비열하고 심술궂고 성질이 고약하고 상스러운 욕을 한다네. 별 것도 아닌 일에 금방이라도 잡아먹을 듯이 시비를 걸어올 것만 같을 거야. 마음을 편히 갖게. 말만 그렇지 실제로는 그렇지 않아. 그 사람이 무슨 말을 하든지 조금만 참고 '네, 고객님, 이해합니다. 하지만 이 도시에서 가장 좋은 인쇄조건을 갖고 왔으니 놓치시면 안 됩니다'라고만 말하게. 그가 무슨 말을 하든 자넨 흔들리지 말고 이 말만 반복하라고. 잊지 말게. 그 사람은 신입 영업사원한테 언제나 주문을 한다네."

자, 힘내라고!

의기양양한 우리의 영웅은 길을 건너 문을 열고 들어선 다음 자신과 회사를 소개했다. 그다음 5분 동안 한마디도 말할 기회가 없었다. 나이 많은 '올드 보이'는 정말 대단했다. 소가 배추를 어떻게 먹는지부터 시작해서 그 신입 세일즈맨은 존재하는지조차 몰랐던 생소한 분야의 단어들을 알려 주었다. 그러나 우리의 영웅은 사전에 꿋꿋하게 버티라는 경고를 받았기 때문에 이렇게 말했다. "네, 고객님, 이해합니다. 하지만 이 도시에서 가장 좋은 인쇄조건을 갖고 왔으니 놓치시면 안 됩니다."

한 30분 정도 옥신각신한 끝에 그는 회사 역사상 가장 큰 금액의 주문을 따내는 데 성공했다. 물론 그 젊은 세일즈맨은 이 주문을 받고 흥분했다. 가방을 집어 들고서는 한 걸음에 길을 건너가 상사의 책상 위에 주문서를 내려놓으며 말했다. "말씀하시던 그대로였어요. 비열하고 성질이 심술궂고 고약하고 상스러운 욕을 했어요. 하지만 한 가지 그 '멋있는' 올드 보이(고객이 구매하고 나면 우리의 태도가 바뀐다. 그렇지 않은가?)에 대해서 몰랐던 사실이 있어요. 그 사람은 정말로 대단한 바이어예요! 우리 회사 역사상 가장 큰 주문을 받아 냈다고요. 보세요!"

상사는 놀라서 주문서를 보았고 이렇게 말했다. "세상에 이럴 수가! 엉뚱한 사람한테 간 거 아냐? 그 늙은이는 우리가 지금까지 만나 본 고객 중에서 정말로 가장 심술궂고 성질이 고약하고 상스러운 욕을 하는 사람이거든! 15년이 넘도록 그 사람한테 팔아 보려고 노력했지만 우리 상품을 어림 반 푼어치도 사 준적이 없는 사람이야."

마음속에 성공한 세일즈를 그려라

질문 : 이 젊은 풋내기 세일즈맨은 왜 세일즈에 성공한 것일까?

이 질문에 대한 대답은 너무나 확실하게 잘 알고 있을 것이다. 그렇지 않은가? 길을 건너기 전 그의 마음속에서 이미 세일즈에 성공했다는 사실을 당신도 알 것이다. 그는 '긍정적인 예측'이라는 열쇠를 갖고 있었다. 그 젊은이는 길을 건너기만 했을 뿐이다. 완벽하게 준비된 상태에서 어느 정도 욕을 들을 각오까지 하면서. 세일즈에 성공하리라는 것을 알고 있었기 때문이다.

그의 상사가 이렇게 말했다고 가정해 보자. "이보게, 자네를 길 건너로 보낼 건대, 왜 그래야 하는지 모르겠어. 15년 동안이나 최고의 세일즈맨들을 보냈지만 그 늙은 대머리는 욕만 퍼부었고 그 사람한테 한 푼어치라도 판 사람이 없어."

젊은 세일즈맨이 세일즈에 성공했을 가능성이 얼마나 되었을 거라고 생각하는가? 전혀 없다! 고객과 상담에 들어가기 전에 마음속에서 세일즈에 성공해야만 한다. 직접 고객을 찾아다니며 세일즈를 하든지 아니면 매장을 운영하며 찾아오는 손님을 상대하든지 관계없다.

반복훈련—실습—리허설—예측 고객을 만나기 전의 계획, 준비, 예측이 고객을 실제로 만났을 때 어떤 일이 발생하는지를 상당부분 결정짓는다. '화려한 공연에는 화려하지 않는 준비과정이 필요하다'는 말이 단지 상투적인 속담만은 아니다.

교실에서 저지르는 세일즈 실수는 대가가 그다지 비싸지 않은 배움의 경험이다. 그러나 좋은 고객한테 같은 실수를 저지르면 세일즈맨과 회사가 비싼 대가를 치를 뿐만 아니라 세일즈맨 스스로 낙심하게 된다. 또한 이런 실수가 너무 자주 또는 상당기간 반복되면 세일즈맨의 커리어도 끝장이 난다. 반복훈련과 리허설로 완벽하게 신체적, 정신적으로 준비가 되어 있어야 기술적, 감정적으로 세일즈를 할 준비가 갖춰진다.

'반복훈련—실습—리허설—예측' 과정은 부담 없이 연습할 수 있는 방법이다. 그러기 위해서는 고객을 만나기 전 마음속에 세일즈에 성공하는 모습을 그려야 한다. 맥스웰 몰츠Maxwell Maltz 박사가 말했듯이 정신훈련Mental Practice의 좋은 점은 마음속의 실전에서는 완벽이 가능하다는 것이다. 마음속에서 미리 모든 것을 정확하게 해내고 모든 질문에 최상의 답변을 제시하고 제기된 모든 문제를 최선의 방법으로 해결함으로써 결국 세일즈에 성공한다.

이처럼 우리 마음속의 실전 현장에서는 솟구치는 자신감과 용기를 마음껏 개발할 수 있다. 전 세계 최고의 세일즈맨들에게 공통점이 있다면 그것은 성공할 수 있다는 자신감을 지녔다는 것이다. 이들은 용기를 통해 자신감을 행동으로 옮긴다.

당신도 성공하는 세일즈맨이 되고자 한다면 실제로 세일즈에 성공하기 전에 마음속으로 자신을 성공자로 보고 있어야 한다. 매일 아침 일어나자마자 마음속으로 주문서를 작성하는 상상이 그런 경우다. 마음속에서는 아침부터 시작해서 하루 종일 주문서를 작성할 수 있다. 세일즈 프로는 항상 긍정적으로 생각하고 관찰하고 판매함으로써 세일즈의 성공이 자신의 일부가 되고, 그것을 무의식에 각인시킨다. 세일즈 상담 때마다 성공적인 결과를 머릿속에 그리기 때문에 최종결과는 언제나 이미 정해진 결론과 같다.

혹시라도 고객과의 면담 전에 마음속에 성공적인 세일즈를 그려보는 것이 왜 중요한지에 대해 내가 과장하고 있다고 생각한다면 '세일즈 및 마케팅 관리자 인터내셔널SMEI'이 실시한 연구결과를 참고하기 바란다. 이 결과에 따르면 세일즈맨들이 실패하는 가장 큰 이유는 고객에 대해 미리 판단을 내려서 사지 않을 수도 있다는, 또는 심지어 사지 않을 것이라고 단정짓는 경향 때문이다. 앞서 언급했듯이 고객을 만나기 전에 고객에 대해 심판을 내리고 유죄임을 입증하고 '구매하라'는 판결을 내려야 한다.

다음에 등장하는 백화점 매장 직원이 이런 나의 주장을 들어 본 적이 있는지는 모르겠지만 거래를 처리한 방식을 보니 자신이 근무하는 백화점에 찾아오는 모든 고객을 '심판하고 유죄를 선고'하며 '구매형購買刑'에 처할 것임이 분명하다.

세일즈 클로징 니먼 마커스 전략 _ The "Neiman-Marcus" Close

몇 년 전 아내와 나는 크리스마스 선물을 사러 백화점에 간 적이 있었다. 에스컬레이터를 타고 중2층(층과 층 사이에 있는 또 다른 작은 층—역주)으로 올라가자 마네킹에 입혀 놓은 아름다운 털 코트가 보였다. 나는 코트와 아내를 동시에 쳐다보았다. 아내는 코트와 나를 동시에 쳐다보았다. 우린 둘 다 아무 말도 하지 않았지만 '아내의 코트'를 보고 있음을 알고 있었다.

우리는 동시에 멈춰 서서 코트를 위에서 아래로 쭉 한번 훑어보았다. 나와 아내는 각기 코트의 다른 부분을 살펴보고 있었다. 대부분의 독자들은 우리가 각각 어느 부분을 살펴보았는지 알 수 있을 거라고 생각한다. 아내는 소매를 잡아서 가격표를 보았다. 나는 코트의 단추를 풀고 이음새를 살펴보고, 털의 촉감을 느껴보고 나서 "여보, 정말 훌륭한 코트야"라고 말했다. 그때까지도 아내는 가격표를 보고 있었는데 "그럴 수밖에요!"라고 말했다.

그렇게 말하고는 돌아서는데 지금까지 본 세일즈레이디saleslady 중에서 가장 똑똑해 보이는 매장 직원과 부딪혔다. 키가 작고, 쾌활하며, 넉넉해

508

보이는 타입으로 금방 좋아지고 신뢰할 수 있는 사람이었다. 그녀는 아내를 똑바로 보고 눈을 반짝이며 말했다.

직원 :   사모님, 정말 예쁜 코트예요. 그렇지 않아요?"

아내 :   그럼요!

직원 :   가격표만 보셨을 거예요. 꼭 보셨어야 할 것을 보여드릴게요.

아주 신속하게 행동(32장에서 '전략적 행동'의 열쇠에 대해서 다룰 것이다.)을 취하더니 코트를 열면서 말했다. "엘리어트Eliot 라벨을 보세요. 엘리어트라는 이름만으로도, 특히 저희 백화점 명성과 합쳐지면 더더욱, 품질과 만족은 걱정하지 않으셔도 됩니다. 이 코트는 오랫동안 고객님과 함께할 거고 매일 매일 입을 때마다 아름답고 실용적일 겁니다."

그녀는 마네킹에서 우아하게 코트를 벗기면서 말했다. "사이즈나 보게 한번 입어 보세요." (지금 그녀는 아내의 물리적인 개입을 유도하고 있다.)

아내는 (아주 미약하게 거부하는 척하며) 코트를 걸쳐 입었고 매장 직원은 물었다. "어떠세요?" "뭐, 좋아요. 그럴 수밖에요!" (아내는 아직도 가격을 생각하고 있었다.) 그러자 그녀는 진정으로 아름답고 프로다운 말을 했다. "고객님께서 꼭 해보셔야 할 일은 그 가격표를 10년으로 나눠 보는 겁니다. (그녀에게 수첩은 없었다.) 이 코트를 5, 6년 동안 입을 것이고 그런 다음에는 남편께서 이 코트로 망토나 재킷을 만들어 입으실 수 있으니 새로운 옷을 5, 6년 또 입을 수 있을 겁니다. 실제로 일반 코트 값보다 훨씬 싸게 이 아름다운 털 코트를 입으실 수가 있습니다. 일반 천 코트는 3, 4년마다 한 벌씩 사야 할 테니까요. 그리고 이 코트는 품질이 확실하고 또 게다가 사모님께서 입으시니 정말 자연스럽네요." (이 상황에서 정말 잘 맞는 말이다!)

부드럽게 압박하라

매장 직원은 아내를 똑바로 쳐다보고 나서는 나를 보았다. 그녀가 아내에게서 눈길을 돌려 나를 보는 도중에 힐끔 뒤를 돌아보다가 아내가 털을 부드럽게 만지고 있는 것을 목격했다. 이 장면을 목격했을 때 그녀는 정말 활짝 미소를 머금고 있었다. 그녀도 아내도 그녀가 세일즈에 성공했음을 알았다. (아내는 말로는 거부하고 있었지만 거짓말을 할 수 없는 그녀의 보디랭귀지는 진실을 말하고 있었다.)

그녀는 아내를 다시 바라보면서 말했다. "고객님께서는 정말 운이 좋은 분이세요. 여기 오셔서 이 코트를 보며 군침을 흘리는 아내들이 얼마나 많은지 몰라요. 안타깝게도 그분들의 남편들은 고객님의 남편 분과는 달라서 (나는 한마디도 하지 않았지만 분명 나의 보디랭귀지가 역시 나 대신 진실을 말해 주고 있었다.) 아내를 위해 이렇게 멋진 코트를 사줄 의향이 없답니다."

누가 코트를 사들고 갔을까? 그렇다! 그 직원이 나를 그렇게 높여 주었는데 내가 실망시킬 수 있겠는가? '내가 아내를 위해 코트를 사주도록' 내버려둬야 한다고 아내를 설득하는 것은 그다지 어렵지 않았다.

효과가 있을까?

거래는 5분도 채 걸리지 않았지만 몇 가지 중요한 원칙들이 모두 숨어 있다.

첫째, 그녀는 지극히 예민하고 눈치가 빨랐으며 자신의 일을 사랑했다. 아내가 가격표를 보고 내가 털을 만져 봤을 때 펼쳐진 20초짜리 드라마를 관찰했다. 그녀가 코트에 대해 내가 한 말을 들었을 수도 있지만 정확히 들었는지는 확실치 않다.

둘째, 재빨리 아내를 물리적으로 개입시켰다. (그녀는 내가 이미 상품에 호감을 가졌음을 알았기 때문에 한 사람은 이미 잡아 놓은 물고기였고 한 사람만 더 잡으면 된다는 것을 알았다.)

셋째, 아내가 정말로 코트를 원하지만 실용적이지 않다고 생각한다는 것을 알았다.

넷째, '극단적인 세분화' 전략을 동원해서 가격을 분해함으로써 코트가 실용적이고 가격이 합리적이라는 것을 우리가 깨닫게 했다.

그녀는 우리가 사야 하는 이유(실용성)와 사야 하는 명분(아내는 정말 코트를 원했다.)을 주었다. 다시 한번 말하겠다. 사야 할 이유와 명분을 주고, 고객이 사는 것을 쉽게 만들어 준다면 당신이 요구하기만 하면 고객이 살 가능성은 높다.

세일즈와 연애의
공통점

Selling and Courting Run Parallel Paths

성공적인 세일즈의 두 번째 열쇠는 '추정하는 태도'의 열쇠다. 두 번째 열쇠의 출발점으로 세일즈와 연애는 공통점이 많다는 점을 지적하고 싶다. 이 책을 읽는 여성독자들에게는 미리 사과하겠다. 그들에게는 이 비유가 남성만큼 가치가 없을 것이기 때문이다. 그러나 사실 이 주제에 대해 책을 쓸 수 있는 사람이 바로 여성들이다. 나는 그만큼 이 주제가 여성독자들에게도 가치가 있다고 믿기 때문에 계속 집중하기 바란다.

당신이 만약 연애에 대해 아는 것이 조금이라도 있다면 이미 세일즈에 대해 상당히 많이 알고 있다고 확신한다. 남성들에게 질문하겠다. 미혼시절 연애하면서(혹은 현재 그런 상태라면) 애인에게 "손을 잡아도 될까?",

"팔을 어깨에 올려도 괜찮을까?", "키스해도 괜찮을까? 딱 한 번만. 정말로 딱 한 번만 말이야"라고 물은 적이 있는가?

이런 식으로 연애를 했거나 한다면 당신은 아직도 혼자일 가능성이 높다. 당신은 여성에게 키스를 한 적이 있는가? 남성이라면 긍정적으로 답했을 것이다. 즉, 허락을 구하지 않고 키스를 했다는 말이다.

여성들한테 묻겠다. 위에서처럼 남자친구가 허락도 없이 당신에게 키스를 했는가? 예___ 아니오___. 강의 도중에 여성들에게 이런 질문을 하면 대부분 큰소리로 웃으면서 그렇다고 대답한다. 내가 장난스럽게 모두 거짓말쟁이라고 말하면 다 같이 웃는다.

사실 대부분의 경우 남성은 키스하기 훨씬 전에 키스해도 좋다는 허락을 받았을 것이다. 다만 상대가 입술을 내밀면서 "좋아요, 이제 여기에 키스하세요!"라고 말하지 않았을 뿐이다. 그렇게 하는 게 아니니까!

이 연애의 예를 상품이나 서비스의 판매와 직접적으로 연결 지어 설명하자면 이렇다. 집이든 사무실이든 당신이 문을 두드렸을 때 고객이 열어주면서 반가운 듯이 "어머나 세상에! 드디어 오셨군요! 몇 년 동안 그 회사의 세일즈맨이 방문해 주기를 기다렸답니다! 어서 들어오세요! 가서 수표책을 가져올 테니 그 사이에 주문서를 작성해 주세요!"라고 말할 리는 절대 없다. 그런 식으로 당신을 대해 줄 고객을 기대했다가는 전기세 낼 돈도 못 벌 것이다.

추정하는 태도

세일즈와 연애의 공통점 : 많은 추정과 상상

그렇다면 고객은 어떻게 'Yes'라고 대답할까? 여성과 똑같다. 애인의 손을 잡으려고 시도했다가 그녀가 "안 돼!"라고 말했는데 몇 분 뒤 손을 잡고 둘이서 거리를 걷고 있었던 경험이 있는가? 처음에 그녀가 "안 돼!"라고 했을 때 그 의미는 이런 것이다. '지금까지 당신이 내게 준 정보에 따르면 당신과 손잡기를 정당화할 수 있는 아무런 근거가 없어요.'

물론 그녀가 그렇게 말을 하지는 않았지만 이것이 그녀가 "안 돼"라고 한 말의 의미다. 그녀의 행동은 이렇게 말하고 있다. '이봐요, 찰리 브라운, 아직 초저녁이잖아요. 좀 더 인내심을 발휘해 보세요. 충분히 시간을 갖고 공을 들여 저를 설득해 보세요!' 연애와 세일즈에서는 많은 것을 추정하고 상상한다는 것을 기억하고 연애에서 배운 것을 세일즈에 그대로 적용한다면 더 큰 세일즈 성과를 올릴 수 있다.

연애할 때 당신은 그녀에게 데이트를 신청하면 응할 것이라고 추정한다. 데이트에서 적절하게 처신하면 그녀의 집 앞에 데려다 주고서 헤어질 때 작별키스를 할 수 있을 것이라고 추정한다. 그녀를 집 앞까지 데려다 주고 나서 "우리 이렇게 하자. 오늘은 너무 늦었으니까 내일 오후 5시 반에 집에 돌아가는 길에 들러서 작별키스를 하는 게 어때?"라고 말하지는 않았을 것이다.

그 이유

이렇게 하지 않는 데는 두 가지 기본적인 이유가 있다. 첫째, 당신은 여자친구와 함께 있기 때문에 '의욕이 충만해' 있고 그날 저녁 내내 그녀를 당신과 똑같은 상태로 만들 수 있기를 학수고대했다. 그런 시점에서 그냥 작별인사를 한다면 그날 저녁 내내 들인 노력은 헛수고가 되고 말

것이다. 둘째, 다음 날은 처음부터 다시 시작해야 한다는 것을 안다. 사실 그날 밤 그녀가 작별키스를 받아줄 것인지에 대해 재고해 볼 수도 있기 때문에 그 전날보다 더 진도가 뒤로 밀려날 수도 있다.

세일즈에서도 이와 비슷한 실수를 저지르는 사람들이 많다. 프레젠테이션을 통해 상품의 가치를 완벽하게 입증하고 계약을 위한 만반의 준비를 끝내 놓고도 고객이 제시하는 말도 안 되는 작은 불만이나 변명 때문에 당황한 세일즈맨은 "좋습니다. 그럼 내일이나 다음 주, 아니면 다음 달에 뵙겠습니다"라고 뒤로 물러서는 실수를 한다.

세일즈맨인 당신에게 이런 말을 해주고 싶다. 연애와 세일즈에서는 당신이 고객에게 다가갔을 때 고객이 당신을 반겨줄 거라고 추정해야 한다. 즉, 만날 약속을 잡을 것이라고 추정하고, 강력하고 프로다운 프레젠테이션을 할 거라고 추정하고, 오늘 당신에게서 상품을 살 거라고 추정해야 한다. 연애와 세일즈에서 처음부터 끝까지 많은 것을 추정하면 그만큼 얻는 것이 많다.

고객이 주문서에 서명을 하고 고객의 금융자산 중 일부가 당신의 재산으로 이동하는 모습을 머릿속에 상상하라. 당신의 마음속에 상품이나 서비스가 고객에게 이동하는 모습을 상상하고, 세일즈의 매 단계마다 당신이 원하는 최종결과를 추정하고 그려보라.

시각화하고 추정하라

세일즈와 연애는 정말로 공통점이 많다. 처음 데이트를 시작했던 때를 분명 기억할 것이다. 예쁜 아가씨에게 사귀자고 접근했을 때 뭐라고 할지 정확히 미리 계획해 두었던 것을 생생히 기억할 것이다. 당신의 마음속에서 수백 번 넘게 연습해 보고 그 대사를 수도 없이 수정했을 것이다. 흥분되고 설레는 심정으로 당신은 그녀가 약간 튕겨 본 다음 고개를 끄덕이면서 그날 저녁 당신과 함께 파티에 가겠다고 동의하는 것을 마음속에 그려보았을 것이다.

그녀를 데리러 갈 때 어떤 옷을 입을지 그리고 정확히 무슨 말을 할 것인지를 구체적으로 계획한다. 그녀가 어떤 옷을 입을 것인지, 당신이 그 중요한 데이트를 위해 도착했을 때 그녀가 당신을 어떻게 맞이할 것인지를 수없이 당신의 마음속에 생생하게 그려본다. 당신이 그녀에게 손을 내밀 때 처음 손을 잡을 때의 느낌과 그녀가 웃으면서 당신이 와 줘서 기쁘다고 말하는 모습을 그려본다. 그녀를 위해 현관문을 열어 주고 차로 걸어가면서 이야기를 나누고 차 문을 열어 주는 당신의 모습을 선명하게 머릿속에서 볼 수 있다.

어디를 갈 것인지, 무엇을 할 것인지를 미리 꼼꼼하게 계획해 둔다. 영화관에서 어떻게 손을 뻗어 당신의 팔이 '자연스럽게' 그녀의 의자 등받이로 가게 할 것인지 그리고 궁극적으로는 '우연히' 그녀의 어깨 위로 가 있게 만들 것인지를 계획한다. 아마 계획보다는 '음모'라는 말이 더 적절할 것이다. 그런 후 그녀를 두 번 정도 어루만진 다음 당신의 팔을 그녀의 어깨에 안착시킨다. (정말로 영악한 사냥꾼의 모습이 아닐 수 없다.)

영화를 본 다음에는 콜라나 아이스크림, 선데(과즙이나 과일을 얹은 아이스크림—역주)나 피자를 먹기 위해 세심하게 계획을 세운다. 천천히 그녀의 집으로 운전해 가는 모습을 상상하고 품위, 멋진 대화, 좋은 성격, 열정적인 배려 등 당신이 그녀에게 좋은 모습들을 보여준 결과 첫 번째 데이트에서 작별키스를 할 수 있을지도 모른다고 상상해 본다. 그렇다. 당신은 모든 것을 계획한다. 그리고 모든 것을 시각화한다. 이런 일들이 눈에 선하다. 그녀와의 데이트는 너무나 중요한 세일즈이기 때문이다.

여성들도 마찬가지다

여성의 입장에서도 거의 예외 없이 마찬가지다. (때로는 '더 나은' 또는 '다른' 대안이 없기 때문에 데이트 신청을 받아들일 때도 있다. 집에서 텔레비전을 보는 것보다는 좀 모자라 보이긴 해도 찰리와 데이트를 하는 것이 나으니까.) 심장박동이 빨라지게 만드는 이상형의 상대와 같은 장소에 '우연히' 정기적으로 같이 있으려고 머리를 굴린다.

상대방이 데이트 신청을 하면 뭐라고 말할지 세심하게 계획한다. 어떤 옷을 입을 것인지, 만나면 뭐라고 인사할지 머릿속에 그려본다. 그의 팔이 '우연히' 어깨를 감싸면 어떻게 반응할지 상상해 본다. 엄마 무릎에서 배운 모든 기교들을 동원해서 미묘한 암시와 힌트를 어떻게 보낼 것인지를 머릿속에 그려본다. 이처럼 연애는 세일즈와 같다. 여성들이 구매자와 판매자의 양쪽 입장에서 생각하는 방법을 어릴 때부터 배웠기 때문에 조금 더 능숙할 뿐이다.

세일즈도 연애하듯 하라

상품이나 서비스를 팔 때도 똑같은 방법을 시도해 보면 어떨까? 물론 고객이 여자친구처럼 협조적이지는 않을 것이고 당신의 세일즈를 도우려고 '계획'을 세우지도 않는다는 것은 잘 안다. 그러나 당신이 파는 상품이 고객의 문제를 해결해 주거나 필요를 채워준다면 여자친구처럼 고객도 그 해결책에 대해 알고 싶어하는 것은 당연하다.

세일즈라는 것이 고객을 '상대로' 하는 무언가가 아니라 고객을 '위해서' 하는 일임을 당신이 진정으로 믿는다면, 그리고 당신의 세일즈 테크닉이 확고하고 연애할 때처럼 빈틈없이 계획되어 있다면 점점 더 많은 고객에게 구매를 유도해 낼 수 있을 것이다.

그렇다면 지금부터 남녀간의 연애과정을 세일즈맨과 고객간의 세일즈 과정과 비교해 보자. 세일즈를 시작하기 전에 당신은 처음 고객을 대면할 때 정확하게 어떤 말을 할 것인지를 구체적으로 머릿속에 그리고 암기하고 연습하고 리허설을 해야 한다. 고객이 어떻게 반응할지를 구체적으로 그려볼 필요가 있다. 세일즈 초보라면 고객을 대면하는 방식과 고객의 예상반응에 관한 정보를 회사에서 이미 받았을 수도 있다.

당신의 마음속에 '네, 프레젠테이션을 해도 됩니다'라는 고객의 반응을 먼저 그려보라. 프레젠테이션을 하는 자신의 모습과 고객의 반응을 상상해야 한다. 당신의 상상 속에서 고객은 고개를 끄덕이고 있으며 문제가 있다는 사실과 당신의 상품이 그 문제를 해결해 준다는 점을 인정한다. 당신이 제공하는 서비스에 대해 들었을 때 그 소식을 기쁘게 받아들이는 고객의 모습도 그려봐야 한다.

연애와 마찬가지로 세일즈는 시각화 과정이다. 세일즈 프로세스에 대해서 충분히 생각하고 가슴 설레는 첫 데이트처럼 똑같은 열정, 상상력, 시각화를 적용한다면 세일즈 실적이 크게 개선될 것이다.

데이트 상대를 설득하든 고객에게 상품을 팔든, 처음부터 끝까지 최종 결과를 추정한다. 연애에서는 그것이 자연스럽고 쉽지만 세일즈에서는 이런 것들을 다시 공부해야 한다.

실제로 "저와 결혼해 주시겠습니까?"라는 형식으로 이루어지는 청혼이 많지 않듯이 대부분의 세일즈는 "제게 주문을 해주시겠습니까?"라는 단순한 물음에 대한 응답이 아니다. 최종 결과는 훨씬 교묘한 가정법에 의해 탄생한다. 연애에서 자신의 프레젠테이션을 끝내고 난 구혼자는 은근히 의미심장한 생각들을 흘린다. "결혼하면 귀가시간에 맞춰서 그렇게 일찍 헤어져야 할 일은 없을 거야"라든가 "우리 아이들은 너무 예쁠 거야." 또는 "결혼하면 당신에게 꼭 사주고 싶은 것 중 하나는 _____야"라는 식의 말들이다. 이런 식의 말들은 많지만 그 목적은 모두 같다. 이것이 바로 '산다고 가정하라' 전략이다.

세일즈 클로징 산다고 가정하라—재확인 _ The "Assumptive" Close Revisited

지금까지 경험했던 가장 효과적인 '산다고 가정하라' 전략은 내가 다녔던 교회의 크리스웰W. A. Criswell 목사님과 관련된 것이다. 1981년 말 교우 몇 명이 내게 '대강당 수업'이라고 부르는 주일학교 수업을 맡아보라고 제안했다.

이 수업은 두 번의 일요일 아침 설교가 있는 중간에 대강당에서 이루어졌다. 학생이 많이 참가하는 수업이기 때문에 교사의 책임이 막중했다. 나는 주일학교 교사로서 내 자격에 대해 상당히 회의적이었다. 이런 생각 때문에 교우들의 제안에 감사를 표하면서 염려되는 부분에 대해서도 이야기했다. 신중하게 생각해 보고 열심히 기도해 보겠다고 말했다. 그들은 목사님께 그렇게 전하겠다고 했다.

다음 날 (정부의 우편업무가 그렇게 효율적인 줄은 그때 처음 알았다.) 목사님으로부터 사역을 맡아준 것에 대한 감사와 그 수업이 크게 성공할 것이라는 믿음을 담은 편지를 받았다. 이것이 바로 '산다고 가정하라' 전략이고, 이 경우 완벽하게 효과를 발휘했다. 크리스웰 목사님한테 사역을 맡지 않겠다고 거절할 생각이 아니었기 때문이다.

포인트 : 고객이 살지도 모르니 사고 싶어한다고 가정하라. 고객이 혹시 살 수도 있으니까 살 거라고 가정하라. '산다고 가정하면' 고객이 사기 쉬워진다. 그것이 프로인 당신이 해야 할 일이다.

![세일즈 클로징] 크리피 크롤리 전략 _ The "Kreepy Krauly" Close

1983년 여름, 크리피 크롤리Kreepy Krauly(자동 수영장 청소기 브랜드—역주)를 파는 젊고 열의에 찬 세일즈맨이었던 톰 브리크먼Tom Brickman이 우리 집 문을 두드렸다. 나는 조깅을 하고 있었는데 집 앞을 지나다가 톰과 아내가 진지한 대화를 나누고 있는 모습을 보고서 무슨 일인지 알아보려고 그날 조깅은 그걸로 끝내기로 했다. 톰은 크리피 크롤리가 한 부분만 움직이는 로봇이라고 재빨리 설명하고 수영장을 청소하는 데 얼마나 효과적인지를 시연하고 있었다.

몇 가지 질문과 몇 마디 담소를 나누더니 톰은 우리 수영장을 청소하기로 약속날짜를 잡았다. 약속을 잡아 낸 열쇠는 그의 열정과 성실함 그리고 몇 가지 효과적인 질문이었다. 그는 이런 질문을 했다. ① 수영장에 이끼가 끼는 것을 대폭 줄여주고 수영장 정화에 사용되는 화학제품 구입 비용을 최고 50%까지 절약할 수 있는 장비가 있다면 관심 있으십니까? ② 일주일에 10분도 안 되는 시간을 투자해서 이 동네에서 가장 깨끗한 수영장을 갖고 싶으십니까? 두 질문 모두 예상되는 답을 얻어냈다.

톰은 새 크리피 크롤리를 가져왔다. 우리 수영장에 그것을 놓고 갈 거라는 전제가 깔려 있음이 분명했다. 그리고 그는 관심을 자극하기에 충분한 이야기를 들려주었다. 남아프리카 공화국 출신의 한 엔지니어가 자신의 수영장을 청소하기도 지겹고 비효율적인 장비들을 사용하는 것도 짜증이 나서 직접 개발했다는 이야기였다.

'남아프리카'라는 부분과 '댈러스 지역에 처음 도입된다'는 사실은 호기심과 자랑하고 싶은 속물근성을 자극했다. '자신의 수영장을 청소하기가 지겨워'라는 부분은 공감을 불러일으켰다. 나는 톰이 효과적으로 세일즈를 시작한 것에 대해 A를 주겠다. 참고로 그는 크리피 크롤리의 포장을 뜯으면서 이런 말들을 했다.

시연을 하는 동안 톰은 크리피가 마치 사람인 것처럼 설명했다. 우리가 조만간 크리피를 말없이 열심히 일하는 가족의 일원으로 여길 것이라고 설명했다. (약간 진부하지만 톰의 전염성 있는 웃음 때문에 이 말이 정말 그럴듯하게 들렸다.) 시연을 하면서 톰은 질문에 답하고 크리피를 효과적으로 사용하려면 어떻게 해야 하는지를 정확히 보여주었다.

그러나 정말 특별한 것은 그가 세일즈에서 '산다고 가정하라' 전략을 사용하는 방법이었다. "제일 좋은 것은 저희가 고객님 댁 수영장의 모양과 치수를 영구적으로 기록해 두기 때문에 어떤 이유로 크리피가 수영장 전체를 깨끗하게 청소하지 않을 때는 서비스팀으로 전화만 주시면 문제를 해결해 드립니다. 자, 그럼 수영장의 정확한 크기와 모양을 간단하게 적어서 저희 서비스팀이 최상의 서비스를 제공할 수 있도록 하겠습니다." (너무나 자연스럽게 산다는 것을 가정하고 있다.) 그는 재빨리 그림을 그리면서 나에게 치수를 물었다. 다 끝나자 정확한지 다시 확인했다.

그리고 톰이 말했다. "지글러 씨, 보시다시피 크리피가 수영장을 완벽하게 청소를 잘하고 있고 새 것입니다. 하지만 기꺼이 새 것으로 갖다 드리겠습니다. 그렇게 해드릴까요?" 나는 "아니요, 이것도 괜찮습니다"라고 말했고 크리피를 샀다. "수표로 하시겠습니까, 아니면 신용카드로 하시겠습니까?" ('양자택일' 전략까지 연속으로 사용하고 있다.)

고객이 사는 이유와 여자친구가 키스를 허락하는 이유

이 시점에서 내 자신의 연애경험을 공유하고 싶다(어느 수준까지만). 연애경력을 쌓기 시작한 지 얼마 되지 않았을 때 나는 데이트를 했던 여성들이 나만 좋으라고 키스하는 것이 아님을 깨달았다. 여성들도 좋아한다는 것을 깨닫자마자 나는 키스를 많이 하기 시작했다. (참고로 결혼하기 전 나는 아내에게 한 번도 키스를 하지 않았다. 물론 결혼하기 전까지는 나의 아내가 아니었지만.)

당신을 하와이 여행 보내주려고 당신이 파는 상품을 사는 사람은 아무도 없다는 것을 알아야 한다. (혹시 당신의 어머니는 그럴 수 있지만 어머니한테 팔아서는 커리어를 쌓을 수가 없으니까.) 또한 당신이 판매왕이 되라고 새 차를 당신에게 살 사람은 아무도 없다. 고객은 당신의 상품을 구매함으로써 돌아오는 혜택 때문에 사는 것이다. 그래서 당신도 그 혜택 때문에 고객이 지금 당신에게 살 거라고 추정해야 한다.

세일즈 클로징 향기 나는 세일즈맨 _ The "Smell Good" Close

당신의 세일즈 실적을 높여 줄 세 번째 열쇠를 당신이 이미 사용하고 있기를 정말로 바란다. 세일즈의 세 번째 열쇠는 '전략적 행동'의 열쇠다. 이런 것을 언급한다는 것이 다소 쑥스럽지만 쓰라린 경험과 관찰의 결과를 공유하기 위해서는 반드시 짚고 넘어 가야 한다. 언급하기가 껄끄러운 부분은 그 중에서 처음 설명할 내용이다.

'전략적 행동'의 열쇠는 신체적 청결에서부터 시작된다. 세일즈를 시작하기 전에 매일 목욕이나 샤워를 해야 한다. (특히 새로 나온 스물셋 시간 지속되는 향수를 사용한다면 특히 더 그렇다. 이 상품을 만드는 회사도 모든 사람은 단 한 시간이라도 자기만의 시간이 필요하다는 점에 동의하고 있음에 틀림없다.)

목욕이나 샤워 후에는 좋은 향수를 사용한다. 좋은 향기가 나야 하고 입 냄새가 나지 않도록 해야 한다. (어떤 사람들은 입 냄새가 조금 나는 것이 어떠냐고 하지만 고객도 이 말에 동의해 주리라 기대하지는 마라!)

다른 사람의 기분을 상하게 하면서 동시에 영향력을 행사하는 것은 상당히 어렵다. 다른 사람들을 기분 나쁘게 하지 않기 위해 민트나 다른 입 냄새 제거제를 수시로 사용해야 한다. 다시 말하지만 전략적 행동은 신체적 청결에서 시작된다.

청결 없이는 세일즈도 없다

1969년 내가 부사장으로 근무하던 회사에 간부급 수련회 및 세미나 프로그램을 파는 세일즈맨이 찾아온 적이 있다. 프로그램의 개요를 보면 참가 자격은 CEO나 연봉이 수천 달러 이상인 사람이었다. 세미나는 훌륭한 강사들의 강연으로 짜여 있고 모든 참가자에게 상당히 많은 자유시간을 줌으로써 서로가 만나서 브레인스토밍을 하고 아이디어를 교환할 수 있도록 각각의 세션이 구성되어 있었다.

우리 회사를 방문한 세일즈맨은 고급 맞춤 정장에 고급 차를 타고 왔으며 커다란 다이아몬드 반지를 끼고 있었다. 설득력 있고 조리 있게 설명했지만 성공하고는 거리가 멀었다. 몸에서 나는 냄새가 너무 역겨워서 몇 분만 같이 있었지만 도저히 참을 수가 없었다. 상담은 금방 끝났고 세일즈는 실패였다.

상황이 달랐다면 구입했을지는 장담할 수 없지만 세일즈에서 청결이 중요한 요소라는 점은 분명하다. 그 세일즈맨은 세일즈 지식과 기본적인 테크닉에 있어 모두 뛰어났지만 세일즈에 절대 성공할 수 없었다. 그의 사전전략도 좋았다. 우리 회사를 제대로 파악하고 있었다. 도입부 멘트도 프로다웠고 상품에 대해서도 열정적이었으며 여러 가지 면에서 잘했다. 그러나 개인적인 위생관념이 부족해서 세일즈 가능성을 완전히 날려 버렸다.

한편 반대 방향으로 극단을 달리는 사람들도 있다. 거의 숨이 막힐 정도로 엄청나게 많은 양의 비싼 에프터쉐이브나 향수를 사용하는 사람들과 함께 있었던 경험이 있다. 어떤 이는 향수나 화장품을 과하게 사용했다. 취향과 판단의 문제라고 볼 수도 있다. 그러나 이 경우에도 입 냄새, 체취, 과도한 에프터쉐이브나 향수를 사용하는 세일즈맨들은 대부분 자신들이 저지르고 있는 실수에 무신경하거나 아예 인식을 못하고 있음이 확실하다. 이 부분에 대해서는 변명의 여지가 없다. 문제를 인식하면 세일즈 실적이 올라간다.

추신 : 남편, 아내 그리고 세일즈 매니저들에게 부탁합니다. 당신의 배우자나 세일즈맨의 몸에서 나쁜 냄새가 난다면 조치를 취하라고 넌지시 일러 주기 바랍니다.

세일즈 클로징 옷차림도 전략이다 _ The "Proper Dress" Close

전략적 행동은 옷차림도 포함한다. 이 문제에 대해 정해진 규칙은 없다. 옷차림은 계절, 지역, 판매하는 상품이나 서비스에 따라 다양하다. 업계의 성격에 맞게 그리고 자신이 거주하는 지역적 특성을 감안해서 옷을 입는 것이 기본이다. 컴퓨터, 유가증권, 자산관리 서비스를 파는 세일즈맨은 시골지역에서 사료나 비료를 방문판매하는 세일즈맨과 옷차림을 달리할 것이다.

내가 강연을 할 때 반드시 지키는 한 가지 규칙이 있다. 청중이 내 옷차림에 신경 쓰지 않도록 입으려고 노력하는 것이다. 내 프레젠테이션을 들고 나가면서 참석자들이 내가 입었던 '멋진 옷'에 대해서 칭찬한다면 옷차림이 부적절했다고 생각한다. 또한 '세상에, 옷차림이 저게 뭐야!'라고 속으로 생각한다면 이 역시 옷차림이 적절치 못했다고 할 수 있다.

내 판단으로는 청중의 초점이 내가 입고 있는 옷이 아니라 내 얼굴과 내가 하는 말에 집중될 수 있도록 옷을 입어야 한다고 생각한다. 이것은 상당히 유용한 지침이다. 너무 옷차림에 신경을 쓰거나 지나치게 허름하게 입으면 프레젠테이션에서 청중의 관심을 집중시킬 수 없다.

여성의 경우 너무 야하게 입으면 프로다운 이미지가 손상된다. 청중의 관심을 끌 수는 있지만 세일즈 실적향상과 커리어 만들기로 이어질 수 있는 관심은 아니다.

도움을 구하라

옷차림은 너무나 중요한 문제이기 때문에 이와 관련해서 두 가지를 권한다. 첫째, 존 몰리John Molly가 쓴 『성공을 위한 옷차림Dress for Success』이나 『성공하는 여성을 위한 옷차림Women's Dress for Success』과 같은 책을 읽기 바란다. 옷차림에 대해 훌륭한 안내를 받을 수 있는 다른 책들도 많다.

둘째, 괜찮은 의류매장에 근무하는 프로 의류 세일즈맨을 알아 두라. 그와 친해지고 자문을 구하라. 의상 콘셉트에 대해 그와 상의하고 당신의 옷차림을 더욱더 프로답게 만들어 줄 스타일의 변화나 상품에 대해 지속적으로 정보를 제공하도록 부탁하라.

여성의 경우도 마찬가지다. 차이점이 있다면 여성의 경우에는 옷차림이 더 중요하다는 것이다. 이유는 이렇다. 고상한 취향과 과도한 옷차림의 경계는 미묘하며 편안한 옷차림과 부적절한 옷차림 그리고 촌스러움과 상상력의 경계 또한 아슬아슬하다. 프로 비즈니스 우먼들의 경우에는 남성들처럼 품격과 스타일이 딱히 정해져 있지 않다. 어떻게 해서든지 여러 백화점이나 전문매장의 프로들과 친구가 되고 유행하는 상품과 스타일에 대한 정보를 지속적으로 얻으라. 이런 방법은 당신이 거래하는 세일즈맨과 당신에게 모두 이익이지만 특히 당신에게 더 이익이다.

에모리 대학Emory University의 에드워드 영Edward Young이 실시한 연구에 따르면 앨라배마 주 몽고메리의 한 남성복 매장에서 세일즈맨들이 정장을 했더니 반팔 옷에 넥타이를 맸을 때보다 평균 매출액이 43% 늘어났고, 넥타이를 매지 않고 오픈셔츠를 입었을 때보다는 무려 60%나 증가했다.

'첫인상을 줄 수 있는 기회는 딱 한 번뿐이다'라는 오래된 격언이 여전히 통하고 있다는 증거다. 당신은 좋은 첫인상을 주고 싶을 것이다. 물론 책을 표지만 보고 판단해서는 안 되지만, 표지가 마음에 끌리지 않으면 책의 내용이 궁금해지지 않을 수도 있다.

합당한 가격에 정상적인 상품이나 서비스를 팔고 있다면 더 나아가 남의 기분을 상하게 하는 옷차림이 아니라 잘 어울리는 옷차림을 연출하는 데 관심을 기울일 필요가 있다. 의사, 변호사, 공인회계사, 목사, 은행원, 재무 컨설턴트 등 당신이 자문을 받으러 가는 사람들은 일반적으로 깔끔하고 보수적인 옷차림을 하고 있다는 사실을 명심하라. 사실 이런 사람들이 지저분하고 허름한 옷차림을 하고 있다면 신뢰가 가겠는가? 그런 옷차림을 한 사람이나 그가 제공하는 자문을 믿을 수 있겠는가?

포인트 : 고객이 (상품을 사려는) 당신의 자문을 수용하기 원한다면 자문가답게 옷을 입어라.

내가 여러 차례 '고객의 눈을 바라보라'고 말한 것을 기억할 것이다. 그런데 만약 어두운 색의 안경을 쓰고 있다면 고객이 당신의 눈을 제대로 바라볼 수가 없다. '내 눈을 똑바로 쳐다보지 않는 사람을 신뢰하지 않는다'는 생각은 대부분의 사람들 머릿속에 각인되어 있다.

음주와 마약문제가 증가하고 있는 현실을 생각할 때 사람들은 상품을 사라고 설득하는 세일즈맨이 건강한 심신의 소유자인지를 알기 위해 눈을 제대로 보기를 원한다. 날씨가 유난히 화창한 날 고객을 건물 밖에서 만나고 있다면 색깔이 들어간 안경도 괜찮다. 그러나 협상 테이블에서 최고의 효과를 발휘하고 싶다면 상대방과 마주 보기 전에 그런 안경은 반드시 벗어 버려야 한다.

위치의 중요성

세일즈 컨설턴트 도날드 모인Donald Moine은 전략적 행동이란 고객의 성격을 파악하고 세일즈에 반영함으로써 신뢰를 형성하는 것이라고 설명한다. 고객이 말을 빨리하면 세일즈맨도 대화속도를 높여야 한다. 고객이 속삭이듯 말하면 세일즈맨도 속삭이는 목소리로 재빨리 낮춰야 한다. "세일즈맨의 목소리와 태도는 '나도 당신과 같은 부류니 안심하세요. 저를 믿으셔도 됩니다'라는 의미를 전달한다"고 모인은 말한다.

전략적 행동은 또한 물리적으로 판매를 할 수 있는 위치를 만드는 것을 의미한다. 고가품을 파는 경우라면 가급적 고객이 자리에 앉게 만든다. 그래야 고객이 서 있을 때보다 심리적으로 더 편하게 의사결정을 할 수 있다. 그리고 상당한 액수의 돈이 걸린 결정이라면 자신에게 유리하도록 모든 것을 완벽하게 준비한다.

이와 더불어 전략적 행동은 적절한 자리배정을 의미하기도 한다. 예를 들어 세일즈맨인 당신이 한 쌍의 부부를 방문하고 있다면 아내의 옆자리나 두 사람을 바라볼 수 있는 위치에 앉아야 한다. 남편에게 말을 할 때마다 아내를 지나쳐서 보거나 남편을 보면서 동시에 아내를 봐야 한다. 남편이 가정의 머리라면 아내는 머리를 지탱하는 목이라고 할 수 있다. 머리의 방향을 정하는 것이 목이므로 아내가 머리를 제대로 조종할 수 있는 위치에 있도록 해야 한다.

이 방법은 또 다른 이점이 있다. 프레젠테이션의 처음부터 끝까지 아내를 참여시킴으로써 세일즈의 성공 가능성을 높일 수가 있다. 많은 경우 세일즈맨은 자기가 원하는 반응, 필요한 반응을 보이는 고객과 대화를 많이 하게 된다. 일반적으로 이런 반응을 보이는 사람이 가장 열의를 보이고 세일즈맨의 말에 동의하는 편이다.

그런데 문제는 이 '동의하는 고객'이 결정과는 거의 또는 아무 상관이 없는 경우가 많다는 점이다. 앞에서 언급했던 방식대로 남편과 아내를 모두 프레젠테이션에 포함시킴으로써 세일즈 준비를 보다 철저하게 할 수 있고 세일즈의 성공 가능성도 훨씬 높일 수 있다. 내가 여러 번 반복했듯이 이것이 바로 세일즈 방문의 목적이다.

질투심 많은 배우자를 조심하라

세일즈 프레젠테이션을 하면서 고객의 아내에게 너무 가까이 다가가지 않도록 주의해야 한다. 고객이 질투심 많은 남편일 수도 있기 때문에 고의적으로 또는 우연히 아내와 접촉했을 때 상품판매 이외에 다른 생각이 있다고 오해할 수도 있다. 이런 오해를 받으면 아무것도 판매할 수 없다.

참고로 이런 경우 나이는 중요하지 않다. 아내가 스물다섯 살이든 일흔 다섯이든 질투심 많은 남편에게는 전혀 차이가 없다. 특히 자기보다 훨씬 어린 아내와 사는 남편은 더욱더 방어적이고 질투가 심하다.

아내의 경우도 마찬가지다. 과거보다는 개방적인 사회에 살고 있긴 하지만 남편에 대해 방어적이고 질투가 심한 아내가 여전히 많은 것이 사실이다. 성적인 매력을 이용해서 남편에게 뭔가를 팔려는 세일즈맨은 아내의 호감을 얻을 수가 없다. 대부분의 경우 세일즈에 실패하고 그 이유가 뭔지 절대 깨닫지 못한다. 이런 상황이 말해 주는 포인트는 단순하다. 판단력을 발휘하라는 것이다. 즉, 당신이 어디에 어떻게 앉아서 고객과 상담할 것인지 주의 깊게 고민하라는 말이다.

회사직원으로 구성된 팀이든 부부 팀이든 그 팀의 한 사람이 대개 의견을 주도하고 주요 결정권자라 하더라도 나머지 한 사람이 여전히 구매를 거부할 수 있다는 사실을 잊지 말라고 세일즈 강사 던 헛슨Don Hutson은 지적한다. 어리석고 불필요한 위험은 감수하지 말아야 한다.

사무실이나 레스토랑에서 두 사람 이상의 고객과 상담할 때 그들 사이에 앉지 않도록 주의하라. 테니스 경기의 심판처럼 보일 수 있고 또 스스로 그렇게 행동하고 느낄 수 있기 때문이다. 또는 어느 한 고객에게 관심이 치중될 수 있다. 사무실에서 대표와 상담하는데 대표가 책상 뒤에 앉아 있어서 잘 보이지 않는다면 커뮤니케이션하기가 어렵다. 특히 시각자료나 사업 제안서를 가지고 설명해야 하는 경우는 더 그렇다. 이런 경우에는 책상 옆으로 의자를 옮겨 앉을 수 있도록 허락을 구해야 한다고 존 하몬드는 조언한다. 허락을 구할 때는 이렇게 말한다. "고객님, 제가 설명하면서 보여드려야 할 것이 있습니다. 그러기 위해서는 책상 옆으로 이 의자를 옮겨야 할 것 같습니다. 그래도 괜찮겠습니까?"

전문매장이나 소규모 매장이라면 카운터 반대편으로 이동해서 고객이 있는 쪽으로 오는 것이 좋은 전략이다. 그럼으로써 '장벽'이 제거되고 신뢰형성에도 도움이 된다. 두 가지 예외는 매장에 손님이 너무 많아서 바쁘거나 고객이 어떤 걸로 할지 아직 결정하지 못해서 샘플가방에서 상품을 추가로 계속 가져와야 하는 경우다.

직접 판매를 하는 경우라면(문제가 생기지 않는 선에서) 고객의 부엌이나 식탁이 세일즈하기에 가장 이상적인 장소. 빵을 잘라먹는 식탁에 앉아 있으면 고객의 마음이 열리고 반응을 잘하게 만드는 뭔가 특별한 마력이 생긴다. 일반적으로 사람들은 손님은 거실로 초청하고 친구와 지인들은 서재에서 맞이하며 가족은 식탁에 앉아서 이야기한다. 식탁에 앉아 있으면 고객의 잠재의식 속에 당신은 가족의 일원이 된다. 가족은 서로 신뢰하지 않는가? 그리고 우리는 신뢰하는 사람한테서 산다. 그렇지 않은가?

전략적 행동은 고객을 편안하게 한다

전략적 행동이란 당신의 샘플이 깨끗하게 보관되어 있으며 잘 정리되어 있음을 의미한다. 전략적 행동은 상담을 시작하면서(주로 직접 판매에서) 주문서를 프레젠테이션 책자와 함께 잘 보이게 두는 것을 의미한다.

부동산의 경우라면 세일즈를 마무리하기 위해 작성하는 법률문서를 차 앞좌석에 두어 눈에 잘 띄게 하라. 차에 타면서 고객 부부에게 판매 계약서를 한 부 건네고 이렇게 말한다. "저희 시와 주에서 사용하는 표준 계약서 양식입니다. 여러 매물들을 보러 가는 동안 질문할 것이 있는지 훑어보세요."

이렇게 함으로써 간단하게 고객의 손에 계약서를 쥐어주었고 더 중요한 것은 집을 보러 가는 동안 그들의 마음을 편안하게 해줄 수 있다. 고객이 계약서를 훑어볼 수 있는 기회를 주고 아무렇지도 않은 듯이 자연스럽게 계약서가 고객의 손으로 건너감으로써 세일즈를 쉽게 만든다. 그리고 당신은 강압적인 세일즈맨으로 비치기보다는 고객이 현명한 판단을 내리기 위해 필요한 모든 정보를 미리 제공하려는 사람으로 고객의 마음속에 자리 잡는다. 질문이 있으면 고객은 대답을 원하기 때문에 이런 방식은 당신이 기꺼이 대답할 준비가 되어 있는 사람임을 보여준다.

전략적 행동은 또한 상품이 스스로 팔도록 내버려둔다는 것을 의미한다. 캘리포니아 주 산타클라라의 래리 파거 앤 리얼콤 부동산 협회Realtor Larry Fargher and Realcom Associates에서 발간하는 월간지 「치어Cheer」에서 발췌한 자넷 코닝Janet Corning의 이야기는 이런 점을 매우 잘 보여주고 있다.

최고의 세일즈맨

크리스마스가 지나고 얼마 되지 않아 나는 보도 한 가운데에 앉아 있는 남자 꼬마아이에 걸려 넘어질 뻔한 적이 있었다. 꼬마는 리모컨으로 조종하는 장난감 우주선과 걸어다니는 인형을 갖고 노느라 정신이 없어서 사람들이 자기 주위로 몰려드는 것도 모른 채 놀이에 집중하고 있었다. 꼬마가 재미있게 노는 것을 보니 내 아이들도 같은 장난감을 사주면 좋아할 거라는 생각이 들었다. 나는 꼬마에게 어디서 그 장난감들을 샀는지 물었다.

"저 안에서요"라고 답하면서 자기 뒤에 있는 가게를 가리켰다.

나는 가게 안으로 들어가서 꼬마가 가지고 놀던 장난감을 달라고 했다. 그리고 가게주인이 장난감을 포장하는 동안 물었다. "저 꼬마는 누굽니까?"

그녀는 웃었다. "제게 준 크리스마스 선물이라고 해야겠죠. 며칠 전 꼬마가 들어와서 우주선을 몹시 갖고 싶은 듯이 쳐다보고 서 있더라고요. '크리스마스 선물로 갖고 싶니?'라고 물었죠. 그랬더니 '엄마가 그러는데 올해는 크리스마스 선물을 살 돈이 없대요. 지난봄에 아빠가 돌아가셨거든요.'라고 말하면서 돌아서서 가버렸어요. 장사가 신통치 않았지만 크리스마스를 한 주 앞두고 있었지요. 그래서 아이에게 우주선을 줬더니 너무 신나서는 보도에 주저앉아 배터리를 끼워 넣더라고요. 그러고는 정말로 놀라운 일이 벌어지는 거예요. 사람들이 멈춰 서서 꼬마에게 말을 걸기 시작하더니… 그렇게 고객이 많은 적이 없었어요. 판매한 우주선 숫자를 기록해 두었다가 꼬마가 가려고 일어섰을 때 불러서 커미션을 주었지요. 그리고 다음날 다시 오라고 부탁하면서 걸어 다니는 인형 장난감을 하나 더 줬어요. 어제는 꼬마의 커미션이 12달러나 됐다니까요!"

이 이야기는 내가 여러 번 강조한 철학, 즉 다른 사람이 원하는 것을 얻을 수 있도록 충분히 도와주기만 하면 당신이 인생에서 원하는 모든 것을 얻을 수 있다는 것을 잘 보여주는 사례다. 또한 관용, '남보다 좀 더 노력하기', '인정', '판촉에 대한 투자' 등의 필요성을 잘 보여준다.

자신이 가지고 노는(시연하는) 장난감(상품)에 대한 명백한 열정과 넘치는 기쁨 때문에 꼬마가 '최고의 세일즈맨'이 되었다는 사실은 다시 강조하지 않아도 될 것이다. 꼬마는 자신의 상품에 대한 믿음이 있었고, 세일즈 테크닉이 뭔지 알지도 못했지만 자신의 감정을 고객에게 전이시켰기 때문에 효과적으로 팔 수 있었다.

보고
들어라

The "Look and Listen" Close

전략적 행동이란 고객의 말을 온몸으로, 즉 귀뿐만이 아니라 눈으로도 듣는 것을 의미한다. 그러려면 고객을 관찰해야 한다. 전략적 행동은 고객의 신체적 행동을 관찰하는 것으로부터 시작한다. 예를 들어 고객이 'No'라고 말하면서도 의자의 뒷부분을 자꾸 손으로 만져 보고 있다면, 그의 입은 'No'라고 말하지만 보디랭귀지는 '이거 정말로 좋은데', '더 자세히 얘기해 보세요' 또는 '관심이 있으니 당신이 사달라고 요구하면 살 거예요'라고 말하는 것인지도 모른다.

이런 경우 고객의 입은 거짓말을 할 수 있지만 몸은 거짓말을 할 수 없음을 기억하라. 예를 들어 집을 보여주고 있는데 고객이 계속해서 "너무 비싸요, 코너 대지가 맘에 안 들어요, 도심에서 너무 멀어요." 등의 불만을 제기면서도 아름다운 주변경관을 바라보며 서 있거나 부부 침실이나 싱크대를 넋을 놓고 쳐다보고 있다면, 게다가 그 고객이 어떤 것이든 한번 더 살펴본다면 마음속엔 이미 그 집을 살 생각이 있다고 확신해도 된다. 당신은 세일즈하기에 아주 유리한 입장에 서 있는 셈이다. 몸은 거짓말을 하지 않는다. 그러므로 당신이 고객에게 구매주문을 요청할 때는 세일즈에 성공할 거라는 완전한 기대를 가져야 한다.

자동차를 사려는 고객이 자동차 한 대 값으로 절대로 2만 달러를 줄 수 없다고 말하면서도 실내 인테리어를 만지작거리거나 성능에 관한 데이터를 보고 있다면 고객이 입으로 하는 말과 몸으로 하는 말이 완전히 별개라는 것을 감지해야 한다. 다시 한번 강조하겠다. 고객의 입은 거짓말을 할 수 있지만 몸은 거짓말을 할 수 없다.

고객이 입으로 'No'라고 말하면서도 '하지만'으로 문장을 끝낸다면 고객을 잡았다고 생각하면 된다. "아니오, 아닙니다. '하지만' 정말로 멋지네요." 고객의 보디랭귀지를 세밀하게 관찰하면서 행동에 초점을 맞추면 더 많은 고객으로 하여금 지금 사도록 설득할 수 있다.

세일즈의 네 번째 열쇠는 '열정'의 열쇠다. 끈기와 더불어 열정은 사람들이 흔히 잘못 이해하고 있는 개념이다. 많은 사람들이 열정이라고 하면 목소리가 큰 사람을 떠올린다. 물론 열정적인 사람이 목소리가 클 수는 있지만 진정한 의미의 열정은 목소리 큰 것과는 아무런 상관이 없다.

열정enthusiasm은 en과 theos라는 그리스어에서 유래된 것으로 '신 안에'라는 뜻이다. Enthusiasm의 마지막 4개의 알파벳을 보면 IASM이다. 이것은 'I Am Sold Myself(나 자신이 설득당했다)'의 약자다. 자신이 파는 상품이나 서비스에 스스로 설득되어 있으면 프레젠테이션이나 세일즈에 열정적으로 임할 수 있다.

열정을 가져라 _ The "Enthusiasm" Close

열정이 상품을 팔 수 있다. 처음부터 말했듯이 세일즈는 상품에 대한 자신의 느낌을 고객에게 전이시킴으로써 성공시키는 것이다. 때로는 (이 점에 대해서는 경고할 필요가 있다.) 지나친 열정으로 세일즈를 망칠 수 있다. 그러나 세일즈를 놓치더라도 부정적인 면보다는 긍정적인 이유로 놓치는 편이 낫다. 너무 열정적인 탓에 한 번 세일즈를 놓친다면, 열정적이지 못해서 놓치는 세일즈는 백 건은 될 것이다. 이런 확률이라면 열정적인 쪽을 선택하는 것이 당연하지 않은가?

이유는 알 수 없지만 진정한 열정이 무엇인지에 대해 오해하는 사람들이 있다. 그들은 열정을 세일즈맨의 압박이나 강압적인 충동과 동일시한다. 그런 고객은 당신이 열정적이기 때문에 당신의 감정, 신념, 상품을 자신에게 강요한다고 생각하며 세일즈를 거부한다. 자주 있는 일은 아니지만 분명 이런 일이 발생한다. 그럼에도 세일즈맨은 세일즈를 놓치더라도 열정이 부족해서가 아니라 넘쳐서 놓치는 것이 훨씬 더 낫다.

　열정이 지나치면 열정 때문에 세일즈를 놓친 이 젊은이처럼 될 수도 있다. 사연은 이렇다.

　저녁에 여자친구와 데이트가 있는 젊은이가 약속시간에 늦었다. 약속시간보다 늦게 도착하면 그녀는 데이트를 하러 가지 않을 것이다. 지금처럼 누구나 차를 가지고 있는 시절이 아니라서 차가 없었던 젊은이는 선택을 해야 했다. 그가 넓은 목장을 돌아가면 너무 늦어서 그녀와 데이트를 할 수 없고, 그렇다고 목장을 가로질러 지름길로 가면 아예 그녀에게 가지 못할 수도 있다. 목장에는 1,200마리의 거대하고 포악한 수소들이 버티고 있기 때문이다.

　그는 어려운 결정이었지만 위험을 감수할 만한 포상이 기다리고 있었기에 목장을 가로지르는 지름길을 택하기로 했다. 너무 빨리 뛰어서 소들의 주의를 끌어서도 안 되지만 필요 이상으로 오래 멈춰 있을 수도 없어 종종걸음으로 달렸다. 그러자 갑자기 1,200마리의 사나운 소들이 화난 소로 변해서 우렁찬 발자

국 소리를 내기 시작했다. 우리의 영웅은 속도를 올려서 전속력으로 달렸지만 소들은 그보다 더 빠른 속도로 달려오고 있었다. 소에게 질 수밖에 없는 상황이었고 소들은 점점 더 빠른 속도로 달려왔다.

우리의 영웅은 목장 건너 쪽에 도달하지 못하리라는 것을 깨닫고 필사적으로 도망갈 방법을 찾아 주위를 둘러보았다. 목장 건너편과 그가 있는 곳의 중간쯤에 커다란 나무가 한 그루 서 있었다. 옆으로 뻗은 가지가 하나뿐인 그 나무는 높이가 약 7미터쯤 되었다. 그는 속도를 더 높였고 소들은 더욱더 흥분하며 갈수록 압박해 왔다. 실제로 소들이 내뿜는 콧김을 발꿈치에서 느낄 수 있을 정도였다. 황소의 콧김을 느껴 본 적이 있는지 모르지만 끔찍하고 두렵고 무서운 느낌임에는 틀림없다.

그는 뿔에 받히고 짓밟히기 일보 직전에 나무에 뛰어 오를 수 있는 거리에 도달했다. 온 힘을 다해 나뭇가지를 향해 필사적으로 뛰어 올랐으나 실패했다. 그러나 다행히 떨어지다가 나뭇가지를 잡았다.

실패하더라도 긍정적으로 실패하라

때론 세일즈를 위해 필사적으로 노력했는데 놓치는 경우가 분명 있을 것이다. 실패하더라도 긍정적으로 실패하는 것이 좋다. 떨어지다가 다시 세일즈를 붙잡을 수도 있기 때문이다.

열정은 세일즈를 성공시킨다. 지난 한 달 동안 최소한 한 번은 아침식사로 계란을 먹었을 것이다. 오리알이 더 맛있고 영양가가 높지만 오리알이 아니라 분명 계란을 먹었을 것이다. 오리알을 먹지 않은 한 가지 이유는 오리알이 없었기 때문이다.

오리알이 없는 이유는 오리의 열정이 부족하고 잘 짜여진 세일즈 프레젠테이션이 없기 때문이다. 오리는 알을 낳고 나서 기껏 '꽥!'하는 외마디 소리로 세일즈 프레젠테이션을 하고서는 뒤뚱뒤뚱 걸어가 버린다. 세일즈 프레젠테이션은 그걸로 끝이다. 반면 암탉이 알을 낳으면 자기가 한 일을 아주 의욕적으로 그리고 열정적으로 온 세상에 알린다. 오리알 수요는 적고 계란 소비량이 많은 이유를 알 만하다.

열정은 중요하다. 그러나 방향이 없는 열정은 어둠 속에서 질주하는 것과 같다. 열정을 열정적으로 강조하면서도 지식, 절차, 테크닉을 더욱 더 열정적으로 강조하는 이유가 여기에 있다. 이런 기술들은 열정을 높여주고, 그럼으로써 세일즈의 효율성이 좋아지기 때문이다.

이 책을 읽는 독자 중에서 뭔가를 샀는데 친구나 친척이 왜 샀느냐고 물은 적이 한 번쯤은 있을 것이다. 흔히 하는 대답 중에는 분명 "너무 좋은 상품이야!"라는 말이 있다. 그럴 경우 질문을 한 사람은 더 구체적인 대답을 요구한다. "뭐가 그렇게 좋은데?" 당신은 아마도 "많지"라고 대답할 것이다. 질문한 사람이 끈질기게 묻는다. "좋은 점 하나만 말해 봐." 갑자기 그 상품이나 서비스를 구입함으로써 얻은 구체적인 혜택을 정말로 한 가지도 말할 수 없다는 사실을 깨닫는다.

이유는 간단하다. 당신은 열정적인 세일즈맨의 감정을 샀기 때문이다. 세일즈맨, 즉 다른 사람이 그 상품에 대해 갖고 있는 생각과 느낌을 사고, 상품에 대한 그 사람의 믿음을 산 것이다. 그 세일즈맨이 설득되어 있기 때문에 당신도 설득당한 것이다. 열정이 상품을 판다.

이 책에는 100개 이상의 세일즈 전략과 테크닉이 있다. 그렇지만 자신의 상품에 대한 열렬한 믿음이 있는 열정적인 세일즈맨이 이 중 몇 가지 전략만 제대로 사용한다면, 백 가지의 전략을 모두 알고도 그 전략들을 열정적으로 사용하지 못하는 세일즈맨보다 판매실적이 훨씬 좋을 것이다.

구하라, 그러면 얻을 것이다

고객을 설득하는 다섯 번째 열쇠는 '종속 질문'의 열쇠다. 종속 질문이란 고객이 이 질문에 대해 긍정적으로 답했을 경우 고객이 설득되었다는 것을 의미하는 질문이다. 종속 질문의 특성상 대답이 긍정적이지 않더라도 고객이 설득되지 않았음을 의미하지는 않는다.

나의 친구 할 크라우제는 세일즈를 마무리하는 과정에서 이런 종속 질문을 던졌다. "고객님, 이제 확신이 드십니까, 아니면 좀 더 설명을 해 드릴까요?" 이 질문에 두 가지 중요한 포인트가 숨어 있다. 절대로 "제 말을 들으니 확신이 드십니까?"라고 묻지 마라. 사람들은 당신에 의해 설득당하기를 원치 않는다. 고객들은 자기 자신을 스스로 설득해서 사야 기쁘고 행복해 한다. 고객은 당신에게 설득당하는 것을 원치 않기 때문에 질문의 형식이 중요하다.

종속 질문에 고객이 어떤 대답을 하든 당신이 이기게 되어 있다. 고객이 "아닙니다, 확신이 섭니다"라고 대답하면 주문서를 작성하면 된다. 반면 고객이 "네, 아직 확신이 서질 않네요. 좀 더 설명해 주셔야 할 것 같습니다"라는 대답 또한 훌륭한 세일즈맨이라면 바라던 대답이다. 자신의 주장을 펼칠 수 있는 기회가 주어지기 때문이다. 이런 접근방식은 새로운 기회를 제공한다.

오래전 사우스캐롤라이나 주 그린빌에서 강연을 하기로 되어 있어서 호텔을 예약했다. 나는 예약을 했다고 생각했는데 홀리데이 인^{Holiday Inn}

로비에 들어섰을 때 문제가 생겼음을 알았다. 로비 뒤편에 세워진 푯말에 '여행객 여러분, 10월 11일부터 15일까지 한 주 동안은 사우스캐롤라이나의 그린빌을 피하십시오. 섬유축제기간입니다'라고 쓰여 있었다.

그 주간에는 그린빌을 기준으로 80킬로미터 반경 이내에서 방을 구할 수가 없다. 사람들은 1년 전부터 예약한다. 그럼에도 불구하고 나는 카운터로 걸어가서 숙박계를 집으려고 손을 뻗으면서 직원에게 뻔뻔하게 말했다. "제 이름은 지그 지글럽니다. 저한테 편지 온 게 있는지 확인해 주시겠습니까?" 그 여직원은 전혀 흔들리지 않고 물었다.

"예약 하셨습니까?"

"그럼요. 예약 편지를 썼는데요."

"언제죠?"

"오래전에요."

"얼마나요?"

"어휴, 최소한 3주는 됐을 겁니다. 그런데 혹시 저한테 전화 온 게 있는지 봐주시겠습니까?"

"지글러 씨, 제 생각에는…"

(그녀의 말을 끊으며) "잠깐만요."

그때 마침 다른 여직원이 카운터 뒤쪽에서 걸어 나왔다. 신입사원처럼 보이는 첫 번째 직원은 반가운 듯이 다른 직원을 보며 말했다.

"포춘Fortune양인데 지글러 씨를 드와 드릴 거예요."

나는 포춘양을 보고 웃으면서 말했다.

"확실히 포춘양은 내게 '불행'으로 보이지 않는군요. 포춘양은 정말 희소식만 전해 줄 것 같네요!" (Fortune이 '행운'이란 뜻을 가진 단어라는 점을 이용해서 포춘양은 자기에게 행운을, 즉 방을 구해 줄 것 같다는 뜻으로 하는 농담—역주)

포춘양은 성격 좋은 웃음을 보이며 말했다.

"지글러 씨 일반적으로는 제가 행운을 드리지만 오늘밤은…"

나는 그녀의 말을 가로채면서 말했다.

"잠깐만, 아무 말도 하지 마세요. 두 가지 질문을 하겠습니다."

"좋아요."

"첫 번째 질문. 포춘양은 자신이 정직한 사람이라고 생각하십니까?"

"그럼요!"

"좋습니다. 그럼 두 번째 질문입니다. 미국의 대통령이 호텔 정문으로 들어와서 '방이 하나 필요합니다'라고 당신에게 말한다면 대통령이 묵을 방이 있습니까? 사실대로 말씀해 보세요."

그녀는 웃으면서 말했다.

"지글러 씨, 저나 지글러 씨나 미국의 대통령이 오면 방을 드려야 한다는 것쯤은 알겠지요."

"좋습니다. 포춘양은 정직한 사람이고 저도 정직한 사람입니다. 정말입니다. 미국의 대통령은 오지 않습니다. 제가 대통령의 방을 사용하겠습니다!"

내가 그녀에게 한 말 때문이 아니라 그녀에게 던졌던 질문 때문에 나는 그날 밤 그 호텔에서 묵을 수 있었다. 흥미로운 것은 그날 저녁 내가 강연을 해주기로 한 단체가 내게 방을 구해 주려고 했는데 실패했다는 사실이다. 내가 강연을 해주기로 했던 회사직원의 부인이 그 호텔사장의 비서였음에도 불구하고 말이다. 포인트는 단순하다. 질문은 세일즈에 이르는 계단과 같다.

뉴올리언스에 있는 로열 소네스타 호텔^{Royal Sonesta Hotel}에서 방을 구할 때도 똑같은 방법을 썼다. 아내와 나는 뉴올리언스에서 결혼기념일을 보내기로 갑작스럽게 결정했지만 예약이 끝난 상태였다. 나는 전화를 걸어서 매니저에게 똑같은 방법을 사용했고 방을 얻었다. 효과가 있었다!

질문 : 당신에게도 효과가 있을까?

답 : 그럴 거라고 장담할 수는 없지만 당시 오하이오 주 클리브랜드의 커비 컴퍼니Kirby Company 교육담당 매니저였던 래리 니콜스Larry Nichols는 효과를 보았다며 좋아했다. 상황은 이러했다. 커비 컴퍼니는 1983년 7월 21일 캘리포니아에 있는 인더스트리 힐스 쉐라톤 호텔에서 매니저 회의를 하기로 되어 있었다. 래리가 그날 밤 늦게 도착해서 체크인을 하려고 하는데 호텔직원이 예약이 안 되어 있으며 방이 없다고 말했다.

래리는 어떤 방법이 효과가 있으면 절대 바꾸지 않는 스타일이었다. 그래서 강의 자료에서 내가 설명한 그대로 따라했다. 래리가 여기에 미국의 대통령이 예약도 하지 않고 왔다면 그에게 줄 방이 있겠느냐고 직원에게 묻자 유쾌하고 놀라운 결과가 나타났다. 직원이 활짝 웃으면서 현 대통령에게 줄 방은 없지만 전 대통령에게 줄 방은 있다고 농담을 하며 이렇게 말했다. "사실 저희 호텔에는 제럴드 포드 대통령(미국의 38대 대통령─역주)과 베티 포드 여사를 위한 스위트룸이 있습니다. 그분들은 그 방을 사용하지 않을 테니 고객님께서 사용하세요"

두 가지 포인트를 짚어보자. 첫째, 이 방법은 효과가 있다. 래리는 좋은 방에 머물렀다. 둘째, 호텔직원은 정말로 그 스위트룸을 깜빡했고 래리의 질문이 그의 기억을 되살려주었다. 실질적인 효과가 있었다는 말이다. 그러므로 공급량이 부족한 상품을 구하려고 하거나 주말에 어려운 서비스 부탁이 필요할 때 이 방법을 약간 수정해서 응용하면 실제로 효과를 발휘할 것이다.

나의 절친한 친구이자 '형제'와 같은 버니 로프칙은 본능적으로 모든 질문을 질문으로 답한다. 한번은 내가 물었다. "버니, 왜 모든 질문을 질문으로 답하는 거지?" 버니가 대답했다. "안될 게 뭐 있나?"

세일즈 클로징 세일즈에 성공하는 세 가지 핵심 질문 _ The "Three Question" Close

가장 간단하면서도 효과적인 세일즈 전략 중 하나는 '세 가지 핵심 질문' 테크닉이다. 이 세 가지 질문은 당신의 상품이나 서비스가 돈, 시간, 노력 등을 절약해 준다는 점을 고객에게 설득시킨 다음에 사용해야 한다. 예를 들어 돈을 절약해 주는 상품의 특징을 설명했다면 다음과 같은 세 가지 질문을 한다.

1. 이 상품으로 돈을 절약할 수 있다는 것을 아시겠죠?
2. 돈을 절약하고 싶으십니까? (대답을 기다려라.)
3. 돈을 절약하고 싶다면 언제 시작하는 것이 최적기라고 생각하십니까?

마지막 질문은 고객을 옭아매서 결정을 이끌어 낸다. 당신이 프레젠테이션을 잘했고 고객이 정직하다면 세일즈에 성공할 것이다.

건강에 관한 상품이라면 마찬가지로 세 가지 질문을 할 수 있다. "이 상품이 고객님의 건강을 어떻게 증진시킬 수 있는지 아십니까?" "건강증

진에 관심이 있으신가요?" "건강 돌보기를 시작하려고 하신다면 언제가 시작하기에 가장 좋은 때라고 생각하십니까?"

편리함에 관한 상품이라면 이런 질문이 가능하다. "이 상품이 어떤 부분에서 시간과 노력을 절감해드리는지 아십니까?" "시간과 노력을 절약하고 싶으시죠?" "시간과 노력을 절약하고 싶으시다면 언제부터 시작하는 것이 가장 좋다고 생각하십니까?"

우리 회사의 모든 상품은 본질적으로 어떤 형태로든 실적을 개선하는 데 초점이 맞춰져 있다. 우리 회사의 세일즈맨들이 다른 세일즈맨을 대상으로 세일즈를 할 때, 세 가지 질문 전략을 이렇게 응용하도록 가르친다. "이 세일즈 강의코스가 당신의 세일즈를 어떻게 향상시켜 줄 수 있는지 아시겠죠?" "세일즈 실적을 개선하고 싶으십니까?" "실적개선을 원한다면 언제가 적기라고 생각하십니까?" 이 방법은 효과적이다.

목회자도 세일즈를 한다

다음 사례는 아드리안 로저스Adrian Rogers 박사가 쓴 『초자연적인 삶The Secret of Supernatural Living』에서 직접 발췌한 것으로 토머스 넬슨 출판사Thomas Nelson Publishing Company로부터 인용허가를 받았다.

케이프케네디Cape Kennedy(현 케이프 커내버럴Cape Canaveral―역주) 우주항공분야에서 중요한 직책을 맡고 있던 어떤 남성이 아내 때문에 나를 찾아왔다. 그는 자포자기 상태에 빠진 아내를 내가 만나서 상담을 해주기를 원했다. 나는 부부가 함께 상담을 받으러 온다면 그렇게 해주겠다고 약속했다.

부부가 상담을 받는 동안 아내는 마음속에 담아 두었던 속상했던 이야기들을 쏟아냈다. 남편의 구타, 외도, 술주정, 도박 문제를 이야기하며 울었다. 남편에게 물었다. "당신은 기독교인입니까?" 중요한 것은 내가 그에게 대답을 원했던 것이 아니라 대화의 주제를 예수 그리스도로 돌리려고 한 것이다.

그는 고개를 뒤로 젖히면서 경멸스러운 듯이 웃었다.

"아니오, 전 무신론자입니다."

"무신론자란 신이 없다는 것을 아는 사람이지요. 당신이 모든 것을 안다고 생각하십니까?"

"물론 그렇진 않죠." 그가 말했다.

"세상 모든 진리의 절반을 당신이 안다고 가정해도 관대한 가정이겠지요?"

"네, 그렇습니다."

"당신이 이 세상 모든 진리의 절반밖에 모른다면 당신이 알지 못하는 진리 중에 신이 존재할지도 모른다는 가능성을 인정해야 하지 않을까요?"

"한 번도 그렇게 생각해 본 적은 없습니다. 뭐, 그렇다면 저는 무신론자가 아니네요. 전 불가지론자입니다."

"이제 좀 이야기가 되는 것 같네요. 불가지론은 당신이 모른다는 뜻입니다. (불가지론에 해당하는 라틴어가 무지라는 말은 그에게 하지 않았다.) 그리고 불가지론자는 회의론자지요."

"맞습니다. 저는 확실한 회의론자입니다."

"어떤 종류인지, 얼마만큼 확실한지는 상관없습니다. 회의론자는 두 종류가 있습니다. 정직한 사람과 부정직한 사람. 정직한 회의론자는 모르지만 알기를 원합니다. 부정직한 회의론자는 알기를 원치 않기 때문에 모릅니다. 도둑이 경찰을 찾지 못하는 것처럼 부정직한 회의론자는 신을 찾지 못합니다. 당신은 어느 쪽입니까?" 내가 물었다.

그의 표정이 부드러워졌다.

"정말 한 번도 이 문제에 대해서 생각해 보지 않았습니다. 정말로 알기를 원하지 않았던 것 같습니다."

"성경말씀에서 정직한 회의론자에게 주신 약속이 있다는 걸 아십니까?"

이렇게 묻고 나서 예수님이 살아 계시던 시절에 존재했던 회의론자들에게 예수님께서 하셨던 말씀을 그에게 읽어 주었다.

"예수께서 대답하여 이르시되 내 교훈은 내 것이 아니요 나를 보내신 이의 것이니라. 사람이 하나님의 뜻을 행하려 하면 이 교훈이 하나님께로부터 왔는지 내가 스스로 말함인지 알리라." (요한복음 7:16~17)

"쉬운 말로 풀어서 설명하면 사람이 자신의 의지를 완전히 바치면 하나님이 그에게 모습을 드러낸다는 말입니다." 이렇게 설명하자 그는 관심을 갖기 시작했다. 그러고는 그에게 물었다.

"다음과 같은 제안에 동의할 수 있겠습니까? '신이 존재하는지 아닌지, 나는 모르지만 알고 싶습니다. 알고 싶기 때문에 진실된 탐구를 할 것이고 진실된 탐구이기 때문에 그 대가가 무엇이든지 상관없이 탐구의 결과가 나를 이끄는 대로 따를 것입니다.'"

잠시 깊이 생각한 다음 그가 말했다. "네, 그 제안을 받아들이겠습니다. 그렇게 하겠습니다. 그런 탐구를 어떻게 시작해야 하나요?"

정말로 진리를 알기 원하며, 그러한 진리 탐구로 발생하는 개인적인 대가나 결과에 상관없이 자신에게 밝혀진 진리를 따르겠다는 약속과 함께 그에게 요한복음을 읽도록 권했다.

몇 주가 지나서 그가 다시 상담을 받으러 와서 무릎을 꿇으면서 예수님을 영접했다. 벌써 많은 세월이 흘렀다. 그의 소식을 듣지 못하다가 최근에 그에게서 편지를 한 통 받았다. 현재 북부 지역에 살고 있으며 열렬한 예수님의 증인으로 살고 있다고 했다.

편지에서 그는 이렇게 말했다. "목사님, 악마의 군대 우두머리 같았던 저에게 기꺼이 시간을 내어 주셔서 감사했습니다."

진짜 문제는 무엇이었을까? 그가 처음에 생각했듯이 문제는 그의 머릿속에 있는 것이 아니라 마음속에 있었다. 자신의 의지를 바치자 믿음이 생겼다. 회의懷疑는 사악한 마음을 보여주는 것이다.

앞에서 본 것처럼 로저스 박사는 일곱 가지 질문을 통해서 결정을 유도했다. 또한 그 남성의 머리와 마음을 동시에 자극했다.

다음은 머릿속이 복잡한 고객이 호의적인 결정을 내리도록 유도하기 위해 어떻게 효과적으로 질문하는지를 보여주는 사례다.

서비스를 판다

1982년과 1983년, 나의 딸 줄리는 베네키 컴퍼니The Beneke Company에서 텍사스 주 유일한 여성 공영보험 사정인으로 근무했다. 줄리의 업무는 본질적으로 세일즈였다. 그런 까닭에 우리는 세일즈 테크닉과 전략에 대해 토론할 기회가 많았다. 나는 줄리의 프로정신뿐만 아니라 고객으로 하여금 자신에게 유리하면서도 상호 이익이 되는 결정을 내리도록 유도하기 위해 줄리가 개발한 많은 질문들이 대견했다.

물론 줄리는 회사의 교육프로그램을 통해 필요한 테크닉과 방법, 질문을 배우기도 했지만 스스로 중요한 테크닉과 질문들을 개발해 냈다. 날씨, 화재, 홍수, 기타 자연재해 및 인재로 인한 피해를 입은 사람들이 주요 고객들이었다. 대부분의 고객들은 화재로 인해 피해를 입은 사람들이었고 피해금액은 1만 달러부터 수십만 달러에 이르기까지 다양했다.

줄리가 세일즈 상담을 시작할 때 항상 던지는 첫 질문은 "다들 무사히 빠져 나왔나요?"라는 말이다. 그녀가 상대하는 사람들의 거의 100%는 감정적으로 흥분된 상태라는 점을 잊지 말기 바란다. 화재는 건강에도 위협이 되지만 모든 것을 난장판으로 만들어 놓으며 금전적인 손해도 만만치 않다. 많은 경우 피해자들은 개인 소지품, 대체가 불가능한 기념품이나 가보를 잃어버리기도 한다. 이런 사람들은 자신의 슬픔을 함께 나누며 공감하고 이해해 줄 수 있는 누군가가 절실히 필요하다.

줄리의 첫 질문은 피해자에 대한 진심어린 걱정을 보여주었고 상담에 필요한 긍정적인 분위기를 형성하는 데 도움이 되었다. 또한 그 질문으로 인해 피해자는 상품만 잃어버리고 사랑하는 가족을 잃어버리지 않았기 때문에 운이 좋다는 사실을 깨달았다. (화재로 가족을 상실한 고객은 한 명도 없었다.)

질문하기 전에 먼저 신뢰관계를 형성하라

고객으로부터 모두가 무사하다는 말을 들은 줄리는 안도감을 표시하고 고객이 입은 재산피해에 대한 진심어린 위로의 말을 전한다. 어느 정도 신뢰관계가 형성되고 나면 두 번째 질문을 한다. "화재 이전에 주요한 재산상의 상실이 있었습니까?" (대부분은 아니라고 답한다.) "차량파손이나 피해에 대해 보상신청을 한 적이 있습니까?" 그렇다고 대답하면 그녀는 "어떻게 되었습니까?"라고 묻는다. "만족스러웠습니다"라고 답하면 "대체로 소액 피해에 대해서는 공정하게 처리됩니다"라고 긍정적으로 대응한다.

부정적인 답변이 나오면 "보험회사 사정인들이 보상금액을 최소화하기 위해 어떻게 하는지 이미 잘 아시겠군요?" (그녀의 목소리와 억양은 평서문을 질문처럼 만든다. 일반적으로 대답을 기다린다.)

"이런 피해가 발생하는 경우 전문적인 대리인을 선임할 권리가 있다는 걸 아십니까?"

"아니요, 몰랐어요."

"고객님께서 원하든 원치 않든 지금 고객님은 자신의 보상 사정인이라는 사실을 알고 계십니까?"

"그런 건 생각해 본 적이 없는데요."

"피해산정을 위해 보험회사가 보낼 전문가와 협상할 수 있을 만큼 지식이 충분하다고 생각하시나요?"

"아닐 겁니다."

"보험회사가 그들의 돈을 소중히 여기는 것처럼 고객님께서도 그만큼 자신의 돈을 소중히 생각하십니까?"

"네, 그렇습니다."

"보험회사에서 자기네들 돈을 보호하기 위해 프로를 파견한다는 것을 알고 계십니까?"

"그런 식으로 생각해 본 적은 없는데요."

"보험회사의 피해 사정인은 프로입니다. 그러니까 고객님께도 자신의 돈을 보호해 줄 프로가 있으면 좋겠다고 생각하시죠?"

"네, 그런 사람이 있어야겠죠."

"보험회사가 '청구서를 보내세요. 그러면 저희가 지급해드리겠습니다'라고 하지는 않는다는 걸 알고 계시지요?"

모든 질문은 보험회사가 프로를 고용하므로 고객도 프로를 고용한다는 차원에서 생각하도록 만든다. 보험회사가 속이거나 불공정하게 처리하려고 한다는 것을 암시하려는 말은 아니다. 현실적으로 집주인은 대부분 자신의 권리를 알지 못하고 화재로 인해 손실된 상품들을 상당부분 기억하지 못한다.

줄리가 자주 묻는 또 다른 질문이 있다.

"고객님과 아내 분이 일과 가사를 잠시 중단하시고 시간을 내셔서 다용도실의 빗자루부터 서랍장 속에 있던 양말 개수까지 댁에서 화재로 인해 분실한 물품들을 꼼꼼히 정리하고 가격을 매기시기 어려우실까요?"

"네, 어려울 것 같은데요."

"고객님의 집과 소지품을 조사해야 할 보험 사정인, 복구작업 인부, 세탁소 등과 만나는 것이 불편하지는 않으시겠습니까?"

"장소와 시간에 따라 다르지요."

"법정에서는 고객님을 대리해 주는 변호사가 있고 국세청에서는 고객님을 변론해 줄 회계사가 있습니다. 이런 피해를 입었을 때 고객님을 대변해 줄 프로 사정인이 있으면 더 좋지 않겠습니까?"

"일리 있는 말이네요."

"피해액을 협상할 때 제시되는 금액이 합당하고 공정하다고 믿으십니까?"

"잘 모르겠습니다."

"저희가 제시하는 보상금액이 보험회사가 처음 제시한 피해보상금액보다 평균 30%나 많다는 것을 알고 계셨습니까?"

"아니오."

"저희 수수료는 10%밖에 안 됩니다. 그러므로 프로를 고용하는 올바른 결정을 내림으로써 1,000달러당 200달러의 이익을 얻을 수 있습니다. 간단히 말씀드리면 피해액이 2만 달러라면 400달러를 절약할 수 있고 5만 달러라면 1만 달러의 이익을 보실 수 있습니다. 사실상 이 돈은 고객님의 돈이고 피해보신 것을 복구하고 보전하는 데 쓰실 수 있는 돈입니다. 이 금액은 저희 수수료를 빼고 순수하게 고객님께 돌아가는 돈입니다. 이 이익은 고객님의 돈입니다. 이 돈에 관심이 생기십니까?"

"그럼요!"

"정말로 반가운 사실은 저희가 일을 확실하게 해드린다는 점입니다. 고객님의 복구비용과 저희 수수료를 지불할 만큼 충분한 보상금을 받아내지 못하면 수수료를 받지 않습니다. 다시 말해서 고객님께서는 손해 볼 이유가 전혀 없습니다. 고려해 볼 만한 제안이죠?"

"네, 그러네요."

"최대한 빨리 집으로 다시 들어가실 수 있도록 오늘 당장 일을 시작할까요, 아니면 특별히 더 급한 일이 있으십니까?"

"지낼 곳이 없으니까 가급적 빨리 집에 들어갈 수 있으면 좋겠어요."

"이 계약서에 서명하시면 절차를 개시하겠습니다. 그리고 피해를 입어서 마음은 아프지만 재정적인 부담은 저희가 해결해 드리겠습니다. 고객님께서 원하시는 것이 바로 이거죠?"

"네."

세어 보면 이 과정에서 그녀가 12개 이상의 질문을 했음을 발견할 것이다. 자신의 문제해결을 위해 고객이 행동을 취하도록 질문이 설계되어 있기 때문에 좋은 결과를 얻었다.

질문하는 방법을 배우라

질문하는 방법을 어떻게 하면 배울 수 있는지를 묻는 사람이 많다. 나의 첫 번째 대답은 뻔한 것이다. 이 책을 공부하라. 그냥 읽는 것이 아니라 공부해야 한다. 책에 나오는 모든 질문(이 책에는 800여 개의 질문이 있다.)을 자신의 상황에 맞게 바꿔라. 적절한 목소리와 억양으로 질문들을 녹음하고 잠재의식 속에 확실하게 자리 잡을 때까지 반복해서 들어라.

이렇게 하면 당신의 생각이 놀랄 정도로 분명해진다. 당신은 목표에 집중할 수 있고 고객이 생각을 명쾌하게 정리할 수 있도록 도와줄 수 있다. 그리고 결국은 고객이 올바른 결정을 하도록 도울 수 있다. 당신의 성공과 고객의 문제해결은 궁극적으로 고객이 올바른 선택을 하는 데 달려 있기 때문에 이것은 매우 중요하다.

자기회사 최고의 세일즈맨과 상의하거나 유사한 상품을 판매하는 다른 세일즈맨들에게 물어서 질문하는 방법을 배워야 한다. ①관심을 유발하고, ②상품의 장점을 인식시키고, ③약속을 잡고, ④가망고객을 확보하고, ⑤구매결정을 내리게 만들고, ⑥주문을 못 박고, ⑦확신을 심어주기 위해 사용하는 구체적인 질문이 무엇인지 물어라.

당신이 매장에 가거나 세일즈맨이 당신을 찾아오는 경우 눈과 귀를 크게 열어 두라. 세일즈에 관한 책들을 수집하고 학생이 되라. 한 번에 한 가지에 집중하는 힘을 키우라. 이 경우 그 한 가지는 질문하는 방법이다. 효과적인 세일즈 질문을 보거나 들을 때마다 당신의 세일즈 수첩에 있는 질문란에 적어 두라.

진정한 프로는 항상 좋은 세일즈 테크닉을 찾기 위해 마음의 귀와 육감을 열어놓고 있다. 그리고 자신이 판매하는 멋진 상품이나 서비스를 가급적 많은 사람들에게 알리기 위해 최대한 많은 것을 열정적으로 배우려는 진정한 사명감을 갖고 있다.

세일즈 클로징 가장 위대한 세일즈맨, 예수 _ The "Greatest Salesman" Close

질문하는 방법에 대해 더 많은 것을 배울 수 있는 참고자료에 대한 질문을 자주 받기 때문에 이런 질문을 미리 예상해서 답해 주겠다.

서점에 가면 질문하는 방법을 배우는 데 엄청난 도움을 주는 지침서가 있다. 당신이 사야 할 지침서는 바로 성경이다. 이것은 종교와 상관이 없다. 편파적이지 않은 사람이라면 지금까지 존재했던 가장 위대한 세일즈맨은 갈릴리의 목수, 즉 예수라는 것을 인정할 수밖에 없을 것이다.

붉은 글씨(예수님이 하신 말씀은 붉은색으로 표시되어 있다.)가 섞여 있는 성경 책을 사라. 예수 그리스도는 질문을 받으면 언제나 질문이나 비유로 대답하셨다는 것을 발견할 것이다. 그러므로 질문하는 방법을 알고 싶다면 성경에서 배우라. (예수께서 성경에서 하신 모든 말씀은 약 세 시간이면 읽을 수 있다. 그러므로 그의 말 한마디 한마디가 얼마나 효과적이었는지를 알 수 있다.)

예수는 또한 가장 위대한 세일즈 마케팅 매니저였다. 예수는 겨우 열두 명의 세일즈맨으로(그나마 그 중 한 사람(유다)은 실패자였다.) 짧은 시간에 모든 곳에 기쁜 소식(복음―역주)을 전파했다.

이렇게 말하는 사람들을 자주 만난다. "성경을 읽어 봤지만 이해가 안돼요!" 내 생각에는 그들을 괴롭히는 것은 이해가 안 되는 부분이 아니다. 성경은 아주 명확하다. 예를 들어 예수께서 십계명을 '열 가지 제안'이라고 부르지 않았음을 깨달았을 것이다. (성경의 내용은 명확한데 읽는 사람이 그 가르침을 받아들이고 싶지 않기 때문에 성경이 이해가 안 된다고 변명하는 것이다. '제안'이라는 말은 해도 되고 안 해도 그만이라는 뉘앙스가 풍기지만 성경에서는 그런 애매한 표현을 쓰지 않고 십계, 즉 반드시 지켜야 할 열 가지 명령을 명확하게 제시하고 있다는 뜻―역주)

질문의 기술을 배우기 위해 성경을 읽고 있다면 쭉 읽어 나가면서 질문뿐 아니라 그에 대한 답도 배울 수 있다. 언젠가는 예수께서 당신에게 물을 것이고 그때 당신이 대답을 제대로 잘하면 축복을 받을 것이다. 그것이야말로 당신이 할 수 있는 최고의 세일즈다. 성경을 반드시 읽어라. 지금 마음의 평화를 줄 뿐 아니라 나중에 뜨거운 불을 피하는 데도 도움이 된다.

세일즈 클로징 외식을 위한 아내의 전략적 질문 _ The "Dinner Out" Close

고객이 누릴 수 있는 혜택과 질문을 연결시킬 수 있다면 질문의 효과는 더 커진다. 세일즈와 인간관계에서 '고객'이란 당신의 아이디어와 콘셉트에 수긍하고 상품이나 서비스를 당신에게서 사는 사람을 의미한다.

출장강연을 하느라고 힘든 한 주를 보내고 돌아온 어느 금요일 저녁에 있었던 일이다. 아내는 멋지게 차려입고 공항으로 마중을 나왔다. 여느 때처럼 아내는 내가 특히 좋아하는 달콤한 향기가 나는 좋은 향수를 뿌렸다. 회전식 원형 컨베이어에서 가방이 나오기를 기다리는 동안 아내가 바짝 다가와서는 내 손을 잡으면서(아내는 애교의 여왕이다.) 말했다.

"여보, 한 주 동안 많이 힘드셨을 거예요. 그러니 당신이 원한다면 집에 가는 길에 마트에 들러서 맛있는 스테이크나 해산물을 사려고요. 당신은 신문을 보면서 쉬세요. 그동안 내가 우리 둘이 먹을 멋진 저녁식사를 준비할 테니까요. 톰은 샘하고 같이 잔다고 놀러가서 우리 둘뿐이에요. 그리고 멋진 저녁식사를 하고 나서 더러워진 접시와 기름때가 묻은 냄비와 팬을 닦고 싶지 않을 테니 당신은 텔레비전이나 보세요. 설거지는 제가 다 알아서 할 테니까요. 한 시간, 한 시간 반, 기껏해야 두 시간이면 될 거예요. (잠시 멈췄다가) 아니면, 제 시간과 에너지를 전부 당신한테 집중할 수 있도록 완전히 자유롭다면 당신이 더 편안하고 즐겁게 저녁시간을 보낼 수 있을 것 같다는 생각이 언뜻 드네요. 정말 멋진 레스토랑에서 말이죠. 물론 전적으로 당신 뜻에 달려 있어요. 어떻게 하실래요?" (누가 여성을 '약자'라고 했단 말인가!)

당연히 우리는 마트에 들르지도 않았고 집에서 저녁식사를 준비하지도 않았다. 아내는 질문을 함으로써 나를 설득했다. 고객 자신에게 가장 이익이 되는 결정을 내리도록 유도하는 질문이야말로 가장 효과적인 설득이다.

마음의 귀로
들어라

Listen _ Really Listen

여섯 번째 세일즈의 열쇠는 아주 중요한 열쇠다. 바로 '경청'의 열쇠다. 대부분의 세일즈맨들은 고객이 하는 말이나 질문내용을 모두 듣지는 않는다. 고객의 말을 끊으면서 고객의 질문을 예측하려고 한다. 솔로몬은 잠언에서 이 문제를 지적하면서 이런 말을 했다. "사연을 듣기 전에 대답하는 자는 미련하여 욕을 당하느니라(잠언 18:13)."

들을 때는 끝까지 제대로 들어야 한다. 당신이 주도권을 잡고 '자신이 하고 싶은 말을 하기 위해서' 고객의 말을 억지로 듣는 것은 의미가 없다. 고객이 하는 말을 끝까지 듣고 의미를 제대로 알아듣는다면 고객은 그 말속에서 세일즈를 성공시킬 열쇠를 줄 것이다.

경험이 부족하거나 자신감이 없는 세일즈맨은 질문을 하는 동시에 스스로 대답한다. 예를 들어보자. "이 상품이 어떻게 돈을 절약해 주는지 아시겠습니까?" (물론 돈을 절약할 수 있습니다!) "이 상품이 어떻게 일을 줄이는지 아시겠습니까?" (당연히 줄일 수 있지요.)

세일즈맨은 엉뚱한 대답이 나올까 봐 고객에게 대답할 기회를 주지 않는다. 질문을 하면 대답을 들어라. 세일즈를 어떻게 성공으로 이끌어 가야 할지 올바른 방향을 제시해 줄 것이다.

고객이 문제를 제기하는 것은 좋은 일이다. 사실 훌륭한 프레젠테이션이라면 특히 초반에 문제를 제기하도록 구성되어 있어야 한다. 문제를 일찍 해결할수록 세일즈에 성공할 가능성이 높다.

다 듣되 일부만 접수하라

모든 것을 들어야 하지만 고객이 'No'라고 말할 때는 이 말을 그대로 접수할 필요는 없다. 사우스캐롤라이나 출신의 세일즈맨 멀리 호크Merlie Hoke는 조리기구 판매 사업에서 수년 동안 나와 함께 일했다. 그녀에게는 아주 특이한 '청력문제'가 있었다.

한 고객이 1미터 떨어진 거리에서 "멀리, 난 안 살 거예요!"라고 거의 소리치다시피 하는 것을 보았다. 멀리는 눈 하나 깜빡하지 않았다. 그녀에게는 한마디도 들리지 않았다. 그런데 고객이 10미터나 떨어진 거리에서 속삭이듯이 사겠다고 말할 때는 똑똑히 들었다.

멀리는 고객이 'No'라고 말할 때 그것이 정말로 싫다는 뜻이 아님을 알았고 고객이 'Yes'라고 말할 때만 진심이라고 생각했다.

경 청

세일즈 클로징 고객이 원하는 것을 얻게 도와주라 _ The "Hep 'Em Git It" Close

멀리 호크는 정말로 멋진 테크닉을 갖고 있다. 세일즈를 마무리하기 위해 부부 앞에 앉아 있다가 (자기 의자를 아내 옆으로 끌어당기면서) 이렇게 말한다. "와, 정말 멋지죠… 사모님은 가질 자격이 있어요… 제가 도와줄 거니까요."

이 세일즈의 여왕이 일하는 모습을 지켜보면서 나는 음모의 기운이 감돌고 있음을 분명히 느꼈다. 멀리와 고객이 힘을 합쳐 덩치가 크고 오래된 주방용품 회사에 대항할 것처럼 보였다. 수천 세트의 조리기구가 있는데 이 고객은 하나도 못 가졌으니 말이다.

"제가 가질 수 있게 도와줄 겁니다!"

좋은 세일즈맨은 고객의 구매를 돕는다

멀리 호크가 구매 도우미가 되었다는 느낌을 강하게 받았다. 그녀는 고객의 입장이 되어 조리기구 세트를 소유하도록 돕는 것에만 온통 관심이 쏠려 있었다. 물론 고객의 돈을 쓸 것이다. 내가 멀리와 함께 일하는 동안 그녀의 입에서 뭔가를 '팔았다'는 말을 들어 본 적이 한 번도 없다. 그녀는 항상 "고객이 그것을 가질 수 있게 도와주었다." 또는 "고객이 가질 수 있게 해주었다"라고 말했다.

결국 프로 세일즈맨으로서 우리가 해야 할 일은 우리 상품이나 서비스가 해결해 줄 수 있는 문제를 가진 사람들을 찾는 것이다. 우리는 구매 도우미가 되기를 원하며 고객의 입장에 서기를 원한다. 고객이 우리 상품이나 서비스를 구입함으로써 문제를 해결하도록 도와주기 위해 우리는 고객의 느낌을 이해하고자 한다.

세심한 준비, 진정한 관심, 구매기대가 세일즈에 성공할 것인지 아니면 '나중에 연락 드릴게요'라는 답변을 들을 것인지를 좌우할 것이다.

눈으로 들어라 고객을 상대하면서 특히 눈으로 들어야 할 필요가 있다. 몸에서 유일하게 뇌에 직접 연결된 감각기관이 바로 눈이다. 다른 감각기관들이 뇌에 도달하려면 한참을 돌아서 와야 하지만 '눈은 마음의 창'이고 눈에 대한 자극은 뇌로 직접 전해진다. 그래서 '듣는 것을 모두 믿을 수는 없다', '두 눈으로 직접 보았다', '백문이 불여일견'이란 말들이 있는 것이다. 이런 점을 생각할 때 분명 귀와 눈으로 들어야 한다.

눈으로 듣기 위한 간단한 공식이 있다. 'CHEF 공식'이라고 부른다. C는 '턱chin' 또는 '뺨cheek'을 상징한다. 고객이 턱이나 뺨을 만지거나 손으로 감싸고 있으면 만족의 표시다. 고객의 마음속에서는 이미 당신의 상품이나 서비스가 주는 혜택을 사용하며 누리고 있다. 이것은 지금이 세일즈를 성사시킬 때라고 말해 주는 구매신호다.

H는 '손hands'을 의미한다. 고객의 손을 관찰하라. 손바닥과 손바닥을 부드럽게 문지르거나 손바닥을 다른 손등에 비비고 있다면 고객은 이미 마음속에 당신이 파는 상품을 소유할 거라고 기대하고 있다. 살 준비가 되어 있다고 말해 주는 것이다.

E는 '눈eye'을 뜻한다. 눈을 잘 보라. 눈이 커질수록 더 집중해서 들으며 더 잘 이해하고 더 많이 살 거란 뜻이다. 이것을 더 확대해 보면 오늘

날 우리가 텔레비전에서 보는 광고들은 대개 카메라를 통해 검증이 된 것이다. 그 광고를 어떻게 생각하는지에 대해 한 번도 질문을 받은 적이 없는 사람들에게 광고가 전달된다. 그렇기 때문에 고성능 카메라는 시청자들의 눈에 초점을 맞춘다.

고객의 동공이 확대되는 정도가 고객이 광고 메시지를 정말로 믿느냐 아니냐를 결정한다. 흥미로운 사실은 고객이 광고가 정말 좋았다고 말할지라도 동공이 확대되지 않으면 광고를 거부한다는 사실이다. 보디랭귀지는 거짓말을 하지 않는다.

고객의 눈이 점점 더 커질 때를 잘 관찰해야 한다. 눈가에 주름이 잡혔다가 풀리기 시작하면 당신의 메시지가 고객한테 잘 전달되고 있다는 뜻이다. 즉, 커뮤니케이션이 이루어지고 있으며 세일즈가 이루어지고 있으니 세일즈를 마무리하라는 시각적인 신호다.

F는 '친절friendly'을 의미한다. 고객이 웃으면서 "존, 이 사기꾼 같은 사람! 제시 제임스(영화 '무법자 제시 제임스'의 주인공―역주)는 총을 사용했는데 당신은 펜을 사용해서 내 돈을 빼앗아 가려고 하는군!"이라고 말한다면 세일즈는 성공할 것이다.

고객이 당신의 이름을 부를 수도 있고 다리를 꼬고 몸을 젖히면서 편안한 자세를 취할 수도 있다. 때로는 갑자기 조용해지거나 말 한마디 없이 상품의 주위를 걸어 다닐 수도 있고, 갑자기 상품을 열심히 본다든가 그냥 멍하니 창문을 보거나 담뱃불을 붙이거나 커피를 한잔할 수도 있다. 이런 것들은 구매신호다. 결정타를 날려서 세일즈를 마무리하라.

신호에 따라 행동하라

고객이 '구매신호(존 하몬드는 '시각적인' 구매신호를 '고객이 상품을 받아들였다는 것을 보여주는 고객의 모든 행위'라고 정의하고 있다.)'를 보내면 그런 신호들을 십분 활용하라. 조용히 질문을 던지는 것도 한 가지 방법이다. 컨트리 가수 월 로저스는 사람들이 왠지 모르지만 낮은 톤의 목소리나 속삭이듯이 말할 때 더 주의해서 듣고 더 신뢰한다고 했다.

이러한 시각적인 구매신호를 간과하면 안 된다. 예를 들어 고객이 상품구매에 대해 다시 한번 정확히 설명해 달라고 요구할 수 있다. "이 스타일(사이즈, 모델)은 한 번도 사용해 보지 않았어요"라고 말한다든가 "보증기간이 어떻게 되죠?", "첫 번째 결제일이 언제죠?", "예약금이 얼마죠?", "배송은 얼마나 걸리죠?", "에프터 서비스 정책은 어떻게 되죠?", "예비부품은 어디서 사죠?", "품질보증서는 있나요?", "예약금이 얼마라고 하셨죠?", "이 브랜드는 써 본 적이 없어요.", "여보, 어떻게 생각해요?", "실제 이자율이 얼마죠?", "설치하는 데 얼마나 걸리죠?"와 같은 질문을 할 수도 있다.

경청의 열쇠는 너무나도 중요하다. 다른 사람의 말을 잘 들어주는 능력은 세일즈 커뮤니케이션의 핵심이다. 많은 경우 사람들은 주로 자신에게 보여주는 개인적인 관심 때문에 산다. 사람들은 자기의 희망과 꿈을 당신이 들어주고 그 희망과 꿈에 당신의 상품이나 서비스를 직접적으로 적용하기 때문에 산다.

미래가치

일곱 번째 열쇠는 '미래가치'의 열쇠다. '미래가치'란 무엇인가? 미래에 일어날 일이며 당신이 팔고 있는 상품이나 서비스의 가격, 성능, 서비스, 수요 또는 유용성에 직접적인 영향을 미치는 것이다.

거의 예외 없이, 그리고 종류에 상관없이 오늘 팔리고 있는 상품은 내일 더 비싸다는 것을 이 책을 읽는 독자에게 장담할 수 있다. 물론 몇 가지 분명한 예외는 있으나(컴퓨터, 전자기기 등) 대체로 비싸진다. 이 사실을 바탕으로 고객에게 봉사하기로 결심했다면 최상의 서비스와 최적의 가격으로 가급적 많은 상품을 제공해야 한다. 가격상승은 불가피하므로 오늘 사도록 설득할 수 있다면 고객의 이익을 위해 행동하는 것이다.

우리는 더 많은 고객들의 이익을 위해 오늘 당장 고객이 구매하도록 설득하는 전문지식을 충분히 습득해야 할 도덕적인 의무가 있다. 전문지식으로 고객을 도와주면 분명 우리의 실적도 올라간다.

내가 세일즈에 입문했을 때 친한 친구이자 세일즈 매니저인 빌 크랜포드가 처음 해준 말이 있다. '나중에 살래요'라는 핑계를 효과적으로 처리할 수 있다면 성공적인 세일즈맨이 될 거라는 말이다. 그동안 나는 그 말의 가치를 깨닫고 이해하게 되었다. 또한 고객들이 왜 망설이고 '생각해 보기'를 원하는지 그 이유를 깨달았다. 그들은 금전적으로 손해를 보거나 그 상품을 구매함으로써 바보처럼 보일까 봐 두려웠던 것이다.

이런 이유로 이 책의 초반부에서 그리고 그 이후에도 여러 차례 반복해서 세일즈맨이 세일즈 프로세스보다 더 중요하다고 강조한 것이다. 물론 프로세스 자체도 중요하다. 다시 반복하건대 진심으로 세일즈 커리어를 구축하고 다른 사람들을 돕고 싶다면, 어떤 대가가 따르더라도 자신의 인테그리티를 유지하고 가급적 많은 테크닉과 방법들을 배움으로써 고객들이 구매결정을 내리도록 효과적으로 설득해야 한다.

'미래가치'의 열쇠는 고객을 돕기 위해 사용할 수 있는 열쇠이며, 이것은 물론 스스로를 돕는 일이기도 하다. 특히 전매가치가 있어서 고객이 이익이나 투자 목적의 상품을 판매하는 경우라면 더 그렇다. 대표적인 것이 부동산, 미술품, 증권, 상품성이 있는 다이아몬드, 주식과 채권이다. 물론 경기추세를 봤을 때 오늘 투자해 두면 미래에 가치가 높아진다는 점을 고객에게 납득시켜야 한다.

세일즈 클로징 가격은 내일이면 더 오른다 _ The "Impending Event" Close

'가격상승'의 법칙을 이용한 사례를 보자. 고객이 말한다.

"이 집은 너무 비싸요."

"네, 고객님 말씀에 동의합니다. 다른 대부분의 것들과 마찬가지로 이 집 가격은 너무 비쌉니다. 하지만 이 가격을 정한 것은 고객님이십니다."

"제가 가격을 정했다니 무슨 말씀이세요?"

"사실 집값을 정하는 사람들은 집을 사려는 고객님 같은 분들이지요. 예를 들어 집을 구매하려는 사람들의 90%가 갑자기 집을 사려는 노력을 중단한다면 6개월 이내에 이 집값은 훨씬 떨어질 거라고 장담할 수 있습니다. 하지만 모든 징후들을 볼 때 집을 사려는 수요자가 늘어날 것이고 가격은 공급과 수요의 법칙에 의해 결정됩니다. 고객님께서도 잘 아시듯이 부동산 가격은 지속적으로 상승했습니다. 지금부터 1년 또는 10년 후에 이 집을 고객님께서 파신다면 현재 가격보다 훨씬 비싼 값을 받으실 수 있다고 확신합니다. 오늘 이 집에 투자하신다면 고객님을 비롯한 수많은 사람들이 갖고 있는 집에 대한 수요 때문에 발생할 미래의 가격 상승으로 이익을 보실 겁니다."

미래가치와 관련된 또 다른 기회요인은 현재 살아 있는 사람은 앞으로 더 나이를 먹어가고, 따라서 은퇴나 노년기를 생각해야 한다는 점이다. 고객은 지금처럼 열심히 일하지 않더라도 좋은 것들을 누릴 수 있는 미래를 원할 것이다. 예를 들어 은퇴자용 주택이나 바닷가나 호숫가에 위치한 주택을 파는 경우라면 이렇게 고객을 설득할 수 있다.

"고객님께서는 지금까지 오랜 세월을 인생에 투자해 오셨습니다. 인생이 고객님께 뭔가를 돌려줄 수 있도록 준비해야 할 시간이라고 생각하지 않으십니까? 제가 말씀드린 이 집이 바로 그런 준비를 도와 드릴 겁니다."

교묘한 말장난에 속지마라

세일즈를 잘하려면 주의력이 필수다. 주의력이 있는지 간단한 테스트를 지금 해보자. (여백에다 계산을 해도 좋다.)

당신은 버스 운전사다. 55명의 승객을 태우고 노선의 첫 번째 정거장을 떠나 동쪽으로 향한다. 그리고 7킬로미터를 달린 다음, 두 번째 정거장을 지나 5킬로미터를 달린다. 세 번째 정거장에서는 다시 남쪽으로 진행한 뒤 이번에는 정확히 3킬로미터를 달린다. 마지막 정거장에서는 동쪽으로 방향을 바꿔서 정확히 2킬로미터를 운전한다.

운행하는 동안 두 방향으로 운전했지만 네 정거장에서 세 번 방향을 바꿨다. 실제로 운전한 거리는 7+5+3+2킬로미터이고 합계는 17킬로미터다. 자, 그럼 질문을 하겠다. (다시 문제를 읽어서는 안 된다.) 위에서 제시된 정보를 참고하여 버스 운전사의 나이를 맞추는 것이 문제다. (다시 말하지만 여백에 계산을 해도 좋다.) 직접 해보기 바란다. 고민해 보라. 그래야 배운다. 다음 페이지에서 답을 알 수 있다.

초점을 흐리지 마라

위 문제에서 답을 놓쳤다면 내가 말장난으로 당신을 혼란스럽게 만들었기 때문이다. '동쪽으로 방향 전환, 남쪽으로 방향 전환, 다시 동쪽으로 방향 전환'과 같이 상관없는 말을 함으로써 당신의 관심을 다른 곳으로 유도했다. 또한 55명의 승객이라든가 7, 5, 3, 2킬로미터 등도 마찬가지다. 당신은 이 시점에서 도대체 이것이 세일즈와 무슨 관련이 있는지 궁금할 것이다. 많은 관련이 있다. 고객의 동기를 유발시키고 상품에 관심을 갖게 만들었고 고객이 구매로 직행하려고 하는데 갑자기 그럴 예산이 없음을 깨닫는다.

이것은 큰 문제다. 이제 고객이 구매결정을 하려는 참인데 확신이 서지 않는다. 그래서 택한 고객의 해결책은 대통령 선거, 거리범죄, 텔레비전 속의 폭력 등에 대해 이야기함으로써 세일즈맨의 관심과 그의 공세를 다른 곳으로 돌리는 것이다. 그렇다면 세일즈맨인 당신은 어떻게 할까? 두 가지를 기억해야 한다. 첫째는 세일즈를 성사시킨다는 목표를 잊지 말아야 한다. 둘째, 고객이 화제를 바꾸면 바뀐 화제를 인정하고 짧게 언급한 다음 원래 주제와 연계시킨다. 예를 들어 이렇게 말할 수 있다.

"그렇죠. 대선은 정말 흥미진진하죠. 저희 상품이 가져다주는 혜택도 흥미진진하답니다."

나는 어렸을 때 가끔 다친 새를 발견하고는 그 새를 잡으려고 했다. 그러나 내가 다가갈 때마다 새는 공중으로 힘겹게 날아올라 몇 미터를 날아갔다. 그럴 때마다 나는 새를 쫓아가며 "저 새를 잡고 말거야."라고 소리쳤다. 그러면 잠시 후 몇 킬로미터 떨어진 곳에서 어미 새가 날아올라

둥지로 돌아갔다. 결과적으로 어미 새의 행동이 나의 초점을 흐리게 만들었고, 나는 새를 잡지 못했다.

메시지 : 고객이 화제를 바꿔서 당면한 이슈에서 당신의 관심을 빼앗아 감으로써 초점을 흐려 놓지 않도록 하라. 다른 화제에 대해 이야기하는 것은 좋지만 고객의 문제를 해결해 주지 못하면 세일즈에 실패한다는 사실을 기억하라. 당신의 상품이나 서비스가 그 해결책을 제시해 줘야 한다.

앞 페이지 정답 : 운전사는 바로 당신이므로 당신의 나이가 정답이다. 정답을 맞히지 못했다면 부끄럽게 생각해야 한다. "당신은 버스 운전사다"라는 말로 문제설명을 시작했을 뿐 아니라 여러 차례 '당신'이라는 말을 했기 때문이다.

목표에 초점을 맞추라

이슈에 초점을 맞추라. 알프스 산에 사는 한 아버지가 세 아들을 세상에 내보내는 이야기가 있다. 세 아들이 떠나기 전, 아버지는 그들을 산중턱으로 데려가서 석궁石弓을 가지고 오라고 지시했다. 그리고 먼저 장남에게 말했다. "15미터 떨어져 땅위에 앉아 있는 저 새를 향해 석궁을 겨냥해라." 아들은 지시대로 했다. 아버지는 물었다. "무엇이 보이느냐?"

아들은 "아름다운 지평선과 멋진 구름, 신이 만드신 우주의 웅장함이 보입니다." "좋다, 활을 내려놓아라." 아버지가 말했다.

둘째 아들도 활을 들어 새를 겨냥하라는 지시를 받았고 그렇게 했다. 아버지는 같은 질문을 했다. "무엇이 보이느냐?" "아름다운 산, 굽이치는 계곡과 풍성한 초원이 있는 아름다운 경관이 보입니다." "좋다, 활을 내려라." 아버지가 말했다.

막내아들 역시 활을 들어 새를 겨냥하라는 지시를 듣고 그대로 했다. 아버지는 역시 똑같은 질문을 했다. "무엇이 보이느냐?" 막내아들은 대답했다. "날개와 몸통이 만나는 지점이 보입니다." 그 말과 함께 화살을 쏘았고 정확히 과녁을 맞췄다.

포인트 : 세일즈 상담 중이라면 당신의 목표는 오직 하나, 상품을 판매함으로써 고객에게 봉사하는 것이다.

클로징의 열쇠,
세일즈 종결

The Keys in Closing _ Conclusion

설득과 관련하여 오해를 가장 많이 받는 것이 여덟 번째 열쇠인 '끈기'의 열쇠다. 끈기 있는 세일즈맨은 "에이, 어쨌든 사실 거잖아요. 여기에 서명하세요!"라든가 "이 상품을 원하시잖아요. 자, 어서 서명하세요." 또는 "서명해야만 이 상품을 살 수 있으니 여기에 서명하세요"라고 말하면서 듣기 불편한 소리를 하고 고객을 괴롭히는 사람이라고 여기는 이들이 많다.

이것은 끈기가 아니라 명백한 강압이다. 이런 식으로 접근하면 사람을 괴롭힐 뿐이다. 이 주제에 관해서는 4장에서 꼼꼼히 다뤘으니 이제 진짜 끈기가 무엇인지 살펴보자.

끈기는 좋은 말이지만 더 좋은 말은 신념이다. 당신의 상품이 고객의 문제를 해결해 줄 거라고 정말로 믿는다면 당연히 고객이 자신의 이익을 위해 행동하도록 끈질기게 요구해야 한다. 프로답게, 기분 좋게, 정중하게 그렇지만 끈질기게 요구하라.

세일즈 클로징 최선을 다해 설득하라 _ The "Pressure Belief" Close

몇 년 전 끈기라는 단어가 나에게 새로운 의미로 다가왔다. 호주에서 순회강연을 하는 중에 당시 백과사전을 판매하는 월드북 전무이사 존 네빈John Nevin을 만났다. 그는 입지전적인 인물로 월드북에서 시간제 외판원으로 일을 시작했다. 오후부터 저녁까지 우유를 배달하고 백과사전을 팔았다. 그리고 헌신적인 태도, 성실성, 명민함으로 고속승진을 거듭하며 전무이사의 위치에 올라 경영진에 합류했다.

월드북 백과사전 세일즈를 시작했던 초기에 존은 이민온 지 얼마 안 되는 독일인 부부와 아들을 방문한 적이 있었다. 그 부부는 부모라기보다는 조부모처럼 보였다. 늦게 결혼해서 첫아들이자 외동아들이 태어났을 때 아내의 나이가 마흔두 살이었다.

끈 기

고맙네, 젊은이

존은 약속시간인 8시에 맞춰 도착했고 자정이 지나서야 세일즈에 성공했다. 대부분의 세일즈맨들은 절대로 그렇게 늦게까지 고객의 집에 머물지 않는다. 그렇지만 존은 내게 이렇게 말했다. "지그, 마침내 세일즈에 성공하고 나서 부인이 대문까지 나를 바래다주었다네. 마당에 큰 개가 한 마리 있었거든. 문을 나서자 땅딸막한 부인이 손을 뻗어 내 어깨에 얹고는 알아듣기 힘든 쉰 목소리의 독일 말투로 이렇게 말하더군. '고마워, 젊은이. 이 책들이 아들에게 어떤 도움을 주는지 우리가 이해할 때까지 이렇게 늦게까지 있어줘서. 고마워, 정말 고맙네!'"

그 부부가 영어에 익숙하지 않아서 존은 그들과 의사소통을 하는 데 심각한 문제가 있었다. 이해하는 말도 있었지만 존은 아주 천천히 말해야 했고 여러 번 반복해야 했다. 마침내 월드북 백과사전이 아들의 교육에 도움이 된다고 그 부부를 이해시킬 수 있었다. 나중에 존이 말했다. "내가 커뮤니케이션을 제대로 하지 못했기 때문에 고객이 상품 혜택을 이해하지 못하고, 그래서 세일즈를 놓치는 경우는 생각하기도 싫다네."

메시지 : 진정한 프로는 고객이 상품을 소유하는 것을 간절히 원하기 때문에 구매결정을 얻어내기 위해 끊임없이 노력한다.

고객이 상품을 원하면서도 과거에 속임을 당한 적이 있어서 망설이는 경우도 있다. 그런 고객은 너무 급하게 행동해서 과거에 실수를 했기 때문에 세일즈맨의 진심을 알고 싶어 한다. "당신(세일즈맨)은 정말로 그 상품이 나(고객)에게 이익이 된다고 믿는가, 아니면 단지 자신의 이익을 위해 팔려고 하는 것인가?"라고 확인하고 싶은 것이다.

시험을 통과하라

당신의 말에 일관성이 있는지를 알아보려고 정말 말도 안 되는 질문을 하는 고객도 있다. 그런 경우는 고객이 당신을 떠보는 것이다. 오랜 시간을 투자해서 세일즈에 성공하고 난 뒤, 고객이 웃으면서 이렇게 말하는 경우가 종종 있었다. "사실 살 마음은 계속 있었는데 그냥 당신이 뭐라고 할지 궁금했어요."

고객들이 말은 그렇게 하지만 실제로는 상품이 고객에게 주는 이익에 대해 당신이 얼마만큼 확신이 있는지 확인하고 싶었던 것이다. 카베트 로버트의 말을 다시 한번 새겨 보자. "신념의 깊이는 수사적 열변과 세일즈 언변보다 중요하다."

끈기의 의미

당신이 구체적으로 무슨 말을 하는지 보고 싶은 단순한 호기심 때문에 고객이 최소한 세 번은 말 그대로 당신을 시험하는 경우가 있다고 한다. 나는 그 말이 사실이라고 믿는다. 물론 어떤 사람들은(특히 세일즈에 문외한인 사람들은) 고객이 처음에 'No'라고 했을 때 세일즈맨이 그것을 최종 결론으로 받아들이지 않으면 그 자체를 '강압'이라고 여길 것이다.

30장에서 '압력'을 가할 수 있는 허락을 어떻게 얻어내는지에 대해 다루었기 때문에 여기서 반복하지 않겠다. 나는 수년 동안 수백 명에게 압력의 정체가 무엇인지를 밝혀보라고 부탁해서 다양한 답을 얻었다. 세일즈맨들은 강압적인 세일즈맨을 좋아하지 않는다고 말하면서도 그 말의 의미를 정확히 알지 못했다.

세일즈맨에게 압력이 가지는 의미가 중요한 게 아니라 그 순간 고객이 어떻게 느끼는지가 중요하다. 어떤 고객은 당신이 사야 하는 두 번째 이유를 제시하면 심기가 상당히 불편해진다. 반면 어떤 고객은 바로 그 두 번째 이유에 반가움을 드러낸다. 그리고 자신의 상품이 고객에게 혜택을 준다는 확고한 믿음과 열정을 갖고 계속해서 판매하려고 노력하는 당신의 모습을 즐겁게 지켜보기도 한다.

가장 인상적인 말

프랭크 베트거Frank Bettger는 그의 저서 『수입과 행복을 배가시키는 세일즈 전략How I Multiplied My Income and Happiness in Selling』에서 압력을 이렇게 설명했다. "나는 강압적인 세일즈맨이라는 인상을 누구에게도 주고 싶지 않다. 사실 내가 '강압적'이라는 말의 의미를 잘 알고 있는지도 모르겠다. 그러나 세일즈에서 내가 얻을 이익은 잊고 고객이 얻게 될 이익에 내 마음을 집중하는 한, 강압적이라는 인상을 줄까 봐 걱정하지 않는다."

이것이 압력인가? 당신이 부동산 중개업을 한다고 가정하자. 한 쌍의 부부에게 집을 보여주었고 그들은 그 집을 분명 맘에 들어 한다. 오랫동안 그들이 꿈꿔왔던 집이다. 그런데도 결정을 내리지 못하고 망설이고 있다. 교양 있고, 재미있고, 친절한 사람들이지만 구매결정을 못 내리고 주저하고 있는 것이다. 그리고 당신은 또 한 쌍의 부부가 그 집에 진지한 관심을 갖고 있다는 사실을 분명히 알고 있다.

"결정을 서두르시라고 다그치고 싶진 않습니다. 결정을 내리시라고 압력을 가하고 싶지 않으니 결정을 내리시면 알려 주세요"라고 웃으면서 이 부부에게 말하는 것이 과연 그들을 도와주는 것일까? 이 부부는 당신의 배려에 감사해 하며 다음 날 다시 연락하겠다고 대답한다.

문제 : 같은 날 오후 그 집에 관심이 있었던 다른 부부가 와서 집을 산다. 아마도 당신이 다음과 같이 처리했더라면 더 애정 있고, 자상하고, 배려심 깊고, 프로다웠을 것이다. 먼저 고객이 올바른 결정을 내리기를 원하며 당신이 다그친다고 느끼지 않기를 바란다는 점을 진심으로 고객에게 밝혀둔다. 그러면서 그 집에 정말로 관심이 있다면 확실하게 잡아

야 한다고 충고한다. 다른 부부가 그들과 똑같은 이유 때문에 그 집을 사고 싶어하기 때문임을 말해 준다.

사실 이런 말은 고객의 판단력을 칭찬하는 것이기 때문에 고객을 기분 좋게 만든다. 다른 사람들이 그 집을 좋아하는 이유와 똑같은 이유로 그 집을 사고자 한다는 판단력을 칭찬했기 때문이다. 실제로 두 쌍의 부부가 모두 정확한 판단력을 갖고 있다는 뜻이기도 하다.

의사 선생님, 최선으로 해주세요

1981년 절친한 친구이자 사업동료 한 사람이 치과에 갔다. 진찰결과 젊은 나이임에도 불구하고 치아에 문제가 있어서 치관을 9개나 씌워야 했다. 아시다시피 상당한 시간과 돈이 드는 치료이기 때문에 친구는 치관을 씌우는 일이 시급한지 물었다. 그러자 5개는 당장 해야 하지만 나머지 4개는 지금 치료하지 않아도 된다는 말을 들었다. 이 말을 듣고 그는 급한 것 5개만 하기로 결정했다. 몇 년이 지나서도 나머지는 치관을 씌우지 않았다.

질문 : 이 치과의사는 훌륭한 치료 서비스를 제공했는가, 아니면 훌륭한 세일즈맨이었는가?

답 : 둘 다 아니다. 프로 세일즈맨이라면 한 가지 질문만으로도 그가 다니는 회사에서 복지혜택의 일부로 치료비를 지원한다는 사실을 알아냈을 것이다. 치과치료 자체를 놓고 볼 때 나머지 4개의 치관을 씌우지 않은 것과 관련해서 세 가지 매우 중요한 사실을 전문가들은 지적한다.

첫째, 개별적이고 단편적인 치과치료는 통합된 한 번의 치료에 비해 효과적이지 못하다. 다시 말해 9개의 치관을 한꺼번에 씌움으로써 5개는 먼저 하고 4개는 나중에 하는 것보다 색깔의 조화나 시술결과에 있어서 더 완전한 성공을 거둘 가능성이 높다. 둘째, 가능성이 낮긴 하지만 친구의 치아상태가 급격히 나빠져서 4개의 치아를 일부 또는 전부 잃어버릴 수 있는 가능성도 분명히 있다. 물론 그 친구가 5개의 치관을 씌운 뒤로는 치아 관리를 잘했기 때문에 그럴 가능성은 적다. 그 당시 치과의사가 나머지도 치관을 씌워야 한다고 가볍게 언급하긴 했지만 날짜를 잡자고는 하지 않았다. 의사가 치관을 씌워야 할 필요성에 대해서 가볍게 언급했으므로 내 친구 역시 가볍게 생각했다.

치과의사 입장에서 볼 때 다른 것들과 마찬가지로 치관의 가격도 처음에 5개를 씌우고 나서 나머지 4개를 나중에 씌울 때까지 상당히 오를 가능성이 높다는 것을 알고 있었다. 또한 9개를 한 번에 씌우는 것과 5개를 씌우고 다시 방문해서 나머지 4개를 씌우는 데 걸리는 시간적인 차이도 무시하지 못한다. 물론 의사가 환자에게 어떤 결정을 내리라고 종용할 때는 약간의 위험부담이 있다. 그렇지만 고객이나 환자가 당신의 전문가적인 자문에 의지하고 있다면 약간의 위험부담은 감수해야 한다.

두 가지 문제가 있다

고객이 당신의 끈기 때문에 점점 심기가 불편한 기색이 보인다면 웃으면서 이렇게 말한다. "고객님과 제가 처음 이야기를 시작했을 때는 문제가 하나였습니다. 그런데 이제는 문제가 두 가지로 늘어났습니다. 저를 쫓아버려야 하는 문제가 추가 되었으니까요." 웃으면서 이렇게 말하고 나서 덧붙인다. "두 번째 문제는 해결하기 쉽습니다. 저한테 가 달라고 말씀만 하시면 눈 깜빡할 사이에 사라져 드릴 겁니다. 하지만 고객님에게는 여전히 첫 번째 문제가 남습니다. 그러니까 저와 함께 몇 분을 더 투자해서 그 문제도 해결해 보시면 어떨까요? 괜찮겠습니까?" 또는 "일리가 있죠?"라고 덧붙일 수도 있다.

이런 방법도 가능하다. "오해가 없으시길 바랍니다, 고객님. 고객님께 문제를 안겨 드리려는 게 아니라 문제를 해결해 드리려는 겁니다. 저희 상품(서비스)이 해결해 드릴 겁니다. 고객님께서 바라시는 게 그거죠?"

끈기를 가져야 하는 중요한 이유는 끈기를 통해서 많은 것을 배우기 때문이다. 결국 까다로운 고객들이 당신의 스승이다. 끈질기게 저항하는 고객들이야말로 당신이 오랫동안 쌓아온 상상력, 기술, 지식창고를 활용하게 만드는 사람들이다.

바로 이것이 동전의 다른 면이다. 고객들은 때때로 상품에 대한 자신들의 믿음과 소유욕을 혼동하는 경우가 있다. 당신을 정말로 신뢰할 수 있는지 확신이 없기 때문에 여태 설명한 내용과는 상관없는 질문을 퍼부음으로써 끈질기게 거부한다.

당신이 어떤 반응을 보이는지 보려고 얄팍한 질문을 하는 의심 많은 고객들도 있다. 이런 고객들은 당신의 성질을 건드려 보고 싶어한다. 당신이 상담 초반에 했던 것과 똑같이 말하는지 보려고 당신을 시험하고 싶어한다. 이럴 때 조심해야 한다.

고객이 똑같은 질문을 했을 때 웃으면서 "그건 제가 아까 설명드렸듯이…"라고 말해서는 안 된다. 이 말은 고객이 당신 말을 듣지 않았다고 해서 바보 취급하는 것이나 다름없고, 아무리 좋게 말해도 바보라는 말이 기분 좋게 들릴 리가 없다.

똑같은 질문이 반복되면 약간 놀란 척하면서 이렇게 말한다. "세상에!

그건 가장 중요한 포인트 중 하난데 지금까지 결정을 못 내리고 망설이시는 것도 당연하죠! 그 문제를 말씀해 주셔서 정말 다행입니다. 이 문제만 해결되면 모든 의구심이 없어질 테니까요." 문제를 설명하고 난 후 자리에서 몸을 앞쪽으로 기대면서 말한다. "이제 고객님이 이 상품을 소유하시는 데 유일한 걸림돌이 제거되었네요. 그렇죠? 항공화물로 배송해 드릴까요, 아니면 육로로 할까요?"

그렇다. 끈기는 중요한 열쇠다. 사용법을 배우라. 그리고 사용하라. 그렇지만 남용하지 마라. 잊지 마라. 세일즈에서 끝까지 버티는 사람은 자신의 행동에 믿음이 있는 사람이기 때문에 그런 사람이 승리하는 경우가 많다. 이미 배웠듯이 "의지가 약해지면 다른 사람의 의지는 강해진다."

작은 세일즈도 소중하게 여기는 마음

아홉 번째 열쇠는 '작은 세일즈'의 열쇠다. 나와 잠시라도 시간을 보낸 적이 있다면 아내가 결혼 25주년 기념선물로 준 화살모양의 다이아몬드 커프스단추를 봤을 것이다. 제 눈에 안경이겠지만 내가 보기엔 이 세상에서 가장 아름다운(가장 크진 않지만) 다이아몬드 커프스단추라고 생각한다.

아내에게 그 커프스단추를 선물 받았을 당시에는 프렌치 커프스셔츠가 그다지 보편화되지 않았다. 커프스셔츠를 사기 위해 댈러스에 있는 매장을 열두 군데나 돌아다녔지만 어디서도 찾을 수가 없었다. 셔츠를 찾을 수 없었을 뿐 아니라 사실상 다른 곳에 가서 알아보라는 식의 반응들이었다. 매장에서의 대화는 주로 이러했다.

지그 :   프렌치 커프스셔츠 있습니까?

직원 : 아니오, 없습니다. (제대로 된 세일즈맨은 절대 아니다.)

지그 : 혹시 어디서 살 수 있는지 아십니까?

직원 : 아니오, 모르겠네요. 그리고 지금 다른 분과 대화 중인 게 안 보이십니까? 바쁘다고요!

이 대화는 거의 토씨 하나 바꾸지 않았다.

다음 해 봄, 상공회의소에 강연이 있어서 아이오와 주 벌링턴에 갔다. 강연을 마친 후 한 신사가 내 맘에 쏙 드는 흰색 정장을 입고 있는 걸 보고는 어디서 샀는지 물었다. 그는 포트 메디슨Fort Madison에서 글래스고Glasgow 의류상을 운영하고 있는 도일 호이어에게 샀다고 알려주었다. 나는 그에게 내일 그 의류상에 찾아가서 똑같은 옷을 살 거라고 했다. 그러자 그 신사는 "저도 내일 아침에 거기 갈 건데 제가 모셔다 드리지요"라고 말했다.

작은 세일즈

다음 날 도일 호이어를 만났을 때 다음과 같은 대화가 오갔다.

지그 : 하얀색 정장이 있습니까?

도일 : 사이즈는요?

지그 : 41입니다.

도일 : 재고가 한 벌 있습니다.

도일은 그렇게 말하고 옷을 꺼내 내게 입혀 주었는데 딱 맞았다. 바지에 커프(바지단)를 만들기만 하면 그 옷을 입고 바로 걸어 나갈 수도 있었다.

도일이 치수를 재는 동안 물었다.

지그 : 얼마나 걸릴까요?

도일 : 두 시까지는 이곳에 계실 거죠?

지그 : 네, 그렇습니다.

도일 : 그렇다면 이 옷을 직접 가져가실 수 있습니다.

도일은 함께 일하는 젊은이에게 그 옷을 주면서 말했다. "위층 재단사에게 가져가서 당장 해달라고 하게."

그런 후 눈을 반짝거리면서 나를 보며 말했다. "자, 그럼 지금부터 정말로 제가 보여드리고 싶은 것이 있습니다."

세일즈 클로징 제가 구해드리겠습니다 _ The "I Can Get 'Em" Close

쇼핑을 마치자 깜빡했던 것이 생각났다. "그런데 도일, 혹시 프렌치 커프스셔츠도 있습니까?" 도일은 댈러스에서 들었던 것과는 완전히 다른 대답을 주었다.

그는 "아니, 없습니다"라고 말하고 나서 이렇게 덧붙였다. "하지만 구해드릴 수 있습니다!" 커프스셔츠를 찾아 헤매던 나에게 그것은 정말로 반가운 대답이 아닐 수 없었다. 도일의 매장을 떠날 때 내 손에는 두 벌의 정장, 다섯 벌의 바지 그리고 모든 부가적인 액세서리들이 가득 들려 있었다. 그리고 2주 뒤 도일이 내게 전화를 걸어서 물었다. "셔츠는 받으셨습니까?"

지그 :   물론이죠!

도일 :   마음에 드십니까?

지그 :   정말 마음에 쏙 듭니다.

약 2주 뒤쯤 캔자스 시의 공항에서 멋진 정장을 입고 있는 남성을 발견했다. (이제부터 내가 옷을 어떻게 고르는지를 알게 될 것이다.) 그에게 다가가서 그 옷에 대해서 칭찬을 한 후 옷에 대해서 물었다. 그는 그 옷의 브랜드와 구입경로 등 모든 정보를 기꺼이 알려주었고 나는 도일에게 전화를 걸어서 그 옷이 있는지 물었다. "아니오, 없는데… 하지만 구해드릴 수 있습니다." 도일이 대답했다. 몇 주 후 도일이 다시 전화를 걸어 물었다. "지그, 옷 받으셨나요?" "그럼요." "마음에 드십니까?"

지그 : 정말 좋습니다!

한 달쯤 뒤 나는 다시 도일에게 전화를 했고 이번에는 전화를 받자 흥분된 목소리로 물었다. "지그, 전화번호 안 바꿨죠?"

지그 :   네, 똑같습니다.

도일 :   마침 제가 전화 드리려던 참이었습니다.

지그 :   당신이 무슨 말을 하려는지 정확하게 알고 있지요.

도일 :   안다고요?

지그 :   그럼요! 근사한 새 정장들을 받았는데 그 중 최소한 여섯 벌은
　　　　특별히 나를 위해 만들었더군요. 그 옷들에다 내 이름을 붙여서

댈러스로 보냈으니까 맘에 드는 것을 고르고 나머지는 다시 보내달라고 말하려던 참이죠?

도일 : 지그, 당신은 정말 천재군요!

자, 그럼 중요한 포인트를 짚어보자. 나는 색맹은 아니지만 색깔감각이 없다. 어떤 색깔이 잘 어울리는지를 모른다. 도일은 정장을 고르고 셔츠를 선택하고 넥타이와 양말을 골라서 메모와 함께 내게 보낸다. "지그, 어울리도록 맞춰 놓았습니다." 이제 나도 그게 무슨 말인지 안다. 다행히 아내는 감각이 있어서 내가 어떤 것이 어울리는지 깜빡하거나 실수하면 바로잡아 준다.

양복점이 집 근처에 있어서 도일 호이어가 옷을 보내주면 필요에 따라 쉽게 수선할 수가 있다.

세일즈 클로징 공정한 가격, 공정한 세일즈맨 _ The "I'll Treat You Right" Close

도일이 내게 전화를 걸어 새로 나온 멋진 짙은 감색의 캐시미어 스포츠 코트에 대해 신나게 설명한 적이 있었다. 그가 열정적이고 화려한 설명을 마칠 때쯤 나는 가격이 엄청나게 비쌀 것 같아 걱정이 되었다. 그래서 해야 할 질문을 했다. "도일, 이 훌륭한 작품은 가격이 얼마나 됩니까?"

도일 : 걱정 마세요, 지그. 잘 해드릴게요.

사실 내가 왜 그런 질문을 쓸데없이 했는지 모르겠다. 도일은 언제나 똑같은 대답을 하기 때문이다. 수년간의 거래를 통해서 도일은 그런 대답을 할 자격이 충분함을 입증했다는 사실을 덧붙이고 싶다.

그렇다면 "잘 해드릴게요"라는 말은 무슨 뜻일까? 공정하겠다는 뜻이다. 물론 정직하고 솔직하겠다는 뜻이지 자기 몫의 이윤을 포기하겠다는 뜻은 아니다. 나는 도일 호이어가 이윤을 남겨야 하고 그럴 자격이 있다고 믿는 사람이다. 한편으로는 공정하고 솔직하게 거래함으로써 고객이 계속해서 그에게 사도록 하겠다는 뜻이기도 하다. 도일은 고객에게 봉사할 줄 아는 슈퍼 세일즈맨이다.

세일즈 클로징 고객의 기대를 초과하라 _ The "And Then Some" Close

도일은 세일즈에서 가장 중요한 말이 무엇인지를 잘 안다. 바로 '기대 초과', 즉 고객감동이다. 그는 자기가 한 모든 약속을 지킨다. 그리고 약속한 것 이상을 해준다. 그가 파는 옷들은 정확히 그의 말과 일치한다. 거기다 말한 것 이상의 만족을 준다. 한마디로 도일 호이어는 자신이 약속한 것 이상을 제공하는 세일즈맨이다. 지키지 못할 약속은 하지 않는다. 이것이 바로 나중에 더 많이 파는 방법이다.

두 번째 중요한 포인트는 '하찮은 세일즈는 없다'는 것이다. 도일이 나를 위해 여섯 벌의 셔츠를 구해왔을 때 그로 인해 얼마만큼의 세일즈가 발생할지 전혀 예측하지 못했다. 나는 800마일이나 떨어진 곳에 살고 있었고 그는 나에 대해 한 번도 들어 본 적이 없었다. 그럼에도 내가 원하는 것을 얻고 만족할 수 있도록 최선을 다했다.

도일이 나한테 판 옷이 얼마나 되는지 또 나 덕분에 판 옷이 얼마나 되는지는 모르지만, 내 강연과 강의 자료에서 그에 대한 이야기를 한 덕분에 매주 한 건에서 열 건까지 전화를 받을 것이다. 도일의 매출이 50만 달러는 족히 넘는다고 자신 있게 말할 수 있다. 이제 그의 이야기가 이 책에 소개되었으니 어떻게 될지 누가 알겠는가!

'하찮은 세일즈' 이야기를 잠시 더 하자면, 옛날에 있었던 '하찮은' 부동산 거래에 관한 이야기가 핵심을 잘 보여준다. 젊은 부부 한 쌍이 집을 임차하려고 텍사스 주 조지타운에 있는 여러 부동산 중개업자들에게 전화를 했다. 그때에는 임대가 거의 전무하다시피 했기 때문에 아무도 그 부부에게 관심을 보이지 않았다. 결국 그들은 맥레스터 앤 그리샴McLester & Grisham 중개소에 들어갔다. 그리고 자신들을 무시하지 않고 도와주겠다는 데니스 로빌라드Dennis Robillard로부터 약간의 용기를 얻었다.

데니스는 스무 번도 넘는 전화통화 끝에 적당한 아파트를 찾아서 그 부부가 이사할 수 있도록 도와주었다. 부부는 너무 감사해서 그에게 40만 달러 가격대의 아파트를 사고 싶으니 알아봐 달라고 부탁했다. 그 부부는 새로 설립한 화물운송회사의 운영수익으로 월 1만 달러의 수입이 있었고 게다가 우라늄이 풍부한 5,600만 평의 땅을 물려받았다.

메시지 : 모든 고객을 소중하게 대하라. 그들이 실제로 소중한 고객이거나 소중한 고객이 될 수도 있기 때문이다. 작은 것을 소중하게 생각하는 태도는 너무나 중요하다. 고객을 대할 때 미소를 짓는다거나 기분 좋게 대하는 것처럼 사소한 것일 수도 있고 현금할인처럼 큰 것일 수도 있다. 내가 보기에는 고객의 일과 개인적인 삶을 편리하게 만들어 주는 인간적인 배려 또는 작은 호의가 바로 그 열쇠인 것 같다.

가장 중요한 열쇠

열 번째 열쇠는 단연 모든 열쇠 중에서 가장 중요한 열쇠다. 바로 '양심'이라는 열쇠다. 성공한 프로 세일즈맨이라면 이런 경험이 분명 있을 것이다. 어떤 사람이 당신한테서 산 다음 이렇게 말한다. "내가 왜 당신한테서 샀는지 정말 모르겠네요. 똑같은 상품을 팔려는 사람이 서너 명은 있었는데." 또는 "수년 동안 다른 사람하고 거래를 했는데 왜 내가 당신하고 거래를 했는지 모르겠습니다." 이 말은 "나는 당신을 신뢰합니다."라는 뜻이다. 그리고 이 책에서 여러 차례 반복해서 강조했던 '세일즈에서 가장 주요한 요소는 세일즈맨 자신이다.'라는 사실을 확인해 주는 말이기도 하다.

이 책의 초반에서 세일즈 프로세스뿐만 아니라 그보다 더 중요한 세일즈맨에 대해서 다룰 것이라고 분명히 밝혔음을 기억할 것이다. 세일즈에서 신뢰는 너무나 중요하고 양심은 '신뢰'의 문을 여는 열쇠다.

저자를 알아야 한다

오래전 찰스 로튼Charles Laughton이라는 유명한 영국배우가 미국 전역을 순회하며 많은 관객들에게 성경을 낭독해 주었다. 상당한 연기력을 갖춘 셰익스피어풍의 연기자였던 그가 성경을 낭독하는 것을 직접 들을 기회는 없었지만 아주 감동적이고 영적인 경험임에 틀림없어 보였다.

어느 작은 중서부 마을의 시골 교회에서 낭독을 마치자 관중석에는 적막이 흘렀다. 마치 하나님이 특별히 여행을 오셔서 사람들 틈에 있는 것 같았다. 영원처럼 길게 느껴졌지만 1분도 채 안 되었을 침묵의 시간이 지나가고, 일흔 살쯤 되었음직한 남성이 일어서서 성경을 읽겠다고 허락을 구했다. 그가 성경을 읽기 시작하자 그의 낭독 방식이 셰익스피어풍의 연기와 전혀 다르다는 것을 알 수 있었다. 그에게는 찰스 로튼처럼 세련된 목소리, 발성법, 어투가 없었다.

노신사가 계속해서 읽어 나가자 위대한 배우 찰스 로튼이 2등이라는 사실을 모든 사람이 공감할 수 있었다. 그날 저녁 행사가 끝나고 기자가 찰스 로튼을 찾아와 이런 행사에 참여한 소감과 노신사의 성경낭독에 대한 견해를 물었다. 영국 배우는 잠시 생각하고 나서 기자에게 말했다. "저는 성경을 잘 알고 있었습니다. 하지만 노신사는 그 책의 저자를 알고 있었습니다."

포인트는 명백하고 아주 간단하다. 노신사는 개인적으로 깊은 믿음이 있었기 때문에 온전한 신실함과 설득력이라는 경쟁력을 갖고 있었다. 자신이 판매하는 상품에 대한 개인적인 믿음이 확고하면 그 느낌을 고객에게 전달하고 쉽게 전이하도록 양심의 열쇠가 세일즈를 도와줄 것이다.

이제 세일즈의 세계가 가짜들을 위한 곳이 아니라는 사실을 분명히 알아야 한다.

길 건너 이웃집 꼬마와 똑같은 걸로 주세요

이 책에 등장한 모든 세일즈 테크닉 중에서 이번에 다룰 테크닉처럼 절대적인 양심을 요하는 것은 없을 것이다.

몇 년 전 아들과 경험했던 개인적인 사건에서 양심과 인테그리티의 진수를 목격했다. 크리스마스를 며칠 앞두고 톰에게 새 자전거를 사주려고 가게에 갔다. 과거에는 나도 자전거에 대해서 잘 알았지만 요즘 자전거는 완전히 달랐다. 못 믿겠다면 자전거 가게에 가서 오가는 대화를 들어 보라.

우리는 댈러스 북부에 있는 슈윈^{Schwinn} 자전거 가게에 갔다. 가게주인은 자전거를 고르고 있는 할머니와 손자를 상대하느라 바빴다. 그 할머니 역시 자전거를 제대로 설명할 수가 없었다. 그래서 사이즈를 포함해서 자전거에 대해 원하는 것들을 정확하게 적어 가지고 왔다.

주인이 목록을 보고 말했다. "네, 이 자전거가 있고 사이즈는 두 가지입니다. 저 꼬마가 탈 자전거인가요?" 할머니가 대답했다. "네, 그렇답니다. 길 건너에 사는 꼬마 녀석이 이 자전거를 갖고 있는데 내 손자에게도 똑같은 걸 사주고 싶어요."

주인 :   손님, 손자가 타기에는 이 자전거가 너무 커서 안전하지 않습니다. 모든 것이 똑같은 다른 자전거를 사주셔야 합니다. 가격과 품질은 똑같고 사이즈만 작아서 손자가 훨씬 쉽게 다룰 수 있습니다. 그 큰 자전거는 최소한 3년은 있어야 안전하게 탈 수 있을 겁니다.

할머니 : 절대 안 돼요. 길 건너에 사는 꼬마가 산 것과 똑같은 걸로 주세요. 우리 손자에게 최고 좋은 자전거를 주고 싶어요.

그 주인은 작은 자전거가 최적이고 단지 크기만 작을 뿐이며, 손자가 큰 자전거를 타게 되면 좌우로 너무 크게 움직여야 하기 때문에 제대로 통제할 수 없을 거라고 설명했다. 손자가 통제력을 잃고 넘어질 수 있고, 만약 거리에서 그런 일이 발생하면 아주 심각한 사고를 초래할 수 있다고 참을성 있게 설득했다.

그러나 할머니는 완고했다. "아니오, 전 바로 거기 있는 저 자전거를 사고 싶어요. 길 건너에 사는 꼬마가 산 것과 똑같은 걸로 말이죠. 그 자전거를 살 수 없다면 아무것도 필요 없어요."

그러자 주인은 프로 세일즈맨이 보여줄 수 있는 가장 아름다운 모습을 보여주었다. 세일즈의 세계에서 내가 '프로답다'라고 인정할 수 있는 기준이 되는 행동이었다. 주인은 할머니에게 이렇게 말했다. "할머니, 어쩌면 제가 미쳤다고 생각하실지도 모르지만 할머님께서 원하시는 그 자전거를 팔 수 없습니다. 손자가 타기에 안전하지도 않고, 손자가 통제할 수 없는 자전거를 제가 팔아서 사고라도 난다면 제 양심에 가책이 될 겁니다." 놀랍게도 할머니는 발끈해서 가 버렸다.

세일즈 클로징 인테그리티를 지켜라 _ The "Integrity" Close

그 주인이 인테그리티 문제를 지나치게 확대해석 했다고 생각하지 않기를 바란다. 그리고 진지하게 세일즈 커리어를 쌓고 싶은 사람이라면 그렇게 생각하지 않을 것이라고 믿는다.

그는 신뢰할 수 있는 사람이다. 나는 금액란을 빈 칸으로 남겨 둔 채 수표를 이 사람 앞으로 써서 아들의 손에 들려서 보낼 수 있다. 주인은 인테그리티를 지닌 사람이고 진심으로 고객을 걱정하는 사람이다. 비록 세일즈는 놓쳤지만 그 한 번의 놓친 세일즈로 인해 수없이 많은 세일즈에 성공했을 것이다.

세일즈 클로징 서명전략 _ The "Signature" Close

자, 그럼 이제부터 현재 사용되고 있는 가장 강력한 '서명전략'을 살펴보자. 이 테크닉을 처음 개발한 사람이 나 자신이란 점에서 이 말이 그다지 겸손하게 들리진 않겠지만 개발한 사람에게 약간의 자부심을 허락해

주기 바란다.

이 테크닉이 모든 사람에게 효과가 있는 것은 아니다. 화장품, 가정용품, 빗과 같은 저가용품 판매에 사용하면 약간 우스울 수 있다. 그럼에도 이런 상품을 판매하는 대부분의 기업들이 '서명전략'을 많이 도입하고 있다. 용어만 약간 바꿔 사용하면 결정을 미루는 고객들로 하여금 결정을 내리게 만드는 강력한 테크닉이기 때문이다.

이 방법은 상담의 마지막 단계에서 사용해야 한다. 상담 내내 웃고 농담하는 분위기였다면 효과가 없다. 진지해야 하고 진실한 사람으로 비춰져야 한다. 상담 초반에 가치를 입증하기도 전에 사용해도 역시 효과가 없다. 이 방법을 사용하기 전에 여러 가지 다른 테크닉들을 시도해서 고객에게 마음의 준비를 시켜야 한다. '서명전략'은 세일즈를 성공시키기 위한 마지막 방법이며 이 전략을 이용하고 나면 더 이상 아무것도 남지 않는다. 제때 성공시키지 못하면 다시는 기회가 없다.

3F(Feel-Felt-Found)전략

아내, 변호사, 은행원과 상의해야 한다, 하룻밤 동안 생각해 보겠다, 좀 더 생각해 보겠다 등등의 핑계를 대며 서명을 미루는 고객이 많기 때문에 서명전략을 사용하기 전에는 반드시 반복해서 연습하고 리허설을 해야 한다. 이런 경우에는 최고의 테크닉으로 말문을 연다. "고객님이 어떻게 느끼시는지Feel 잘 압니다. 저도 똑같은 느낌Felt을 오랫동안 가졌으니까요. (잠시 멈췄다가) 곰곰이 생각해 보니까 제가 소유하고 있는 모든 의미 있는 것들은 내가 서명한 다음에야 내 것이 되었다는 사실을 알았습니다Found."

(당신이 필요한 것보다 훨씬 많은 사례들을 제시할 것이다. 그 중에서 당신이 선택해

서 활용하기 바란다. 세 가지 이상은 절대로 사용하지 말고 자신의 성격이나 가치체계에 맞지 않으면 사용하지 마라.)

주의 : 완전히 마스터하고 자신의 것으로 소화하기 전까지 세일즈의 마무리 단계와 같이 긴장된 상황에서는 새로운 방법이 약간의 긴장을 유발시키기 마련이다. 어떤 것을 사용할지 결정하는데 너무 고민하지 말고 한번 시도해 보라. 효과가 있을 것이다.

'서명'이란 말을 강조하라

(3F를 사용한 다음) 이렇게 활용하라. "56년 전에 하나님은 제게 아름다운 여인을 주셨습니다. 그리고 그녀를 얻은 그날보다 지금 훨씬 더 그녀를 사랑한다는 점에서 저는 정말로 행운아랍니다. 어느 날 증인과 목사님 그리고 전지전능하신 하나님 앞에서 '서명'했기 때문에 그녀를 얻었습니다."

"저에겐 네 명의 사랑스런 자녀가 있습니다. 딸 셋, 아들 하나죠. 모두 제 아이들이지만 제가 '서명'하기 전에는 아이들을 병원 밖으로 데리고 나갈 수조차 없었습니다."

서명을 하지 않으면 아무 일도 일어나지 않는다

"저는 생명보험을 많이 들었습니다. 그 이유는 혹시 저에게 무슨 일이 생겼을 때 가족의 생활수준이 떨어지지 않도록 해주고 아내가 원하지 않는다면 일을 하지 않도록 하기 위함이지요. 유능한 세일즈맨이 있는 자리에서 여러 번 '서명'을 했기 때문에 제 가족이 누릴 미래의 경제적 풍요를 보장받을 수 있었습니다."

"투자도 좀 해 두었습니다. 약간의 부동산, 긴급한 경우에 대비해서 양도성 예금증서, 조그만 유정油井 그리고 두어 가지 다른 투자 상품을 갖고 있습니다. 이런 투자를 해 둔 이유는 지금 하는 일을 더 이상 할 수 없는 날이 왔을 때 누군가에게 재정적인 짐이 되지 않고 편안하게 여생을 즐기기 위해서지요. 몇 차례 유능한 세일즈맨이 있는 자리에서 '서명'을 했기 때문에 그것이 가능하게 되었습니다."

다시 한번 반복하면 이렇게 말할 수 있다. "사실 저는 어느 부분에서도, 어떤 종류의 발전도 이룬 적이 없었고 가치 있는 것을 한 번도 얻은 적이 없었습니다. 제가 '서명'을 해서 약속을 하기 전까지는. 제가 고객님의 의중을 제대로 읽고 있다면 고객님은 발전을 도모하고자 할 뿐 아니라 가족을 위해 여러 가지를 해주고 싶어하시는 분입니다. 바로 지금 서명하심으로써 이 두 가지가 모두 가능해집니다." (주문서에 비어 있는 서명란을 가리키면서 고객에게 펜을 준다.)

실패해도 기분 좋다

'서명전략'을 적절하게 사용했다면 더 이상 아무 말이 필요 없다. 고객이 먼저 말하기 전까지 당신도 말을 하지 않아도 되는 경우가 딱 한 가지 있다면 바로 이때다. 완전한 침묵이 흐른다. 그러나 이 경우만큼은 고객이 침묵하는 시간이 길어질수록 세일즈 성공 가능성도 높아진다. 중대한 반론이 있다면 고객은 즉시 알릴 것이다.

'서명전략'을 사용할 때마다 성공여부에 관계없이 기분이 좋았다. 물론 성공하면 기분이 더 좋지만 실패한다 해도 기분이 좋다. 긍정적인 결정을 얻어내기 위해 최선을 다했음을 알기 때문이다. 최선을 다했음을 아는 것은 세일즈맨의 자아와 정서에 중요한 영향을 끼치며 자기 자신에 대해 긍정적으로 생각하게 해준다. 이것은 앞으로 해야 할 세일즈 상담을 위해 중요하다.

직원채용을 위한 서명전략 _ The "Signature" Close for Recruiting Purposes

당신은 지원자에 대한 심층 면접을 마쳤고 그가 업무를 성공적으로 수행할 수 있다는 확신이 있다. 그러나 지원자는 결정을 내리지 못하고 '서명'하기 전에 '생각해 보겠다'고 말한다.

당신 : 당신이 어떻게 느끼는지Feel 너무나 잘 압니다. 당신이 이 결정에 신중하게 접근하는 것을 기쁘게 생각합니다. 사실 결정이 잘못된 것이라면 우리 둘 다 실패하니까요. _____년 전 똑같은 결정에 직면했을 때 나도 당신과 똑같은 심정Felt이었답니다. (잠시 쉬었다가) 나보다 자격도 떨어지는 사람들이 자신에게 'Yes'라고 말했다는 이유만으로 이 회사에서 잘 나가고 있다는 것을 알았습니다Found. 그 사람들이 기술이나 능력 면에서 뛰어난 것은 아니지만 더 좋은 기회를 가졌습니다.

생각해 보세요. 제자리걸음만 하거나 'No'라는 말을 해 가지고는 커리어에 발전이 있을 수 없습니다. 당신이 서명을 했기 때문에 아내와 아이들, 집 그리고 저축계좌를 얻을 수 있었습니다. 무엇을 하든지 앞으로 나아가려면 매 단계마다 당신의 약속이 필요합니다. 지금 이 경우 저와 당신의 서명은 우리 둘 다 '당신의' 성공을 위해 약속한다는 뜻입니다. 당신이 서명하는 순간 기회의 문은 활짝 열리지만 서명을 하기 전에는 문은 닫혀 있고 멋진 일이 일어날 수도, 일어나지도 않을 겁니다. 한마디로 '서명'함으로써 그 문을 지금 당장 열 수 있습니다.

(아무 말도 하지 마라. 공은 그의 코트로 넘어갔다.)

　상품이나 서비스를 팔든 직원을 채용하든 수백 가지의 테크닉과 그 변형된 버전들이 사용될 수 있다. 다시 말하지만 특히 채용목적이라면 자신의 구체적인 상황에 맞게 응용해야 한다.

　이 책의 전반에 걸쳐 내가 강조했던 것은 고객을 설득할 수 있는 전문적인 지식과 언변을 습득할 때 가장 중요한 것은 당신의 '의도'라는 점이다. 세일즈에 성공하고자 하는 이유가 무엇인가? 당신의 상품을 사는 것이 고객에게 최선의 이익이라고 정말로 확신하는가? 이것은 중요하다. 아니, 결정적이다. 바로 이 신념이야말로 세일즈라는 직업에서 확실한 성공을 보장해 주는 최고의 그리고 아마도 유일한 수단이기 때문이다.

이야기꾼이
되라

The "Narrative" Close

많은 내용들을 요약하고 정리하기 위해 지금까지 살펴본 모든 열쇠를 아우르는 이야기를 들려줄 것이다. 이것이 바로 열한 번째 열쇠인 '이야기'의 열쇠다. 이야기는 고객을 설득하기 위해 제3자의 영향력을 가장 효과적으로 이용하는 방법이다. '당신(고객)과 똑같은 문제를 갖고 있었는데 우리 상품을 사용해서 문제를 해결한' 사람들이나 기업들을 그린 간단명료한 삽화 같은 이야기다. (이런 이야기가 전달하려는 메시지는 '우리 상품을 사면 문제를 해결할 수 있다'는 것이다.)

내가 이 이야기를 하는 목적은 이야기 형식을 빌려 36장의 개요를 전달하기 위함이다. 이 복습은 당신의 상상력과 기억력을 자극해서 내가 당

591

신과 공유한 정보를 더 많이 기억하고 사용할 수 있도록 구성되어 있다.

사우스캐롤라이나 주 콜롬비아에서 어느 토요일 아침 아들 톰이 세 살 반이었을 때였다. 내가 거실로 걸어 들어가 말했다. "식료품 가게에 가자. 살 것이 있어." 아들은 "좋아요, 아빠." 하면서 벌떡 일어나서 조그만 부츠를 신었고 우리는 가게를 향해 차를 몰았다. 가게 안으로 들어서서 카트를 꺼내려고 오른쪽으로 돌았는데 톰은 고무공이 전시된 것을 보고는 그쪽으로 직행했다. 아들은 고무공 하나를 집어서 뛰어와 쇼핑 카트에 던져 넣었다.

짧은 시간에 핵심에 접근하는 네 가지 열쇠

식료품 가게에 가는 이유에 대해 아들에게 장황하게 설명하지 않았지만 내가 "아들, 식료품 가게에 가야겠다"라고 말했을 때 아들이 그렇게 좋아했던 이유는 자기 나름대로 생각이 있기 때문이란 것을 알고 있었다. 아빠와 함께 가게에 가면 뭔가 자기한테도 생기는 것이 있을 거라는 계산이 마음속에 있었기 때문이다. 그것이 뭐가 될지는 몰랐지만 아무튼 뭔가는 얻을 수 있을 거라고 생각했다는 말이다. 아들은 '긍정적인 예측'의 열쇠를 사용했으며, 가게에 들어서면 공을 가질 수 있을거라는 '추정하는 태도'의 열쇠, '열정'의 열쇠, '전략적 행동'의 열쇠를 동시에 사용했다. 아들은 순간적으로 핵심에 접근하는 네 가지 열쇠를 사용한 것이다.

당신이라면 어떻게 했을까?

나는 공을 쇼핑카트에서 꺼내고서 "아들, 집에 공이 12개나 이미 있는데 또 살 필요 없어. 그러니까 얼른 도로 갖다 놓고 와"라고 말하며 아들의 손에 공을 쥐어 주었다. 그 말을 듣고 아들은 나를 똑바로 쳐다보며 이렇게 말했다. "아빠, 그냥 갖고 있기만 하는 건 되죠?"

질문 : 당신이라면 어떻게 했을까? 그때 아들은 세 살 반밖에 안 된 아이였다는 사실을 기억하기 바란다. 아빠로서 차마 "안 돼, 공을 들고 있는 것도 안 되니까 당장 도로 갖다 놔!"라고 말할 수는 없지 않은가? 아들은 공을 사고 싶은 것이 아니라 단지 갖고 있겠다는 것이었고 내게 아주 간단한 '종속 질문'을 던졌을 뿐이다. (구매를 요구하는 것이 아니라 약속을 요구해야 한다. 약속된 날짜에 상담할 때 비로소 구매를 요구하는 것이다. 작별키스를 요구하는 게 아니라 데이트를 신청한다. 데이트를 하고 나서 작별키스를 하는 것이다.)

그래서 나는 말했다. "좋아, 갖고 있어. 하지만 기대해서는 안 된다. 사지 않을 거야. 너에게는 이미 공이 10개도 넘는데 또 하나 살 필요 없잖아." 몇 분 동안 쇼핑을 하러 돌아다녔고 고무공이 전시된 곳을 지나갔다. 나는 아들의 손에서 공을 빼앗아서 제자리에 놓고 아들에게 말했다. "아들, 이젠 그만 됐어. 갖고 놀다가 떨어뜨리면 더러워져서 아빠가 사야하잖아. 공을 또 살 필요는 없어."

깜찍한 유혹

내가 안 된다고 했을 때 분명 아들은 내 말을 안 듣고 있었다. 아들은 내 뒤로 뛰어가서 그 공을 꺼내서 쇼핑카트에 다시 집어넣었다. 어느 모로 보나 '끈질긴' 꼬마 세일즈맨이었다. 나도 끈질긴 편이어서 쇼핑카트에서 공을 꺼내서 원래 공이 있던 곳에 도로 내려놓았다. 나는 걸으면서 이렇게 말했다. "아들, 마지막으로 한 번 더 말하는데, 공은 이미 12개나 있고 또 살 필요가 없지 않니?" 내가 걸으면서 이야기하다가 내려다보니 몸무게가 겨우 17킬로그램밖에 안 나가는 아들이 서 있었다. 그리고 나를 쳐다보며 말했다. (이때 아들은 약간 혀 짧은 소리로 말했다.) "아빠, 그 공 사주세요. 그럼 아빠한테 뽀뽀 한 번 해줄게요."

잠시 생각해 보면 아들은 엄청난 미끼를 던지고 있었다. 자기 자신을 주겠다고 제안하고 있으니까. 세 살 반짜리 꼬마가 아빠에게 자신의 일부말고 줄 것이 뭐가 있겠는가? 곧 다가올 미래의 일이므로 '미래가치'를 갖고 있다. 그리고 '양심적'이다. 내가 수십 년 동안 세일즈를 했지만 세 살 반짜리 꼬마보다 더 양심적인 세일즈맨은 결코 본 적이 없다.

이야기의 결말을 이미 알겠지만 어쨌든 끝을 내겠다. 그날 지글러의 집에는 13개의 고무공이 있었다.

이 시점에서 한 가지 수정할 것이 있다. 31장에서 여성이 세일즈맨을 출산했다는 이야기를 들어 본 적이 없다고 말했다. 이것은 사실이 아니다. 1965년 2월 1일, 사우스캐롤라이나 주 콜롬비아의 지역신문에 조그만 기사제목이 실렸는데 내용은 이렇다. "세일즈맨 탄생을 알리다. 지글러 부부는 2월 1일 존 토머스 지글러라는 세일즈맨이 오후 9시 8분에 프라비덴스Providence('신의 섭리'라는 뜻—역주) 병원에서 출생했다고 밝혔다."

오해가 없기를 바란다. 내 아들의 커리어에 영향력을 행사하려는 것은 아니다. 아들이 자기가 원하는 것을 뭐든지 할 수 있다는 뜻이다.

이것이 당신에게 주는 나의 메시지다. 이 내용에 수긍하고 지금까지 공유해 온 열쇠, 절차, 테크닉을 사용한다면 지금보다 실적을 훨씬 더 올릴 수 있으리라고 진심으로 믿는다.

커리어 구축하기

세일즈 커리어를 구축하는 데는 많은 것들이 관련되어 있다. 죽음을 앞두고 엘머 휠러Elmer Wheeler가 들려준 이야기를 나는 아주 좋아한다. 그는 멕시코에서 손가락을 베어서 염증이 생긴 적이 있었다. 바텐더가 손가락을 보고서 말했다. "이런, 염증을 어떻게 해야겠네요!" 바텐더는 테킬라를 가져다가 얼음이 가득 든 양주잔에 붓고 레몬즙을 넣으며 말했다. "손가락을 하루에 몇 번씩 담그면 문제가 해결될 겁니다."

물론 의학계에서는 이 방법에 전적으로 찬성하지는 않겠지만 레몬의 수렴효과가 치료에 도움이 될 수도 있다. 늙은 농부는 이렇게 말할 것이다. "그럼, 얼음이 붓기를 없애주니까 어느 정도 일리가 있지." 시인이라면 용설란의 진액이 분명 어떤 효과가 있을 거라고 주장할 것이다. 어쨌든 이틀 뒤 붓기가 사라지고 손가락 통증도 없어졌다.

이 이야기는 "상식에다 약간의 과학적 지식을 보태고 약간의 시적 철학을 더하면 결과를 얻을 수 있다"라고 말한다.

세일즈 커리어를 구축하려면 세일즈 강사, 책, 강의 자료, 세미나 등을 통해 얻을 수 있는 지식을 습득해야 한다. 그 지식을 가지고 "다른 사람이 원하는 것을 얻도록 충분히 도와주면 당신도 인생에서 원하는 모든 것을 얻을 수 있다"라는 시적 철학을 엮어 내야 한다.

지식과 시적 철학에 "이보게, 당신이 뭘 하든 상관없네. 새로운 고객을 만나고 기존의 고객에게 서비스하기 위해 노력해야 해, 열심히 말이야"라고 말하는 늙은 농부의 상식을 보태라. 당신은 세일즈 커리어를 구축해서 진정한 프로가 되기 위해 최선을 다해야 할 도덕적 의무가 있다. 그래서 호주출신의 나의 친구 존 네빈^{John Nevin}이 말한 것처럼 "당신이 오는 것을 보고 '세일즈맨이 온다'라고 말하는 사람을 절대로 실망시켜서는 안 된다."

―― Chapter 7 ――

하이테크 기술과
세일즈 프로

Technology and the Sales Professional

목표

· 세일즈와 구체적인 관련성이 있고 세일즈나 설득에 필요한 열쇠를 제공해 주는 철학을 배운다.
· 일상적인 세일즈의 효율성을 높여주고 평생 동안 당신의 커리어를 발전시켜 줄
  아이디어, 방법, 테크닉, 절차를 추가로 배운다.

* 여기서 다루는 일부 하이테크 기술은 현재 수준에서 보면 낡은 기술이다. 이제는 고인이 된 지그 지글러가 이
  책을 개정할 당시 활용한 최고의 기술 수준을 의미하기 때문이다. 현재의 세일즈맨이 활용할 수 있는 하이테
  크 기술은 이보다 훨씬 뛰어나고 다양하다. 이 장에서 지그 지글러가 당시의 기술과 상품을 어떻게 활용했는
  지를 살펴보면 현재의 기술을 활용하는 통찰을 얻을 수 있을 것이다.—편집자주

하이테크 기술을
활용하라

Technology

내가 처음 이 책을 집필했을 때는 이번 장에 언급된 장비들이 대부분 개발되지 않았던 시절이었다. 그래서 지글러 트레이닝 시스템즈^{Ziglar} Training Systems의 동료이자 테크놀로지를 이용한 세일즈 커리어 개발 분야의 전문가인 마이클 노튼에게 도움을 청했다. 이 분야에 대한 마이클의 전문지식에 특별한 감사를 표한다.

세일즈 실적을 높이고 고객과 가망고객들을 따라잡기 위해 세일즈 프로들은 수년 동안 하이테크 기술을 활용해 왔다. 하이테크 기술은 그 기술을 최대한 활용하는 방법을 다룬 책보다 더 빠르게 지속적으로 진보할 것이다. 세일즈 프로는 세일즈 효과와 세일즈 시간을 극대화하기 위해 자신의 필요에 가장 잘 부합하는 기술을 알아내고 회사에서 제공하는 기술을 수용할 책임이 있다.

그러나 하이테크 기술은 당신의 세일즈 기술과 노력을 개선해 줄 뿐이지 당신을 대신해서 세일즈를 해줄 수 없다는 사실을 알아야 한다. 당신은 이 책에서 얻은 세일즈 테크닉과 하이테크 기술을 접목시켜서 세일즈 실적을 높이고 일상적인 세일즈에 보다 효율적으로 임할 수 있다.

세일즈 프로는 왜 하이테크 기술을 활용해야 할까? 어떤 세일즈맨들은 수기로 작업하면서 아주 편안했고 또 성공적이었으며 노트북 컴퓨터나, 휴대폰, PDA 등이 없어도 살아남았다. 만약 당신이 이런 상황이라면 분명 세일즈를 오랫동안 해온 사람일 것이고 그렇다면 고객에게 서비스를 제공하거나 회사 내 동료들과 교류하기 위해 새로운 기술을 배울 필요가 없다고 생각할 것이다.

1999년과 2000년 초반 인터넷 붐이 일었을 때 인터넷 때문에 세일즈맨이 필요 없어질 거라는 소문이 있었다. 이것은 사실이 아니었다. 인터넷이 매출을 늘려주고 영업 인력을 감소하거나 아예 없애도록 해줄 거라고 믿었던 일부 기업들이 있긴 했었다. 그러나 이 기업들도 세일즈 프로와 고객간의 관계를 유지할 필요가 있다는 점을 인정했다. 그리고 매출을 확대하고 효율성을 극대화하는 최상의 방법이 세일즈와 기술을 접목시키는 것임을 즉각 깨달았다.

가망고객, 기존고객, 경쟁업체 그리고 업계에 관련된 정보를 마우스 클릭 한 번으로 얻을 수 있는 능력은 엄청난 것이다. 오랫동안 기술혁명에 맞서 싸워 온 세일즈 베테랑들마저도 이러한 새로운 도구들이 기존의 세일즈 스타일에 가져다주는 많은 혜택을 인정하기 시작했다.

고객과의 커뮤니케이션에 기술을 활용할 수도 있고 동료, 상사, 경영진에게 중요한 정보를 전달하기 위해 이용할 수도 있다. 어디 있든지 위치에 관계없이, 약속일정과 고객들과의 진행현황에 관한 정보에 접근할 수 있는 능력은 세일즈 프로로서 우리의 궁극적인 목표, 즉 고객이 원하는 것을 얻도록 도와줌으로써 우리가 원하는 것을 얻게 해주며 세일즈를 증대시킨다.

하이테크 기술을 수용해서 적절히 활용한다면 당신의 세일즈 커리어는 발전할 것이다. 그러나 기술에 너무 의존해서 세일즈 프로의 기본 역할이라고 할 수 있는 '관계를 바탕으로 한 세일즈'를 소홀히 해서는 안 된다. 고객을 직접 방문하는 대신 이메일을 보내거나 고객과 직접 대화하지 않고 SNS나 이메일을 보내는 습관에 빠지기란 생각보다 쉽다. 기술은 어디까지나 업무의 보조수단이지 버팀목이 아니다. 그렇게 활용해서도 안 된다. 프로 세일즈맨은 현대기술의 편익에 의지하여 자신의 모습을 숨기지 않는다.

현대기술의 또 한 가지 문제점이라면 월드와이드웹world wide web의 거부하기 힘든 매력이다. 때때로 우리는 업무와 관련된 조사나 커뮤니케이션에서 벗어나 골프, 쇼핑, 요리 등 개인적인 관심정보를 제공하는 웹사이트에서 시간을 보내기도 한다. 이런 취미활동을 할 때와 장소가 분명히 따로 있고 반드시 근무시간은 제외되어야 한다.

오늘날 우리에게 주어진 다양한 기술에 대해 이야기를 하겠지만 세일즈를 성사시키고 관계를 구축하는 일과 모든 준비 및 사후관리는 여전히 세일즈맨의 책임이라는 점을 잊어서는 안 된다.

오늘날 당신이 이용할 수 있는 기술의 형태는 다양하다. 대표적인 기술들은 다음과 같다.

- 호출기
- 휴대전화기

- 노트북 컴퓨터
- PDA
- 블랙베리^{Blackberry}/RIM 기기
- 인터넷
  - 기존·가망고객 정보
  - 경쟁사 정보
  - 업계 정보
  - 세일즈 교육, 세일즈 정보, 세일즈 동기부여
  - 인센티브 프로그램 및 경품, 출장정보, 운동 등
- 이메일
- 유료 정보제공 사이트
- 영업지원 자동화시스템^{SFA}/고객관계관리^{CRM}

호출기

호출기는 오랫동안 세일즈 세계에서 유용하게 사용되었다. 그러나 휴대전화기로 추세가 바뀜에 따라 서서히 과거의 유물이 되어가고 있다. 휴대전화 서비스가 제공되지 않는 병원이나 대형 사무실 건물 또는 외딴 지역에서는 아직도 호출기가 상당히 유용하다. 호출기의 장점은 당신에게 연락하고자 하는 사람이 누구인지 안다는 것 그리고 최대한 빨리 자기에게 가장 편리한 시간에 호출자나 고객에게 연락할 수 있다는 것이다. 기대수준이 다른 오늘날에는 응답속도가 더 빨라져야 한다.

휴대전화기는 전화를 받기 전에 상대방이 누군지 알려주는 기능이 있으며 진동이나 회의모드로 전화기를 세팅해 놓으면 방해를 받지 않을 수 있기 때문에 호출기가 무용지물이 되고 있다. 세일즈의 세계에서 호출기

는 조만간 과거지사로 사라지고 서비스 분야에서 명맥을 유지할 것으로 대부분 예측하고 있다. (시그 지글러의 예측대로 호출기는 현재 특수한 업무 외의 환경에서는 사용되지 않는다.—역주)

휴대전화

휴대전화 (지금은 스마트폰이 휴대전화의 기능을 모두 포함한다.—역주)는 아마도 최근 들어 가장 위대한 기술 발전의 상징이라고 할 수 있을 것이다. 회사, 기존·가망고객들과 어디서든 커뮤니케이션이 가능하다. 운전 중에 휴대전화를 사용하려면 엄청난 주의와 판단력이 요구되지만, 과거에는 죽은 시간이었던 운전시간에 사후관리를 위해 고객에게 전화를 한다거나 못 받은 전화에 응답함으로써 집이나 회사와 지속적인 연락이 가능해졌다.

운전 중에 전화를 하려면 이어폰이나 핸즈프리를 사용해서 통화하는 동안 손은 운전에 집중할 수 있도록 해야 한다. 과거에는 운전시간을 활용할 수 있는 유일한 방법이 '자동차 대학' 강의, 즉 자기계발 자료를 듣는 것이 고작이었다. 물론 프로로 성장하는 데 도움이 되는 강의 자료와 프로그램을 듣는 것도 좋지만 방문과 방문 사이에 중요한 전화를 한다거나 후속조치를 처리할 수도 있다.

휴대전화는 개인의 필요에 따라 모양, 사이즈, 색깔을 다양하게 선택할 수 있다. 선택하는 브랜드에 따라 연락처 저장 기능, 인터넷, 문자 메시지, 이메일 등이 가능하다. 요금도 다양해서 해당지역의 이동통신사에 문의하면 실제 필요사항과 사용 유형에 따라 적절한 요금제를 쉽게 알 수 있다. 잘못된 요금제를 선택했다 하더라도 원할 때마다 변경할 수 있기 때문에 걱정할 필요가 없다.

예를 들어 다가오는 한 달 동안 출장이 많아서 로밍서비스 시간이 더 필요하다면 통신사에 전화해서 적절한 요금제를 추천 받으면 된다. 그리고 출장이 끝날 때쯤 통신사에 전화를 걸어 자신의 필요에 맞게 요금제를 변경할 수 있다. 많은 사람들이 필요시 요금제를 변경할 수 있다는 사실을 모른다. 약정서에는 일정 기간 동안 통신업체를 변경할 수 없다고 정해져 있다. 그러나 고객은 원할 때마다 요금제를 변경할 권리가 있다.

휴대폰은 고객의 필요와 문제에 신속하게 대응할 수 있는 능력을 제공해 준다. 이 능력을 활용하라. 고객으로부터 이메일이나 문자를 받고 즉각적으로 응대할 수 있는 능력이 있다면 그것을 활용해야 하지 않겠는가? 기존고객은 감동할 것이고 가망고객은 즉각적인 응답에 주문으로 보상해 줄 것이며 회사는 당신의 열정을 인정할 것이다. 이러한 기술을 적절하게 활용하면 이러한 기술은 세일즈 프로의 커리어 향상에 유용하다.

노트북 컴퓨터

노트북 컴퓨터는 하루가 다르게 가볍고, 빠르고, 강력해지고 있다. 요즘처럼 보안이 철저한 공항에서는 출장 가는 비즈니스맨에게 다소 귀찮을 수도 있지만 노트북 컴퓨터가 창출해 주는 가치는 공항에서 겪는 불편함을 압도한다.

노트북 컴퓨터는 휴대용 고객 데이터베이스 역할을 해주며 상품시연에도 사용할 수 있다. 육로, 철도, 비행기 등 교통수단에 관계없이 출장 중에 노트북 컴퓨터를 이용해서 이메일을 확인하고, 팩스를 보내고, 후속 편지나 감사편지를 쓰며, 지출 보고서를 작성하고, 고객과 상담하기 전에 프레젠테이션을 검토하는 등 많은 일들을 할 수 있다.

노트북 컴퓨터 제조업체들은 고객만족을 위해 다양한 표준모델을 제공할 뿐 아니라 사용자의 구체적인 필요사항에 따라 맞춤 컴퓨터를 제공해 주기도 한다. 맞춤기능에는 필요한 저장 공간, 메모리, CPU, 파워, 그래픽카드 등이 포함된다. 현재는 다양한 브랜드의 노트북 컴퓨터 제조사들이 있다. 구매결정을 내리기 전 각각의 제조사를 꼼꼼하게 조사해 봐야 한다. 영업사원에게 당신의 요구사항을 설명해 주면 당신에게 잘 맞는 노트북 컴퓨터를 제안할 것이다.

PDA

PDA^{Personal Digital Assistant}도 역시 매우 유용하다. 최근 몇 년 동안 PDA는 엄청난 성장과 발전을 거듭해 왔으며 세일즈 프로에게 아주 유용하고 편리한 서비스들을 제공한다. 일반적으로 사용자들이 이용하는 PDA 서비스는 달력, 일정, 연락처, 주소록, 할 일 목록 및 업무 목록 관리이며 고급 사양은 이메일 전송 및 수신도 가능하다.

PDA의 최대 장점은 휴대성이다. PDA는 노트북 컴퓨터 가방, 지갑, 옷 주머니, 심지어 바지 주머니에도 쉽게 들어간다. PDA를 벨트에 매고 다닐 수 있는 액세서리로 살 수도 있다. 작은 장비에 모든 고객정보, 가족과 친구들 주소 및 연락처, 중요한 메모 및 메시지, 그날의 할 일이나 목표를 저장할 수 있다. PDA는 내장형 계산기가 있으며 어떤 것은 게임을 저장하고 사용할 수 있는 기능도 있다.

기술의 진보는 이러한 장비들을 더 똑똑하게, 더 빠르게, 더 강하게 만들며, 더 작게 만들어서 관리나 휴대가 편리해질 것이다. 소형 키패드 keypad나 스타일러스에 익숙하지 못한 사람들을 위해 대부분의 장비는 키보드에 연결해서 긴 메모나 이메일을 좀 더 쉽게 타이핑할 수 있는 기능을 제공한다.

PDA는 마이크로소프트 아웃룩Microsoft Outlook, 기존 장비에 딸려 있는 컴퓨터용 소프트웨어, 이메일 서비스 등 당신이 선택하는 다른 프로그램과 동기화가 가능하다. PDA는 거의 모든 것이 자동화되어 있지만 필요한 경우 다른 장비를 수동으로 동기화를 해야 한다. 이렇게 함으로써 데스크톱이나 노트북 컴퓨터에 저장된 정보를 PDA에 저장할 수 있다. (지금은 스마트폰이 PDA의 역할을 대신하고 있다.—역주)

블랙베리Blackberry / RIM 기기

블랙베리/RIM 기기는 최근 들어 많은 인기를 얻었다. 이것은 인터넷 접속뿐 아니라 이메일 수신 및 전송 기능이 내장된, 손바닥 크기의 초미니 PDA다. 다량의 이메일을 수신하거나, 출장이 잦은 사람, 사무실을 자주 비우는 사람들에게 특히 유용하다. 이 기기의 장점은 쉽게 이메일을 수신하고 읽을 수 있고, 단점은 이메일에 정신이 팔려서 가장 중요한 미션, 즉 세일즈를 깜빡할 수 있다는 것이다. (PDA와 마찬가지로 지금은 다양한 종류의 스마트폰이 대신한다.—역주)

이메일E-Mail

앞서 언급한 기기들에 대한 부가 서비스로 이메일 기능에 대해서 알아 봤지만 이제 독립적인 기술로서 이메일이 세일즈에 어떻게 활용되는지 살펴보자. 이메일은 커뮤니케이션이란 측면에서 볼 때 실로 엄청난 진보라고 할 수 있다. 필요에 따라 직접 만나서 대화하지 않고도 질문에 신속한 답변을 전달할 수 있을 뿐만 아니라 밤낮에 상관없이 언제든지 메일을 보낼 수 있다. 더구나 상대가 메시지를 받았음을 통보해 주는 프로그램을 설정할 수 있기 때문에 메시지가 상대방에게 잘 도착할지 걱정할 필요도 없다.

그러나 한편으로는 이메일이 고객, 가족, 친구와의 커뮤니케이션에서 인간적인 친근감을 빼앗아 갈 수 있다는 사실을 알아야 한다. 가급적이면 직접 대면하거나 전화를 하는 것이 훨씬 좋다. 물론 상대방이 이메일을 통해 당신에게 연락했거나 커뮤니케이션의 방법으로 이메일을 선호한다면 그러한 요구를 존중해서 똑같은 방식으로 응답하면 된다.

그렇지만 누군가를 직접 대면할 기회가 있다면, 즉 최신 전문용어로 '얼굴타임'을 가질 기회가 된다면 이 기회를 놓치지 말고 활용하라. 예를 들어 고객으로부터 상품 샘플이나 브로셔를 보내달라는 이메일 요청을 받았다면 직접 갖다 주는 것이 좋다. 그러나 간단한 질문이거나 신속한 답변이 필요한 경우에는 이메일로 회신하고 나서 다음에 연락할 때는 직접 찾아가라.

이메일 뒤로 숨지 마라. 고객과 문제가 생기면 정면 돌파를 시도하라. 이메일로 약속을 잡을 수는 있지만 중요한 문제는 이메일로 해결하려 하지 마라. 다른 모든 방법이 실패했을 때 돌파구를 마련하려고 이메일을 사용하는 사람들이 있다. 경우에 따라 이것이 효과적인 전략일 수도 있지만 직접 대면이 여전히 더 효과적이다.

이메일로 상사에게 주간 보고서나 전망자료를 보내라. 상사에게 당신이 지금 무엇을 하고 있는지, 어떤 성과를 달성했는지 알려주라. 정보가 필요한 사람이 다수일 때는 특히 이메일이 팩스보다 훨씬 편리하다. 이메일을 통해 사내 동료들과 성공담과 전략을 공유하라. 거래를 성사시키는 데 특별한 장애물이 있다면 영업부서 내 다른 사람들의 도움이 필요할 경우가 있다. 이럴 때도 이메일이 제격이다. 장애물, 걱정거리, 문제를 이메일로 보내고 똑같은 상황에 직면했던 사람이 있는지 알아보며 그

것을 어떻게 해결했는지에 대해 도움을 구하라.

이메일을 보낼 때는 예의를 갖추라. 가급적 내용은 간결하고 명료해야 한다. 경험에 의하면 수신자가 메시지를 다 보기 위해 화면을 스크롤scroll하지 않아도 될 만큼 메시지 분량을 제한하는 것이 적절하다. 더 길게 써야 할 때가 있지만 대부분은 한 화면 내에서 메시지를 전달할 수 있다. 직접 방문했을 때 세일즈를 성공시키거나 기존 주문량을 늘리거나 고객을 소개해 달라고 요청할 기회를 만들 수 있을 만큼의 적절한 정보만 이메일로 주는 것이 좋다. 그러면 고객을 만나기 위한 목적으로 이메일을 효과적으로 활용할 수 있다.

이메일의 또 다른 장점은 고객에게 관심정보를 보낼 수 있다는 것이다. 고객의 회사나 경쟁사 또는 업계 전반에 관한 정보를 선택해서 고객에게 보내면, 이메일이 관계를 만들어 가는 좋은 도구가 된다. 스포츠 스코어나 스포츠 팀에 관한 최근 소식, 낚시, 골프, 요리 등 고객의 개인취미에 관한 정보를 보낼 수도 있고, 고객 회사와 관련된 보도 자료나 정보를 볼 수 있는 웹사이트를 첨부해서 보낼 수도 있다. 이메일을 이렇게 활용하는 것은 고객과 커뮤니케이션 채널을 유지하는 훌륭한 방법이며 당신의 개인적인 관심과 배려를 보여주는 행동이다.

받은 편지함을 사무실 책상처럼 관리하라. 책상을 깔끔하게 유지하는 최상의 방법은 쌓아놓지 않고 그때그때 처리하는 것이다. 파일에 정리하거나 응대할 것이 있으면 응대하거나 쓰레기통에 버리거나 그 밖에 다른 방식으로 처리해야 한다. 이메일도 마찬가지다. 가급적 각각의 이메일에 대해서 한 번으로 처리를 끝내도록 하라. 회신하거나, 전달하거나, 삭제하거나 추후 사용을 위해 분류해서 저장하라. 어쨌든 받은 편지함에 두지 말고 처리하라. 그렇지 않으면 조만간 수백 통의 이메일이 편지함에 쌓일 것이다.

이메일은 친구와 가족에게 당신이 그들을 생각하고 있음을 알리고 지속적인 연락을 유지할 수 있는 효과적인 채널이다. 쉬는 시간에 간단한 메시지를 보냄으로써 당신이 그들을 사랑한다는 것과 마음속으로 생각하고 있음을 알려주라. 특히 출장 중이라면 이메일은 집에 있는 가족들과 친밀감을 유지하는 좋은 방법이다.

인터넷은 오늘날 비즈니스를 위한 강력한 수단이다. 인터넷에 접속할 수 있는 모든 사람에게 공짜 정보를 주는 훌륭한 정보원이며, 특정 웹사이트에 접속하기 위해 프리미엄을 지불할 의사가 있는 사람들에게는 훨씬 세부적인 정보를 제공해 주는 정보의 근원이다. 이런 웹사이트를 방문하면 기업, 산업, 고객, 경쟁사에 대한 일반정보를 무료로 얻을 수 있다. 또한 사용료를 지불하면 기업 내 고위간부들의 이름처럼 아주 상세한 정보를 받아 볼 수가 있다.

그날의 모든 약속과 방문일정을 확인하고 방문이나 전화를 하기 전에 인터넷에서 각 기업에 대해 정보를 수집하는 것으로 하루를 시작한다고 상상해 보라. 고객과 만났을 때 서먹함을 없애는 좋은 방법일 뿐만 아니라 경쟁사나 전체적인 업계현황을 파악하는 자료조사의 효과도 얻을 수 있을 것이다. 이렇게 함으로써 경쟁자들과 차별화를 꾀할 수 있다. 그러면 고객은 당신이 그 분야의 전문가라고 생각할 것이고 당신에게서 뉴스나 자문을 구할 것이다.

인터넷은 또한 세일즈 교육이나 정보에 접근할 수 있는 다양한 웹사이트를 제공해 준다. www.ziglartraining.com처럼 매일 세일즈 정보를 제공해 주는 웹사이트를 잠깐 방문하는 것으로 하루를 시작할 수도 있다. 그 밖에도 많은 웹사이트가 있다. 기술과 '자동차 대학'을 병행함으로써 개인적 성장과 커리어 성장에서 모두 큰 성과를 이룰 것이다.

인터넷의 위험은 앞서 언급했지만 다시 한번 살펴볼 필요가 있다. 사생활이나 직장생활에 상관없는 것들 때문에 인터넷을 헤매기 쉽다. 설령 찾아 볼만큼 가치가 있는 관심사라고 하더라도 개인시간을 이용해야지 세일즈할 시간을 빼앗겨서는 안 된다. 먼저 팔고 나중에 찾아라. 이런 철학을 갖고 있으면 개인적으로나 직업적으로 인터넷이 줄 수 있는 많은 혜택을 누릴 것이다.

검색엔진은 정보를 찾는 세일즈 프로에게 매우 유용할 수 있다. 구글과 같은 검색엔진은 모든 주제나 질문에 대한 인터넷 검색을 가능케 해주며 답을 찾을 수 있는 여러 사이트나 정보원으로 안내해 준다. 이런 유형의 서비스를 이용해서 고객의 질문에 답변해 주거나 경쟁사 제품에 대한 중요한 정보를 얻을 수 있다.

세일즈맨에게 유익한 정보를 제공해 주는 좋은 웹사이트들도 많이 있다. 여러 도시를 여행할 때 라디오 채널을 찾을 수 있도록 도와주는 사이트, 다음 목적지까지 가는 경로를 찾을 수 있도록 도와주는 사이트, 영업팀을 위한 기업의 인센티브 설계를 도와주는 사이트가 그런 곳이다. 출장이 잦은 세일즈맨이라면 항공, 숙박, 렌터카, 길안내 등 모든 출장준비가 인터넷에서 클릭만 하면 가능하다는 것을 알 것이다. 일부 사이트에서는 호텔과 항공비용에 대해 할인서비스나 특별가격을 제시한다. 어떤 할인티켓은 시간변경이 제한적이므로 도착과 출발시간 일정에 주의해야 한다. 할인티켓은 당신의 출장 일정에 맞지 않는 비행기 연결 편을 지정할 수도 있다.

유료 정보제공 사이트

유료 정보제공 사이트는 인터넷이 제공하는 또 하나의 소중한 서비스다. 지역, 표준산업분류코드[SIC], 우편번호, 산업별로 분류된 고객목록을 구매할 수 있을 뿐 아니라 이런 사이트에서는 회사규모, 수익, 직원 수, 전화번호, 주소 등에 따라 원하는 정보를 분류하고 검색할 수 있다. 정보를 인쇄물 형태나 이메일로 받을 수도 있고, 엑셀이나 주소록 관리 프로그램으로 직접 다운받을 수 있다.

주소록 관리 프로그램이나 영업지원 자동화^{SFA} 도구를 이용하면 영업현황, 고객현황, 연락처, 활동내역 등을 관리할 수 있는데 인터넷을 기반으로 하는 회사나 어플리케이션 서비스 제공^{ASP} 모델은 비교적 덜 알려져 있다. 대부분 이런 유형의 기술은 세일즈 도구가 아니라 관리 도구로 보고 있지만, 세일즈 프로로서 영업지원자동화^{SFA} 프로그램이나 주소록 관리 프로그램을 사용하면 세일즈의 효율성이 상당히 높아진다는 것을 금방 알 수 있을 것이다.

하이테크 기술을 활용하면 영업진행상황과 기타 관련 활동, 취해야 할 향후 조치를 더 잘 파악할 수 있고, 고객정보를 섭렵하고 다양한 형식으로 검색할 수 있으며, 보고서나 정보를 직접 제출하지 않고도 영업 개요와 영업활동현황을 경영진에게 제공할 수 있다. 그럼으로써 보다 효율적인 문서작업이 가능해져 결과적으로 세일즈에 투자할 수 있는 시간이 늘어나고 실적도 향상될 것이다.

세일즈 커리어를 발전시키기 위해 하이테크 기술을 활용하지 않았다면 오늘부터 시작하라. 행동에 옮김으로써 새로운 기술을 알지 못한다는 생각에서 비롯된 두려움을 쉽게 극복할 수 있다. 노트북 컴퓨터나 스마트폰, 그 밖에 당신에게 낯설어 보이는 기기들을 이용하는 동료 세일즈맨에게 사용방법을 가르쳐 달라고 부탁하거나 필요한 강연을 들을 수 있는 곳을 찾도록 인터넷 검색을 도와 달라고 부탁하라. 오늘날 고객을 찾고 유지하는 열쇠는 필요할 때 고객 앞에 나타나 주는 것이다. 가장 유용한 정보를 가지고 가장 신속하게 응답하는 사람이 세일즈에 성공한다.

감사의 글

이 책을 통해 나보다 앞서 간 수만 명의 세일즈맨들에게 내가 얼마나 큰 빚을 지고 있는지 새삼 더 절실히 깨닫게 되었다. 이 선구자들은 새로운 경지를 개척했고 새로운 문을 열었으며 새로운 절차를 배웠고 세일즈라는 직업에 대한 신뢰를 구축했다. 이들은 나에게 자랑스러운 유산을 남겨주었다.

이런 종류의 책에서 감사의 말을 하기 시작하면 꼭 중요한 몇 사람을 빼놓기 마련이다. 그 중에 당신과 이 책에 기여한 다른 사람들이 포함되었다면 나약한 인간이기에 저지를 수밖에 없는 나의 실수일 뿐임을 이해해 주기 바란다. 당신의 노력과 도움에 감사하며 이 글에서 거명하지 못한 점에 대해 미리 용서를 구한다.

이 책의 감사는 먼저 나의 친구 빌 크랜포드부터 시작하겠다. 그는 프로 세일즈의 원칙을 내게 처음 가르쳐 준 사람이다. P. C. 메렐Merrell 역시 중요한 세일즈 원칙을 가르쳐 주었고 내가 세일즈 챔피언이 될 수 있다는 것을 깨닫게 해주었다. 나의 대부代父 존 앤더슨과 나에게 처음으로 자유기업가 정신을 가르쳐 준 멘토 월튼 하이닝Walton Haining은 사람들과 융화하고 다른 사람들의 눈높이에 맞춰서 커뮤니케이션하는 방법에 대해 많은 것을 가르쳐 주었다.

이 책이 특별한 이유는 탁월했던 수많은 사람들과 상당히 방대한 조사 자료를 아낌없이 공유해 준 한 회사의 소중한 도움이 있었기 때문이다. 그 목록에서 맨 먼저 언급해야 할 분들은 오하이오 주 콜럼버스의 마이크 프랭크, 캘리포니아 주 산 마테오^{San Mateo}의 빌리 엥그먼, 애리조나 주 피닉스의 존 하몬드, 캐나다 위니펙의 버니 로프칙이다. 이 네 사람의 도움으로 내가 쓴 글을 적어도 300번은 수정했다고 주저 없이 밝힌다. 이들은 칭찬도 많이 해주었지만 그보다 더 중요한 것은 이 책을 보다 유용한 책으로 만들기 위해 건설적으로 평가하고 긍정적인 제안을 적극적으로 개진해 주었다는 점이다.

이들의 도움 때문에 실수를 면할 수 있었던 경우가 여러 번 있었다. 네 사람의 이름을 여러 차례 언급했지만 다시 한번 강조하건대 다른 사람들의 많은 기여와 더불어 이들의 도움이 없었다면 이 책은 지금처럼 효과적이지 못했을 것이다.

원고가 약 80%정도 완성되었을 때 네 사람한테 보내서 수정사항뿐 아니라 평가, 제안, 추가할 내용 등을 부탁했다. 네 사람 모두 친구에게서 기대할 수 있는 것 이상으로 열정을 가지고 도와주었으며, 각각 수십 건의 소중한 제안을 제공했다. 내가 이들을 선택한 이유는 각자가 훌륭한 세일즈 경력과 뛰어난 지식을 갖췄으며 나와 함께 일한 적이 있기 때문이다.

텍사스 주 댈러스의 주아넬 티그^{Juanell Teague}와 「Personal Selling Power」의 발행인 게르하르트 그슈반트너, 댈러스의 필 린치와 브라이언 플래너건^{Bryan Flanagan}에게도 역시 빚을 졌다. 이들의 제안과 통찰력은 너무나도 유용했다.

윌리엄 드마르코 박사와 마이클 매긴 교육학 박사의 연구논문을 내게 제공해 준 매사추세츠 주 보스턴의 포럼 코퍼레이션에 깊이 감사 드린다. 이들은 여섯 개 산업(하이테크 기술, 은행, 석유 화학, 보험, 제약, 통신) 분야에서 대규모 영업조직을 가진 포춘 1,300대 기업에 선정된 12개 사를 대상으로 연구를 실시했다. 연구대상은 341명의 엄선된 세일즈맨(실적기준 상위 173명, 평균 실적 168명)이었다. 14개월에 걸쳐 44,741건의 데이터를 얻었다. 이 연구결과에 근거한 정보는 이 책 전반에 걸쳐 사용되었으며 그 출처를 밝혀 두었다.

이 감사의 글에서 특별히 감사해야 할 사람은 바로 나의 동생 저지 지글러다. 그의 저서 『소심한 세일즈맨의 자녀는 말라깽이Timid Salesmen Have Skinny Kids』는 소중한 아이디어를 제공해 주었으며 나는 그 아이디어를 이 책에서 마음껏 활용했다. 당시 기업연수 담당 부사장이었던 짐 세비지는 편집 및 세일즈와 관련된 제안 그리고 창의적인 아이디어를 제시해줌으로써 많은 도움을 주었다.

내가 호숫가 자택에서 이 책을 쓰느라 자취를 감춰버린 동안 이중고에 시달렸던 지그 지글러 코퍼레이션의 모든 직원들에게 심심한 감사를 표한다. 몇몇 직원은 자기 업무뿐 아니라 내가 했어야 할 일까지 감당해야 했다. 나를 대부분의 업무 부담에서 자유롭게 해줌으로써 이 책이 세상에 나올 수 있게 도와준 지그 지글러 코퍼레이션의 사장 론 에징가Ron Ezinga와 당시 부사장이었던 데니 루시엔Denny Roossien에게 감사한다.

나의 비서 로리 메거스Laurie Magers에게 특별히 두 배로 감사한다. 비서 때문에 대박이 난 사람이 있다면 바로 이 책의 저자인 나일 것이다. 로리는 일을 훌륭하고 능숙하게 해냈을 뿐만 아니라 워드프로세서를 마스터했다. 『세일즈 클로징』에 '세일즈 프로'라는 섹션을 포함시켰는데(어떤 책도 전문가의 도움 없이는 완성될 수 없다.) 로리 메거스는 모든 면에서 진정한 프로라고 할 수 있다. 또한 로리가 이 책의 원고를 타이핑하면서 해준 칭찬은 끊임없이 나에게 자극을 불러일으켰고 용기를 북돋아 주었다. 로리에게 정말 감사한다.

나의 책을 우연하게라도 스치듯 본 적이 있는 독자라면 56년이라는 아름답고 즐거운 세월을 함께해 준 아내의 동의, 지원, 열정적인 내조없이는 절대로 중요한 프로젝트를 시작하지 않았다는 사실을 분명히 알 것이다. 당신이기 때문에, 나의 사람이 되어 주어서 그리고 항상 내 곁에 있어 주어서 고맙소, 여보!

내 마음속에 21세기의 진정한 영웅인 이 땅의 세일즈맨들에게 또한 감사한다. 우리의 직업과 관련해서 아직도 할 일이 많지만 많은 발전이 있었다. 이 책의 원칙들을 읽고 적용해 나가면 더 프로다워질 것이고 그 결과 미래의 세일즈맨을 포함한 우리 모두가 승리하리라고 굳게 믿는다.

세일즈 클로징

초　　판 1쇄 발행 2007년 9월 20일
개정 1판 1쇄 발행 2014년 10월 10일
개정 2판 1쇄 발행 2018년 11월 10일
개정 3판 1쇄 발행 2023년 3월 31일
개정 3판 3쇄 발행 2025년 1월 10일

지은이 지그 지글러
옮긴이 장인선
발행인 권윤삼
발행처 도서출판 산수야
브랜드 핀라이트

등록번호 제2002-000278호
주　 소 서울시 마포구 월드컵로 165-4
전　 화 02-332-9655
팩　 스 02-335-0674

ISBN 978-89-8097-585-3 13320

값은 뒤표지에 있습니다. 잘못된 책은 바꿔드립니다.

www.sansuyabooks.com
sansuyabooks@gmail.com
도서출판 산수야는 독자 여러분의 의견에 항상 귀 기울입니다.